이항준

서울여자대학교 사학과 및 동 대학원을 졸업하고 모스크바국립대학교 역사학부에서 역사학박사를 받았다. 주요 논문으로「영일동맹과 제정러시아의 극동정책」(2008),「러시아 해군부의 한반도 정책과 태평양함대 사령관 알렉세예프」(2013),「한국철도 궤간 문제와 경인철도 이권 획득을 둘러싼 뽀꼬찔로프(Д.Д. Покотилов)의 인식과 러시아정부의 정책(1896~1899)」(2019),「러일전쟁 원인 중 러일협상의 실패에 관한 논쟁」(2022),「포츠머스조약 체결과 한국문제에 대한 러시아의 시선」(2024),「을사늑약과 헤이그평화회의 전후 고종의 외교적 대응」(2025) 등이 있다. 한국근대사 및 한러관계사를 전공했으며 현재 서울여자대학교 사학과 교수로 있다.

김영수

성균관대학교 역사교육과 및 사학과 대학원을 졸업하고 모스크바국립대학교 역사학부에서 역사학박사를 받았다. 주요 단독 저서로는『미쩰의 시기: 을미사변과 아관파천』(2012),『명성황후 최후의 날: 서양인 사바찐이 목격한 을미사변 그 하루의 기억』(2014),『제국의 이중성: 근대 독도를 둘러싼 한국·일본·러시아』(2019),『고종과 아관파천: 이희, 러시아공사관에서 375일』(2020),『100년 전의 세계일주: 대한제국의 운명을 건 민영환의 비밀외교』(2020),『울릉도 1882: 검찰사 이규원의 시간여행』(2024) 등이 있다. 2013년『문학의 오늘』에「안톤 체홉의 현장보고서 사할린섬」,「프로젝트 문학을 개척한 러시아 현대작가 아쿠닌」등의 문학평론을 발표했다. 한국근대사 및 한러관계사를 전공했으며 동북아역사재단 독도동해연구실장, 독도연구소장, 교육연수원 교수, 교양총서편찬위원장을 역임하고, 현재 동북아역사재단 책임연구위원으로 있다.

러일전쟁, 일제 강점의 서막

인사이트 학술총서 07

러일전쟁
일제 강점의 서막

초판 1쇄 발행 2025년 8월 28일

지은이 이항준·김영수
펴낸이 주혜숙

펴낸곳 역사공간
등록 2003년 7월 22일 제6-510호
주소 04000 서울특별시 마포구 동교로 19길 52-7 PS빌딩 4층
전화 02-725-8806 팩스 02-725-8801
이메일 jhs8807@hanmail.net 블로그 blog.naver.com/jgonggan

ISBN 979-11-5707-657-4 94910
     979-11-5707-612-3 (세트)

이 저서는 2020년 대한민국 교육부와 한국학중앙연구원(한국학진흥사업단)
한국학대형기획총서사업의 지원을 받아 수행된 연구임(AKS-2020-KSS-1220001).

일제강점의
서막

이황준·김영수 지음

러일전쟁

일러두기

- 국립국어원 어문 규범(한글맞춤법, 표준어규정, 외래어표기법)에 따랐다.
- 러시아어는 국립국어원 어문규범을 따르지 않고, 러시아 원음에 가깝게 표기했다.
- 이 책의 한국과 일본 자료는 모두 양력으로 쓰였다. 다만 러시아 인물과 자료는 러시아력(러역)을 쓰고, 중요한 사건과 전투는 양력과 러시아력이 병기되었다. 참고로 20세기 러시아력을 양력으로 전환하려면 13일을 더하면 된다.
- 중국 지명은 가능하면 한국 한자음으로 표기했다.

이 책은 그동안 외교사 또는 군사사 등으로만 다룬 단편적인 연구와 달리, 외교와 군사문서 등의 1차 사료에 기초하여 러일전쟁을 총체적으로 파악하려는 시도이다. 이 책의 내용을 간략히 소개하면 다음과 같다. 프롤로그에서는 『전쟁과 평화』를 쓴 똘스또이(Л. Н. Толстой, 1828~1910)가 평화사상에 기초하여 강력히 러일전쟁을 비판했던 노력을 스개했다. 제1부 러일전쟁의 원인에서는 러일전쟁 직전 러시아와 일본과 대한제국의 외교사를 살펴보면서 러시아와 일본이 대한제국의 이권과 조차지를 주목한 이유에 대해서 초점을 맞추었다. 제2부 러일전쟁의 전개에서는 러시아와 일본의 군부와 해군부의 전략을 파악하면서 육전과 해전의 전투 과정을 종합적으로 설명했다. 제3부 러일전쟁의 영향에서는 러일전쟁을 바라보는 러시아와 일본의 시각을 살펴보면서 러시아와 일본과 대한제국의 포츠머스조약과 을사늑약 등에 관한 외교적 대응을 규명하려고 노력했다. 에필로그에서는 러일전쟁의 희생양으로 지목된 베조브라조프의 극동정책과 러일협상에 초점을 맞추면서 20세기 국제질서와 러일전쟁의 연관성도 함께 살펴보았다.

　과거 20세기 해양세력인 영국과 대륙세력인 러시아의 대립은 유라시아의 러일전쟁으로 이어졌고 그 결과 전 세계는 한국의 지정학적 위치에 처음으로 주목했다. 현재 21세기 러시아와 우크라이나 간의 전쟁으로 파생된 유럽의 무기 지원과 북한의 군사 가입은 유라시아대륙이 상호 연결되었다는 사실을 알려준다. 따라서 러시아를 둘러싼 유라시아의 분쟁은 과거의 문제이자 현재의 문제이다.

20세기 초 러일전쟁은 참혹했다. 공식적으로 러시아와 일본은 각각 약 27만 명의 인명피해를 입었다. 필자는 참혹한 러일전쟁을 집필하면서 기분을 전환하기 위해서 자주 러시아 음악을 들었다. 세계 3대 바리톤 가수 드미뜨리 흐보로스똡스끼(Д.А.Хворостовский)의 노래도 들었다. 그의 중저음은 사람의 가슴을 파고드는 매력이 있는데, 지금도 러시아인은 그의 노래를 들으며 마음의 위로를 받는다. 55세로 사망한 흐보로스똡스끼는 시베리아 크라스노야르스크에서 태어나 '시베리아 호랑이'라는 별명으로 불렸다. 그는 불을 뿜는 듯한 에너지와 시적인 감수성을 고루 갖춘 목소리라는 평가를 받았다. 흐보로스똡스끼가 부른 가곡 중 〈만주의 언덕(На сопках Маньчжурии)〉이라는 제목이 필자의 시선을 한눈에 끌었다. 찾아보니 〈만주의 언덕〉은 러일전쟁을 추모하는 러시아의 대표적인 가곡이었다. 이 가곡은 1906년에 작가 스끼따레즈(С.Г.Скиталец)가 작사했는데, 러시아혁명 이후 시인 마쉬스또프(А.И.Машистов)가 다시 작사했다. 작곡가는 봉천전투 당시 오케스트라 악장이었던 샤뜨로프(И.А.Шатро́в)였다. 이 가곡은 1905년 2월 러일전쟁 당시 러시아 제214 보병연대의 봉천전투를 배경으로 만들어졌다. 당시 제214 보병연대는 봉천전투에서 일본의 포위망에 둘러싸여 마지막 탄약까지 소진했다. 사령관 대령 뽀뷔바녜츠(П.П.Побываец)는 마지막으로 연대 오케스트라의 연주와 깃발을 앞세우며 육박전을 명령했다. 러시아 병사는 총검을 빼 들고 포위하는 일본군대에 돌진했다. 그 결과 오케스트라 단원 61명 중 7명과 병사 4천 명 중 700명이 생존하여 돌아왔다. 봉천전투는 잔인한 육박전의 현장이었다. 현재 러시아에서 불리는 마쉬스또프가 작사한 가곡의 첫 부분의 내용은 다음과 같다. "밤이 다가왔다. 어둠이 땅을 덮고 쓸쓸한 산등성이 어둠 속에 잠긴다. 동쪽하늘은 구름에 가려졌다. 여기 땅 아래 영웅들이 잠든다. 그들 머리 위에 바람이 노래하고 하늘의 별들이 조용히 그들을 내려다본다." 지금도러시아인은 만주 봉천전투의 참혹한 러시아 병사의 죽음을 이 가곡으로기억한다.

봉천전투 당시 만주군 총사령관은 꾸로빠뜨낀(А. Н. Куропаткин)이었는데, 그는 봉천전투의 패배로 총사령관에서 물러났다. 그는 러일전쟁 직전 러시아 육군대신으로 전쟁을 준비한 인물이었다. 꾸로빠뜨낀의일기에 따르면 그는 국무고문 베조브라조프(А. М. Безобразов)를 희극작품 『검찰관』의 주인공과 동일하다고 짜르인 니꼴라이 2세에게 말했다.꾸로빠뜨낀은 압록강삼림회사를 계획하고 실행한 베조브라조프를 소설『검찰관』에 나오는 '가짜 검찰관'이라고 주장했다.

『검찰관』과 『외투』 등을 쓴 러시아 작가는 그골(Н. В. Гоголь)이다. 그는 1834년 뻬쩨르부르크대학 역사학부 교수로 근무한 경험도 있었다.우크라이나 뿔따바에서 태어난 고골은 46세의 나이로 비교적 짧은 인생을 살았는데, 1836년 러시아관료주의를 비판한 『검찰관』이라는 희극을창작했다. 『검찰관』은 관객으로 하여금 웃음 속의 날카로운 풍자를 깨닫도록 하는 코미디였다. 사실 1835년 아이디어 구상에 열을 올리던 고골은 러시아적인 에피소드를 쓰고 싶다고 시인 뿌쉬낀(А. С. Пушкин)에게문의했다. 〈삶이 그대를 속일지라도〉라는 시로 유명한 뿌쉬낀은 자신이노브고로트 지방을 여행하던 중 지방관료가 자신을 검찰관으로 오인한작은 소동에 대한 에피소드를 소재로 쓰라고 추천했다. 1847년 고골은『검찰관』의 창작 배경에 대해 "이 작품은 러시아에 존재하는 모든 악과

고골 기념 우표

불의를 한데 모아보려는 시도"였다고 말했다. 고골이 관찰한 러시아의 삶은 혼란과 무질서 그 자체였다. 그는 "나는 보이는 웃음과 보이지 않는 알 수 없는 눈물을 통해서 인생을 바라보아야 하는 운명을 지니고 있다"고 밝혔다.

고골의 『검찰관』은 1836년 4월 19일 뻬제르부르크 알렉산드르 황실 극장에서 초연되었다. 정부와 관료를 비롯한 보수주의자는 러시아관료체제와 존엄성을 송두리째 뒤흔드는 저열한 풍자작품이라고 비난했다. 반대로 지식인을 비롯한 진보주의자는 러시아의 현실과 관료체제를 통렬하게 비판한 작품이라고 평가했다. 보수주의자는 '중상모략'이라 비판했고, 진보주의자는 '제국의 진실'이라고 평가했다. 이러한 『검찰관』의 극단적인 평가 때문에 고골은 그해 파리로 도피했다.

관료주의는 권위주의가 팽배할 때 강하게 나타난다. 관료주의는 본질적으로 '위선'적인 성격을 지니므로 진실을 은폐하기 위한 '거짓'을 쉽사리 허용하는 경향이 있다. 또한 관료주의는 국가 내부에 입신출세를 꿈꾸는 권력 지향적 모험가와 사기꾼이 대표적인 사회적 인물형으로 등장한다. 그런데 권위주의 관료가 모험가와 사기꾼에 속는 상황이 증종 연출된다. 위선적인 관료는 거짓으로 무장한 가짜 검찰관에게 당하기 마련이다.

실제 러일전쟁 직전 짜르의 측근이자 황실세력인 베조브라조프는 압록강삼림회사를 설립하여 정부 내의 권력을 주도하려고 시도했다. 그러자 러시아 관료세력은 자신들의 입지를 유지하기 위해서 베조브라조프의 극동계획을 사사건건 반대하면서 강력히 견제했다. 더구나 러일전쟁 패배 이후 러시아 관료세력은 러일전쟁의 책임자로 희생양이 필요했다. 러시아 관료세력은 러일전쟁의 원인을 제공한 자신들의 거짓과 위선을 감추기 위해서 베조브라조프를 '가짜 검찰관'이라는 이미지로 만들어서 희생양으로 삼았다. 그 결과 베조브라조프는 '모험가'이자 '가짜 검찰관'이 되었다.

요컨대 고골의 『검찰관』은 19세기 러시아관료주의의 거짓과 위선을 비판한 작품이라고 할 수 있다. 그런데 관료주의의 '거짓'과 '위선'은 21세기 '내로남불'의 한국 사회에서도 벗어날 수 없는 주제이다. 타인을 희생양으로 삼으려는 '네 탓'이 한국 사회도 병들게 했다. 지금은 '거짓'과 '위선'의 가면을 던져버리고 살아있는 영혼을 위로해 주어야 하는 시간이다.

2025년 8월
저자를 대표해서 김영수

차례

러시아 탐사대와 지리협회의 대한제국 북부 조사

제2부 러일전쟁의 전개

1장 러시아와 일본의 군부와 해군부의 전략

러시아군부의 극동과 한반도 전략

일본 육군의 대러전략: 만주군 총사령부와 한국주차대 작전계획

제3부 **러일전쟁의 영향**

을사늑약 체결과 조선통감부의 설치

을사늑약과 헤이그평화회의 전후 고종의 외교적 대응

닫는 글   러일전쟁과 대한제국

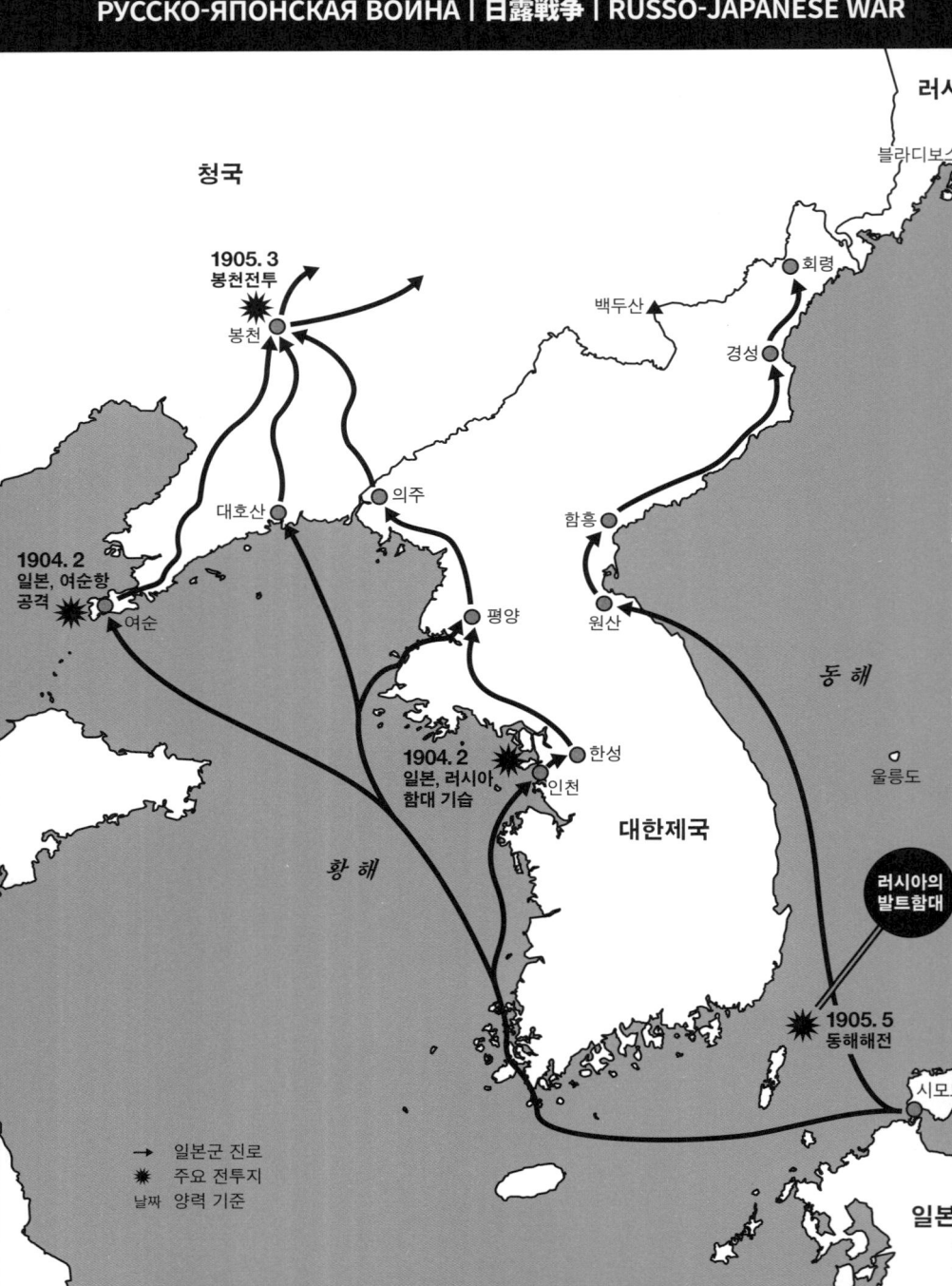

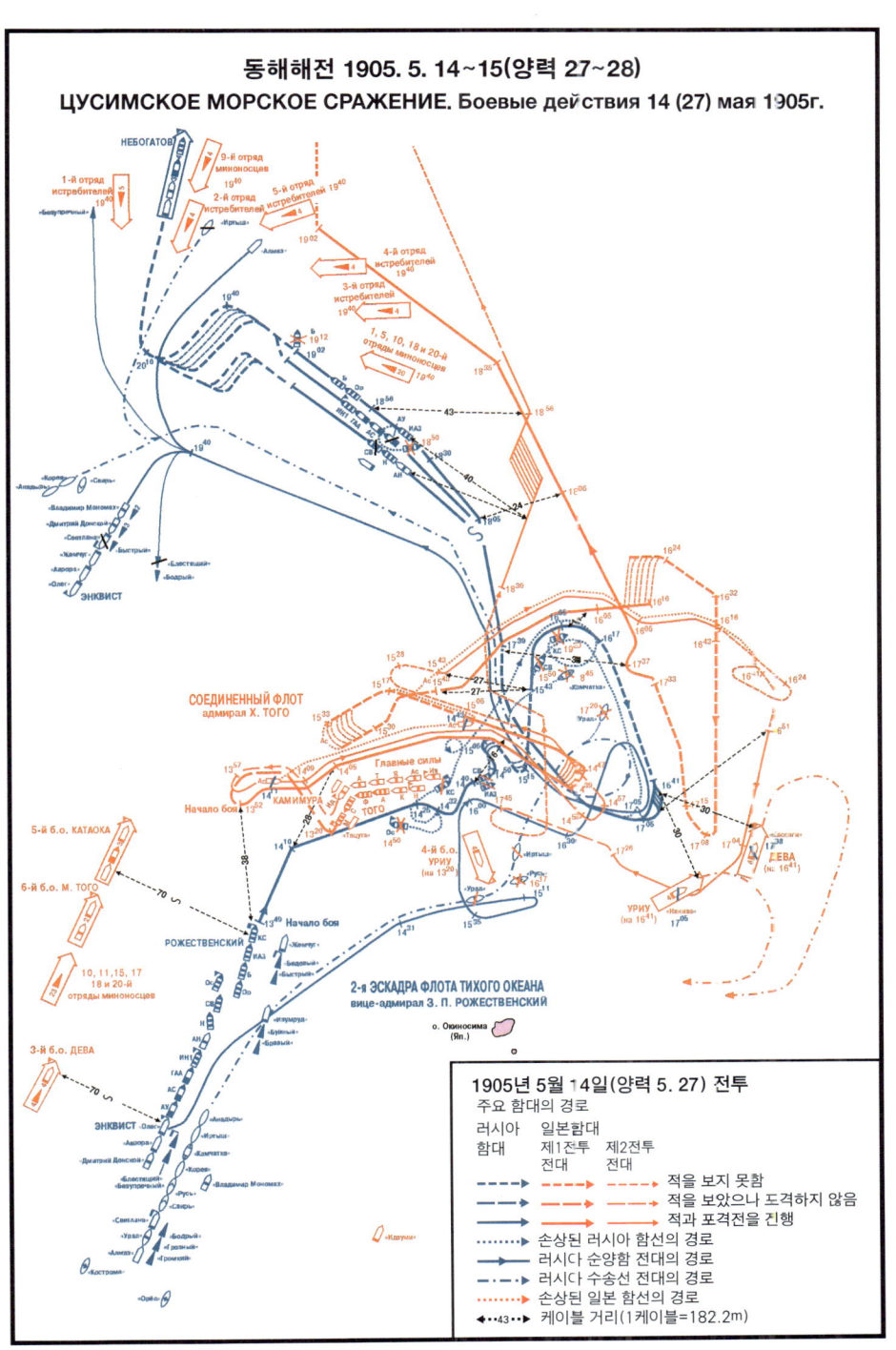

동해해전 1905. 5. 14~15(양력 27~28)
ЦУСИМСКОЕ МОРСКОЕ СРАЖЕНИЕ. Боевые действия 14 (27) мая 1905г.

1905년 5월 14일(양력 5. 27) 전투
주요 함대의 경로

러시아	일본함대	
함대	제1전투	제2전투
	전대	전대

적을 보지 못함
적을 보았으나 드격하지 않음
적과 포격전을 진행
손상된 러시아 함선의 경로
러시아 순양함 전대의 경로
러시아 수송선 전대의 경로
손상된 일본 함선의 경로
케이블 거리(1케이블=182.2m)

프롤로그 똘스또이의 평화사상과 공동체방안

시간이란 것은 없다. 있는 것은 오직 무한하게 작은 현재뿐이다.
그리고 그 현재 속에서 인간의 삶이 영위된다.
그러므로 우리는 모든 정신력을 그 현재에 집중시켜야 한다.
– 똘스또이, 「12월 31일」, 『독서의 고리(Круг чтения)』, 1910.

러일전쟁으로 인한 러시아와 일본 병사의 피해는 막대했다. 공식적으로 러시아는 약 5만 명 이상이 사망했고 일본은 약 8만 6천 명이 전사했는데 양국 모두 각각 약 27만 명이 인명피해를 입었다.[1]

그런데 러일전쟁 당시 모두가 살인의 광기로 가득 찬 것은 아니었다. 작가 똘스또이(Л.Н.Толстой, 1828~1910)는 러시아 예비병사들의 죽음을 예감하며 전쟁터로 끌려가는 상황을 고발했다. 대부분 예비병사들은 글을 알고 있었는데, 그들 중 일부는 러일전쟁이 "투기꾼의 도로를 건설하고 사업을 진행하는 데 유리한 조차지 때문에 일어났다"는 사실을 파악했다. 동시에 "전쟁터에 가기를 거부하면 야쿠트주로 보내질 것인데, 아

---

1 История Русско-Японской Войны 1904-1905гг. Под редакцией И. И. Ростунова. Институт Военной Истории Министерства обороны СССР. М. Издательство Наука. 1977. C. 365.

마도 감옥에 갇히고 굶주림으로 괴로워하며 치쩍질을 당하며 지금처럼 마찬가지로 죽을 것이다"라고 생각했다.[2]

당시 죽음의 기로에 선 병사조차도 전쟁의 광기에 찬 살인의 정당성을 의심했다. 똘스또이는 러일전쟁 이후 여순항의 한 수병이 브낸 편지를 다음과 같이 소개했다. "저는 선생님의 작품을 읽는 것을 매우 사랑합니다. 선생님, 우리는 지금 전쟁을 벌이고 있습니다. 그런데 정부가 우리에게 살인하도록 강요하는 것을 주님이 좋아할까요, 아닐까요? 저에게 말씀 좀 해주십시오, 선생님! 선생님께 부탁드립니다. 제발 지금 진실이 세상에 있는지 없는지 저에게 알려주십시오. 지금 우리 정교회 주교는 러시아군대를 위해 기도하고 있습니다. 주님께서 전쟁을 좋아하는 게 사실인지 아닌지 저에게 알려주십시오."

그 수병은 '세상에 진리가 있는지 없는지' 가르쳐 줄 책을 보내줄 것을 똘스또이에게 간곡히 청했다. 책이 없다면 편지라도 보내줄 것을 요청했다. 하지만 똘스또이는 자신의 사랑스럽고 전정으로 교화된 수병에게 답장을 보낼 수 없었는데, 그 이유는 그가 편지로도 전보로도 소식을 알릴 수 없는 여순항에 있었기 때문이다.[3]

똘스또이의 시선과 달리 당시 러시아 신문은 러일전쟁이 초디의 관심사였기 때문에 전투 상황과 전사자에 대해서 상세히 보도했다. 그중 극우 신문으로 알려진 『노보예 브례먀(Новое время, 새 시대)』는 당시 러시아의 수도 뻬쩨르부르크에서 1868년부터 1917년까지 발행되었다. 이

---

2 Толстой Л. Н. Одумайтесь! Полное собрание сочинений. Т. 36. М. Гослитиздат. 1936. CC. 143-144.

3 Толстой Л. Н. Одумайтесь! Полное собрание сочинений. Т. 36. М. Гослитиздат. 1936. CC. 147-148.

『노보예 브례먀(Новое время)』(1904. 2. 17),
바략 함장 루드녜프(위)와 까레예쯔 함장 벨랴예프(아래)

신문의 발행인은 수보린(А.С.Суворин)이었는데, 그는 당대 정치가, 문학가와 활발하게 교류했다. 그는 1889년부터 『노보예 브례먀』에 「짧은 편지」라는 연재물을 통해 당시 정치 현안에 깊숙이 개입했다. 신문의 구독자는 학생, 작가, 관료뿐만 아니라 황제까지 포함되어 있었다. 당시 러시아 정부관료는 각종 현안을 분석하여 보고서를 작성할 때 『노브예 브례먀』를 참고자료로 사용했다. 그뿐만 아니라 당시 일본 언론은 『노보예 브례먀』를 번역하여 러시아의 상황을 보도했다. 이러한 일본어 번역을 대한제국 언론이 다시 인용하여 러시아 상황을 국내에 보도할 수 있었다.

러일전쟁 직전 1904년 1월 25일(양력 2월 7일) 『노보예 브례먀』는 블라디보스톡 소재 일본인이 탈출을 시작했는데 이것은 '일본 정브의 극비 지령'에 따른 것이라고 보도했다. 이날 낮에 『노보예 브례먀』는 호외를 발행해서 1월 24일(2월 6일) 일본이 교섭 단절과 외교관 철수를 결정했다는 사실도 보도했다.[4] 1904년 2월 2일(15일) 『노보예 브례먀』는 "러일전쟁으로 국제법을 부정하며 야수가 되어가는 일본이 광기로 진화하지 않으려면 (대한제국의) 중립은 존재해야 한다. 영미의 국제법 전문가는 일본이 대한제국에서 국제법의 기본원칙을 위반하고 있다는 사실을 말할 용기조차 있는가? 일본은 대한제국과 만주의 영토 보전과 독립을 걱정하고 있다고 각종 문서를 통해서 주장했는데 왜 중립국을 자신들의 군사작전의 전쟁터로 만들고 있는가?"[5]라며 일본이 대한제국의 중립을 훼손하는 것을 비판했다.

4　『Новое Время』, 1904. 1. 25.
5　『Новое Время』, 1904. 2. 2.

1904년 2월 4일(17일) 『노보예 브례먀』는 1면 전체를 할애하여 제물포 전경, 순양함 바랴그(Варяг)과 함장 루드네프(В.Ф.Руднев), 포함 까레예쯔(Кореец)와 함장 벨랴예프(Г.П.Беляев)의 사진 등 제물포해전 관련 사진을 대대적으로 실었다.[6] 심지어 1904년 2월 18일(3월 2일) 『노보예 브례먀』는 "죽음을 불사하고 제물포해전을 수행했다"며 바랴그를 기념하는 추모시를 실을 정도였다.[7] 그만큼 『노보예 브례먀』는 전쟁 기사 중심으로 보도하면서 러시아인의 애국심을 끌어올렸다.

그런데 똘스또이는 러시아의 러일전쟁의 정당성에 관한 『노보예 브례먀』의 보도를 자신의 에세이에서 신랄하게 비판했다. 그는 반전사상에 입각해서 러일전쟁을 비판적으로 바라본 러시아의 대표적인 인물이었다.

그동안 러시아에서는 똘스또이의 작품과 활동에 대한 연구가 꾸준히 진행되었다.[8] 또한 똘스또이가 동양, 특히 일본에 미친 영향에 대한 연

---

6 『Новое Время』, 1904. 2. 4.

7 『Новое Время』, 1904. 2. 18.

8 러시아에서의 대표적인 연구성과는 다음과 같다. Ломунов К. Н. Лев Толстой в современном мире. Москва: Современник. 1975; Зорин А. Л. Жизнь Льва Толстого; Опыт прочтения. Москва: Новое Литературное Обозрение. 2020. 국내에 소개된 똘스또이의 생애와 사상 관련 논문과 저서는 다음과 같다. 최대희, 「똘스또이와 사회민주주의적 인텔리겐치아」, 『러시아어문학연구논집』 14, 2003; 심성보, 「레프 똘스또이의 민화에 나타난 노자의 무위사상」, 『러시아어문학연구논집』 17, 2004; 로맹 롤랑 저, 이정림 역, 『톨스토이의 생애』, 범우사, 2008; 심성보, 「레프 톨스토이와 아나키즘」, 『러시아어문학연구논집』 28, 2008; 슈테판 츠바이크 저, 원당희 역, 『톨스토이를 쓰다』, 세창미디어, 2013; 이항재, 「노자의 무위와 그리스도의 사랑」, 『러시아어문학연구논집』 48, 2015; 조혜경, 「노장과 톨스토이」, 『러시아어문학연구논집』 58, 2017; 톨스토이 저, 최재목 역, 『톨스토이가 번역한 노자 도덕경』, 21세기문화원, 2021. 최근 러일전쟁 전후 똘스또이가 창작한 소설은 다음과 같이 국내에 번역되었다. 톨스토이 저, 박형규 역, 『하지 무라트』, 문학동네, 2018(1904 완성); 톨스토이 저, 강명수 역, 『홀스토메르/무엇 때문에』, 지식을만드는

구도 진행되었다.[9] 무엇보다도 선행연구는 똘스또이의 반전사상에 주목했다. 김려춘은 똘스또이와 노자의 무위론(無爲論)의 유사성을 검토했을 뿐만 아니라 한국에서의 똘스또이 수용까지 살펴보았다. 특히 그는 러일전쟁 이후 똘스또이의 반전사상을 수용한 일본 지식인의 반전 운동을 규명했다.[10] 국내에서도 똘스또이와 고토쿠 슈스이(幸德秋水) 및 일본의 반전사상에 대한 연구가 진행되었다.[11]

지식, 2013(1906년 완성). 그밖에 1906년 2월 똘스또이는 동서고금의 인생철학을 집대성한 『독서의 고리(Круг чтения)』 1권을 완성했다[똘스또이 저 , 박형규 역, 『인생독본』 1~2, 문학동네, 2020(1906년 2월 1권 완성, 1908년 2권 완성, 1910년 출판)]. 한국에서 똘스또이의 문학적 수용에 대해서는 문석우, 「러시아 사실주의 문학의 수용과 그 한국적 변용」, 『世界文學比較研究』, 1996을 참조.

9   러시아에서 똘스또이와 동양에 대한 대표적인 연구성과는 다음과 같다. А. И. Шифман. Лев Толстой и Восток. Москва: Наука. 1971; А. Н. Мещеряков. Император Мэйдзи и его Япония. Москва: Наталис. 2009.

10 Ким Рехо. Лев Толстой и литературы Востока Сб. ст. Москва: Институт мировой литературы им. А. М. Горького. 2000; 김려춘 저, 이항재 역, 『톨스토이와 동양』, 인디북, 2004. 227-254쪽.

11 矢ケ崎秀則, 「러일전쟁을 전후한 일본의 반전사상 연구」, 건국대학교 석사학위논문, 1999; 박양신, 「메이지 사회주의자의 반전론」, 『아시아문화연구』 12, 2007; 고토쿠 슈스 저, 임경화 역, 『나는 사회주의자다』, 교양인, 2011; 임경화, 「러일전쟁 전후 일본 혁명가들의 톨스토이 수용 양상」, 『인문논총』 72-2, 2015(임경화, 「러일전쟁 전후 일본 혁명가들의 톨스토이 수용 양상」, 『1905년 러시아 혁명과 동아시아 3국의 반응』, 서울대학교출판문화원, 2016); 강옥헌, 「러일전쟁 시기 러일지식인의 반전(反戰)사상: 톨스토이(L. N. Tolstoy)와 고토쿠 슈스이(幸德秋水)를 중심으로」, 연세대학교 석사학위논문, 2016. 강옥헌에 따르면 똘스또이 반전사상의 특징은 기독교 아나키즘에 기초하여 전쟁을 '개인의 마음과 종교의 문제'로 인식했다는 점이다. 개인주의적 윤리에 기초한 똘스또이의 '종교적 관념론'은 사회주의자로부터 '비현실적 이상주의'라는 비판적 평가를 받기도 했다(강옥헌, 2016, 23-44쪽, 71-74쪽). 강옥헌은 기독교 평화주의와 기독교 아나키즘의 시각에 기초하여 영어로 번역된 똘스또이의 에세이를 분석했는데, 똘스또이의 러일전쟁의 원인과 결과에 대한 구체적인 분석 및 국가 권력에 대한 성찰에 주목하지 못했다. 또한 러일전쟁 전후 똘스또이가 집필한 다수의 에세이와 작품에 집중하지 못한 한계를 갖고 있다.

박노자는 그동안 한국에서 똘스또이의 도덕성에만 주목했다고 비판하면서 똘스또이의 반전사상과 반(反)국가사상을 국내에 본격적으로 소개했다. 그는 한국에서 혁명적 정치사상가인 똘스또이에 대한 인식이 부족했는데, "친일 근대주의자들이 만들어 놓은 그 세계관의 경계선을 넘어서고 있지 못하기 때문"이라고 파악했다. 박노자는 한국의 아나키스트들이 똘스또이의 국가해체라는 근본적인 사상을 수용했지만 한국 친일파들이 똘스또이의 도덕성만 수용했다고 지적했다. 박노자에 따르면 일제강점기 육당 최남선과 춘원 이광수는 똘스또이의 반(反)국가주의 사상을 의도적으로 무시함으로써 똘스또이의 사상을 '비정치적인 인격 수양' 또는 '개량된 기독교 윤리'라는 측면에서만 추종했다.[12]

이문영은 똘스또이의 반전사상을 '평화'와 '동아시아'라는 키워드로 살펴보았는데, 똘스또이의 '반국가'와 '탈애국'을 살펴보면서 똘스또이의 전체적인 사상을 상세히 규명했다. 이문영에 따르면 똘스또이는 인간에 대한 인간의 폭력을 제도화하는 국가, 인간에 의한 인간의 노동 착취를 합법화하는 경제 질서 그리고 그러한 폭력을 신의 법칙으로 정당화하는 기성 종교 등을 만악의 근원으로 여겼다. 이문영은 똘스또이의 러일전쟁론이 일본의 초기 사회주의와 기독교 평화주의의 형성에 미친 영향력에 주목했는데, 똘스또이의 평화사상이 인도, 중국, 일본, 한국에 미친 영향력도 함께 검토했다.[13]

선행연구는 똘스또이의 반전사상에 주목했지만 그가 바라본 러일전

---

12 박노자, 「너희가 '똘스토이'를 아느냐」, 『한겨레 21』, 2004. 2. 26; 박노자, 「너희가 톨스토이를 아느냐」, 『우리가 몰랐던 동아시아』, 한겨레출판사, 2010, 89-96쪽.

13 이문영, 『톨스토이와 평화』, 모시는사람들, 2016, 119쪽; 이문영, 「우리가 몰랐던 톨스토이, 성자인가 전사인가」, 『오마이뉴스』, 2016. 7. 15.

쟁의 원인과 결과에 대해서 집중적으로 연구하지 못했다.[14] 그 이유는 선행연구가 러일전쟁 전후 똘스또이의 기록을 전체적으로 살피고지 못했기 때문이다. 러일전쟁은 한국의 운명을 결정한 전쟁이었는데, 필자는 똘스또이가 파악한 러일전쟁의 원인과 결과를 집중적으로 살펴볼 것이다. 이를 통해 기존 러일전쟁을 외교사와 전쟁사로 바라보는 시각에서 탈피하여 보다 다양한 시선을 제공할 것이다.

러일전쟁 전후 똘스또이는 전쟁에 반대하는 다수의 에세이를 발표했고 이것을 외국에서 발간되는 신문과 잡지 등에 투고했다. 당시 똘스또이가 투고한 에세이들은 영어와 일본어로 번역될 만큼 전쟁에 반대하는 여론을 세계적으로 형성시켰다. 따라서 필자는 러일전쟁 전후 똘스또이가 발표한 다음과 같은 기록을 중심으로 러일전쟁의 원인과 결과를 살펴볼 것이다.

첫째, 1904년 5월 8일 똘스또이는 「다시 생각하세요!(Одумайтесь!)」라는 제목으로 러일전쟁에 관한 에세이를 완성하고, 1904년 잡지 『언론의 자유(Свободное слово)』에 실었다. 이 잡지는 영국 크라이스트처치에서 출판했다.[15] 체르뜨꼬프(В. Г. Чертков, 1854~1936)는 똘스또이주

---

14 그동안 1900년대 똘스또이가 작성한 에세이와 편지 등은 다음과 같이 부분적으로 번역이 진행되었다. 톨스토이 저, 오만규 역, 『사랑의 법칙과 폭력의 법칙』, 아웃사이더, 2004(Leo Tolstoy, *The law of love and the law of violence*, 1908); 톨스토이 저, 조윤정 역, 『국가는 폭력이다』, 달팽이, 2008; 톨스토이·아인슈타인·프로이트 저, 이시언 역, 『어떻게 전쟁을 끝낼 것인가』, 해례원, 2013; 톨스토이 저, 박미정 역, 『비폭력에 대하여』, 바다출판사, 2021; 톨스토이 저, 박홍규 역, 『톨스토이 비폭력 평화 편지』, 영남대학교출판부, 2022.

15 Толстой Л. Н. Полное собрание сочинений. Т. 36. М. Гослитиздат. 1936. С. 616; Толстой Л. Н. Одумайтесь! Полное собрание сочинений. Т. 36. М. Гослитиздат. 1936. СС. 100-148. 똘스또이는 여순항 맞은편에서 러시아군이 600명이 죽었다는 소식을 들었을 때 원고를 마무리했다고 기록했다. Толстой Л. Н. Одумайтесь! Полное

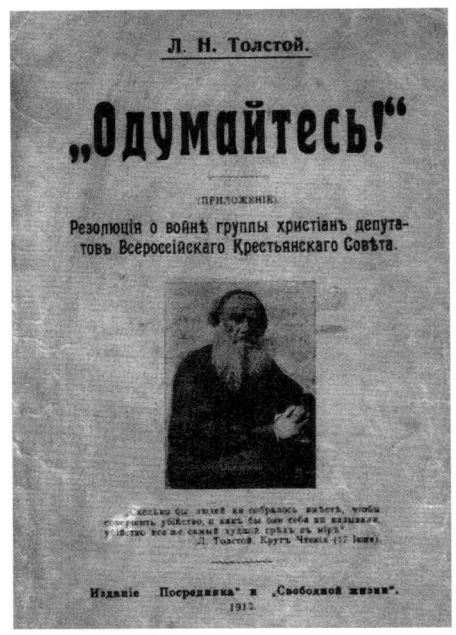

똘스또이의
「다시 생각하세요!」 표지(1904. 6)

의자 그룹의 리더 중 1명으로 러시아에서 똘스또이 저작의 출판이 불가
능해지자 영국에서 똘스또이 저작의 출판을 주도했다. 그는 언론의 자
유(Свободное слово)라는 출판사를 운영했을 뿐만 아니라 1901년부터
1905년까지 발간된 『언론의 자유』라는 잡지의 편집장이기도 했다. 똘스
또이는 1904년 6월 27일 자 『The London Times』에 「자신을 생각하세
요!(Bethink Yourselves!)」라는 제목으로 에세이를 기고했는데, 이 에세
이를 영어로 번역한 인물이 바로 체르뜨꼬프였다.[16] 똘스또이의 「일러

собрание сочинений. Т. 36. М. Гослитиздат. 1936. С. 136.

16 tolstoy.ru; ru.wikipedia.org/wiki/Чертков_Владимир_Григорьевич. 체르뜨꼬프

전쟁론(トルストイ翁の日露戦争論)」은 1904년 8월 7일 자 일본『헤이민신문(平民新聞)』39호에 소개되었다. 똘스또이의 러일전쟁론이『헤이민신문』에 소개되자 일본 내 뜨거운 반응을 불러일으켰는데, 기독교 사회주의자와 고토쿠 슈스이 그룹 사이에 유지되었던 균형이 무너졌다. 고토쿠 슈스이와 사카이 도시히코(堺利彦, 1870~1933)가 함께 번역한「일러전쟁론」은 일본에서 출판되자마자 8,000부가 팔렸다.[17]

둘째, 똘스또이는 1905년 6월「필요한 것은 한 가지뿐이다(Единое на потребу)」라는 제목으로 러일전쟁에 대한 에세이를 완성하고 1906년 『언론의 자유』99호에 실었다. 똘스또이는 1904년 8월 29일과 1904년 8월 31일 자『The London Times』에「필요한 것은 한 가지뿐이다(The One Thing Needful)」라는 제목으로 기고했는데, 이 에세이를 영어로 번

는 1880년대 초 똘스또이를 만났다. 그는 똘스또이의 츠고를 정리했는데, 원고를 정서했을 뿐만 아니라 똘스또이에게 미완성 원고를 보완하도록 권유했다. 톨스토이 저, 김진욱 역,『사람은 무엇으로 사는가』, 범우사, 1987, 309쪽. 똘스또이의「다시 생각하세요!」는 1904년 영어로 번역되어 출판되었다. Leo Tolstoi, *Bethink Yourselves!*, translated by V. Tchertkoff, Boston: Ginn & Company, 1904.

17 「トルストイ翁の日露戦争論」,『平民新聞』39, 1904.8.7; トルストイ 著, 平民社 譯,『トルストイの日露戦争論』, 文明堂, 1904; 임경화,「러일전쟁 전후 일본 혁명가들의 톨스토이 수용 양상」,『인문논총』72-2, 2015, 100-101쪽. 런던 타임지의 정식 명칭은『The Times』였다. 똘스또이의「다시 생각하세요!」는 일본 사회주의 운동가이자 작가인 아키타 우자쿠(秋田雨雀, 1883~1962)와 여성주의 운동가이자 작가인 요사노 아키코(与謝野晶子, 1878~1942) 등에게 영향을 주었다. ru.wikipedia.org/wiki/Одумайтесь!; Александр Иосифович Шифман. Лев Толстой и Восток. Москва: Наука, 1971; Мещеряков, Александр Николаевич. Император Мэйдзи и его Япония. Москва: Наталис, 2009; Ким Рехо. Лев Толстой и литературы Востока Сб. ст. Москва; Институт мировой литературы им. А. М. Горького, 2000. 아키타 우자쿠는 김옥균에 대한 작품도 집필했다. 秋田雨雀,「金玉均氏の死」,『人間』2-1, 東京: 玄文社, 1920.

역한 인물이 체르뜨꼬프였다.[18]

셋째, 똘스또이는 1905년 12월 「세기말(Конец века)」이라는 제목으로 러일전쟁에 대한 에세이를 완성하고, 1905년 12월 말 『언론의 자유』에 실었다.[19] 똘스또이는 1906년 「세기말(The end of the age)」이라는 영어 제목으로도 출판했다.[20]

필자는 똘스또이가 러일전쟁 전후 신문과 잡지 등에 투고한 반전사상 에세이를 중심으로 러일전쟁의 원인과 결과에 주목할 것이다. 또한 똘스또이가 러일전쟁의 원인과 결과를 규명하면서 그가 언급한 국가와 연합의 실체, 그리고 똘스또이가 국가의 대안으로 제시한 '농촌공동체'도 함께 살펴볼 것이다.[21] 필자는 러시아의 대표적 문호인 똘스또이의 에세이를 통해 러일전쟁이 가져온 20세기 초반의 정신적 변화의 단면을 살펴볼 것이다.

---

18 Толстой Л. Н. Полное собрание сочинений. Т. 36. М. Гослитиздат. 1936. CC. 652-654; Толстой Л. Н. Единое на потребу. Полное собрание сочинений. Т. 36. М. Гослитиздат. 1936. CC. 166-205. 똘스또이의 에세이는 1905년 영어로 번역되어 영국 런던에서 출판되었다. Leo Tolstoy, *The One Thing Needful*, Translated by Vladimir Grigor'evich Chertkov, London: Free Age Press, 1905.

19 Толстой Л. Н. Конец века. Полное собрание сочинений. Т. 36. М. Гослитиздат. 1936. CC. 231-277; Толстой Л. Н. Полное собрание сочинений. Т. 36. М. Гослитиздат. 1936. C. 669, 681.

20 Leo Tolstoy, *The end of the age*. London: William Heinemann, 1906.

21 필자는 똘스또이가 집필한 1903년 5월 「애국심과 정부(Патриотизм и правительство)」, 1900년 8월 「살인하지 말아라(Не убий)」, 1900년 10월 「우리 시대의 노예제(Рабство нашего времени)」, 1903년 5월 「정치 활동가에게 고함(К политическим деятелем)」 등을 활용하여 그가 주장한 국가와 연합의 해체를 규명할 것이다.

1. 러일전쟁의 원인과 결과

1) 러일전쟁에 관한 언론의 보도

똘스또이에 따르면 문명은 그 사회의 상태에 다라 결정되었다. 문명은 사회에서 신이 우세한가 악이 우세한가에 따라서 유익할 수도 해로울 수도 있었다. 문명은 다수가 소수의 노예와 같은 억압 상태에서는 억압의 잉여 수단일 뿐이었다. 상류계층이 문명이나 문화라고 부르는 것은 대다수를 지배하는 노예제도의 수단과 결과에 블과했다.

똘스또이는 신문에 대해서 긍정적인 면보다 부정적인 시선을 보여주었다. 똘스또이에 따르면 신문은 선량한 정서와 지혜로운 사상을 확산시킬 수 있었지만 멍청하고 왜곡되고 거짓된 것을 크게 성공시킬 수도 있었다.[22]

똘스또이는 러시아 언론의 러일전쟁에 대한 보도를 다음과 같이 비판했다. 대부분 러시아 기자들은 러일전쟁에 대해서 기쁨을 감추지 못한 채 가장 뻔뻔하고 명백한 거짓 앞에서도 물러서지 않았다. 그들은 갖가지 방법으로 오로지 러시아인만이 정당하고 강인하고 훌륭하다고 보도했고 일본인은 정당하지 못하고 허약하며 모든 면에서 어리석다는 증거를 가져왔다.[23]

똘스또이는 러시아가 러일전쟁에서의 패배를 은폐하고 있다며 다음

---

22 Толстой Л. Н. Конец века. Полное собрание сочинений. Т. 36. М. Гослитиздат. 1936. С. 266.

23 Толстой Л. Н. Одумайтесь! Полное собрание сочинений. Т. 36. М. Гослитиздат. 1936. С. 105.

과 같이 지적했다. 러일전쟁을 주동한 러시아 지배층은 애국주의전쟁의 관점에서 러시아인에게 부끄러운 패배라는 분명한 사실조차 인정하지 않았다. 그들은 1904년 4월 수천 명의 불행한 러시아 군인이 부상을 입고 죽었지만 영웅적 업적을 이룩했다고 주장했다. 그 결과 모든 신문은 학살에 대한 끔찍한 격문을 다음과 같이 보도했다. "파손된 순양함 레트비잔호. 파괴된 수뢰정뿐만 아니라 2천 명의 러시아 병사는 압록강에서 사망했다. 일본은 러시아인의 피를 보기 위해서 군대를 파견했다. 따라서 러시아는 일본에 자비를 베풀 수 없다. 지금은 감상적인 것이 죄악이다. 러시아는 고통스러운 일격을 일본에 가해야 한다." 똘스또이에 따르면 신문기자들은 전쟁에서 러시아의 사정이 나빠질수록 더 양심 없는 거짓말쟁이가 되었다. 그들은 어떤 사람도 논박하지 않는다는 사실을 알고 있었기 때문에 부끄러운 패배를 승리로 바꾸었다. 그렇게 함으로써 신문기자들은 정기 구독과 판매 부수를 통해서 안정적으로 돈을 끌어모았다. 심지어 똘스또이는 돈과 국민이 러일전쟁에 더 많이 투입될수록 관리들이 더 많이 백성을 착취해 간다고 주장했다.[24]

똘스또이는 전쟁을 선동하는 기자와 지도자의 궤변 논리의 문제점을 파악했다. 그에 따르면 기자들은 기사를 통해서 전쟁을 선동했는데, 그들은 전쟁이 대체로 필요하고 유용하며 특히 지금이 그렇다고 주장했다. 똘스또이는 러일전쟁 당시 "기자들이 민중의 이익, 국가, 문명화, 백인 등을 언급하며 전쟁을 정당화했고, 정치 지도자들이 조국, 신앙, 맹세, 명예, 문명화, 추상적인 인류 전체의 미래의 이익을 위해서 전쟁을 실행

---

24 Толстой Л. Н. Одумайтесь! Полное собрание сочинений. Т. 36. М. Гослитиздат. 1936. СС. 140-141.

한다"고 주장했다.[25] 그는 지도층이 애국주의 관점에서 전쟁을 포장했고 언론이 러일전쟁을 정당화시키는 역할을 담당했다고 비판했다.

2) 러일전쟁의 광기

똘스또이는 전쟁의 원인을 다음과 같이 주목했다. "지배자들만이 어떤 이해할 수 없는 목적을 위해 서로 증오하게 만든 다음, 국민을 보호한다는 핑계로 전쟁을 계획했다."[26] 1904년 5월 똘스또이는 「다시 생각하세요!」에서 러일전쟁의 문제점을 지적하면서 이렇게 글을 시작했다. "다시 전쟁이다. 다시 누구에게도 필요하지 않으며, 무엇으로도 유발할 수 없는 고통이 시작된다. 다시 거짓이 시작되고 다시 사람들 모두가 넋이 나가 짐승이 된다."

똘스또이에 따르면 교양 있는 사람들은 국가의 무장이 불가피하게 전쟁을 유도한다는 사실을 모를 수가 없었다. 그 이유는 모든 책자 팸플릿, 신문 기사 등이 헤이그평화회의와 국제재판소를 언급하면서 극제적인 논쟁의 해결 방안을 설명했기 때문이다. 또한 전쟁이 가장 저급하고 본능적인 욕망을 인간에게서 불러일으켜 사람들을 타락시키고 야수화시킨다는 사실을 모든 사람들은 알고 있었다. 하지만 전쟁이 갑자기 시작되면 이 모든 것이 순식간에 잊혀지는데, 전쟁의 잔인함과 불필요함과

---

25 Толстой Л. Н. Одумайтесь! Полное собрание сочинений. Т. 36. М. Гослитиздат. 1936. СС. 112-113.

26 Толстой Л. Н. Единое на потребу. Полное собрание сочинений. Т. 36. М. Гослитиздат. 1936. СС. 184-185.

광기를 증언한 사람들은 가능한 많은 사람을 죽이는 것만 생각했다.[27]

똘스또이는 러시아 지도자와 학자가 러일전쟁을 정당화시키고 있다며 다음과 같이 기록했다. 니꼴라이 2세(Николай II)는 그동안 소중히 여긴 평화 수호에 관한 선언에도 불구하고 일본군이 침략했으니 일본인을 죽여야 한다는 명령을 공공연히 선포했다. 일왕 역시 러시아인과 관련하여 동일하게 선포했다. 법률가 마르뗀스(Ф.Ф.Мартенс)는 세계 평화를 호소하는 것과 타국의 영토 침략전쟁을 선동하는 것 사이에는 어떤 모순도 없다고 러시아인에게 열심히 증명했다. 역사가를 포함한 학자들은 과거와 현재를 비교하며 황인종과 백인종의 관계, 불교와 기독교의 관계에 대해 장황하게 설명했는데 그들은 이러한 근거에 기초하여 기독교인의 황인종 살해를 정당화했다.[28]

똘스또이는 전쟁 광기의 선동 이유를 지적하며 비판했다. 러시아 사회의 상류층은 부자연스럽고 흥분되었다. 그 열광적인 광기의 모든 선동은 자행되고 있는 일에 대한 죄의식의 징후였다. 신문에 보도되는 슬라브어 기도문, 온갖 행진, 애국가 제창, 만세 외침 등은 폭로를 두려워하지 않는 무분별한 언론의 거짓이었다. 사람들은 희생자를 죽이기 시작한

---

27 Толстой Л. Н. Одумайтесь! Полное собрание сочинений. Т. 36. М. Гослитиздат. 1936. СС. 101-102. 똘스또이에 따르면 러시아는 헤이그평화회의에서 악동 역할을 수행했다. 러시아는 무기로 자국민을 짓밟고, 폴란드의 목을 조르고, 투르키스탄과 중국을 약탈하고, 핀란드의 숨통을 조이는 데 전력하고 있음에도 불구하고 러시아는 각국 정부에 군비 축소를 제안했다. 열강은 겉으로만 국가 간 평화를 조성하기 위해 진지하게 참여하는 모습을 보여주었다. Толстой Л. Н. Патриотизм и правительство. Полное собрание сочинений. Т. 90. М. Гослитиздат. 1958. С. 434.

28 Толстой Л. Н. Одумайтесь! Полное собрание сочинений. Т. 36. М. Гослитиздат. 1936. СС. 104-105.

다음 멈출 수 없는 살인자처럼 행동하며 전쟁을 지속했다. 분별을 잃고 짐승처럼 변한 사람들은 끔찍한 짓을 지속했다.[29]

똘스또이는 인간이 개인과 국가의 삶을 하나의 요구에 맞추어 살아간다면 파멸의 전쟁과 이성의 상실로 향할 것이라며 전쟁의 위험성을 경고했다. 국가는 국가에 맞서는 폭력의 수단을 불가피하게 확대시키면서 군비확장에 집중할 것이다. 인간은 전쟁에서 사람들을 죽이면서 점점 더 도덕적으로 타락할 것이다. 똘스또이는 궤변이 정의로 둔갑하는 사실에도 주목했다. 그에 따르면 국제법학자 마르뗸스는 러일전쟁이 헤이그 평화회의에 모순되지 않는다고 주장하여 생각을 전달하는 언어가 세계에서 어디까지 왜곡될 수 있는지를 가장 잘 보여주었다. 생각과 언어는 인간의 활동을 지도하기 위해서가 아니라 모든 활동을 정당화하기 위해서 사용되었다.[30]

똘스또이는 애국주의의 가면을 벗기면서 전쟁의 광기에 주목했다. 러시아 황실은 애국주의라는 거짓으로 숨기면서 자신의 이익과 야심을 위해 자발적으로 전쟁을 옹호했다. 군부대신 꾸로빠뜨낀(А. Н. Куропаткин)은 살아 있는 러시아인을 죽이기로 결심했다. 그들은 일본인이 만주로 들어오는 것을 막고 한국에서 일본인을 내쫓기 위해서 5만 명 이상의 러시아인을 필요로 했다. 러시아인은 러시아 황실을 위해서 만주와 한국에서 자행한 기행과 약탈을 옹호하다 죽게 될 것이다. 똘스또이는 "한반도의 낯선 삼림에 돈을 벌고자 하는 투기꾼의 괴이

---

29 Толстой Л. Н. Одумайтесь! Полное собрание сочинений. Т. 36. М. Гослитиздат. 1936. СС. 109-110.

30 Толстой Л. Н. Одумайтесь! Полное собрание сочинений. Т. 36. М. Гослитиздат. 1936. С. 116.

한 사업을 위해서 러시아 민중 전체 노동의 산물인 수백만의 큰 자금 이 허비되고 있다"고 주장했다. 그 삼림 사업은 바로 '압록강삼림회사' 였다. 똘스또이는 1904년 3월 31일 사망한 태평양함대 사령관 마까로프 (С. О. Макаров)의 죽음에 대한 『노보예 브례먀』의 다음과 같은 보도에 대해서 비판했다. "러시아에 마까로프는 1명이 아니다. 마까로프와 같은 모든 해군 대장은 마까로프의 자취를 따라갈 것이며, 죽은 마까로프의 계획과 사상을 전장에서 성실하게 이어갈 것이다." 이러한 보도로 인하 여 러시아인은 모두가 인정하는 능숙한 살인자인 용감한 마까로프의 죽 음을 이야기하고 수백만 루블에 달하는 살상 무기인 전함의 침몰을 안 타까워했다. 또한 러시아인은 마까로프만큼 능숙한 다른 살인자를 찾는 일에 고심하면서 새롭고 훨씬 효율적인 살상 무기를 만들었다. 똘스또이 는 니꼴라이 2세부터 신문기자까지 이 끔찍한 사건의 주범들이 모두 한 목소리로 새로운 광기와 잔인함을 부추겼다고 비판했다.[31]

한편 똘스또이는 일본의 전쟁선동도 비판했다. 유럽을 모방하는 일본 인은 전쟁에서 승리하기 위해서 훨씬 열정적으로 살인을 저지르기 위해 모여들었다. 일왕은 열병식을 하고 훈장을 수여했다. 일본 장군들은 살 인 방법을 배운 다음 오히려 계몽되었다고 상상하면서 허세를 부렸다. 일본 신문기자들은 거짓말을 하며 정기 구독에 기뻐했다. 살인이 용기로 격상되는 곳이기 때문에 모든 악덕이 번성하는 것은 당연했다. 심지어 일본의 종교 지도자들은 부처가 금한 살인을 허용할 뿐만 아니라 정당

---

31 Толстой Л. Н. Одумайтесь! Полное собрание сочинений. Т. 36. М. Гослитиздат. 1936. CC. 136-138.

화했는데, 그들은 위대한 석가모니의 생각을 왜곡했다.[32] 똘스또이는 러시아와 일본의 지도자와 언론인 모두가 러일전쟁을 정당화하면서 전쟁의 광기와 잔인함을 부추겼다고 신랄하게 비판했다.

3) 러일전쟁의 원인 제공자

1905년 6월 똘스또이는 「필요한 것은 한 가지뿐이다」에서 러일전쟁의 상황을 다음과 같이 기록했다. "극동에서는 러일전쟁이 벌써 2년째 계속되고 있다. 이 전쟁에서 이미 수만 명의 사람들이 전사했다. 러시아는 예비병사 수만 명을 현역에 복무하도록 요청하고 있다. 예비병사 모두는 절망과 공포에 사로잡히거나 혹은 보드카에 의지하여 허세를 부리며 차량에 올라타고 극동으로 거침없이 가고 있다. 이것이 도대체 무엇이란 말인가? 이들은 왜 전쟁에 참여하는지 스스로에게 설명조차 할 수 없다. 왜냐하면 전쟁에는 이성적인 이유가 없으며 또 어떤 해명이 있을 수도 없다."

똘스또이는 니꼴라이 2세가 전쟁의 원인자가 될 수 있다며 다음과 같이 기록했다. 만약 니꼴라이 2세가 만주와 한국에서 벌어진 모든 일을 금지시키고 일본의 러일협상 요구안에 동의했다면 러일전쟁은 발생하지 않았을 것이다. 또한 니꼴라이 2세가 지금이라도 평화조약을 제안한다면 전쟁이 종결될 것이다. 똘스또이는 니꼴라이 2세가 "평범하고 평

---

32 Толстой Л. Н. Одумайтесь! Полное собрание сочинений. Т. 36. М. Гослитиздат. 1936. CC. 141-142. 강옥헌은 똘스또이가 러일전쟁 발발의 근본적인 원인을 "인간의 마음과 종교적 가치관" 속에서 찾았다고 주장했다. 강옥헌, 2016, 81쪽.

균적인 수준의 인물이며 미신을 지독히 믿는 교화되지 못한 사람"이라고 비판했다.

그럼에도 똘스또이는 러일전쟁이 규모와 결과 면에서 너무나 거대하기 때문에 니꼴라이 2세가 러일전쟁을 일으킨 직접적인 원인이라고 규정할 수 없다고 판단했다. 그는 러일전쟁의 본질적인 원인이 짜르나 일왕이 아니라 사회 조직의 구조라고 규정했다. 이러한 사회 조직의 구조 때문에 짜르나 일왕이 수백만 명을 불행하게 만들었다. 결국 똘스또이는 러일전쟁의 근본적인 원인이 잘못된 구조와 기구를 조직한 인간에게 있다고 주장했다.[33]

똘스또이는 러시아의 사회 구조와 기구가 인간을 괴롭히고 러시아를 통치하고 있다고 판단했다. 그는 '똑똑하지 않은 경기병 장교 출신'인 니꼴라이 2세가 황제를 계승하여 수만 명의 생명과 수십억 루블이 필요한 만주와 한국 프로젝트를 정부 각료들과 함께 기획했는데, 이들은 향후 새로운 아프리카, 아메리카, 인도 프로젝트를 기획할 수도 있을 것이라고 생각했다. 똘스또이에 따르면 정부란 극소수의 사람이 자기 의지를 대다수의 사람에게 실행하라고 강요하는 조직이었다. 모든 유럽 국가의 역사는 광기의 왕좌에 올랐던 난폭한 황제가 자신의 민중을 기만시키고 민중을 음탕하게 만든 역사였다.[34] 결국 똘스또이는 러일전쟁의 근본적인 원인이 잘못된 구조와 기구를 조직한 인간에게 있는데, 러시아로 한정시키면 짜르 체제에 기반한 러시아 정부가 러일전쟁의 원인을 제공

---

33 Толстой Л. Н. Единое на потребу. Полное собрание сочинений. Т. 36. М. Гослитиздат. 1936. СС. 166-168.

34 Толстой Л. Н. Единое на потребу. Полное собрание сочинений. Т. 36. М. Гослитиздат. 1936. СС. 169-170.

했다고 판단했다. 그는 모든 전쟁의 근본 원인을 국가라고 생각했다.

4) 러일전쟁의 결과

1905년 12월 똘스또이는 「세기말」에서 러일전쟁 패배의 결과를 러시아 국가 붕괴의 징후로 파악했는데, 러시아국가의 붕괴가 모든 사이비 기독교 문명의 붕괴로 연결될 것이라고 판단했다. 똘스또이는 "이는 낡은 세기의 끝이고 새로운 세기의 시작"이라고 생각했다.

그는 러시아군대와 함대의 패배 원인이 불행한 우연과 러시아관료의 배임이라고 주장했다. 똘스또이는 러시아의 패배가 러시아뿐만 아니라 기독교 문명의 붕괴를 의미한다고 해석했다. 그에 따르면 러시아군대와 함대의 파괴는 단순히 군대와 함대의 파멸만이 아니라 러시아 정부와 국가의 붕괴 징후였다.

똘스또이는 일본이 쉽게 승리한 원인에 대해서 러시아 민중을 사로잡은 1905년 혁명운동 때문이며, 1905년 러시아 혁명운동의 원인은 "멍청한 정부와 혁명가의 활동" 때문이라고 했다. 이 사건은 결과적으로 러시아의 약화, 국제관계의 재편, 러시아의 지배 방식의 변화를 초래했다.[35]

똘스또이는 러일전쟁에서 일본이 세계적으로 육상과 해상에서 가장 강력한 군사 강국이기 때문에 승리했다고 주장했다. 일본인은 전투에서 기독교 국민들보다 과학적·기술적 개선을 더 많이 실행했다. 용감한 일

---

35 Толстой Л. Н. Конец века. Полное собрание сочинений. Т. 36. М. Гослитиздат. 1936. СС. 232-233. 똘스또이에 따르면 러시아인은 패배의 원인을 패배자의 잘못, 즉 열악한 러시아 군사 업무 체제, 관리들의 과오와 실책 등으로 설명하려고 했다. Толстой Л. Н. Конец века. Полное собрание сочинений. Т. 36. М. Гослитиздат. 1936. С. 234.

본인은 죽음을 초월하는 본성을 가지고 있었다. 일본인은 호전적 애국주의로 정신을 무장하여 신성불가침의 힘을 보여주었다. 일본인은 신격화된 일왕의 권력에 복종했는데, 노예와 같은 전제주의에 복종하여 통합되었다.[36]

똘스또이는 러일전쟁에서 일본 승리의 의미와 결과를 주목했는데, 그는 기독교 민족들에 대한 비기독교 국민들의 불가피하고 필연적인 우월성이라며 다음과 같이 주장했다. 첫째, 기독교 민족들은 서로를 말살시킬 수 있는 현실적인 방법을 고안했다. 그런데 비기독교 민족들 가운데 호전적이고 교활하며 모방을 잘하는 민족인 일본인이 나타났다. 일본은 다른 비기독교 민족들과 함께 그들을 위협하는 위험성을 사전에 파악했다. 일본인은 매우 빠르고 기민하게 서구의 모든 전쟁 기술과 함께 과학적 지혜를 터득했다. 무엇보다도 일본은 종교적 애국심에 기초한 전제주의에 기반하여 어느 군사 강국보다 더욱 강력한 군사력을 보유했다. 둘째, 모든 비기독교 민족은 일본과 마찬가지로 기독교 민족의 전쟁 기술을 터득한 다음 기독교 국가를 없애버릴 수도 있게 되었다. 셋째, 기독교 민족들은 부도덕하고 멍청한 일을 스스로 자행했다. 일본의 러일전쟁 승리는 기독교 민족들이 수행한 모든 부도덕한 일들 때문이었다는 사실을 보여주었다. 기독교 정부는 민중들의 힘을 헛되이 낭비했으며 비기독교 민족들이 준비할 수 있는 시간을 주었다. 넷째, 만일 기독교 민족들이 기독교인으로 남고자 한다면 그들의 노력을 군사력이 아닌 다른 곳에 집중시켜야 했다. 그것은 거친 폭력이 아닌 이성적인 화합과 사랑으로

---

36 Толстой Л. Н. Конец века. Полное собрание сочинений. Т. 36. М. Гослитиздат. 1936. CC. 234-235.

사람들에게 최대의 이익을 가져다줄 수 있는 구조를 만드는 것이었다. 기독교 세계를 이긴 일본 승리의 의미가 여기에 있었다.[37]

똘스또이에 따르면 일본의 승리는 기독교 민족들의 옳지 않음을 모든 세계에 보여주었다. 러시아 정부는 개인의 어떤 목적과 관청의 수장인 어떤 인물을 위해서 자국민을 무의미한 러일전쟁에 빠뜨렸다. 러일전쟁은 수만 명의 생명, 수십억의 재화, 민중의 노동 생산물 등을 모두 사라지게 만들었으며, 러시아를 자랑스러워하던 러시아인의 명성을 추락시켰다.[38] 결국 똘스또이는 비기독교 민족이 기독교 민족들에 대한 우월성을 보여준 사건으로 러일전쟁을 평가했으며, 러일전쟁의 패배가 러시아 정부와 국가 붕괴의 신호탄이라고 생각했다. 그는 러일전쟁을 통해서 기독교와 비기독교의 대립에 주목했다.

2. 국가 및 연합의 해체와 농촌공동체의 조직

1) 국가와 권력

똘스또이는 1900년 8월 「살인하지 말아라(He убий)」에서 사회 질서와 권력자를 비판하며 살인이 정신적 마비 상태를 확대할 뿐이라고 보았다. 똘스또이에 따르면 국민의 불행을 가져온 원인은 특정한 개인이 아니라

---

37 Толстой Л. Н. Конец века. Полное собрание сочинений. Т. 36. М. Гослитиздат. 1936. СС. 236-237.
38 Толстой Л. Н. Конец века. Полное собрание сочинений. Т. 36. М. Гослитиздат. 1936. С. 238.

특정한 사회질서였다. 사람들은 사회질서하에 단단히 묶여 소수 권력자들의 손아귀에 놓여 있게 되었다. 사회 구조의 정점에 있는 권력자들은 더 이상 얻을 게 없었다. 그들 행동의 유일한 동기는 권력에 대한 사랑과 허영이었다. 그들은 사람들을 마음대로 할 수 있는 권력, 주위의 굴종과 아첨 때문에 악행을 되풀이하면서 자신들이 인류 번영의 공헌자라고 믿어 의심치 않았다.[39]

1903년 5월 똘스또이는 「애국심과 정부(Патриотизм и правительство)」에서 애국심을 비판하면서 정부의 필요성을 고민했다. 그에 따르면 세계적인 군비확장과 파멸적인 전쟁은 바로 애국심에서 비롯되었다. 애국심은 감정으로서 해로우며 원리로서 어리석은 것이었다. 스스로를 최상의 국민과 국가로 생각한다면 모두는 해악을 낳는 거대한 망상 속에 살아갈 것이다. 애국심은 모든 국가의 국민들이 자기의 이익을 위해 다른 나라의 국민을 침략하고 학살하는 것을 당연한 것으로 생각하는 개념이었다.[40] 이웃 민족의 침략 위험에 대비하여 정부의 존재가 필요하다. 아무런 방어 수단이 없는 것보다는 낫기 때문이다. 정부는 국민을 위해서 다른 민족의 공격을 막아야 하는데, 그것이 정부의 존재 이유였다. 하지만 정부는 다른 민족들의 분노를 자극한 다음 자국민의 애국심을 불러

---

39 Толстой Л. Н. Не убий. Полное собрание сочинений. Т. 34. М. Гослитиздат. 1952. СС. 200-205. 이 에세이(Thou Shalt Not Kill)는 1900년 8월 완성되어 1900년 잡지 『Листок Свободного слова』 №. 17에 실렸다. Толстой Л. Н. Полное собрание сочинений. Т. 34. М. Гослитиздат. 1952. С. 568.

40 Толстой Л. Н. Патриотизм и правительство. Полное собрание сочинений. Т. 90. М. Гослитиздат. 1958. СС. 427-429. 이 에세이는 1900년 5월 완성되어 1900년 잡지 『Свободное слово』에 실렸다. Толстой Л. Н. Полное собрание сочинений. Т. 90. М. Гослитиздат. 1958. С. 446.

일으켰는데, 국가가 위험에 빠졌고 기필코 국가를 보호해야 한다그 국민을 호도했다.[41]

1900년 10월 똘스또이는 「우리 시대의 노예제(Рабство нашего времени)」에서 법률과 정부의 본질을 다음과 같이 파악했다. 현재의 노예제는 토지, 세금, 재산에 관한 세 가지 법률에 기인했다. 따라서 노동자의 지위를 향상시키려는 모든 시도는 의식하지 못하더라도 필연적으로 위의 세 가지 법률을 위반하는 것이었다.[42] 모든 법은 한 가지 공통점이 있는데, 법을 만든 자는 누군가 법을 지키지 않으면 무장 병력을 보내서 폭행하거나 감옥에 가두거나 심지어 죽이기까지 했다. 규칙을 준수하도록 강요하는 힘은 한 가지뿐인데, 그것은 폭력이었다. 입법은 본질적으로 다른 사람들에게 복종을 강요할 수 있는 권력을 갖고 있었다.[43]

똘스또이에 따르면 무엇보다도 자금과 병력을 보유한 정부는 국민의 이익과 보호를 위해 국무를 처리한다는 약속을 지키지 않으면서 외국의 침략을 막기보다는 오히려 이웃 국가를 자극해서 전쟁을 일으켰다. 더구나 정부는 종교와 교육을 통해 정부에 대한 애국심과 충성과 숭배를 주입했다. 따라서 똘스또이는 노예제는 법에서 비롯되고 정부가 법을 만들

---

41 Толстой Л. Н. Патриотизм и правительство. Полное собрание сочинений. Т. 90. М. Гослитиздат. 1958. CC. 434-435. 이문영은 똘스또이가 주장한 국가에 대한 거부, 사회주의에 대한 비판, 국가와 싸우는 방법, 애국심에 대한 거부 등을 상세히 정리했다. 이문영, 2016, 51-81쪽.

42 Толстой Л. Н. Рабство нашего времени. Полное собрание сочинений. Т. 34. М. Гослитиздат. 1952. C. 176. 이 에세이(The Slavery of Our Times)는 1900년 10월 완성되어 1900년 잡지 『Свободное слово』과 『Русские ведомости』 № 245에 실렸다. Толстой Л. Н. Полное собрание сочинений. Т. 34. М. Гослитиздат. 1952. C. 565.

43 Толстой Л. Н. Рабство нашего времени. Полное собрание сочинений. Т. 34. М. Гослитиздат. 1952. C. 179.

었으므로 정부를 폐지해야만 노예제에서 해방될 수 있다고 주장했다.[44]

1903년 5월 똘스또이는 「정치 활동가에게 고함(К политическим деятелем)」에서 사회체제의 권력을 비판했는데, 그는 역사 속에서 사회체제의 변화를 다음과 같이 설명했다. 첫째, 사회적 삶이 완전히 동물적 자유였을 때 인간은 다른 인간을 집어삼켰다. 둘째, 1인의 권력이 사회적 이상으로 자리 잡을 때 사람들은 통치자를 신격화하면서 이집트나 로마처럼 열정적으로 통치자에게 복종했다. 셋째, 사람들은 하나의 조직을 이상으로 받아들였는데, 이 조직은 인간이 영위하는 조직에 얼마만큼 유익한가에 따라 권력의 지지를 받았다. 넷째, 보통 선거권의 유무를 떠나 공화국을 건설하려는 이상이 생겨났다. 다섯째, 사회적 삶의 이상은 모든 생산 수단이 사적 재산이 아니라 전 국민의 재산이 되는 경제 조직에 의해 실현될 수 있다는 생각을 가지게 되었다.

똘스또이는 사회 변화에 따른 사회체제 모두가 권력의 존재를 인정하고 있다고 비판했다. 그에 따르면 권력이란 사람들에게 기존의 법률을 따르도록 강요하는 강제력으로, 오늘날도 똑같은 권력을 요구하고 있었다. 혁명가와 사회주의자도 비록 기존의 국가 조직을 변화시켜야 한다고 생각할지라도 권력을 인정했다. 그들은 어떤 사람이 다른 어떤 사람에게 기존의 법률에 따르도록 강요하는 권리를 사회질서의 필수 조건으로 간주했다. 국가는 사람들에게 이전에는 없던 권한을 주었지만 동시에 자신의 권력을 강화했다. 19세기 말 국가의 권력은 너무도 막강해져 사

44 Толстой Л. Н. Рабство нашего времени. Полное собрание сочинений. Т. 34. М. Гослитиздат. 1952. СС. 188-189.

람들이 국가에 맞서 싸운다는 것이 거의 불가능하게 되었다.[45] 왕, 황제, 대신, 재판관은 자신들의 지위를 지키려는 바람 외에는 어떤 목적도 없이 악행을 일삼았는데, 그들은 선한 사람들이 아니라 오히려 가장 나쁜 사람들이었다. 그들의 권력은 인류를 불행에 빠뜨린 가장 커다란 원인 가운데 하나였다. 권력을 무너뜨린 권력은 권력으로 남아 있었다.

똘스또이는 국가와 권력에 대한 해법을 다음과 같이 제시했다. 인간이 권력은 무용하며 해악을 끼칠 뿐이라는 사실을 깨닫는다면 권력을 철폐할 수 있는데, 사람들은 권력에 복종하거나 참여하지 말아야 한다. 권력은 인간의 합리적인 각성에 의해서만 철폐될 수 있다.[46] 결국 똘스또이는 인간이 국가와 권력의 한계를 깨달아서 합리적인 각성을 통해서 복종을 거부해야 한다고 주장했다.

2) 정부의 유형과 국가와 연합의 해체

똘스또이는 정부 권력이 무엇으로 구성되며 어떻게 권력을 획득하고 유지하는가를 잘 파악한 인물이 마키아벨리(Niccolò Machiavelli)라고 주장했다. 똘스또이는 마키아벨리의 글을 다음과 같이 인용했다. "모든 군주의 가장 큰 걱정거리는 전쟁, 군사 기술, 훈련이다. 군사 기술에 군주

---

45 Толстой Л. Н. К политическим деятелем. Полное собрание сочинений. Т. 35. М. Гослитиздат. 1950. СС. 200-201. 이 에세이는 1903년 5월 완성되어 1903년 잡지 『Свободное слово』 №. 85에 실렸다. Толстой Л. Н. Полное собрание сочинений. Т. 35. М. Гослитиздат. 1950. С. 677.

46 Толстой Л. Н. К политическим деятелем. Полное собрание сочинений. Т. 35. М. Гослитиздат. 1950. СС. 206-207.

의 권력이 갖는 모든 비밀이 있기 때문에 군주뿐만 아니라 시민도 최고의 통치에 도달할 수 있다. 군주는 가면이 필수적인데, 그 이유는 대부분의 사람들이 어떻게 보이는가에 따라 사람을 판단하기 때문이다. 따라서 군주는 신의, 자비심, 인간적임, 정직성, 신앙심 등 5가지 자질에 신경을 써야 한다."[47]

똘스또이는 악한 자의 지배 구조를 다음과 같이 파악했다. 복종은 폭력을 참아내는 것을 선호한다는 의미였다. 언제나 더 나쁜 사람들이 지배해왔는데, 더 선한 자가 더 악한 자를 지배하는 일은 있을 수 없었다.[48] 권력은 언제나 악한 자의 손에 놓여 있었다. 가장 악한 자만이 권력에 가담하는데, 그들은 필요한 교활하고 비겁하고 잔인한 모든 일을 할 수 있었다. 인간 사회에는 권력욕이 강하고 비양심적이고 잔인하며 자신의 이익을 위해서 어떤 종류의 폭력, 강도, 살인도 능히 저지를 수 있는 사람들이 존재한다. 그들은 권력을 잡고 이용하여 조작한 여론으로 지지받고 찬양받으며 미화되기까지 했다.[49]

똘스또이는 절대군주국, 입헌군주국, 공화국 등 정부의 문제점을 다음과 같이 지적했다. 첫째, 정부는 조세를 명목으로 민중의 재산 가운데 많은 부분을 폭력적으로 빼앗으며 재화를 마음대로 사용했다. 둘째, 정부

47 Толстой Л. Н. Единое на потребу. Полное собрание сочинений. Т. 36. М. Гослитиздат. 1936. CC. 174-177. 니콜로 마키아벨리(Niccolò Machiavelli, 1469~1527)는 르네상스 시대 이탈리아의 사상가로 『군주론(Il Principe)』, 『로마사 논고』 등을 저술했다. 마키아벨리 저, 강정인·안선재 역, 『로마사 논고』, 한길사, 2003.

48 Толстой Л. Н. Единое на потребу. Полное собрание сочинений. Т. 36. М. Гослитиздат. 1936. С. 183.

49 Толстой Л. Н. Конец века. Полное собрание сочинений. Т. 36. М. Гослитиздат. 1936. С. 254.

는 민중에게서 뺏은 땅의 소유권을 통해서 강압적으로 유지했다. 셋째, 정부는 군대를 고용과 징집으로 구성했는데, 군대는 사람들의 살인과 약탈 행위를 실행하는 전문적인 살인자 집단이었다. 똘스또이는 정부의 노예가 가장 잔인한 노예 상태라고 규정했다. 사람들은 정부의 노예라는 사실조차 모르고 자유를 원하지도 않았다. 그뿐만 아니라 입헌국가와 공화국의 사람들은 자신들을 완전히 자유로운 인간이라고 생각하며 정부의 노예제도를 자랑스럽게 여겼다.[50] 또한 똘스또이는 입헌국가와 사회주의 정부의 문제점을 다음과 같이 지적했다. 선출된 사람들은 민중의 이익이 아니라 정당들의 싸움에서 자신의 가치와 권력을 유지시키려는 목적으로 법률을 제정하며 국민을 다스렸다. 입헌국가의 국민은 언제나 노예였다. 왜냐하면 국민은 정부에 참여하거나 참여할 수 있다고 상상하면서 국민에게 자행된 모든 폭력의 법칙을 인정하고 권력의 지시를 따르기 때문이었다. 한편, 사회주의는 이론의 확산을 통해서 국민을 더욱 예속화시켰다.[51]

그런데 똘스또이는 사회주의 체제가 달성된다면 사람들에게서 자유의 마지막 흔적마저도 빼앗아갈 것이라고 지적했다.[52] 특히 그는 1904년 10월 23일(양력 11월 5일) 기독교 사회주의자이자 『헤이민신문』 편집자인 아베 이소오(安部磯雄)에게 "기만적이고 어리석은 국민이 저지르고

---

50 Толстой Л. Н. Единое на потребу. Полное собрание сочинений. Т 36. М. Гослитиздат. 1936. СС. 176-181.

51 Толстой Л. Н. Конец века. Полное собрание сочинений. Т. 36. М. Гослитиздат. 1936. СС. 245-246.

52 Толстой Л. Н. Конец века. Полное собрание сочинений. Т. 36. М. Гослитиздат. 1936. С. 260.

있는 끔찍한 전쟁범죄에 반대하는 합리적이고 도덕적이고 종교적인 사람들이 일본에 상당히 많다는 것을 전혀 의심하지 않지만 그 증거를 보게 되어 몹시 기쁘다"며 편지를 보냈다.

이 편지에서 똘스또이는 자신이 사회주의를 인정하지 않는다고 노골적으로 주장했는데, "일본의 현명하고 정력적인 인민 가운데 정신적으로 가장 발달한 사람들이 유럽에서 포기하기 시작한 허약하고 망상적이며 잘못된 사회주의를 받아들이고 있음을 알고 유감스럽다"고 밝혔다. 그에 따르면 "사회주의는 인간 본성에서 물질적 복지의 만족을 목적으로 하지만 그것이 제안하는 수단에 의해서는 결코 목적을 이룰 수 없는 것이다. 물질적 복지를 포함하는 정신적이고 도덕적인 복지가 인류의 참된 복지다. 그 최고의 목적은 나라와 인류를 구성하는 모든 종교적이고 도덕적인 완성에 의해서만 달성될 수 있다."[53] 그 배경에는 똘스또이가 혁명가와 사회주의자의 수단 모두 비도덕적으로 파악했기 때문이다. 모든 혁명 기도는 거짓과 기만, 폭력과 살인으로 얼룩져 있는데, 국가의 폭력을 정당해해줄 뿐이며 국가의 권력을 강화하는 결과를 야기했다.[54]

똘스또이는 보수주의자, 자유주의자, 혁명주의자 정부와 조직을 모두 비판적인 시선으로 바라보았다. 그에 따르면 보수주의자는 한번 정해진 규칙을 준수해야 하는데, 정부 스스로 모든 것을 이룰 수 있다고 생각

---

53 Толстой Л. Н. 1904. 10. 23.(11. 5) Изо-Абэ. *Полное собрание сочинений*. Т. 75. М. Гослитиздат. 1955. СС. 176-177. 이 편지는 1905년 3월 잡지 『*Свободное слово*』에 실렸다. Толстой Л. Н. *Полное собрание сочинений*. Т. 75. М. Гослитиздат. 1955. С. 178.

54 Толстой Л. Н. *К политическим деятелем. Полное собрание сочинений*. Т. 35. М. Гослитиздат. 1950. СС. 209-210.

했다. 자유주의자는 평등과 자유를 보장하는 새로운 법과 제도를 통해서 국가를 변화시키고 개선시킬 수 있다고 판단했다. 혁명주의자는 과거의 조직을 해체하여 새로운 조직을 구성하는데, 그 조직은 완전한 경제적 평등을 정착시키고 자유를 보장한다고 생각했다. 그러나 똘스또이는 혁명 이후에도 새로운 조직이 동일한 상태로 회귀할 것이므로 형식이 아무리 바뀌어도 인간의 본질은 바뀌지 않는다고 주장했다.[55]

똘스또이는 범세계적인 군주국 혹은 유럽연합 공화국을 건설하는 것이 불가능하다고 판단했다. 그 이유는 서로 다른 국민들이 하나의 국가로 통합되는 것을 결코 원하지 않기 때문이다.[56] 똘스또이는 국가 동맹과 연합의 문제점을 다음과 같이 지적했다. 러시아, 오스트리아, 영국, 프랑스 모두를 하나로 연결시키는 유일한 힘은 바로 권력이었다. 사람들은 자신의 이성적 본성과 그리스도에 의해 발견된 자유의 법칙을 거스르는 사람들에게 복종했다. 똘스또이는 사람들이 기성적인 존재 본연의 자유를 인식하면서 권력욕으로 인한 양심과 법칙을 저버리는 일을 멈춰야 하며 사람들이 상상 속에서만 존재하는 통일된 러시아, 프랑스, 영국, 미국, 오스트리아라는 우상을 위해서 권력에 복종하는 것을 멈춰야 한다고 생각했다.

결국 똘스또이는 국가의 해체를 통해서 조국과 연합의 미신을 버릴 수 있다고 판단했다. 그에 따르면 사람들의 평화는 국가의 확대와 강화로 달성될 수 없고, 강압적인 권력을 가진 국가의 폐지로 달성될 수

---

55 Толстой Л. Н. Единое на потребу. Полное собрание сочинений. Т. 36. М. Гослитиздат. 1936. СС. 196-197.

56 Толстой Л. Н. Одумайтесь! Полное собрание сочинений. Т. 36. М. Гослитиздат. 1936. С. 116.

있다. 그럼에도 국가와 조국이 신성한 것이라는 미신은 여전히 사람들을 지배하고 있었다. 미신의 본질은 다른 지역과 다른 관심을 가진 사람들이 동일한 폭력에 처해 있으므로 자신들이 하나의 총체를 이루고 있다고 생각하는 것이다. 심지어 사람들은 연합체에 소속해 있다는 사실을 자랑스럽게 생각할 정도였다. 똘스또이는 정부에 복종하기를 멈춘다면 국가와 국가라는 인위적인 연합이 사라지게 될 것이라고 주장하며[57] 인간에게 권력을 정당화시키는 국가와 연합의 환상에서 벗어날 것을 촉구했다.

3) 자각을 통한 농촌공동체 조직

똘스또이는 국가의 폐지를 위해서 인간 스스로의 자각을 중요하게 생각했다. "사람을 죽여야만 한다고 주입받은 군인도, 전쟁준비를 자신의 의무로 여기는 장관도, 전쟁을 선동하는 기자도 '자신이 누구이며 삶의 사명이 어디에 있는지' 질문을 던져야만 한다. 누구라도 자신에게 똑같은 질문을 해야만 한다." 그는 이러한 질문을 통한 인간의 자각에 대한 호소가 불행 가운데 가장 무서운 전쟁을 가장 확실하고 의심의 여지 없이 구제해 줄 것이라고 확신했다. 똘스또이에 따르면 이 자각은 바로 1900년 전 그리스도가 제안한 것으로, 모든 사람들이 참회하고 스스로에게 그가 누구이며 왜 사는지, 그가 해야 할 일은 무엇이고 하지 말아야 할 일은

---

57 Толстой Л. Н. Конец века. Полное собрание сочинений. Т. 36. М. Гослитиздат. 1936. СС. 255-257.

무엇인지를 스스로 묻는 것이었다.[58]

똘스또이는 전쟁과 인간에 대해 다음과 같이 성찰했다. "내 삶의 문제는 여순항에 대한 청국, 일본, 러시아의 권리를 인정하는 것과는 아무런 관계도 없다. 내 삶의 문제는 나를 이와 같은 삶으로 보냈던 자의 의지를 실천하는 데 있다. 이 의지는 내가 이웃을 사랑하고 이웃에 봉사하는 데 있다." 그는 "신이 나에게 산림지대인 용암포 또는 여순항에 대한 방어를 수행했는지 물어보지 않을 것"이라고 주장했다.

똘스또이는 "인간이 직접적으로든 간접적으로든 전쟁을 지원하거나 원조하거나 선동할 수 없다"고 생각했다. 똘스또이 자신은 전쟁에 참여할 수도 없고 참여하길 원하지도 않으며 참여하지도 않을 것이라고 주장했다. 그리고 "인간이 삶과 죽음 외에 아무것도 없으며 삶과 죽음도 복종하는 신의 손에 달려 있다는 사실을 자각해야 한다"고 강조했다.[59]

똘스또이는 '적을 사랑'할 것을 강조했는데, 선한 삶인 평등, 청렴, 동정, 사랑을 상대편에게 가르쳐야 한다며 다음과 같이 주장했다. 적을 사랑한다는 것은 아편전쟁을 일으킨 영국인처럼 청국인을 죽이지 않는 것이다. 프랑스인, 러시아인, 독일인이 그랬듯이 식민지인의 땅을 뺏기 위해 식민지인을 죽이지 않는 것이다. 러시아인이 그랬듯이 길을 파손했다는 죄로 만주인을 생매장하지 않고 결박하지 않으며 아무르강에 빠뜨리지 않는 것이다.[60]

58 Толстой Л. Н. Одумайтесь! Полное собрание сочинений. Т. 36. М. Гослитиздат. 1936. СС. 119-120.

59 Толстой Л. Н. Одумайтесь! Полное собрание сочинений. Т. 36. М. Гослитиздат. 1936. СС. 130-131.

60 Толстой Л. Н. Одумайтесь! Полное собрание сочинений. Т. 36. М. Гослитиздат.

똘스또이는 '정신적 투쟁'이 인간에게 가장 중요하며 일본과 러시아 사이에 벌어진 전쟁, 두 인종 사이의 격렬한 싸움, 폭탄과 탄환으로 전개되는 전쟁이 아닌 인류의 교화된 인식인 정신적 투쟁을 강조했다. 정신적 투쟁이란 바로 인류를 둘러싸고 압박하는 암흑과 고통 사이에서 쉼 없이 진행되는 것이었다.[61]

똘스또이는 16세 프랑스 작가 라 보에티(La Boétie)가 쓴 자유에 대한 글을 다음과 같이 인용했다. "자유, 이것은 위대한 혜택이다. 자유의 상실은 온갖 다른 재앙을 초래한다. 자유가 없다면 남아 있는 혜택마저도 그 맛과 매력을 상실한다." 라 보에티는 "인간이 정부의 권력을 파괴하려면 그 권력을 지지하지 않는다"는 단순한 사실을 알려주었다.[62]

똘스또이는 삶의 의미를 되돌아볼 것을 강조했다. 그는 부자와 가난한 사람 모두가 '무의미하고 고통스러운 삶을 살고 있는지'를 생각하지 않는다면 세대를 이어서 잔인한 실수라는 혼란스러운 의식만을 가진 채로 살다가 죽음에 이를 것이라고 경고했다.[63]

똘스또이는 러일전쟁 전후 대변혁과 혁명기의 시대가 시작되었다고 판단했다. 그는 기본적으로 인간의 자유가 복종에서 벗어날 때 가능하다

1936. C. 133.

61 Толстой Л. Н. Одумайтесь! Полное собрание сочинений. Т. 36. М. Гослитиздат. 1936. C. 147.

62 Толстой Л. Н. Единое на потребу. Полное собрание сочинений. Т. 36. М. Гослитиздат. 1936. C. 174. 에티엔 드 라 보에티(Étienne de La Boétie, 1530~1563)는 판사이자 작가였다. 그는 철학자 몽테뉴의 친구로 『자발적 복종(Discours de la servitude volontaire)』을 집필했는데, 이 책은 마키아벨리의 군주론을 반박한 것이다.

63 Толстой Л. Н. Единое на потребу. Полное собрание сочинений. Т. 36. М. Гослитиздат. 1936. C. 194.

고 생각했다. 똘스또이에 따르면 실질적인 자유는 바리케이드, 살인 행위, 강압적인 제도가 아니라 오로지 인간에 대한 복종을 폐지함으로써 성취될 수 있는 것이었다.[64] 지금 인류에게 다가온 대변혁은 권력에 대한 인간의 복종이라는 기만으로부터 자신을 해방시키는 것이었다. 어떤 폭력적 권력이라도 그 권력에 복종하지 않도록 민중을 자각시켜야 한다.[65] 개별 인간의 삶과 인류 전체의 삶에서도 과거에 저지른 실수가 명확하게 밝혀지는데, 이 실수를 바로잡는 시기가 바로 혁명기였다. 사람들은 대변혁을 실현하기 위해서 국가와 조국이 허구이고 삶과 진정한 자유가 실제라는 것을 이해해야만 한다. 인간은 국가라고 불리는 인위적인 연합을 위해서 생명과 자유를 희생할 필요가 없다. 인간은 진실한 삶과 자유를 위해서 국가라는 미신에서 벗어나야 하는데, 그 소산인 범죄와 같은 인간에 대한 복종에서 해방되어야 한다.[66]

똘스또이는 국가의 대안으로 '내부기구(Внутреннее управление)'인 소규모 '농촌공동체'를 제안했다. 그에 따르면 "공동체는 지역의 자치관리국 외에는 어떤 정부도 필요로 하지 않는다. 정부는 러시아 긴중에게 결코 필요했던 적이 없고 언제나 부담일 뿐이었다." 똘스또이는 사람들이 정부에 대한 복종을 그만두고 농업생활(земледельческая жизнь)을 시작해야 한다고 주장했다. 그것은 동일한 조건의 농업 생활에 놓여 있는

---

64 Толстой Л. Н. Конец века. Полное собрание сочинений. Т. 36. М. Гослитиздат. 1936. С. 240.

65 Толстой Л. Н. Конец века. Полное собрание сочинений. Т. 36. М. Гослитиздат. 1936. С. 257, 261.

66 Толстой Л. Н. Конец века. Полное собрание сочинений. Т. 36. М. Гослитиздат. 1936. С. 275, 277.

작은 공동체(небольшое общество)였다. '농촌공동체'는 고립되어 살아가지 않으며 종족과 종교의 조건을 통합하는 자유로운 연합체의 모습이었다. 공동체는 폭력에 기반을 둔 국가와는 완전히 다른 것이었다.[67] 결국 똘스또이는 사람들이 국가에 소속될 때 자유가 존재할 수 없다고 생각했다. 만일 민중이 정부에 복종하기를 그만두면 세금도, 토지 수탈도, 권력의 압박도, 군대도, 전쟁도 없을 것이다. 도덕적인 농촌공동체는 폭력이 아닌 상호 화합에 기반을 둔 법령에 따라 운영된다.[68] 똘스또이는 러시아 농촌에 대해 남다른 애착을 드러내고 있는데, 그는 국가를 대신할 수 있는 농촌공동체의 건설을 통해서 전통적이면서도 다툼 없는 자연 질서로 돌아가고자 하는 희망을 피력했다.

3. 똘스또이의 비판과 대안

20세기 초반은 똘스또이가 비판했던 전쟁과 폭력으로 얼룩졌다. 21세기 초반도 핵전쟁의 위협과 소규모의 전쟁, 인종 간의 폭력이 여전히 벌어지고 있다. 이것은 인간이 이성적인 사고보다는 권력에 대한 사랑과 허영에 빠져 있기 때문이다. 권력이란 사람들에게 기존의 법률을 따르도록 강요하는 강제력이다. 똘스또이는 인류의 역사 속에서 모든 사회체제가 권력의 존재를 인정했다고 비판했다.

---

67 Толстой Л. Н. Конец века. Полное собрание сочинений. Т. 36. М. Гослитиздат. 1936. СС. 262-263.

68 Толстой Л. Н. Конец века. Полное собрание сочинений. Т. 36. М. Гослитиздат. 1936. СС. 273-274.

똘스또이는 국가를 혐오했지만 외세의 침범에 대응하는 국가의 역할을 인정했다. 그는 국가가 다른 민족의 공격을 막아야 한다고 생각했는데, 그것이 정부의 존재 이유라고 판단했다. 그에겐 세상이 고통을 감내해야 하는 현실이기 때문에 국가는 필요악의 존재였다. 똘스또이는 민족에 대해서 비판하지는 않았는데, 민족 자체는 애국심과 침략성을 강요하지 않기 때문이다. 그는 소규모의 도덕적인 '농촌공동체'를 국가의 대안으로 제시했다. 똘스또이의 비판과 대안을 오늘날에 연결시킨다면 그것은 작은 정부, 지역공동체, 시민사회 등의 지향을 의미한다.

무엇보다도 똘스또이는 폭력을 증오했다. 사람들을 사회의 악폐에서 해방시키는 방법은 고통의 원인인 폭력을 가르치거나 폭력을 정당화하는 것을 금지하는 것이었다. 폭력의 근절은 개인의 도덕적 각성을 강화하기 위해서 필요했다.[70] 똘스또이는 인간의 실천 방안으로 폭력에 대한 무저항을 강조했다. "악으로 악을 근절시켜서는 안 되며, 악을 줄일 수 있는 유일한 방법은 폭력을 절제하는 것이다."[70]

똘스또이는 국가의 애국심에 대해서 비판적으로 사고했는데, 그는 국가의 최면술이 사람들의 넋을 나가게 만들지단 그 영향력이 점점 약해질 것이라고 주장했다. "국가가 우리에게 살인을 강요하는 것은 '신이 원하는 것인가'라는 의심을 점점 더 강화시켜 줄 것이다. 이러한 의심은 그리스도가 이 땅에 가지고 내려와서 타오르기 시작한 불꽃이었다."[71] 똘

---

69 Толстой Л. Н. Рабство нашего времени. Полное собрание сочинений. Т. 34. М. Гослитиздат. 1952. С. 198.

70 Толстой Л. Н. Конец века. Полное собрание сочинений. Т. 36. М. Гослитиздат. 1936. С. 242.

71 Толстой Л. Н. Одумайтесь! Полное собрание сочинений. Т. 36. М. Гослитиздат.

똘스또이 장례식(1910)

스또이는 인간이 자유로워질 수 있는 단 하나의 방법에 대해서 자신의 의지와 신의 의지를 결합하는 것이라고 주장했다.[72] "인간은 신과 유사한 정신적 존재이고 인간은 신의 의지를 수행하는 것이다. 인간은 사랑으로 축복을 이룰 수 있는 존재이다."[73]

결국 똘스또이는 인간이 이성적인 존재의 삶을 추구해야 한다고 주

1936. C. 148.

72 Толстой Л. Н. Одумайтесь! Полное собрание сочинений. Т. 36. М. Гослитиздат. 1936. C. 123.

73 Толстой Л. Н. Единое на потребу. Полное собрание сочинений. Т. 36. М. Гослитиздат. 1936. C. 203.

장했다.[74] 인간에게는 삶의 사명과 의미에 대한 어떤 깨달음이나 행동의 '내적 지침'이 필요했다. 똘스또이는 생활 속에서 실천할 수 있는 그 '내적 지침'을 다음과 같이 제시했다. "사람들을 훌륭한 삶으로 인도하는 방법은 단 한 가지이다. 스스로 훌륭한 삶을 사는 것이다. 남에게 대접받고자 하는 대로 너희도 남을 대접하라."[75]

---

74 "도시에서 과감한 약탈 행위가 일어나지 않는다면 거리의 조명 때문일 것이다. 사람들이 빈번하게 기아로 죽지 않는다면 운송로 때문일 것이다. 마녀를 화형시키지 않는다면 지식의 발전과 선량한 감정 때문이다." Толстой Л. Н. Единое на потребу. Полное собрание сочинений. Т. 36. М. Гослитиздат. 1936. С. 198.

75 Толстой Л. Н. К политическим деятелем. Полное собрание сочинений. Т. 35. М. Гослитиздат. 1950. СС. 214-215. "Любовь же проявляется в делании другим того, что хочешь чтобы тебе делали." Толстой Л. Н. Единое на потребу. Полное собрание сочинений. Т. 36. М. Гослитиздат. 1936. С. 203.

러일전쟁에 관한 연구동향

1. 한국의 연구동향

그동안 한국에서의 러일전쟁 연구는 대체로 지배정책사 또는 수탈사, 항일민족운동사를 중심으로 정치와 사상 외교 분야까지 시각을 넓혀왔다. 한편, 주체적 노력을 강조하는 측면에서 항일의병 연구도 상당수 진행되었다.[1]

1   역사학회 편,『러일전쟁전후 일본의 한국침략』, 일조각, 1986; 최덕수,「청일·러일전쟁기 일본인의 조선론연구」, 고려대학교 박사학위논문, 1987; 최문형,『제국주의시대의 열강과 한국』, 민음사, 1990; 구대열,『한국 국제 관계사 연구』, 역사비평사, 1995; 강영심「구한말 러시아의 삼림이권 획득과 삼림회사의 벌채실태」,『이화사학연구』17, 1988; 강성학,『시베리아 횡단열차와 사무라이: 러일전쟁의 외교와 군사 전략』, 고려대학교출판부, 1999; 심헌용,『러시아의 한반도 군사관계사 - 영토확장·청일전정·러일전쟁을 중심으로 -』, 군사편찬연구소, 2002; 김현철,「러일전쟁기 黃海海戰과 일본 해군의 전략·전술」『군사』51, 2004; 최문형,『러일전쟁과 일본의 한국병합』, 지식산업사, 2004; 한철호,「으리에게 러일전쟁이란 무엇인가?」,『역사비평』69, 2004; 김원수,「한국의 러일전쟁연구와 격사교육의 과제」,『역사교육』90, 2004; 홍영기,『대한제국기 호남의병 연구』, 일조각, 2004; 조재곤,「1904~5년 러일전쟁과 국내 정치동향」,『국사관논총』107, 2005; 조명철,「일본의 러일전쟁에 대한 인식」,『아시아문화』21, 2004; 정성화 외,『러일전쟁과 동북아의 변화』, 선인, 2005; 고영자,『러일전쟁과 대한제국』, 탱자출판사, 2007; 최덕규,『제정러시아의 한반도 정책, 1891-1907』, 경인문화사, 2008; 최규진,「러일전쟁 전후 한국인의 러시아 이미지 형성 경로와 러시아 인식」,『마르크스주의 연구』10-2, 2010; 심헌용,『한반도에서 전개된 러

최근에는 러일전쟁 관련 1차 사료에 기초한 실증적인 연구가 진행되었다. 조명철은 일본문서에 기초하여 일본 육군과 참모본부의 만주 전략 및 러일전쟁의 전략에 관한 일련의 연구를 진행했다.[2] 박종효는 러시아문서에 기초하여 아관파천부터 포츠머스조약까지 러일관계를 개관했다.[3] 조재곤은 러일전쟁 관련 함경도전투, 반일운동 전개 등 한국에서의 러일전쟁 전개와 인식을 연구했다.[4] 그럼에도 한국에서는 러시아와 일본의 1차 사료에 기초한 러일전쟁 직전 양국의 외교협상, 전쟁 직후 전투와 협상 등에 관한 종합적인 연구가 진척되지 못했다.

2. 러시아의 연구동향

'용감한 방어전'이라는 러시아의 시각은 러일전쟁 직후 러시아 정부가 편찬했던 각종 자료집에 근거한 것이다. 지난 110년 동안 러일전쟁에 대한 러시아학계의 동향을 간략히 나누면, 제정러시아시기(1905~1917),

---

일전쟁 연구』, 국방부 군사편찬연구소, 2011; 서영희, 『일제 침략과 대한제국의 종말: 러일전쟁에서 한일병합까지』, 역사비평사, 2012; 김원수, 「일본의 대한제국 보호국화와 영국의 대한정책」, 『한국독립운동사연구』 51, 2015; 이영호, 『개항도시 제물포』, 민속원, 2017.

2 조명철, 「러일전쟁기 일본 육군의 만주전략」, 『군사』 51, 2004; 조명철, 「러일전쟁과 동아시아」, 『일본역사연구』 26, 2007; 조명철, 「일본 참모본부 작전계획의 재검토」, 『사총』 81, 2014.

3 박종효, 『한반도 분단론의 기원과 러일전쟁』, 선인, 2014.

4 조재곤, 『전쟁과 인간 그리고 '평화'』, 일조각, 2017. 그밖에 풍자화의 언어를 역사적 사실과 연결한 러일전쟁 서적은 다음과 같다. 석화정, 『풍자화로 보는 러일전쟁』, 지식산업사, 2007.

소비에트시기(1917~1990), 러시아시기(1991~현재)로 구별할 수 있다.[5]

첫째, 제정러시아시기에는 주로 군부와 해군부의 러일전쟁에 대한 자료집 발간, 러일전쟁 당사자의 자료집 등이 활발히 발간되었다.[6] 정부 주도의 자료집 발간 배경에는 러시아군대가 일본군대에 비해 열악한 상황이었다는 것을 강조하여 '용감한 방어전'을 부각하려는 의도였다. 특히 러일전쟁 직전에 군부대신인 꾸로빠즈낀과 재무대신인 비테(С.Ю.Витте)는 러일전쟁에 대한 저술활동을 전개했다. 이러한 버경에는 러일전쟁 직전 정책을 주도했던 이들이 전쟁의 책임자로 비판받자 자신들을 변호할 필요가 있었기 때문이다.

둘째, 소비에트시기에는 제정러시아시기의 자료집뿐만 아니라 문서보관소의 자료 등을 바탕으로 비교적 러일전쟁에 대한 객관적인 저술작업이 진행되었다. 특히 러일전쟁 전후 중앙관료였던 비테의 회고록과 꾸로빠뜨낀의 일기 등은 당시의 정황을 보다 상세하게 살펴볼 수 있는 계기를 제공했다. 이 시기에는 러일전쟁의 원인이 무엇이었는가가 집중적으로 연구되었다. 러일전쟁의 원인을 규명하던서 다음과 같은 논쟁점이 형성되었다.

5　러시아에서 러일전쟁에 대한 연구성과 및 자료에 대해 참고할 만한 연구서는 다음과 같다. Итоги и задачи изучения внешней политики России(러시아 외교정책연구의 결과와 과제). М. 1981. СС.314-322; Пак Чон Хё. Русско-японская война 1904-1905гг. и Корея(러일전쟁과 조선). М. 1997. СС.6-19; Золотарев В. А. Историография русско-японской воины(러일전쟁에 대한 연구사정리)//Русский архив(러시아문서보관소). Т.18(7-2). М. 2000. СС.406-435.

6　Русско-японская воина 1904-1905гг(러일전쟁). Т.1-9. Спб. 1910; Русско-японская воина 1904-1905гг(러일전쟁). Т.1-7. Спб. 1907-1912. 첫 번째 책은 군부가 총 9권, 두 번째 책은 해군부가 총 7권을 발간했다.

- 제정러시아의 극동정책은 식민지정책인가 아니면 현상유지정책인가?[7]
- 극동지역의 대립 원인을 제정러시아가 제공했는가 아니면 일본 등 열강이 제공했는가?[8]

7 식민지정책을 주장한 연구성과는 다음과 같다. Романов Б. А. Россия в Манчжурии (1892-1906)(만주에서의 러시아). Л. 1928. С.Ⅵ; Романов Б. А. Очерки дипломатической истории русско-японской воины(러일전쟁의 외교사적 개관). 1895-1907. М.-Л. 1947. С. 6; Ананьич Б. В. Из истории империализма в России: Русское самодержавие и внешние заимы в 1898-1902гг(러시아에서 제국주의의 역사). М.-Л. 1959. С. 294; Игнатьев А. В. С. Ю. Витте-дипломат(외교관 비테). М. 1989. СС. 62-63; Чой Док Кю. Россия в Корее: 1893-1905гг(조선에서의 러시아). М. 1996. С. 149. 현상유지정책을 주장한 연구성과는 다음과 같다. Пак Б. Д. Россия и Корея(러시아와 한국). М. 1979; Пак Чон Хё, Русско-японская воина 1904-1905гг. и Корея(러일전쟁과 조선). М. 1997. С. 259. 서구 학자 중 대표적인 극동 문제 전문가인 말로제모프와 렌슨도 현상유지정책이라고 파악했다.(Malozemoff, A., *Russian Far Eastern Policy 1881-1904*. California. 1958/석화정 역,『러시아의 동아시아정책』, 지식산업사, 2002, 320-322쪽; Lensen, G. L., *Balance of Intrigue: International Rivalry in Korea and Manchuria, 1884-1899*. Volume 2. Florida. 1982, pp. 840-841, 852-854.

8 제정러시아라고 주장한 연구성과는 다음과 같다. Романов Б. А. Ук. соч(1892-1906). Л. 1928. С.Ⅵ; Гальперин А. Л. Англо-японский союз: 1902-1921гг(영일동맹). М. 1947. С.418; Бовыкин В. И. Очерки истории внешней политики России. конец 19 века-1917год(19세기 말 1917년까지 러시아 외교정책사 개관). М. 1960. С. 18; Ананьич Б. В. Ук. соч. М.-Л., 1959. С. 294; Игнатьев А. В. и Мелихов Г. В. Дальний восток в планах и политике России. Происхождение русско-японской воины(러시아의 계획과 정책에서 극동. 러일전쟁의 기원)//История внешней политики России. Конце 19-начало 20 века(19세기 말~20세기 초 러시아의 외교정책사). М. 1997. С. 134. 일본 등 열강이라고 주장한 연구성과는 다음과 같다. Аварин В. Я. Империализм в Манчжурии(만주에서의 제국주의). М. 1931. С. 26; Нарочницкий А. Л. Обострение борьбы за раздел мира между капиталистическими странами на дальнем востоке(1871-1898гг.)(극동에서 자본주의 국가 간의 분할을 위한 투쟁의 첨예화)//Международные отношения на Дальнем Востоке(극동에서의 국제관계). Т. 1. М. 1973. С. 3. 서구 학자 중 말로제모프는 일본 등 열강이라고 주장했다. Malozemoff, 2002, 333-349쪽.

• 극동정책을 주도했던 세력은 누구인가?[9]

이러한 러시아학계의 논쟁은 아직도 진행 중이다. 그 배경에는 시대
적 상황에 따라 그 시기를 조망하는 시각이 다르기 때문이다.

셋째, 러시아시기에는 구체적으로 러일전쟁에 참여했던 인물에 대한
연구뿐만 아니라 군부와 해군부 등 당시 정부기관에 대한 정책연구가
진행되었다. 정부기관 정책연구는 기존 러일전쟁의 원인과 패배를 객관
적으로 조명하는 데 도움을 주었다. 즉 러일전쟁 전후 극동지역에 대한
군부와 해군부의 총체적인 군사증강계획, 극동지역 군사첩보조직, 군비
의 지출현황까지 자세히 연구되었다.[10] 특히 러일전쟁 100주년을 맞아

---

9 러시아에서의 연구성과를 정리하면 다음과 같다. 초기 연구에서 로마노프는 비테 대 베조
브라조프라고 주장했다. Романов Б. А. Ук. соч. Л. 1928. С. 22. 이후 로마노프는 '베조
브라조프 도당' 대 '삼각편대(비테-람즈도르프-꾸로빠뜨낀)'라고 주장했다. Романов Б.
А. Ук. соч. М.-Л. 1947. С. 96. 아바린은 산업은행 자본가 대 군사산업 자본가의 대립이
라고 주장했다. Аварин В. Я. Ук. соч. М. 1931. С. 35. 나라치니쯔끼는 군사 그룹 대 비
테와 람즈도르프의 대립이라고 주장했다. Нарочницкий А. Л. Ук. соч. Т. 1. М. 1973.
С. 180. 이그나찌예프는 궁중인물, 명문모험가, 베조브라즈프 대 비테와 람즈도르프라고
주장했다. Игнатьев А. В. С. Ю. Ук. соч. М. 1989. С. 171. 최근 이그나찌예프와 밀리호
프는 황제의 개인적인 역할이 성장했다고 주장하며 황제권을 주목했다. Игнатьев А. В.
и Мелихов Г. В. Ук. соч. М. 1997. С. 162. 서구 학자 중 말로제모프도 극동에 대한 '뉴
코스'정책을 실행하는 데 황제의 주도권을 강조했다. Malozemoff, 2002, 333-349쪽. 국내
에서는 최근 최덕규가 동아시아정책의 주도권 장악에 대해 신권(비테) 대 황제권(니꼴라이
2세)의 대립관계라고 주장했다. 최덕규, 「대한제국과 러시아와의 관계(1896-1906)」 『한국
과 러시아관계』, 경남대학교 극동문제연구소, 2001, 5-9쪽.

10 해군부에 대한 연구성과는 다음과 같다. Гладких С. А. Русский военно-морской
флот на Дальнем Востоке, 1895-1904гг(극동에서의 러시아 해군함대). Сыктывкар.
1999; Чистый А. В. Морская политика Российской империи на Дальнем Востоке
во второй половине 19 в(19세기 후반기 극동에서 제정러시아의 해군정책). Спб. 2002.
군부에 대한 연구성과는 다음과 같다. Мартыненко Ю. А. Военная политика России

러시아, 일본, 미국 등의 학자가 참가한 국제학술논문집이 모스크바에서 발간되었다. 기존의 연구성과가 대부분 러일전쟁 자체에 초점을 맞췄다면 최근 연구성과는 전쟁의 전체적인 상황뿐만 아니라 러일전쟁 당시 반전활동을 펼쳤던 상황도 주목했다는 점에 의의가 있다.[11] 그럼에도 현재까지 러시아에서는 러시아와 일본사료에 기초한 교차연구가 부재할 뿐만 아니라 한국 문제도 주목하지 않았다.

한편 일본학계는 러시아학계의 연구동향을 일부 소개하면서 소련 시기 극동 문제 전문가인 러시아학자 로마노프(Б.А.Романов)와 아바린(В.Я.Аварин)의 저서 등을 일어로 번역했다.[12] 특히 제정러시아의 외교정책을 주도했던 재무대신 비테의 회고록 및 제정러시아와 독일 황제 간의 왕복문서가 일어로 번역되었다.[13] 또한 일본에서는 1980년에 들어서 제정러시아의 외교정책 1차 사료를 수록한 '적서(赤書, Красный архив)'라고 불리는 자료집 일부가 일어로 편역되었다.[14]

на Дальнем Востоке в конце 19-начале 20 вв(19세기 말~20세기 초 극동에서 러시아의 군사정책). М. 2002; Добычина Е. В. Внешняя разведка России на Дальнем Востоке 1895-1904гг(극동에서 러시아의 대외 첩보). М. 2003; Потрашков С. В. История императорского российского флота(제정러시아 해군의 역사). М. 2022.

11 Русско-японская война 1904-1905. Взгляд через столетие(러일전쟁 100년 후의 견해). Под редакцией О. Р. Айрапетова. М. 2004.

12 ベアロマ-ノフ 著, 山下義雄 譯, 『滿洲に於ける露國の利權外交史』, 鴨右堂書房, 1934; アバリン 著, ロシア問題硏究所 譯, 『列强對滿工作史 -帝國主義と滿洲』, 原書房 復刻, 1973.

13 ロシア問題硏究所 譯編, 『獨帝と露帝の往復書翰』, 1929; ウイツテ 著, ロシア問題硏究所 譯編, 『(ウイツテ伯回想記)日露戰爭と露西亞革命』上·下, 1930.

14 佐夕木揚 譯, 「極東におけるロシア帝國主義の發端」, 「日淸戰爭期より」, 『近代中國』 14~17, 1983-1985.

3. 일본의 연구동향

일본에서는 러일전쟁 직후 참모본부, 해군군령부, 육군성 등이 공식기록을 간행했다.[15] 러일전쟁 당시 참전 장교들의 연구도 진행되었다. 육군 대령 다니 히사오(谷壽夫)의 미공개 기밀자료를 활용한 연구, 육군 대위 누마타 다카조우(沼田多稼藏)의 육전 연구 등이 바로 그것이다.[16]

게무야마 센타로(煙山專太郎)와 구로바네 시게루(黑羽茂)는 개전의 책임을 러시아에 돌리면서 러일전쟁을 '조국방위전쟁'이라고 주장했다. 이러한 시각은 시바 료타로(司馬遼太郎)의 『언덕 위의 구름(坂の上の雲)』과 같은 소설에 영향을 주었다.[17]

그 후 일본에서는 근대 '천황'제 국가의 성격 규정과 러일전쟁을 둘러싼 논쟁도 있었다.

시노부 세아자부로(信夫淸三郎)는 국제정치의 입장에서 러일전쟁을 러시아와 일본의 제국주의전쟁으로 규정했다. 후지무라 미치오(藤村道生)는 러일전쟁을 '천황제 주도의 절대주의적 전쟁'으로 보았다.[18] 이노우에 기요시(井上淸)는 러일전쟁을 '천황제 군부와 관료가 제국주의 부

---

15 海軍勳功表彰會編, 『日露海戰記』, 1908; 參謀本部 編, 『明治三十七八年日露戰史』 1~18, 偕行社, 1912-1914; 海軍軍令部 編, 『明治三十七八年日露海戰史』 1~4, 春陽堂, 1909-1910; 陸軍省, 『日露戰爭統計集』 1~15, 1911; 防衛廳戰史室 編, 『大本營陸軍部一(戰史叢書)』, 朝雲新聞社, 1966; 參謀本部 編, 『明治三十七八年機密日露戰爭史』 第一卷, 巖南堂書店, 1977.

16 谷壽夫, 『機密日露戰史』, 原書房, 1925; 沼田多稼藏, 『日露陸戰新史』, 岩波新書, 1940(芙蓉書店, 1980).

17 煙山專太郎, 『日靑日露の役, 岩波講座 日本歷史』, 岩波新書, 1934; 黑羽茂, 『世界史上より見た日露戰爭』, 至文堂, 1960; 司馬遼太郎, 『坂の上の雲』, 1~6, 文藝春秋, 1969-1972.

18 信夫淸三郎·中山治一 編, 『日露戰爭史の硏究』, 河出書房新社, 1959.

르주아지의 시장독점욕과 결합하여 감행한 제국주의적 전쟁'이라고 규정했다.[19] 오에 시노부(大江志乃夫)는 러일전쟁을 세계 최초의 본격적인 제국주의 상호 간 전쟁으로 정리했다. 오에는 러일전쟁을 '국가총력전'으로 판단했다.[20]

미타니 다이이치로(三谷太一郎)는 청일전쟁, 러일전쟁, 제1차 세계대전, 태평양전쟁을 연구하면서 각각의 전쟁이 만들어낸 전후 질서를 비교사적 관점에서 검토했다.[21] 하라 아키라(原朗)는 청일전쟁을 '제1차 조선전쟁'으로, 러일전쟁을 '제2차 조선전쟁'으로 불러야 한다고 주장했다. 청일전쟁과 러일전쟁의 목적은 처음부터 마지막까지 한반도의 지배권 쟁탈을 노린 것이었다. 그는 러일전쟁에서 조선 문제를 생각할 때 중요한 것은 일본의 한국 강점이 러일전쟁 종결 5년 후인 1910년으로 알려져 있으나, 사실상 개전과 동시에 일본은 한국 내정에 강제로 간섭하고 한국을 지배하고 있었다고 주장했다.[22]

야마무로 신이치(山室信一)는 '연쇄시점'을 설정했는데, 러일전쟁 전후(前後) 각 50년, 즉 러일전쟁을 기점으로 전후 1세기라는 시간의 폭을 하나의 '세기'로 파악했다. '연쇄시점'이란 모든 현상을 역사적 총체와의 연관 속에서 파악하고, 부분적이고 사소해 보이는 현상이 전체 구조를 어떻게 구성하고 규정해 나갔는지를 고찰하기 위한 방법론적 시각이다. 그는 러일전쟁 후의 반세기를 전쟁과 혁명, 일본과 아시아의 교류와 단

19 井上淸, 『日本の軍國主義』, 現代評論社, 1975.
20 大江志乃夫, 『日露戰爭の軍事史的硏究』, 岩波書店, 1976.
21 三谷太一郎, 『近代日本の戰爭と政治』, 岩波書店, 1997.
22 原朗, 『日淸·日露戰爭をどう見るか』, NHK出版, 2014.

절이라는 시점에서 파악했다.[23]

외교사적 측면에서의 연구는 일본 외무성이 먼저 정리했다.[24]

지바 이사오(千葉功)는 러일전쟁으로 향하는 외교결정 과정에서 '만한교환론'을 검토하면서 야마가타 아리토모(山縣有朋)와 고무라 주타로(小村壽太郎) 등의 적극적인 입장과 이토 히로쿠미(伊藤博文)로 대표되는 소극적인 입장이 대립했지만, 만주와 한국 문제를 러시아와 교섭해야한다는 점에서는 입장 차이가 없었다고 주장했다.[25]

와다 하루키(和田春樹)는 러일전쟁의 성격에 대해서 한국을 지배하고 정복하려는 일본이 러시아와 충돌하면서 전쟁으로 나아갔다고 보았다. 그는 러일전쟁이 "조선을 일본의 것으로 만든다는 점을 러시아로 하여금 인정하게 한 전쟁이었다"라고 주장했다. 그는 이 전쟁의 가장 큰 결과로 "일본이 대한제국을 말살하고 조선 전역을 식민지로 지배하게 된 것"을 들었다. 전쟁의 명칭은 '러일전쟁'이지만, 그 본질은 조선을 차지하기 위한 '조선전쟁'이라는 것이다.[26] 그럼에도 그는 러일전쟁 직전 러시아의 관료세력과 황실세력의 러일협상안 수립 과정을 전체적으로 살펴보지 못했다는 한계를 가졌다. 더구나 그는 러시아와 일본이 러일협상 과정에서 한국 북부지역 또는 간도 지역의 중립지대 설정을 둘러싼 대립을 주목하지 못했다.

---

23 山室信一, 『日露戦争の世紀 – 連鎖視点から見る日本と世界』, 岩波新書, 2005.

24 日本外務省 編, 『日露交渉史』, 原書房, 1969. 메이지 초기 일본외교사에 대한 연구동향은 박영준, 『해군의 탄생과 근대 일본』, 그물, 2014, 55-58쪽 참조.

25 千葉功, 『旧外交の形成: 日本外交 1900-1919』, 勁草書房, 2008; 千葉功, 『桂太郎: 外に帝國主義, 内に入憲主義』, 中央公論新社, 2012.

26 和田春樹, 『日露戦爭: 起源と開戦』, 上·下, 岩波書店, 2009-2010.

일본에서는 군사사학적 연구, 러일전쟁기 민중 통합에 대한 연구, 도시 민중 폭동에 관한 연구 등도 등장했다. 이 밖에도 러일전쟁과 관련한 포로의 취급과 대우에 관한 논문들이 발표되었다.[27] 또한 러일전쟁 관련 경제 관련 대장성의 편찬자료집과 보고서 등도 있다.[28] 최근에는 러일전쟁 관련 언론과 사회생활사의 관점에서 연구가 진행되었다. 즉 러일전쟁에 참여한 병사의 수기나 편지 등을 활용하여 병사와 가족의 궁핍한 생활상과 전쟁준비를 위한 매커니즘의 문제점 등이 부각되었다.[29]

결국 일본의 초기 연구에서는 러일전쟁을 만주 문제가 원인일 경우 제국주의전쟁으로, 한국 문제가 원인일 경우 국민전쟁(절대주의전쟁)으로 분류했다. 그 후 러시아와 일본은 만한 문제 전체를 둘러싸고 주도권 경쟁을 벌였기 때문에 일본학계는 러일전쟁의 성격을 제국주의전쟁으로 규정했다.[30]

일본에서는 러일전쟁 100주년과 110주년을 기념하여 전쟁 자체를 다

---

27 才神時雄, 『松山捕虜收容所: 捕擄と日本人』, 中央公論社, 1969; 才神時雄, 『メドヴェージ村の日本人墓標: 日露戰爭虜囚記』, 中央公論社, 1983; 松山大学, 『マツヤマの記憶－日露戰爭100年とロシア兵捕虜』, 成文社, 2004; 大熊秀治, 『日露戰爭の裏側"第二の開国": 日本列島に上陸したロシア軍捕虜七万人』, 彩流社, 2011.

28 大藏省, 『明治三十七八年戰役後財政整理報告』, 1911; 日露戰爭研究会, 『日露戰爭の新視點』, 成文社, 2005.

29 横山篤夫, 『兵士たちがみた日露戰爭: 従軍日記の新資料が語る坂の上の雲』, 雄山閣, 2012; 茂沢祐作, 『ある歩兵の日露戰爭従軍日記』, 草思社, 2005; 池田昭一, 『兵士たちに刻まれた日露戰爭』, 芙蓉書房出版, 2025. 그 밖에 러일전쟁 관련 문헌은 다음과 같다. 佐藤鋼次郎, 『旅順を落とすまで, あけぼの社』, 1924; 林權助, 『わが七十年を語る』, 第一書房, 1935; 吉屋哲夫, 『日露戰爭』, 中央公論社, 1984; 井口和起, 『日露戰爭の時代』, 吉川弘文館, 1998; 吉田惠吾, 『創出の航跡: 日露海戰の研究』, すずさわ書店, 2000; 木石植久慶, 『あの頃日本は強かった: 日露戰爭100年』, 中央公論新社, 2003.

30 조명철, 「일본의 러일전쟁에 대한 인식」, 『아시아문화』 21, 2004, 35-58쪽.

룬 군사뿐만 아니라 경제와 사상 등 다양한 분야에 대한 연구가 활발히 진행되었다. 하지만 한국의 시선에서 바라보는 러시아와 일본의 개전에 관한 외교사적 연구는 진행되지 않았다. 더욱이 러시아 1차 사료에 기초한 체계적인 연구는 부진한 상황이다.

4. 이 책의 목적

러일전쟁은 세계자본주의가 제국주의로 진화되는 시기에 발생했으며, 그 성격상 제국주의시기 대규모 전쟁이었다. 전쟁의 발발은 한국을 중심으로 제국주의 열강 간의 모순이 격화된 것에서 기인했다. 러일전쟁의 개전과 동시에 일본은 한국 내정에 간섭하고 대한제국(한국)[31]을 사실상 지배하고 있었다.

러일전쟁 이후 한국은 국권을 상실하고 막대한 정신적·경제적 피해를 보았는데, 학문적 단절까지 경험하여 전통에서 근대로의 계승이 붕괴되었다. 따라서 이 연구는 러일전쟁을 러시아와 일본이 아닌 한국인의 시선에서 바라볼 것이다. 무엇보다도 러일전쟁의 원인과 영향에 주목하면서 일제의 강점에 의해 한국이 국권을 상실한 이유를 해명하려고 노력했다.

그동안 러일전쟁의 외교협상과 러일개전에 관련한 논의는 있었지만

---

31 당시 정확한 국명은 '대한제국'이었다. 이 책에서는 국명의 혼동을 피하기 위해서 '한국'이라는 용어를 일반적으로 사용했다. 다만 그 시대를 강조할 경우에는 '대한제국'이라는 국명을 예외적으로 사용했다.

러시아 또는 일본 특정 부분만 중심으로 제한된 연구가 대부분이었다. 더구나 기존 연구는 사료적 제약 때문에 러일전쟁의 외교적·군사적·경제적 측면 등을 종합적으로 파악할 수 없었다. 그 결과 러일전쟁의 원인에 대해 한국 문제 또는 만주 문제라는 이분법적 논리만 제공하며 간도 문제에 주목하지 못했다. 따라서 이 책을 쓰면서 필자는 대한제국의 이권과 조차지를 둘러싼 러시아의 진출과 일본의 대응, 러시아와 일본의 군부와 해군부의 전략, 러일전쟁을 바라보는 시선, 일본의 한국 강점 등에 관한 종합적인 연구를 진행했다.

무엇보다도 오늘날 동북아 역사 문제의 대부분은 러일전쟁에서 기원하고 있다. 일본의 대륙 진출을 계기로 교섭 국가가 바뀐 간도 문제, 일본에 강제 편입된 독도, 일본의 대한제국 강점, 사할린 할양 문제 등을 들 수 있다. 이 문제들은 과거 제국주의시대뿐만 아니라 현재 동북아 지역의 긴장과 위기를 조성하고 있다. 따라서 오늘날 동북아 지역의 역사 및 영토로 인한 위기와 긴장을 완화하기 위해서는 러일전쟁의 단초가 되었던 한반도의 경계와 영토 문제에서 그 연결고리를 찾아야 한다. 이는 제국주의 열강의 방조와 묵인하에 한반도에서 일제의 침략이 시작되었음을 알리는 중요한 작업이다.

따라서 이 책에서는 한반도를 중심으로 하는 러일전쟁과 식민 지배의 연관관계를 추적했다. 이를 위해서 먼저 러일전쟁의 원인, 전개, 영향에 관한 실증적인 연구를 진행했다.

5. 이 책의 주요 자료

현재 한국학계는 러시아와 일본의 외교와 군사 관련 자료 등을 총체적으로 이용하지 못했기 때문에 러일전쟁에 관한 사실 복원을 부분적으로만 진행했다. 그동안 이 분야의 연구가 체계적으로 이루어지지 못한 이유는 전문연구자를 중심으로 하는 1차 사료에 기초한 연구가 부족했던 점을 지적할 수 있다. 따라서 최근 연구성과를 바탕으로 러시아와 일본의 외교문서 등을 활용하여 러일전쟁을 고찰할 것이다.

이를 위해서 이 책에서는 기존에 본격적으로 분석되지 못한 러시아와 일본자료를 기본적으로 활용했다. 우선 활용한 주요 자료의 정밀한 분석을 통해 사실과 논의 과정을 정확히 밝히고 새로운 해석을 지향했다. 나아가 러일전쟁문서 중 러시아와 일본의 육군성과 해군성이 생산한 문서를 비교·분석했다. 국외자료는 먼저 일본 국회도서관과 아시아역사자료센터를 포함하여 국립공문서관, 외무성 외교사료관, 방위성 방위연구소 등의 일본 공문서자료를 활용했다. 무엇보다도 최근 한국어 수집된 제정러시아 대외정책문서보관소(АВПРИ), 러시아연방 국립문서보관소(ГАРФ), 러시아국립 군사문서보관소(РГВИА), 러시아국립 해군함대문서보관소(РГВМФ), 러시아국립 역사문서보관소(РГИА) 등 러시아 자료 등을 전면적으로 활용했다. 러시아 자료를 정밀하게 추적하고 일본 자료와 교차적으로 분석하여 러일협상, 러일개전, 러일전투 등을 재구성했다.

첫째, 이 책은 러시아와 일본의 외교정책과 외교협상을 분석하기 위해서 일본 외무성 외교사료관, 제정러시아 대외정책문서보관소 등에 소장된 문서에 기초했다. 대외정책문서보관소는 주일러시아공사를 지낸 로젠(Р.Р.Розен)과 이즈볼스끼(А.П.Извольский), 주한러시아공사 빠블로프(А.И.Павлов) 등의 보고서 등이 상세하다. 일본 외무성 외교사료관은 고무라 주타로와 하야시 곤스케(林權助) 등의 보고서 등이 소장되어 있다. 물론 이 책에서는 이미 발간된 일본외교문서[32], 주한일본공사관기록[33]과 통감부문서[34] 등도 적극 활용했다.

둘째, 러시아의 극동특별위원회를 규명하기 위해서 러시아연방 국립문서관소의 외무대신 람즈도르프(В.Н.Ламздорф) 문서군에 주목했다. 여기에는 러일전쟁 전후 외무대신, 극동특별위원회와 극동총독부의 왕복문서가 보관되어 있다. 그중 극동특별위원회 사무국장 아바자(А.М.Абаза)와 극동총독의 러일협상 관련 문서는 러시아와 일본의 협상 과정과 전쟁 원인에 대해 규명할 수 있는 자료이다. 극동총독 알렉세예프(Всеподданнейший отчет Е.И.Алексеева, 1903~1904)의 보고서는 러일협상의 과정을 상세하게 기록했다. 아바자는 1905년 12월 「한국에서 러시아의 기업」[35]이라는 보고서를 작성했다. 또한 러시아 극동특별위원회는 1905년 『1903-1904년 일본과의 협상 관련 문서, 그리고 극동특별위원회 소장문서』[36]라는 자료집도 적극 활용한다.

셋째, 이 책에서는 일본 방위성 방위연구소 및 러시아 군사문서보관소 등에 소장된 문서에도 주목했다. 무엇보다도 러일전투와 러일해전을

---

32 日本外務省 編, 『日本外交文書』36~40卷(明治36-40年), 日本國際連合協會, 1957-1961.

33 國史編纂委員會, 『駐韓日本公使館記錄』14~26卷, 1990-1992.

34 國史編纂委員會, 『統監府文書』1~10卷, 1998-2000.

35 А. М. Абаза. Русские предприятия в Корее, в связи с нашей политикой на Дальнем Востоке 1898-1904. Спб. 1905.

36 Документы касающиеся переговоров с Японией в 1903-1904годах и хранящиеся в канцелярии Особого Комитета Дальняго Востока. Спб. 1905.

해명하기 위해서 러시아군부와 해군부가 생산한 문서 및 일본 육군성과
해군성 등이 발간한 문서에 기초했다. 러시아군부는 총 9권, 러시아 해
군부는 총 7권을 발간했다.[37] 일본 참모본부는 18권, 해군군령부는 4권,
육군성은 15권을 발간했다.[38] 이 외에도 일본 정부가 생산한 문서도 참
고했다.[39]

　넷째, 한국문서로는 『구한국외교문서(舊韓國外交文書)』[40] 및 관찬사
료, 신문, 자료집, 개인기록 등을 참고했다.[41]

37　Русско-японская война 1904-1905гг(러일전쟁). Т. 1-9. Спб. 1910; Русско-
　　японская война 1904-1905гг(러일전쟁). Т. 1-7. Спб. 1907-1912.

38　參謀本部 編, 『明治三十七八年日露戰史』 1~18, 偕行社, 1912-1914; 海軍軍令部 編, 『明治
　　三十七八年日露海戰史』 1~4, 春陽堂, 1909-1910; 陸軍省, 『日露戰爭統計集』 1~15, 1911.

39　參謀本部 編, 『明治三十七八年機密日露戰爭史』, 巖南堂書店, 1977; 軍令部 編, 『明治
　　三十七八年海戰史』 上·下, 內閣印刷局朝陽会, 1934; 軍令部 編, 『日本海大海戰史』, 內閣
　　印刷局朝陽会, 1926.

40　亞細亞問題研究所 編, 『구한국외교문서(舊韓國外交文書)』, 고려대학교출판부, 1965-1973.

41　『관보(官報)』, 『고종실록(高宗實錄)』, 『승정원일기(承政院日記)』, 『각사등록(各司謄錄)』, 『제
　　국신문(帝國新聞)』, 『황성신문(皇城新聞)』, 『윤치호 일기(尹致昊日記)』, 『대한계년사(大韓季
　　年史)』.

제1부

러일전쟁의 원인

러일전쟁 직전
러일의 외교협상과
대한제국의 외교정책

영일동맹 전후 러일협상과
한국 중립화 방안

이 책에서는 1902년 러시아의 극동정책을 일본이 제안한 대러협상안과 만한 문제에 대한 외교정책자들의 논의를 중심으로 살펴보려고 한다. 1902년 1월 30일에 러시아 외교정책 방향 수립에 매우 중요한 사건인 영일동맹이 체결되면서 러시아는 극동정책을 재수립해야 하는 과제에 직면했다.

영일동맹 체결부터 러시아의 제1차 만주철병 시기까지 러시아의 극동정책은 재무대신 비테의 결정에 의해 좌우되었다고 할 수 있다. 당시 람즈도르프가 외무대신을 역임하고 있었지만 비테는 재무성의 독자적인 정보망을 통해 지속적으로 극동정책 결정에 개입했다. 비테가 추진했던 극동정책의 핵심은 시베리아횡단철도 건설을 통해 극동지역으로 평화적인 경제 침투를 이루는 것이었다. 비테는 '경제적 침투'라는 자신의 기본적인 노선을 러청은행 설립과 동청철도 부설이라는 만주정책, 한러은행 설립과 시베리아철도를 한국의 철도망과 연결한다는 대한정책으로 표출했다.[1]

1902년에 러청 간 만주철병협정 체결과 러시아의 제1차 만주철병이 이행되었던 것은 이 같은 비테의 정책 기조가 반영된 것이었으며, 이 시기에 비테가 한국 중립화 방안에 중점을 두지 않았던 이유도 만주에 대한 정책이 한국 문제보다 우위에 있었기 때문이었다. 그러나 이 같은 비테 중심의 정책은 러시아의 제1차 만주철병 이후 여기에 반발한 베조브라조프(Александр Михайлович Безобразов, 1853~1931)를 중심으로 한 '강경파'에 의해 흔들렸고, 제2차 만주철병 불이행(1903년 4월 8일) 이후 만한 지역에 대한 신노선정책이 본격화됨에 따라 비테는 결국 1903년 8월에 실각하게 되었다.[2]

지금까지 이 시기를 중심으로 한 러시아의 극동정책에 관한 연구는 주로 의화단 사건, 러일전쟁과 관련하여 이루어졌고, 압록강 삼림채벌권 개발사업[3]이나 한러은행 설립,[4] 마산포 사건,[5] 한반도 중립화안,[6] 용암포 사건[7] 등과 같은 구체적인 사건들을 조망한 연구성과들도 나왔다. 하지

1   Игнатьев А. Б. С. Ю. Витте-дипломат(외교관 비테). М. 1989. СС. 98-99.

2   Романов Б. А. Дипломатические развязывания русско-японской войны 1904-1905гг(1904-1905년 러일전쟁 발발의 외교적 측면). Исторические записки. Т. 8. 1940. С. 39.

3   강영심, 「구한말 러시아의 삼림이권 획득과 삼림회사의 채벌실태」, 『이화사학연구』 17·18, 1988; 김원수, 「러시아의 압록강 삼림채벌권 활용계획」, 『首善社會』 9, 1998; 최덕규, 「대한제국과 러시아와의 관계(1896~1906) – 러시아의 압록강 삼림채벌권 개발정책을 중심으로–」, 『한국과 러시아관계』, 경남대학교 극동문제연구소, 2001; Nish, Ian, 'Stretching out to the Yalu: A Contested Frontier, 1900-1903' in John W. Steinberg et al, *the Russo-Japanese war in global perspective: World War Zero*, Bril Academic Publishers, 2005.

4   최덕규, 「비테의 대한정책과 한러은행」, 『슬라브학보』 14-2, 1999a.

5   최덕규, 「러시아 해군성과 마산포(1894-1905)」, 『한국시베리아학보』 창간호, 1999b.

6   石和靜, 「ロシアの韓半島中立化政策 –ウィッテの對滿洲政策との關連で–」, 『スラヴ硏究』 46, 1999, pp. 33-34.

7   김원수, 「용암포사건과 일본의 대응」, 『러일전쟁전후 일본의 한국침략』, 일조각, 1986; Kim Wonsoo, 'Yongampo Incident and the Origin of the Russo-Japanese War,' Власть и

만 영일동맹, 러청 만주철병협약 및 제1차 만주철병과 직접적인 관련하에 독자적인 주제로 구체화된 연구성과는 매우 적다.[8] 특히 상기의 사건들을 동시기에 한정하여 5차에 걸친 러일협상안이나 '한국 중립화 방안'과 접목시켜 러시아의 극동정책 입안자들의 만한정책 수립 과정에서 나타난 정책의 대립과 통합의 과정을 실증적으로 규명한 작업은 거의 전무한 편이다.[9]

이 책에서는 러시아 측 1차 사료를 통해 우선 영일동맹 체결 이후 일본이 제안한 5차에 걸친 대러협상안 중 특히 두 가지 사안, 즉 일본이 한국에 추가 병력을 주둔시킬 권리와 한국 문제에 대해 일본과 러시아 사이에 체결된 모든 협정 폐기 요구에 초점을 맞추고 이에 대한 러시아의 대응 조치를 집중적으로 검토하고자 한다. 그리고 협상 과정에서 주일공사 로젠과 이즈볼스끼, 주한공사 빠블로프가 제안한 한국 중립화 방안과 이에 대한 비테의 한국과 만주정책 구상을 조명하고자 한다. 이는 영일동맹 이후 동아시아 지역에서 외교적 고립을 타개하려는 러시아의 극동정책의 실상을 밝혀줄 뿐만 아니라 러시아 정계 내의 대일외교정책 논쟁을 밝히는 주요한 토대를 제공해 줄 것이다. 또한 러시아가 만주철병

общество в России во время русско-японской войны и революции 1905-1907гг. St Peterburg, 2007.

8 당시 러시아의 동아시아정책을 입안하는 과정에서 정치가들의 논쟁에 초점을 맞추어 비테와 로젠의 시각을 비교한 연구는 다음과 같다. 최덕규, 「러시아의 동아시아정책을 둘러싼 두 시각(1896-1903)─비테와 로젠의 논쟁을 중심으로─」, 『제40회 전국역사학대회 발표요지』, 1997.

9 영일동맹과 러일교섭관계, 만한불가분론과 만한교환론의 관계를 정의하기 위해서는 러일교섭의 러시아 측 논리가 구명되어야 한다는 지적이 있다. 千葉功, 「日露戰爭前期(1900-1904) 日本の外交史研究現況」, 『史學雜誌』106-8, 1997.

의 대안적 조치로서 한국, 만주 및 극동 문제 전반에 대해서 어떠한 구상을 하고 있었는지가 구체적으로 규명될 것이다.

1. 일본의 협상 제안에 대한 러시아 외교정책자들의 논의

1902년 1월 30일 영일동맹이 체결되었다. 조약 제1조에서 영국의 특별한 이익이 청에 있으며 일본의 이익은 청과 한국에 걸쳐 있음을 규정함으로써 청과 한국의 '독립과 영토적 불가침성'을 보존함에 있어 양국이 갖는 특별한 이해관계를 규정했다.[10] 영일동맹의 체결로 일본은 국제적 고립은 물론 1895년의 삼국간섭과 같은 서구제국의 반일동맹으로부터 보호받을 수 있게 되었다. 미국 역시 영일동맹의 체결을 전적으로 지지한다는 입장을 공식적으로 언급했다.[11] 상황이 역전되면서 러시아가 외교적 고립에 처하게 되었다.

이에 영일동맹 체결 이후 일본은 구리노(栗野愼一郎) 공사를 통해 러시아에 여러 차례 협정 체결을 제안했다. 2월에서 9월까지 총 다섯 차례 협정을 제의했는데,[12] 그 안에는 새로운 두 가지 요구사항이 포함되어 있

---

10 Сборник договоров и дипломатических документов по делам Дальнего Востока 1895-1905гг(1895-1905년 극동 문제에 관한 조약 및 외교문서집). СПб. 1906. СС. 527-530.

11 Романов Б. А. Очерки дипломатической истории русско-японской войны(러일전쟁 외교사 개요). М-Л. 1955. С. 29.

12 이 협정은 고무라(小村壽太郎)가 영일동맹 직후 구리노를 통해 이토, 비테, 람즈도르프 논의(1901. 11)에 기초한 새 협정을 검토할 것을 람즈도르프에게 제의한 것으로, 1902년 2월 24일, 5월, 7월 23일, 8월 4일, 9월 14일에 제안되었다. Гак чон хё. Русско-японская

었다. 하나는 일본이 한국에 추가 병력을 주둔시킬 권리에 대한 것이고, 다른 하나는 한국 문제에 대해 양국 정부 사이에 체결된 모든 협정을 폐기하자는 것이었다. 일본 정부는 중요한 우월권을 일본에게 양보하는 대가로 러시아가 지난 1898년 중국과의 조약 체결로 획득한 관동에서의 법적 지위를 인정하는 데 동의하겠다[13]고 했다.

구리노 공사가 제안한 협정안은 1901년 11월에 이토가 상트-빼쩨르부르크 방문 시 전달한 제안과 크게 다르지 않았으며[14] 일본의 이해관계를 좀 더 확대한 것이었다.[15] 특히 8월 4일의 제안에는 만주에서의 러시아의 철도권익을 보장하는 대신 한국에서 일본의 자유행동권[16]이 포함

война 1904-1905гг. и Корея(1904-1905년 러일전쟁과 한국). М. 1997. С. 29.

13 РГИА(러시아국립역사문서보관소). Ф. 560. Оп. 28. Д. 59. Л. 77. Графу В. Н. Ламздорфу от С. Ю. Витте. 28 декабря 1902г.

14 이토의 상트-빼쩨르부르크 방문 시 비테와 람즈도르프는 이토에게 러시아가 한반도를 양보하는 대신 일본은 만주 및 기타 러시아와 국경을 접하고 있는 청국 지역 내에서의 러시아의 우월한 권리와 이 지역과 관련된 문제는 청과 러시아 양국 간의 사안으로 인정해 줄 것을 요구했다. Красный архив. Т. 63. 1934. С. 46. 양측의 협약안이 교환되었다. 러시아 측이 제시한 협약안에 따르면 일본의 한국파병권은 특별한 경우에 한해서만 인정되었으며 그 경우에도 일본 측 위병은 러시아와 한국 국경 간에 설정된 일정한 지역을 넘지 못하도록 규정되었으며, 일본은 러시아의 사전 승인을 얻은 경우에만 한국에 권고할 수 있었다. 반면 일본은 러시아와 국경을 접한 청국의 영토에서 러시아가 우월한 권리를 지니고 있음을 인정함과 동시에 그 지역에서 러시아가 갖는 행동의 자유를 방해하지 않아야 했다. Русско-японская война 1904-1905гг(1904-1905년 러일전쟁). СПб. 1910. Т. 1. С. 21. 이에 대해 비테가 작성한 러시아 측 수정안은 일본에 의한 한반도의 군략적 사용 금지, 대한해협에서 러시아의 자유항행 보장, 한국에서 일본의 정치적 권한 배제, 한만국경 사이의 중립지대화였다. 일본은 결국 이 안을 거절했다.

15 РГИА. Ф. 560. Оп. 28. Д. 59. Л. 55. Записка, представленная Бар. Розеном, 12 сентября 1902г.

16 Обзор сношений с Япониею по Корейским делам с 1895 года(1895년 이후 한국 문제에 관한 일본과의 관계 요람). СПб. 1906. С. 78; Романов Б. А. Россия в Маньчжурии,1892-1906(만주에서 러시아, 1892-1906년). Л. 1928. СС. 402-403.

되었는데, 이는 만주에서 러시아의 권익을 철도로 제한하고 한국을 일본의 세력권으로 하는 대신 일부 철도 권익을 러시아에 부여하는 것을 골자로 한 일본 내각의 대러협상 원칙과 일치하며 1년 뒤인 1903년 8월 일본이 러시아에 제의한 공식 대러교섭안과 거의 차이가 없다는 점[17]에서 주목된다.

　　다섯 차례에 걸친 일본의 협정 제안에 러시아 외교정책 당로자들은 각자의 의견을 피력하였는데, 주일공사를 지낸 로젠[18]은 그 체결 여부를 놓고 동년 9월에 보고서를 올렸다.[19] 이 보고서에 비테가 주석을 첨부하

---

[17] 1903년 7월 30일에 일본은 공식적인 대러교섭을 재개하고 구리노를 통해 총 6개 조로 이루어진 협약안을 러시아 측에 제출했다. 이 협약안에 따르면 일본은 한국에 관한 기존의 모든 러일협정을 본 협약으로 대체하려 했으며, 한국에서 갖는 일본의 배타적 영향력을 러시아가 인정하면 그 교환조건으로 일본은 만주에서의 철도경영이라는 특수 이익만이 러시아에 있음을 인정하려 했다. Обзор сношений с Япониею по Корейским делам с 1895 года. СПб. 1906. С. 79. 협약안은 다음과 같다. 제1조. 한청 양국의 독립과 영토적 불가침성을 존중하고 양국에서 각국 상공업의 기회균등주의를 서로 약속한다. 제2조. 한국에서 일본의 우월한 이익과 만주에서의 철도경영에 대해 러시아가 갖는 특수 이익을 상호 인식하고 제1조의 규정하에 각자의 이익을 보호하기 위해 필요한 조치를 일본은 한국에서, 러시아는 만주에서 취할 권리를 인정한다. 제3조. 러일 양국은 제1조의 규정과 배치되지 않는 한 한국에서 일본 만주에서 러시아의 상공업적 활동의 발전을 방해하지 않을 것을 서로 약속한다. 금후 한국철도를 만주 남부에 연장하여 동청철도에 접속하려고 할 경우 러시아는 방해하지 않을 것을 약속한다. 제4조. 제2조와 관련하여 이익 보호의 목적 또는 국제분쟁을 야기할 반란 또는 소요를 진압할 목적으로 일본으로부터 한국, 러시아로부터 만주에 군대 파견의 필요가 있을 경우 그 파견군은 어떠한 경우도 실제 필요 인원의 숫자를 초과하지 않을 것과 위의 군대는 임무가 끝나는 대로 즉시 소환할 것을 서로 약속한다. 제5조. 한국의 개혁과 선정을 위해 조언과 원조(필요한 군사상 원조를 포함)를 주는 것은 일본의 전권에 속한다는 것을 러시아가 승인한다. 제6조. 본 조약은 현재까지 한국에 관해 러일 양국 사이에 체결된 모든 협정을 대체한다. Русско-японская война 1904-1905гг(1904-1905년 러일전쟁). СПб. 1910. Т. 1. С. 33.

[18] 로젠은 1897년 2월 4일부터 1899년 11월 18일, 1903년 초부터 러일전쟁 직전까지 일본주재 러시아공사를 역임했다. АВПРИ(제정러시아 대외정책문서보관소). Ф. 159. Оп. 464. Д. 2119. Л. 176.

[19] РГИА. Ф. 560. Оп. 28. Д. 59. Л. 58. Записка, представленная Бар. Розеном. 12

면서 일본의 제안을 수용할 것인가 여부에 대한 논의가 진행되었다. 주한공사였던 빠블로프[20]와 주일공사였던 이즈볼스끼[21]도 한국 중립화 방안에 대한 보고서를 올리면서 일본과의 협정 체결에 관한 의견을 첨부했다.[22] 비테는 3개월 후 로젠과 빠블로프의 보고서를 평가하며 대일교섭을 비롯한 자신의 극동정책을 피력한 보고서를 작성했다.[23]

먼저 로젠의 견해를 살펴보면 그는 영일동맹이 체결된 상황에서 러시아가 일본과 협약을 체결한다는 것은 영국에 대한 양보에 불과하다고 판단했다. 영일동맹은 한국과 만주 문제뿐만 아니라 동맹국들의 보다 광범위한 이해관계를 포함[24]하고 있기 때문에 러시아의 전반적인 정책적 이익이라는 관점에서 볼 때 일본과의 협정 체결은 러시아의 국익에 아무런 도움이 되지 않는다고 논했다.

또한 러시아가 일본과 협정을 체결한다고 해서 결코 전쟁 발발의 가능성이 줄어들지 않는다는 점을 들었다. 그 이유는 어떤 경우에도 일본은 한국에서의 우세한 지위를 양보하지 않을 것이기 때문이었다. 고로

сентября 1902г.

20 빠블로프는 1898년 12월 13일부터 1904년 2월까지 주한러시아 특명전권공사를 역임했다. АВПРИ. Ф. 159. Оп. 464. Д. 2518. Л. 212.

21 이즈볼스끼는 1899년 11월 18일부터 1903년 초까지 주일러시아공사를 역임했다. АВПРИ. Ф. 159. Оп. 464. Д. 2119. Л. 176.

22 РГАВМФ(러시아국립 해군함대문서보관소). Ф. 417. Оп. 1. Д. 2303. Л. 72. Записка "о нейтрализации Кореи." представленная ст. сов. Павловом. 10 сентября 1902г; ГАРФ(러시아연방 국립문서보관소). Ф. 568. Оп. 1. Д. 179. Л. 9об.-10. Записка о "нейтрализации Кореи." представленная Д. С. С. Извольским. Токио 20 Июля 1902г.

23 РГИА. Ф. 560. Оп. 28. Д. 59. Л. 84. Графу В. Н. Ламздорфу от С. Ю. Витте. 28 декабря 1902г.

24 РГИА. Ф. 560. Оп. 28. Д. 59. Л. 80. Графу В. Н. Ламздорфу от С. Ю. Витте. 28 декабря 1902г.

일본의 제안은 한국과 만주에서의 러시아 이익을 위해서는 무용지물이었다. 이 때문에 로젠은 대일협정체결보다도 일본과의 전쟁을 피하기 위한 대책 마련이 우선임을 주장했다. 먼저 극동지역의 해군과 육군의 수를 증강해야 하며 극단적인 경우에 대비해서 만주에 배치한 러시아 병력을 어떠한 경우에도 감축하지 말 것과 어떠한 물질적인 희생을 치르더라도 부동해로 통하는 자유로운 접근을 확실하게 보장하기 위해서 만주를 합병하고 한국을 차지해야 한다[25]고 피력했다.

이 같은 로젠의 주장은 19세기 말과 비교해서 그 입장이 변화된 것이었다. 로젠은 19세기 말 한국 문제에 대해서 강온양면정책을 제시했었다. 강경책은 일본에 비해 현격히 떨어진 러시아의 군사력을 증강하기 위해서 군비확장정책을 시행하자는 것이었고, 온건책은 한국 문제에 대해서 일본과 타협을 모색해야 한다는 것이었다.[26] 하지만 20세기 초에 와서 로젠의 양면정책은 대일협정을 반대하면서 강경책으로 변화되었다. 영일동맹이 체결되면서 일본과 타협의 여지가 없어졌다는 판단이 주요하게 작용했던 것으로 보인다.

한편 이즈볼스끼는 영일동맹이 한국 문제에 끼치는 영향과 이에 대한 러시아의 대응책을 검토했다. 한국 문제는 극동정치의 가장 불안한 요인이지만 기존에 러일 간에 맺어진 일련의 외교적인 협약들[27]은 한국 문제

---

25 РГИА. Ф. 560. Оп. 28. Д. 59. Л. 82. Графу В. Н. Ламздорфу от С. Ю. Витте. 28 декабря 1902г.

26 РГАВМФ. Ф. 417. Оп. 1. Д. 1723. Л. 2-6об. Донесение Розена из Токио. 28 октября 1897г.

27 서울의정서(베베르-고무라 각서, 1896. 5), 모스크바의정서(로바노프-야마가타 의정서, 1896. 6), 도쿄의정서(로젠-니시 협약, 1898. 4).

가 첨예하게 대립하는 것을 피할 수 있게 하는 데 유용한 역할을 했다[28]고 보았다. 하지만 한국에서 러시아와 일본의 정치적 평등을 확인한 로젠-니시 협약은 일본의 경제적 이해가 중요하게 부각되었으며 러시아는 일본의 경제활동을 방해하지 않아야 하는 의무가 있는 것으로 해석되고 있다[29]고 비판했다. 그사이 일본은 한국을 보호령으로 만들기 위한 작업을 추진하고 있으며 영일동맹 체결 이후 일본의 이러한 행동은 영국에 의해 더욱 고무되고 있음을 지적했다. 그리고 이 같은 상황이 지속된다면 러시아는 한국에서 일본의 정치·경제적인 영향력을 완전히 승인하거나 일본과의 무력 충돌을 결행해야 하는 두 가지 딜레마에 봉착할 것[30]이라고 판단했다.

상기의 이유로 이즈볼스끼는 일본과의 협정 체결에 부정적인 입장이었다. 일본과의 협정 체결은 한국 문제에 대한 러일관계를 개선시키지 못하며 한국에서 러시아의 이해를 충분히 보장해주지 못하고, 일본이 의무규정을 자발적으로 준수하는지 분별해낼 수 없기 때문이었다.[31] 영일동맹이 체결된 상황에서 러일 사이에 존재하는 모든 협상은 반드시 영국의 통제를 받게 되며 일본은 영국의 이해에 따라서만 러시아에 양보

28 ГАРФ. Ф. 568. Оп. 1. Д. 179. Л. 5-5об. Письмо Министра Финансов к Министру Иностранных Дел от 28-го Декабря 1902г.

29 ГАРФ. Ф. 568. Оп. 1. Д. 179. Л. 6а. Письмо Министра Финансов к Министру Иностранных Дел от 28-го Декабря 1902г.

30 ГАРФ. Ф. 568. Оп. 1. Д. 179. Л. 6а-6аоб. Письмо Министра Финансов к Министру Иностранных Дел от 28-го Декабря 1902г.

31 РГАВМФ. Ф. 417. Оп. 1. Д. 2303. Л. 72. Записка "о нейтрализации Кореи." представленная ст. сов. Павловом. 10 сентября 1902г.

로젠(Р. Р. Розен, 1847~1921)　　이즈볼스끼(А. П. Извольский, 1856~1919)

할 수 있을 것이라고 판단했다. 즉 영국을 배제한 러일협상의 실효성에
대해 의문을 던졌으며 일본보다는 영국을 움직이게 하는 것이 더 주요
하다고 판단했던 것이다.

　이처럼 주일공사를 지낸 로젠과 이즈볼스끼는 대일관계에서 일본과
의 협정 체결에 모두 반대했다. 하지만 한국 문제에 대해서는 견해차가
있었다. 로젠은 점령을 주장하는 강경한 입장이었으나 이즈볼스끼는 중
립화를 통해 한국을 둘러싼 열강 간 갈등의 소지를 없애야 한다는 한발
물러선 입장이었다. 이것은 한국 문제로 인한 열강들의 각축은 불필요
하다는 생각에서 나온 것이었다.

　반면 주한공사 빠블로프는 상당히 다른 관점에서 이 문제를 다루
었다. 그는 일본 정부의 협정 체결 요청을 활용하여 한국 문제에 대한 양
보의 대가로 얼마간 만주에서의 러시아정책에 일본이 간섭하지 않겠다

는 보장을 받아야 한다[32]고 주장했다. 즉 그는 만주점령을 위해 필요한 조건으로 한국 문제에 적절한 양보를 생각했던 것이다. 빠블로프의 만주와 한국점령이라는 목표는 로젠의 입장과 서로 같았으나 그 목표를 실현하는 방법에서는 양자 간에 차이를 보이고 있었다. 1902년 9월경 한국 문제에 대해서 로젠은 1898년 로젠-니시 협정 수준을 유지할 것을 고려하였고 빠블로프는 로젠-니시 협정보다 조금 더 일본에 양보할 것을 주장했다고 볼 수 있다.

이 논의의 중심에 있었던 비테는 만주에서 러시아의 지위를 확고히 하기 위한 방안으로서 한국 문제에 대한 일본과의 협정 체결을 고려했다. 비테는 대일협정을 통해 한국에 대한 러시아의 의도에 불안해하는 일본을 안심시켜서 만주에서 러시아의 지위를 공고히 하는 데 필요한 일본의 양보를 받아낼 수 있을 것으로 판단했다. 다시 말하면 한국에서의 영향력 행사에 관한 러시아의 기존 입장이 손해를 보더라도 협정을 체결하는 것이 만주 확보를 위해서는 중요한 조건임을 인식했던 것이다. 또한 일본과의 긴장관계가 고조되는 상황이었던 만큼 일본과의 군사적 충돌과 한국을 일본에 양보하는 것 중에서 후자가 전자보다 훨씬 작은 의미를 갖는다[33]고 판단하고 한국을 양보해서 일본과 오해의 소지를 해소해야 한다고 주장했다.

그 이유는 당시 일본은 만주가 러시아의 세력하에 있다는 판단하에 모든 희망을 한국에 집중하고 있었기 때문에 한국에서의 각종 권한을

---

32 РГИА. Ф. 560. Оп. 28. Д. 59. Л. 82-83. Графу В. Н. Ламздорфу от С. Ю. Витте. 28 декабря 1902г.

33 РГАВМФ. Ф. 417. Оп. 1. Д. 2303. Л. 30-30об.

러일전쟁 직후 주한러시아공사 빠블로프의 한국 철수(1904) 좌측 인물이 빠블로프

일본에 양보하지 않는 한 일본이 만주에서의 러시아의 모든 움직임에 강력 반대할 계획을 갖고 있었기 때문이다. 또 일본이 러시아의 대청요구안을 이행하지 못하도록 끊임없이 중국 정부를 선동할 것이었기 때문이다. 따라서 비테는 만주에서 자국의 이익을 위해 한국 문제에 더해 일본과 협정을 맺는 것이 러시아에 유익할 뿐만 아니라 필수적인 조치임[34]을 강조했다.

비테가 일본과의 협정 체결을 통해 추구한 목적은 영일동맹의 가치 상실이었다. 만일 일본에 한국 문제를 양보한다면, 즉 러시아가 한국에서 일본의 이익을 침해할 가능성이 없다는 근거를 제공한다면 일본 입장에서 영국과의 동맹은 그 의미를 상당 부분 상실할 것이라고 예상했던 것이다. 이러한 조건에서 러일협정이 쉽게 까지지 않는다면 러시아에

---

34 ГАРФ. Ф.818. Оп.1. Д.46. Л.14об.-15. Письмо Министра Финансов к Министру Иностранных Дел от 28-го Декабря 1902г.

매우 위험한 영일동맹의 의의를 상당 부분 퇴색시킬 수 있으며 심지어 일본은 동맹의 유효기간인 향후 4년 동안 동맹을 거부할 수도 있을 것[35]이라고 판단했다. 비테는 결국 러시아를 곤란하게 할 목적으로 동맹을 체결한 영국이 반대로 곤란한 상황에 처하게 될 것이라고 예상했던 것이다. 따라서 비테는 일본이 영국의 독점적인 영향권으로 들어가려고 하는 바람직하지 못한 상황을 종식시킨다는 점에서 일본과 협정을 체결하는 것이 중요한 이득이 될 수 있다고 결론지었다.

2. 만주와 한국 문제를 중심으로 한 러시아의 극동정책 논의

영일동맹 후 일본이 제기한 대러협상안에 대해 러시아 정계 내에서 협상 여부를 놓고 다각도에서 논의가 진행되었음은 이미 상술했다. 하지만 논의 과정에서 제기된 정책의 핵심은 만주와 한국 문제였으며, 이를 둘러싸고 러시아의 극동정책에 대한 다양한 견해가 제기되었다. 그 논의를 구체적으로 살펴보기로 한다.

1) 만주합병·점령과 철수를 둘러싼 논의

로젠의 주장에 따르면 러시아 극동정책의 궁극적인 목표는 한국과 만주 점령이었다. 한국을 소유하기 위한 가장 기초적인 전략 원칙에 의거하여

---

35 РГИА. Ф. 560. Оп. 28. Д. 59. Л. 87. Графу В. Н. Ламздорфу от С. Ю. Витте, 28 декабря 1902г.

한국의 배후지인 만주를 획득하고 그곳에 러시아의 지위를 확고히 하기 위한 조치가 선행되어야 한다[36]는 것이었다. 그는 만주점령을 위해 러시아가 당시까지 견지하고 있었던 '평화적인 문화－산업정책'에 비판을 가했다. 평화적인 문화－산업정책이란 동청철도와 러청은행 설립 등 러시아의 경제적 영향력을 중국 내에서 점차 확대하는 방법으로 중국 정부와 우호적인 동맹관계를 유지해 나가면서 만주점령이라는 최종적인 목표를 이루는 것이었다. 이에 대해 로젠은 러시아 영토도 아닌 만주에 철도 건설을 위해 수억을 쏟아붓는 대신 아무르 지역의 러시아 영토에 철도를 건설함으로써 시베리아철도 건설을 완공해야 한다고 했다. 단 한 푼의 돈이라도 경제성장과 20세기 문화전쟁에서 러시아가 무력해지지 않도록 민중의 계몽을 위해 써야 한다[37]고 피력했다.

또한 소유는 최종적인 만주합병이나 신속한 점령을 통해 이루어지는 것이지 결코 막대한 자금을 투입하여 얻어낼 수 없는 것[38]이라고 주장했다. 만주의 이해관계를 보호하기 위해서는 항상 무력 개입이 필요하며 이 때문에 러시아군대를 만주에서 철수하는 것은 매우 위험한 상황을 만드는 것이라고 판단했다. 그는 영일동맹이 체결된 상황에서 만일 한국에서 무력 사태가 발생한다면 만주는 필요한 경우에 러시아의 작전기지가 되어야 하기 때문에 만주 주둔 병력을 더 이상 축소해서는 안 된다[39]

---

36 РГИА. Ф. 560. Оп. 28. Д. 59. Л. 58. Записка, представленная Бар. Розеном, 12 сентября 1902г.

37 РГИА. Ф. 560. Оп. 28. Д. 59. Л. 73. Графу В. Н. Ламздорфу от С. Ю. Витте, 28 декабря 1902г.

38 РГИА. Ф. 560. Оп. 28. Д. 59. Л. 62. Записка, представленная Бар. Розеном, 12 сентября 1902г.

39 РГИА. Ф. 560. Оп. 28. Д. 59. Л. 68. Записка, представленная Бар. Розеном, 12

고 했다.

이 같은 로젠의 만주합병·점령론은 1902년 4월 8일 러시아의 만주 철병협정이 체결되어 러시아의 만한동시진출론이 위협받는 상황에서 그 타개책으로 만주집중론을 주장했던 관동군 사령관 알렉세예프 제독과 의견을 같이 하는 것이었다.[40] 주한공사 빠블로프도 극동지역에서 러시아의 목표는 한국에서 러시아의 지위를 완전히 인정받는 것이며 이를 위하여 만주를 먼저 점령한 후에 러시아의 질서를 한국에 확립시킬 필요가 있다고 했다. 하지만 러시아 정부의 철수 결정이 새로운 전쟁을 불러올 수 있기 때문에 동청철도가 준공된 이후에 만주 지역의 철군을 고려해야 한다는 입장이었다.[41]

한국 문제에 관해서 로젠은 그때까지 한국에서 취한 러시아의 행동 방식이 잘못되어 왔다고 비판했다. 러시아는 당시에 만주와 한국을 점령할 수 있는 현실적인 가능성을 위해 필요한 군사력의 존재, 총체적인 정치적 이해관계 등을 고려한 일정한 계획을 세우지 못했다는 것이다. 즉 한국군대의 훈련 시도, 재정정책의 장악, 마산포에서의 토지매입 등은 목적을 가지고 있긴 하지만 실험적인 것에 불과했다. 그 결과 일본은 한국에서 러시아가 공식적으로 부인하고 있는 러시아의 속내를 예상보다 빨리 간파했으며 자국의 군사계획을 어마어마한 규모로 확대하고 결국에는 영국과 손을 잡았다[42]고 판단했다. 로젠은 러시아가 한국에서 취한

сентября 1902г.

40 최덕규, 1999b, 140쪽.

41 РГИА. Ф. 560. Оп. 28. Д. 59. Л. 84. Графу В. Н. Ламздорфу от С. Ю. Витте. 28 декабря 1902г.

42 РГИА. Ф. 560. Оп. 28. Д. 59. Л. 59. Записка, представленная Бар. Розеном. 12

90

정책들이 뚜렷한 목적을 가지고 주도면밀하게 시행되지 않았기 때문에 결국에는 영국과 일본이 동맹을 맺음으로써 러시아에 매우 불리한 결과를 초래했다고 판단했다.

한편 비테는 러시아가 만주와 한국에서 확고한 지위를 확보함으로써 태평양과 극동으로 향하는 전진에 커다란 디딤돌을 마련하게 될 것이라는 대전제에 이견이 없었다.[43] 하지만 그 방법에서 러시아는 한국에서 확고한 행동계획을 수립하지 못했다는 심각한 문제점을 안고 있다[44]고 보았는데, 러시아의 일관적이지 못한 극동정책 때문에 영일동맹이 체결되는 결과를 초래했다는 로젠의 지적과 같은 맥락, 즉 불필요한 상황으로 일본을 자극하는 것은 러시아의 극동정책에 아무런 이득이 되지 못한다는 입장이었다.

당시 비테의 만주정책은 동청철도 건설과 만주 주둔 러시아군대의 철수였다. 철도 건설을 통한 '경제적 침투'가 비테의 기본적인 극동정책 노선이었던 만큼 로젠이 평화적인 문화−산업정책의 한계를 비판한 것에 대해 비테는 강력하게 반론을 제기했다. 비테는 먼저 동청철도 부설 목적을 상기했다. 동청철도 부설은 러시아의 시베리아 개발과 대중무역관계를 발전시키는 것으로서 1896년에 동청철도 부설권을 획득했을 당시 러시아 정부는 만주를 합병하려는 계획이 없었다. 그것은 최소 25~50년 후에나 가능한 일이며 그 목적을 달성하기 위해서 러시아의 상공업, 동

сентября 1902г.

43 ГАРФ. Ф.818. Оп.1. Д.46. Л.6об. Письмо Министра Финансов к Министру Иностранных Дел от 28-го Декабря 1902г.

44 РГИА. Ф.560. Оп.28. Д.59. Л.87. Графу В. Н. Ламздорфу от С. Ю. Витте. 28 декабря 1902г.

청철도, 러청은행이 노력해야 한다[45]고 주장했다.

만주에 주둔한 러시아군대 철수 문제와 관련해서도 비테는 '철수 불가'를 고수한 로젠과 다른 의견을 개진했다. 비테는 러시아군대의 만주 철수를 주장했는데, 만일 일본과 전쟁이 일어난다면 러시아 국경으로부터 만주로 신속하게 군대를 이동해 올 수 있고, 만주 주요 거점까지 도착하려면 6~8일 이상은 걸리지 않을 것이며[46] 중국이 외국과의 교역을 위해 만주 지역을 개방한다 해도 러시아의 만주점령에는 큰 영향을 미치지 않을 것이라는 점에서였다. 또 하나는 만주에서 소요가 발생할 가능성이 매우 적다는 것이었다. 1900년의 사건은 대부분 중국 중앙정부가 소집하고 중국 관리들이 지도한 군사력에 의해 발생했다. 그러나 철도 공격에 참가한 일반 주민의 수는 극히 드물었으며, 1901년 8월 25일의 북경합의서와 러시아가 만주 내 일부 청국군대를 통제할 수 있는 권한을 획득한 1902년 3월 26일 협정에 따라 소요의 가능성이 약화될 것[47]이라고 예상했다. 철도 수비군도 1900년과 비교해서 상당히 증가했으며 철도 전 구간이 개통되어 철도 수비가 훨씬 쉬워진 것도 소요가 일어날 가능성을 감소시키는 요인이 되었다.

비테는 러시아의 만주점령에 대한 의견도 피력했다. 러시아의 만주점령은 극동에서 이해관계를 가진 모든 열강, 특히 영국과 일본의 강력한

45 ГАРФ. Ф.818. Оп.1. Д.46. Л.11. Письмо Министра Финансов к Министру Иностранных Дел от 28-го Декабря 1902г.

46 ГАРФ. Ф.818. Оп.1. Д.46. Л.18об. Письмо Министра Финансов к Министру Иностранных Дел от 28-го Декабря 1902г.

47 ГАРФ. Ф.818. Оп.1. Д.46. Л.20. Письмо Министра Финансов к Министру Иностранных Дел от 28-го Декабря 1902г.

반발을 살 것이므로 한국 문제에 대해서 일시적일지라도 일본과 협정을 체결하지 않는다면 러시아의 만주점령은 일본으로 하여금 극단의 조치를 취하게 만들 것이며 다른 열강들은 극동에서 러시아에 의해 파괴된 세력균형을 복구하기 위해 일본이나 영국에게 돝질적인 지원, 혹은 도덕적인 지지를 보낼 것[48]이라고 판단했다.

2) 한국 중립화를 둘러싼 논의

당시 러시아의 극동정책에서 만주 문제와 밀접한 관계에 놓여 있던 것은 한국 문제였고 그 초점은 한반도 중립화 방안이었다. 이 방안은 1900년 10월에 내무대신 시빠긴(Д. С. Сипягин, 1853~1902)에게 보낸 비테의 서신에서 일본군대가 한국에 침입할 수 있는 사태를 방지하기 위해 한국을 중립화하자는 내용에서 발단되었다.[49] 한국 중립화 방안은 만주와 한반도를 둘러싼 대일교섭 과정에서 제기된 러시아의 전략적인 방책[50]으로서 동청철도가 완공되고 북중국에서의 영향력이 공고화되면 자연히 되찾을 수 있는 한국을 당분간 일본의 침입으로부터 지켜내기 위한 임시책이었다.[51]

---

48 РГИА. Ф. 560. Оп. 28. Д. 59. Л. 103. Графу В. Н. Ламздорфу от С. Ю. Зитте. 28 декабря 1902г.

49 Красный архив. Т. 18. 1926. С. 42.

50 Романов Б. А. Россия в Маньчжурии, 1892-1906(만주에서 러시아, 1892-1906). Л. 1928. С. 70.

51 Романов Б. А. Россия в Маньчжурии, 1892-1906(만주에서 러시아, 1892-1906). Л. 1928. С. 70.

한국 중립화 방안과 관련한 주요 인물은 이즈볼스끼였다.[52] 그는 영일 동맹이 체결된 상황에서 극동 전반의 평화유지를 보장할 수 있는 대안 으로서 한국의 중립화 방안을 제의했다. 이즈볼스끼는 한국 중립화 방안 의 부정성과 긍정성을 모두 고려했다. 중립화 방안의 부정적인 측면은 첫째, 러시아가 일본과 충돌할지라도 한국이 결국 러시아의 독점적인 통 제권으로 들어올 수 있다는 확신하에 이 방안에 의해서 한국이 국제 열 강들의 각축장이 되는 것은 러시아에 매우 이롭지 않다는 것이었다. 같 은 맥락에서 일본도 자국의 한국점령에 제한이 가해진다는 이유로 중립 화 방안에 항상 반대했다. 둘째, 한국의 완전성이 국제적으로 보장되면 러시아에 필요한 한국 연안의 항구 획득이 불가능해진다[53]는 점이었다. 부동항 획득은 러시아 해군성에서 항상 최우선으로 국가적 중요성을 갖 는 사안이었으므로 신중하게 고려되어야 하는 부분이었다.

긍정적인 측면은 첫째, 일본에 확실한 지원군인 영일동맹이 체결된 상황에서 한국 중립화 방안은 일본의 모든 침략으로부터 한국을 절대적 으로 보호해 줄 수 있다는 점이었다. 이것은 직접적으로 한국 문제의 첨 예성을 약화시킬 수 있으며 나아가 오랫동안 극동의 전반적인 평화를 보장해줄 수 있는 방안이 된다[54]는 것이었다. 둘째, 중립화 방안이 실현

---

52 이즈볼스끼는 1900년 12월 30일 한국 중립화에 대해 일본 정부와 협상에 착수할 것을 짜르의 칙명으로 위임받았으며(АВПРИ. Ф.133. Оп.470. Д.102. Л.26.) 1901년 1월 7일 에는 외무대신 람즈도르프가 이즈볼스끼를 통해 열강의 공동 보장에 의한 한국 중립화 방 안을 일본에 제의하는 등 한국 중립화 방안에 관련된 주요 인물이다.

53 ГАРФ. Ф.568. Оп.1. Д.179. Л.9об.-10. Записка о "нейтрализации Кореи." представленная Д.С.С. Извольским. Токио 20 Июля 1902г.

54 ГАРФ. Ф.568. Оп.1. Д.179. Л.10. Письмо Министра Финансов к Министру Иностранных Дел от 28-го Декабря 1902г.

되면 극동에서 주도적인 역할을 수행하려는 새로운 열강 그룹(예를 들면 러시아와 미국 연합)이 형성되면서 영일동맹에 대항하는 하나의 대항축이 형성될 수 있다[55]는 점이었다.

이즈볼스끼는 한국 중립화 방안이 부정성을 갖고 있음에도 불구하고 영일동맹이 체결된 상황에서 한국 문제를 해결하는 가장 이상적인 방법은 국제적 보장하에 한국을 중립화하는 정책이라고 판단했다. 그 이유는 일본과 맺은 여러 협정들을 대체하고 러시아의 특수 이해를 충분히 보장할 수 있는 방안이자, 극동지역에서 전 세계의 지지를 받을 수 있는 내용이며, 일본으로부터의 어떠한 위협에서도 한국을 보호할 수 있고, 한국 문제가 해결되면서 극동지역이 장기적으로 평화를 보장받을 수 있기 때문이다. 또 그 시행 과정에서 러시아와 미국이 주도적 역할을 담당할수 있을 것[56]이라고 보았기 때문이다.

이즈볼스끼는 한국의 중립화 방안을 현실화할 수 있는 방법은 먼저그 해결 주체로서 이해 당사자인 러시아와 일본이 참여하는 것이며 이와 함께 평화유지를 위한 제3의 열강의 참여임을 지적했다. 여기어서 제3의 열강은 미국이었다. 그에 따르면 미국은 '러시아와 일본으로부터 동등하게 신뢰와 존경을 받고 있으며 한국에서 어떠한 정치적인 목표도 추구하지 않고 단지 한국 내의 경제적인 자유와 평등을 보장받고자 노력'[57]하기 때문이었다. 미국에서도 영일동맹이 일본의 야심을 강화시키

---

55 ГАРФ. Ф. 568. Оп. 1. Д. 179. Л. 10об. Письмо Министра Финансов к Министру Иностранных Дел от 28-го Декабря 1902г.

56 РГАВМФ. Ф. 417. Оп. 1. Д. 2303. Л. 72. Записка "о нейтрализации Кореи." представленная ст. сов. Павловом. 10 сентября 1902г.

57 РГАВМФ. Ф. 417. Оп. 1. Д. 2303. Л. 69об. Записка о "нейтрализации Кореи."

고 무엇보다도 미국의 통상이익을 침해할 수 있는 국제적인 충돌을 야기시킨다는 인식이 확산되고 있었기 때문에 극동에서 미국의 적극적인 정책을 기대하는 분위기가 확산되고 있었다.[58]

빠블로프는 위에서 서술한 중립화 방안의 의미가 담보되기 위해서는 무엇보다도 일본의 자발적인 준수가 이루어져야 한다고 지적했다. 또한 한국 중립화의 대전제는 극동지역에서 러시아의 이해와 관련해서만 의미를 갖는 것이기 때문에 중립화를 한반도 육지에 제한적으로 적용하지 말고 해역 공간, 특히 일본과 한국 사이의 해협으로 넓힐 것, 한국의 대내외 국정운영에 대한 통제권을 일본이나 다른 열강에 예외적일지라도 허용하지 말 것[59] 등의 방안을 첨부했다.

빠블로프는 이와 함께 한국 중립화 방안에 몇 가지 문제점을 제기했다. 이즈볼스끼의 중립화 방안이 진정 전 세계가 극동에서의 평화를 오래도록 유지시켜 주는 것을 보장해 줄지, 중립화를 통해 러시아에 이익이 되는 목표에 이를 수 있는지, 만주점령을 성공적으로 수행하고 태평양 연안에서 강력한 해군력을 건설하는 데 중립화 방안이 필요한 것인지, 한국 중립화안이 일본 정부와 여론을 만족시켜서 러시아에 바람직한 대일관계를 담보해 줄 수 있는 것인지, 중립화 방안의 의도와는 정반대로 국제관계에서 심각한 어려움을 유발할 가능성은 없는지 하는 것이

представленная Д. С. С. Извольским. Токио 20 Июля 1902г.

58 РГАВМФ. Ф. 417. Оп. 1. Д. 2303. Л. 71об. Записка о "нейтрализации Кореи." представленная Д. С. С. Извольским. Токио 20 Июля 1902г.

59 РГАВМФ. Ф. 417. Оп. 1. Д. 2303. Л. 74. Записка "о нейтрализации Кореи." представленная ст. сов. Павловом, 10 сентября 1902г.

었다.[60]

빠블로프는 이상의 문제를 제기하면서 한국 중립화 방안에 대한 열강들의 대응 방식을 예측했다. 당시 일본은 한국 중립화 방안에 더해서 항상 반대 입장을 고수하고 있었으며 한국 문제를 시종일관 만주 문제와 연결시켜서 해결하려고 했다. 이 점을 고려하여 빠블로프는 첫째, 일본은 한국 중립화에 동의하는 대신 만주에서도 열강들의 보증하에 공식적으로 유사한 국제적 협약을 요구할 것이며 둘째, 만주 문제로 러시아가 중국과 벌이는 협상에 대해서 어떤 경우라도 영국과 미국은 일본의 주장을 지지할 것이며 셋째, 한국 중립화가 선포된다면 그 순간부터 일본은 러시아에 만주에서의 조속한 철군을 요구하며 만주와 관련한 모든 정책에 제동을 가할 것이라는 상황을 예견했다. 따라서 러시아가 한국 중립화 방안에 대해서 확실한 결실을 보지 못하고 어떠한 변화도 도출해 내지 못한다면 러시아는 치명적인 타격을 입을 것[61]이라고 우려했다.

상기의 이유로 빠블로프는 한국 중립화 방안이 매우 긍정적인 결정임에도 불구하고 모든 면에서 첨예한 대립과 군사적 충돌의 위험성을 노출하고 있다고 판단했다. 또한 한국중립에 대한 열강의 보장성 협약상태에서 일본과 군사적 충돌이 발생한다면 사후의 평화협정 체결 시 중립화에 서명한 모든 열강들을 제외하고 영토에 대한 어떤 보상을 요구한다는 것 자체가 불가능하기 때문에 전쟁에서 승리하더라도 러시아에 유리함을 제공해주지 못할 뿐만 아니라 심지어 정치적 상황의 악화를

---

60 РГАВМФ. Ф.417. Оп.1. Д.2303. Л.74об. Записка "о нейтрализации Кореи." представленная ст. сов. Павловом, 10 сентября 1902г.

61 РГАВМФ. Ф.417. Оп.1. Д.2303. Л.75. Записка "о нейтрализации Кореи." представленная ст. сов. Павловом, 10 сентября 1902г.

초래할 수도 있다[62]고 판단했다. 결국 빠블로프는 한국 중립화 방안에 대해 부정적인 결론을 내렸다. 한국 중립화 방안을 실행하는 것은 어떠한 경우에도 러시아에 이익을 담보하지 못하며 충분한 이해를 보장받지 못하면서 이 구상을 진행하는 것은 극동지역에서 당시의 긴장된 상황을 해소시켜 주지도 못할뿐더러 반대로 러시아가 원치 않는 힘든 상황으로 귀결될 수도 있다[63]고 결론지었다.

러시아의 대일협상안에 주요 사안으로 제기되었던 한국 중립화 방안은 시기마다 그 내용을 달리하는데, 그것은 비테가 한국 문제를 어떻게 인식하고 있었느냐에 따라 달라졌다. 따라서 한국 문제에 대해서 비테가 취한 모든 정책을 '한국 중립화 방안'으로 일괄적으로 말하기는 곤란하다. 실제로 비테가 한국 문제에 대해서 한국 영토 자체를 중립화한다는 의미의 '한국 중립화'라는 용어를 쓴 것은 1900년뿐이었다. 그 이후에 비테가 제기한 것은 '한국과 만주 국경 사이의 중립지대화'(1901.12),[64] '대한해협의 중립화'(1903.2)[65]였으며, 그 의도는 어디까지나 대일관계에서 일본과의 충돌 소지를 줄이기 위한 하나의 '협상카드'였다.[66] 한국

---

62 РГАВМФ. Ф.417. Оп.1. Д.2303. Л.75об. Записка "о нейтрализации Кореи." представленная ст. сов. Павловом. 10 сентября 1902г.

63 РГАВМФ. Ф.417. Оп.1. Д.2303. Л.76. Записка "о нейтрализации Кореи." представленная ст. сов. Павловом. 10 сентября 1902г.

64 Красный архив. Т.63. 1934. СС.51-52.

65 1903년 2월 7일의 제3차 동아시아특별각료회의에서 비테가 주장한 것으로, 이 회의에서 제기한 한국정책은 한국의 독립보장, 한국영토의 상호 군사 전략적 불사용, 대한해협의 자유항행보장이었다. Красный архив. Т.52. 1932. СС.111-112.

66 비테 실각(1903.7) 이후 러시아 정부가 일본과 만한 문제를 협상하는 과정에서 최대쟁점이 되었던 사안은 한국 북부에서 중립지대를 설정하는 문제였다. 러시아는 북위 39도선 이북의 한국영토를 중립지대화할 것을 제안하였고(日本外務省 編,『日本外交文書』36-1, 日本

문제에 대해서 비테가 제안했던 여러 가지 중립화의 목적은 러시아가 한국을 최종적으로 차지하기 위한 것이 아니라 대일교섭에서 만주를 보전하기 위한 하나의 '조건'일 뿐이었다.

여기에서 눈여겨보아야 할 부분은 1902년에 작성한 비테의 보고서에서는 한국 중립화 방안에 대한 논의가 보이지 않는다는 점이다. 이 시점에서 비테가 주안점을 두었던 부분은 한국 중립화 방안보다 일본이 제안한 협정안을 수용하여 일본과 마찰의 소지를 줄이고 그 대가도 만주에서의 이익을 보전하기 위해 일단 만주철병 약속을 이행하는 것이었다고 파악된다. 즉 1902년에 만주철병협정 체결과 제1차 만주철병이 이행되었던 것은 비테의 정책이 반영된 것이었으며 한국 중립화 방안에 중점을 두지 않았던 이유도 만주에 대한 정책이 한국 문제보다 우위에 있었기 때문이었다고 할 수 있다.

비테는 한국 문제와 관련해서 러시아가 한반도를 차지하기 위해 극동에서 러시아 병력을 증강해야 한다는 로젠의 방법 또한 적지 않은 물질적 희생을 요구하는 것이라고 비판했다. 비테는 일본이 한국을 차지하기 위해 증강하고 있는 병력을 제압하기 위해 러시아가 어느 정도까지 군사력을 늘려야 하는지 의문을 제기하며 로젠의 방안을 실현하는 것은 어떤 자금원도 약속할 수 없는 상황에서 그 부담이 모두 러시아 국민들에게 돌아갈 것을 우려했다.[67] 당시 러시아 국민들의 사회-경제적 조건에 대한 불만은 이미 심각한 상황이었으며, 그 불만이 어떠한 사건을 유

國際連合協會, 1957, pp. 22-23), 일본은 압록강 서안 양측 50km의 중립지대 설죠을 제안했다(日本外務省 編, 『日本外交文書』 36-1, 日本國際連合協會, 1957, pp. 27-28).

67 ГАРФ. Ф. 818. Оп. 1. Д. 46. Л. 27об. Письмо Министра Финансов к Министру Иностранных Дел от 28-го Декабря 1902г.

발할지 예측하는 것은 어려운 일이 아니었다.

　이상의 논거를 토대로 비테가 주장한 극동정책은 다음과 같다. 첫째, 일본과의 군사적 충돌이 일어나기 전에 시베리아철도 부설을 완성할 것, 둘째, 동청철도 사용을 위한 조치를 마련할 것, 셋째, 러시아인들을 극동지역으로 이주시킬 것, 넷째, 블라디보스톡과 여순항 방비를 강화할 것이었다. 또한 러시아는 극동에서 적어도 10년간 평화를 유지해야만 하며 그 조건으로 대중관계와 대일관계를 개선시켜야 한다고 했다. 대중정책은 만주 주둔군을 철수하며 러시아군대가 점령한 전신, 상회와 같은 중국인들의 재산을 반환하고 중국인들에게 의심이나 분노를 유발할 수 있는 모든 행동을 금지하는 것이었다. 대일정책은 일본이 제안한 협정을 체결하여 일본에 적절히 양보함으로써 러일관계의 악화를 피하는 것이었다. 이것은 빠블로프의 대일타협안을 받아들인 것으로서, 그 구체적인 내용은 재정과 군사 부분을 포함한 한국의 내정간섭을 일본에 허용하고 러시아는 한국에서 통상과 관련한 특권만을 획득한다[68]는 것이었다.

　결국 한국 문제에 대해서 비테가 제안한 중립화의 목적은 러시아가 한국을 최종적으로 차지하기 위한 것이 아니라 대일교섭에서 만주 문제를 해결하기 위한 하나의 '조건'이었다. 1902년에 비테가 주안점을 두었던 부분은 한국 중립화 방안보다 일본의 협정안을 수용하여 일본과 마찰의 소지를 줄이고 그 대가로 만주에서의 이익을 보전하기 위해 일단 만주철병 약속을 이행하는 것이었다. 즉 1902년에 만주철병 협정 체결과 제1차 철병이 이행되었던 것은 비테의 정책이 반영된 것이었으며 한

68　РГИА. Ф. 560. Оп. 28. Д. 59. ЛЛ. 114-115. Графу В. Н. Ламздорфу от С. Ю. Витте. 28 декабря 1902г.

국 중립화 방안에 중점을 두지 않았던 이유도 만주에 대한 정책이 한국 문제보다 우위에 있었기 때문이다. 결국 한국 중립화 방안은 러시아의 만주우선정책과 일본의 적극적인 반대, 이에 더한 영국과 미국의 지지, 러시아의 부동항 획득이라는 욕구 등의 이유르 그 시행에 실패하면서 문서상으로만 존재하는 정책으로 남게 되었다.

러시아의
극동정책 수립

대한제국 내에는 제정러시아를 보는 두 개의 시각이 있다. 그중 하나는 1898년 3월 만민공동회에서 '러시아 군사교관 및 재정고문관 철수'를 주도한 이승만이 갖고 있던 시각이다. 그는 1904년 옥중에서 집필한 『독립정신』에서 다음과 같이 말했다. "러시아가 동양에서 원하는 바는 여러 나라들이…국권을 보호할 줄도 몰라 점점 쇠잔하여 가는 중에 저의 수단을 힘대로 부리고자 함"이라고 파악하며 제정러시아의 침략성을 강조했다.[1] 그의 정치적 기반이 독립협회에 놓여 있었음은 잘 알려진 사실이다.

반면 궁내부에 기반을 둔 이범진은 달랐다. 1896년 2월 을미사변 관련자 처벌을 주도하기도 했던 이범진은 러일전쟁 당시 "러시아가 발칸에서 터키와의 전쟁을 통해서 불가리아와 세르비아를 해방시켰던 것처럼 조선을 독립시켜줄 것"이라고 믿었다.[2] 이러한 두 시각은 지금도 연

---

1 『독립신문』, 1898. 3. 12; 이승만, 『독립정신』, 正東出版社, 1993, 195쪽.

2 Ким Ен-Су. Корейский посланник Ли Бом-Джин и русско-японская война(조

구자들 사이에 존재하고 있다. 제정러시아의 극동정책을 바라보는 연구자들의 시선은 둘로 나뉜다. 종래 연구자들은 19세기 말~20세기 초 제정러시아의 극동정책에 공격적이거나 평화적으로 나누기를 즐겼다. 이러한 이분법적 시각은 그동안 제정러시아의 극동정책을 규명하는 데 많은 어려움을 제공했다. 즉 1896년 6월 한국의 현상유지에 대해서 러시아와 일본이 합의한 '모스크바의정서', 1897년 12월 러시아의 여순점령, 1898년 4월 한국에서 일본의 경제적 우위를 러시아가 인정한 '도쿄의정서', 1900년 6월 의화단 사건 이후 러시아군대의 만주 주둔, 1901년 12월 한국에서 일본의 정치·군사적 특권에 대한 러일협상 등을 이분법적 논리로 설명할 수 없었다. 무엇보다도 1902년 1월 영일동맹 전후 제정러시아의 극동정책 변화 과정을 설명할 수 없었다.

여기서는 제정러시아의 중앙 정치세력을 황실세력과 관료세력으로 구별할 것이다. 특히 당시 가장 첨예한 문제였던 극동정책을 둘러싼 두 세력의 정국 주도권 대립 중 그동안 소홀히 다루었던 재무대신인 비테(C. Ю. Витте)와 군부대신인 꾸로빠뜨낀(А. Н. Куропаткин) 등 관료세력의 정책에 주목할 것이다. 당시 재무와 군부대신은 제정러시아의 대외정책을 주도하였고 황실세력과의 정책대결을 통해서 관료세력의 입장을 대변했다. 이를 통해서 우리는 19세기 말~20세기 초반 극동에서 발생했던 사건들을 보다 구체적으로 이해할 수 있을 것이다.

이 책에서는 러일전쟁 직전인 1903년 제정러시아의 중앙 정치세력 중 관료세력의 극동정책을 해명할 것이다. 이를 위해서는 당시 만주와 한

선공사 이범진과 러일전쟁)//Русско-японская война 1904-1905. Взгляд через столетие(러일전쟁 100년 후의 견해). М. 2004. С. 224.

국 문제에 대한 제정러시아의 극동정책이 반드시 규명되어야 한다. 기존 연구성과는 1902년 1월 영일동맹 이후부터 러일전쟁 직전까지 제정러시아가 단일한 극동정책을 만들기 위해 노력했던 것에 주목하지 않았다. 특히 대외정책의 내부 지침을 만들기 위해서 개최했던 핵심적인 회의에 주목하지 않았거나 일관성 있게 설명하지 못했다. 즉 만주와 한국 문제에 대한 제정러시아의 중요한 대외지침인 1903년 4월 8일(3월 26일)[3] 특별회의, 1903년 5월 20일(7일) 특별회의, 1903년 7월 1~11일(6월 18~28일)까지의 여순회의 등의 내용을 꼼꼼히 살펴볼 필요가 있다.

두 특별회의가 만주와 한국 문제에 대해서 제정러시아 정부 내의 상반된 극동정책 지침서를 상징한다면 여순회의는 제정러시아 정부 내의 상반된 견해를 단일화시키려는 노력을 의미한다. 이를 위해 필자는 당사자의 회고록과 일기뿐만 아니라 국내외에 알려지지 않았던 러시아 소재 국립문서보관소(ГАРФ), 군사문서보관소(РГВИА), 대외정책문서보관소(АВПРИ) 등에 소장된 관련 문서를 중심으로 규명할 것이다.

1. 비테와 꾸로빠뜨낀의 성장과 기반

여기서 주목해야 하는 것은 19세기 말~20세기 초기 러시아의 중앙관료 세력의 형성 과정이다. 당대 러시아 귀족의 자제들은 대학을 졸업한 뒤

---

3 러시아에서는 구력을 사용하기 때문에 양력과 날짜 차이가 있다. 즉 1800년 3월부터 1900년 2월까지는 구력과 양력의 차이가 12일이었다. 하지만 1900년 3월부터는 차이가 13일이었다. Хронологический справочник 19 и 20 века(19-20세기 연대기 편람). Л. 1984. С. 20.

자신의 전공 분야에 따라 관직에 진출할 수 있었다. 이후 오랜 관료생활을 바탕으로 능력을 인정받은 귀족 출신 관료는 중앙부서의 최고 책임자로 임명될 수 있었다.[4] 당시 이들은 대학에서 자신의 분야에 대해서 전문적인 지식을 습득하였고 오랜 관료생활을 통해 해당 분야에서 최고 전문가가 될 수 있었다. 이러한 전문성 때문에 커다란 실책을 범하거나 황제가 바뀌는 등의 특별한 사유가 없으면 비교적 오랜 기간 대신 업무를 수행하는 경우가 많았다.[5] 이러한 전문성과 안정성은 대신의 지위를 강화시켰을 뿐만 아니라 대신의 강력한 리더십을 형성시킬 수 있었다.

19세기 말~20세기 초 외무, 재무, 군부대신 등은 대외정책 분야에서 관료세력의 정책을 주도했다. 이러한 정책대립에서 자신의 의견을 관철시킨 대신은 자연스럽게 관료세력을 주도할 수 있었다. 대외정책 분야에 대한 관료세력의 대립 과정을 살펴보면 재무대신 비테는 1897년 러시아의 여순점령 문제를 둘러싸고 외무대신 무라비요프(М. Н. Муравьёв)와 논쟁을 펼쳤다. 하지만 무라비요프의 견해에 따라 러시아는 여순점령을 강행하였고 무라비요프는 1900년 6월 사망할 때까지 관료세력 내부의

---

4   Куликов С. В. Бюрократическая элита Россиийкой империи накануне падения старого порядка(구질서 몰락 직전에 제정러시아의 관료엘리트). Разань. 2004. СС. 9-13.

5   중앙의 핵심부서 중 대외정책을 주도했던 19세기 말~20세기 초 외무, 재무, 군부대신 등의 인사 변동을 살펴보면 다음과 같다. 외무대신은 기르스(Н. К. Гирс, 1882~1895), 라바나프(А. Б. Лобанов-Ростовский, 1895~1896), 무라비요프(1897~1900), 람즈도르프(1900~1906) 등이다. 이 중 기르스, 라바나프, 무라비요프는 외무대신 수행 중 사망하였고 람즈도르프만 1907년에 사망했다. 군부대신은 반놉스끼(П. С. Ванновский, 1881~1897), 꾸로빠뜨긴(1897~1904) 등이다. 재무대신은 비테(1892~1903), 쁠레스께(Э. Д. Плеске, 1903~04), 까까브쪼프(В. Н. Коковцов, 1904~05 и 1906~14) 등이다. 쁠레스께도 재무대신 수행 중에 사망했다. История отечества(러역사). Составители: Б. Ю. Иванов. М. 1999. СС. 530-533.

주도권을 행사할 수 있었다. 1901년 6월 의화단 사건 이후 비테는 만주에 주둔한 러시아군대 철수 문제를 둘러싸고 군부대신 꾸로빠뜨낀과 논쟁했다.[6] 그런데 1902년 1월 영일동맹 이후 극동지역의 외교 상황이 급변하자 비테의 견해에 따라 러시아는 1902년 4월 만주에 주둔한 러시아군대 철수에 관한 러청협약을 체결했다.[7] 이후 비테는 1903년 8월 재무대신을 사임할 때까지 관료세력을 주도했다. 비테의 사임 이후 꾸로빠뜨낀은 1904년 2월 만주군 총사령관에 임명될 때까지 러일협상의 필연성을 주장하면서 관료세력을 주도했다.[8] 즉 재무대신을 사임하기 이전인 1903년 8월까지 비테, 1904년 2월 러일전쟁 직전까지 꾸로빠뜨낀이 각각 러시아의 대외정책을 주도했다. 결국 대신의 지위 강화와 관료의 정책대립을 통해서 재무대신 비테와 군부대신 꾸로빠뜨낀은 20세기 초반 러시아의 대외정책 수행 과정에서 관료세력을 주도했다.

이렇듯 러일전쟁 직전 관료세력을 주도했던 비테와 꾸로빠뜨낀의 성장 과정을 살펴보면 다음과 같다. 지방 귀족이자 고위 관리의 아들로 태어난 비테[9]는 1870년 국립 오데사철도기구에 입학했다. 이후 1877년 오

---

6 Витте С. Ю. Воспоминания(비테의 회고록). М. 1960. Т. 2. СС. 132-136, 179-181.

7 АВПРИ. Ф. 163. Оп. 3. Д. 917. ЛЛ. 1-8. 필자는 당시 제정러시아 정부 부서의 명칭을 군부, 외무부, 재무부, 해군부 등으로 번역했다. 그런데 러시아 소재 외교 관련 문서는 1917년 이전과 이후 시기로 구별되어 각각 따로 보관되어 있다. 따라서 1917년 이전 외교문서를 소장한 문서보관소에 대해서 예외적으로 '외무성'이라는 명칭을 사용했다.

8 Дневник Куропаткин. 1903. 9. 28 и 1903. 11. 27. Красный архив(꾸로빠뜨낀의 일기). Т. 1. 1922. СС. 79, 87-91. 외무대신 무라비요프의 후임이었던 람즈도르프는 외무부에 평생 근무한 정통관료였다. 람즈도르프는 외교정책 분석에 매우 뛰어났지만 자신의 견해를 관철시키려는 강직함이 부족했다. 그래서 그는 자신의 직위를 통해 관료세력을 주도하려고 노력하지 않았다. 비테의 회고록. С. 282.

9 1849년 출생. 1892~1903년 재무대신. 1905년 포츠머스평화회담 전권대표. 1905~1906년

데사철도 개발책임자가 되었고 1889년 재무부 산하 철도국 책임자로 중앙부서에 진출할 수 있었다. 또한 1892년 2월 교통대신, 8월에는 재무대신으로 임명되었다. 비테가 재무대신에 임명될 수 있었던 배경에는 당시 황제였던 알렉산드르 3세(Александр Ⅲ)의 총애를 받았기 때문이다. 황제는 러시아의 군사적 외교정책에 반대하고 러시아 국력을 강화할 수 있는 경제적 안정성을 중시했다. 비테는 이러한 황제의 노선을 적극적으로 수행했다.[10]

오랜 관료생활을 바탕으로 비테는 1900년에 극동지역을 포함한 해외지역에 재무요원을 파견하는 제도를 신설했다. 이러한 배경에는 그가 재무부를 통해서 러시아의 대외정책까지 주도하려 했기 때문이다. 이에 따라 그는 1897년 한국에 재정고문관으로 파견되었던 알렉세예프를 일본 주재 러시아 재무요원으로 임명했다. 특히 비테는 1896년 서울을 방문하여 한국의 경제 상황을 상세히 조사했던 러청은행장 뽀꼬찔로프(Д. Д. Покотилов)를 1898년 이전부터 베이징주재 재무부 비밀요원으로 파견했다.[11]

내각회의 총리. 1915년 사망. АВПРИ. Ф. 141. Оп. 491. Д. 69. ЛЛ. 71-72; Шилов Д. Н. Государственные деятели россииской империи 1802-1917(제정러시아의 의정자). Спб. 2002. СС. 135-144. 제정러시아시기 비테는 철도, 농업, 재정, 외교 등 전반적인 정부정책에 영향을 미쳤기 때문에 그에 대한 연구는 활발히 진행되었다. 비테의 성장배경, 비테의 만주정책에 대해서는 국내에 일부 소개되었다. 이인호,「위떼와 러시아의 농업문제(1902-1905)」,『러시아지성사연구』, 지식산업사, 1985, 135-136쪽; 최문형, 1990, 261-318쪽; 석화정,「러시아의 한반도 중립화정책-위떼의 대관주정책과 관련하여」,『중소연구』83, 1999, 161-187쪽.

10 Игнатьев А. В. 1989. СС. 10-24, 51-52.

11 비테의 회고록. СС. 144-145, 179. 재무부 산하 재무요원제도는 19세기 전반기에 프랑스에 일시적으로 도입되었다. 재무요원제도를 본격적으로 실행하기 위해서 비테는

비테(С. Ю. Витте, 1849~1915)   꾸로빠뜨낀(А. Н. Куропаткин, 1848~1925)

지방 귀족이자 퇴역 장교의 아들로 태어난 꾸로빠뜨낀[12]은 1864년 육
군사관학교에 입학했다. 이후 1877~1878년 러시아와 터키전쟁, 1879년
중앙아시아 투르키스탄에서의 전쟁 등에 참가하면서 전쟁영웅이 될 수
있었다. 덕분에 그는 1877년 중령에서 1882년 육군 소장으로 승진할 수
있었다. 그는 1890년 육군 중장으로 승진되면서 자까스삐스끼주(카스피
해 동쪽) 총사령관으로 임명되었다.[13] 이후 꾸로빠뜨낀은 1898년 1월 군

1898년 10월 재무요원제도 도입에 관한 내용을 황제에게 상주하였고 1900년에 극동을
포함한 영국, 프랑스, 미국, 독일 등에 재무요원이 파견되었다. Смирнов А. Е. Агенты
Министерства финансов Российской империи за границей[С. С. Татищев в
Лондоне](해외파견 제정러시아의 재무부 요원). М. 2003. Автореферат. СС. 15-17.

12 1848년 출생. 1898~1904년 군부대신. 1904년 러일전쟁 당시 만주군 총사령관. 1925년 사망.

13 Субботин Ю. Ф. А. Н. Куропаткин и Дальневосточный конфликт(꾸로빠뜨낀과
극동 분쟁)//Россия: международное положение и военный потенциал в середине

부대신에 임명되었다. 그의 임명 배경에 대해서 비테는 "전쟁영웅이었던 꾸로빠뜨낀에 대한 여론의 지지가 강력했고 니꼴라이 2세도 전직 군부대신인 반놉스끼(П.С.Ванновский)의 강직함에 불만을 가졌다"고 밝혔다.[14]

중앙아시아 지역 등 주로 야전에서 활동했던 꾸로빠뜨낀은 군부대신에 임명된 초기에는 극동지역 문제에 정통하지 못했다. 하지만 이미 군부는 1892년부터 청국에 파견된 군사요원 보각(К.И.Вогак), 1896년부터 한국과 일본에 파견된 군사요원 스뜨렐리비쯔끼(И.И.Стрельбицкий), 얀줄(Н.И.Янжул) 등을 통해서 극동지역에 대한 상세한 정보를 파악할 수 있었다. 이를 바탕으로 1900년에 꾸로빠뜨낀은 참모본부에 극동지역에 대한 군비증강 등 육군의 총체적 계획서 작성을 지시하여 완성할 수 있었다.[15] 이후 꾸로빠뜨낀은 극동 문제에 대한 관료 내부의 각종 회의에서 자신의 독자적인 견해를 제시할 수 있었다.

꾸로빠뜨낀과 비테의 기본적인 극동정책을 살펴보면, 꾸로빠뜨낀은 기본적으로 유럽 지역에 대한 군사적 안정 위에서 만주와 한국 문제에 대한 자국의 이익을 실현하려 한 반면 한편 비테는 기본적으로 둥청철도 건설을 실현하면서 극동지역에 대한 러시아의 경제적 침투를 주장

19-началале 20 века(러시아: 19세기 중엽-20세기 초 국제 정세와 군사적 잠재력). М. 2003. СС. 125-127.

14 비테의 회고록. СС. 149-152.

15 Куропаткин А. Н. Итоги воины. Отчет генерал-адъютанта. Т. 4. Спб. 1906[재발간 Русско-японская война 1904-1905. Итоги войны[전쟁의 결과. 꾸로빠뜨낀의 보고서). Спб. 2002. СС. 14-15]. 1900년 3월 작성된 군부계획서에는 참모본부 소속 통계과 소장 졸로또레프(Золоторев), 역사과 대령 뮈쉬라엡스끼(Мышлаевский), 행정과 대령 굴레비치(Гулевич) 등이 주도했다.

했다. 이러한 견해를 바탕으로 비테와 꾸로빠뜨낀은 각각 재무부와 군부에 기반하여 관료세력을 주도하려고 논쟁했다. 즉 러시아 중앙관료세력 중 재무부에 기반을 둔 비테는 극동지역에 파견된 재무요원 등의 정보를 이용하여 '만주와 한국에서 러시아의 경제적 침투'라는 자신의 견해를 관철시키려 했다. 이에 반해 군부에 기반을 둔 꾸로빠뜨낀은 극동지역에 파견된 군부요원 등의 정보를 이용하여 '북만주에 대한 러시아의 점령정책'을 실현하려 했다.[16]

2. 특별회의를 둘러싼 극동정책의 대립

1901년 12월 러일협상의 실패, 1902년 1월 영일동맹의 체결 등은 대외문제에 대해서 러시아 외교정책의 실패를 의미하는 것이었다. 이렇듯 급변한 국제질서의 변화에 따라 러시아 정부는 극동지역에 대해서 새로운 외교정책 수립을 추진했다. 이러한 외교정책 수립 과정에서 꾸로빠뜨낀과 비테가 주도적인 역할을 담당했다. 두 사람은 향후 러시아의 극동정책에서 큰 영향을 주었던 1903년 4월 8일(3월 26일) 특별회의, 1903년 5월 20일(7일) 특별회의, 1903년 7월 1~11일(6월 18~28일) 여순회의 등에서 그들의 극동정책을 실현하려고 노력했다. 두 특별회의와 여순회의는 만주와 한국 문제에 대한 러시아 정부의 정책결정 과정을 가장 선

---

16 1900년 러시아군대가 만주에 주둔한 이후 군부는 군대의 만주 지역 철수를 적극적으로 반대했다. 이러한 배경 때문에 극동지역에 파견된 재무 및 외무부요원 대 군부요원 사이에 불화가 발생했다. 비테의 회고록. C. 181.

명하게 보여줄 수 있는 것이다.

1903년 4월 8일 특별회의에서는 압록강 삼림자원개발 이권에 대해서 집중적으로 논의되었다. 여기에는 니꼴라이 2세, 대귀족인 알렉세이 알렉산드로비치(Алексей Александрович), 비테, 구로빠뜨낀, 외무대신 람즈도르프,[17] 내부대신 쁠레베(В.К.Плеве), 소장 아바자[18] 등이 참석했다. 이 특별회의에서는 한국 북부에 대한 일본의 경제·군사적 침투에 대항하여 압록강 삼림자원개발의 이권을 전략상 정치·군사 방어용으로 이용하려는 베조브라조프의 계획을 논의했다. 여기서 꾸로빠뜨낀, 비테, 람즈도르프는 일본과의 전쟁을 피하기 위해서 압록강 삼림자원개발 이권을 상업적인 것으로 제한할 것을 주장하여 관철시켰다.[19]

1903년 4월 8일 특별회의 결정사항은 다음과 같다. 외무부는 한국 정부로부터 얻은 이권을 충분히 검토하고 만약 이권의 설정이 충분하지 않다면 이권의 법적 완성에 필요한 보장을 위해서 전력을 다한다. 외무부와 재무부는 청국 쪽인 압록강 우안의 삼림자원을 개발하기 위해 청국 정부로부터 이권을 얻어내기 위한 모든 방법을 강구한다. 이권의 마지막 법률적 효력의 통합을 위해 압록강 지역의 삼림자원을 개발하기

---

17 1837년 출생. 외무부관청 국장(1882~1886). 외무부 고문(1886~1897). 외무부 차관(1897~1900). 외무부대신(1900~1906). 1907년 사망. Очерк истории МИД(외무부 역사의 개관). Спб. 1902. СС. 3-31.

18 해군 소장. 극동특별위원회 사무국장(1903~1905). Пролог Манчжурской трагедии(만주 비극의 서막). Русско-японской война из дневников А. Н.Куропаткина и Н. П. Линевича. Под редакцией Н. П. Покровского. Л. 1925. С. 181.

19 Витте С. Ю. Вынужденные разъяснения по поводу отчета ген.-ад. Куропаткина о войне с Японией(일본과의 전쟁에서 꾸로빠뜨낀의 보고에 대한 강요된 해명) М. 1911. СС. 65-66; 꾸로빠뜨낀의 일기, 1903. 3. 28. С. 40.

위한 주식회사를 러시아법에 근거하여 설치한다. 그리고 법률적 형식이 완성될 때 추가 이권도 이 회사에 양도한다. 또한 청국 및 한국과 체결한 조약을 통제하도록 회사에 의무를 부여한다. 미국, 프랑스, 벨기에 등 외국 자본의 회사 참가를 허락한다. 회사의 주식자본에 가능하면 적은 규모의 국고를 지원한다. 회사의 삼림자원 개발 활동을 압록강 유역으로 제한한다. 회사에 대한 감독을 관동주 총사령관인 알렉세예프에게 부여한다.[20] 이러한 회의 결과를 토대로 니꼴라이 2세도 압록강삼림자원개발식회사(이하 압록강삼림회사)가 만주 지역의 평화를 위해서 상업적인 것에 기초해야 한다고 결정했다.[21]

여기서 외무부와 재무부가 이권 획득을 위해 직접 한국 및 청국과 협상한다는 점, 러시아 법률에 의거하여 회사를 설치한다는 점, 적은 규모이긴 하지만 러시아 정부가 국고를 지원한다는 점 등은 러시아 정부의 통제하에 압록강삼림회사가 운영된다는 것을 의미했다. 특히 비테와 꾸로빠뜨낀은 당시 일본과의 전쟁을 회피하기 위해 한국을 일본에 양보할 것을 고려했지만 일본과의 마찰을 불러일으켰던 압록강삼림회사의 활동 자체를 중지시키려고 하지는 않았다. 두 사람 모두 압록강삼림회사를 향후 한국 진출을 위한 교두보로 이용하려 했던 것으로 보인다.[22]

이러한 결정에도 불구하고 1903년 5월 20일 특별회의에서는 압록강

---

20 РГВИА. Ф. 400. Оп. 4. Д. 493. ЛЛ. 1806-19. 기존에 알려진 특별회의 내용은 2차 사료를 통해 번역되었을 뿐만 아니라 심하게 의역되었다. Malozemoff, 2002, 304-305쪽. 그래서 필자는 원문의 의미를 전달하기 위해 1차 사료를 직역하려고 노력했다.

21 만주 비극의 서막. C. 7.

22 말로제모프는 이 특별회의에 대해 베조브라조프의 계획을 분쇄한 것이라고 주장하면서 러시아 극동정책의 평화적인 성격을 부각했다. Malozemoff, 2002, 303-304쪽.

삼림회사에 대한 이전의 결정사항을 180도 전환시켰다. 즉 압록강삼림회사의 상업적인 성격을 규정한 결정사항을 정치·군사적 성격으로 규정했다. 이날 특별회의에서는 니꼴라이 2세, 5월 15일 새로 국무그문으로 임명된 베조브라조프, 꾸로빠뜨낀의 일본 방문 때문에 대신 참석한 육군참모총장 사하로프(В.В.Сахаров), 비테와 람즈도르프, 쁠레베 등이 참석했다.[23]

꾸로빠뜨낀은 일본으로 떠나는 순양함 '아스꼴리트(Аскольд)'에서 '특별회의에 대한 보고서'를 소장 보각(К.И.Вогак)으로부터 6월 8일 보고받았다. 이날 회의록을 살펴본 꾸로빠뜨낀은 압록강삼림회사의 군사·정치적 성격에 대해서 비테와 람즈도르프가 충분하게 반대하지 못했다고 비판했다. 특히 꾸로빠뜨낀은 전쟁을 야기할지 모르는 호사의 정치·군사적 성격에 대해서 비테가 무책임하게 방조했다고 주장했다. 회의록 중 꾸로빠뜨낀이 비테를 공격한 대목은 다음과 같다. 당일 비테는 베조브라조프의 (회사의 정치와 군사적 필연성이 대한) 설명 이후 "본질적으로 베조브라조프와 의견 차이가 존재하지 않는다.…이것[호사]은 상업적인 것이 아니라 군사적인 것이다"라고 밝혔다.[24]

그런데 이 특별회의의 결정서에 대해서 비테는 '특별회의록'어 희의에 참여한 참석자의 서명이 없다며 절차상 문제점을 지적했다. 비테는 베조브라조프가 참석자의 논쟁이 담긴 '특별회의에 대한 보고서'와 베조브라조프의 서명만 표기되어 있는 '특별회의록'이라는 두 개의 문서를 만들었다고 주장했다. 또한 비테는 자신과 람즈도르프가 '특별회의록'에 서

---

23 일본과의 전쟁에서 꾸로빠뜨낀의 보고에 대한 강요된 해명. СС. 86-87.
24 전쟁의 결과. 꾸로빠뜨낀의 보고서. СС. 156-157; 만주 비극의 서막. С. 20, 22.

명하지 않았다고 밝혔다. 하지만 니꼴라이 2세의 묵인하에 베조브라조프의 서명만 표기되어 있는 '특별회의록'이 공식문서로 공표되었다고 밝혔다. 비테는 참석자의 논쟁이 담긴 '특별회의에 대한 보고서'를 공개하면서 자신은 압록강삼림회사의 정치·군사적 성격의 위험성을 강력히 주장했다고 밝혔다. 특히 꾸로빠뜨낀이 '특별회의에 대한 보고서'의 정확하지 않은 내용을 인용했을 뿐만 아니라 베조브라조프가 회의문서를 조작했다고 비난했다.[25]

여기서 비테와 꾸로빠뜨낀의 주장에 대한 진위를 확인해 보기 위해 '특별회의에 대한 보고서' 내용을 살펴볼 필요가 있다. 그런데 비테와 꾸로빠뜨낀 각각의 기술 내용을 살펴보면 거의 동일한 내용이라는 것을 파악할 수 있다.[26] 따라서 꾸로빠뜨낀이 '특별회의에 대한 보고서'의 정확한 문서를 인용하지 못했다는 비테의 주장은 잘못된 것이다. 꾸로빠뜨낀이 주장했듯이 "비테는 항상 그리고 어디서나 베조브라조프와의 의견 차이를 반복"했다. 하지만 특별회의에서 비테는 "본질적으로 베조브라조프와 의견 차이가 존재하지 않는다"고 밝혔다.[27] 결국 압록강삼림회사에 대한 정치·군사적 이용의 위험성을 주장했다는 비테의 주장은 변명에 지나지 않았다.

1903년 5월 20일 베조브라조프의 서명만 표기되어 있는 '특별회의록' 결정사항은 다음과 같다. '외무부가 한국 정부로부터 러시아에 주어진 이권의 의미를 검토한다'는 내용을 삭제한다. 외무부와 재무부는 청

---

25 일본과의 전쟁에서 꾸로빠뜨낀의 보고에 대한 강요된 해명. CC. 86-87, 90-92.

26 일본과의 전쟁에서 꾸로빠뜨낀의 보고에 대한 강요된 해명. CC. 87-92; 전쟁의 결과, 꾸로빠뜨낀의 보고서. CC. 156-157; 만주 비극의 서막. CC. 21-25.

27 만주 비극의 서막. C. 22.

국 쪽인 압록강 우안의 삼림자원을 개발하기 의해 청국 정부토부터 이권을 얻어내기 위한 모든 방법을 강구한다는 즈항을 취소한다. 즉 외무부가 언급된 이권을 실행하는 과정에서 이 일을 강력하게 주도한다. 압록강 지역의 삼림자원 개발을 위한 주식회사라는 제한된 성격에서 탈피하고 러시아의 권리를 극대화시키기 위해서 주식회사의 활동 범위를 제한하지 않는다. 뿐만 아니라 회사의 설치를 위한 각종 조치와 활동준비 등을 제한하지 않는다. 극동에서 러시아의 정치·경제적 상태의 충분한 여건이 마련되기 전까지 그리고 러시아의 이익기 충분히 보장되기 전까지 외국자본도입을 연기한다. 극동지역에서 러시아의 이익과 요구에 대응하여 회사의 주식자본에 국고의 재정적 지원 규모를 결정한다.[28] 회사의 활동을 압록강 유역의 삼림자원개발만으로 제한하지 않는다. 회사의 전권대표와 재무대신 사이의 상호협상을 전제 조건으로 회사의 활동범위를 회사 자체에 위임한다. 회사에 대한 감독을 관동주 총사령관인 알렉세예프에게 부여한다. 또한 알렉세예프에게 지역 조건에 따라 적절한 (회사의) 설치 업무를 맡긴다.[29]

내용을 살펴보면 압록강삼림회사에 대한 재구부의 역할이 대독 축소된 반면 관동주 총사령관인 알렉세예프의 역할은 강화되었다. 또한 주식회사는 삼림자원 개발의 제한된 성격에서 러시아의 만주와 한국 진출의

---

28 회의록 각주를 살펴보면 이 조항에 대해서 비테는 "국고를 회사의 주식자본에 투자할 수 없는 것이 원칙이지만 마지막 방법으로 최소한의 규모로 지원할 수 있다"고 밝혔다.

29 РГВИА. Ф. 400. Оп. 4. Д. 493. ЛЛ. 56 с об. 이 회의 고정에 대해서는 글린스께가 편찬한 책에 상세하게 기록되었다. 하지만 회의 결과에 대해서는 일부만 소개되었다. Пролог русско-японской войны. Под редакцией Б. Б. Глинского(러일전쟁의 서막). П. 1916. СС. 282-286. 필자가 확인한 바로는 현재까지 회의 결과에 대한 전문은 국내외여 소개되지 않았다.

중심 거점으로 부상하였다. 즉 정치·군사적 성격의 압록강삼림회사를 통해서 러시아는 극동지역에서 각종 이권에 대한 독점성을 표방했다. 결국 이 특별회의는 황실세력인 국무고문 베조브라조프 등이 극동정책의 주도권을 장악하려고 시도한 것이다.[30]

여기서 주목할 만한 것은 재무대신인 비테 관련 대목이다. 비테는 주식회사에 최소한이지만 국고지출을 인정했다. 또한 "전권대표와 재무대신 사이에 상호협상"이라는 대목을 통해 비테가 주식회사의 출범을 간접적으로 승인했다. 그래서 비테는 자신에게 불리한 6항에 대한 내용을 고의로 자신의 책에 기술하지 않은 것으로 보인다.[31]

3. 여순회의를 통한 극동정책의 수립

여순회의는 1903년 7월 1일부터 11일(6월 18~28일)까지 만주와 한국 문제에 대한 구체적인 방안을 만들어서 니꼴라이 2세에게 보고하기 위해 개최된 것이었다. 여기에는 꾸로빠뜨낀, 알렉세예프, 베조브라조프, 청국공사 레사르(П.М.Лессар), 한국공사 빠블로프, 소장 보각[32] 등 극동 문

---

30 만주 비극의 서막. Л. 1925. C. 25. 로마노프는 특별회의에 대해 러시아의 공격적 극동정책으로 파악했다. Романов Б. А. 1947. СС. 209-211. 이에 반해 말로제모프는 극동지역에 압록강삼림회사가 만주와 한국에 미치는 영향에 주목하지 못했다. 또한 1903년 5월 20일 특별회의 전후 베조브라조프의 정치적 영향력을 축소해 평가했다. Malozemoff, 2002, 308-309쪽.

31 비테는 6항에 대한 내용을 생략하면서 단지 "자신은 전혀 반박하지 않았다"고 기술했다. 일본과의 전쟁에서 꾸로빠뜨낀의 보고에 대한 강요된 해명. C.89; 러일전쟁의 서막. СС. 285-286.

32 1859년 출생. 청국주재 군사요원(1892~1903). РГВИА. Ф. 846. Оп. 4. Д. 67. ЛЛ. 51-58.

제 최고 정책결정자들이 회의에 참여했다. 또한 이 회의에서는 압록강 삼림회사에 참여했던 주엽관 발라셰프(И. П. Балашев), 중령 마드리또프(А. С. Мадритов) 등 정책을 수행하는 인물들이 참석했다. 이들은 보다 상세하고 구체적인 주식회사의 운영 방안을 제시했다.[33] 즉 이 회의는 두 특별회의에서 보여준 러시아의 불연속적인 정책의 한계를 극복하고 러시아 정부 내의 단일한 극동정책을 만들기 위한 것이었다. 또한 향후 극동정책에 대한 러시아 정부의 최종안 결정에 앞서 가장 효율적인 극동정책 방안을 제공하는 것이었다. 이 회의록을 통해 당시 러시아 중앙관료뿐만 아니라 극동에 파견된 관료의 견해와 활동을 파악할 수 있다.

여순회의에 직접 참석하지 않았던 비테는 여순회의 회의록을 통해 꾸로빠뜨낀을 다음과 같이 비난했다. 꾸로빠뜨낀이 압록강삼림회사에 대한 중단을 요구하지 않았다. 즉 그는 회사 중단의 필연성을 피력했던 자신의 견해를 취소했다. 또한 압록강삼림회사의 정치·군사적 측면의 중요성을 인식한 꾸로빠뜨낀은 무장한 예비군의 모든 협력을 약속하였고 군부대신의 통제를 선언했다. 특히 그는 회사가 중앙과 지방 권력의 완전한 지지를 받아야 한다고 생각했다. 꾸로빠뜨낀은 회사를 보호하기 위해서 만주 지역에 러시아군대의 주둔을 필연적인 것으로 파악했다. 회의 초반에는 꾸로빠뜨낀과 베조브라조프 사이에 회사에 대한 견해 차이가 있었지만 회의 후반에는 회사에 대한 조건들이 상호 일치되었다. 즉 비

그에 대한 논문은 Каширин В. Б. "Русский Мольтке" смотрит на восток//Русско-японская война 1904-1905. Взгляд через столетие. М., 2004. СС. 150-182 참조.

33 ГАРФ. Ф. 568. Оп. 1. Д. 136. Л. 66. 이 회의록은 비밀문서였기 때문에 회의 참석자 일부만 보관할 수 있었다. 회의록을 소장한 인물은 베조브라조프, 로젠, 레사르, 알렉세예프 등이다. 알렉세예프는 회의록을 복사해서 람즈도프르에 제공했다.

테는 "회의를 통해 꾸로빠뜨낀과 의견 차이가 제거되었다"는 베조브라조프의 주장을 인용했다.[34]

여순회의 내용을 설명하기에 앞서 꾸로빠뜨낀은 여순회의 이전에 니꼴라이 2세가 소장 아바자를 통해 보냈던 명령서가 전달되지 않았다고 밝혔다. 니꼴라이 2세는 일본과의 충돌위험을 피하기 위해 두만강과 압록강 국경까지 한국 문제를 일본에 양보하는 것도 배제하지 않는다고 지시했다. 이러한 니꼴라이 2세의 명령을 꾸로빠뜨낀은 베조브라조프와 알렉세예프가 회의 참석자에게 은폐했다고 주장했다. 꾸로빠뜨낀은 여순회의 회의록을 근거로 북만주를 제외한 단계적 러시아군대의 철수를 주장하였고 압록강삼림회사의 상업적 성격을 주장했다고 반박했다. 더구나 꾸로빠뜨낀은 베조브라조프를 제외한 모든 참석자들이 극동에서의 평화를 유지하기 위해 한국을 일본에 양보해야 한다는 것에 동의했다고 밝혔다.[35]

비테와 꾸로빠뜨낀 주장의 진위를 살펴보기 위해 여순회의 회의록을 꼼꼼히 살펴볼 필요가 있다. 먼저 만주와 한국 문제에 대한 10차까지의 회의 내용을 간략히 설명하면 다음과 같다. 1차 회의(7월 1일)에서는 러시아군대의 만주 철수가 불가능하고 관동지역과 만주철도에 대한 군대 강화가 필요하다고 결정했다. 또한 한국과 만주 문제의 필연성에 대해 논의할 것을 제안했다.[36]

2차 회의(7월 2일)에서는 한국과 만주 문제의 분립 문제를 집중적으

34 일본과의 전쟁에서 꾸로빠뜨낀의 보고에 대한 강요된 해명. CC. 86-87, 99-100; 러일전쟁의 서막 П. 1916. CC. 33-338.

35 만주 비극의 서막. Л. 1925. CC. 29, 30-32.

36 ГАРФ. Ф. 568. Оп. 1. Д. 136. ЛЛ. 67-68. 꾸로빠뜨낀, 알렉세예프, 베조브라조프 참석.

로 다루었다. 회의에서 꾸로빠뜨낀과 알렉세예프의 견해에 따라 한국은 만주를 얻기 위한 방편이기 때문에 한국과 만주 문제를 분리한다고 제안되었다. 특히 한국 문제에 관한 회의에서는 다음과 같은 방식이 결정되었다. 러시아의 한국 북부 점령은 러시아에 이익이 없지만 일본의 한국점령은 러시아에 불리하다. 따라서 일본의 한국 남쪽과 북쪽에 대한 점령에 각각 대비해야 한다. 러시아는 한국 정부에 다음과 같은 내용을 알려야 한다. 만주에서 러시아의 활동이 한국과 관련이 없고 러시아는 한국의 독립 유지를 희망한다. 1903년 5월 20일 압록강삼림회사를 군사·정치적 성격으로 규정한 것은 회사의 상업적 성격을 위태한 것이다.[37]

3, 4차 회의(7월 3~4일)에서는 만주 문제에 대한 평화적 해결 방안을 다루었다. 여기서 꾸로빠뜨낀은 러시아가 남만주는 개방할 수 있지만 북만주의 이권을 독점해야 한다고 주장했다. 또한 꾸로빠뜨낀은 단주에서의 러시아군대의 철수 불가, 만주철도 유지를 위한 러시아군대의 주둔 등 대청요구안을 제안했다.[38]

5차 회의(7월 6일)에서는 만주에서의 외국 자본 배척 문제를 집중적으로 다루었다. 여기서 베조브라조프는 남만주뿐만 아니라 압록강 이권의 중요성을 강력히 주장했다.[39]

이에 따라 6차 회의(7월 7일)에서는 압록강삼림회사에 참여한 주엽관

---

37 ГАРФ. Ф. 568. Оп. 1. Д. 136. ЛЛ. 69-70; 만주 비극의 서막. С. 29. 꾸로빠뜨낀 알렉세예프, 베조브라조프, 빠블로프, 보각 참석.

38 ГАРФ. Ф. 568. Оп. 1. Д. 136. ЛЛ. 71-77; 만주 비극의 서막. С. 30. 꾸로빠뜨낀 알렉세예프, 베조브라조프, 레사르, 빠블로프, 보각 참석.

39 ГАРФ. Ф. 568. Оп. 1. Д. 136. ЛЛ. 78-80; 만주 비극의 서막. С. 31. 꾸로빠뜨낀 알렉세예프, 베조브라조프, 레사르, 빠블로프, 보각 참석.

발라셰프와 중령 마드리또프를 초청하여 압록강삼림회사에 대한 본격적인 논의를 했다. 베조브라조프 등은 니꼴라이 2세가 압록강삼림회사의 정치·군사적 중요성 때문에 중앙과 지방정부의 지원을 지시했다고 주장했다. 또한 한국 정부와 청국 정부의 승인을 받았기 때문에 주식회사가 법률적인 합법성을 갖추었다고 밝혔다. 하지만 회의에서는 압록강삼림회사를 상업적 성격으로 제한할 것을 결정했다. 이러한 결정에 베조브라조프가 강력히 항의하자 꾸로빠뜨낀은 "사적인 상업회사의 성격이지만 무장한 예비군 등 모든 협력을 줄 수 있다"고 무마했다.[40]

9차 회의(7월 10일)에서 꾸로빠뜨낀은 전쟁준비가 부족하기 때문에 일본과의 관계에서 공격적인 행동을 취해서는 안 된다고 주장했다.[41]

1903년 7월 11일 10차 회의 직후 열린 추가회의에서는 니꼴라이 2세에게 보내는 최종안이 작성되었다. 만주 문제에 대해서는 러시아가 여순회의에서 작성한 대청요구안을 청국에 제의한다. 만약 요구안이 청국으로부터 받아들여지면 북만주 일부만 제외하고 러시아군대를 철수한다. 한국 문제에 대해서는 일본이 한국 일부를 점령하면 러시아에 불리하다. 하지만 일본이 한국 남쪽을 점령한다면 러시아는 불가피하게 인정할 수밖에 없다. 압록강(용암포) 개항 문제에 대해서 러시아는 일본의 반발을 불러오는 모든 조치를 보류해야 한다.[42] 자신의 서명이 들어간 전체적인 합의에도 불구하고 1903년 7월 14일 베조브라조프는 회의 결과가 만주

---

40 ГАРФ. Ф. 568. Оп. 1. Д. 136. ЛЛ. 81-84. 당시 압록강삼림회사의 인원을 살펴보면 러시아 장교 10명, 병사 97~98명, 청국인 일용노동자 대략 200명, 한국인 일용노동자 대략 900명 정도였다. ГАРФ. Ф. 568. Оп. 1. Д. 136. Л. 82.

41 ГАРФ. Ф. 568. Оп. 1. Д. 136. Л. 91об.

42 ГАРФ. Ф. 568. Оп. 1. Д. 136. Л. 103 с об; 전쟁의 결과, 꾸로빠뜨낀의 보고서. С. 160.

문제에 대해서 충분한 해결 방안을 제시하지 못했고 압록강삼림회사를 개인적인 성격으로 변질시켰다고 비난했다.[43]

꾸로빠뜨낀이 베조브라조프의 의견을 일부 수용한 것은 사실이지만 두 사람의 의견이 일치된 것은 아니었다. 결국 여순회의에서는 1903년 4월 8일 특별회의 내용을 다시 준수하는 방향으로 결정되었다. 하지만 앞서 지적했듯이 여전히 러시아는 북만주에서 군대 철수를 실행하지 않았고 일본과의 분쟁을 상징하는 압록강삼림회사의 활동 자체를 중지시키지 못했다.[44]

이러한 여순회의를 바탕으로 비테, 꾸로빠뜨낀, 람즈도르프가 참석한 1903년 8월 14일 회의에서는 재무부, 군부, 외무부의 최종적인 의견을 다음과 결정했다. 1) 러시아가 만주 지역 일부 또는 전체를 러시아 영토로 합병하는 것에 반대한다.[45] 2) 러시아군대 철수를 약속했던 러청협약(1902. 4. 8) 준수가 현실적으로 어려운 상황이다. 하지만 여순회의에서 기초된 대청요구안을 청국이 받아들이면 러시아는 러청협약을 이행한다. 3) 압록강삼림회사의 정치적인 활동은 중지되어야 하며 상업적인

---

43 ГАРФ. Ф. 568. Оп. 1. Д. 136. ЛЛ. 108-110.

44 로마노프는 1903년 5월 7일(20일) 특별회의를 기점으로 러시아의 공격적 극동정책을 주장했기 때문에 여순회의에 대해 설명하지 못했다. Романов Б. А. 1947. СС. 209-225. 여순회의에 대해 간략하게 설명한 말로제모프는 만주 및 한국정책에 대한 러시아의 공격적 정책이 상당히 완화된 것으로 파악했다. Malozemoff, 2002. 311쪽.

45 이후 꾸로빠뜨낀은 1903년 극동 문제에 대한 총체적 계획을 작성하였는데, 여기에서 한국과 관련된 일본과의 분쟁을 최소화하는 방법으로 북만주만점령을 주장했다. 꾸로빠뜨낀에 따르면 비테도 북만주만을 점령하자는 꾸로빠뜨낀의 총체적인 계획을 거부했다. 꾸로빠뜨낀의 일기, 1903. 11. 27. СС. 87-91. 더구나 꾸로빠뜨낀에 따르면 3년 동안 자신의 주장에 반대했던 비테가 북만주점령에 이미 동의했다고 밝혔다. 꾸로빠뜨낀의 일기, 1903. 9. 28. С. 79.

회사로 변화해야 한다. 즉 압록강삼림회사는 '러시아상업회사'로 합병되어야 한다.[46] 1)과 2)의 내용을 살펴보면 꾸로빠뜨낀이 이전의 자신의 주장과 달리 비테의 견해를 많이 수용한 것을 알 수 있다.

이러한 배경에는 1903년 8월 12일 니꼴라이 2세가 사전에 비테와 꾸로빠뜨낀에게 전혀 상의하지 않고 전격적으로 극동총독부를 신설했기 때문이다.[47] 니꼴라이 2세의 측근이라고 믿었던 꾸로빠뜨낀은 니꼴라이 2세의 결정을 매우 충격적으로 받아들였다. 그래서 그는 니꼴라이 2세에게 군부대신 사임을 표명했다.[48] 이러한 상황에서 꾸로빠뜨낀은 관료의 단일하고 강력한 의견을 표방하기 위해서 비테의 견해를 많이 수용한 것으로 보인다. 하지만 니꼴라이 2세는 1903년 8월 22일 '극동총독(알렉세예프)의 최종견해를 알고 싶다'며 극동 문제와 관련한 핵심부서의 견해를 수용하지 않고 최종결정을 유보했다.[49] 또한 니꼴라이 2세는 1903년 8월 30일 비테에게 재무대신에서 사임할 것을 권고했다.[50] 결국 극동총독부 신설, 1903년 8월 14일 회의 결정에 대한 유보, 비테 해임 등은 대외정책의 주도권이 관료세력에서 황실세력으로 넘어가는 새로운 변화를 의미하는 것이다.

1903년 8월 대외정책을 둘러싼 러시아 정부 내 갈등에도 불구하고 꾸로빠뜨낀은 군부대신 업무를 계속 수행하면서 관료세력을 주도할 수 있었다. 그는 11월에 러시아가 북만주만을 점령해야 한다는 최종적인 견

---

46 ГАРФ. Ф. 568. Оп. 1. Д. 136. ЛЛ. 112-115. 122-123об.

47 비테의 회고록. С. 239.

48 꾸로빠뜨낀의 일기. 1903. 8. 1. С. 45.

49 ГАРФ. Ф. 568. Оп. 1. Д. 136. Л. 111.

50 꾸로빠뜨낀의 일기. 1903. 8. 18. С. 55.

해를 제시했다.[51] 또한 12월에는 일본이 한국 39도 이하 남쪽 지역을 점령하는 대신 만주의 남쪽과 한국의 북쪽 지역을 중립지대로 설정해야 한다고 주장했다.[52] 내각위원회 총리인 비테도 1903년 11월에 북단주만 점령하자는 꾸로빠뜨낀의 계획을 지지했다.[53]

4. 러시아 관료세력의 극동정책

19세기 말 러시아와 일본은 극동지역에서 한국과 만주를 둘러싸고 대립과 협상을 반복했다. 1896년 6월 '모스크바의정서'를 통해서 한국의 현상유지에 합의한 러시아와 일본은 그동안 삼국간섭과 아관파천 등 상호 대립 상황에서 갈등관계를 해소하고 극동지역에서 세력균형을 이룰 수 있었다. 하지만 1897년 11월 독일의 교주만점령을 계기로 러시아는 서구열강의 적극적인 극동정책에 대응하여 그해 12월 여순을 점령했다. 이러한 여순점령 이후 일본은 더 이상 러시아가 극동지역에서 세력균형을 준수할 것이라고 생각하지 않았다. 하지만 당시 러시아와 전쟁을 수행할 능력이 부족했던 일본은 1898년 4월 한국에서 일본의 경제적 우위를 인정한 '도쿄의정서'에 일시적으로 만족해야 했다.

20세기 초반 러시아와 일본은 극동지역에서 한국과 만주를 둘러싸고 첨예하게 대립했다. 1900년 6월 의화단 사건 이후 러시아가 군사적으로

---

51 РГВИА. Ф. 165. Оп. 1. Д. 069. Л. 28; 꾸로빠뜨낀의 일기, 1903. 11. 27. СС. 87-91.
52 꾸로빠뜨낀의 일기, 1903. 12. 15. СС. 95-96.
53 꾸로빠뜨낀의 일기, 1903. 11. 27. СС. 87-91; 꾸로빠뜨낀의 일기, 1903. 9. 28. С. 79.

만주를 점령하자 일본은 1902년 1월 영일동맹을 통해 외교적으로 러시아를 압박하면서 한국 진출에 대한 러시아의 포기를 끊임없이 요구했다. 이러한 상황에서 러시아와 일본은 1902~1903년 사이 한국에 대한 일본의 정치·군사적 특권에 대해서 협상을 진행했다.

당시 러시아는 영일동맹 이후 국제질서의 변화에 따라 러일협상 방안을 제시하기 위해서 각종 회의를 개최했다. 이러한 회의에서의 논쟁을 통해 재무대신인 비테와 군부대신인 꾸로빠뜨낀은 각각 재무부와 군부에 기반해서 관료세력을 주도하려 했다. 즉 1902년 1월 영일동맹 이후 러시아군대의 철수에 관한 러청협약 체결을 통해서 비테는 관료세력을 주도할 수 있었다. 이후 1903년 8월 비테가 사임하자 꾸로빠뜨낀은 러일전쟁 직전까지 관료세력을 주도할 수 있었다. 러시아 중앙관료세력 중 재무부에 기반한 비테는 재무요원 등의 정보를 통해서 만주와 한국에서 러시아의 경제적 침투라는 자신의 견해를 관철시키려고 했다. 이에 반해 군부에 기반한 꾸로빠뜨낀은 군부요원 등의 정보를 이용하여 북만주에 대한 러시아의 점령정책을 실현하려 했다. 하지만 러시아 내부의 황실세력 대 관료세력의 중앙정계 주도권을 둘러싼 대립 때문에 중앙관료인 두 사람은 연합하여 정책을 조율할 수 있었다. 두 사람은 한국 문제에 대해서 압록강삼림회사를 둘러싼 논쟁에서 회사의 정치와 군사적 성격을 반대하여 한국에 대한 러시아의 정치적 개입을 최소화시키려고 노력했다. 또한 만주 문제에 대해서는 북만주를 러시아가 확보할 수 있다면 만주에 주둔한 군대를 철수해야 한다고 주장했다.

러시아 극동총독부와
극동특별위원회

러시아 정부는 1903년 7월 일본과의 러일협상에 관한 협의안을 만들기 위해서 분주했다. 주러일본공사 구리노 신이치르(栗野愼一郎)는 1903년 7월 30일 람즈도르프(В.Н.Ламздорф) 외상에게 "한국[1]에서 일본의 지배적 이익과 만주에서 러시아의 철도 부설 이익을 인정한다"는 내용을 핵심으로 총 6조의 러일협상안을 제안했다.

이 과정에서 러시아는 극동정책의 결정과 수행을 효율적으로 수행하기 위해서 극동총독부(Наместничество Дальнего Востока)와 극동특별위원회(Особый Комитет Дальнего Востока)를 설치했다. 극동총독부와 극동특별위원회는 한국, 일본, 청국 문제를 그 대상으로 설정했을 뿐만 아니라 러일협상과 연관되었다는 사실만으로도 주목되는 기구였다. 극동총독부는 1903년 7월 30일, 극동특별위원회는 1903년 9월 30일 설치되었고, 두 기구는 1905년 6월 8일 해체되었다.

---

1   1897년 이전은 조선, 이후는 대한제국이지만 한국으로 통일한다.

러일전쟁 전후 러시아의 극동정책을 파악하는 것은 당시 한국 외교정책방향의 타당성을 살펴볼 수 있는 근거의 설정, 나아가 동북아의 국제질서를 해명하는 데 매우 중요한 연구과제이다. 그동안 러일전쟁 전후 러시아의 극동정책연구는 주로 그 정책변화에 중점을 두었는데, 대체로 러시아가 극동정책에 대한 일관성을 상실했다는 주장이었다.[2] 극동정책의 일관성에 관해 논쟁하기 위해서는 당시 러시아 극동정책의 최고기관인 극동총독부와 극동특별위원회를 살펴볼 필요가 있다.

그런데 기존 연구는 대체로 두 기구의 설치에 대해서 간략히 언급하는 정도였다. 그 이유는 선행연구가 러시아 정부대신을 중심으로 러일전쟁의 원인과 결과만 주목하여 극동지역 외교와 군사를 총괄하는 극동총독부와 극동특별위원회를 소홀히 다뤘기 때문이다.

최덕규는 극동총독부의 성격과 의미를 다음과 같이 평가했다. 1903년 7월 여순에 설치된 극동총독부는 극동 관련 군사, 외교, 재정 등 일체의

2 김영수, 「대한제국을 바라보는 러시아학계의 시각」, 『역사와현실』 63, 2007. 러시아 극동정책에 관한 주요 연구성과는 다음과 같다. Б. А. Романов. Россия в Манчжурии(만주에서의 러시아) 1892-1906. Л. 1928; Б. А. Романов. Очерки дипломатической истории русско-японской войны(러일전쟁의 외교사적 개관). 1895-1907. М.-Л. 1947; Б. В. Ананьич. Из истории империализма в России: Русское самодержавие и внешние займы в 1898-1902гг(러시아에서 제국주의의 역사). М.-Л. 1959; А. В. Игнатьев. С. Ю. Витте-дипломат(외교관 비테). М. 1989; Чой Док Кю. Россия в Корее: 1893-1905гг(한국에서의 러시아). М. 1996; А. Л. Нарочницкий. Колониальная политика капиталистических держав на Дальнем Востоке 1860-1895(극동에서 자본주의 열강의 식민지정책). М. 1956; Пак Б. Д. Россия и Корея(러시아와 한국). М. 1979; Пак Чон Хё, Русско-японская война 1904-1905гг. и Корея(러일전쟁과 한국). М. 1997; Пак Б. Б. Российская дипломатия и Корея(러시아의 외교와 한국). М. 2004; Malozemoff, A., *Russian Far Eastern Policy 1881~1904*. California, 1958; Lensen, G. L., *Balance of Intrigue. International Rivalry in Korea and Manchuria, 1884~1899*. Volume 2. Florida, 1982.

권한 위임을 맡게 됨으로써 뻬쩨르부르크 정부 각료의 극동 사무에 대한 관할권을 무력화시켰다. 그 결과 1898년 재무대신 비테의 반대에도 불구하고 요동반도의 조차를 결정한 니꼴라이 2세는 그 보완책으로 만주의 방위를 목적으로 한 신노선정책을 구체화시킴에 따라 소위 구노선의 주도자였던 비테를 재무대신에서 해임시켰다.[3]

최근 러시아사료에 기초하여 극동총독부에 대한 설치 과정을 연구한 논문이 나왔다. 루꼬야노프(И.Ф.Лукоянов)는 극동지역 관청의 변화 및 극동총독부와 극동특별위원회의 설치 과정을 살펴보았다. 그는 1903년 두 기구의 설치 이후 극동특별위원회가 실질적인 활동을 수행하지 못했다고 평가하면서 1904년 극동특별위원회의 활동을 다루지 않았다.[4]

와다 하루키는 극동총독의 임명 과정을 상세히 살펴보면서 국무고문 베조브라조프의 역할에도 주목했다. 알렉세예프가 극동총독 자리를 고사하자 베조브라조프는 알렉세예프를 여러 차례 설득했다. 1903년 7월 28일 베조브라조프와 아바자는 니꼴라이 2세와 장시간 만났다. 이틀 뒤인 7월 30일 극동총독부 설치령이 반포되었는데, 이 칙령의 공포는 육군대신, 재무대신, 외무대신 등에게는 일체의 통지도, 상의도 하지 않은 상태에서 니꼴라이 2세의 전결로 실행에 옮겨졌다. 알렉세예프는 블라디보스톡에서 8월 5일 니꼴라이 2세의 뜻에 따르겠다는 의사를 표경했다.[5]

와다는 극동특별위원회의 설치 과정과 의사결정 구조에서 베즈브라

---

3   최덕규, 「대한제국과 러시아와의 관계」, 『한국과 러시아 관계』, 경남대학교출판부, 2001, 49쪽.

4   И.Ф.Лукоянов. Не остать от держав: Россия Дальнем Востоке в конце 19-начале 20 вв. Нестро-История. СПб. 2008. СС. 509-526.

5   和田春樹, 『日露戰爭: 起源と開戰』 下, 岩波書店, 2010, pp. 113-114.

알렉세예프(Всеподданнейший отчет Е. И. Алексеева, 1903~1904) 두 번째 줄 가운데

조프와 아바자의 역할을 조명했다. 베조브라조프가 극동특별위원회 안을 만든 것은 8월 26일이었다. 니꼴라이 2세가 의장이었고 참석자는 내부, 외무, 재무대신, 육해군 각 장관, 황제가 임명하는 사무국장이었다. 그 내용은 극동과 관련된 모든 사항을 심의하고 그 결정을 황제에게서 전권을 부여받은 극동총독이 집행한다. 또한 극동특별위원회가 설치되어 통일적으로 극동정책을 추진한다. 베조브라조프는 이 안을 내무대신 쁠레베(В. К. Плеве)에게 보여주고 검토받았다.[6]

---

6   和田春樹, 2010, p. 138.

그럼에도 기존 연구는 극동특별위원회의 설치에만 주목하고 위원회의 활동 과정을 다루지 않았다. 또한 극동총독부와 극동특별위원회의 상호연관성도 소홀히 다뤘다. 여기서는 극동총독부와 극동특별위원회의 설치와 함께 기존 연구가 다루지 않은 극동특별위원회의 활동과 해체를 상세히 살펴볼 것이다. 여기에는 극동특별위원회의 심의내용, 극동특별위원회와 동방학회와의 관계, 극동특별위원회 소속 예심위원회의 활동 등이 포함될 것이다. 이를 통해서 극동총독부와 극동특별위원회의 성격을 밝히고 러일전쟁 전후 극동특별위원회와 러일전쟁과의 연관성을 추적할 것이다.

이 문제를 밝히기 위해서 러시아국립문서보관소에 소장된 아바자가 기록한 문서를 중심으로 살펴볼 것이다. 당시 러시아 정부 내부에는 극동 문제를 둘러싸고 '주무부처들(Ведомственный)'인 관료세력과 '비관영인사들(Вневедомственные деятели)'인 황실세력이 대립했다.[7] 극동특별위원회 사무국장 아바자[8]는 국무고문 베조브라조프[9]와 극동총독 알렉

---

7 A. M. Абаза. Русские предприятия в Корее, в связи с нашей политикой на Дальнем Востоке 1898-1904. Спб. 1905. CC. 139-140, 164-165, 205-210.

8 아바자(Алексей Михайлович Абаза, 1853~1915)는 베조브라조프와 친척관계로 알려져 있다. 그는 해군유년학교를 졸업하고 1873년 해군 하사관으로 발틱함대 제4해병단에 근무했다. 1876년 해군 소위에 임관했다. 1881년 해군 대위로 승진했다. 1884년 11월 제독 알렉세이 알렉산드로비치(Алексей Александрович) 대공의 부관으로 임명되었다. 1892년 순양함 '아시아(Азия)' 함장으로 임명되었다. 1895년에는 해군 대령으로 승진하면서 일등순양함 '스베뜰라나(Светлана)'의 함장으로 임명되었다. 1899년 11월 근위해병단 사령관이 되었다. 1901년 4월 해군 소장이 되었다. 1902년 10월 니꼴라이 2세의 시종무관이 되었다. 1902년 11월 신설된 중앙상선본부의 대공 알렉산드르 미하일로비치(Александра Михайлович)의 보좌관으로 임명되었다. 이 부서에서 근무하면서 베조브라조프와 친분이 형성되었다. 1903년부터 1905년까지 극동특별위원회 사무국장으로 활동했다. 1903년 10월 10일 극동특별위원회 위원으로 임명도 었고 니꼴라이 2세에게 직접 상

세예프[10]와 함께 황실세력의 핵심 인물이었다.[11] 특히 아바자는 베조브라
조프와 함께 극동총독부와 극동특별위원회 설치에 직접적으로 관여했
을 뿐만 아니라 두 기구의 설치와 활동에 대한 두 개의 상세한 기록을 남
겼다.

주할 권리를 부여받았다. Формулярный список А. М. Абазы // РГАВМФ. Ф. 406.
Оп. 9. Д. 3; И. Ф. Лукоянов. Не остать от держав. Россия на Дальнем Востоке в
конце XIX начале XX вв. СПб; Нестор-История. 2008. СС. 493-494; ru.wikipedia.
org/wiki/Абаза_Алексей_Михайлович.

9   베조브라조프(Александр Михайлович Безобразов, 1855~1931)는 1873년 러시아
    황실군사학교인 빠제스끼 꼬르뿌스(Пажеский корпус)를 졸업한 후 러시아 황실소
    속 기병연대 장교로 근무했다. 그는 1876년 기병대 중위, 1879년 기병대 대위로 임명되
    었다. 1881년 황제에 대한 테러를 진압하는 비밀조직 '신성친위대'의 주요 멤버로 활약
    했다. 1882년 친위대 예비군으로 편입되었다. 1886년부터 1888년까지 동시베리아 총독
    이그나찌예프(А. П. Игнатьев)의 특별보좌관으로 근무했다. 1898년 7월 27일 4등 문
    관으로 임명된 동시에 퇴직했다. 1903년 5월 6일 국무고문, 1903년 10월 15일 극동특별
    위원회 위원에 임명되었다. 러일전쟁 이후 퇴직했고 1917년 러시아혁명 이후 파리로 망
    명했다. Формулярный список А. М. Безобразова // РГИА. Ф. 1409. Оп. 9. Д. 11;
    И. Ф. Лукоянов. Не остать от держав. Россия на Дальнем Востоке в конце XIX
    начале XX вв. СПб; Нестор-История. 2008. СС. 495-500; ru.wikipedia.org/wiki/
    Безобразов_Александр_Михайлович.

10 알렉세예프(Евгений Иванович Алексеев, 1843~1917)는 1863년 해군학교를 졸업했다.
    1892년 해군 참모본부 사령관 보좌관에 임명되었다. 그는 1895~1897년 태평양함대 사령
    관에 임명되었고 1899년 8월 관동주 총독과 태평양함대 사령관을 겸직했다. 1903년 7월
    30일 극동총독에 임명되어 러일전쟁 당시 러시아 해군을 총지휘했다. 1905년 6월 극동총
    독부가 중단되면서 국가평의회 위원으로 임명되었다(encyclopedia.mil.ru). 알렉세예프에
    대해서는 이항준, 「러시아 해군부의 한반도정책과 태평양함대 사령관 알렉세예프」, 『사림』
    44, 2013 참조.

11 1903년 9월 27일 베조브라조프는 극동특별위원회 규정에 대한 감수를 완료하면 내무대
    신 쁠레베를 통해서 상주할 것이라고 니꼴라이 2세에게 보고했다. 베조브라조프는 니꼴
    라이 2세에게 극동총독부와 극동특별위원회의 긴밀한 관계가 매우 중요하므로 극동총
    독 알렉세예프의 전폭적인 지원이 필요하다고 주장했다. ГАРФ. Ф. 543. Оп. 1. Д. 183.
    ЛЛ. 50-51об.

하나는 1905년 하반기 니꼴라이 2세에게 보고한 '극동특별위원회 사무국장의 1903~1905년 상주 보고서'[12]이다.[13] 이 보고서는 극동특별위원회의 설립 과정과 목적, 활동과 해체 내용을 정리한 것이다.

다른 하나는 1905년 하반기에 작성한 '한국에서의 러시아 기업들'[14]이라는 소책자로, 인쇄체로 발간되었다. 이 보고서는 대체로 국두고문 베자브라조프 소장 문서에 기초했고 극동특별위원회 사무국 문서보관소 및 영국과 일본의 외교문서인 청서와 백서 등을 활용했다.[15] 이 소책자는 '극동총독부와 극동특별위원회 설립'이라는 소제목을 설정하여 두 기구의 설립과 활동을 기록했다.

1. 극동총독부와 극동특별위원회 설치

아바자는 극동총독부 설치 과정에 대하여 1903년 3월 26일 회의에서 극동지역에 관한 평가와 조정 등을 수행하는 단일 권력기관을 만들어야 했지만 재무, 외무, 군부대신이 반대 견해를 보였기 때문에 수행되지 못했다고 했다. 그는 "황제가 극동의 정세를 정확하게 알고 싶어 한다"

---

12 Всеподданейший отчёт Управлявшего делами Особого Комитета Дальнего Востока за 1903-1905года. Контр-адмирал Алексей Абаза. 1905.

13 ГАРФ. Ф.543. Оп.1. Д.184. ЛЛ.13-29об. Всеподданейший отчёт Управлявшего делами Особого Комитета Дальнего Востока за 1903-1905года. Контр-адмирал Алексей Абаза.

14 А. М. Абаза. Русские предприятия в Корее, в связи с нашей политикой на Дальнем Востоке 1898-1904. Спб. 1905.

15 Русские предприятия в Корее, связи с нашей политикой на Дальнем Востоке 1898-1904. СС. 3-4; ГАРФ. Ф. 543. Оп. 1. Д. 185. ЛЛ. 1-107об.

고 기록했는데, 니꼴라이 2세는 정부대신들보다 황제 관청 소속 관료들을 신뢰했던 것으로 보인다. 이러한 상황에서 여순 출장 이후인 1903년 4월 16일 베조브라조프는 니꼴라이 2세에게 보고서를 올렸다.

그 내용은 극동지역을 직접 시찰한 결과 극동 변방의 러시아 상황이 매우 불리하며 극동지역의 권력 약화에 대처하기 위하여 극동총독부를 설치해야 한다는 것이었다. 그는 극동총독부 설치의 필요성을 다음과 같이 제기했다. 1) 러시아제도는 지나치게 중앙집권화되어 지역 행정기관의 권위와 활동을 위축시켰다. 2) 극동지역에 대한 정확한 정보 부족과 정세에 대한 잘못된 평가가 이루어졌다. 3) 극동지역에 관한 계획의 타당성이 결여되었다. 4) 정부 부처들의 분쟁, 부처 책임에 대한 소홀한 업무 관리, 부처들의 협의 체계의 비효율성 등이 무책임을 가져왔다. 5) 사적인 이익 추구와 전횡에 대한 늦은 제어가 문제였다. 5) 정부 부처는 자신들의 실제적인 과실과 무능한 업무 능력에 대한 계속된 폭로에 대해서 일치단결했다.

아바자에 따르면 니꼴라이 2세는 실제로 발생한 사건과 개인적인 관찰로 입증된 모든 의견에 주목해야 할 필요가 있다고 인정했다. 그 결과 1903년 5월 2일 니꼴라이 2세는 자신의 직접적인 지휘 아래 관동지역 총사령관 알렉세예프의 책임과 권한을 강화하는 전문을 보냈다. 니꼴라이 2세는 알렉세예프가 극동지역의 관리에 대한 규정을 직접 마련할 것을 위임했다. 그 핵심은 극동지역에서 전쟁을 준비하고 경제적 과제를 해명하라는 것이었다. 황제는 예산에 제한받지 말고 극동에서의 전투 준비가 러시아의 과업에 완전히 균형을 맞추도록 방책을 시급히 만들 것을 알렉세예프에게 지시했다. 니꼴라이 2세는 육군대신과 함께 "극동지역에서 전투 준비를 위해서 극동의 군사력을 정확히 파악하고 필요한 군사적 방안을 마련할 것"을 알렉세예프에게 위임했다. 이 전문은 1903년 5월 7일 회의에서 공개되면서 법령의 개정이 예고되었고 육군대신에게도 통보되었다.

하지만 여순회의에서 육군대신 꾸로빠뜨낀은 극동 권력의 단일화에 반대했다. 그는 쁘리아무르 군사총독과 관동 총사령관을 자신의 휘하에 두고자 했다. 이에 대해 베조브라조프는 이전 회의에서 결정된 사안을 번복하려는 꾸로빠뜨낀의 시도에 저항했다. 아바자는 여순회의가 극동 지역의 정치, 군사, 행정 문제에 대해서 명확하고 확실한 의견을 제시하지 못했다고 비판하면서 결국 여순회의의 불명확한 규정이 1903년 3월 특별회의에 근거하여 극동총독부 설립을 촉진시킨 것이라고 기록했다.

아바자에 따르면 관료세력은 다가올 전쟁의 위기에서 압록강 회사에 대한 제한이 자신들의 의무라고 생각했다. 그들은 일본이 공격할 구실을 만들지 못하게 압록강 회사에 일부 또는 완전 독자성을 부여할 것인지 아니면 러시아 장교를 그대로 남겨둘 것인지 등을 논의했다. 하지만 니꼴라이 2세는 정부대신들의 입장과 달리 전쟁을 피하려면 극동에서 전쟁준비를 강화하고 독립된 단일 기구를 설립해야 한다고 판단했다. 이에 1903년 6월 30일 니꼴라이 2세는 극동총독부 설치를 원로원이 지시했다. 이날은 일본 외무대신이 "두 열강의 이해관계가 부딪히는 극동 정세의 고찰을 위해서 러일협상을 제안한" 첫 번째 전문을 보낸 지 2주 지난 시점이었다.[16]

1903년 7월 30일 극동총독부(Наместничество Дальнего Востока)가

---

[16] Русские предприятия в Корее, в связи с нашей политикой на Дальнем Зостоке 1898-1904. СС. 160-163; ГАРФ. Ф. 543. Оп. 1, Д. 185. ЛЛ. 1-107об.

설치되었다. 극동총독부는 쁘리아무르 총독부와 관동지역[17]을 합한 별도의 총독 관구로 구성되었다. 극동총독으로 시종무관장인 해군제독 알렉세예프가 임명되었다.

극동총독부의 신설 명에 따르면 첫째, 극동총독은 위임된 변경지역의 내치(內治)와 관련된 모든 부문에 대해 최고 권력을 갖는데, 여기에는 동청철도가 운영되는 지역들의 질서 유지와 안전이 포함된다. 둘째, 총독부에 소속된 관료는 총독을 통해서 정부 부처와 교섭한다.[18] 셋째, 극동지역 업무와 관련된 극동지역 국가들과의 외교적인 교류는 극동총독의 지도하에 실행한다. 넷째, 총독은 태평양함대와 해당 변경지역에 배치된 군대를 지휘한다. 다섯째, 극동의 주요 사안에 대한 내각의 업무와 활동을 조정하기 위해서 '극동특별위원회(Особый Комитет Дальнего Востока)'를 설치한다. 여섯째, 알렉세예프가 극동총독으로 임명됨과 동시에 극동지역 통치를 위한 법령안을 작성하여 제출한다.[19]

극동총독부는 극동지역의 외교 현안까지 결정할 수 있는 극동지역의 질서와 안전을 포괄하는 러시아 극동지역 최고 기구였다. 극동총독은 극동지역의 외교 문제를 포함한 전체 사안을 정부대신을 거치지 않고 니꼴라이 2세에게 직접 의견을 제시하거나 사무국장을 통해 의견을 제시할 수 있었다. 여기에 극동총독은 러시아태평양함대와 극동군대를 총지

---

17 관동지역은 요동반도 남쪽의 여순과 대련 지역을 말한다.

18 총독의 권리와 의무는 까프까스(Кавказ) 총독부 설립 당시 주어진 1845년 1월 30일 자 황제 칙서에 담긴 주요 원칙에 근거하여 규정된다.

19 ГАРФ. Ф. 543. Оп. 1. Д. 184. ЛЛ. 13-14об. Всеподданейший отчёт Управлявшего делами Особого Комитета Дальнего Востока за 1903-1905года. Контр-адмирал Алексей Абаза.

휘하는 막강한 권한을 갖고 있었다. 나아가 1903년 8월 23일 니꼴라이 2세의 명령에 근거하여 극동총독은 육군부와 직접 교섭할 수 있었다.

러시아 황실 구사르스끼 연대(경기병대)의 친위대장인 대령 옌갈리체프(П. Н. Енгалычев)는 1903년 12월 23일부터 25일까지 극동총독부 군정청 임시규정안을 검토했다.[20]

옌갈리체프는 극동총독부 군정청 임시규정안을 심의할 때 군정청 운영 기준을 다음과 같이 제시했다. 첫째, 극동총독은 극동의 특수한 상황을 고려해 평시와 전시에 총사령관의 권한을 위임받는 것이 반드시 필요한데, 총사령관의 지시는 모두 황제의 명령처럼 집행된다. 둘째, 극동총독은 특별한 경우 모든 필요한 조치를 취하고 지시를 내릴 권한이 있다. 극동특별위원회가 육군부와 협의하기 위하여 극동총독부의 군사행정과 경제 관련 업무를 검토하는 것은 타당하다. 셋째, 극동총독부 군정청의 정원 규정은 관할지역에 배치된 군사 수와 일치시킨다. 극동지역은 상시 전투 태세를 갖춰야 하므로 소수 정예의 참모부원만 필요한 곳이다. 참모부원 편성은 50만 군대를 위해 마련된 야전군 관리 규정에 의거하지 말고 현지 조건에 맞춰야 한다. 넷째, 전투 준비는 국가 예산에 무거운 부담이 되고 있다. 극동총독부 군정청 경비는 전투부대와 포병부대 강화, 예비탄약 증대에 지출하는 것이 더 생산적이다.[21]

---

20 옌갈리체프(Павел Николаевич Енгалычев, 1864~1944)는 1898년 4월 대령에 임명되었다. 1901년 4월부터 1902년 6월까지 육군참모부 책임자로 근무했다. 1901년부터 황제 소속 부관으로 활동했다. 1902년 6월부터 1905년 9월까지 러시아황실 구사르스끼 연대의 친위대장으로 활동했다(ria1914.info).

21 ГАРФ. Ф. 543. Оп. 1. Д. 181. ЛЛ. 1-2об. Проект временного положения о военном управлении в Наместничестве Дальнего Востока.

이와 함께 엔갈리체프는 자바이칼주와 쁘리아무르 군관구 등 주요 전쟁 지역을 남만주와 관동의 군사기지로 예상하고 군정청 운영 기준을 다음과 같이 설정했다. 자바이칼주는 쁘리아무르 군관구 소속으로 남겨둔다. 관동주 군정청은 관동주가 멀리 떨어져 있는 점을 고려해 필요한 기관만 독립군단 참모부 권한을 주어 설치한다. 극동총독 소속 군사 체계는 다음과 같다. 쁘리아무르 군관구 군사령관은 산하에 군관구 위원회 및 참모부를 두는데, 카자크부대 관련 업무도 포괄한다. 관동주 군사령관은 독립군단 사령관의 권한을 가지며 관동주 참모부도 산하에 둔다. 국경수비대 독립군단의 사령관은 동청철도 부지를 관리하는 군정청과 군사 통신 담당 기관을 포함한다.[22]

임시규정안에 따르면 극동총독부 군정청은 총독 산하 군사위원회와 참모부, 총독보좌관, 참모장 등으로 구성되었다. 규정안 제4장에 따르면 참모장은 극동총독부의 모든 군사 업무를 총괄하며 쁘리아무르 군관구 군사령관과 동등한 권한을 갖는다. 참모장은 총독에게 제기된 모든 군사 조치들에 대해 책임을 지며 총독이 병석에 있거나 사망할 경우 총독의 임무를 임시로 수행한다. 총독 산하 참모부는 육군 대장 1명, 중장 6명, 소장 2명, 장교 44명, 관료 16명, 서기 56명 등으로 구성된다. 총독 산하 참모부는 우선적으로 소수 정예의 장교들로 구성된 야전참모부 중심으로 전투 태세와 기동성을 갖춘다.[23]

1903년 11월 1일 극동총독부 산하 참모부는 '전략실행계획'을 수립했

22 ГАРФ. Ф.543. Оп.1. Д.181. ЛЛ.2-3об. Проект временного положения о военном управлении в Наместничестве Дальнего Востока.

23 ГАРФ. Ф.543. Оп.1. Д.181. ЛЛ.4-5об. Проект временного положения о военном управлении в Наместничестве Дальнего Востока.

는데 엔갈리체프는 다음과 같은 사항을 주목하고 검토했다.

첫째, 참모부는 러시아군대의 집결에 따른 전망에 근거할 때 일본군 대가 진남포보다 더 가까운 한국만에는 상륙하지 못할 것으로 예상했다. 그렇기 때문에 대체로 일본 상륙부대가 방해를 받지 않고 한국간까지 접근할 수 있다고 가정한다면 참모부는 일본군대가 압록강 하구의 진남 포 부근에 상륙 또는 요동반도 동쪽 해안에 상륙할 가능성을 낮게 판단했다. 참모부는 일본군대가 전쟁 시작 2개월 보름 후에 동청철도 노선에 접근할 수 있다고 파악했다. 참모부는 남만주의 작전지역에 러시아군대를 집결시키도록 가속화해야 하며 이를 위해 동청철도의 수송 능력을 증대시키는 것이 매우 중요하다고 판단했다.

둘째, 전쟁 발발 이후 67일까지 남만주의 주요 작전지역에는 대대 60개, 100인 부대 64조 이상, 대포 160문과 공병대 2개 대대가 집결할 예정이었다. 규정안의 실행계획에 따르면 제3시베리아군단 참모부가 창설될 예정이었다. 2개 군단은 제1군에 편입되며 제3시베리아군단 역시 4개월 되는 달에 제1군에 편입될 예정이었다. 제1군은 요양(Ляо-ян)-해염(Хай-ен) 노선에 집결한다. 1904년 4월 초에는 대대 94개, 100인 부대 100조 이상, 대포 224문의 관리를 위해 야전 참모부(총사령관 산하), 제1군 참모부(3명의 군단 참모), 남우수리스크군 참모부, 여순항과 블라디보스톡의 요새 참모부 등이 창설될 계획이었다.

셋째, 전쟁 발발 7~8개월 후에는 유럽러시아에서 2개 군단, 4개 보병사단, 총 130개 대대와 288문의 대포가 극동으로 파견되어 제2군으로 편제될 예정이었다. 새로운 제2군은 제1군과 함께 활동할 수도 있고 아니면 별도의 임무를 부과할 수도 있는 상황이었다. 제2군 참모부는 만주전장지역에서 제1군 총사령관의 전투 부담을 상당히 덜어줄 계획이었다.

넷째, 제31과 제35보병사단 일부는 남우수리스크 분견대로 배치될 예정이었는데, 이곳은 제2의 전쟁터가 될 가능성이 있기 때문이었다. 제31과 제35보병사단의 제2연대가 평시 정원 체제로 이미 극동에 파병되었다.

다섯째, 하얼빈을 중간기지로 준비시켜야 한다는 계획안은 매우 중요했다. 포탄, 위생품, 식료품, 예비물자 등을 반드시 사전에 하얼빈에 집결시켜야 한다.[24]

'전략실행계획'의 결론에 따르면 러시아와 일본의 병력을 비교하면서 일본상륙부대가 진남포 부근 아래로 상륙할 것으로 예측했다. 하지만 엔갈리체프는 만약 최악의 상황, 즉 러시아 국경에 더 가깝게 상륙한다면 상황은 러시아에 불리하게 바뀔 것이라고 판단했다. 엔갈리체프는 기본적으로 "시간을 버는 것은 러시아에게 좀 더 유리하고 일본에게는 불리하다"고 생각하면서 다음과 같이 제안했다. 첫째, 러시아 전위부대가 압록강전선으로 많이 전진했기 때문에 일본이 러시아 전위부대를 이기지 못하는 것이 특히 중요하다. 둘째, 주력군대는 도착하는 증원부대 쪽으로 이동하도록 결정해야 한다. 엔갈리체프는 "모든 병력이 집결하고 나면 러시아군대의 최종 승리를 의심할 여지가 없다"고 자신의 견해를 피력했다.[25] 결국 러시아는 러일전쟁의 주요 전쟁터를 남만주와 관동지역으로 예상하고 하얼빈을 중간기지로 선택하여 방어전을 준비했다.

---

24 ГАРФ. Ф. 543. Оп. 1. Д. 181. ЛЛ. 6-8об. Проект временного положения о военном управлении в Наместничестве Дальнего Востока.

25 ГАРФ. Ф. 543. Оп. 1. Д. 181. Л. 9 с об. Проект временного положения о военном управлении в Наместничестве Дальнего Востока.

극동특별위원회는 1903년 5월 7일 회의에서 니꼴라이 2세의 결정에 따라 설치가 확정되었다. "정부 부처들의 공동 심의가 필요한 극동의 상황은 협의회에 준하는 특별회의에서 조정한다. 업무 관리는 시종무관인 아바자에게 위임한다." 니꼴라이 2세는 1903년 9월 30일 원로원에 극동특별위원회 설치를 칙령으로 지시했다. 극동특별위원회 설치 근거는 극동총독부 신설 명령 중 제5조였다. "주무부처들의 전 국가적인 차원의 업무 및 활동과 극동 수뇌부의 조치를 조정하기 위해 짐을 의장으로 하고 짐이 위임하는 인사들로 구성된 특별위원회를 설치한다."[26]

아바자는 극동과 관련된 국가적 문제를 심의하는 새로운 방식이 확립되었다며 다음과 같이 기록했다. 극동특별위원회는 소속된 모든 관련 대신들이 황제에게 개별 보고서를 제출하는 대신 사전에 내부에서 심의하는 원칙을 실현시켜 업무의 방향성이 통일되었다는 장점을 갖고 있었다. 무엇보다도 극동특별위원회는 관료주의 전통과는 무관한 인사들이 참여할 수 있었다. 그에 따라 특정 분야의 저명한 전문가들 및 지역 조건에 정통한 인물들이 국가적 문제 심의에 합류했다. 이는 지역의 현실적인 요구를 다루는 입법 업무와 전체적인 국가 업무 사이에 현실적 연계체계의 확립을 고려한 것이었다.[27]

---

26 ГАРФ. Ф. 543. Оп. 1. Д. 185. ЛЛ. 1-107об.

27 Русские предприятия в Корее, в связи с нашей политикой на Дальнем Еостоке 1898-1904. СС. 164-166; ГАРФ. Ф. 543. Оп. 1. Д. 185. ЛЛ. 1-107об. 1903년 9월 27일 쁠레베 내무대신의 동의를 얻어 극동특별위원회 설치령 안이 다름슈타트의 니꼴라이 2세에게 보내졌다. 9월 30일 황제가 서명하면서 설치령이 채택되었다. 위원회의 소관 업무는 극동 통치의 재정, 극동의 상공업, 총독의 법제 개정 제안, 중앙정부가 결정한 법률의 적용에 관한 총독의 제안 등이었다. 시베리아철도, 시베리아 이민 문제 등과 관련해 극동총독이 제안할 경우 시베리아위원회와의 합동회의에서 검토하기로 했다. 위원회에 대한 제안

극동특별위원회 법안에 따르면 첫째, 황제는 극동특별위원회 의장이다. 둘째, 극동특별위원회는 내무대신, 재무대신, 외무대신, 육군대신, 해군대신서리, 극동총독으로 구성된다. 그 밖에 황제는 위원회의 상임자 또는 임시 출석자를 지정할 수 있다. 셋째, 황제는 극동특별위원회 업무 관할을 위원회 사무국장에게 위임한다. 사무국장은 극동 통치와 관련된 사안을 정부에서 논의할 때도 참석한다. 넷째, 니꼴라이 2세는 자신이 참석하지 않을 때는 위원 중에 별도로 의장을 지명한다. 다섯째, 위원회 사무국장은 사무국 차장과 인사 규정에 따른 여타의 관료들로 구성되는 위원회 사무국의 책임자이다. 여섯째, 극동특별위원회는 필요할 경우 정부 부처의 대표들로 구성되는 예비위원회를 구성하여 심의할 사안들에 관한 사전 검토를 진행할 수 있다. 일곱째, 극동특별위원회의 업무는 다음과 같다. 극동 통치체제 정립 업무 및 그 통치에 관련된 지출과 수입에 대한 예산안을 추정한다. 이 지역의 상공업 발전과 관련된 업무이다. 극동지역에서 새로운 결정을 채택하거나 현존하는 결정을 변경하는 것에 관한 총독의 제안이다. 극동지역에서 새롭게 제정될 법령과 정부 부처의 조치를 적용하는 것에 관한 총독의 제안이다. 그 결정에서 극동총독과 주무부처의 협의가 요구되는 업무이다. 총독의 권한을 초과하는 사건이다. 여덟째, 수입과 지출에 대한 예산계획안은 극동특별위원회와 국가평의회 국가경제국 위원이 연석하여 심의하고 니꼴라이 2세의 승인을

은 모두 사무국장을 통해서 하는 것으로 정해졌다. 개인 위원으로 베조브라조프와 아바자가 10월 10일에 발령받았고, 아바자는 사무국장으로 취임했다. 사무국에는 마튜닌이 추가되었다. 니꼴라이 2세가 정점에 서고 쁠레베가 대리하며 베조브라조프와 아바자가 주도하는 극동특별위원회가 각 부처의 의견을 통일해 극동총독을 지도하고 총독은 전권을 쥐고 통일적인 극동 통치 및 극동 방위 군사와 외교를 담당하는 기구가 탄생했다. 和田春樹, 2010, pp. 172-173.

받는다. 아홉째, 시베리아철도위원회 관할 업무 제안 및 시베리아 이주 문제에 관한 중대 제안은 극동특별위원회와 시베리아철도위원회가 연석하여 논의한다. 열 번째, 극동특별위원회 업두는 다음과 같은 방법으로 편입된다. 니꼴라이 2세가 특별 명령을 내린다. 정부대신과 극동총독은 자신들이 서명한 제의서를 제출하는데, 모든 제의서는 사무국장에게 전달된다. 제의서는 총독이 니꼴라이 2세에게 직접 보고하거나 극동특별위원회가 심의를 진행한다. 열한 번째, 극동특별위원회는 직접적인 집행 권한을 갖지 않는다. 극동총독 또는 제의서를 작성한 정부대신과 사안에 해당하는 정부 부처는 극동특별위원회의 결정을 실행한다.[28]

극동특별위원회는 당연직 정부대신 이외에 새로운 위원을 선임했다. 니꼴라이 2세는 1903년 10월 10일 시종무관 해군 소장 아바자와 국무고문 4등관 베조브라조프를 극동특별위원회 위원으로 임명했다. 동시에 아바자는 극동특별위원회 사무국장에 임명되었다. 1904년 11월 23일 니꼴라이 2세는 국가평의회 법률국 위원장이자 원로원 2등관 상서 프리쉬(Э.В.Фриш), 국가평의회 위원이자 원로원 2등관 치레반스끼(В.П.Череванский)[29]를 극동특별위원회 위원에 겸임시켰다. 이후

---

28 ГАРФ. Ф.543 .Оп.1. Д.184. ЛЛ.15-16об. Всеподданейший отчёт Управлявшего делами Особого Комитета Дальнего Востока за 1903-1905года. Контр-адмирал Алексей Абаза.

29 체레반스끼(Владимир Павлович Череванский, 1836~1914)는 1906년 6월 '러시아와 일본의 무력 충돌 이전 러시아의 청국과 일본 정부와의 관계 개관(Обзор сношений России с Китайским и Японским правительствами, предшествовавших вооруженному стокновению России с Японией)'이라는 보고서를 작성했다. ГАРФ. Ф.543. Оп.1. Д.190. ЛЛ.1-55об. 그 문서에는 별첨으로 1368~1905년 러시아의 태평양 진출 중 가장 중요한 사건 연표(Хронология важнеших событий в ходе поступательного движения в России к Тихому Океану 1368-1905гг. ГАРФ.

1905년 1월 17일 프리쉬는 극동특별위원회 위원장 직무대리로 임명되었다. 1903년 12월 12일 황제는 사무국 인사 규정 목록을 승인하면서 외무성 소속 3등관 마튜닌(Н.Г.Мтюнин)을 극동특별위원회 사무국 차장으로 임명했다. 1903년 12월 12일 극동특별위원회 사무국은 매년 국고로부터 9만 루블의 운영비를 책정받았다. 그 해 1만 5천 루블이 인쇄비, 전신비, 인건비 등의 설치 비용으로 최초 지출되었다.[30] 이렇게 해서 극동특별위원회 사무국이 설립되었다.

러일전쟁 시기 극동특별위원회 사무국장은 위원회 업무 이외에 전쟁 관련 사무에도 참여했다. 사무국장은 첫째, 병력 수송 요구의 충족을 위한 동청철도 강화 문제 및 전시에 요구되는 지출에 관한 특별협의회 위원으로 임명되었다. 특별협의회는 동청철도 운송 능력 강화와 철도 연료 확보를 위한 조치들을 기안했고 전시로 인한 비용의 비상 지출에 관한 요구를 검토했다. 둘째, 군사 훈련, 병력 이동, 육군과 해군의 활동 관련 통지와 보도를 전하는 정기간행물 인쇄에 관한 법규를 마련하는 일에도 참여했다. 셋째, 러일전쟁 초기 전장에서 황제 앞으로 오는 보고서의 암호를 해독하는 작업도 수행했다. 그 밖에 사무국장은 니꼴라이 2세의 특별지시도 수행했다. 사무국장은 1905년 1월 15일부터 6월 17일까지 군

Ф. 543. Оп. 1. Д. 190. ЛЛ. 18-22об.]), 한국에서 예비조사와 압록강 유역에서의 사업 (Рекогносцировка в Корее и операции в бассейне реки Ялу[ГАРФ. Ф. 543. Оп. 1. Д. 190. ЛЛ. 27-31об.]), 만주와 한국에 대한 러시아의 입장(Отношение России к Маньчжурии и Корее[ГАРФ. Ф. 543. Оп. 1. Д. 190. ЛЛ. 32-35об.]) 등의 문서가 포함되었다.

30 ГАРФ. Ф. 543. Оп. 1 Д. 184. ЛЛ. 16-17об. Всеподданейший отчёт Управлявшего делами Особого Комитета Дальнего Востока за 1903-1905года. Контр-адмирал Алексей Абаза.

함을 구매하라는 니꼴라이 2세의 비밀지시를 받고 프랑스로 출장을 다녀왔다.[31] 극동특별위원회 사무국장 아바자는 공식적인 업무 이외에 암호 해독과 군함 구매 등 니꼴라이 2세의 극비사항과 비밀업무도 동시에 수행했다.

극동특별위원회는 황제 직속 특별위원회로 극동 전반에 관한 독자적 예산권을 갖고, 극동총독을 지원하고 극동지역 전반에 관한 안건을 제안하고 심의하며 정부 부처를 조율하는 역할을 담당했다. 중요 사안에 대해서는 국가평의회 및 내각위원회와 협의하여 결정한다는 주요 원칙을 갖고 있었다. 그리고 사무국장은 극동특별위원회의 실무를 총괄하고 정부 부처들과 협의하는 역할을 담당했으며 위원회 업무 이외에도 러일전쟁 관련 사무에 참여했다.

2. 극동특별위원회의 활동과 해체

극동특별위원회는 1903년 9월 30일부터 국가평의회와 내각위원회에 상정된 극동지역 통치에 관한 모든 사안을 심의할 수 있었다. 극동특별위원회가 심의한 안건은 다음과 같다.[32]

---

31 ГАРФ. Ф. 543. Оп. 1. Д. 184. ЛЛ. 26-27об. Всеподданейший отчёт Управлявшего делами Особого Комитета Дальнего Востока за 1903-1905года. Контр-адмирал Алексей Абаза.

32 ГАРФ. Ф. 543. Оп. 1. Д. 184. ЛЛ. 18-19об. Всеподданейший отчёт Управлявшего делами Особого Комитета Дальнего Востока за 1903-1905года. Контр-адмирал Алексей Абаза.

첫째, 극동특별위원회는 극동 통치기구 정립에 관한 사안을 논의했다. 알렉세예프는 1903년 7월 30일 황제의 칙령 제6조에 근거하여 극동 통치기구 관련하여 극동지역 통치기구, 즉 민간행정, 육군 및 해군기구의 설립, 연해주 북부지역을 분리해 캄차카 특별주에 포함시키는 것, 극동 교육구 설립 및 관동지역, 대련특별시와 동청철도 영역에 위치한 초급학교 감독, 극동 광산과 관동 광산 지구를 관리할 기관 설립, 극동총독 관구 지역에 고등법원 설립, 동청철도회사의 관할하에 있는 지역의 재판 업무를 여순항 지방재판소 지구로 배속시키며 그에 부합하게 여순항 지방재판소의 인원을 증원하는 등의 구상안을 제의했다. 이러한 구상안을 검토하기 위해서 1903년 12월 19일 황제의 명령에 따라서 내무대신상서 뺄례베를 의장으로 하는 소위원회가 구성되었다. 해군부와 육군부는 1904년 1월 12일과 13일에 걸쳐 총독관구지역에서 해군과 육군 관리에 관한 규정안을 검토할 수 있도록 황제에게 요청했다.

소위원회는 1904년 11월 21일 폐지되었다. 이날 니꼴라이 2세는 소위원회를 폐쇄하는 대신 러일전쟁의 종료를 기다리지 말고 극동특별위원회가 구상안 등을 직접 검토하도록 지시했다. 1) 총독부의 육군과 해군 관리 부분은 1904년 1월 12일과 13일 황제의 사전 지시를 따르고, 이 지역의 모든 부분에 대한 통치체제 정립과 관련된 총독의 제의를 관련 부처들이 판단하도록 통고한다. 2) 제의를 접수한 관련 부처들은 이에 대한 평가를 극동총독 알렉세예프에게 전달한다. 3) 관련 부처들의 의견, 육군부와 해군부의 견해 및 극동총독 알렉세예프의 판단을 고려하기 위해서 관련 부처들의 대표로 구성된 예비소위원회를 만든다. 예비소위원회의 위원장으로 극동특별위원회 위원 체레반스끼가 임명되었는데, 예비소위원회에서 검토한 의견을 극동특별위원회에 보낸다.

그 과정에서 니꼴라이 2세는 1904년 11월 8일 극동 통치체제 정립 문제를 해결하기 위하여 극동총독 알렉세예프를 국가평의회 위원이자 각료위원회 위원에 겸직시켰다. 알렉세예프는 일시적으로 뻬쩨르부르크에 체류하면서 극동 통치체제 관련 법률안을 직접 검토했다. 또한 극동특별위원회 사무국은 국내외 관련 자료를 검토하고 영국 식민지(인도), 프랑스 식민지(인도차이나), 독일 식민지, 과거 러시아 총독부의 법률적 사례 등 폭넓은 자료를 단계적으로 수집했다.[33]

둘째, 극동특별위원회는 극동총독부의 재정 수입과 지출에 관한 예산안을 심의했다. 극동총독부는 총독 관구를 세우는 데 따른 시간문제 때문에 1904년 예산을 작성할 수 없었다. 먼저 극동총독은 극동특별위원회 심의를 받기 위하여 총독 관구의 조직과 운영에 필요한 1905년도 자금 할당에 대한 계획안을 제출했다. 니꼴라이 2세는 1904년 8월 13일 극동총독부의 1905년 예산 산정을 관련 부처들이 예전 근거 위에서 방향을 정하고 그것을 국가평의회에 제출할 예산안에 산입하여 심의하도록 지시했다. 이와 함께 1905년도 극동총독부 예산안은 예외적으로 별도의 자금을 정하지 말고 일반 국고 자원에서 조달할 것을 명령했다. 아무르 차륜(車輪)도로 건설 사업의 지속, 연해주 북부지역 주민을 위한 식료품 비축 등의 자금은 해당 부처의 예산으로 이관되었다.[34]

---

33 ГАРФ. Ф.543. Оп.1. Д.184. Л.19об. Всеподданейший отчёт Управлявшего делами Особого Комитета Дальнего Востока за 1903-1905года. Контр-адмирал Алексей Абаза.

34 ГАРФ. Ф.543. Оп.1. Д.184. ЛЛ.19-20об. Всеподданейший отчёт Управлявшего делами Особого Комитета Дальнего Востока за 1903-1905года. Контр-адмирал Алексей Абаза.

셋째, 극동특별위원회는 극동총독부의 상공업 관련 사안을 검토했다. 니꼴라이 2세는 1904년 초 극동총독부의 금융과 산업정책을 구상하기 위하여 극동특별위원회 사무국장이 참가하는 특별소위원회를 구성했다. 국가평의회 위원이자 백작 이그나찌예프(А.П.Игнатьев)가 특별소위원회 위원장으로 임명되었고 국가평의회 위원이자 원로원 2등관 체레반스끼, 재무대신 코콥초프(В.Н.Коковцов), 농상공부 차관 3등관 시바네바흐(П.Х.Шванебах) 등이 특별소위원회 위원으로 임명되었다. 특별소위원회 활동은 다음과 같았다. 위원회 사무국장과 재무대신이 상의한 후 니꼴라이 2세는 1904년 5월 1일 재무대신에게 아무르강 어귀와 아무르강 남쪽에 위치한 항구들뿐만 아니라 만주와의 육로 국경을 통하여 쁘리아무르 총독부 지역으로 외국 상품이 무관세로 들어오는 것을 허용하는 칙령을 내렸다. 이때 러시아에서 부과되는 소비세(담배, 설탕, 소금)는 면제하지 않도록 명령했다. 황제는 극동총독부로 반입되는 상품의 무관세 반입을 더 오랜 기간 확대할 가능성 여부를 극동총독의 판단에 맡겼다. 동북시베리아회사는 1900년 4월 11일 추코프반도와 그 부속 도서들의 탐사 및 광무 채굴에 관한 독점적 권리를 받았다. 니꼴라이 2세는 5년간의 이권 연장에 대한 농상공부의 제안을 승인했다. 극동특별위원회 사무국장은 조속한 승인이 필요하고 관련 부처가 협의한 상황이라는 이유로 극동특별위원회 심의 없이 이 안건을 황제에게 직접 보고했다. 이것은 극동특별위원회의 심의 없이 결정된 사항으로, 사무국장의 강력한 영향력을 알 수 있는 사실이다. 한편, 만주 무순의 석탄 광산 관리국은 위원회에 광산용 기계와 화물에 대한 시베리아철도 운송 시 특혜를 줄 것, 광산개발에 필요한 폭발물 구입 권리에 대한 증명서를 발급할 것, 외국인 기술자를 광산에 초빙할 수 있게 해줄 것 등을 청원했다. 극동특별위원회 사무국장은 이 청원을 주무 관청에 통고했는데, 해당 관청은 석탄 광산 관리국에 가능한 특혜를 제공했다. 또한 극동특별위원회는 정부 부처의 다음과 같은 의견을 접수했다. 외국 기업이 연해주에서 금 채취와 광산 및 탄광 개발을 허가받는 건, 만주의 제분업 주식회사 약관을 승인하는 건, 자바이칼 지역의 외지인 땅에 상수도 시설을 설립하는 건 등이었다. 그중 니꼴라이 2세는 1905년 1월 11일 극동총독이 만주의 제분업 주식회사 사안을 최종결정할 것을 지시했다.[35]

넷째, 극동특별위원회는 정부 부처와의 협의하에 극동총독부의 교통 건설 및 개선 관련 사안을 검토했다. 극동총독은 블라고베셴스크와 동청철도 치치하얼역 사이에 우편용 도로를 건설하는 것에 대한 청원서를 황제에게 제출했다. 이 문제를 관련 부처와 논의한 결과, 이 도로는 우편용 도로 이외에도 러일전쟁 수행에서 중요한 전략적 의미를 가지고 있다고 평가되었다. 이 청원서에 대해서 니꼴라이 2세는 1904년 10월 23일 도로 건설에 필요한 비용을 육군부의 비상 전시기금으로 이관하여 신속히 실행하도록 지시했다. 1904년 5월 초 극동총독 알렉세예프는 군용열차의 일상 용품 및 화물과 여객의 운송을 위해 동청철도의 수송 능력을 강화시켜야 할 필요성을 보고했다. 극동특별위원회는 이를 논의한 다음 동청철도 수송 능력 방안을 마련하여 1904년 5월 31일 황제의 승인을 받았다. 극동총독은 송화강, 순가차강(Сунгача), 한카호수(Ханка), 키지호수(Кизи) 등에 관한 조사와 정비를 제안했는데, 이 작업을 수행

---

35 ГАРФ. Ф.543. Оп. 1. Д. 184. ЛЛ. 20-21об. Всеподданейший отчёт Управлявшего делами Особого Комитета Дальнего Востока за 1903-1905года. Контр-адмирал Алексей Абаза.

하도록 교통부가 조치했다. 극동총독은 1905년 초 동시베리아철도와 아무르철도를 이권 사업으로 건설하는 것에 관한 개인 기업가의 청원서를 극동특별위원회에 제출했다. 이 청원서는 재무대신과의 협의에 따라 재무부 산하 철도소위원회 검토사안으로 넘겨졌다.[36]

다섯째, 극동특별위원회는 극동총독부의 농지 정리와 주민 보호 관련 사안을 검토했다. 극동총독은 극동지역 이주민 증가를 위하여 아무르 지역과 우수리스크 지역에 이주민 지구 정원수를 확대할 것을 제안했다. 또한 1903년 흉작으로 인해 자바이칼 지역 주민들에게 식료품을 원조해줄 것을 청원했다. 극동특별위원회 사무국장은 내부대신과 협의했는데, 내부대신은 1904년 2월 러시아 식량공동기금에서 8만 루블을 지출할 것을 지시했다.[37]

여섯째, 극동특별위원회는 극동총독부의 정치적인 사안 및 자료집 발간을 수행했다. 러일전쟁 시기 중국의 중립 준수가 러시아의 관심사였다. 황제의 명령에 의해서 중국의 중립에 대한 보고서가 작성되었는데, 보고서는 극동총독이 판단하도록 발송되었다. 극동총독부와 인접한 몽골에서 정치 문제가 발생하자 알렉세예프는 극동특별위원회 사무국장 및 외무대신과 협의했다. 극동총독은 몽골의 상황, 만주 및 티베트 사건과 관련하여 현지 주민들의 정서를 전면적으로 파악하기 위해서 몽골

---

36 ГАРФ. Ф. 543. Оп. 1. Д. 184. ЛЛ. 21-22об. Всеподданейший отчёт Управлявшего делами Особого Комитета Дальнего Востока за 1903-1905года. Контр-адмирал Алексей Абаза.

37 ГАРФ. Ф. 543. Оп. 1. Д. 184. ЛЛ. 22-23об. Всеподданейший отчёт Управлявшего делами Особого Комитета Дальнего Востока за 1903-1905года. Контр-адмирал Алексей Абаза.

에 전문가를 파견하려고 계획했다. 극동총독은 전쟁 상황에서 사할린의 채취 산업 부분을 외국 기업인들에게 장기 임대한다는 구상을 보고했지만 황제는 승인하지 않았다. 극동특별위원회 사무차장 마튜닌은 아바자의 프랑스 출장 당시 사무국장대리를 수행했다. 1905년 4월 사무국장대리 마튜닌은 극동특별위원회 사무국에 보관되어 있는 1903~1904년의 일본과의 협상문서들을 정리해서 자료집으로 괄간했다. 마튜닌은 이 자료집을 필사본의 형태로 황실 인사, 국가평의회 위원, 정부대신, 시종무관장, 원로원 원로 등에게 발송했다. 하지만 니꼴라이 2세는 1905년 5월 18일 황실 인사에게 보내진 것을 제외하고 발송된 자료집을 반환시켜 배포를 금지시켰다.[38]

일곱째, 극동특별위원회는 1901년 작성된 아무르 지역 군사 총독의 상주 보고서를 접수했다. 이 보고서는 극동총독부의 통치기관 정립에 관한 알렉세예프의 구상계획들과 함께 심의하기 위해서 접수된 것이었다.[39]

여덟째, 극동특별위원회는 1905년 극동총독부의 행정 및 사법과 관련한 알렉세예프의 제안에 따라 아래 사안을 검토했고 니꼴라이 2세가 승인했다. 승인된 사안은 다음과 같다. 극동의 육군 및 태평양의 해군 지휘에 관한 극동총독의 권리와 전권, 민정과 외교 부문을 포함한 익시 야전

---

38 ГАРФ. Ф. 543. Оп. 1. Д. 184. ЛЛ. 23-24об. Всеподданейший отчёт Управлявшего делами Особого Комитета Дальнего Востока за 1903-1905года. Контр-адмирал Алексей Абаза.

39 ГАРФ. Ф. 543. Оп. 1. Д. 184. ЛЛ. 23-24об. Всеподданейший отчёт Управлявшего делами Особого Комитета Дальнего Востока за 1903-1905года. Контр-адмирал Алексей Абаза.

사무국들의 설립, 동청철도 지역의 재판 업무를 여순항 지역재판소에 편입시키는데 일본과의 전쟁 기간 동안에만 재판소를 하얼빈에 설치, 사할린 군사 총독의 전권 확대, 동청철도 노선에 헌병경찰기구 설립 등이다.

아홉째, 극동특별위원회는 극동총독부 조직 성원에 대한 표창과 지원금 관련 사안을 접수했다. 극동총독은 1904년 말 극동총독부의 민간기관 및 종무성 관리들에게 전시 상황으로 발생한 손실 보상으로 무상보조금을 지급할 것을 청원했고 황제는 이를 승인했다.[40]

열 번째, 극동특별위원회는 종교와 언론 관련 사안을 다음과 같이 요청했다. 압록강삼림회사의 후견을 받고 있는 묵덴의 정교 교회를 군사당국에 이관한다. 재무대신과 사무국장은 여순항에서 발간되는 신문 『새로운 변경(Новый Край)』의 출판 편집국장에게 국고보조금을 지급한다. 황제는 이를 모두 승인했다.[41]

극동특별위원회는 극동 통치체제 관련 법률안을 직접 검토하면서 영국과 프랑스, 독일의 식민지 사례까지 조사했으며 극동총독부의 교통 건설과 개선 관련 사안 및 농지 정리와 주민 보호 관련 사안을 검토했다. 또한 몽골과 만주와 티베트의 현지 상황을 파악하며 실제 몽골에 전문가를 파견하려고 계획했고 만주 지역 언론과 정교회 관련 사안도 점검했다.

극동특별위원회는 시베리아철도위원회 등 다른 기관과의 협의를 진

40 ГАРФ. Ф. 543. Оп. 1. Д. 184. ЛЛ. 25-26об. Всеподданейший отчёт Управлявшего делами Особого Комитета Дальнего Востока за 1903-1905года. Контр-адмирал Алексей Абаза.

41 ГАРФ. Ф. 543. Оп. 1. Д. 184. ЛЛ. 25-26об. Всеподданейший отчёт Управлявшего делами Особого Комитета Дальнего Востока за 1903-1905года. Контр-адмирал Алексей Абаза.

행했는데, 그 협의 내용은 다음과 같다.

첫째, 1904년 극동특별위원회 사무국장은 1905년도 극동총독부 지역 통치를 위한 수입과 지출에 관계된 예산 검토, 1905년과 1906년의 주류 판매와 관련된 국가전매 가격의 상한선 책정, 우수리스크 카자크부대에 삼림 분과를 설립하는 건, 금 관련 기업가의 회의체를 조직하는 건, 밀수에 대한 벌금 징수 건 등 예산과 법률 등의 사안을 설명하기 위하여 국가평의회에 참석했다.

둘째, 극동특별위원회는 1903년 12월 17일 니꼴라이 2세 주재하에 시베리아철도위원회와 합동 연석회의를 진행했다. 그 내용은 극동지역에 이주민을 조직하고 쁘리아무르 지역에 이주민 거주구역을 마련하기 위한 1904년도 자금 지출에 관한 사안들이었다.

셋째, 극동특별위원회는 재무부의 제의에 따라 1903년 12월 17일 니꼴라이 2세 주재하에 시베리아철도위원회 및 국가평의회 경계국과의 합동 연석회의에서 동청철도 건설과 대련 항구 건설에 따른 초과 지출 건, 동청철도 기선회사의 1901년도 사용 수입과 지출에 관한 자료에 근거하여 동청철도회사에 필요한 자금 건 등의 사안도 청취했다.[42]

한편 아바자는 극동특별위원회가 동방학회와 긴밀히 연대했다고 기록했다. 동방학회는 극동 경제 문제에 관한 연구에 참여하겠다며 사무국장 아바자를 통해서 극동특별위원회와의 연대를 요청했다.

1905년 1월 4일 동방학회 회장이자 육군 중장 쉬베도프(Н.К.Шведов)

---

42 ГАРФ. Ф.543. Оп.1. Д.184. ЛЛ.27-28об. Всеподданейший отчёт Управлявшего делами Особого Комитета Дальнего Востока за 1903-1905года. Контр-адмирал Алексей Абаза.

가 사무국장 아바자에게 서한을 보냈는데, 동방학회는 극동지역을 포함한 인접 국가들에 관해 연구하기 위하여 동방학회 이사회 소속 '극동상설위원회'를 조직했다. 동방학회는 "극동지역 전반을 연구하는 사업을 적극적으로 수행할 수 있으며 러시아 사업의 성공을 위해서 최대한 조력할 것이다"라는 사실을 극동특별위원회에 보고할 것을 아바자에게 요청했다.

1905년 1월 7일 아바자는 동방학회의 건의를 니꼴라이 2세에게 보고할 것과 동방학회의 제안이 신속히 받아들여질 예정이라는 답신을 동방학회에 보냈다. 극동의 지리, 민속, 풍속에 정통한 경제와 재정 전문가들이 극동총독부에 큰 도움이 될 것이라고 생각한 아바자는 러일전쟁이 지금까지 러시아가 극동에서 활동해왔던 조건을 현저한 수준에서 변화시킬 것으로 예상했다. 극동총독부는 향후 다양한 임무를 맡게 될 것인데, 여기에는 만주와 한국을 자신의 영향권 또는 종속으로 둘 가능성도 포함되어 있었다.

아바자는 '극동상설위원회' 연구와 심의 방향을 다음과 같이 제시했다. 첫째, 극동총독부는 러시아의 이해관계를 최적화시키기 위해서 어떠한 경제와 재정 관리 체계가 필요한가? 러시아의 변방지역에서 현행 방안을 유지해야 하는가 아니면 극동의 원거리적 성격을 고려하여 지방 분권을 추진해야 하는가? 둘째, 극동총독부가 천연자원 채굴 관리에 관한 행정적 지출을 최대한 줄일 수 있는 방안은 무엇인가? 극동지역의 천연자원을 효율적으로 이용할 수 있는 방안은 무엇인가? 셋째, 극동총독부가 지역의 모든 경제생활 기관에 대한 전반적 지도권을 집중하는 것이 바람직한가? 그렇다면 그 지도권 집중 형태는 무엇인가? 넷째, 극동총독부는 극동지역에서 외국인이 사업을 개발하지 못하게 하면서 러시아 기업을 보호해야 하는가? 그렇다면 러시아 산업의 이익을 보호할 수 있는 조치는 무엇인가? 아니면 극동의 산업, 무역, 문화 발전을 위해서 외국 기업가와 자본을 유치하여 본국의 지출을 간접적으로 줄여야 하는가? 이를 위해서 극동총독부와 민간 기업들의 관계, 러시아 기업과 외국 기업의 관계는 어떻게 설정해야 하는가?

아바자는 베조브라조프의 계획안에 대한 의견 제시를 동방학회에 제안했다. 베조브라조프계획의 핵심은 특권기업(Charted Companies)이나 소작인협회(Societes fermieres)에 상응하는 극동지역의 정치 경제, 생산조직에 관한 것이었다. 극동총독부는 지리적·정치적으로 특수한 상황에 따라서 민간과 관영 경영제도를 제외한 새로운 경영제도가 필요했는데, 러시아 관료제도가 오히려 사업을 방해한 경우가 많았기 때문이다.

소작인협회를 모델로 하는 러시아 회사는 극동에서 국가적 차원에서 이익을 창출할 것이다. 정부는 비교적 소규모의 주식을 보유하면서도 회사를 완전히 장악하면서 러시아 기업가 이외에 우호적인 외국인에게도 일정한 조건에서 이권을 배분할 권리를 가질 수 있다. 정부는 개인과 기업에 이권을 배분하면서 이후 사업 경영 측면에는 전혀 개입하지 않아도 된다. 즉 정부는 기업의 사업 개발에는 관여하지 않으면서 전체적인 감시만 수행한다. 이럴 경우 러시아 국고는 물질적으로 어떤 손허도 입지 않을 것이다. 그런 기업의 수입은 그 지역의 군사적·행정적 요구를 충족하는 데 지출될 것이다. 이 기업은 러시아의 정치와 군사적 이해관계, 개인과 회사의 경제적 이해관계 등에 관한 상호 이익을 조합시킬 것이다.

그 후 극동특별위원회 산하 재무소위원회는 극동지역 경제와 재정에 관한 동방학회의 답변을 심의했다. 그중 동방학회는 민영회사를 국가적 문제와 연결하려는 시도에 대해서 어떠한 답변도 제공하지 못했다. 이때 혁명파 신문인『그라즈다닌(Гражданин)』등의 언론은 극동특별위원회와 민영회사의 교류, 해군 소장 아바자와 동방학회의 교류에 대해서 고위직 인사들이 자신의 이익을 위해서 만주의 모든 지하자원 등을 독점하려 한다는 내용을 보도했다. 하지만 아바자에 따르면 이 회사에 관계한 공직자는 베조브라조프의 계획에 따라 어느 누구도 사업에 금전적으로 관여하지 못하도록 제한되어 있었다.[43]

또한 아바자는 극동특별위원회 소속 '재정과 경제 문제 예심위원회 (Предварительная Комиссия по финансово-экономическим вопросам)' 가 극동 경제계획을 조직화하는 활동을 기록했다. 위원장은 이그나찌예 프 백작이었고 국가평의회 1등관 체레반스끼, 국유재산부 차관 3등관 시바네바흐, 사무국장 아바자 등이 위원이었다. 그 밖에 사무차장 마튜 닌, 전 친위대 대령 본랴르랴르스끼(В.М.Вонлярлярский)가 위원회 업무에 참여했다. 재무대신이자 원로원 의원 코콥초프는 1904년 2월 27일 황제의 칙령에 의해 위원으로 임명되었다.

예심위원회는 1904년 1월 13일부터 2월 10일까지 몇 차례 회의를 진행했다. 예심위원회는 러일전쟁 이후 업무의 지속이 필요하다는 판단하에 사업수행연구와 분석을 시작했다. 그 결과 예심위원회는 '극동의 국외 지역에서 활동하는 러시아의 금융, 산업, 생산기업들에 대한 심의가 요구되는 문제의 계획'을 작성했다. 이 계획에는 현재 기업들의 관리뿐

---

43 Русские предприятия в Корее, в связи с нашей политикой на Дальнем Востоке 1898-1904. СС. 168-172; ГАРФ. Ф. 543. Оп. 1. Д. 185. ЛЛ. 1-107об.

만 아니라 러시아 경제의 중심부와 극동, 국외 지역의 산업과 무역기업의 활동을 연계하기 위해서 충분한 자금력을 가진 '산업과 무역의 연합체'를 조직하는 문제가 포함되었다.

예심위원회는 1904년 5월 10일과 24일 두 차례 회의를 진행했다. 재무대신 코콥초프는 기본적으로 민간회사의 자율에 맡길 것을 주장하며 소작인협회를 모델로 하는, 외부적으로는 민간회사의 형태이지만 실질적으로는 '관영적인 중앙회사(правительственное центральное общество)' 설립을 반대했다. 다만 그는 극동지역에 관세, 서울, 조세, 신용대출 등을 완화하고 기업 설립의 몇 가지 형식적인 절차를 폐지할 것을 제안했다. 또한 외국인과 유대인에 대한 편협한 태도를 버리고 상당한 완화 조건을 제시하여 외국 자본을 유치할 것을 제안했다.

재무대신은 특권회사에 대해서 다음과 같이 반박했다. 러시아에는 이러한 기업을 위한 인재도 자금도 없다. 게다가 모스크바에서는 일종의 어음할인업이나 제조업 사업으로 24% 정도 쉽게 돈을 벌 수 있다. 예를 들면 미국인이 청국인이나 일본인과 힘든 경쟁을 하면서 2~3% 이윤으로 극동지역에 자본을 투자할 이유가 없다. 러시아 국고에서 커다란 자금이 지출될 위험성이 있다. 그 밖에 외국 지역이 완전히 러시아의 소유권으로 장악되지 못했기 때문에 이권을 행사할 가능성 자체도 의심스럽다. 유사한 외국 기업의 사례들은 충분한 설득력이 없기 때문에 회사가 이윤을 얻을 것이라는 측면에서도 회의적이다.

아바자는 1904년 5월 10일 회의에서 러시아가 극동총독부 지역에서 당면한 지출을 충당할 수입원을 찾을 수 없다는 재무대신의 의견에 동의할 수 없다고 주장했다. 그는 극동총독부의 상공업 수입을 증대하는 방안 중 별도의 특권회사 설립을 최상의 방법으로 제시했다. 다바자에 따르면 서유럽 식민지 역사를 살펴보면 '동인도회사'는 대표적인 유사한 성공 사례였다. 숙련된 광산 기사들은 만주가 트란스발(남아프리카 공화국에서 2번째로 큰 주)보다도 자원이 풍부하다고 지적했다. 이것은 극동총독부 내부에서 기업활동을 할 수 있는 여지가 충분하다는 것을 알려준다.[44]

아바자는 이 특권회사가 러시아와 외국 기업의 자본을 유치하여 러시아 국고의 수입을 증대시킬 것이라고 판단했다. 특권회사는 지사의 개설권 때문에 일정한 감독과 지휘가 필요하다. 만약 특권회사가 민간 자산으로만 설립되면 그 수입은 국고에 들어가지 않을 것이다. 또한 특권회사의 설치는 기업가들의 창업을 쉽게 만들 것이다. 특권회사는 지역 개발을 위한 지사 설립권을 소유해야 하며 반드시 국고 자금을 받아야한다.

예심위원회 위원들은 1904년 5월 24일 회의에서 극동총독부의 경제활동에 대하여 다음과 같은 견해를 표명했다. 첫째, 재무대신 코콥초프와 국유재산부 차관 시바네바흐는 극동지역의 경제를 발전시키는 유일한 방안이 민간 자본을 유치하는 것이라고 주장했다. 그 방법은 러시아 국고 지원이 아닌 민간 기업가들에게 다양한 특혜와 완화 조건을 제공하는 것이었다. 둘째, 예심위원회 의장 이그나쩨예프와 국가평의회 위원 체레반스끼는 러시아 상공업자로 구성된 별도의 회사를 설립시키고 이 회사에 지사 설립권을 부여할 것을 주장했다. 그럼에도 회사는 국고 자금을 전혀 출자받을 수 없다. 셋째, 사무국장 아바자는 이 회사에 러시아의 국고를 출자할 것을 주장했다. 그 이유는 러시아의 국익에 상응하는

44　ГАРФ. Ф. 543. Оп. 1. Д. 185. ЛЛ. 1-107об.

계획 아래 러시아와 외국의 민간 자본가들을 끌어들이고 그들의 활동을 러시아 정부가 실질적으로 통제하는 것이 유리하다고 판단했기 때문이다. 아바자는 이 회사가 정치적·방위적 목적을 위해서 관영회사의 형태가 되어야 한다고 주장했지만 예심위원회 위원들은 반대했다.[45]

극동특별위원회는 1905년 5월 러일해전 직후인 6월 8일 해체되었다. 이날 니꼴라이 2세는 '러시아의 보편적인 절차와 통합할 필요성'이라는 명분으로 원로원에 극동특별위원회 해체에 관한 명령을 내렸다. 그에 따라 극동특별위원회와 그 산하의 사무국이 해체되고 사무국 관리들도 해임되었다. 사무국이 수행 중인 업무 및 보관하는 공문서는 황제의 사무국으로 이관되었으며 이관된 서류와 업무는 체레반스끼 주재하의 소위원회가 구성되어 검토했다. 극동특별위원회 수행 사안은 현행 법령에 의거하여 국가평의회, 내각위원회, 시베리아철도위원회 또는 그 사안의 소속에 따른 기관이 맡게 되었다.

그 결과 1905년 6월 8일 아바자는 근위육상해병대 지위는 유지하지만 극동특별위원회 위원과 사무국장에서 해임되었다. 극동총독부 통치체제 정립에 대한 알렉세예프의 제안은 그 방향에 관한 조치가 나올 때까지 일시적으로 중지되었으며 극동특별위원회 사무국에 보관되어 있던 1903~1904년 일본과의 협상자료는 국가평의회 위원 티흐테르(О.Б.Рихтер)의 소위원회가 구성되어 검토했다.

해고된 극동특별위원회 사무국 관료들에 대한 물질적 지원과 사무국의 자산 및 서고에 대한 별도의 조치도 시행되었다. 러일전쟁 사망자 자

---

45 Русские предприятия в Корее, в связи с нашей политикой на Дальнем Востоке 1898-1904. СС. 173-178; ГАРФ. Ф. 543. Оп. 1. Д. 185 ЛЛ. 1-107об.

녀 보호를 위한 알렉세예프스끼 중앙위원회는 극동특별위원회의 모든 법전, 현행법령집, 일반 출판물, 가구, 사무국 집기를 이관받았다. 러시아 제국지리협회는 동방에 관련된 수집 도서를 이관받았으며 군사지식열성자협회는 군사 관련 출판물, 동쪽 변경지역에 관련된 지도, 계획서 및 출판물을 이관받았다.[46]

극동특별위원회 소관 예심위원회는 1904년 1월부터 여러 차례 회의를 진행했다. 예심위원회는 러일전쟁 이후 업무의 지속이 필요하다는 판단하에 사업수행연구와 분석을 시행했다. 그 결과 예심위원회는 '극동의 국외 지역에서 활동하는 러시아의 금융, 산업, 생산기업들에 대한 심의가 요구되는 문제의 계획'을 작성했다. 극동특별위원회는 시베리아철도위원회 등 다른 기관과 협의를 진행했고 극동지역의 정치, 경제, 생산조직 등에 대해서 동방학회와 긴밀히 연대했다. 하지만 러시아가 러일전쟁에서 패배하자 극동특별위원회는 핵심지역인 만주에서 수행할 업무의 동력을 잃고 해체될 수밖에 없었다.

3. 러시아 황실세력의 극동정책

극동총독부와 극동특별위원회는 1903년 러시아 정부 내 황실세력이 주도하여 설치하였다. 국무고문 베조브라조프는 극동지역의 권력 약화를

---

46 ГАРФ. Ф. 543. Оп. 1. Д. 184. ЛЛ. 28-29об. ВсеподданейшийУправлявшего делами Особого Комитета Дальнего Востока за 1903-1905года. Контр-адмирал Алексей Абаза.

진단하고 극동총독부 설치의 필요성을 제기했다. 그 이유는 정부 브처들의 분쟁과 협의 체계의 비효율성 등이 극동정책에 대한 무책임을 가져왔고 극동지역에 대한 정확한 정보 부족과 정세에 대한 잘못된 평가를 발생시켰기 때문이다.

베조브라조프를 비롯한 황실세력은 관료세력에 대항했는데, 그들은 극동에서 전쟁준비를 강화하고 독립된 단일한 기구를 설립해야 러일전쟁을 피할 수 있을 것이라고 보았다. 그 결과 니꼴라이 2세는 황실세력의 주장을 받아들여 1903년 7월 30일 사법과 입법의 최고 권력기관인 원로원에 극동총독부 신설에 관한 명령을 내렸다. 극동총독부는 쁘리아무르 총독부와 관동지역을 합한 별도의 총독 관구로 구성되었다.

극동총독으로 시종무관장인 해군제독 알렉세예프가 임명되었다. 극동총독부는 극동지역의 외교 현안까지 결정하고, 극동지역의 질서와 안전을 포괄하는 러시아 극동지역 최고 기구였다. 극동총독은 극동지역의 외교 문제를 포함한 전체 사안에 대한 의견을 정부대신을 거치지 않고 니꼴라이 2세에게 직접 제시하거나 사무국장을 통해서 제시할 수 있었다. 여기에 극동총독은 태평양함대와 극동군대를 총지휘하는 막강한 권한을 갖고 있었다. 극동총독은 쁘리아무르와 관동지역의 군사령관뿐만 아니라 동청철도의 군정청까지 총괄했다. 1903년 8월 23일 니꼴라이 2세의 명령에 근거하여 극동총독은 육군부와 직접 교섭할 수 있게 되었다.

러일전쟁 전후 극동특별위원회는 만주를 포함한 극동지역 전반에 대한 식민지 경영을 준비했고 극동총독부는 러일전쟁을 대비하는 군사적 대응까지 계획했다.

첫째, 극동특별위원회는 극동 통치체제 관련 법률안을 직접 검토하면서 영국과 프랑스와 독일의 식민지인 인도와 인도차이나 등 해외의 식민지 사례까지 조사했다. 또한 몽골과 만주, 티베트의 현지 상황을 파악하면서 실제 몽골에 전문가를 파견하려고 계획했다. 그리고 만주 지역 언론과 정교회 관련 사안까지도 점검했다.

둘째, 극동총독부는 러일전쟁을 대비하여 극동지역 군사력 강화계획을 준비하고 이에 따라 1903년 11월 '전략실행계획'을 수립했다. 참모부는 남만주 작전지역에 러시아군대를 집결시킬 수 있도록 동청철도의 수송 능력을 증대시킬 것과 제3시베리아군단 참모부를 창설하고 제2군 참모부를 신설할 것, 하얼빈을 중간기지로 설정하고 포탄, 위생품, 식료품, 예비물자 등을 사전에 하얼빈에 집결시킬 것을 주요계획으로 설정했다.

극동특별위원회는 니꼴라이 2세가 의장이었고 내무대신, 재무대신, 외무대신, 육군대신, 해군대신서리, 극동총독, 위원회 사무국장 등으로 구성되었다. 극동특별위원회는 필요할 경우 정부 부처의 대표들로 구성되는 예비위원회를 구성하여 심의할 사안들에 관한 사전 검토를 진행했다. 극동특별위원회 업무는 극동 통치체제 정립 업무 및 그 통치에 관련된 지출과 수입에 대한 예산안, 극동지역에서 새로운 결정을 채택하거나 현존하는 결정을 변경하는 것에 관한 총독의 제안, 극동지역에서 새롭게 제정될 법령과 정부 부처의 조치를 적용하는 것에 관한 총독의 제안, 극동총독과 주무부처의 협의가 요구되는 사항 검토 등이었다. 따라서 극동특별위원회는 육군부와 협의하기 위해서 극동총독부의 군사 행정과 경제 관련 업무를 검토했다.

실제 극동특별위원회는 1903년 9월 30일부터 극동 통치기구 정립에 관한 사안, 극동총독부의 재정 수입과 지출에 관한 예산안, 극동총독부의 상공업 관련 사안, 정부 부처와의 협의하에 극동총독부의 교통 건설과 개선 관련 사안, 극동총독부의 농지 정리와 주민 보호 관련 사안, 극동총독부의 정치적인 사안 및 자료집 발간 등 국가평의회와 내각위원회에 상정된 극동지역 통치에 관한 사안들을 심의했다. .

러일전쟁 시기 극동특별위원회 사무국장은 위원회 업무 이외에도 러일전쟁 관련 사무에도 참여했다. 사무국장은 병력 수송 요구 충족을 위한 동청철도 강화 문제 및 전시에 요구되는 지출에 관한 특별협의회 위원으로 임명되었다. 특별협의회는 동청철도 운송 능력 강화와 철도 연료 확보를 위한 조치들을 기안했고, 전시로 인한 비용의 비상 지출에 관해 국고에 제기된 요구를 검토했다. 또한 군사 훈련, 병력 이동, 육군과 해군의 활동 관련 통지와 보도를 전하는 정기간행물 인쇄에 관한 법규를 마련하는 일에도 참여했으며 러일전쟁 초기 전장에서 황제 앞으로 오는 보고서의 암호를 해독하는 작업도 수행했다. 그 밖에도 니꼴라이 2세의 특별지시를 수행하여 1905년 군함을 구매하라는 니꼴라이 2세의 비밀 지시를 받고 프랑스로 출장을 다녀오기도 했다. 이처럼 아바자는 공식적인 업무 외에도 암호 해독과 군함 구매 등 황제의 극비사항과 비밀업무를 동시에 수행했다.

러일전쟁 전후 극동총독부와 극동특별위원회는 극동지역에 대한 군사적 강화와 경제적 발전 방안을 마련했다. 극동특별위원회는 극동총독부의 통치에 관련된 지출과 수입에 대한 예산안을 심의하는 등 극동총독부와 유기적으로 움직였다. 그럼에도 니꼴라이 2세는 1905년 6월 '러시아의 보편적인 절차와 통합할 필요성'이라는 명분으로 극동특별위원회의 해체와 극동총독부의 중단을 명령했다. 그 이유는 러시아가 여순전투와 러일해전에서 패배하면서 극동총독부를 운영할 동력을 상실했기 때문이다.

요컨대 극동총독부는 러시아 극동지역의 행정체계 개편과 경제적 발전 등을 총괄하는 기구였고 극동특별위원회는 극동총독부를 행정적·법률적으로 지원하며 극동지역의 발전 방안을 구상하는 기구였다. 무엇보다도 극동총독부는 극동지역에서 전쟁을 대비하기 위해서 독립된 단일한 기구를 설치해야 한다는 명분으로 설립되었다. 실제 극동총독부 산하 참모부는 러일전쟁에 대비한 '전략실행계획'을 수립했다. 극동특별위원회는 해외의 식민지 사례까지 검토하면서 만주를 포함한 극동지역 전반에 대한 식민지 경영을 계획했다. 이러한 사실은 극동총독부와 극동특별위원회가 우선적으로 일본의 전쟁 위협에 따른 러시아의 군사적 대응을 수행하면서 향후 극동지역 전반에 대한 식민지 경영을 추진하려는 성격을 가지고 수립되었다는 것을 의미했다. 그럼에도 러시아가 러일전쟁에서 패배하자 극동특별위원회는 해체되었고 극동총독부는 동력을 상실한 채 활동을 중지할 수밖에 없었다.

대한제국의 한러동맹 추진과
고종의 전시중립화 방안

100여 년 전 전 세계는 러일전쟁의 당사자인 러시아와 일본만 주목했다. 그 이유를 다음과 같이 두 가지로 추측할 수 있다.

하나는 러시아와 일본 중 승전국은 어디일까라는 부분에 전 세계의 이목이 집중되었다는 사실이다. 또 하나는 러시아와 일본을 비롯한 당시 열강은 국제 정세의 주체로서 한국을 대등한 나라로 인식한 것이 아니라 자국 편으로 끌어들이는 객체로서 인식했다. 결국 러일전쟁이 종결되자 한국은 일본의 보호국이 되었고 사실상 일본의 식민지적 상황에 처했다. 이렇듯 19세기 말~20세기 초반 시기는 러시아와 일본뿐만 아니라 한국의 역사에서도 매우 중요한 의미를 가지고 있다. 무엇보다도 한국은 국가 존립의 위기에 직면했다.

당시 러시아는 극동지역에서 일본과 대립하는 하나의 축이자 한국과 국경을 맞대고 있는 나라였다. 이러한 상황에서 한국은 러시아의 외교정책에 매우 민감하게 반응할 수밖에 없었다. 그런데 러시아의 한국 외교정책과 함께 반드시 살펴보아야 하는 주제가 바로 한국 정부의 입장이다.

그동안 한국에서는 근대 한국 정치가 중 한 명으로 이범진을 기억했다. 그 이유는 아관파천 직후 법부대신을 역임한 이범진이 권력에서 밀려나 1896년 6월 주미한국공사로 임명되고 1896년 12월 워싱턴에 도착하여 외교관 생활을 시작했기 때문이다.[1] 따라서 한국에서 오랫동안 외교관 이범진은 잊혀진 인물이었다. 그런데 1899년 3월 이범진은 주러한국공사로 임명되었다. 그는 러시아와 일본의 대립 시기인 1899년부터 1905년까지 주러한국공사 신분으로 한국 외교정책을 직접 수행했다. 즉 러일전쟁 전후 한국의 외교정책을 밝혀줄 수 있는 인물이 바로 주러한국공사인 이범진인 것이다.

1906~1910년 러시아 외무대신을 역임한 이즈볼스끼는 이범진에 대해서 "이범진이 러시아에 거주하는 한국의 마지막 비밀요원이었다"고 평가했다.[2] 러시아 외무부는 러시아에서의 이범진의 활동을 기억했다. 1900~1906년 러시아 외무대신을 역임한 백작 람즈도르프는 이범진이 1등급 스따니슬라브 훈장을 받도록 주선했다.[3]

하지만 일본 정부는 러시아 정부와 달리 이범진을 극도로 경계했다. 1901~1905년 일본 외무대신을 역임한 고무라 주타로는 이범진을 '극단주의자'라고 규정하면서 반드시 '제거해야 할 인물'이라고 주장했다.[4] 더구나 일본 정부는 1911년 이범진이 사망했을 때 장례식을 위해서 그의

1   Note from the Korea legation in the United States. 1896. 12. 9. pp. 1-2(NARA FM 166 Roll 1).
2   Архив внешней политики Российской империи(АВПРИ). Ф. 283. Оп. 766. Д. 106. ЛЛ. 9-11.
3   АВПРИ. Ф. 143. Оп. 491. Д. 74. Л. 55.
4   국사편찬위원회, 『駐韓日本公使館記錄』 9, 1995, 420쪽.

시신을 서울에 옮기는 것조차 금지시켰다.[5]

러시아와 일본 외무대신은 왜 이범진에 관허 상반된 평가를 내렸을까? 이범진이 한국을 둘러싼 러시아와 일본 외교정책에 미친 영향력은 무엇이었을까? 이러한 상반된 평가를 이해하기 위해서는 이범진의 정치와 외교활동 및 그의 근대화 구상 등에 주목할 필요가 있다. 특히 러일전쟁 전후 이범진의 외교정책을 살펴보면 상반된 평가를 이해할 수 있을 것이다.

지금까지 이범진에 관한 한국의 연구성과는 그가 러시아와 일본에 미친 영향력에 비해 매우 적은 편이다. 이 일련의 연구는 이범진을 최초로 복원했다는 측면에서 의의를 갖는다.[6] 하지만 기존 연구는 이범진의 부분적인 활동을 대상으로 연구했기 때문에 그의 일대기를 전체적으로 구성할 수 없었다. 그 이유는 한국에서 이범진의 개인적인 회고록과 문집을 발굴할 수 없었기 때문이다. 당시 일본 헌병대가 서울에서 이범진의 자택을 자주 수색했기 때문에 이범진의 부인이 편지를 비롯한 이범진 관련 기록을 파기했다.

러시아 학자 삐스꿀로바는 러시아에서 최초로 이범진 생애에 관한 연구를 진행했다.[7] 최근 러시아에서는 이범진의 생애와 관련된 책이 출판되었는데,[8] 이 책은 이범진에 관한 러시아 측 자료를 정리했다는 데 중요

---

5 Речь, 19 января 1911г.

6 방선주, 「서광범과 이범진」, 『崔永禧先生華甲紀念 韓國史學論叢』, 탐구당, 1987 강인구, 「러시아 자료로 본 주러한국공사관과 이범진」, 『역사비평』 57, 2001; 오영섭, 「을미사변 이전 이범진의 정치활동」, 『한국독립운동사연구』 25, 2005.

7 Пискулова Ю. И. Корейский политик и дипломат Ли Пом Чин(한국 정치가 및 외교관 이범진) // Проблемы Дальнего Востока(극동 문제). №6. М. 2000. СС. 109-116.

8 Ли Бомджин(이범진). Отв. ред. Ю. В. Ванин. М. 2002(외교통상부, 『이범진의 생애와

한 의미를 가진다. 하지만 이 책은 을미사변 전후 이범진의 정치세력 형성, 러일전쟁 전후 이범진의 외교정책 등에 주목하지 못했다는 한계가 있다.

이 책에서는 러일전쟁 전후 이범진의 외교활동 등을 추적하면서 그의 활동을 집중적으로 살펴볼 것이다. 또한 러일전쟁 전후 이범진의 외교정책을 살펴보면서 대한제국의 외교정책을 조망할 것이다. 즉 1904년 전후 고종과 이범진의 전시중립화와 한러동맹에 대한 추이를 살펴보면서 대한제국의 외교정책을 규명할 것이다.

1. 고종과 이범진의 외교정책

고종은 1899년 3월 15일 러시아, 프랑스, 오스트리아 3국주재 한국공사로 이범진을 임명했다.[9] 이범진은 자신의 임명을 미국 국무장관 존 헤이에게 서면으로 알렸고 1900년 3월 유럽을 향해 출발했다.[10] 런던을 거친 이범진은 1900년 6월 11일 파리에서 빈으로 출발했다. 이범진은 1900년 7월 3일 1등 수행원 김도일과 그의 비서 남필우를 동반하여 러시아 수도 뻬쩨르부르크에 도착했다.[11] 이범진은 1900년 7월 13일 니꼴

항일독립운동』, 마스터상사, 2003).

9   『高宗實錄』, 1899년(광무 3) 3월 15일.

10 Note from the Korea legation in the United States. 1900. 3. 26. pp. 1-2(NARA FM 166 Roll 1).

11 АВПРИ. Ф. 150. Оп. 493. Д. 69. Л. 6.

라이 2세를 면담한 자리에서 고종의 친서를 제출했다.[12]

주러한국공사 이범진은 1900년 하반기부터 뻬쩨르부르크 소재 호텔 '노르트(Норд)'에서 공사업무를 시작했다. 그는 1900년 12월 한국 정부로부터 공사관 운영을 위한 자금 7,870엔을 받았고[13] 한국과 러시아의 관계를 강화하기 위해서 러시아 외무대신을 자주 만나려고 노력했다. 이범진은 1901년 3월 오스트리아 황제 및 프랑스 대통령에게 '극척대훈장'을 수여하기 위해서 뻬쩨르부르크에서 빈과 파리로 향했으며 오스트리아 외무차관을 면담하고 한국과 오스트리아의 관계를 강화하기 위해 노력했다.[14]

1901년 3월 12일 고종은 유럽과의 외교관계를 강화하기 위해서 영국, 독일, 프랑스주재 신임 한국공사를 임명했다. 당시 고종은 주미한국공사까지 새로운 인물로 기용했지만 주러한국공사인 이범진만은 그대로 유지했다. 1899년까지 해외주재 한국공사는 도쿄와 워싱턴에만 파견되었다.[15] 고종은 새로 임명된 공사를 통해서 유럽과의 외교관계를 강화하려고 시도했는데, 그 이유는 향후 '한국 중립화'를 위한 유럽 열강의 지지를 획득하려 했기 때문이다.

고종의 한국 중립화 계획을 달성하기 위해서 러시아는 매우 중요한 위치에 놓여 있었다. 당시 고종은 극동지역에서 러시아의 외교방향에 항상 주의를 기울였다. 1901년 9월 고종은 러시아와 일본의 만한교환에 관한 『황성신문(皇城新聞)』의 보도에 주목했다. 고종은 즉시 이범진에게

---

12 Правительственный вестник(관보). 1 июля 1900г.

13 АВПРИ. Ф. 150. Оп. 493. Д. 69. Л. 5 и 22.

14 국사편찬위원회, 『駐韓日本公使館記錄』 16, 1997, 444-445쪽

15 АВПРИ. Ф. 150. Оп. 493. Д. 11. ЛЛ. 38-39.

전보를 보내서 더욱 상세한 정보 및 이범진 공사의 견해를 자문했다.[16]

1898년 주한러시아공사를 역임한 마튜닌은 1900년 12월 '압록강 삼림채벌권'에 관한 기간을 연장해 줄 것을 한국 정부에 요청했다. 이미 1900년 8월 마튜닌은 서면으로 이범진에게 러시아의 이권 유효기간을 12년으로 설정해 줄 것, 러시아가 청국과의 평화협정 체결에 따라 압록강 연안 접경 지역에 3년 동안 작업하는 것을 지지해 줄 것 등을 요청했다. 이범진은 시베리아를 거쳐 한국으로 돌아가는 김도일을 통해서 고종과 한국 외부대신에게 보내는 서한을 동봉했다. 이범진은 편지에서 '압록강 삼림채벌권'에 관한 기간을 연장해 줄 것을 제안했다.[17]

1901년 1월 이범진은 마튜닌에게 서울의 정치 상황을 다음과 같이 알려주었다. 그에 따르면 고종은 이범진의 편지를 받았지만 친일세력에 둘러싸여 있는 상태여서 '압록강 삼림채벌권'에 관한 기간 연장 결단을 내리지 못했다. 따라서 이범진은 마튜닌에게 고종이 추가 협정에 관한 체결을 이범진에게 위임할 것을 요청하는 전보를 주한러시아공사 빠블로프에게 보낼 것을 제안했다.[18] 당시 일본은 '압록강 삼림채벌권'에 관한 러시아의 이권을 강력히 반대했는데, 그 이유는 러시아가 압록강 지역을 군사적 목적으로 이용할 수 있기 때문이었다. 하지만 이범진은 일본의 한국정책에 경계심을 갖고 있었다. 그는 일본보다는 러시아가 '압록강 삼림채벌권'을 획득하는 것에 찬성했다. 결국 한국 정부는 1901년 4월 11일 '압록강 삼림채벌권'에 관한 기간을 추가적으로 3년 연장했다.

---

16 국사편찬위원회, 『駐韓日本公使館記錄』 16, 1997, 343쪽
17 АВПРИ. Ф. 150. Оп. 493. Д. 134. ЛЛ. 150-150об.
18 АВПРИ. Ф. 150. Оп. 493. Д. 134. ЛЛ. 155-155об.

고종은 1903년 8월 현상건을 유럽과 러시아에 파견하여 한국의 중립 국화 방안을 추진했다. 그리고 고종은 현상건에게 국제적으로 중립국화가 불가능하다면 러시아와 비밀협정을 통해 한러동맹을 동시에 추진할 것도 지시했다.

1903년 10월 초 주러한국공사관 비서 곽광희는 서울에서 뻬제르부르크에 도착하여 러일전쟁의 가능성에 대비한 한국 중립화 방안에 대한 고종의 편지를 이범진에게 전달했다. 이범진은 고종의 편지를 전달하기 위해서 러시아 외무차관 오볼렌스끼(В.С.Оболенский)를 접견했다. 오볼렌스끼는 이범진에게 한국 중립화 방안에 대해서 검토할 것을 약속했지만 러시아 정부가 한국 중립화 방안을 지지할 수 있을지는 보장하지 않았다. 그날 저녁 이범진은 주러일본공사도 접견하면서 한국 중립화 방안에 관한 일본의 견해를 파악하려고 노력했다. 주러일본공사는 한국 중립화 방안에 대해서 시종일관 침묵했고, 단지 한국의 독립을 달성하기 위해서는 일본, 중국, 한국 3국이 연합할 것을 강조했다.[19] 이범진은 만약 러일전쟁이 발생하여 한국이 중립화를 선언하면 일본과 러시아가 한국 중립화 선언을 지지하지 않을 것이라는 사실을 파악했다. 그럴 경우를 대비하여 이범진은 차라리 한국과 러시아가 동맹을 체결하는 것이 유리하다고 판단했다. 이범진은 당시 정세를 판단하면서 한국에 가장 위험한 국가가 바로 일본이라고 생각했다. 따라서 이범진은 한국과 러시아의 동맹에 관한 고종의 비밀편지를 러시아 외무대신 람즈도르프에게 전달했다.[20]

---

19 국사편찬위원회, 『駐韓日本公使館記錄』 20, 1997, 358-360쪽

20 Дневник А. Н. Куропаткина(꾸로빠뜨낀의 일기) // Красный Архив. Т. 2. М.-Л.

고종의 특사 현상건은 1904년 1월 11일 유럽과 러시아를 방문하고 서울에 도착한 직후 고종을 알현했다. 다음날 현상건은 주한러시아공사 빠블로프를 찾아가 "한국의 독립을 위해 러시아의 지원이 필요하다. 러시아와 일본의 관계가 파열되면 한국은 강력하게 엄정한 중립을 준수할 것이라는 선언을 각국에 타전할 것이다"라는 고종의 의사를 전달했다.

현상건은 한국이 일본의 전신선을 이용하는 상황에서 '전시중립화'를 서울에서 선언하기 불가능하기 때문에 "상해 러시아영사관을 이용할 수 있는가"를 빠블로프에게 문의했다. 현상건은 만약 러시아영사관이 어렵다면 프랑스영사관을 통해서 '중립화선언'을 각국에 타전할 것이라고 밝혔다. 빠블로프는 "인천에서 상해 출발 선박이 1월 18일이기 때문에 아직 시간이 있다며 본국 정부와 협의가 필요하다"고 즉답을 피했다.[21] 고종은 러일전쟁이 발발하면 한국의 전시중립화를 실현하려고 결심했다. 고종은 '전시중립화' 선언 과정에서 러시아와 충분한 협의를 거쳤다.

빠블로프는 1904년 1월 18일 '러일전쟁이 발생하면 한국이 중립화를 준수한다'는 한국의 지침이 인천에서 한국 선박을 통해서 지부(芝罘)로 출발했다고 보고했다. 빠블로프는 한국의 '전시중립화' 선언에 대해서 "고종이 한국과 일본의 동맹과 보호에 관한 서명을 단절시켰다"고 높이

1923. С. 85. 24 ноября 1903г.

21 Секретная телеграмма д.с.с. Павлова. Сеул. 1/14 япнваря 1904г.//АВПРИ. Фонд Китайский стол. Опись 491. 1904г. Дело 52. ЛЛ. 6-7об. 극동총독부 소속 외교관 쁠란손(Г. А. Плансон)은 1904년 1월 15일 주한러시아공사 빠블로프로부터 고종의 중립화 선언 결심을 보고받았다고 자신의 일기에 기록했다. Дневник Е. А. Плансона. 2 января 1904г.(15. 01). С. 157//Красный Архив. Т. 4-5. 1930.

평가했다.[22]

　고종은 한국이 '전시중립화' 선언을 결정한 이유와 배경에 대허서 러시아 외무대신에게 설명해 줄 것을 빠블로프 공사에게 요청했다. 빠블로프는 1월 18일 본국 정부에 보낸 보고서에서 "고종은 일본의 위협과 압력에 대항하고 일본의 동맹조약에 관한 강요에 대응하기 위해서 중립준수선언을 결심했다. 하지만 고종은 사실상 러일전쟁이 발생할 경우 한국 중립 훼손을 근거로 러시아와의 동맹을 스스로 공개적으로 공표할 것을 결심했다"고 기록했다.[23]

　공개적으로 공표한다는 사실은 한국과 러시아 사이에 이미 체결된 비밀협정을 발표한다는 것을 의미했다. 이것은 러시아와 한국이 비밀로 체결한 한러동맹협정이 존재함을 의미했다. 결국 고종은 러일이 보장하는 전시중립화 방안을 구상했다. 하지만 고종은 러시아와 일본이 전시중립을 보장하지 않을 경우 한러동맹을 실현시킬 것을 추진하려 했다.

　결국 1904년 1월 21일 고종은 러시아와 일본이 충돌할 경우 중립을 준수할 것이라는 성명서를 지부주재 프랑스영사관에서 발표했다. 하지만 이범진은 고종의 중립화 성명서에 관한 내용을 람즈도르프에게 제출하지 않았다. 그 이유는 이미 고종이 1903년 11월 특사 현상건을 통해서 니꼴라이 2세에게 전달한 동맹 편지 내용과 모순되고 러시아 정부와 외교적인 마찰을 고려했기 때문이다.[24]

22　Секретная телеграмма д.с.с. Павлова. Сеул. 5/18 января 1904г.(1904. 1. 17-30)// АВПРИ. Фонд Китайский стол. Опись 491. 1904г. Дело 52. ЛЛ. 40-40об.

23　Секретная телеграмма д.с.с. Павлова. Сеул. 15/28 января 1904г.//АВПРИ. Фонд Китайский стол. Оп. 491. Д. 52. ЛЛ. 90-90об.

24　АВПРИ. Ф. 143. Оп. 491. Д. 52. ЛЛ. 90-90об.

1904년 2월 1일 이범진은 주한러시아외교관 케르베르그(Керберг П. Г.)에게 고종, 현상건 등에게 전달할 것을 요청하는 편지를 보냈다. 이 편지의 주요 내용을 살펴보면 첫째, 이범진은 서울에 있는 일본 첩보요원의 감시를 피하기 위해서 새로운 형태의 전보를 보낼 예정이다. 둘째, 이범진이 한국의 중립화 성명을 러시아 외무부에 전달하기는 어려운 실정이다. 셋째, 러일전쟁이 발생할 경우 한국이 러시아와 동맹을 체결하는 것을 피할 수 없다. 그 이유는 한국중립이 러시아와의 동맹협정을 파괴시키기 때문이다.

이범진은 러시아가 만주를 합병하고 압록강 유역의 경계를 통제할 것이라고 생각했다. 이범진은 영국과 미국이 자국의 이해관계 때문에 러시아의 중국 북동쪽 영향력을 제한할 것이라고 판단하고 영국과 미국이 한국의 독립 구상을 지지하지 않을 것이라고 생각했다. 그는 한국이 러시아와의 협정에 근거하여 자국의 독립을 스스로 확보해야 한다고 판단했다.[25] 한국이 독립을 유지하도록 지원할 수 있는 유일한 나라가 러시아라고 확신한 이범진은 러시아가 1877~1878년 전쟁 당시 발칸반도에서 불가리아와 세르비아를 해방시켰듯이 극동에서 한국의 독립을 위해서 노력해 줄 것을 희망했다.[26]

러일전쟁 전후 고종은 한국 중립화 방안을 보장받기를 희망했다. 그러나 서구열강이 한국중립선언을 승인하지 않자 고종은 한국과 러시아의 동맹 방안을 추진했다. 고종은 러시아와 일본의 전쟁 때문에 한국중립이 손상된다면 러시아와의 동맹을 공표할 것을 결심했다. 하지만 고종

---

25 국사편찬위원회, 『駐韓日本公使館記錄』 18, 1997, 438, 440-441쪽
26 АВПРИ. Ф. 143. Оп. 491. Д. 60. ЛЛ. 149-150об.

은 한국과 러시아의 동맹 방안을 실현할 수 없었다. 고종은 현실적으로 일본 정부 그리고 친일세력의 압력과 위협 때문에 한국의 중립을 준수하는 성명서를 발표했다.

이범진은 고종의 명령에 따라 러일전쟁이 발생할 경우 한국의 중립을 보장받을 수 있도록 노력했다. 하지만 일본과 러시아가 한국의 중립을 거절하자 한국과 러시아의 동맹 체결에 노력했다.

러일전쟁 이후 이범진은 뻬쩨르부르크 소재 한국공사관을 유지시키고 재정적으로 어려운 상황을 해결하기 위해서 러시아 외무부에 재정 지원을 요청했다.[27]

당시 일본 정부는 주러한국공사관의 외교적 활동을 단절시키려고 노력했다. 주한일본공사 하야시 곤스케는 1904년 4월 16일 한국 의구부에 러시아에서 한국 외교관을 즉시 소환할 것을 요청했다. 무엇보다도 하야시는 뻬쩨르부르크에 이범진이 체류하는 것에 강력히 항의했다.[28]

고종은 일본의 압력 때문에 1904년 5월 18일 주러한국공사관 폐쇄와 이범진의 소환을 지시했다.[29] 이에 따라 한국 외무부는 이범진의 러시아 철수 전보를 주러한국공사관에 보냈다.

하지만 이범진은 러시아의 수도를 포기하라는 한국 정부의 요청을 거절했다. 하야시는 이범진의 소환에 관한 고종의 지시를 일본 외구부에 보고했다.[30] 그런데 고종은 1904년 5월 27일 주한프랑스대리공사 퐁트네(Vicomte de Fontenay)를 통해서 이범진에게 자신의 밀지를 전달해

---

27 АВПРИ. Ф. 150. Оп. 493. Д. 143. ЛЛ. 5-5об.

28 국사편찬위원회, 『駐韓日本公使館記錄』 22, 1997, 261-262쪽

29 『高宗實錄』, 광무 8년 5월 18일.

30 국사편찬위원회, 『駐韓日本公使館記錄』 22, 1997, 263, 269쪽

줄 것을 요청했다. 즉 고종은 이범진이 일본의 압력에 의해 러시아를 외교적으로 포기하라는 자신의 명령을 수행하지 말고 뻬쩨르부르크에 남아서 공사업무를 수행할 것을 지시했다. 고종은 주러한국공사관 운영을 위해서 개인적인 재정 지원도 약속했다.[31] 이것은 이범진에게 정치적인 망명을 의미했다.

이범진은 주러일본공사의 방해에도 불구하고 일본에 대한 외교적인 대응을 실행했다. 그 후 1904년 9월 이범진은 고종의 탄생일을 기념하는 축하연을 개최하는 등 주러공사업무를 지속적으로 수행했다.

이범진은 그의 소환이 일본의 음모라는 성명서를 발표하며 러일전쟁 전후 주러한국공사관을 유지했다.[32] 러시아 수도에 남은 이범진은 일본의 전쟁수행 상황을 파악하기 위해서 노력했다. 1904년 10월 이범진은 한국 내 전쟁 상황에 관한 정보를 분석하고 정리한 문서를 러시아 외무대신 람즈도르프에게 전달하고 람즈도르프가 군부대신 꾸로빠뜨낀에게 전달해 줄 것을 요청했다. 이범진이 전달한 문서에는 친일세력의 성장, 서울과 함경도 사이에서 일본의 활동, 일본군의 한반도 주둔에 관한 정보 등이 있었다.[33]

러시아 외무대신 람즈도르프는 러일전쟁 전후 이범진의 외교와 정치활동을 높이 평가하여 1906년 1월 이범진에게 1등급 스따니슬라브 훈장을 수여할 것을 러시아 정부에 추천했다. 이후 니꼴라이 2세는 이범진

---

31 АВПРИ. Ф. 143. Оп. 491. Д. 56. Л. 85; Пак В. Д. Пак Б. Д. Жизнь и деятельность выдающегося корейского политика и дипломата Ли Бомджин(정치가와 외교가인 이범진의 삶) // Ли Бомджин. М. 2002. С. 46.

32 국사편찬위원회, 『駐韓日本公使館記錄』 22, 1997, 270-271쪽

33 АВПРИ. Ф. 143. Оп. 491. Д. 60. Л. 149.

의 활동을 평가하여 1등급 스따니슬라브 훈장을 수여하도록 허락했다.[34]
이에 따라 이범진은 매달 러시아 정부로부터 100루블의 재정적인 지원
을 받을 수 있었다.[35]

　1905년 11월 17일 한국에 주둔한 일본군대는 고종이 거주하는 경운
궁을 포위했고 일본의 한국 보호에 관한 서류에 서명하도록 고종에게
강요했다. 을사조약의 강제 체결 이후 한국에 거주하는 일본 외교대표는
한국의 자주적 외교권을 박탈했다.[36] 을사조약에 기초하여 일본 정부는
주러한국공사관 폐쇄를 지시했다. 이범진은 더 이상 뻬쩨르부르크 소재
공사관을 운영할 수 없었기 때문에 1906년 11월 뻬쩨르부르크 교외에
위치한 '신농촌'이라는 아파트를 임대했다.[37]

　이범진은 뻬쩨르부르크 교외에 위치한 도시에서 한국 독립을 위한 활
동을 전개했다. 그의 아파트는 러시아에 거주하는 한국 이주민들의 모
임 장소로 활발히 이용되었다. 특히 1909년 여름 이범진의 아파트에서
20여 명의 한국인들이 한국 독립을 위한 적극적인 활동을 전개하기 위

34　АВПРИ. Ф. 143. Оп. 491. Д. 74. Л. 55.
35　АВПРИ. Ф. 283. Оп. 766. Д. 106. ЛЛ. 9-12.
36　АВПРИ. Ф. 143. Оп. 491. Д. 73. Л. 51.
37　국사편찬위원회,『駐韓日本公使館記錄』22, 1997, 270-271쪽. 주러한국공사관의 위치 변
　　화를 정리하면 다음과 같다. 첫째, 1900년 호텔 '노르트'를 사용했다. АВПРИ. Ф. 150.
　　Оп. 493. Д. 69. ЛЛ. 15 и 22. 현재는 악짜브리스까야 호텔 건물이다. 둘째, 1902년 빤뗄레
　　이모놉스까야 5번지를 사용했다. 강인구,「러시아 자료로 본 주러한국공사관과 이범진」,
　　『역사비평』57, 2001, 350쪽. 현재는 뻬스뗄랴 5번지이다. 셋째, 1906년 11월 뻬찌르부르
　　크 교외에 위치한 '노바야 제레브냐'라는 도시의 아파트를 사용했다. 국사편찬의원회,『駐
　　韓日本公使館記錄』22, 1997, 270-271쪽. 나베레즈나야 쵸르노이 레치끼 거리 5번지에
　　위치한다.

해 비밀 회합을 가졌다.[38] 이범진은 중국과 한국의 경계에 위치한 간도 지역에서 독립운동을 전개하는 전 간도관리사 이범윤에게 무기 구입을 위한 재정적인 지원을 제공했다.[39]

2. 고종의 전시중립화 방안

러일전쟁 직전 고종은 전시중립을 선언했지만 실제로는 한러동맹을 추진했다. 1903년 8월 고종은 현상건을 유럽과 러시아에 파견하여 한국의 중립국화 방안을 추진하면서 동시에 현상건에게 국제적으로 중립국화가 불가능하다면 러시아와의 비밀협정을 통해 한러동맹을 추진할 것도 지시했다.[40]

1903년 8월 15일 자 고종이 현상건을 통한 어새가 찍힌 공식문서를 니꼴라이 2세에게 보냈다. 고종은 현재 상황에서 러일전쟁이 발발할 것이라고 판단하고 한러동맹 의사를 분명하게 표현하며 러시아의 강력한 지지를 요청했다.

고종에 따르면 "전쟁이 발생하면 러시아가 승리할 것을 의심하지 않는다. 현재 러시아군대가 만주에 집결한 상황은 공포이며 급박한 형세이다. 일본도 여론에 따라서 전쟁을 일으키고자 한다. 대한제국은 러일전쟁이 발발하면 전쟁터가 될 것이다."

---

38 국사편찬위원회, 『駐韓日本公使館記錄』 22, 1997, 271-272쪽.
39 АВПРИ. Ф. 327. Оп. 579. Д. 54. ЛЛ. 67-67об.
40 국사편찬위원회, 『駐韓日本公使館記錄』 20, 1997, 358-360쪽.

고종은 대한제국과 러시아의 교의가 친밀한 상황이라고 밝히며 향후 대한제국이 위급하고 곤란한 상황일 경우에 니꼴라이 2세가 주한러시아공사에게 명령하여 '은혜'로 도와줄 것을 요청했다. 고종은 일본이 오로지 침략으로 일삼으니 분통스럽다고 하면서 한러동맹의 의사를 다음과 같이 밝혔다. "만약 전쟁이 발생하면 대한제국은 러시아와 연대할 것이다. 일본은 개전하는 첫날부터 대한제국을 압박할 것인데, 대한제국은 군사력이 취약하여 방어하기 어려운 상황이다. 짐은 일본 군사의 숫자며 거동과 의향이 어떠한가를 탐지해서 정밀하게 밝혀내어 러시아에 알려서 러시아군대를 도울 것이다." 또한 고종은 러일전쟁이 발발하겐 "적병이 오는 날 미리 재산과 곡식을 가져다 옮겨 숨기고, 곧바로 산과 계곡 사이로 몸을 피신하는 청야지책(清野之策)을 사용할 것"이라고 대한제국의 전쟁 대비 방안을 알려주었다.[41]

1903년 12월 17일(30일) 빠블로프는 고종의 러시아공사관으로의 피신에 대한 타진을 외무부에 비밀전보로 보냈다. 비밀전보에 따르면 12월 17일 고종의 가까운 환관이 빠블로프를 찾아와서 고종의 의사를 전달했다. 고종은 일본이 대한제국을 점령하려는 피할 수 없는 상황을 주시하면서 서울 주둔 일본군대가 조만간 경복궁을 포위할 것이며 자신을 죽일지도 모른다는 불안감을 갖고 있었다. 그래서 환관을 통해서 "위험이 닥친 순간 러시아공사관에 피신하는 게 가능한지, 이후 러시아의 도움으로 러시아 국경을 완전히 건널 수 있는지"를 문의했다.[42]

---

41 АВПРИ. Ф. 150. Оп. 493. Д. 79. ЛЛ. 76-79.

42 "он надеяться, что мы дозволим ему в минуту опасности, укрыться з русской миссии, чтобы затем с нашей помощью переправиться совсем в пределы России." АВПРИ. Ф.Китайский стол. Оп. 491. Д. 42. Л253(Корея. глазами россиян. Т. 5. М.

**아관파천 이후 고종과 왕세자 및
주한러시아공사 베베르**(1896)

고종과 순종(1884)

한편 1903년 12월 23일(1월 3일) 빠블로프는 러일전쟁 직전 일본의 한일의정서 강제 체결 요구에 대해서 비밀전브를 보냈다. 이에 따르면 고종은 주한일본공사가 "보호조약을 계속해서 강요하고 있다"고 빠블로프에게 알려주었다. 주한일본공사 하야시는 "용암포를 개방하고 경의선 이권 획득"을 요구하면서, "그렇지 않을 경우 러일전쟁을 피할 수 없으며 고종이 그 대가를 치러야 할 것"이라고 협박했다. 한일의정서에는 "대한제국의 국내외 정치를 관할하는 일본의 통감을 임명할 것, 대한제국의 국가 관리 명령을 일본 대표의 승인 없이 진행해서는 안 될 것"도 포함되었다. 그러자 빠블로프는 "도쿄에서 진행되는 러일협상이 끝날 때까지 기다릴 것, 일본과의 새로운 협정을 서두르지 말 것" 등을 고종에게 조언했다. 그럼에도 서울 거주 한국인과 외국인들은 일본이 대한제국에서 전적으로 자유롭게 활동할 수 있도록 용인하는 협정을 체결할 것이라고 생각했다.[43]

대한제국의 전시중립화는 대한제국과 주한러시아공사관의 긴밀한 협의하에 준비되었다. 1904년 1월 5일(18일) 빠블로프는 대한제국의 전시중립화 선언(1월 8일, 양력 1월 21일) 준비에 대해서 람즈도르프 외무대신에게 대한제국은 러시아와 일본이 충돌할 경우 중립을 지킬 것이라는 전문을 청국의 지부에서 프랑스영사를 통해 발송하기로 결정했다고 보고했다. 지부주재 프랑스영사는 이미 1901년 대한제국 정부로부터 대한제국영사의 임무를 부여받았으며 대한제국 기선은 발송 예정인 전문 원

2008. С. 131).

43 АВПРИ. Ф.Китайский стол. Оп. 491. Д. 42. Л. 309(Корея. глазами россиян. Т. 5. М. 2008. С. 165).

본과 함께 해당 관원에게 줄 지시를 싣고 지부항을 향해 대한제국 기선으로 출발할 예정이었다. 전문은 프랑스어로, 대한제국 외부대신의 서명과 봉인이 되어 있었으며 오스트리아, 미국, 영국, 독일, 이탈리아, 중국, 러시아, 프랑스, 일본의 외무성 앞으로 발송될 계획이었다. 전문에 따르면 "러시아와 일본 사이에 벌어지고 있는 복잡한 현재 상황, 그리고 양측 사이에서 좋은 결과가 평화롭게 도출되기 어려우리라는 점을 고려해 볼 때 대한제국은 황제의 명령에 따라 현재 회담을 주도하는 국가들 사이에 어떠한 결과가 나온다고 하더라도 엄격한 중립을 지킬 것임을 굳건히 선포한다." 이와 동시에 대한제국은 한국공사가 주재하는 다른 국가에도 같은 내용을 선포하도록 지시했다. 고종은 일본의 보호와 합병에 대한 합의를 강요받는 상황을 피하려는 의도에서 전시중립화를 추진했다.[44]

1904년 1월 12일(25일) 빠블로프는 대한제국의 전시중립화 선언(러역 1월 8일, 양력 1월 21일)의 과정과 결과에 대해서 람즈도르프 외무대신에게 상세히 보고했다.

빠블로프는 지난 1월 1일(14일) 자 비밀전문을 통해서 고종의 밀서를 가지고 간 현상건이 서울에 귀국하여 니꼴라이 2세의 편지를 고종에게 전달했다고 밝혔다.

현상건에 따르면 고종은 전시중립화 선언을 결정했다. 그 이유는 니꼴라이 2세가 편지를 통해서 대한제국의 자주성을 지켜주려는 의지가 확고한 점, 극동총독 알렉세예프가 대한제국의 결정을 지지한 점 등 때

44 АВПРИ. Ф.Китайский стол. Оп. 491. Д. 52. Л. 40об(Корея. глазами россиян. Т. 5. М. 2008. С. 166).

문이었다. 그렇지만 고종은 서울주재 외국 대표에게 공식 통고문을 통해서 대한제국의 중립을 성명하는 발표가 가능하다고 생각하지 않았다. 친일적인 정부 대신들이 사전에 주한일본공사관에 전달할 것이고, 그러면 주한일본공사관은 모든 수단을 동원해 성명의 발송을 저지할 것이기 때문이었다.

그러자 빠블로프는 다음과 같은 방안을 제시했다. 그는 상해에 있는 러시아총영사관을 통한 전보 발송에 반대했는데, 그 이유는 대한제국의 중립 결정이 러시아의 설득 또는 압력을 받아서 이루어진 것처럼 되기 때문이었다. 빠블로프는 가능하면 프랑스 대표에게 부탁할 것을 충고했는데, 자신이 프랑스 대표를 직접 설득해 볼 것이며 이 문제에 관해 러시아 정부의 지지도 요청하겠다고 약속했다. 극동총독부 소속 외무부서는 1월 4일 자 비밀전문으로 프랑스공사관을 통한 대한제국의 중립선언 발표에 관한 빠블로프의 구상을 승인했다.

빠블로프는 대한제국의 중립선언문서의 발송 경위를 다음과 같이 기록했다. 서울주재 프랑스대리공사 비콩토 드 폰테네는 여순으로 떠나는 독일 순양함 한자(Hansa)호의 함장을 통해서 대한제국의 중립선언문서를 5등관 빨란손 앞으로 보냈다. 빨란손은 중립선언문서를 지부의 러시아부영사에게 발송했고 러시아부영사는 개인적으로 이 문서를 전 주한 프랑스서기관 게렝(Герэн, M. Guérin)[45]에게 전달했다. 1월 8일 프랑스 대리공사는 게렝의 전보를 통해서 대한제국 정부가 게렝에게 맡긴 대한

---

45 프랑스공사관 서기관 게렝, 착임 (양 1892. 3. 28까지 재임). 김원모, 『근대한국외교사연표』, 단국대학교출판부, 1984, 134쪽; 장동하, 「개항기 주한프랑스공사관과 가톨릭 교회 관계」, 『한불수교 120년사의 재조명』, 국사편찬위원회, 2007, 141쪽.

제국의 중립선언문서를 전달했다는 소식을 확인할 수 있었다.

1월 5일 자 빠블로프의 전보에 따르면 고종은 자신의 성격과 달리 대한제국의 중립 결정을 내린 다음 바로 실행에 옮겼는데, 그 이유는 외부대신 이지용을 포함한 친일세력이 '동맹조약(한일의정서)'을 신속히 추진하여 고종의 손발을 묶어두려고 했기 때문이다. 고종은 중립선언이 일본의 압력에 단호하게 버틸 수 있는 방안이라고 생각했는데, 고종의 이런 확신은 현상건의 발언 등을 통해서 확인할 수 있다.

빠블로프는 고종의 전시중립화선언 조치가 예방 차원이라고 주장했다. 그 이유는 일본이 대한제국 영토에서 군사 조치를 실행하면 강압에 의한 국제법 위반이기 때문이다. 주한일본공사를 만난 빠블로프는 하야시가 "신경질적이고 흥분을 감추지 못하는 모습을 숨길 수 없었다"고 밝혔다.

하야시는 1월 10일(23일) 주한일본무관 육군 소장 이지치 고스케(伊地知幸介)의 소개를 명분으로 빠블로프를 만났다. 그 자리에서 빠블로프는 예상치 못한 대한제국의 중립선언이 일본에 충격으로 다가온 사실을 파악할 수 있었다. 이날 주한영국공사는 런던에서 대한제국의 중립선언 수신에 관한 "감사를 전하는 공식 통고문"을 받았다.[46]

결국 1904년 1월 15일(28일) 빠블로프는 대한제국의 전시중립화 선언과 한러동맹에 대한 비밀전보를 외무대신 람즈도르프에게 보냈다.

---

[46] "Великобританским Представителем была получена из Лондона телеграмма с поручением официального нотою передать Корейскому Правительству благодарность за сделанное последним Вликобританскому Правительству." 발송 1904년 1월 12일(25일), 수신 1904년 2월 5일(18일). АВПРИ. Ф. 150. Оп. 493. Д. 15. ЛЛ. 8-12.

1월 14일 고종은 주러한국공사 이범진이 보낸 전보 복사본을 빠블로프에 전달했다. 전보에 따르면 이범진은 대한제국의 중립선언을 러시아 외무부에 전달하는 것을 주저했는데, 현상건이 뻬쩨르부르크로 가져온 고종의 친필 편지 내용이 한러동맹 내용과 서로 맞지 않기 때문에 대한제국의 중립선언이 러시아 정부의 불만을 촉발시킬 수도 있기 때문이었다. 고종은 니꼴라이 2세에게 다음의 내용을 전달해 줄 것을 빠블로프에게 요청했다. "대한제국의 중립선언은 전적으로 친일파를 포함한 일본의 억압과 협박으로부터 자신을 지키기 위한 결정이다. 만약 러일전쟁이 발발하면 대한제국은 중립선언을 포기하고 공개적으로 한러동맹을 선포할 것이다."[47]

한편 대한제국의 전시중립화는 대한제국과 주한러시아공사관의 긴밀한 협의하에서 준비되었다. 러일전쟁 직전 고종은 전시중립을 선언했지만 실제로는 한러동맹을 추진했다. 고종이 전시중립화를 추진했던 것도 일본의 보호와 합병에 대한 합의를 강요받는 상황을 피하려는 의도에서였다.

---

47 АВПРИ. Ф.Китайский стол. Оп. 491. Д. 51. ЛЛ. 90-91(Корея. глазами россиян. Т. 5. М. 2008. С. 167). 1904년 1월 21일 대한제국의 전시중립화 선언은 지부에 있는 프랑스영사의 주선으로 열강에 송부되었다. "러시아와 일본 사이에 발생한 분쟁을 고려하고 평화적인 귀결을 달성하는 교섭 당사자가 직면하고 있는 곤란함을 고려하면 대한제국 정부는 황제의 명령에 따라 현재 두 강국이 현실적으로 행하고 있는 협상의 결과가 어떠한 것이든 가장 엄정한 중립을 지키기로 굳게 결의했다는 것을 여기에 선언한다." 日本外務省編,『日本外交文書』37-1, 日本國際連合協會, 1958, p. 311; 和田春樹, 2010, p. 259.

2장

러시아의 대한제국 진출과
일본의 대응

압록강·두만강·울릉도 삼림채벌권과
압록강삼림회사

1896년 9월 러시아인 브리네르(Ю. И. Бринер)는 한국 정부와 최초로 삼림조약을 체결하여 압록강 등의 벌목특허권을 획득했다. 그 후 1903년 5월 러시아 정부는 '압록강삼림자원개발주식회사(이하 압록강삼림회사[1])'의 설립을 승인했다. 그런데 압록강삼림회사에 대한 러시아와 일본의 시각은 달랐다. 러시아 정부는 압록강삼림회사가 러일전쟁의 직접적인 원인이 아니라고 주장했지만 일본 정부는 압록강삼림회사를 러일전쟁의 직접적인 원인이라고 규정했다. 러시아가 압록강삼림회사를 설립하며 압록강 좌안과 우안을 경제적·군사적으로 이용하자 일본도 일청의성공사(日淸義盛公司)를 설치하여 대응했다.

　러일전쟁 이후 1906년 12월 27일 주미일본대사 아오키 슈조(青木周藏)는 미국 국무장관에게 러일전쟁의 직접적인 원인을 다음과 같이 설명

1　러시아 표기는 다음과 같다. Предприятие русского лесопромышленного торвариществи на р. Ялу. Ялуцзянское предриятие. Русское лесопромышленное товарищество. 압록강 삼림채벌권에 대한 한문과 일본어 표기는 다음과 같다. 鴨綠江豆滿江森林協同約款. 鴨綠江森林經營ニ關スル協同約款.

했다. "러일전쟁 이전 압록강삼림회사는 베조브라조프세력의 특권이었는데, 사실상 러시아 정부는 국가사업으로 수행했다. 러시아는 압록강 삼림 특권에 근거하여 한국에서 약탈을 감행했다. 그 같은 침략행위는 역사적으로 러일전쟁의 직접적인 원인의 하나가 되었는데, 압록강 삼림 특권은 1904년 5월 한국 정부에 의해 폐기되었다."[2]

브리네르(Ю. И. Бринер, 184?~1920)

영국기자 매킨지(F. A. McKenzie, 1869~1931)는 극동에서 러시아의 이권 획득을 비판적인 시선에서 바라보았다. 매킨지에 따르면 1902년 주한러시아공사는 일본이 한국의 해안에 전신선 가설을 할 수 있도록 이권을 획득한 것처럼 러시아도 함경도의 전신선과 블라디보스톡의 전신선을 연결시킬 수 있는 허가를 한국 외부에 요청했다. 러시아는 압록강 연안의 벌목권을 얻고 이곳에 전신선을 가설했다. 러시아는 한국 강안에 있는 용암포에 숙영지를 설치했다. 용암포의 숙영지는 사실상 러시아 기병대의 연대본부 성격을 갖고 있었는데, 러시아는 각국으로부터 항의를 받았지만 끝내 러시아군대를 주둔시켰다. 1903년 러시아는 극동에서 강경하고 배타적인 정책을 수행함으로

---

2   『統監府文書』1, 1907년 3월 2일,「一一. 志岐組關係 鴨綠汇森林採伐 關係 (2) 機密統發第一八號 [러시아인 삼림 특허 讓受 件] [別紙] 二 [附屬書] 二」, 長官代理 長谷川好道→新義州 理事官.

써 특히 영국인과 미국인으로부터 심각한 경계심을 불러일으켰다.[3]

기존 국내 연구는 그동안 일본사료에 기초하여 압록강삼림회사를 파악했다. 강영심은 러시아의 삼림 이권 침탈 과정, 삼림회사의 설립과 벌목사업, 러시아 극동정책의 일환으로 이용된 삼림회사의 용암포 조차 문제 등을 실증적으로 살펴보았으며 러시아의 압록강 삼림 이권 실현 과정을 용암포 사건 및 러일전쟁과 연계시켰다.[4]

김원수는 러시아의 압록강삼림회사가 일본의 경의철도 부설권에 대응하는 과정이었다고 파악하고 러시아가 압록강 삼림 이권을 이용하여

---

3   "러시아는 요동반도를 제외한 만주를 사실상 점령했다. 러시아는 누구도 막을 수 없을 만큼 강력하게 한국에 진출하고 있었는데, 한국의 북쪽 지방을 러시아 영토로 만드는 것은 오직 시간문제였다. 영국과 미국의 상인은 극동에서 러시아 관리의 상술에 심한 반감을 나타냈다. 러시아인은 한반도에 진출하면서도 외국인들의 이권을 희생시키면서까지 자신의 무역상 이득을 얻기 위해 온갖 수단을 가리지 않았다." MacKenzie, F. A., *The Tragedy of Korea*, New York: E. P. Dutton & Co., 1908, pp. 103-104.

4   강영심, 「구한말 러시아의 森林利權 획득과 森林會社의 採伐實態」, 『이화사학연구』 17·18, 1988, 497-500쪽. 일본은 압록강, 두만강 유역의 원시림을 벌목하기 위해 1906년 10월 19일 통감부 감시하에 한국 정부와 이 지역을 한일 양국 정부가 공동경영한다는 내용의 '삼림협동경영약관'을 조인했다. 강영심, 1988, 501쪽. 강영심은 통감부 영림창의 설립과 운용을 처음으로 연구하고 일제의 식민지 삼림정책의 추이를 살펴보았다. 1906년 10월 19일 '鴨綠江 豆滿江森林協同約款'에 제시된 내용을 살펴보면 일본은 일찍부터 추후 日本 伐出資本 및 이민의 진출을 촉구하기 위한 식민지 삼림정책의 기반을 마련함과 동시에 국경지대라는 군사적 중요성도 고려한 방안이었다. 강영심, 「韓國森林利權을 둘러싼 러일의 각축과 統監府營林廠의 設立」, 『山林經濟硏究』 4-2, 1996, 61쪽. 강영심에 따르면 1897년 8월 대한제국은 1897년 3월 이후 두만강 무산 지역에서 벌목 결과를 다음과 같이 보고했다. "제2벌목처소에서 伐해 水路로 派運한 것: 圓木 2,454개, 四方木 50개. 수입과 강변 移運한 것: 소재처 160개 圓木, 토리촌 2,025개 圓木, 兩合 2,185개/토리촌 四方木 43개. 始末輸入한 것: 269개 圓木, 7개 四方木. 대한관원 李敬順이 조사한 바 무산 두만강에 派運한 차로 移運한 것이 2,325개인데, 該木數爻 이운한 증거표 발급, 看事人 이등국이처에서 원목 269개 方木 7개를 1898년 봄에 두만강구 토리촌으로 移運차 위약." 高麗大學校亞細亞問題硏究所 編, 「俄案」, 『舊韓國外交文書』 17-1, 1969, 644-647쪽; 강영심, 1988, 489쪽.

용암포와 의주 진출을 도모했다고 주장했다. 그는 브리네르 채벌권의 획득 단계, 채벌권 활용을 위한 준비와 추진 단계를 살펴보았다.[5]

최덕규는 러시아사료를 발굴하여 베조브라조프세력이 압록강 삼림채벌권 문제를 러시아 국내 정치에 이용했다고 주장했다. 최덕규는 브리네르가 설립한 회사 명칭이 '한국목재개발회사'였는데, 이 회사는 단지 1년간 존속했으며 이 기간 동안 한러은행과 러청은행은 주식회사를 설립하기 위한 신디케이트를 구성하여 이 회사를 개입하기로 되어 있었다고 밝혔다.[6]

조재곤은 일본이 압록강삼림회사에 개입하여 일청의성공사를 설치한 것에 주목했다. 그는 압록강 삼림채벌권이 군사적 제국주의의 경제적 실현의 대표적 삼림 이권 쟁탈전 사례로, 국가-관료 주도 형태가 러시아와 일본의 공통분모였다고 주장했다.[7] 조재곤에 따르면 1903년 5월

5 김원수, 「러시아의 鴨綠江 森林採伐權 活用計劃 1898-1903」, 『首善社會』 9, 1998, 94-117쪽.
6 최덕규, 「대한제국과 러시아와의 관계(1896-1906): 러시아의 압록강 삼림채벌권 개발정책을 중심으로」, 『한국과 러시아 관계』, 경남대극동문제연구소, 2001, 14쪽. 한편 이재훈은 한러 경제관계의 특성을 보여주는 사례로 압록강 삼림 이권을 살펴보았는데, 압록강삼림회사가 러시아의 경제관계에서 군사 전략적 의미로 변화했다고 주장했다. 이재훈, 「러일전쟁 직전 러시아의 압록강 삼림채벌권 활용을 통해 본 한러 경제관계의 성격」, 『역사와 담론』 56, 2010, 530-531쪽. 조호연에 따르면 1903년 6월부터 압록강삼림회사는 러시아 정부의 지원 중단으로 재정적 위기에 봉착했고, 10월부터 사업을 중단할 수밖에 없었다고 주장했다. 또한 러일전쟁의 원인은 만주와 한국을 둘러싸고 세력 확대를 꾀하던 러시아와 일본, 그리고 동아시아에의 이권과 연계하여 세력 판도를 해석하던 구미 열강 등 당시 동아시아 지역에 관심을 두고 있던 열강들이 공유해야 했다. 조호연, 「러일전쟁의 원인과 베조브라조프 일파」, 『인문논총』 44, 2017, 53-79쪽.
7 조재곤에 따르면 러시아군과 일본군의 군사 외적 참여로 러일전쟁 이전에 양국 군대가 자국 정부의 경제침략의 일익을 담당했다. 삼림개발계획의 실제 추진 단계에 가면 러시아 참모부가 개입하여 일본 참모본부 주도의 경제 공작, 외무성과 위장대리인을 통한 대회 이슈화에 주력했다. 이후 일본 정부와 군부를 매개로 시부자와, 오쿠라 등 재벌이 전쟁특수를

30일 히노 쓰요이(日野强)가 세부 지도 작성을 포함하여 용암포 일대 러시아인의 근황을 참모총장 오야마 이와오(大山巖)에게 보고한 사실이 확인되었다. 보병 대위 히노는 함경도 무산 및 평안도 용암포 러시아삼림회사 등 비군사적인 내용까지도 대본영 참모본부에 보고하던 첩보 전문가이자 공작원이었다. 그 결과 참모본부에서는 러일전쟁 종료 후인 1905년 11월 29일 공적서를 일본 정부에 상신했다. 히노 대위는 조합의 사실상 주재자였는데, '의성공사 대일본 통령 히노(日野)의 증(證)' 또는 '일본 감약(監約) 통령'이라고 계약에 증명해 주면서 주한일본공사관이 참모본부와 직접 협의할 것을 주장했다.[8]

이규태는 러시아의 압록강 삼림채벌권 획득이 주한미국과 프랑스 공사의 묵인과 지원 때문이라고 보았다. 이규태에 따르면 1899년 5월 17일 귀국 명령을 받은 주한일본특명전권공사 가토 마스오(加藤增雄)는 러시아가 한국에서 영향력을 증대시킬 수 있었던 배후에 미국과 프랑스가 있었다고 주장했다.[9]

최근 러시아사료에 기초하여 압록강삼림회사의 설치와 활동을 연구한 저서가 나왔다. 루꼬야노프(И.Ф.Лукоянов)는 러일전쟁 전후 압록강삼림회사를 추적했는데, 압록강삼림회사가 극동지역에서 국가의 비용으로 자신들의 사업을 조직한 사례라고 비판했다. 루꼬야노프에 따르면 베조브라조프가 니꼴라이 2세의 지원을 받아 압록강삼림회사를 추진했

노리는 이권에 개입함으로써 정부와 재벌이 균점하는 형태의 유기적 결합을 통해 식민지적 이해관계를 실현하는 것으로 귀결되었다. 조재곤, 「브리네르 삼림 이권과 일본의 대응」, 『역사와 현실』 88, 2013, 333-334쪽.

8   조재곤, 2013, 322쪽.

9   이규태, 「울릉도 삼림채벌권을 둘러싼 러·일의 정책」, 『사총』 79, 2013, 201쪽.

는데, 현지 책임자 발라셰프는 베조브라조프의 완전한 신뢰에 근거하여 청국의 압록강 우안의 이권을 획득하고 상업적 이익을 강화하기 위해서 적극적으로 활동했다.[10]

와다 하루키는 압록강삼림회사에 참여한 인물을 추적하면서 니꼴라이 2세, 해군 소장 아바자, 국무대신 베조브라즈프 등을 주목했다. 와다에 따르면 1903년 3월 16일(러역 3일) 해군 소장 아바자가 황제로부터 파견되었는데, 아바자는 상의를 하자며 군부대신 꾸로빠뜨낀을 찾아갔다. 압록강삼림회사에 병사 300명의 노동조에 병사 600명을 추가하는 안이 제시되었다. 1903년 3월 29일(16일) 꾸로빠뜨낀 일기에 따르면 "아바자가 내게 와서 베조브라조프가 현역 병사는 됐다면서 마적을 고용했다고 말했다." 1903년 4월 8일(3월 26일) 니꼴라이 2세가 참석한 가운데 극동 문제에 관한 특별협의회가 열렸다. 알렉세이 대공, 내무상, 재무상, 육군상, 외상 그리고 아바자가 참석했다. 결과적으로 이 협의회에서 황제와 아바자는 압록강삼림회사 설립을 인가하고 국고 투입을 결정하는 데 성공했다.[11]

---

10 И. Ф. Лукоянов. Не остать от держав: Россия Дальнем Востоке в конце 19-начале 20 вв. Нестро-История. СПб. 2008. СС. 472-481. 로마노프는 압록강삼림회사의 사실관계를 러시아에서 처음으로 추적했다. Романов В. А. Концессия на Ялу//Русское прошлое. Т. 1. Пг. 1923.

11 和田春樹, 2010, pp. 29-33. 1903년 7월 7일(러역 6월 24일) 여순회의 제6차 회의에서 압록강삼림회사 문제를 다시 검토했다. 회사 측에서는 발라쇼프와 마드리또프가 참석했다. 러시아극동목재회사는 이해 5월 31일 아바자, 본랴르랴르스끼, 마튜닌 등 세 사람에 전 이르쿠츠크 총독 알레세이 이그나체프, 궁정경비 사령관 거세, 시종장 겐드리코프 백작, 근위기병대 대령 세레브랴코프 등 네 사람을 더한 총 7명 구성으로 신규 설립되었다. 아바자와 본랴르랴르스끼가 중역이 되고 발라쇼프가 일정 기간 사장이 되었다. 회사는 만주, 한국, 연해주의 목재업, 광무 자원, 어업, 모피업, 수운업, 상업을 대상으로 사업한다는 것이

그럼에도 기존 연구는 압록강삼림회사 관련 일본자료 또는 러시아자료 중 일부만 인용하여 압록강삼림회사의 설치 과정과 운영을 전체적으로 살펴보지 못했다. 이 글에서는 압록강삼림회사 관련 러시아와 일본사료를 최대한 활용하여 압록강삼림회사의 실체를 전체적으로 규명할 것이다. 이를 통해서 러일전쟁의 원인 중 하나로 알려진 압록강삼림회사의 실체를 추적할 것이다.

1. 러시아가 바라본 압록강삼림회사

1) 1896년 브리네르와 이완용의 압록강삼림회사 계약 체결

1896년 8월 28일(양력 9월 9일) 외부대신 이완용과 농상공부대신 조병직은 블라디보스톡 상인 브리네르와 '한국삼림회사(Корейская лесная компания)'에 대한 다음과 같은 특권을 부여하는 계약을 체결했다.[12]

고종은 서양식 임업과 목재 가공 기술 도입에 관심을 가졌고 이에 따라 다음과 같은 계약을 체결했다.[13] 첫째, 한국 정부는 러시아 블라디보

었다. 和田春樹, 2010, p. 93.

12   АВПРИ. Ф. 150. Оп. 493. Д. 170. ЛЛ. 1-9. Текст Корейской лесной концессии, дарованной Е. В. корейским Королем владивостокскому первой гильдии купцу Ю. И. Бринеру 28 августа 1896г. Подписи рук Владивостокского 1-й гильдии купца Юлия Ивановича Бринера и корейского министра иностранных дел И-Ван-Енг и министра земледелия и торговли Чжо-Пенг-Чик сим с приложением печати Императорской Миссии удостоверяю. Сеул. 29-го августа 1896 года, №70. И.д. вице-консула Поляновский.

13   Его величество корейский Король, заботясь о введении в Корее правильного

스톡 상인 율리 이바노비치 브리네르에게 '한국삼림회사'라는 이름의 회사 설립을 허가한다.[14] 둘째, '한국삼림회사'는 드만강 상류 국유지 및 무산 부근의 오른쪽 지류와 동해 내 울릉도에서의 목재 거래에 대해 20년 동안 전적으로 배타적인 권리를 획득한다.[15] 이후 이 지역에 사업이 정비되고 나면 '한국삼림회사'는 전문가들의 협조하에 압록강 하게를 따라 있는 한국 영토의 면적을 조사할 권리를 가지며 그 후 두만강 구역에서와 같은 원리로 거래를 진행하면서 적당한 지역에서 거래를 확대하는 권리를 갖는다. 만일 압록강 하류 지역에서 본 협정의 서명일로부터 5년 내에 사업이 시작되지 않을 경우 '한국삼림회사'는 그 지역에 대한 모든 권리를 상실하게 된다.[16] 셋째, 이 회사는 도로와 철도 개설 및 도재 수송의 편의를 위한 하천 정비에 필요한 모든 조치를 취할 수 있는 권리, 가

옥과 작업장을 건설하고 공장을 설립할 수 있는 권리를 갖는다.[17] 넷째, 이 회사는 계약 기간 동안 삼림전문학교 과정을 이수한 러시아삼림관단체 소속의 전문삼림관을 고용하고 임금을 지급한다는 조건을 받아들이며 해당 삼림관 밑에서 일하는 충분한 수의 러시아 조수들 또한 동일한 대우를 받는다. 삼림 경영과 자원 이용은 이들의 지휘 아래 합법적으로 이루어져야 한다.[18] 다섯째, 이 회사는 목재 가공을 위해서 두만강의 러

---

17 "В вышепоказанных пределах упомянутая компания получает право делать все, что необходимо для проведения дорог и коножелезных путей и для очистки рек в видах удобства сплава, а также строить дома, мастерские и устраивать заводы."

18 "Упомянутая компания принимает обязательство нанять и содержать в течение всего срока контракта специалиста лесничего из корпуса русских лесничих, окончившего курс лесного института, равным образом достаточное число русских помощников ему. Под их руководством лесное хозяйство и эксплуатация лесных богатств должны вестись правильным образом, а именно: а) Деревья моложе 30-ти летнего возраста не должны быть срублены, а их следует оставить расти при соответственном присмотре и уходе. б) Должна быть приложена забота к умножению и разведения вновь леса в лесосеках, где компанией была произведена вырубка леса, для чего на каждую сотню вырубленных деревьев должно быть оставляемо в районе вырубки нетронутым по крайней мере одно из лучших деревьев для осеменения. в) Должны быть приняты строгие меры к предупреждению и прекращению лесных пожаров, для чего через посредство местной администрации будут изданы правила, коими будет воспрещено выжигание полян в лесах и их окрестностях. Лесничий, через посредство своих помощников и при содействии местных властей, будет наблюдать за исполнением этих правил. г) Рубка леса не должна производиться компанией повсеместно, а только площадями годичной лесосеки, для чего ежегодно к 15 сентября должна быть отведена годовая лесосека на вырубку, границы которой должны быть означены кучами и ямами. Таким образом избранные компанией дачи разделяются постепенно на 20 лесосек. Работы в каждой из этих лесосек не должны продолжаться более 2-х зим и одного лета, причем вырубка и вывоз леса допускаются только с 15 сентября по 15 мая."

시아 연안이나 한국 연안 중 편리한 곳에 제재소를 설립할 수 있다. 이렇게 생산된 임산물은 해외로 수출하거나 국내에서 판매할 수 있다.[19] 여섯째, 회사가 임명한 삼림관은 한국 정부의 관리 아래 두게 된다. 이는 삼림 관련 규정을 마련하여 한국에 도입하고, 나아가 한국인들에게 실질적인 삼림 경영 교육을 제공하기 위함이다. 또한 한국 정부는 제재 기계와 목재 무역 전반에 대한 실무를 한국 청년들이 배울 수 있도록 회사의 제재소에 그들을 파견할 권리를 가진다.[20] 일곱째, 한국의 행정기관은 회사와 지역 주민들 간 교류는 물론 노동자 고용 및 운송 수단 확보 등 모든 사안에 대해 회사에 협력할 것이다. 한국 정부는 회사 소속 외국인에게 출입증을 발급하고 필요한 모든 편의를 제공할 권리를 갖는다.[21] 여덟째, 작업에 주로 고용되는 인원은 한국인들이다. 그러나 이들이 파업할 경우 회사는 러시아 또는 청국 노동자들로 대체할 수 있다.[22] 아홉째, 회사는

---

19 "Для разработки леса, компания может устраивать паровые лесопильные заводы, или на русском берегу реки Тумень, или на корейском, где будет удобно. Получаемые таким образом годовые лесные материалы могут быть вызозимы заграницу или продаваемы на месте."

20 "Лесничий, назначенный компанией, будет находиться в распоряжении корейского правительства для составления лесных правил и введения таковых в королевстве, а главным образом для обучения корейцев на практике лесному хозяйству, способу посева на вырубленных лесосеках, рассаживанию новых деревьев и проч. Корейское правительство также имеет право прикомандировать чиновников и молодых людей к лесопильным заводам компании, для ознакомления их с лесопильными машинами вообще лесною торговлей."

21 "Корейская администрация будет оказывать компании всякое содействие в ее отношениях с местными жителями и во всем, что касается найма рабочих или добывания перевозочных средств. Правительство имеет снабдить иностранцев, служащих в компании, паспортами и оказывать им всякое покровительство."

22 "На работы будут нанимаемы преимущественно корейцы, но в случае стачки

노동자들의 식료품을 주로 현지에서 조달할 것이나 기근이나 흉년 등으로 물가가 상승할 경우 외국에서 식료품을 공급받아 현지의 실제 구매·공급가를 기준으로 노동자들에게 판매할 것이다. 목재 사업에 필요한 식료품, 기구, 자재, 기계 등은 외국에서 면세로 수입되며 회사가 벌채했거나 외국에서 수입한 원목에 대해서는 관세가 부과되지 않는다.[23] 열 번째, 브리네르는 위 회사의 사업이 성공적으로 운영되기 위해 필요한 모든 자재를 수집할 것이다.[24] 열한 번째, 브리네르는 적절한 시기에 한국 정부에 다음의 내용을 보증하는 문서를 제출할 것이다. 즉 한국 정부는 아무런 비용 부담 없이 회사의 전 자산 중 4분의 1을 소유하며 회사의 전체 순이익 중 4분의 1을 받을 권리를 가진다. 이를 존중하는 의미로 한국 정부는 회사에 목재 사용에 대한 어떠한 관세나 세금도 부과하지 않을 것이다.[25] 열두 번째, 회사의 본사는 블라디보스톡, 지사는 서울이나 제물포(인천)에 둘 수 있다. 주주 또는 그 대리인들의 총회는 매년

с их стороны, компания будет вправе заменить их русскими или китайскими рабочими."

23 "Провизия для рабочих будет покупаться компанией преимущественно местная, а при дороговизне во время голода или неурожая, провизия будет доставляться из-за границы и отпускаться рабочим по действительным ценам заготовления и доставки к месту. Провизия, инструменты, материалы и машины потребные для лесного дела, будут ввозиться из-за границы беспошлинно, равным образом не будет взиматься пошлин с добытых компанией и вывозимых за границу лесных материалов."

24 "Ю. И. Бринер соберет весь капитал, необходимый для успешного ведения дел упомянутой компании."

25 "Ю. И. Бринер своевременно предоставит корейскому правительству документ, удостоверяющий, что без всяких затрат со стороны правительства, оно является владельцем всего имущества компании и имеет право на получение четвертой части всей чистой прибыли компании, в уважение чего никаких пошлин или податей за пользование лесом с компании взиматься не будет."

1회 서울이나 제물포에서 열리며 출자금 1단위마다 1표의 투표권이 부여된다. 이 협정문에 명시되지 않은 모든 문제는 주주 과반수의 투표로 결정된다.[26] 열세 번째, 고종은 관리 한 명을 임명할 수 있다. 이 관리는 제재소 또는 목재가 집결되는 창고 주변 등 자국의 이해관계를 감시하기에 적절한 장소에 거주하며 벌채 및 수출되는 목재의 양을 감시한다. 그는 때때로 회사의 장부를 열람할 권리를 가지며 지방 행정부에서도 별도의 관리가 임명되어 벌채 및 수출 목재에 대해 수송증을 발급할 수 있다. 수송증에는 인수자의 이름과 날짜, 벌목 장소, 목재의 양과 규격 등이 기재된다.[27] 열네 번째, 한국 정부에 배당되는 순이익은 매년 서울

---

26 "Главное управление компанией будет находиться ю Владивостоке, а отделение его в Сеуле или Чемульпо. Раз в год имеет в Сеуле или Чемульпо общее собрание пайщиков компании или их представителей. На этом собрании каждый гай дает право одного голоса. Все дела и вопросы, не упомянутые в тексте настоящего соглашения, будут решаться большинством голосов пайщиков компании. Книги компании будут сохраняться во Владивостоке, как в ближайшем к месту работы пункте, а копии, удостоверенные нотариусом, будут предоставляемы для ревизии на общем собрании в Сеуле или Чемульпо."

27 "Его величество Король может назначить чиновника, который будет проживать в таком месте, где ему покажется удобнее, наблюдать за интересами его правительства и контролировать количество вырубленного и вывезенного леса, т.е. вблизи лесопильных заводов или складов, где зесь лес округа после сплава сосредотачивается в одном пункте. Этот чиновник имеет право время от времени до времени производить проверку книг. Также может быть назначен чиновник из местной администрации, который на весь вырубленный и вывозимый лес будет выдавать сплавные билеты, в которых имеет означаться имя, кому они выданы и когда, место вырубки и количество и размеры леса. Если к 15 ноября в силу обстоятельств, от воли Божьей зависящих, лес по этим билетам сплавлен не был, то билеты эти возвращаются выдавшему оные чиновнику, который вместо них выдает другие свидетельства, в которых означаются место нахождение леса, количество его и по каким причинам он не мог быть сплавлен. По этим

에서 러청은행을 통해 지급된다. 브리네르는 이익 분배가 정확히 이행됨을 보증하기 위해 러청은행에 은화 1만 5천 루블 상당의 고정 담보를 제공할 것이다. 순이익이 증가할 경우 이 담보액도 그에 따라 증가하게 된다.[28] 열다섯 번째, 다음과 같은 경우 이 계약은 효력을 잃는다. 서명일로부터 1년 이내에 삼림 작업이 개시되지 않을 경우 또는 전쟁이나 회사와 무관한 기타 중대한 사유 없이 작업이 지연될 경우이다. 후자의 경우 한국 정부와 회사 간 협의를 통해 작업 개시 기한이 연장될 수 있다.[29] 열여섯 번째, 브리네르가 사망할 경우 본 계약 기간이 끝날 때까지 그의 권리는 상속인 및 후임자에게 모두 승계된다.[30] 열일곱 번째, 이 계약에는 러시아어 원본과 한문 번역본이 첨부된다. 그러나 해석에 차이가 발생할

свидетельствам сплав может быть производим в следующем году.˝

28 ˝Следующая корейскому правительству доля чистой прибыли будет ежегодно уплачиваема в Сеуле через посредство Русско-китайского банка, где г. Бринер, в виде гарантии исправной уплаты доли прибыли корейского правительства, будет иметь постоянный залог в размере пятнадцати тысяч (15,000) рублей серебром. По мере увеличения чистой прибыли упомянутая сумма будет также соответственно увеличена.˝

29 ˝Этот контракт утратит силу, если работы в лесах не начнутся в течение одного года со дня его подписания, в том, конечно, случае, если отсрочка произойдет не от войны или другой подобной причины, не зависящей от компании; в последнем случае, по взаимному соглашению между корейским правительством и упомянутой компанией, срок для начала работы будет продолжен. Согласно ноте корейского министра иностранных дел к Российскому поверенному в делах (Сеул. 29 марта 1901 года № 13), вышепоказанный срок для начала работ на Ялу был продолжен до 1 января 1904года, а срок всей концессии-дл 1 января 1920 года. Примеч. Ред.˝

30 ˝В случае смерти г. Бринера до окончания срока настоящего контракта, права его переходят всецело к наследникам его и преемникам. Г. Бринер имеет право передать сей контракт любому русскому благонадежному лицу или обществу.˝

경우 러시아어 원본을 기준으로 한다.[31]

　브리네르와 이완용의 계약에 따르면 다음과 같은 내용이 핵심이었다. 첫째, 한국삼림회사는 두만강과 울릉도의 목재 거래에 대한 20년 동안의 배타적인 권리를 획득했는데, 압록강 유역을 조사할 수 있으며 동시에 개발을 확대할 권리를 소유했다. 둘째, 한국삼림회사는 가옥과 공장을 설립할 권리를 획득했다. 또한 목재 수송의 편의를 고려한 도르와 철도 건설을 할 수 있는 권리도 획득했다. 이것은 러시아가 유사시 군사력을 동원할 수 있는 수송 통로를 고려한 것이었다. 셋째, 한국삼림회사는 러시아 전문 삼림관을 초빙하여 계약하는데, 삼림관은 삼림 경영과 자원에 대한 이용을 지휘할 수 있었다. 한국 정부는 초빙된 러시아의 삼림관을 관리할 수 있었는데, 삼림관은 한국인에게 삼림 경영을 위한 교육의 기회를 제공한다. 넷째, 한국삼림회사는 두만강을 경계로 하는 한국과 러시아 연안에 증기 제재공장을 설립할 수 있는 권리를 획득했다. 다섯째, 한국 정부는 한국삼림회사에 운송 수단 제공, 노동자 고용, 출입증 발급 등의 편의를 제공한다. 한국 정부는 한국삼림회사를 통제하는 관리를 임명한다. 한국삼림회사의 관리는 벌목 목자 량을 통제하고 장쿠를 검사하고 수송증을 발급할 수 있다. 한국 정부는 한국삼림회사의 자산 중 4분의 1을 소유하며 회사 순익의 4분의 1을 뷸을 권리를 가졌다. 그 대신 한국 정부는 한국삼림회사에 관세와 조세를 징수하지 않는다. 여섯째, 한국삼림회사는 주식회사로 연 1회 주주 총회를 개최하는데, 블라디

31　"К тексту концессии на русском языке будет приложен точный перевод на языке китайском; но в случае каких либо недоразумений русский текст будет считаться основным." АВПРИ. Ф. 150. Оп. 493. Д. 170. ЛЛ. 1-9.

보스톡에 본사를 두고 지사를 서울 또는 제물포에 설치한다. 일곱째, 러청은행은 한국삼림회사의 순이익, 브리네르의 보증금 등을 관리한다. 한국삼림회사는 브리네르가 사망하더라도 아들에게 양도된다.

결국 이러한 한국삼림회사의 계약은 유사시 전쟁이 발생하면 군사적으로 충분히 활용될 수 있었다. 러시아는 두만강·압록강·울릉도 등 전략적 요충지에 대한 독점적 활동권을 확보함으로써 한국 내 영향력을 군사적으로 확장할 수 있었다. 또한 이 회사는 도로·철도 건설과 하천 정비 권한을 통해 군사 이동과 병참 수송에 유리한 기반 시설을 구축할 수 있었다. 더욱이 제재소와 공장을 국경 인근 및 한국 연안에 설치함으로써 병참기지 또는 군수보급 거점으로 활용할 수 있었다.

2) 1898년 네쁘로쥐네프의 광물자원 등 이권 획득

그 후 러시아 황실고문 네쁘로쥐네프(Н. И. Непорожнев)는 압록강삼림회사를 브리네르로부터 양도받았는데, 1898년 10월 한국에서 광물자원에 대한 이권도 획득했다.

1899년 10월 27일 전 주한러시아공사 마튜닌은 네쁘로쥐네프가 한국의 광물자원 등에 대한 이권을 획득했다고 보고하고 러시아 정부의 자금지원을 재무대신 비테에게 요청했다. 마튜닌은 고종과 네쁘로쥐네프의 계약서를 문서에 첨부했다.[32]

1898년 10월 고종은 러시아 2등관 니꼴라이 이바노비치 네쁘로쥐네프와 계약을 체결했는데, 네쁘로쥐네프는 광물자원(석탄 지대)기구를

---

32 РГИА. Ф. 560. Оп. 28. Д. 282. ЛЛ. 5-5об.

운영할 수 있었다.[33] 첫째, 네쁘로쥐네프는 궁내부 명의로 속해 있는 모든 석탄 지대의 관리 체계를 통일시킨다. 특별기구는 임대 주는 방식으로 토지를 관리하면서 황제의 모든 재산에서 수익을 창출하는 데 전념한다. 둘째, 특별기구는 직접 고종의 명령을 받는다. 네쁘로쥐네프는 고종의 승인을 얻어 농업과 광산업에 유능한 인물을 임명한다. 네쁘로쥐네프는 러시아인이나 외국인 가운데 선발한 기술자와 전문가 및 고종이 선출한 2명의 한국인 고문관의 협력을 받아 기구의 업무를 관리한다. 셋째, 네쁘로쥐네프는 경영 관리를 위한 유동자본을 조성하기 위해 20만 엔을 출자한다. 네쁘로쥐네프는 궁내부의 기금 보장을 위해 5만 엔을 출자한다. 넷째, 궁내부는 연간 수입에서 다음의 항목을 공제한다. 1) 조직 운영에 필요한 예비비로 10%를 공제한다. 2) 2등관 네쁘로쥐네프의 보수와 그가 업무로 인해 개인적으로 지출한 비용 그리고 유동자본 조성을 위해 방출한 자금에 대한 이자 보상금으로 20%를 공제한다. 3) 계약서에 적시된 기간 내에 발생한 이자는 남아 있는 대출금 상환을 위해 공제한다. 4) 궁내부와 다른 관리들의 급료 그리고 모든 경영 업무와 운영비를 위해 필요한 금액을 공제한다. 다섯째, 계약의 효력은 관리기구를 조직한 날부터 20년 동안 지속된다. 하지만 1901년 초까지 특별기구가 구성되지 않으면 계약은 효력을 상실한다."[34]

하지만 1899년 11월 5일 재무대신 비테는 전 주한러시아공사 마튜닌이 제안한 고종과 네쁘로쥐네프의 계약 실행에 반대했다. 마튜닌에 따르면 1898년 10월 고종은 네쁘로쥐네프가 참가하는 한국 궁내부에 특별

---

33 РГИА. Ф. 560. Оп. 28. Д. 282. ЛЛ. 6-7об.
34 РГИА. Ф. 560. Оп. 28. Д. 282. ЛЛ. 6-7об.

기구를 설치하고 궁내부 소속 광산과 탄광 개발 이권 계약을 체결하자고 네뽀로쥐네프에게 약속했다. 그 과정에서 마튜닌은 한국 정부가 필요로 하는 500만 루블 차관 계약 체결과 관련해 러시아의 협력 문제를 제기했다. 마튜닌에 따르면 고종이 네뽀로쥐네프에게 약속한 이권의 실현은 러시아가 한국에 차관을 제공하느냐에 달려 있었다.

하지만 비테에 따르면 한국의 궁내부와 외부는 네뽀로쥐네프와의 계약을 최종적으로 체결하지 못했으며 고종으로부터도 확정적인 답변을 받지 못했다. 비테는 러시아가 한국에 차관을 제공하는 것에 반대한 이유로 두 가지를 들었다. 첫째, 광산과 탄광 개발 이권은 500만 루블 규모의 차관에 대한 담보로는 충분하지 않다. 둘째, 러시아 정부가 한국의 이권에 개입할 경우 다른 열강의 견제를 받을 수 있다.[35] 비테는 다음과 같은 내용을 자신의 보고서 상단에 기록했다. "니꼴라이 2세는 재무부가 마튜닌의 보고서에 기술된 모든 제안에 참가할 것을 명령했다."[36] 니꼴라이 2세는 재무대신 비테의 반대에도 불구하고 네뽀로쥐네프의 이권 사업 추진을 지시했다. 그럼에도 러시아와 한국이 차관에 상호 합의하지 못했기 때문에 네뽀로쥐네프의 이권 확정은 실행될 수 없었다.

3) 1903년 압록강삼림회사의 운영과 러시아의 광산 이권

1903년 3월 21일 베조브라조프는 압록강삼림회사와 광산 이권에 대해

---

35 РГИА. Ф. 560. Оп. 28. Д. 282. ЛЛ. 14-17.

36 "Его Величество соизволил повелеть всякое участие казыны в предположенияхь изложенных в записках от октября и 1 нобяря 1899 года Матюнина." РГИА. Ф. 560. Оп. 28. Д. 282. Л. 14.

서 다음과 같이 니꼴라이 2세에게 보고했다. 베즈브라조프는 이미 니꼴라이 2세가 상업적 이해관계를 만들기 위해 블라디보스톡의 상인 브리네르로부터 한국 북부의 압록강과 두만강 삼림채벌권 매입에 동의했다고 밝혔다. 러시아는 '압록강 삼림채벌권'을 통해서 도로 부설권, 삼림 수비대 유지권을 포함한 전반적인 운영에 관한 완전한 권리를 소유했다. 한편 4등관 마튜닌은 고종의 친필 서한을 받았는데, 이 서한은 고종 소유의 모든 광산 개발권을 넘겨주는 것을 확인해 주었다.[37]

1903년 4월 외무대신 람즈도르프는 압록강삼림회사와 광산채굴권에 대해서 다음과 같이 보고했다. 람즈도르프에 따르면 러시아 외무부는 1903년 3월 26일 특별회의에 따라서 다음과 같은 조치를 취해야 했다. 첫째, 외무부는 만주의 삼림 이권 권리를 북경에서 조속히 확보하고 인정받는다. 둘째, 외무부는 고종이 약속한 광산 자원에 관한 권리를 실행하기 위해서 긴즈부르크(М. Х. Гинсбург)의 교섭 활동을 서울에서 지원한다. 람즈도르프에 따르면 1902년 말 4등관 마튜닌의 대리인 리보프(Ф. А. Львов)는 중국인을 내세워 봉천의 장군으로부터 1년 동안 압록강 우안의 삼림 채벌에 대한 허가증명서를 받았으며 외무부는 고종의 1898년 10월 20일 자(양력) 친필 서한 말고는 광물자원 채굴권에 대한 다른 문서는 없었다. 1903년 3월 28일 서울주재 러시아 대리공사 쉬떼인(Е. Ф. Штейн)은 긴즈부르크 남작에게 광산 이권을 조속히 제공할 수 있기를 희망한다고 보고했다.[38]

---

37 ГАРФ. Ф. 818. Оп. 1. Д. 55. ЛЛ. 15-18об.
38 ГАРФ. Ф. 818. Оп. 1. Д. 55. ЛЛ. 1-13об. 55. 1903. 3. Записки гр. Ламздорфа В. Н. МИД и статс-секретаря Безобразова А. М. по вопросам о лесной концессии на реже Ялу и о концессии на разработку руд в Корее. Л. 18.

1903년 5월 9일 압록강삼림회사에 참여한 궁정수렵대신 발라셰프 (И.П.Балашев)는 아바자에게 다음과 같은 전보를 보냈다. 일본은 러시아의 요구를 들어주려는 한국인을 협박했다. 한국 지방관리는 압록강삼림회사에 토지를 매도하는 한국인을 체포하고 서울로부터의 허가서까지도 요구했다. 한편 러시아는 서울과 의주를 연결하는 철도와 전신선이 필요했다. 알렉세예프와 베베르(К.И.Вебер)에 따르면 러시아가 고종에게 한국의 독립을 보장해 준다면 러시아는 서울과 의주의 철도와 전신선을 획득할 수 있을 것이다. 이를 위해서 러시아함대는 제물포에 항상 일본보다 강력한 군함을 주둔시켜야 한다.[39]

한편 니꼴라이 2세는 러일전쟁 이후 국내외의 압록강삼림회사에 대한 비판에 직면하자 사실관계를 규명하게 하도록 자체 조사를 지시했다. 그 결과 1906년 6월 2일 국가평의회 위원 체레반스끼는 '러시아와 일본의 무력 충돌 이전 러시아의 청국과 일본 정부 간의 관계 개관'이라는 보고서를 작성했다. 그중 그는 '한국에서 사전 조사와 압록강 유역에서의 전개'라는 제목으로 압록강삼림회사에 대한 전반적인 조직과 활동에 대한 평가 보고서를 작성했다. 이 보고서에는 압록강삼림회사에 참여한 해군 소장 아바자와 궁정수렵대신 발라셰프가 자신의 의견을 첨부했다.[40]

39 ГАРФ. Ф.568. Оп.1. Д.179. ЛЛ.28-29. 1902.6.20-1904.1.3. Записка русского посла в Японии. переписка МИД с русскими посланиками в корее и китае и др. документы об англо-японском договоре. концессиях на Р. Ялу и русско-японских переговорах относительна Кореи. Л.77ю. 1903년 5월 13일 니꼴라이 2세는 이 전보를 뻬쩨르부르크 차르스코에 셀로에서 읽었다.

40 ГАРФ. Ф.543. Оп.1. Д.190. ЛЛ.27-31об. В. П. Череванский. Рекогносцировка в Корее и операции в бассейне реки Ялу. 1906. 190. 1906.6.2. Записка члена Гос. Совета В. П. Череванского "Обзор сношений России с Китайским и Японским

이 보고서는 사실관계를 규명하는 조사였지만 일정 부분 베조브라조프 세력의 입장을 방어하는 성격을 갖고 있었다.

체레반스끼에 따르면 니꼴라이 2세는 1903년 5월 7일 특별회의를 소집하여 정부대신의 의견을 청취했다. 결국 특별회의는 압록강 지역이 갖는 정치적·전략적 의미를 고려하여 삼림회사의 규모를 제한하여 실행할 것을 결정했다. 책임조직자 겸 총괄지휘자는 국무고문 베조브라조프, 현지의 관리책임자는 궁정수렵대신 발라셰프가 임명되었다. 1903년 9월 6일 궁정수렵대신 발라셰프는 삼림을 독점적으로 확보하기 위해서 사업 현장에 6백만 루블을 투입할 것을 베조브라조프에게 요청했다. 1903년 9월 17일 궁정수렵대신 발라셰프는 12월까지 경상비 지출로 85만 루블을 결재해 줄 것을 베조브라조프에게 요청했다. 1903년 9월 18일 국무고문 베조브라조프는 기업의 위신과 이권 사업권 보전만을 위해 활동하라고 충고했다. 1903년 10월 11일 국무고문 베조브라조프는 "삼림사업조직의 업무적 취약성과 신뢰감을 주지 않는 대리인 때문에 기업을 재정비하고 업무를 잠시 중단할 필요가 있다"는 전문을 궁정수렵대신 발라셰프에게 보냈다. 1903년 10월 15일 베조브라조프는 압록강삼림회사의 현금과 소유재산 현황을 발라셰프에게 요구했다.[41] 보고서 결론에서 체레반스끼는 압록강삼림회사의 회계 조사를 실행할 것을 제기하면서 압록강삼림회사에 관한 일본의 여론조작을 함께 지적했다.

правительствами, предшествовавших вооруженному стокновению России с Японией." замечания контр-адмирала А. М. Абазы и оберегермейстера И.Балашева на эту записку и объяснения В. П. Череванского на эти замечания. Л. 55

41 Рекогносцировка в Корее и операции в бассейне реки Ялу. ГАРФ. Ф. 543. Оп. 1. Д. 190. ЛЛ. 27-31об.

체레반스끼는 국내외의 비난을 잠재우기 위해서 자금조사를 제기했지만 일본의 여론조작을 부각하여 러시아의 압록강삼림회사 실행을 변호했다.

2. 일본이 바라본 압록강삼림회사

1) 1896년 압록강삼림회사의 계약 체결

1896년 9월 10일 외부대신 이완용은 '무산과 울릉도 등지 관유산림에 양목(養木)과 벌목(伐木) 약조'에 관한 청의서(請議書)를 내각총리대신 윤용선에게 제출했다.[42]

---

42 "茂山과 鬱陵島等地官有山林에 養木과 伐木約條ᄒᆞᄂᆞᄃᆡ 關ᄒᆞᆫ 件. 右ᄂᆞᆫ 豆滿江上流右邊茂山과 鬱陵島에 養木과 伐木ᄒᆞᄂᆞᆫ 事로 俄國海蔘葳一等商民 쑤리너와 締約ᄒᆞ랴ᄒᆞᄂᆞᆫ 章程을 粘付ᄒᆞ야 閣議에 提呈홈. 大朝鮮國 大君主게ᄋᆞᆸ셔 西洋養木ᄒᆞᄂᆞᆫ 法을 朝鮮에서 摹製ᄒᆞ기를 위ᄒᆞ오셔 左갓치 特許ᄒᆞ심. 第一條 俄國海蔘葳一等商民 쑤리너게 朝鮮木商會社라 稱홀 會社을 合成ᄒᆞᄂᆞᆫ 權을 準許홈. 第二條 本會社가 몟가지 自由ᄒᆞᄂᆞᆫ 權을 得ᄒᆞ야 二十年을 酌定ᄒᆞ고 官地山林에 伐木과 養木을 ᄒᆞᄂᆞᄃᆡ 豆滿江上流右邊茂山과 鬱陵島니 上項에 所定홀 諸處에 正當히 始役홀 後에 該會社가 可堪홀 人員을 派送ᄒᆞ야 鴨綠江朝鮮邊界에 所在홀 山林을 昭詳히 檢閱ᄒᆞ고 該地方에 養林ᄒᆞ기 合當홀 處를 選擇ᄒᆞ야 一依豆滿江邊山林條欵ᄒᆞ야 量宜廣役할 權을 準許홈. 此合同을 鈐印호 後로 五年以內에 朝鮮木商會社가 鴨綠江朝鮮邊界에 始役을 못ᄒᆞᄂᆞᆫ 境遇에ᄂᆞᆫ 此地方에 所享홀 權利를 得지못홈. 第三條 左開홀 數處至近之地에 作路홈과 馬車路와 江을 준쳔ᄒᆞ야 木材輪運을 便利케ᄒᆞ고 家屋과 工匠所를 建造홈을 任意로 ᄒᆞ게홈. 第四條 一 本會社에서 此約年限동안에 養木學校卒業혼 俄國人으로 監董ᄒᆞ게ᄒᆞ고 又俄國人幾名을 雇入ᄒᆞ야 各項事務를 管看ᄒᆞ게 홈. 二 三十年以下木을 斫ᄒᆞ지못ᄒᆞ게ᄒᆞ고 穉木은 培養ᄒᆞ되 百株內上等樹一株式伐치 勿ᄒᆞ야 種子를 傳ᄒᆞ게ᄒᆞ고 穉木을 斫伐혼 處에 移種케 홈. 三 該會社에서 着實守護ᄒᆞ야 失火홈이 無ᄒᆞ게ᄒᆞ되 近處地方官의 幇助홈을 得케 ᄒᆞ야 더부사리츙화홈도 禁斷ᄒᆞ야 其防火ᄒᆞ

한국 정부는 1896년 9월 9일 압록강·두만강·울릉도 삼림채벌권에 대해서 블라디보스톡 상인 브리네르와 약정서를 체결했다. 약정서의 핵심적인 내용을 살펴보면 '조선목상회사(朝鮮木商會社)'는 20년 기한으로 관지(官地) 삼림의 벌목과 양목을 실행한다. 다만 약정서는 조선목상회사가 5년 이내 압록강 한국 변계에 실행하지 못할 경우 권리를 상실한다.

3조에 따르면 조선목상회사는 압록강과 두만강 근처에 도로 및 마차도(馬車道)를 만들 수 있었는데, 목재 운수를 위해서 강을 준설하고 가옥과 공장을 건축할 수 있었다. 11조에 따르면 브리네르는 기업금의

는 示則을 不違케홈. 四 會社人들이 伐木ᄒ기를 全山에 여긔져긔 ᄒ지아니ᄒ고 구렁과 지천을 표ᄒ야 一年一次式ᄒ되 九月에 始홈. 五 本會社에서 定ᄒ 山林이 自然二一方에 分ᄒ게 홈. 六 其一方内伐木홈과 出浦ᄒᄂ 事役을 二冬一夏여 ᄒ되 每年自九月十五日로 五月十五日까지만 ᄒ게 홈. 第五條 本會社에서 或나무켜고 즈르기를 위ᄒ야 朝鮮邊地나 或俄國邊地에 隨其方便ᄒ야 機屋을 建造ᄒ고 機器를 놋되 所出材木을 或出口도 ᄒ고 本地에셔도 放賣홈. 第六條 一 本會社에서 雇用ᄒᄂ 首山林直어가 山林規則마련ᄒᄂ 시에는 朝鮮政府에셔 ᄒ라 ᄒᄂ되로 ᄒ게 ᄒ되 朝鮮政府가 만일 他處에라도 이法을 用홈. 二 朝鮮人들을 種木ᄒᄂ 法과 土地를 거름ᄒᄂ 法을 見習게 홈. 三 朝鮮政府가 機器所어 官員과 年少人을 派遣ᄒ야 見習케 홈. 第七條 本會社에서 所請ᄒᄂ 木材輪運홀 시에 朝鮮政府가 役人을 雇用케ᄒ고 外國人雇入ᄒᄂ 時에도 朝鮮政府에셔 護照紙도 撥給홀뿐외라 극진 保護케 홈. 第八條 役人은 朝鮮人을 多用ᄒ되 만일 작폐가 잇ᄂ 時에는 本會社가 俄國人이나 淸國人을 代用ᄒᄂ 權이 有ᄒ게 홈. 第九條 粮米等物을 朝鮮에서 買用ᄒ되 혹 킷ᄉᄆᆞᆨ든지 부족ᄒ든지 凶年이 드든지 ᄒ면 外國으로 買入ᄒ야 役軍이 ᄉᄆᆞᆨ게ᄒ되 浮費外에 他利는 밧지못ᄒ게 ᄒ고 機器等物入口ᄒᄂ것과 材木出口ᄒᄂ 시데 海關稅를 免ᄒ게 홈. 第十條 俄國商民 뿌리너가 資本을 豊足이 得ᄒ야 會社일의 군식ᄒ지 아니ᄒ도록 홈. 第十一條 뿌리너가 大君主의 政府에 文書를 ᄒ야 밧치되 資本을 닉지 아니ᄒ시고 會社基業百分二十五分을 納ᄒ고 又會社利條中百股金의 二十五股金을 納ᄒ게 ᄒ니 以外에는 各項稅를 닉지 아니홈. 第十二條 一 本會社先設事務室於海蔘葳ᄒ고 쏘 分設ᄒ되 京城이나 或仁港에 ᄒ고 一年一次式會議ᄒ되 股金員이나 或代辦人들이 京城이나 仁港에셔 ᄒ게ᄒ고 一股員의 可否음을 許ᄒ야 音之多少로 此約條에 不載ᄒ 各項事務를 處辦홈. 二 本會社치부칙을 海蔘葳에 두되 一件을 起草ᄒ야 暗法師에게 認可ᄒ 後 京仁間會議場에 用케 홈. 第十三條 一 大君主게입셔 官員一人을 命ᄒ오셔 朝鮮政府에 關係ᄒ 事務를 監督게 ᄒ되 伐木ᄒ 數爻와 機器所에 木材多少入用홈과 一處에 合ᄒ 都數를 적간ᄒ게 ᄒ시고 時時로 官員을

100분의 25를 한국 정부에 지불하며 매년 회사의 이익 중 100주분(株分)을 한국 정부에 제공한다. 14조에 따르면 조선목상회사는 이익금을 서울 러청은행에 예치하여 한국 정부에 지불한다. 브리네르는 은 1만 5천 루블을 조선목상회사에 예치하여 매년 한국 정부에 납부한다.

12조에 따르면 조선목상회사는 사무소를 블라디보스톡에 설치하고 지점을 서울 또는 인천에 설치한다. 13조에 따르면 한국 정부는 관리 1명을 파견하여 사무를 감독하는데, 벌목의 수량 및 기계소에 사용되는 목재 등을 검사하며 목재의 수량 등을 장부에 기입한다. 16조에 따르면 브리네르는 신상에 변화가 있으면 적당한 러시아인 또는 회사에 양도할 수 있는 권리를 가진다.[43]

보니여 치부칙을 詳考ᄒ게 홈. 二 地方官一員을 特派ᄒ야 木材出浦ᄒᄂ 憑文을 給ᄒ되 看事人姓名과 材木數爻와 年月日과 何處로 何所用ᄒ러 가ᄂ 거슬 載明게 홈. 三 만일 十一月十五日에 至ᄒ야 或天時를 因ᄒ야 木材가 自水上으로 不下ᄒᄂ 境遇에도 地方官이 幾介가 무삼 연고로 침체되얏다 文憑을 ᄒ여쥬게 ᄒ야 此文을 準ᄒ야 來春에 다시 運下케 홈. 第十四條 一 大君主의 政府에 納홀 利條를 年年이 京城에서 納ᄒ되 俄淸銀行으로 支出ᄒ야 納홈. 二 此銀行에다 쑤리너가 本會社銀一萬五千류쑬 俄國錢名 任置ᄒ야 大君主의 政府에 年納ᄒᄂ 거슬 失期가 無케 ᄒ고 上納ᄒᄂ디로 任置銀을 該銀行에 연속 留置ᄒ야 종말까지 狼狽가 無케 홈. 第十五條 此約을 定ᄒ야 盖印ᄒᆫ 後 一年爲限 ᄒ고 始役을 못ᄒᄂ 境遇에ᄂ 此約을 準行치 아니ᄒ되 만일 戰爭이 잇거나 이와 갓튼 事가 有ᄒ거나 本會社힘으로 防禦치 못ᄒᆯ 시예ᄂ 大君主의 政府에서 派員ᄒ오셔 會社와 協議ᄒ야 退限케 홈. 第十六條 만일 此限內不幸ᄒ야 쑤리너가 身故가 잇ᄂ 時예ᄂ 쑤리너가 基業을 代理케ᄒ라 ᄒᆫ 사람이 看事ᄒ고 或身故가 잇기 前이라도 其他可堪ᄒᆫ 俄國人員이나 或會社의게 傳掌ᄒᄂ 權이 有케 홈. 第十七條 此約을 俄文으로 ᄒ고 譯漢文ᄒ야 粘付ᄒ니 其意ᄂ 同ᄒ나 若有是非時에ᄂ 俄文으로 準行홈."(外部大臣 李完用→內閣總理大臣 尹容善, 建陽元年九月十日, 「茂山과 鬱陵島等地官有山林에 養木과 伐木約條ᄒᄂ디 關ᄒ 件」, 『外部請議書』(db.history.go.kr).

43 『駐韓日本公使館記錄』16, 1896년 9월 9일, 五. 本省機密往信 (25) 豆滿·鴨綠江 沿岸 伐木年限 延期 件, 外部大臣 李完用·農商工部大臣 趙秉稷; 『駐韓日本公使館記錄』19, 1896년 9월 9일, 二. 鴨綠江經營 一~七 (1) [韓·러木商會社 設立에 관한 約定書], 外部大臣

그 후 1897년 브리네르는 울릉도 현지를 조사하기 위해서 러시아인을 파견했다. 1897년 3월 10일 외부대신 이완용은 러시아인 브리네르가 허가를 받고 울릉도 등지의 벌목을 시작하므로 지방관이 방해하지 말라는 훈령을 강원도관찰사 이봉래에게 지시했다. 이완용에 따르면 1896년 9월 러시아인 브리네르는 함경도 무산군 두만강, 평안도 압록강, 강원도 울릉도에서 벌목하기로 한국 정부와 약정을 맺었다. 이완용은 러시아인이 세 곳에서 장차 벌목할 예정이므로 연해의 각 지방관이 방해하는 일이 없어야 한다고 훈령했다.[44]

1897년 8월 19일 외부대신 민종묵은 러시아인 브리네르의 울릉도 벌목과 관련하여 울릉도감에게 훈칙하여 편의를 제공하라고 강원도관찰사 권응선에게 지시했다. 블라디보스톡 대상(大商)인 브리네르는 통역 2인, 역군(役軍) 5명과 함께 러시아 지리사관(地理士官)을 울릉도에 파견할 것이라고 한국 외부에 알렸다. 외부대신은 그들이 울릉드에서 벌목할 장소를 시찰할 것인데 윤선을 타고 왕래하도록 허락할 것을 지시했다. 외부대신은 울릉도도감에게 통보하여 러시아인의 윤선 통행을 막지 말고 벌목한 목재와 식량, 땔감, 물 등을 윤선에 싣고 왕래하게 하도

李完用→副領事. "블라디보스톡 제1등 상인 유리 이바느비치 브리네르. 조선국 외부대신 李完用 및 동 농상공부대신 趙秉稷의 서명에 대하여 이이 관인을 압인하고 이를 증명한다. 千八百九十六年八月二十九日 京城에서 副領事 폴리야느프스끼."

44 "訓令第一号. 上年九月에 俄國人부린열과 咸鏡道茂山郡豆滿江·平安道鴨綠工 江原道鬱陵島에 伐木ᄒ기로 訂約准許ᄒ바 該國人이 以上三處에 伐木ᄒᆞᆯ 行將始役ᄒᆯ 터인디 沿江各該地方官이 此由를 詳悉ᄒᆫ 然後에 可無致訝防遏之端ᄒ겟기로 玆에 訓令ᄒ니 照亮 將此輪飭該沿江各地方官ᄒᆞ야 周悉遵辦ᄒᆞ야 該俄國人伐木ᄒᄂ디 無或防碍케ᄒᆞᆷᄋ 可홈." 外部大臣 李完用→江原道觀察使 李鳳儀. 建陽二年(1897) 三月 十日, 「江原道來去案 第一冊」, 『各司謄錄』28, 4-5쪽(奎17985).

록 협조할 것을 강원도관찰사에게 지시했다.[45]

2) 네쁘로쥐네프와 광산 이권 체결

1898년 10월 25일 주한일본 대리공사 히오키 에키(日置益)는 광산 관련
이권 등을 논의하기 위해 방문한 러시아 황실고문 네쁘로쥐네프[46]에 대
해서 외무대신 오쿠마 시게노부(大隈重信)에게 다음과 같이 보고했다.

1898년 10월 초 네쁘로쥐네프는 한국에 도착해서 주한러시아공사관
에 체류했다. 10월 19일 네쁘로쥐네프는 주한러시아공사와 함께 고종을
알현했다. 그때 고종은 좌우를 물러가게 했고 네쁘로쥐네프는 비밀 내용

45 "訓令第四號. 鬱陵島에 伐木ㅎ믈 俄國海蔘葳大商쑤린열과 契約ㅎ事로 屢經訓飭ㅎ얏신
즉 該伐木事由ㄴ 貴府에셔도 諒悉이어니와 現接俄公使照會ㅎ즉 內開에 海蔘葳大商쑤린
열 已與朝鮮政府定約之人也 而該大商 將送地理士官갈을나날드　들에마及通辯二人及役
軍五名이鬱陵島 要擇伐木處 故玆知照于貴部 而請煩貴政府 將行該地理士갈을나날드
들에마及其隨從人 等 往來于該島時 特許該等人所乘輪船 任意往來可也 兼請煩貴政府 發
訓于該島官員 使知如許事端可也 請煩貴大臣査照可也等因 此를 准ㅎ야 査ㅎ니 不通商海
岸에 輪船來往은 章程所禁이나 此次俄國地理士官갈을나날드　들에마及通辯役軍에 往
來ㅎㄴ 輪船은 凡他商船과 有異할뿐아니라 該俄商과 伐木ㅎㄴ 契約이 有ㅎ즉 不得不從
便來往然後에 可이完役이기로 玆에 訓令ㅎ니 照亮ㅎ야 該島島監에게 訓飭ㅎ야 該輪船을
無碍放行ㅎ되 該輪船에 斫伐ㅎ木料와 食物薪水나 裝載往來 ㅎ고 其外各樣貨物은 另行禁
斷ㅎ야 俾遵章程케ㅎ이 可홈." 外部大臣 閔種黙→江原道觀察使 權膺善. 光武元年(1897)
八月 十九日, 「江原道來去案 第一冊」, 『各司謄錄』 28, 5-6쪽(全17985).
46 니꼴라이 이바노비치 네쁘로쥐네프(Николай Иванович Непорожнев)는 1838년에
태어났고, 1858년 근위사관학교를 졸업한 후 황제 직속의 근위대 가치나 연대에 배속되
었다. 1860년 내무부에 근무했다. 1866년부터 1869년까지 뻬쩨르부르크 치안판사로 활동
했다. 1874년 오데사 사법부 차장검사로 임명되었다. 1879년 사라또프 지방법원장에 임명
되었다. 1894년 행정조직 위원회 위원이었다. 1912년 궁내부 소속 3등관 황실고문이었다.
Альманах современных русских государственных деятелей. СПб; Тип. Исидора
Гольдберга. 1897. C. 1013; ru.wikipedia.org/wiki/Николай Иванович Непорожнев.

을 상주했다.

히오키는 고종과 네쁘로쥐네프와 주한러시아공사 사이의 논의 내용을 파악하려고 노력했다. 히오키에 따르면 10월 22일 주한러시아공사는 밀주(密奏)한 사항에 관한 각서(10월 20일 자)를 외부대신에게 제출했는데, 그 요지는 광산 채굴에 관한 자본금을 대여하고 고용에 필요한 기사도 파견하겠다는 것이었다.

히오키는 주한일본공사관 통역관 고쿠분 조타로(國分象太郎)를 궁내부대신 민병석에게 파견하여 사실의 진상을 파악했다. 민병석에 따르면 "러시아는 한국 정부 재정상 국내 각처에 산재하고 있는 광산 채굴의 필요성을 인식하고 권유하려는 목적을 갖고 있었다. 러시아는 광산 채굴 자본금의 신용(債用) 및 필요한 기사의 파견을 제시했다." 민병석은 이에 대해 고종이 거절했다고 주장했다.[47]

네쁘로쥐네프가 한국에 온 목적은 광산 자원 획득만이 아니었다. 그는 브리네르가 얻었던 압록강 삼림채벌권을 양도받고 한국 정부이 광산 채굴에 관한 자본금을 대여하고 기사를 초빙하기 위해서 입국했다. 네쁘로쥐네프는 마튜닌과 연결된 인물로, 이는 러시아가 광산 채굴에 대한 이권을 독점하기 위한 포석이었다.

1898년 10월 29일 주한일본대리공사 히오키는 러시아 황실고문 네쁘로쥐네프의 활동에 대해서 외무대신 오쿠마 시게노부(大隈重信)이게 다음과 같이 보고했다.

히오키는 10월 26일 자『지지신보(時事新報)』「경성특보(京城特報)」

47 『駐韓日本公使館記錄』12, 1898년 10월 25일, 一〇. 機密本省往信 (38) 機密第47號 [露國의 式部官 來韓 用務], 臨時代理公使 日置益→外務大臣 伯爵 大隈重信, 441쪽.

중 "러시아인 1명을 비밀 참찬(參贊), 또 1명을 참서관(參書官)에 고용했다"는 내용이 사실무근이라고 보고했다. 러시아 황실고문 네쁘로쥐네프는 비서관 유테니치(Юденич)와 함께 주한러시아공사관에 체류하고 있었다. 히오키는 서신으로 주한러시아공사에게 두 사람의 활동에 대해 문의했다. 주한러시아공사는 "두 사람은 러시아인 브리네르가 두만강 연안의 무산 지방 삼림벌채 특허를 양수받기 위하여 한국 정부와 교섭하고 있는데 이들은 정략상 아무런 관계도 없다"고 회답했다.[48]

1898년 7월 네쁘로쥐네프를 포함한 7명으로 구성된 1차 원정대가 7만 루블의 황실 자금을 교부받아 블라디보스톡으로 출발했다. 이들은 압록강 삼림채벌권의 사업 전망을 확인하고 한국의 금광채굴권에 대한 이권 획득 등 러시아산업회사의 설립을 계획했다.[49] 그 후 2차 원정대로 꼬르프와 스베긴초프를 11월 파견했는데, 이들은 소규모 부대로 한국 북부를 본격적으로 조사했다. 총 3대로 구성되어 1대는 함경 해안 본도(本道)로부터 원산~진남포, 1대는 갑산~함경도~함흥~양덕~평양~진남포, 1대는 의주~평안 해안 본도~진남포를 조사했다. 이들은 주로 낮에는 측지, 밤에는 지도 제작에 종사했다.[50] 이 탐사는 대일전을 대비하여 한국에서의 전체적인 군사활동 상황을 규정하고 전략적 가치를 고려하면서 진행되었다.[51]

---

48 『駐韓日本公使館記錄』 12, 1898년 10월 29일, 一〇. 機密本省往信 (40) 機密第48號 [露人 네폴로지네프 韓國政府 秘密參贊 傭聘風說에 관한 件], 臨時代理公使 日置益→外務大臣 大隈重信, 442쪽.

49 최덕규, 2001, 22-24쪽.

50 『駐韓日本公使館記錄』 13, 1898년 12월 14일, 재진남포영사관 사무대리 大木安之助→임시대리공사 日置益, 70-71쪽.

51 А. Н. Корф и А. И. Звегинцов. Военный обзор Северной Кореи. СПб. 1904. С. 6.

탐사대에는 베조브라조프, 네쁘로쥐네프의 비서 유데니치(Юденич), 『노보예 브레먀』의 기자 시로먀뜨니꼬프(С.Н.Сыромятников. Сигма), 외과 의사 아긴피예프(И.Н.Акинфьев), 철도기술자(측량기사) 미하일롭스끼(Н.Г.Михайловский)와 사포노프(А.П.Сафонов), 삼림 담당 찌호노프(В.А.Тихонов), 대위 즈베긴초프(А.И.Звегинцов), 중령 꼬르프(Н.А.Корф) 등이 참가했다.[52] 1898년 러시아탐사대는 베조브라조프의 압록강 삼림채벌권 문제와 러시아 육군참모본부의 대일전쟁 대비책과 연결되어 한국 북부의 지형과 지리에 관한 체계적인 조사를 수행했다.[53]

3) 울릉도 삼림채벌권을 둘러싼 러일의 대립

러시아는 1899년 울릉도 삼림 이권을 보호하기 위해서 움직였다. 1899년 7월 주한러시아공사 드미뜨리엡스끼는 울릉도 등에서 일본인과 중국인의 불법 벌목 금지를 요청했다. 그러자 대한제국 농상공부는 1899년 8월 러시아가 획득한 삼림 이권에 대해서 해당 지방관에게 삼림 보호를 지시했다.

1899년 8월 8일 의정부찬정 외부대신 박제순은 일본인과 청국인이 울릉도와 두만과 압록 등에서 러시아의 삼림 이권 훼손을 막아줄 것을 의정부찬정 내부대신서리 내부협판 이재극에게 요청했다.

---

52 РГИА. Ф.560. Оп.28. Д.340. ЛЛ.1-13об. "압록강 삼림채벌권에 관한 비고'. 뻬쩨르부르크, 1905.8.5. 이 문서는 러시아 사업가 리보프(Ф.Львов)가 작성한 것으로, 리보프가 마튜닌과 베조브라조프를 공격하기 위해서 작성한 보고서였다.

53 이항준, 「러시아 육군 장교 즈베긴초프(А.И.Звегинцоғ)와 꼬르프(Н.А.Корф)의 한국 북부지역 조사와 군사 개관」, 『인문과학』74, 2019a.

첫째, 1898년 8월 전 주한러시아공사 마튜닌은 "두만강 주변 한국인이 자의로 벌목하고 있지만 지방관이 금지시키지 못한다"고 외부에 조회했다. 대한제국 외부는 "지방관이 서북변계지방의 궁산절협(窮山絶峽)에 난입하여 벌목하는 것을 때때로 규찰하기는 불가능하다"고 답변했다. 둘째, 1899년 7월 주한러시아공사 드미뜨리옙스끼는 대한제국이 울릉도와 두만강과 압록강 등지의 삼림 양벌을 러시아회사에 허가한 사실을 다시 외부에 확인시켰다. 러시아 외무대신의 전보를 받은 드미뜨리옙스끼는 일본인과 청국인이 대한제국의 보수(保守)방책의 부족으로 모두 벌목하는 실정이라고 항의했다. 드미뜨리옙스끼는 대한제국이 즉시 지방관에게 삼림보수법을 세울 것을 훈령하도록 요청했다. 셋째, 1899년 8월 7일 주한러시아공사 관원은 실행 여부를 직접 외부에 문의했다. 대한제국 외부는 각 지방관에게 별도의 보수방법을 강구하도록 지시할 것을 내부에 요청했다.[54]

1899년 8월 8일 외부대신 박제순은 러시아공사가 요청한 일본인과 청국인의 삼림 벌목 금지와 보호를 농상공부대신 민영기에게 요청했다. 박제순은 1896년 벌목과 양목에 관한 삼림계약에 근거하여 울릉도, 압록강변, 두만강 상류 우변 무산 등을 일본인과 청국인의 벌목으로부터 보호할 것을 농상공부에 촉구했다.[55]

1899년 8월 12일 내부대신서리 내부협판 이재극은 러시아인과의 삼림계약을 파악하지 못했고 내부의 소관에는 삼림 보호가 없다며 외부대

54　議政府贊政外部大臣 朴齊純→議政府贊政內部大臣署理內部協辦 李載克. 光武三年 (1899) 八月 八日,「照會 第十七號」,『內部來去文』12.

55　議政府贊政外部大臣 朴齊純→議政府贊政農商工部大臣 閔泳綺. 光武三年 八月 八日,「照會 第三十二號」,『農商工部來去文』8.

신 박제순에게 조복(照覆)했다.[56]

1899년 8월 16일 농상공부대신 임시서리 민종묵은 러시아공사가 요청한 삼림 벌목 금지와 보호 요청을 각 지방관에게 훈령했다고 외부대신 박제순에게 조복했다. 민종묵은 해당 관찰사를 경유하여 삼림을 설법보수(設法保守)할 것을 해당 지방관에게 통보했다.[57]

한편 브리네르의 이권 체결 이후 3년이 지난 시점에서 압록강·두만강·울릉도 삼림채벌권은 러일 현안으로 부각되었다. 주일러시아공사는 1899년 8월 "러시아인이 울릉도에서 철도 침목을 확보하기 위허서 한국 정부로부터 특허를 받았고, 일본 정부가 일본인의 울릉도 목재 벌채를 금지시켜야 한다"고 일본 외무성에 통보했다. 1899년 8월 7일 일븐 외무대신은 어떤 조건하에 러시아의 특허가 허용되었는지 보고할 것을 주한 일본공사에게 지시했다.[58] 1899년 일본 정부는 러시아가 일본인의 울릉도 불법 벌목을 일본 외무성에 항의하자 압록강·두만강·울릉도 삼림채벌권에 관하여 압록강삼림회사에 주목하기 시작했다.

1899년 8월 10일 주한일본공사 하야시는 일본 외무대신 아으키(靑木)에게 답변했다. 하야시에 따르면 1896년 압록강·두만강·울릉도 삼림채벌권은 러시아인에게 양도되었는데, 최초의 사용권 소유자가 자신의 권리를 다른 러시아인에게 양도했다. 러시아인은 울릉도 문제에 대해

---

56 議政府贊政內部大臣署理內部協辦 李載克→詳政府贊政外部大臣 朴齊純. 光武三年 八月 十二日,「照覆 第十一號」,『內部來去文』12.

57 議政府贊政農商工部大臣臨時署理議政府贊政 閔種默→議政府贊政外部大臣 朴齊純. 光武三年 八月 十六日,「照覆 二十四號」,『農商工部來去文』8.

58 『駐韓日本公使館記錄』14, 발신 1899년 8월 7일 오후 5시 5분, 수신 1899년 8월 8일 오후 2시 30분, 四. 本省其他歐文電報來控 (6) [鐵道枕木 특허에 관한 件], 靑木→公使 林.

서 개입하지 않았는데 최근 울릉도에 파견된 원산 세관관리가 일본인이 울릉도에서 목재 벌채에 종사하고 있다고 보고하면서 주한러시아 대리공사는 한국 정부에 일본과 동일하게 요구했다.[59]

1899년 8월 11일 주한일본공사 하야시는 8월 10일 박제순 외부대신과의 면담 내용을 일본 외무대신 아오키에게 보고했다. 하야시는 압록강 삼림회사가 매우 중요한 특허권임에도 전혀 알지 못한다고 거짓말까지 하면서 특허장 전문 사본을 보내줄 것을 박제순에게 요구했다. 하야시는 울릉도에는 물푸레나무와 백단 등 좋은 재목이 적지 않은 것으로 알고 있다고 밝혔다.[60]

1899년 8월 16일 외부대신 박제순은 주한일본공사 하야시에게 러시아의 특허권 관련 내용을 전달했다. 박제순에 따르면 한국 정부는 두만강과 압록강 및 울릉도 삼림 일대를 러시아인에게 양도하는 계약서를 만들었다. 그 취지는 벌채 후에는 식목을 하도록 의무규정을 두어 상호 이익을 도모한 것이지 철도 침목용을 위한 것이 아니었다. 규단(槻檀) 등의 재목도 구별한 적이 없었다. 박제순은 압록강삼림회사 계약서 한 통을 첨부하여 주한일본공사관에 회답했다.[61]

1899년 8월 19일 일본 외무대신 아오키는 일본인의 울릉도 불법 목재 벌채 금지를 주한일본공사에게 지시했다. 또한 일본의 독자적인 거제

---

59 『駐韓日本公使館記錄』14, 발신 1899년 8월 10일 오후 1시, 三. 本省其他歐文電報往信控 (11) [鬱陵島問題에 관한 件], 林→靑木.

60 『駐韓日本公使館記錄』14, 1899년 8월 11일, 五. 外部往信 (51) 第83號 [鬱陵島 樹木伐採權을 露國側에 特許한 文件 요구], 林 公使→朴 外部大臣.

61 『駐韓日本公使館記錄』14, 1899년 8월 16일, 二. 外部來信 (50) [鬱陵島 等地 伐採特許에 관한 解明 및 同約書 送呈 件], 大韓 外部大臣 朴齊純→大日本 特命全權公使 林權助.

도 대여 요구를 지시했다. 아오키에 따르면 "일본 정부는 울릉도에서 일본인들의 목재 벌채를 금지해달라는 러시아 정부의 요구를 수용하기로 결정했다. 하야시 공사는 원산주재 이등영사 또는 부산주재 영사관보를 통해서 부하 직원을 울릉도에 파견하도록 지시할 것을 훈령한다." 그 대신 아오키는 "한국 정부에 거제도 대여를 요구할 최상의 기회라고 생각한다"며 은밀히 이러한 목적을 수행할 것을 하야시 공사에게 지시했다.[62]

1899년 8월 19일 주한일본공사 하야시는 압록강·두만강·을릉도 삼림채벌권에 대한 러시아의 권리를 인정하는 서한을 외부대신 박제순에게 보냈다. 하야시에 따르면 "일본 정부는 사정을 양해하고 러시아공사의 요구를 받아들였는데, 울릉도에서 일본인의 벌목을 금지하도록 여러 가지 수단을 취하기로 결정했다." 그럼에도 하야시는 일본이 압록강·두만강·울릉도 삼림채벌권에 관한 한국 정부의 허가를 인정하는 문제에 대해서 '유보'한다는 단서를 달았다.[63]

그 결과 1899년 8월 20일 부산주재 영사관보 나카무라 다카시(中村巍)는 울릉도 출장에 군함이 필요하다고 하야시에게 요청했다. 부산 세관장은 한국 정부가 제공한 현익호(顯益號)를 타고 울릉도로 출장을 갔다며 울릉도 출장에 군함이 편리하다고 보고했다.[64]

1899년 8월 20일 주한일본공사 하야시가 울릉도 수목 벌채에 대해

---

62 『駐韓日本公使館記錄』14, 발신 1899년 8월 19일 오후 二시 50분, 수신 1899년 8월 19일 오후 8시 40분, 四. 本省其他歐文電報來控 (7) [鬱陵島의 木材伐採에 관한 露國廷 요구 수용], 靑木→公使 林.

63 『駐韓日本公使館記錄』14, 1899년 8월 21일, 五. 外部往信, (55) 第87號 [露國에 准許한 鬱陵島等地의 伐採權 事實 認定 通告], 林 公使→外部大臣 朴齊純.

64 『駐韓日本公使館記錄』14, 발신 1899년 8월 20일 오후 6시, 수신 1899년 8월 20일 오후 9시 30분, 七. 各領事館電報來信 (55) [鬱陵島行 艦船備船에 곤한 件], 中村 領事代理→林 公使.

서 외무대신 아오키에게 보고하기를, 브리네르가 러시아의 압록강삼림 회사의 권리를 1898년 10월 한국을 방문한 황실고문 네뽀로쥐네프에게 양도했는데, 압록강삼림회사가 울릉도 및 두만강과 압록강 두 강 부근을 모두 포함했다고 했다. 또한 1899년 6월 부산 세관원은 일본인이 울릉 도에서 불법 벌목하고 있다는 사실을 파악했다.

주일러시아공사는 "러시아인이 철도침목(鐵道枕木) 공급을 울릉도에 서 취득하기로 한국 정부의 특허를 받았으므로 울릉도에서 우리 나라 [일본] 사람들의 도벌을 금지하도록 조처하여 주기 바란다"고 요청했다. 하야시는 "일본이 한국에 대하여 요구서를 제출하면 공적인 조회(照會) 를 통해서 특허조항을 확인할 수 있다"며 향후 대응을 고려하면서 행동 했다. 이권구역에는 압록강·두만강·울릉도가 포함되었다. 러시아인은 종래 두만강 상류인 무산 벌목에 전적으로 종사하고 있었는데, 울릉도까 지 벌목을 준비 중이었다. 1899년 6월 부산 세관원이 울릉도에 출장 갔 을 때, 일본인이 울릉도에 가건물 등을 건설하고 벌목에 종사하는 현장 을 목격했다.[65]

4) 울릉도 삼림채벌권 획득 노력

1899년 11월 2일 주한일본공사 하야시는 일본의 울릉도 벌목권 획득 방 안에 대해서 외무대신 아오키에게 보고했다. 1899년 10월 13일 아오키 는 주한일본공사가 공식적으로 러시아와 한국 담당자와 직접적으로 협

---

65 『駐韓日本公使館記錄』13, 1899년 8월 20일, 八. 機密本省往 一~四 (70) 機密第79號 [鬱 陵島樹木截伐에 관한 件], 林公使→外務大臣 靑木 周藏.

상하지 말고 민간인이 상호 협상할 것을 하야시에게 지시했다.

하야시는 울릉도 벌목권을 러시아 정부와 밀착된 관계로 판단했다. 하야시에 따르면 울릉도 벌목권의 소유자는 블라디보스톡에 소재한 광산탐험대 소속 인물이었다. 러시아 정부는 광산탐험대를 파견했는데, 이들은 실제 산림 사무를 관리할 뿐만 아니라 만주의 모든 공공영조물의 건축용 자재 등을 공급했다.

광산탐험대 소속 관리였던 네쁘로쥐네프가 1898년 울릉도 벌목권을 양도받았다는 소문이 있었다. 1898년 10월 러시아 황실고문 네쁘로쥐네프는 한국을 방문하여 전국 광산의 채굴권을 요구했는데, 한국 정부는 그 요구에 대해서 반승낙 회답을 주었다.

하야시는 러시아임시대리공사 쉬떼인과 면담했다. 그 자리에서 하야시는 "일본인이 그 권리를 매수하기를 희망하니 상당한 대가를 받고 양도할 것"을 권고했다. 쉬떼인은 블라디보스톡항에 타전하여 관계자의 의향을 타진해 보겠다고 답했지만 아무런 회신을 하지 않았다.

소문에 따르면 블라디보스톡 관계자는 상담 여하에 따라 양도해도 좋다는 회답을 보냈다. 하지만 일본인 경쟁자가 그 권리를 매수하기 위해서 은밀히 진행하고 있었다. 하야시는 쉬떼인이 블라디보스톡의 회답을 보류하고 있다고 추측했다.

울릉도 벌목권을 일본인이 획득할 수 있다고 판단한 하야시는 "양수인이 누가 될지는 알아볼 필요가 없으며 전적으로 당사자들의 자유경쟁에 맡기고 있다"고 보고했다.[66]

---

66 『駐韓日本公使館記錄』14, 1899년 11월 2일, 一. 宮內府顧問 리젠드르 二·三 (2C) 機密第 103號 [鬱陵島 伐木權 讓受에 관한 件], 林 公使→靑木 外務大臣.

1899년 12월 15일 주한일본공사 하야시는 울릉도 벌목권 양도에 대한 러시아의 조건을 아오키 외무대신에게 보고했다. 일본인은 울릉도의 벌목권을 얻기 위해 협상을 진행했다. 12월 13일 러시아 수도에 있는 마튜닌은 10년간 30만 루블이면 상담에 응하겠다는 의사를 브리네르의 서울 대리인에게 전보했다.[67]

1900년 5월 4일 하야시 공사는 부산주재 영사 노세 다쓰고로(能勢辰五郎)에게 울릉도 거주 일본인에 대한 조사 중 중요한 보고사항이 울릉도 삼림 도벌이라고 기록했다. 하야시 공사는 "1900년부터 문제[울릉도 도벌]가 러시아인과 발생했다"며 관련 서류 일체를 노세 영사에게 송부했다. 하야시는 향후 울릉도 삼림 도벌에 대한 상세한 보고를 노세에게 지시했다.[68]

1900년 5월 7일 하야시 공사는 한국의 러시아 대리인과 접촉하여 특허권 매매를 논의했다.[69] 1900년 5월 23일 하야시 공사는 마튜닌의 특허권 매도 거부를 아오키 외무대신에게 보고했다. 한국 거주 러시아 대리인에 따르면 뻬쩨르부르크 소재 마튜닌은 특허권 매도를 고려해 볼 수 없다고 회신하면서 특허권 소유자와 러시아인 사이에 교섭이 시작되었는데, 울릉도의 목재 벌채를 위해 청국인을 고용할 계획이라고 밝혔다.[70]

67 『駐韓日本公使館記錄』13, 발신 1899년 12월 15일 오후 6시 20분, 一一. 本省電報往信 (182) [鬱陵島 伐木權 取得문제에 관한 보고], 林 公使→靑木 大臣.

68 『駐韓日本公使館記錄』14, 1900년 5월 4일, 一三. 各領事館機密來信 一·二 (27) [鬱陵島 日人行爲 立會調査 件], 林 公使→能勢 領事.

69 『駐韓日本公使館記錄』15, 1900년 5월 7일 오후 6시 10분, 六. 機密本省其他歐文往復控 一·二 (60) [鬱陵島 伐木權 이양에 관한 件], 林→靑木.

70 『駐韓日本公使館記錄』15, 1900년 5월 23일 오후 3시, 六. 機密本省其他歐文往復控 一·二 (62) [鬱陵島의 樹木探見에 관한 件], 林→靑木.

1900년 12월 3일 하야시 공사는 러시아의 벌목권 기한연장 활동을 외무대신 가토에게 다음과 같이 보고했다. 러시아 상인 브리네르는 1896년 울릉도 및 두만강·압록강안에서 20개년 간 관림 채벌권을 획득했다. 착수기한은 울릉도와 두만강 상류의 무산에서 특허조약 조인 이후 1년, 압록강안에서는 조인 이후 5년이었다. 브리네르는 두만강 상류의 무산에서 벌목에 착수했지만 날씨도 고르지 못했으며 두만강 하류로 벌목한 재목을 내려보낼 수 없어서 본격적으로 벌목을 하지 못했다. 그래서 브리네르는 1899년 삼림채벌권을 마튜닌에게 넘겼다. 하야시 공사는 마튜닌의 벌목권 획득이 개인적인 차원인지 정부 차원인지 확실하게 파악하지 못했다고 보고했다.

마튜닌은 주러한국공사 이범진과 교섭을 시작하여 이미 경과한 연한을 연장하여 20년 간의 특허를 얻기 위한 속약(續約) 체결을 요구했다. 또한 마튜닌은 주한러시아공사 빠블로프에게 전보하여 러시아 수도에서 속약 체결을 위해서 이범진 공사에게 한국 정부의 훈령을 내리도록 노력할 것을 요청했다. 하야시는 기한 경과가 러시아의 책임이므로 한국 정부가 거절하도록 한국 외부대신에게 권고했다.[71]

5) 대한제국의 압록강 삼림채벌권 연장과 한러협정 파기

1901년 4월 2일 하야시 공사는 압록강·두만강·울릉도 삼림채벌권에 대한 러시아의 이권 연장을 외무대신 가토에게 다음과 같이 보고했다.

---

71 『駐韓日本公使館記錄』14, 1900년 12월 3일, 九. 機密本省往信 一·二 (94) [鴨綠江岸 등에 서의 露國人伐木權 期限延長에 관한 露公使의 要求], 林 公使→加藤 外務大臣.

이권의 착수기한은 두만강 상류 무산과 울릉도에서는 조약 이후 1년, 압록강 강변에서는 조인 이후 5년이었고 특허 기간은 통산 20년이었다.

그러나 브리네르는 특허 직후 사업에 착수했는데 수시로 실패했다. 그 이유는 홍수를 맞아 벌목한 목재를 유실한 데 있었다. 그 후 1899년 브리네르는 사업을 중지하고 그 특허권을 모두 주한러시아공사 마튜닌에게 양도했다.

마튜닌은 1900년 주러한국공사 이범진에게 20년간의 특허를 얻기 위한 속약 체결을 요구했다. 동시에 주한러시아공사 빠블로프도 한국 정부와 교섭하여 고종을 알현하는 자리에서 동일하게 요청했다. 그 연기 이유는 브리네르가 사업에 착수했을 때 나쁜 기후 탓에 실패했고 1900년 마튜닌이 제반 준비를 갖추고 사업에 착수하려고 하자 의화단 사변이 발발하여 그 파동으로 청한 국경 역시 불온한 상태여서 사업을 보류했기 때문이다. 한국 정부는 빠블로프의 요구에 따라 약 4~5년 연기를 받아들이기로 승인하고, 각의를 거쳐 속약을 체결하기로 결정했다.[72]

1903년 4월 6일 하야시 공사는 러시아 삼림 채벌 등에 관한 주한러시아공사와의 대화를 일본 외무성에 다음과 같이 보고했다. 4월 4일 주한러시아공사는 하야시 공사의 질문에 대해서 다음과 같이 구두로 답변했다. "러시아군대 1개 부대가 러시아 삼림벌채권 실행을 위해서 압록강안으로 향했을 뿐 군사활동을 전개하지 않았다. 러시아는 의주에서의 청한전선(清韓電線)의 접속에 직접 관여하지 않지만 이 접속이 성취되는

---

72 『駐韓日本公使館記錄』15, 1901년 4월 2일, 六. 機密本省其他歐文往復控 一·二 (67) [鬱陵島 伐木權 讓與에 관한 件] (25) 機密 第34號 [豆滿·鴨綠江 沿岸 伐木年限 延期 件], 林→ 外務大臣 加藤高明.

날에는 대련만(大連灣)의 전선을 만주에 접속시켜 이용할 계획이다." 하야시에 따르면 베베르는 긴즈부르크와 함께 3월 18일 여순으로 떠났다가 27일 함께 돌아왔다. 긴즈부르크는 러시아 삼림벌채권에 관계가 있는 것으로 보이는 여러 명의 러시아인을 여순에서 데리고 돌아왔다. 하야시는 평양에서 순사 한 명을 압록강변에 파견하여 사실을 알아오도록 조치했다.[73]

1903년 4월 14일(러역 1일) 주한러시아공사서리 쉬떼인(E.Ф.Штейн)은 러시아삼림회사 대판사무원의 변동에 대해서 외부대신 이도재에게 다음과 같이 조회했다.

쉬떼인은 1896년 두만강과 압록강변 및 울릉도 벌목에 관해 한국 정부와 조약을 체결했는데, 삼림회사는 이 조약에 따라 남작 긴즈부르크를 대판사무원으로 삼아 서울에 거주하게 했다. 긴즈부르크는 사무를 접수하고 처리하면서 회사의 활동에 관한 사안으로 고종을 알현하고자 했다. 따라서 외부대신 이도재는 남작 긴즈부르크가 고종을 알현할 수 있도록 요청했다.[74]

1903년 5월 5일 외무대신 고무라는 압록강삼림회사에 대해서 주한일본공사 하야시에게 다음과 같이 지시했다. 고무라에 따르면 러시아의 삼림회사 대표자가 수시로 고종을 직접 알현하는 것은 매우 이례적인 일인데, 긴즈부르크는 이전부터 러청은행과 밀접한 관계를 가지고 있다는

---

73 『駐韓日本公使館記錄』19, 1903년 4월 6일, 二. 鴨綠江經營 一~七 (8) 往電 第99號 [러시아인의 삼림벌채 및 淸·韓電線接續에 관한 러시아 公使와의 담화 건], 林 公使→小村 大臣.

74 『駐韓日本公使館記錄』19, 1903년 4월 14일(러역 1일), 二 鴨綠江經營 一~七 (23) 照會 第16號 [러시아 森林會社의 漢城駐在員 임명 및 同人의 陛見 요청의 건], 러시아公使署理 師德仁→大韓帝國 外部大臣 李道宰.

소문을 들었다. 고무라는 한국 정부에서 고종이 알현 요구를 허가하지 않도록 조처할 것을 하야시 공사에게 지시했다.[75]

한편 1903년 4월 2일 의성공사 경리인(經理人) 왕화팅(王化廷)은 청국인 장시잉(張時英), 취밍윈(曲明允)과 일본인 아베 슌스케(阿部準輔), 도이 이치(桃井以一) 등과 함께 합자회사 '일청의성공사(日淸義盛公司)'를 설립하고 정관을 만들어 각자 출자액을 협정했다. 아베는 사장으로 하여 앞서 의성공사 경리인의 이름으로 취득한 특허 권리 전부를 계승하고 일본영사의 공인을 받았다.[76]

1904년 5월 19일 하야시 공사는 한러 양국 간에 체결된 조약과 협정 등을 파기한다는 고종의 칙령을 고무라 외무대신에게 보고했다. 한국 정부는 주한일본공사 하야시와 일본 정부의 압력에 따라 5월 18일 관보 호외로 칙선서를 다음과 같이 발표했다. 첫째, 기존 한러 양국 간에 체결된 조약과 협정은 모두 폐지하고 완전히 무효로 한다. 둘째, 두만강, 압록강, 울릉도의 삼림 채벌 특허는 본래 개인에게 허가된 것이지만 실제 러시아 정부가 경영했다. 또한 러시아 정부는 특허 규정을 준수하지 않고 마음대로 침략적인 점거행위를 하였으므로 그 특허는 폐지하고 전적으로 시행하지 않는다.[77] 이것은 삼림채벌권을 러시아 정부가 경영했다는 사

75 『駐韓日本公使館記錄』19, 1903년 5월 5일, 二. 鴨綠江經營 一~七 (52) 機密送 第34號 [러시아인의 森林事業에 관한 건], 外務大臣 男爵 小村壽太郎→在韓 特命全權公使 林權助.

76 『統監府文書』1, 明治四十一年(1908), 一一. 志岐組關係 鴨綠江森林採伐 關係 (3) [韓日協定 시 鴨綠江 삼림 경영의 營林廠 移管에 따른 기득 연고권 補償에 대한 탄원서] 別紙 [鴨綠江 연안 삼림 벌채 및 판매권에 관한 顚末書 附屬書 契約書], 東京市 赤坂區 赤坂溜池町 6番地 志岐信太郎→統監 伊藤博文.

77 『駐韓日本公使館記錄』22, 발신 1904년 5월 19일 오전 11시 45분, 七. 本省往來 禹範善殺害事件 (7) [한·러 양국 간에 체결된 조약·협정 등 파기한다는 칙령], (361) 往電 第471號

실을 알려준다.

1904년 5월 17일 외부대신 이하영은 러시아와 체결한 일체 조약과 협정 폐기를 선언하는 칙의서와 청의서를 의정부참정 조병식에게 다음과 같이 제출했다. 첫째, 한국과 러시아의 조약과 협정은 일체 파기한다. 둘째, 두만강·압록강·울릉도 삼림 벌목 특허는 러시아인 개인에게 허락했음에도 불구하고 러시아 정부가 직접 경영했기 때문에 규정을 위반하고 자의로 침략 점거했으므로 파기한다.[78]

1904년 5월 18일 대한제국은 한러조약과 협정을 폐기한다는 칙령을 관보에 게재했다. "두만강, 압록강, 울릉도의 산림 채벌 및 식수특허권은 본래 한 개인에게 허락한 것이다. 실제 러시아 정부는 자체로 경영했을 뿐 아니라 해당 특준 규정을 지키지 않고 제멋대로 침략 점거행위를 했다. 해당 특준을 폐지하고 전혀 시행하지 않는다."[79]

[한·러 간 諸 조약 폐기에 관한 勅宣書 공포 件], 林 公使 → 小村 大臣.

78 "大韓政府는 日本이 俄國을 對호야 宣戰호미호갓 大韓獨立을 維持호야 東洋全局에 平和를 確定호기에 在호믈 商量호미 旣往에 議政書를 成約호고 協力호야　日本이 交戰호는 目的을 達호기 便케호고 今又在俄公館을 撤退호얏스니 是以로 韓俄間外交干係가 實狀인즉 斷絶호얏스나 그러나 또 來頭我大韓의 方向을 明白케호고 俄國이 如前一例로 條約과 特准合同等節에 藉口호야 侵略의 行爲를 다시 못호도록 호기 爲호야 玆에 勅宣書案을 會議에 提呈事. 一 旣往韓俄兩國間에 締結호 條約과 協定은 一體廢罷호고 全然勿施홀 事. 一 俄國臣民이나 會社에 認准호바 特許合同中 至今尙在其期限內 者는 自今以後로 大韓政府가 以爲無妨호 者면 如前히 其認准을 繼續享有케호나 至於豆滿江鴨綠江鬱陵島森林伐植特許호야는 本來一個人民에게 許諾호거신디 實狀은 俄國政府가 自作經營홀뿐 外라. 該 特准規定을 遵行치아니호고 恣意로 侵占의 行爲를 호얏스니 該特准은 廢罷호고 全然勿施홀 事." 外部大臣 李夏榮 → 議政府參政 趙秉式, 光武八年(1904) 五月 十七日, 「請議書」, 『各部請議書存案』26.

79 "一旣往韓俄兩國間에 締結호 條約과 協定은 一體廢罷호고 全然勿施홀事. 一俄國臣民이나 會社에認準호바 特許合同 中至今尙在其期限內者는 自今以後로 大韓政府가 以爲無妨호 者면 如前히 其認 準을 繼續享有케호나 至於豆滿江鴨綠江 鬱陵島森林伐植特許 호야는

1904년 5월 18일 주한일본공사관도 한국 정부의 한러 양국 간에 체결한 조약과 협정에 대한 폐기 선언을 본국 정부에 보고했다.[80] 1904년 5월 27일 외부대신 이하영은 러시아의 '두만강·압록강·울릉도 삼림 벌목 특허'에 관한 파기를 주한일본공사 하야시에게 공식적으로 통보했다.[81] 1906년 10월 26일 통감부 외사과는 1904년 5월 18일 고종이 두만강·압록강·울릉도 삼림 벌목의 특허 폐지에 대한 칙선서를 재정리하여 기록했다.[82]

本來一個人民에게 許諾ㅎ거신터實狀은 俄國政府가 自作經營홀쑨 外라 該特準規定을 遵行치 아니ㅎ고 恣意로侵占的行爲롤 ㅎ얏스니 該特準은 廢罷ㅎ고 全然勿施홀事." 議政府 總務局官報課, 光武八年 五月 十八日, 「號外」,『官報』.

80 『駐韓日本公使館記錄』22, 1904년 5월 18일, 七. 本省往來 禹範善殺害事件 (7) 官報 號外 勅宣書[한·러 양국 간에 체결된 조약·협정 등 파기한다는 칙령], 議政府參政 趙秉式, 外部大臣 李夏榮.

81 "一. 지금까지 한러 양국 간에 체결한 조약과 협정은 일체 폐기하고 시행하지 말 것." "一. 러시아 신민이나 회사에 허가한 바 있는 특허계약 중 지금까지 기한 내에 있는 것은 앞으로 대한정부가 무방하다고 인정하면 전과 같이 그 허가를 계속 향유케 할 것이나 豆滿江, 鴨綠江, 鬱陵島의 삼림 벌식 특허는 본래 한 개인에게 허가한 것인데 실제로는 러시아 정부가 경영할 뿐만 아니라 그 특허 규정을 준수하지 아니하고 자의로 침탈적인 행위를 함으로써 그 특허를 폐기하고 시행하지 말 것."『駐韓日本公使館記錄』24, 1904년 5월 27일, 二. 外部來 一·二 (37) 照會 第89號 [한·러 간 경제교류에 대한 황제폐하의 勅宣書 송부 件] 別紙 勅宣書, 大韓外部大臣 李夏榮→大日本特命全權公使 林權助.

82 "1904년 5월 18일 한국 황제는 다음의 勅宣書를 발포하였음. 一. 러시아 국민 혹은 회사에 인허한 특허 합동 중 지금에 이르러 계속 그 기한 내에 있는 것은 지금 이후는 대한정부가 지장이 없다고 하는 것은 앞에서와 같이 인허를 계속 향유시켜도 豆滿江·鴨綠江·鬱陵島 森林伐植의 특허에 이르러서는 본래 일개인의 인민에게 허락한 것이었으나 실은 러시아 정부가 스스로 경영할 뿐만 아니라 이 특허 규정을 준수하지 않고 마음대로 侵占的 행위를 했으므로 이 특허는 폐지하고 전혀 시행하지 않음."『統監府文書』3, 明治三十九年(1906) 十月 二十六日記, 三. 釜山鐵道用地及新義州龍岩浦軍用地關係 (1) 龍岩浦의 러시아인 점유지, 統監府 外事課 제국신문은 1906년 4월 23일 일본의 압록강 삼림을 벌목하는 상황을 보도했다. "년전에 아인이 삼림회사를 정부에 허가로 설립하고 압록강 상류 변계 삼림을 작벌하다가 일아개전이 되야 자연물시 되엿더니. 지금 일본인이 압록강 상류 혜산진에 군

1906년 10월 19일 통감 이토 히로부미는 한일 삼림 경영에 관한 협동 약관의 체결을 일본 외무성에 보고했다. 이토는 9월 29일 압록강 삼림 경영에 관하여 약관안을 준비했다고 밝혔다. 이토와 의정부 참정대신 박제순은 "압록강과 두만강 삼림을 한국 국경에서 가장 풍옥한 이원(利源)으로 인정하며 한국과 일본 정부가 그 경영의 조관(條款)을 체결한다"는 목적으로 협동약관을 다음과 같이 체결했다.

　첫째, 한국과 일본 정부는 압록강과 두만강 삼림을 협동 경영한다. 둘째, 한국과 일본 정부는 경영자본을 120만원으로 하여 각자 60만원을 출자한다. 셋째, 삼림 경영 사업과 수지계산에 대해서는 특별한 회계를 세워 명료하게 한다. 이 회계는 매년 1회 양국 정부에 반드시 보고한다. 넷째, 사업의 손익은 그 출자액에 따라 양국 정부 간에 분배한다. 다섯째, 양국 정부는 출자를 증가할 필요가 있을 때는 상호 승인을 거친다. 여섯째, 양국 정부가 임명한 위원은 세칙을 만들 수 있다. 일곱째, 한국인과 일본인이 가입하기 위한 회사조직으로 할 필요가 있을 경으 양국 정부는 협정하여 그 방법을 정한다.[83] 일본 정부는 러일전쟁 직흐 압록

용 벌목창을 설시하고 변계 삼림을 제 물건과 갓치 작벌ㅎ야 두만감으로 떼목을 대여 수운케하고 겨울에 합빙이 되면 회령군 연해로 수운케 하엿ᄃᆞ하니, 정부에서 허가하엿단 말을 듯지 못하엿고, 무인지경 갓치 작벌하야도 소위 정부에서 모르는 체하며 본국인은 제산에 밀록하는 것을 금치 안이하니 참 알수업더라."『제국신문』1906. 4. 23.

83　"森林經營에 관한 協同約款. 鴨綠江及豆滿江森林은한국ㅅ境에在ᄒᆞ를最히豊沃ᄒᆞ利源으로 認ᄒᆞ야韓日兩國政府ᄂᆞ其經營에對ᄒᆞ야左開條款을締結홈. 第一條 鴨綠江及豆滿江森林은 한국及일본兩政府의協同經營에由ᄒᆞ미可홈第二條 兩國政府ᄂᆞ經營資本을壹百貳拾萬圓 으로ᄒᆞ고各自六拾萬圓式出資홈第三條 森林經營事業及收支計算에對ᄒᆞ야ᄂᆞ特別히會計 룰立ᄒᆞ고明瞭케홀事 該會計ᄂᆞ每年一回에兩政府에必爲報告 홀事第四條 事業의損益은其 出資額에應ᄒᆞ야韓日兩政府間에分配홈第五條 第二條의出資룰他日增加 홀必要가有 홀時 ᄂᆞ兩國政府ᄂᆞ互相의承認을經홈을要 홀者로홈第六條 本條約施行에對ᄒᆞ야尙此細則을設

강삼림회사의 독점권을 획득하고 통감부 시기 회사를 직접 경영했다.

3. 압록강삼림회사를 둘러싼 러일의 대립 과정과 결과

1896년 9월 블라디보스톡 상인 브리네르는 한국 북부에서 삼림채벌권 이권을 한국 정부로부터 획득했다. 1898년 3월 베조브라조프는 극동 지역에 '동아시아회사'를 추진했는데, 베조브라조프는 일본의 한국 북부지역 장악에 대비하기 위해서 브리네르의 삼림채벌권을 이용할 것을 제안하는 보고서를 니꼴라이 2세에게 제출하여 승인받았다. 1901년 6월 베조브라조프는 '동아시아산업회사'를 다시 추진했지만 지체되었다. 1903년 5월 7일(양력 20일) 러시아 특별협의회는 압록강삼림회사 (러시아삼림산업회사)의 설립안을 상정하고 승인했다. 반면 일본에서는 1903년 4월 2일 의성공사 경리인 왕화팅이 청국인 장시잉, 취밍원과 일본인 아베 슌스케, 도이 이치 등과 함께 합자회사 '일청의성공사'를 설립하고 정관을 만들어 각자 출자액을 협정했다. 아베는 사장으로 하여 앞서 의성공사 경리인의 이름으로 취득한 특허 권리 전부를 계승하고 일본영사의 공인을 받았다.

훌要가有 훌時 ᄂ 兩國政府가命 훌委員이此를決定 훌이可 홈 第七條 本事業의進行을從 ᄒ야 兩國人民으로 ᄒ야금加入 홈 을得케 홈 을爲 ᄒ야 會社組織 으로 홀 必要가有 훌 境遇에在 ᄒ야ᄂ 兩國政府 ᄂ 協定 ᄒ야 其方法을定 ᄒ미可홈. 光武十年 十月 十九日(明治三十九年 十月 十九日)." 『統監府文書』 3, 明治三十九年 十月 十九日(1906年10月19日), 九. 甲種文書部 (19) 機密秘發 第一九號 [삼림경영에 관한 協同約款 사본 송부의 件] 別紙 삼림경영에 관한 協同約款, 伊藤 統監→林 外務大臣.

1903년 11월 12일 궁정수렵대신 발라셰프는 자금을 집중시키그 압록강의 지류를 포함하여 압록강 양안으로 공간을 확장시킬 필요성을 제기했다. 발라셰프는 기만과 폭력으로 서로의 목재를 빼앗고 있다며 일본인과 청국의 지방 권력을 비난했다. 발라셰프는 기선 기업과 석탄 광산과 만주의 소금 특권사업에 참여하도록 러시아정부에 요청했다. 조직자는 국가의 보조금과 만주의 소금 특권사업을 통한 수입으로 특허회사를 설립하고 만주에서 독점자본가가 되기를 희망했구. 압록강삼림회사 책임자는 주어진 계획의 영역을 넘어서 서울과 의주 철도 이권을 확보하기 위해서 협상했다.

일본 정부는 압록강삼림회사가 한국을 지배하려는 러시아의 장막이라는 사실을 파악했다. 동시에 러시아가 황해로 전면적으로 진출할 시기가 임박했다고 생각했다. 일본 정부는 러시아의 압록강삼림회사의 경영이 러일전쟁의 원인이라고 주장했다. 1904년 5월 19일 하야시 공사는 한러 양국 간에 체결된 조약과 협정 등을 파기한다는 고종의 척력을 고무라 외무대신에게 보고했다. 한국 정부는 일본의 압력에 따라 5월 18일 관보 호외로 칙선서를 다음과 같이 발표했다. 첫째, 기존 한러 양극 간에 체결된 조약과 협정은 모두 폐지하고 완전히 무효로 한다. 둘째, 드만강, 압록강, 울릉도의 삼림 채벌 특허는 본래 개인에게 허가된 것이지만 실제 러시아 정부가 경영했다. 또한 러시아 정부는 특허 규정을 준수하지 않고 마음대로 침략적인 점거 행위를 하였으므로 그 특허는 폐지하고 전적으로 시행하지 않는다. 사실 이러한 한러조약의 폐기 등은 주한일본공사 하야시가 고종을 강요해 발표시킨 결과물이었다.

러시아의 용암포 점유에 대한
일본의 정보 파악과 대응

1903년 용암포 사건은 압록강삼림회사와 연결되어 러일전쟁의 원인 중 하나로 알려진 사건이다. 또한 일본은 러시아의 용암포 점유를 한국 진출의 최대 장애물 중 하나로 판단했다. 1903년 5월 러시아는 압록강삼림회사를 추진하기 위해서 용암포 지역을 점유했다. 1903년 7월 러시아 삼림회사 대리인 긴즈부르크는 삼림감리 조성협과 함께 용암포로 출장 갔는데, 그곳에서 두 사람은 용암포 토지 사용 예약서를 작성했다.

김원수는 용암포 사건에 대한 일련의 연구를 진행하면서 전체적인 사실관계를 규명했다. 김원수에 따르면 용암포를 둘러싸고 러시아와 일본은 날카롭게 대립했는데, 이것은 러일전쟁 발발의 한 요인으로 작용했다. 일본의 경의철도 부설권 획득 기도라는 선제에 직면하여 러시아는 삼림채벌권 활용을 구실로 용암포 조차의 방식으로 대응했다. 그럼에도 러일전쟁 이후 1904년 3월 23일 외부대신 임시서리 겸 의정부참정 조병식이 의정부의 의결과 황제의 재가를 받아 용암포를 통상구안(通商口岸)으로 선언했다.[1]

강영심은 용암포 사건을 러시아의 병참기지화 조치라고 보고 용암포

토지 사용의 예약서를 상세하게 파악
했다. 강영심에 따르면 러시아는 용
암포 조차 계약이 정식 인준되지 못
하자 암포 토지 사용 예약서를 근거
로 1903년 9월 용천군 두류포(斗流
浦) 일대에 포대 진지와 등대 구축작
업에 착수했다. 러시아는 용암포에서
두류포 이외의 토지를 광점하고 입표
하는 등 세력권 확장뿐만 아니라 전
략적 기지구축을 계속했다.[2]

긴즈부르크(M. X. Гинсбург, 1351~1936)

　　기존 연구는 용암포 점유에 초점을
맞추어 주로 주한일본공사 하야시의
보고서를 중심으로 파악했기 때문에 용암포 개방에 대한 러시아 정부의
대응에 대한 연구가 진행되지 않았다. 따라서 이 책에서는 러시아자료를
살펴보면서 주한러시아공사 빠블로프와 압록강삼림회사 대리인 긴즈부
르크 그리고 러시아 정부의 입장 등에 주목하고 또한 일본자료 중 우장
(牛莊)주재 일본영사 세가와 아사노신(瀬川浅之進)의 출장보고서를 활
용하여 용암포 사건의 전체적인 과정을 살펴볼 것이다. 이를 통해서 용
암포 사건의 전개와 결과 등을 추적하면서 러일전쟁과의 연관성을 살펴
볼 것이다.

1　　김원수, 「용암포 사건과 일본의 대응」, 『러일전쟁과 일본의 한국침략』, 일조각, 1986; 김원
　　수, 「러일전쟁의 발단과 의주개시문제」, 『한일관계사연구』 11, 1998; 김원수, 「압록강 위기
　　와 러일전쟁」, 『서양사학연구』 23, 2010, 134-135쪽.

2　　강영심, 1988, 495-500쪽.

1. 용암포 개방에 대한 러시아 정부의 대응

러시아는 압록강삼림회사를 추진했는데 그에 대한 반발이 바로 일본이 주도한 용암포 개항이었다. 1903년 5월 21일(양력 6월 3일) 주한러시아 공사 빠블로프는 용암포 개항에 대해서 고종과 한국 정부에 다음과 같이 반대했다고 러시아 정부에 보고했다. 일본인은 용암포 개항으로 압록 강에서 확고한 지위를 갖추게 될 것인데, 이것은 한국의 파멸을 가져오는 정치적 분규로 이어질 수 있을 것이다. 다만 빠블로프는 용암포 개항에 대한 러시아의 공식적인 태도를 자제해야 한다고 주장했다. 그 이유는 일본을 포함한 열강이 용암포 개항을 공식적으로 요구할 수 있기 때문이다. 또한 빠블로프는 압록강삼림회사가 권리 안에서만 행동하고 한국 정부에 새로운 이권의 요구를 자제해야 한다고 주장했다.[3]

1903년 5월 29일 외무대신 람즈도르프는 용암포 개항에 대해서 다음과 같이 니꼴라이 2세에게 보고했다. 람즈도르프에 따르면 베조브라조프는 니꼴라이 2세의 지시에 따라 긴즈부르크 남작이 보낸 전보를 람즈도르프에게 전달했다. 이는 베조브라조프가 긴즈부르크와 전보를 통해서 한국 정부의 정보를 파악하고 있었다는 사실을 알려준다. 또한 빠블로프는 긴즈부르크와 함께 한국 정부의 용암포 개항에 적극적으로 반대했다.[4]

1903년 5월 30일 외무대신 람즈도르프는 주한러시아공사 빠블로프에게 다음과 같이 지시했다. 람즈도르프에 따르면 긴즈부르크는 여순을

---

3 ГАРФ. Ф. 568. Оп. 1. Д. 179. ЛЛ. 44-44об.
4 ГАРФ. Ф. 568. Оп. 1. Д. 179. ЛЛ. 46-46об.

통해 "한국 정부는 일본과 총세무사 브라운의 영향력하에 용암포를 개방하려고 준비 중이다"라는 전보를 보냈다. 람즈도르프는 만주어서 질서가 공고해질 때까지 압록강 지역에 일본인을 포함한 외국인이 들어오지 못하게 막아야 하므로 빠블로프로 하여금 외국인이 압록강어 들어가지 못하도록 고종을 포함한 한국 정부관료에게 강력히 압력을 가할 것을 지시했다.[5]

1903년 6월 23일 람즈도르프는 "용암포 개항을 허용할 수 없다는 사실에 대해서 주러일본공사 구리노에게 통보했다"고 니꼴라이 2세에게 보고했다.[6]

1903년 6월 6일(양력 19일) 알렉세예프는 여순과 용암포 개항을 반대하며 만주에서 러시아군 철수 불가를 주장하는 전보를 보냈다. 알렉세예프에 따르면 압록강 하구의 대외무역소 개방은 경쟁력을 갖추지 못한 러시아 기업들에 심각한 피해를 줄 것이다. 또한 3월 26일 러청조약은 이행이 불가능하다. 대한제국이 대외무역항을 개방할 경우 러시아는 신속히 군대를 파견할 계획이라는 성명서를 작성하는 게 유리하다.[7]

1903년 6월 10일(양력 23일) 주한러시아공사 빠블로프는 일본의 압록강 개방 요구에 대해서 외무부에 비밀전문을 보냈다. 주한일본공사 하야시는 6월 10일 빠블로프를 방문했다. 하야시는 일본 정부의 지시에 따라 4월 11일 의주 등을 개방할 것을 대한제국에 요구했다. 대한제국 정부는 러시아의 반대를 이유로 일본 정부의 요구를 회피했다. 한편 빠블

---

5   ГАРФ. Ф. 568. Оп. 1. Д. 179. Л. 48.
6   ГАРФ. Ф. 568. Оп. 1. Д. 179. Л. 56.
7   АВПРИ. Ф. 493. Оп. 1. Д. 108. ЛЛ. 17-18об.

로프는 만주의 질서가 확립될 때까지 압록강 개항에 반대한다고 대한제국 정부관료에게 제기했고 고종도 압록강 개항에 반대한다고 답변했다. 하야시는 압록강 개항 관련 협상을 통해서 일본 외무부의 만주와 한국 정책에 대한 핵심적인 사항을 빠블로프에게 제시했다. 하야시는 대외무역을 위한 압록강 개방이 실행되면 일본이 절대로 침략을 수행하지 않을 것이라고 빠블로프를 설득했다. 또한 일본은 만주에서 러시아의 정치적 이익도, 한국 북부에서의 목재회사 활동도 방해하지 않을 것이다. 일본은 러시아가 획득한 전반적인 상업적 이익만 고려할 뿐이다. 일본 정부는 러시아가 압록강 개항에 반대하는 근거를 제시한다고 할지라도 납득하지 않을 것이다. 하야시는 러시아가 압록강 개항을 방해하면 심각한 혼란이 초래될 것이라고 주장했다.[8]

1903년 6월 23일 람즈도르프는 압록강 개항이 허용될 수 없다고 주러일본공사 구리노에게 전했다고 황제에게 보고했다.[9] 1903년 7월 5일 알렉세예프는 6월 27일 여순회의에서 일본의 압록강 개항 요구에 대한 결론을 전문으로 보냈다. "러시아는 일본의 압록강 개항 요구가 자국의 이해에 해로우며 현재 시의적절하지 않다고 성명서를 발표해야 한다. 대한제국이 러시아의 경고를 받아들이지 않을 경우 러시아는 군사행동의 자유를 갖는다는 점도 함께 포함시켜야 한다. 러시아의 사전 경고는 대한제국과 일본 정부에 공식적으로 알려야 한다." 또한 베조브라조프는 여순회의에서 러시아가 평화 유지를 위해 계속해서 일본의 공격적인 행동

8   АВПРИ. Ф. 150. Оп. 493. Д. 108. ЛЛ. 20-21об. Секретная телеграмма Д. С. С. Павлова.
9   ГАРФ. Ф. 568. Оп. 1. Д. 179. Л. 56.

에 굴복하는 것을 경계했다.[10]

1903년 8월 6일(양력 19일) 빠블로프는 대한제국의 용암포를 포함한 의주의 대외무역항 개방을 보고했다. 8월 6일 대한제국 외부대신은 주한일본과 영국공사의 요구와 위협으로 의주 다외무역 개방에 동의해야 한다고 빠블로프에게 말했다. 빠블로프는 의주 개방을 연기하고 조계지에 치외법권을 허용하지 않는 것이 중요하다고 외부대신에게 요구했다. 그렇지만 대한제국은 압록강삼림회사에 대한 토지 할당을 러시아와 정식으로 협약하는 데 동의했다. 이 토지는 용암포의 조차지 성격으로 면적 2평방 베르스타이고 약 7베르스타의 해안선을 끼고 있었다.[11]

1903년 8월 15일(양력 28일) 빠블로프는 어제 고종이 승인한 삼림회사에 대한 토지 할당을 대한제국 전권대표와 정식으로 서명하지 못했다고 전보했다. 그 이유는 일본이 대한제국에 서명에 따른 보복을 위협했기 때문이다.[12]

1903년 9월 6일(양력 19일) 알렉세예프는 압록강삼림회사의 현지 상황을 보고했다. 정보에 따르면 압록강삼림회사 주변에 대한 공격이 준비 중이라는 소식이 전해졌다. 알렉세예프는 1896년 러일 모스크바 의정서에 근거하여 군대를 파견할 계획이라고 보고했다. 사하자[13][沙河子, 연해주 국경지대 사하자강, 지명으로 가장 가까운 곳이 코끄사로보

10 АВПРИ. Ф. 150. Оп. 493. Д. 108. ЛЛ. 30-30об.

11 АВПРИ. Ф. 150. Оп. 493. Д. 108. ЛЛ. 39-39об.

12 АВПРИ. Ф. 150. Оп. 493. Д. 108. ЛЛ. 50-50об.

13 Шахеза(Пограничная) – падь в Пограничном районе Приморского края. Название китайское, образовано от Шахэцзы – Песчаная речка. Словарь китайских топонимов на территории советского Дальнего Востока. Часть 5. 2012; toponimika.ru/index.php?id=17.

(Комиссарово)¹⁴]를 점령하는 러시아 국경수비대가 파견될 계획이었다.¹⁵

1903년 10월 9일(양력 22일) 빠블로프는 주한일본공사 하야시가 압록강에 파견된 대령 두카트(Дукат)의 전보 사본을 정보원으로부터 입수했다는 사실을 알게 되었다. 빠블로프는 두카트가 일본 첩보원이라고 판단했다. 이 전보는 러시아가 용암포에 있는 삼림회사구역에 강 입구를 통제하는 요새를 건설한다는 내용이었다. 빠블로프는 긴즈부르크 남작에게 사실을 문의했고, 긴즈부르크는 그곳에 토지가 할당된 이후 어떤 새로운 건축물도 설치된 적이 없다고 단언했다.¹⁶

1903년 11월 2일(양력 15일) 빠블로프는 용암포 개항에 대해서 비밀전문을 보냈다. 빠블로프에 따르면 주한미국공사는 미국 정부의 지시를 받아서 용암포의 신속한 개항에 관한 주한일본과 영국공사의 집요한 요구에 동의했다. 대한제국 외부대신은 빠블로프의 강력한 경고에도 불구하고 용암포 개항에 관한 공식적인 발표를 조만간 선언할 계획이었다.¹⁷

1904년 2월 23일(양력 3월 7일) 주청 러시아공사 레사르는 용암포와 의주 개방에 대한 정보를 입수하여 보고했다. 이 문서는 미국 정부가 서울주재 미국공사의 전보 내용을 워싱턴주재 청국공사에게 알려준 것으로, 레사르는 주미청국공사가 청국 정부에 보낸 문서를 입수한 것이다. 서울주재 미국공사에 따르면 대한제국 정부는 용암포와 의주 개방 날짜

---

14 1879년 마을이 설립됨. Село основано забайкальскими казаками. Добирались сюда пешком, на плотах, лошадях(ru.wikipedia.org/wiki).

15 АВПРИ. Ф. 150. Оп. 493. Д. 108. ЛЛ. 59-59об.

16 АВПРИ. Ф. 150. Оп. 493. Д. 108. Л. 61.

17 АВПРИ. Ф. 493. Оп. 1. Д. 108. ЛЛ. 65-65об. Секретная телеграмма Д. С. С. Павлова.

를 정하겠다고 약속했다.[18]

2. 일본이 파악한 러시아의 용암포 점유 과정

1) 통감부가 조사한 러시아의 용암포 점유 상황

1906년 10월 26일 통감부 외사과는 용암포 관련 러시아의 점유 과정에 대한 보고서를 다음과 같이 작성했다.

1903년 5월 3일 의주 군수는 러시아인 40~50명이 용천군 용악포에 와서 토지와 가옥을 매수하고 있다는 내용을 의부에 전보로 보고했다. 5월 5일 한국 외부는 조약에서 정한 지역 외 내륙지방에서 토지와 가옥을 매수하는 것이 불법이므로 곧 퇴거시킬 것이라고 주한러시아공사관에 통고했다. 그러나 5월 20일 주한러시아공사는 용암포에 있는 러시아인은 삼림회사의 임원과 직원들이며 한국 정부가 1896년 러시아 상인 브리네르에게 허가한 삼림 약정에 기초하여 가옥과 공장을 임의로 건조할 수 있다고 답변했다.

이에 대해 한국 정부는 삼림 약정 특허 조항에 근거하면 압록강삼림회사가 한국 정부와 협의하여 경영 지점을 선정하고 해당 구역 내에서만 건축할 수 있으므로 현재 용암포에서의 활동은 불법이며 금지되어야 한다고 항의했다.

5월 29일 용천 군수가 러시아인이 용암포에서 백성의 분묘를 발굴

---

18 ГАРФ. Ф. 568. Оп. 1. Д. 142. Л. 29.

한다고 보고하자 6월 1일 외부대신은 주한러시아공사에 강경하게 항의했다.

그 후 궁내부 내장원 소속 조성협은 삼림감리에 임명되어 6월 23일 용암포에서 러시아삼림회사 대리인 긴즈부르크 남작과 함께 용암포를 방문했다. 두 사람은 7월 22일 용암포 토지 사용에 대한 협정 '예약서'를 작성했다. 그 내용은 삼림조약에 근거하여 토지, 가옥, 공장 설치 위치를 용암포로 설정하고 사용 지구의 도면을 만들어 한국 정부와 주한러시아공사에게 제출하여 양국이 협정하도록 하는 것이었다.

하지만 통감부 외사과에 따르면 첫째, 이 예약서가 조인되었는지는 불확실하며 조성협은 조인한 바 없다고 주장했다. 둘째, 7월 27일 주한일본공사 하야시는 조성협의 임무에 대해 외부에 질의하였고 외부는 다음과 같이 답변했다. "러시아인은 삼림조약에 따라 가옥과 창고 건축을 위한 토지 제공이 허가되었지만 한국 정부와의 정식 협정 절차 없이 백성에게서 불법적으로 토지를 매입했다. 이에 내장원은 조성협 감리를 파견하여 러시아인이 매입한 토지를 반환시키고 정식 절차에 따라 다시 선정하도록 지시했다." 셋째, 8월 17일 하야시는 조성협이 체결한 협정의 효력에 대해 외부대신에게 질문했고 외부대신은 다음과 같이 회답했다. "조성협과 긴즈부르크 간의 협정은 단지 예약서일 뿐이며 정부가 정식으로 협정을 체결하지 않으면 법적 효력이 없다." 8월 상순 조성협은 귀경하여 예약서를 정부에 제출하였고, 8월 19일 외부와 러시아공사는 해당 협정의 수정과 개정에 합의했다. 주한러시아공사는 협정안을, 외부는 수정안을 마련하여 조인만 남은 상태였다. 러시아공사는 8월 25일부터 27일까지 외부에 머물며 조인을 요구했으나 실패했다. 이어 8월 28일 러시아공사는 알현을 요구하는 공문을 보내고 29일에는 조성협과의 약정에 따라 용암포 조차를 확정한다는 공문을 발송했다. 그러나 9월 9일 외부대신은 조성협의 약정은 예약서에 불과하며 효력이 없다는 공식 회답을 보냈다. 넷째, 빠블로프 공사가 조인을 강요하자 하야시 공사는 일본 정부의 훈령에 따라 다음과 같이 한국 정부에 통보했다. "삼림 특허는 사립회사를 위한 경영 권한을 부여한 것이며 러시아인은 사립회사가 아닌 정부 주도로 경영했다. 그것은 특허 범위를 벗어난 것이다. 계약 절차도 무시하고 병사 및 마적을 동원한 러시아의 행위는 한국의 주권을 침해한 것이다." 9월 13일 주한러시아공사는 외부의 답변에 반박하였고 14일 외부는 재반박 공문으로 회답했다. 10월 러시아인은 용암포의 사용 구역을 확장하고 있었다. 이에 10월 21일 외부대신은 기존 구역도 인준하지 않았는데 확장은 더욱 불법이라며 철거를 요구했다. 그러나 10월 31일 주한러시아공사는 불법이 아니라는 회답을 보냈다. 이 시기 러시아인은 용암포에서 계속 경영하며 벽돌주택과 창고 등 10여 동을 건축하고 거주하며 목재 수집 활동을 본격적으로 시작했다.

1904년 러일전쟁이 발발하자 러시아인은 용암포에서 철수했다. 1904년 4월 5일 일본군대 제1군의 가세(加瀬) 근위기병 연대가 용암포를 점령했다.

1904년 5월 18일 고종은 용암포 관련 칙선서를 다음과 같이 반포했다. 첫째, 한러 양국 간에 체결한 조약과 협정은 모두 폐지하고 무효로 한다. 둘째, 두만강, 압록강, 울릉도 삼림특허는 개인에게 허락했는데 러시아 정부는 스스로 경영했으며 특허 규정을 준수하지 않고 불법적인 행위를 했으므로 그 특허는 폐지한다.

1906년 2월 안동현(安東縣) 군정서는 용암포의 군정을 관리하였고 출장소를 설치하여 러시아의 점령 구역 내에 거주하는 일본인과 청국인에 대해서 거주를 허가하고 관리했다.

통감부는 용암포에 대해 군헌으로부터 다음과 같은 자료를 인계받았다. 용암포 구역 일본인은 호수 100호 및 인구 약 700명, 청국은 40~50호 및 인구 400~500명 정도였다. 그 지역의 용암포 총면적은 31만 5,636평이었고 그중 러시아인이 건축한 주택과 창고 등의 부지는 모두 16만 8,000평이었다. 현재 이 부지는 일본 육군 운수부 및 군용 목재창에서 사용 중이었다.

외사과에 따르면 러시아인은 최초로 한국인 러시아어 통역관 박형준 명의로 토지를 구입했다. 그러나 실제는 러시아인 소유이므로 한국 정부는 이를 승인하지 않았다. 당시 용천 군수서리가 매매를 금지하지 못했다는 이유로 처벌받았다. 그래서 내장원은 러시아인이 지불한 토지 대금을 반환하고 분묘 이장비 등을 지출하기 위해서 삼림감리 조성협을 출장 보냈으나 환부 등에 관한 계산 및 처리 처분 등에 관한 서류는 남아 있지 않았다. 이 사건은 당시 내장원경 이용익이 고종의 뜻을 받아 처리한 것으로, 삼림감리 임명도 내장원에서 이루어졌다. 이에 따라 통감부 외사과는 당시 계산과 문서가 아직 이용익이 보관 중일 가능성이 있다고 보았다.[19]

2) 주한일본공사가 파악한 러시아의 용암포 점유 과정과 조차 계약

1903년 5월 3일 의주 대관의 전보에 따르면 러시아인 40~50명은 용암

---

19 『駐韓日本公使館記錄』26, 1906년 10월 26일, 一三. 甲種外務部稅關在外鮮人雜 (15) [統監府 外事課에서 작성한 龍岩浦 소재 전 러시아 점유지의 유래 및 내용 설명], 統監府外事課.

군 용암포에 토지를 사고 가옥을 매입하여 거주하고 있었다. 5월 5일 외부대신 이도재는 주한러시아공사서리 쉬뻬인에게 "외국인은 조계 밖에서는 토지를 매입하고 조차하거나 가옥을 임차하거나 매입하지 못하는 것은 통상조약에 규정되어 있다. 러시아인이 용암포에서 토지를 매입하고 가옥을 매득하는 등은 불법이므로 러시아인들 모두 철수할 것"을 요구했다.[20]

1903년 5월 6일 주한일본공사 하야시는 러시아의 용암포 토지 매수와 의주에 일본영사 설치 문제에 관하여 고무라 외무대신에게 다음과 같이 보고했다.

한국 정부에 따르면 러시아인은 다수의 청국인을 고용해 백마산 삼림벌채를 시작하려 했고, 압록강구 용암리에 토지를 매수하고 있다. 이에 한국 정부는 백마산 삼림벌채 허가는 곤란하다고 판단해 러시아 대리공사에게 이를 조회했고 동시에 토지 매수는 조약 범위 외 지역에서 이루어진 것이므로 금지한다는 훈령을 의주 지방관에게 내렸다. 하야시는 러시아 정부가 러시아인에게 삼림벌채 권한을 부여했다고 추측했고 한국 정부가 압록강안 토지 매수를 실질적으로 금지하지 못할 것으로 판단했다. 따라서 하야시는 일본이 현재 의주 지역에서 직접적인 무역상 이해관계는 없지만 장래 이익을 고려할 때 러시아의 경영을 방임해서는 안 된다고 보고하면서 의주에 일본영사를 설치할 것을 외무대신에게 제안했다.[21]

---

20 『駐韓日本公使館記錄』19, 1903년 5월 5일, 二. 鴨綠江經營 一〜七 (46) 照會 第14號 [龍巖浦에서 買地 購屋하고 있는 在留 러시아인들의 철거 요구], 外部大臣 李道宰→러시아 公使署理 師德仁.

21 『駐韓日本公使館記錄』21, 1903년 5월 6일, 五. 本省往電上·中·下 (125) 往電 第122號 [러시아의 白馬山 삼림벌채 개시 龍岩浦 토지 매수 이에 대한 한국 정부의 태도], 林→小村.

1903년 5월 8일 하야시는 러시아가 벌목회사의 사업을 명분으로 용암포의 토지를 매수하고 토목공사를 시작했다고 일본 외무성에 보고했다. 하야시는 러시아의 이러한 행위가 조약을 위반한 것이라 판단하고 이를 외교적 기회로 삼아 한국 정부에 의주 등 내지 개방에 성명하도록 유도하는 방안을 일본 외무성에 제안했다. 하야시는 한국의 개방을 추진하는 것이 일본에 유리하다고 보았다.[22]

1903년 5월 22일 하야시는 합동 조약 제2조의 규정에 따라 러시아가 압록강에서 먼저 공사를 시작한 것은 조약 위반이며 삼림회사에 외국인을 고용할 경우 제7조에 따라 통행증을 소지하지 않으면 불법이라고 보았다. 또한 제3조에 따르면 가옥과 공장은 선택한 지점 부근에 건설해야 하는데, 러시아가 지점을 정하지 않은 상태에서 용암포에 가옥과 공장을 건축한 것은 합동 조약을 위반한 것이라고 판단했다.[23]

1903년 6월 1일 하야시는 의주주재 일본 외무서기생 신조 준테이(新庄順貞)의 전보 내용을 다음과 같이 고무라 외무대신에게 보고했다. 신조는 5월 31일 용천 군수를 면담했는데, 용천 군수에 따르면 용암포 지역에서 러시아인들은 군수의 동의 없이 토목공사를 계속 진행하고 있었으며 러시아인 30~40명, 청국인 100여 명, 말 25필 등이 동원되었다. 또소형 증기선을 이용해 대동구에서 화물을 운반하고 있었다. 한편 한국외부주사는 검사관 자격으로 용천에 도착해서 운산에서 출발할 예정인

22 『駐韓日本公使館記錄』21, 1903년 5월 8일, 五. 本省往電上·中·下 (129) 往電 第126號 [러시아 龍岩里 경영에 대한 우리 측 내지 개방 성명 如何], 林→小村.

23 『駐韓日本公使館記錄』21, 1903년 5월 22일 오후 1시, 五. 本省往電 上·中·下 (137) 往電 第134號 [上件에 관한 의견], 林→小村.

러시아영사를 기다리고 있었다.[24]

1903년 7월 27일 하야시는 의주주재 일본 외무서기생 신조의 보고서를 일본 외무성에 다음과 같이 제출했다.

1903년 7월 17일 신조는 조성협 삼림감리와의 면담 내용을 하야시에게 보고했다. 삼림감리이자 외부참서관인 조성협은 7월 5일 여순을 출발해 13일 용암포에 도착했다. 조성협에 따르면 그의 임무는 용암포 지역의 경계를 획정하는 것이었다. 서울에서 출발하기 전 조성협은 긴즈부르크 등과 함께 용암포의 토지와 가옥을 한국 정부가 매입한 뒤 이를 러시아삼림회사에 대여하기로 결정한 바 있다고 전했다.

그러나 러시아 측은 실제로 매입한 지역보다 더 넓은 지역을 점령하고 있었기 때문에 한국 정부는 점령 범위 인근의 토지와 가옥을 매입하고 해당 지역의 경계를 축소할 방침이었다. 조성협은 용암포 연안의 평지까지만 허용하고 남쪽 산 위까지 확장되는 것을 막기 위해 면적을 조사했다. 그는 마드리또프와 함께 경계를 협정함으로써 자신의 임무를 마무리할 계획이었다.

한편 조성협은 안동현의 대안(對岸)인 미륵동에 러시아가 전신주를 건설한 것을 비판했다. 이에 대해 담당자인 쁘리조프(Призов)는 "이 일은 안동현에 있는 사람들이 설치한 것으로 나는 관여하지 않았그 알지도 못한다. 또 러시아가 청국 지역에 전선을 설치한 일은 귀하가 간섭할 사항이 아닐 것이다"라고 답변했다.[25]

---

24 『駐韓日本公使館記錄』 21, 1903년 6월 1일, 五. 本省往電 上·中·下 (149) 往電 第146號 [龍岩浦에서 러시아인의 經營 진상에 관해 新庄의 보고], 林→小村.
25 『駐韓日本公使館記錄』 20, 1903년 7월 27일, 一. 鴨綠江經營別冊 甲·乙, (7) 機密 第124號 [新庄 書記生 보고서 사본 進達] [別紙 1] 出 第23號 [趙森林監理의 담화], 在韓國 持命全權

1903년 8월 9일 하야시는 2, 3일 전 용암포에서 돌아온 삼림감리 조성협으로부터 용암포 조차 계약의 사본을 입수했다고 일본 외무성에 보고했다. 하야시에 따르면 이 조차 계약은 "러시아인 마튜닌이 삼림 합동 계약에 따라 용암포에 삼림회사를 설립하고 가옥과 공장을 건축함으로써 한국 정부로부터 지단(地段)을 확정받으려 한다"는 전제를 바탕으로 체결되었다.

　이 계약의 주요 내용은 다음과 같다. 1) 경영 지단은 용암포로 정하고 그 외의 구역은 점령하지 않는다. 2) 지도 2매를 작성하여 한국 정부와 러시아공사에게 제시한 뒤 서울에서 토지 면적을 의정(議定)하고 조차 계약을 체결한다. 3) 위 절차가 확정된 후 면적을 측정하여 통상조약에 따라 연세(年稅)를 납부한다. 4) 해당 지역의 묘지를 이전하고 그 대금을 지불한다. 5) 한러 양국인의 불법행위에 대한 재판 관할권을 협의한다. 6) 우마(牛馬)의 사양(飼養)에 대해 논의한다. 7) 압록강 상류에서 내려오는 뗏목은 대가를 지불하고 구입한다. 8) 한국 산림을 청국인이 벌채할 경우 해당 청국인은 한국 관리가 회사 측에 넘겨 재판받게 한다.

　하야시는 이 계약의 전제와 제1조에 근거해서 러시아인의 용암포 점유는 일정한 지단 내에서만 허가될 것으로 판단했다. 또한 조차된 지단에 대한 세금은 삼림합동계약에 별도 규정이 없으므로 관세규칙이나 통상조약에 따를 것으로 보았다. 하야시는 일본이 이 세금 문제에 대해 한국 정부에 이의를 제기할 여지가 있다고 일본 외무성에 보고했다.[26]

　公使 林權助→外務大臣 小村壽太郎. 신조에 대한 연구는 주현희, 「신조 준테이의 『鮮語階梯』(1918) 연구」, 『한국학연구』 85, 2023 참고.

26　『駐韓日本公使館記錄』 21, 1903년 8월 9일, 五. 本省往電 上·中·下 (240) 往電 第237號 [趙 監理의 龍岩浦 임대조약 사본 대요 보고], 林→小村.

1903년 8월 17일 하야시는 용암포 조차 예약서를 파기할 것을 한국 정부에 강력히 요구했다고 일본 외무성에 보고했다. 그는 압록강변 1곳의 개방을 한국 정부에 요구할 계획인데, 일본 전관거류지, 기선의 교통, 상업상 경영 등을 러시아와 마찬가지로 한국조정에 제출할 권한을 부여할 것도 일본 외무성에 요청했다.[27]

1903년 8월 19일 하야시는 용암포 조차 파기에 대해서 삼림감리 조성협이 러시아인 긴즈부르크와 협의한 협정서를 파기했다고 일본 외무성에 보고했다. 한국 외부대신은 용암포 조차 협정서가 조성협의 '잠시 정함'으로 협정의 완전한 효력이 없다고 회답했다.[28]

1903년 8월 25일 하야시는 용암포 조차와 관련된 조성협의 예약서가 완전히 파기된 것은 아니라고 일본 외무성에 보고했다. 그는 한국 외부대신이 러시아인의 철수를 강제로 이행할 능력이 없기 때문에 일본 정부가 직접 러시아와 교섭하여 철수를 유도하는 방안을 제안했다. 현재 러시아군은 안동현의 봉황성(鳳凰城)과 통화에 주둔하며 삼림사업을 보호하고 있었는데, 하야시에 따르면 러시아는 압록강변에서 청국과 한국의 삼림 경영을 추진하는 과정에서 호위병이 필요하다고 보았다.[29]

1903년 8월 26일 하야시에 따르면 주한러시아공사는 25일 외부대신

27 『駐韓日本公使館記錄』 21, 1903년 8월 17일, 五. 本省往電 上·中·下 (244) 往電 第241號 [趙 監理가 체결한 龍岩浦 租地豫約에 대한 訓令에 기초하여 항의], 林→小村.

28 『駐韓日本公使館記錄』 21, 1903년 8월 19일, 五. 本省往電 上·中·下 (252) 往電 第249號 [外部大臣은 趙 監理의 龍岩浦 租地豫約을 파기해야 한다고 明言], 林→小村.

29 『駐韓日本公使館記錄』 21, 1903년 8월 19일, 五. 本省往電 上·中·下 (267) 往電 第264號 [外部大臣은 日本이 러시아와 교섭하여 鴨綠江 문제를 해결하게 되면 韓國은 러시아와 租地條約을 없는 것으로 할 수 있음], 林→小村.

과 장시간의 회견을 통해서 용암포 조차 협정서 조인을 강요했다.[30]

1903년 9월 1일 하야시에 따르면 주한러시아공사는 용암포 조차에 관하여 8월 29일 공문으로 한국 외부에 다음과 같이 성명했다. "한국 정부에서 협정서에 조인을 거절하는 이상 조성협의 협정에 따라 용암포의 조차지는 확정된 것으로 한다. 또한 외부대신의 조인 거절의 책임은 오로지 한국 정부에 있다."[31]

1903년 9월 1일 오전 주한러시아공사는 주한일본공사관을 방문했다. 하야시에 따르면 주한러시아공사는 용암포 조차안에 대한 일본의 반대운동에 관하여 언급하지 않으면서 경흥의 한러 전신선 접속 문제를 한국 정부와 계속 교섭할 것이라고 밝혔다.[32]

1903년 9월 2일 하야시는 용암포 조사 문제에 관한 이용익의 정보를 일본 외무성에 보고했다. 이용익에 따르면 9월 2일 오후 의정부는 비밀회의를 열어 용암포 조차안을 의론할 예정이었다. 고종은 용암포 조차의 의정부 토의를 명령했지만 고종의 애매한 태도 때문에 의정부는 결론을 내지 못했다.[33]

1903년 9월 12일 하야시에 따르면 주한러시아공사는 고종을 자주 알

---

30 『駐韓日本公使館記錄』21, 1903년 8월 26일, 五. 本省往電 上·中·下 (270) 往電 第267號 [러시아공사는 外部에 龍岩浦 租地條約의 조인을 압박], 林→小村.

31 『駐韓日本公使館記錄』21, 1903년 9월 1일 오후 2시 50분, 五. 本省往電 上·中·下 (282) 往電 第279號 [新協定 거부 赴 監理의 約束을 확정 러시아공사는 外部에 宣告], 林→小村.

32 『駐韓日本公使館記錄』21, 1903년 9월 1일, 五. 本省往電 上·中·下 (284) 往電 第281號 [러시아공사와 회견 慶興電線 접속에 대해 담화], 林→小村.

33 『駐韓日本公使館記錄』21, 1903년 9월 2일, 五. 本省往電 上·中·下 (288) 往電 第285號 [龍岩浦 租借 문제 議政府會議에서 한국 정부는 러시아공사의 요구거절에 주저하는 모습이 있음], 林→小村.

현하며 용암포 조차안 조인을 강요하고 있었다. 그러자 하야시는 이용익을 면담하여 일본 정부의 의도를 설명하면서 궁암포 조차안 조인 결과를 경고했다. 이용익에 따르면 주한러시아공사는 조성협의 협정안 파기를 자기 책임이라고 생각하여 고종을 강력히 압박하고 있었다. 그럼에도 한국 정부는 신속히 일본과 러시아가 용암포 조차를 합의할 것을 희망했다. 또한 이용익은 한국 정부가 의주 개방 문제를 의정부에서 결정했지만 발표를 연기하고 있을 뿐이라고 밝혔다.[34]

1903년 9월 25일 하야시에 따르면 삼림감독 조성협은 긴즈부르크 및 용암포의 삼림회사 지배인 등과 어제 지부를 향해 출발했는데, 최종 목적지는 용암포였다. 조성협은 출발에 즈음하여 시오카와(塩川) 통역관에게 다음과 같이 말했다. "용무는 러시아인이 매수한 묘지의 대가 지불에 관한 업무뿐이다." 그럼에도 하야시는 조성협의 과거 행적에 근거하여 충분히 주의하라는 전보를 신조에게 보냈다.[35] 사실 긴즈부르크의 출장은 압록강삼림회사 운영을 실행하기 위한 것이었다.

1903년 9월 28일 하야시는 용암포 경영과 관련된 신조의 전보 내용을 일본 외무성에 보고했다. 신조는 1903년 9월 10일 현지 러시아 통역으로부터 다음과 같은 정보를 입수했다. "조성협이 러시아인으로부터 묘지 대금으로 1,000원을 수령했으나 그중 일부만 백성들에게 지급했으며 러시아인은 조성협에게 2,000원의 뇌물을 보내고 이를 토지 구입비 명목으로

---

34 『駐韓日本公使館記錄』 21, 1903년 9월 12일, 五. 本省往電 上·中·下 (307) 往電 第304號 [外部에서 보낸 義州開放 平壤閉鎖에 관한 공문에 대해서 乙국 공사의 태도 및 龍岩浦 문제에 대한 러시아공사의 압박], 林→小村.

35 『駐韓日本公使館記錄』 21, 1903년 9월 25일, 五. 本省往電 上·中·下 (326) 往電 第323號 [趙性協은 다시 러시아인과 龍岩浦을 향하여 출발], 林→小村.

장부에 기록했다." 또한 하야시는 러시아 측이 두류포에 망루(감시대)를 건설 중이라고 보고했다.[36]

1903년 9월 28일 하야시에 따르면 주한러시아공사는 26일 자로 한국 외부에 다음과 같은 공문을 보냈다. 용암포 조차 협정은 공사와 외부대신 이도재가 먼저 합의 확정했다. 러시아의 삼림회사 경영은 한국 정부에서 방해할 수 없을 뿐 아니라 보조를 주어야 할 의무가 있다. 한국 외부는 26일 자로 다음과 같은 공문을 러시아공사관에 보냈다. 러시아삼림회사는 합동 협약에 근거하여 한국인이 사역할 의무가 있는데, 청국인이 사역하여 청국인 폭행의 위협을 받았다.[37]

1903년 10월 1일 하야시에 따르면 외부대신은 조성협 감리가 뇌물을 받은 사실을 보고받고 외부주사 2명을 실지 조사하기로 결정했는데, 그들은 묘지 매수 조사 및 용암포 부근의 개방을 조사할 계획이었다.[38] 1903년 10월 19일 하야시는 조성협이 용암포 토지매수비로 50,000원 및 묘소 이전비 3,000원을 러시아삼림회사로부터 받았다며 조성협을 소환 처분할 것을 내주했다.[39]

1903년 10월 30일 하야시는 조성협의 뇌물 관련 내용을 일본 외무

---

36 『駐韓日本公使館記錄』 21, 1903년 9월 28일, 五. 本省往電 上·中·下 (327) 往電 第324號 [龍岩浦 러시아인 경영에 관한 新庄의 보고 轉電], 林 公使→小村 大臣.

37 『駐韓日本公使館記錄』 21, 1903년 9월 28일, 五. 本省往電 上·中·下 (329) 往電 第326號 [러시아공사 러시아의 경영은 도시에 대한 조약 권리에 기초. 한국황제는 이를 보호해야 할 의무가 있음], 林→小村.

38 『駐韓日本公使館記錄』 21, 1903년 10월 1일, 五. 本省往電 上·中·下 (334) 往電 第331號 [趙 監理 처벌방법에 대한 對韓 신청 전말의 件], 林→小村.

39 『駐韓日本公使館記錄』 21, 1903년 10월 19일, 五. 本省往電 上·中·下 (367) 往電 第363號 [義州 및 龍岩浦 개방 촉구에 관한 件], 林→小村.

성에 보고했다. 10월 30일 한국 외부대신서리는 시오카와를 불러서 "조성협은 궁중의 허가를 받고 묘지 이장비 3,000원과 토지 대수 대금 20,000원을 러시아삼림회사로부터 받았다. 고종은 용암포 개당에 관해서 만주 문제 해결 때까지 보류하고자 하는 생각을 가지고 있다"[40]고 했다.

3) 우장주재 일본영사가 파악한 압록강 주변 청국 지역의 상황

1903년 7월 6일 외무대신 고무라는 우장지역영사가 압록강 즈변 청국 지역의 상황을 보고했다며 주한일본공사 하야시에게 송부했다.[41] 1903년 6월 17일 우장주재 일본영사 세가와 아사노신은 봉황성 근처의 상황에 대해서 외무대신 고무라에게 보고했는데, 세가와는 봉황성과 대동구에 체류하면서 집중적으로 정보를 수집했다.

세가와는 봉황성 출장 지시를 받고 6월 1일 우장을 떠나 요양(遼陽), 첨수참(甛水站), 마천령(摩天嶺), 연산관(連山關) 및 설리참(雪裡站) 등을 통과하여 6월 6일 봉황성에 도착, 현지 상황 등에 관한 조사에 착수하여 12일 오전 10시경 조사를 완결했다. 세가와는 이날 봉황성을 출발하여 대동구로 급행하여 그곳에서 기선을 타고 지부를 거쳐 17일 귀임했다.

세가와는 "압록강안에서의 러시아의 경영, 청국인의 러시아인에 대한

---

40 『駐韓日本公使館記錄』 21, 1903년 10월 30일, 五. 本省往電上·中·下. (399) 往電 第395號 [趙 監理 수뢰 사실 및 한국 황제 龍岩浦 개방 의향의 件], 林→小村.

41 『駐韓日本公使館記錄』 19, 1903년 7월 6일, 二. 鴨綠江經營 一~七 (277) 機密送 第54號 [鳳凰城의 부근 상황에 대한 보고서 송부의 건], 外務大臣 男爵 小村壽太郎→在韓 特命全權 公使 林權助.

감정, 봉천에 있는 러시아 군무관의 봉황성 출장 건, 동변병비도(東邊兵備道) 위안다화(袁大化)라는 인물" 등의 목차를 작성하여 보고했다.[42]

세가와는 '압록강안에서의 러시아의 경영'에 대해 다음과 같이 기록했다.

러시아삼림회사는 새로운 사업으로 압록강안에서 러시아의 경영을 실행하고 있는데, 세가와는 봉황성 체재 중 동변병비도 위안다화 및 여순항 가와쿠보 양행의 점원 요시다 사카(吉田兆)로부터 다음과 같이 청취했다.

동변병비도 위안다화는 러시아의 동변 경영에 대해 다음과 같이 말했다.

관동 총독 알렉세예프 및 봉천주재 러시아 국경위원(까미사르)은 압록강안에서 러시아의 경영을 추진했다. 여순 총독부 참모 중령 마드리또프(A.C.Мадритов)는 현장에서 임무를 지휘하고 있었다.

위안다화는 1902년 11월 중순 공무로 관전과 회인 지방을 순회 중이었다. 그러던 중 11월 18일 봉천 장군으로부터 조속히 봉천으로 오라는 전보를 받고 즉시 봉황성으로 돌아온 뒤 수암을 거쳐 봉천으로 향했다. 당시 관동 총독 알렉세예프는 봉천에 도착해 러시아가 압록강·혼강·애강 연안의 토지를 25년간 조차하고 벌목권을 갖는 동시에 통화현과 회인현의 광산개발권을 양여해 줄 것을 요구했다. 그러나 봉천 장군은 이에 쉽게 응하지 않았다.

---

42 『駐韓日本公使館記錄』19, 1903년 6월 17일, 二, 鴨綠江經營 一~七 (277) 機密送 第54號 [鳳凰城의 부근 상황에 대한 보고서 송부의 건] [別紙] 機密 第31號 [鳳凰城 부근 상황에 대한 보고서 송부의 건] [別紙] 報告事項, 牛莊주재 領事 瀨川淺之進→外務大臣 小村壽太郎.

관동 총독과 봉천주재 러시아 군무관은 특별히 러시아 상인 이바노프(Иванов)를 위원으로 선정해 위안다화와 협의를 진행시켰다. 의안다화는 이에 반대했지만 이바노프의 요구를 완전히 무시하기는 어려웠기 때문에 청국 상인 명의로 벌목 면상을 발급했다. 이 면상의 유효기한은 1년으로 정하고 매년 갱신하며 청나라의 세칙을 준수하고 청국인이 이미 벌목 중인 구역을 침해하지 않는 한 벌목을 허가한다는 내용이었다. 이바노프가 이에 만족하자 위안다화도 봉황성으로 돌아갔다. 그러나 봉천주재 러시아 군무관 등은 이권의 내용이 미약하다고 판단하여 즉시 이바노프를 배제하고 마드리또프를 불렀다. 마드리또프는 압록강삼림회사의 총판(總辦)을 맡았으며 동변(東邊) 삼강(三江)의 목재털채권과 세금 징수 업무까지도 러시아가 직접 장악하려는 계획을 세우고 있었다.

마드리또프는 보통 수단으로는 이를 실행할 수 없다고 간파했다. 그리하여 봉천주재 군무원과 상의하여 요양과 봉천 각지에서 마적을 소집하여 동변 각지에 보내어 지방을 교란하고 지방관을 위협하며 그 허를 틈타 목적을 달성하고자 했다. 1903년 3월 초순 마드리또프는 투하 사관인 빠흘리스(Пахлис) 등 러시아 병사 9명, 린치(林七)의 부하인 리다번(李大本) 등 40여 명의 마적을 거느리고 봉황성에 오게 했다. 그들은 연도 각지 도처에서 약탈하고 부녀자를 능욕했다. 그들이 봉황성이 도착하자 위안다화는 러시아가 모집한 마적의 횡포를 봉천 장군과 의구부에 전보하여 금지를 요청했다. 외무부와 봉천 장군에게 러시아 마적은 "가도부한(假道赴韓, 길을 빌려서 한국에 가는 것)"이라는 전보가 도착했다. 그 후 러시아 정부는 만주주재 러시아 책임자에게 앞으로 마적을 모집할 수 없다는 지시를 내렸다. 소문에 따르면 봉천주재 군무관은 고집한 600여 명의 마적 중 20여 명만을 채용하고 그 밖의 마적으로부터 무기를 거둬들이고 추방했다.

봉천주재 군무관(국경위원) 대령 타베첸스끼[43]는 러시아 장교 중 동변 경영을 가장 열성적으로 추진하였고 그의 세력은 청국 정치(增祺) 장군을 훨씬 능가했다. 타베첸스끼와 알렉세예프는 동변의 경비에 주목하여 봉황성의 철병도 주저했다. 그 이유는 러시아의 이익을 보호하고 일본에 대해서 방비하려는 것이었다. 심지어 한국의 용암포에 토목공사를 일으켜 부두를 쌓을 준비도 하고 있었다. 향후 러시아의 경영은 대련만에서 피지와(皮子窩), 대고산(大孤山)을 거쳐 압록강구에 철도를 부설하여 여순 및 압록강 사이를 수상과 육상으로 서로 연락시키고자 하는 데 있었다.

압록강삼림회사는 1903년 혼강 상류에서 이미 1,500패(簿)[44]의 목재를 정가로 매입하여 산기슭에서 반가(半價)를 주고 나머지 반가(半價)는 대동구에서 지급하기로 약속했다.

위안다화에 따르면 "러시아는 여순 및 대련만의 공사 및 동청철도 공사의 목재를 그동안 2~3년 이래 주로 대동구에서 구매하고 있었는데, 올해는 진일보하여 산기슭에서 구매하기로 약속했다. 산기슭에 러시아의 깃발을 세우고 대동구에 하류시키는 방법을 취한 것이다. 압록강삼림회사의 사업은 한두 상인이 하는 사업이 아니라 러시아 정부의 사업이다."

세가와는 러시아가 삼림회사를 설립하고 혼강 상류에서 목재의 매입에 착수하고 그 목재를 한국의 용암포로 수집하여 이를 각지에 분수(分

---

43 Табеченский 또는 케첸스끼(Кеченский).

44 뗏목으로서 혼강의 목패(木簿)는 대개 11부의 목재를 조립하여 만든 것으로, 부(副)란 11본(本)의 목재를 일컫는다.

輪)할 계획을 세웠다고 보고했다.

세가와는 봉황성 체재 중 상업 시찰을 위해 통화(通化), 회인(懷仁) 지방을 여행하던 요시다 사카(吉田兆)를 만났는데, 요시다는 "압록강삼림회사가 통화현에 이미 설립되어 이미 토지매입에 착수하고 계약이 체결되었다"고 밝히며 다음과 같이 알려주었다.

1) 계약서의 문안은 다음과 같았다. "조첩(租帖) 계약서. 계약인 야오순싱(姚順興)은 통화현성 서산의 동으로는 산두, 서로는 대차가 지나다니는 소도, 남으로는 산강정에서 물이 흘러 요성의 땅으로 들어가고, 북으로는 소구에 이르는 땅(합계 27畝 9分과 말뚝을 박아놓은 땅 7畝 3分)을 중개인 추쥔(仇俊)을 통해 압록강삼림회사 마드리또프에 출조(出租)하여 가옥 등을 짓게 한다. 출조한 후에 압록강삼림회사는 거주를 옮치 않는 자를 사퇴시킬 수 있으나 원래의 업주는 땅을 요구할 수 없다. 매년 지조(地租)는 은 60원으로 한다. 시일이 지난 후 회사가 땅을 물릴 경우 사람이 살지 않는 가옥 등은 회사 스스로 철거한다. 대청(大淸) 광서(光緒) 29년(1903) 4월 21일 출조인(出租人) 야오순싱."

2) 본 계약은 차지(借地) 형태로 하고 별도로 부약을 세워 25년분의 차지료를 일시에 교부하는 방법으로 되어 있는데, 사실상 매매한 것과 다름이 없었다. 본 계약은 음력 4월 21일에 정립하고 봉천주재 러시아 군무관 앞으로 보내고, 그 검열을 거친 뒤 대가를 교부하는 것으로 되어 있었다.

3) 통역을 담당한 러시아계 청국 귀화인 우란바야미로프(Уранбаямиров)는 5~6일 전에 240사젠의 땅을 1만 4천 루블에 매입했다. 그 목적은 병영의 건축에 있었는데, 9월 중순(러시아력) 제1차로 들어올 병사는 240명으로, 건축할 가옥의 총수는 병영 5동, 사무소 1동, 기타 3동이었다.

4) 지휘관은 마드리또프이고 사무관은 스끼돌스끼(Скидольский), 그 밖의 사관은 미하니쯔스끼(Миханицкий) 및 까따니쯔끼(Катаницкий) 였는데, 모두 변장을 했다. 그밖에 목재 수취 기사 2, 3명과 의사 1명, 인부 두목 11명이 있었다. 러시아 병사 40~50명 등이 변장하고 총기를 소지했다. 매입을 약정한 토지는 통화현 성 밖 서쪽 3정(丁)쯤 떨어진 높은 지대였는데, 혼강의 홍수 때도 침수될 우려가 없는 좋은 위치였다. 러시아인에 따르면 이곳에 설립되는 사무소는 동청철도와 동일한 성격의 정부 소속이었다.

5) 20명의 러시아인이 회인에 있었고 이들이 상류에서 내려오는 목재를 수집했다. 1903년 러시아인은 11만 6천 개의 목재를 구입했다. 삼송(杉松) 1부(副)[45]는 31원(元)이고 홍송(紅松) 1부(副)는 40원(元)이었다. 매입 청부인은 장통린(張統林)이었고, 뗏목 하나의 매매에 대해 3원(元)의 수수료를 받았다.

6) 지난번 혼강의 홍수로 수많은 목패가 떠내려갔다. 압록강삼림회사는 흩어진 목재를 1본(本)에 10전(錢)씩을 주고 모으게 했다. 위의 유수(流木)에는 모두 소유주의 극인(極印)이 있었지만 압록강삼림회사의 극인이 없는 것도 노획의 대상이었다. 노획한 유목으로 기사나 통역 및 청부인 등이 개인의 주머니를 채웠는데, 귀화인 왕판우(王範吾)는 홍수 때 3만원(元)의 이득을 보았다는 소문이 있었다.

7) 러시아군 까따니쯔끼(Катаницкий) 대위에 따르면 광산 채굴은 봉천 장군이 승낙하고 있지 않지만 5년 전에 이미 북경 정부로부터 권리를 얻었다. 광산의 조사는 재작년 중에 이미 완료되었고 머지않아 시굴

---

45 토괴(土塊)를 1부(副)로 함. 길이 8척(尺).

(試掘)에 착수할 예정이었다. 통화현과 임강현은 도처에 광산이 있었지만 현재 채굴하고 있는 것은 적었다. 짐승 가죽류까지도 봉천에서 판매되는 가죽류 대부분은 통화에서 수송되는 것이었다. 압록강삼림회사가 본부를 통화에 두고 점차 이 방면의 사업에 착수한다면 제반의 이익은 실로 생각하기 힘들 정도일 것이다. 현재 러시아는 통화에서 무슨 방면으로 전주(電柱)를 건립하고 있었다.

한편 세가와는 봉황성에서 돌아오는 길에 안동현으로 갔는데, 배를 빌려서 대동구를 목적으로 압록강을 내려갔다. 당시 러시아 해군 사관은 소기선(小汽船) 안에서 압록강을 측량하고 현장을 목격했다. 또한 러시아군함 시부치(Сивуч)호는 대동구에 정박하고 있었다.

기선 황허(黃河)호는 11명의 러시아인과 2명의 부인, 3명의 어린이를 태우고 여순을 출발하여 대동구에 도착했다. 압록강삼림회사 소속 소기선은 이들을 태우고 한국의 용암포로 출발했다.

황허호 선장에 따르면 러시아인은 용암포를 '욘보'라고 불렀는데, 현재 목재 제재소를 건설하고 있었다. 용암포 항내는 간조 때 7~8척 물이 찼고 평일 썰물 때 대동구에서 18척 내지 20척이 증수되어 약 15척의 물이 늘어났다. 용암포 항구 공사가 준공되면 홀수(吃水) 22~23척의 선박이 정박할 수 있을 것이다. 대동구부터 용암포까지 약 150리(哩) 내외가 될 것이다. 대동구는 원래 청국의 미개항지로, 이곳에 오는 선박은 지부 세관에서 청나라의 내하 항행 규칙에 따라 특별한 허가를 받아야 했다. 현재 지부 및 대동구 사이를 왕복할 수 있는 기선은 일본 기선 네기세이마루(寧靜丸)와 영국 소유의 황허호뿐이었다.

여순주재 러시아 긴즈부르크상회는 노르웨이의 기선 로드센(Rodsen)호 및 독일 기선 아모이(Amoy)호 등을 빌려 석탄과 맥분 및 기기류 등을 탑재하여 대동구로 이송한 다음 용암포로 수송했다. 대동구의 청나라 세관은 러시아인의 화물이면 대체로 지체 없이 용암포 수송을 허용했다. 마태립다부(馬大立多夫)는 마드리또프로 여순 총독부 소속 육군 중령이 었다. 그는 황족으로 행세하며 청나라인을 위압하고 있었다.[46]

세가와는 '청국인의 러시아인에 대한 감정'을 다음과 같이 기록했다. 러시아 병사가 평소 청국인을 학대하여 청국인은 러시아인을 원망하고 깊이 혐오했다. 도대 위안다화에 따르면 봉황성에서 가장 큰 문제는 러시아군대의 말 사료였다. 말먹이의 시세는 100속(束, 1束 = 5斤)에 6~10원(元)이었는데, 러시아군대는 어느 곳에서나 100속에 2원으로 값을 정해놓았다.[47]

한편 세가와는 '봉천주재 군무관 및 봉황성 출장'을 다음과 같이 기록했다. 1903년 6월 9일 봉천주재 러시아 군무관 대령 타베첸스끼는 봉천 발심국(發審局) 총판(總辦) 다오장웨(道章樾)와 함께 요양을 떠나 봉황성으로 오겠다는 전보를 동변병비도아문(東邊兵備道衙門)에 보냈다. 타베첸스끼 대령은 증기(增祺) 장군을 조종하여 만주 내에서 러시아의 이권 경영을 주도한 인물이었다. 도대 위안다화에 따르면 타베첸스끼 대령은 사하자에서 청국 관병과 러시아가 고용한 마적 사이에 발생한 충돌 사건을 처리하기 위해 오는 것이었다.

---

46 『駐韓日本公使館記錄』19, 1903년 6월 17일, 二. 鴨綠江經營 一~七 (277) 機密送第54號 [鳳凰城의 부근 상황에 대한 보고서송부의 건] [別紙] 機密 第31號 [鳳凰城 부근 상황에 대한 보고서 송부의 건] [別紙] 報告事項, 牛莊주재 領事 瀨川淺之進→外務大臣 小村壽太郞.

47 『駐韓日本公使館記錄』19, 1903년 6월 17일, 二. 鴨綠江經營 一~七 (277) 機密送第54號 [鳳凰城의 부근 상황에 대한 보고서 송부의 건] [別紙] 機密 第31號 [鳳凰城 부근 상황에 대한 보고서 송부의 건] [別紙] 報告事項, 牛莊주재 領事 瀨川淺之進→外務大臣 小村壽太郞.

세가와는 사하자에서 청국 관병과 러시아가 모집한 마적 간에 일어난 충돌사건을 다음과 같이 정리했다. 1903년 3월 초순 린치의 부하인 마적 수십 명이 봉황성을 거쳐 안동현으로 이동했다. 이들은 평소 러시아의 위세를 등에 업고 통령 우얼퀀부(烏爾棍布)의 부대를 멸시하며 모멸을 일삼았다. 한편 러시아는 한국의 용천에 토지를 확보하고 토목공사를 시작하였으며 마적대를 문자구(蚊子溝)와 사도구(四道溝) 둥지에 분산시켰다. 이들 마적은 민가에 침입해 재물을 강탈하고 각종 행패를 부렸다. 이에 도대 위안다화가 마드리또프와 상의하여 마드리또프는 각처에 흩어진 마적을 사하자로 불러모아 무기를 회수했다.

그 후 통령 우얼퀀부는 음력 1903년 4월 29일 러시아가 모집한 마적들을 토벌하고, 체포한 마적 9명을 봉황성으로 호송하여 도대 위안다화에게 인도했다. 그러나 봉황성 주둔 러시아 지휘관 대령 빠블로프는 마적의 인도를 요구하며 직접 이들을 요양으로 호송했다. 이 과정에서 빠블로프는 우얼퀀부를 봉황성의 러시아군 병영에 구금했다.

러시아는 봉황성에 기병대 700명과 포병대 2소대, 포 2문을 주둔시켰는데, 그중 50명의 기병을 항상 사하자에 출장시켰다. 그러다 사하자에 출장시킨 기병대를 소환하고 새로이 포 1문과 100여 명의 병사를 증파시켰다.

음력 1903년 4월 초 마드리또프는 지부에서 대동구에 도착했는데, 20명의 러시아 병사를 거느리고 마적대 7명과 함께 동변도아문을 포위한 다음 도대 위안다화와 강경하게 담판한 다음 4월 5일 요양을 향해 떠났다.

봉천의 러시아 군무관은 이 기회를 이용하여 스스로 봉황성에 와서 도대 위안다화와 회견한 결과 사하자 및 두령자(陡嶺子) 사건을 꺼내어 몹시 힐난하고 동변에서의 러시아 경영에 대해 장래에 방해하지 말 것을 요구했다.

세가와는 '동변병비도 위안다화라는 인물'을 다음과 같이 기록했다. 봉황성주재 동변병비도 위안다화는 다른 청국 관리와 같이 이록(利祿)에 연연하는 풍이 없을 뿐만 아니라 목숨도 던져서 국사에 바치는 기개가 있었다. 안휘성 사람으로 나이는 53세로 관직 약력은 아래와 같다. 1880년 길림(吉林) 및 삼성(三姓) 등에서 대총통효후(戴總統孝候)의 막빈(幕賓)이 되어 흠차대신(欽差大臣) 우다정(吳大徵)을 따라 러시아 동부 각 지방을 시찰하며 지리군정(地理軍政)을 관찰했다. 1883년 광동수사(廣東水師)로 전임했다. 직예총독(直隸總督) 리홍장(李鴻章)은 1884년 흑룡강 막하에서 금광사무를 변리했다. 1895년에는 광동집포총국(廣東緝捕總局) 사무를 변리했다. 위안다화는 1895년 7~8월 권비(拳匪)의 난 시기 리홍장의 강화위원이 되어 리홍장이 광동에서 북상할 때 수행했다. 1901년 직예성 청하도(淸河道)에 임명되었다. 위안다화는 리홍장과 동향으로 일찍이 그의 휘하에 소속되었고, 또 직예총독 위안스카이(袁世凱)와도 먼 친척 사이였다. 1902년 9월 13일 성경성 동변병비도로서 봉황성에 부임한 이래 아직 1년에 달하지 않았으나 인의(人意)의 표면에 나서는 일이 많았다.[48]

---

48 『駐韓日本公使館記録』19, 1903년 6월 17일, 二. 鴨綠江經營 一~七 (277) 機密送 第54號 [鳳凰城의 부근 상황에 대한 보고서 송부의 건] [別紙] 機密 第31號 [鳳凰城 부근 상황에 대한 보고서 송부의 건] [別紙] 報告事項, 牛莊주재 領事 瀨川淺之進→外務大臣 小村壽太郎.

3. 용암포 점유를 둘러싼 러일의 대립

러시아가 압록강삼림회사를 추진하면서 그에 대한 반발로 일본이 용암포 개항을 주도했다. 1903년 5월 30일(양력 6월 12일) 외무대신 람즈도르프는 만주에서 질서가 공고해질 때까지 압록강 지역에 일본인을 포함한 외국인이 들어오지 못하게 빠블로프로 하여금 외국인이 압록강에 들어가지 못하도록 고종을 포함한 한국 정부관료에게 강력히 압력을 가할 것을 지시했다. 1903년 8월 6일(양력 19일) 빠블로프는 의주의 개방을 연기하고 조계지에 치외법권을 허용하지 않는 것이 중요하다고 대한제국 외부대신에게 압력을 가했다. 그 결과 대한제국은 압록강삼림회사에 대한 토지 할당을 러시아와 정식으로 협약하는 데 동의했다. 이 토지는 용암포의 조차지 성격으로 면적 2평방 베르스타에 약 7베르스타의 해안선을 끼고 있었다.

러시아의 용암포 토지 계약(예약서)의 내막은 다음과 같다. 궁내부 내장원 소속 조성협은 삼림감리에 임명되고 6월 23일 용암포에서 러시아 삼림회사 대리인 긴즈부르크과 함께 용암포에 갔다. 두 사람은 7월 22일 용암포 토지 사용 협정 예약을 작성했다. 삼림조약에 근거하여 토지, 가옥, 공장 설치의 위치를 용암포로 설정하고 사용 지구의 도면을 만들어 각각 한국 정부와 주한러시아공사에게 제출하여 한국 정부와 주한러시아공사 간에 협정하기로 했다.

통감부 외사과에 따르면 1903년 8월 상순 삼림감리 조성협은 서울로 돌아와서 토지 계약(예약서)을 대한제국 정부에 제출했다. 8월 19일 외부와 러시아공사는 조성협과 긴즈부르크의 협약을 수정하고 개정에 합의했다. 주한러시아공사는 협정안을 제공하고 외부는 수정안을 만들어서 협정은 조인만 남겨둔 상태였다. 그러나 주한러시아공사가 25일부터 27일까지 외부에 대기하며 조인을 강요했지만 실패했다. 그러자 주한러시아공사는 28일 알현을 요구하는 공문을 보내고 29일 조성협과의 약정에 의해 용암포의 조차를 확정한 것으로 인정한다는 공문을 보냈다. 하지만 1903년 9월 9일 한국 외부대신은 조성협의 약정이 예약으로서 아무런 효력이 없다고 회답했다.

한편 1903년 6월 27일 주한일본공사 하야시는 러시아의 용암포 점유의 위험성을 일본 외무성에 보고하며 일본 외무성에 일본이 스스로 의주 개방을 선언하여 러시아와 한국을 압박하도록 제안했다. 1904년 9월 13일 하야시는 한청 국경의 삼림 경영 등의 계획에 대해서 외무대신 고무라에 용암포 개방 추진과 압록강 유역 삼림경영계획 작성을 보고했다.

1904년 러일전쟁이 발발하자 러시아인은 용암포에서 철수하고 1904년 4월 5일 일본 제1군의 가세 근위기병 연대가 용암포를 점령했다. 그 후 1904년 5월 18일 고종은 용암포 관련 칙령을 반포했는데, 그 내용은 "두만강, 압록강, 울릉도 삼림특허는 개인에게 허락했는데 러시아 정부는 스스로 경영했을 뿐 아니라 특허 규정을 준수하지 않고 불법적인 행위를 했으므로 그 특허는 폐지한다"는 것이었다. 이는 하야시가 고종에게 압력을 가해서 이루어진 것이다.

러시아 탐사대와 지리협회의
대한제국 북부 조사

러시아지리협회의 한국탐사는 1895년부터 1900년까지 여러 차례에 걸쳐 이루어졌다. 1895년 스뜨렐리비쯔끼(И.И.Стрельбицкий)는 러시아인들 가운데 최초로 백두산을 탐사했다. 그는 중국 훈춘에서 두만강을 따라 압록강까지 7개월여에 걸쳐 탐사하면서 강과 산 등에 대한 기록을 남겼다.[1] 같은 해 8월에는 루벤쪼프(А.Г.Лубенцов)의 탐사대가 한국을 조사했다. 그는 도시와 시골을 거치면서 총 2,000km 이상 행진했다. 루벤쪼프는 함경도와 평안도 지방을 돌면서 한국을 뒤덮고 있던 기아, 일본의 식민지가 되어가는 한국의 피폐한 상황 등을 기록했다.[2]

1898년 8월 즈베긴초프(А.И.Звегинцов)의 탐사대가 한국에 들어왔다. 이들의 탐사지역은 포시에트부터 두만강, 압록강 유역에 걸쳐 있었다. 즈베긴초프는 압록강 상류에서부터 은, 동, 철, 금광채굴의 성행 및

---

1   И. И. Стрельбицкий. Хунчун в Мукден и обратно по склонам Чан-Бай-Шаньского хребта. Отчет о семимесячном путешествии по Маньжурии и Корее в 1895-1896гг. Спб. 1897.

2   А. Г. Лубенцов. Хамкиенская и Пхиенанская провнции Кореи. Хабаровск. 1897.

광산업과 수공업의 양상을 기록했다. 러시아탐사대들은 향후 과제의 하나로 정확한 지도 작성과 한국 지명 표기법을 거론하며 중국, 일본에서 입수한 지도를 바탕으로 이들의 행로를 담은 지도를 만들었다. 즈베긴초프 탐사대는 두만강에서 압록강, 백두산 유역 등 2,000km 이상을 여행한 후 서울과 일본을 거쳐 러시아로 돌아갔다. 이 탐사대에는 러시아 작가 가린 미하일롭스끼가 참여하여 당시의 민담, 풍습 등에 관한 자료를 수집했고, 시로먀뜨니꼬프(С.Н.Сыромятников)는 당시 수집한 사진과 물품 일부를 쿤스트까메라에 기증했다.[3]

가린 미하일롭스끼는 즈베긴초프의 제안에 따라 1898년 9월 한국 탐사대에 참여했다. 그는 철도 전문기사였지만 지리학, 한국의 풍속과 민속학에도 관심이 있었다. 20명으로 구성된 가린 일행은 두만강을 건너서 그 하구를 조사하고 경흥, 회령, 무산 등을 거쳐 백두산에 다다랐다. 그는 중국 국경까지 길을 따라가면서 장래의 철길 방향과 금광 및 석탄 산지를 표시했다.[4]

1895년 백두산을 등반하여 천지의 모습을 촬영한 스뜨렐리비쯔끼, 1895년 한국의 북부와 평양까지 2차에 걸친 탐사 이후 「한국의 함경도와 평안도」라는 글을 남긴 루벤쪼프, 1897년 한국의 광물과 식물군 조사를 위해 한국을 방문한 아네르트(Э.Э.Анерт)와 꼬마로프(В.Л.Комаров)[5]에 이어 1898년 즈베긴초프(А.И.Звегинцов) 탐사단이

3　이혜승·방일권, 「상트 뻬쩨르부르그 한국학 연구와 원자료」, 『역사문화연구』 20, 2004, 39-40쪽.
4　유리 바닌 저, 기광서 역, 『러시아의 한국 연구』, 풀빛, 1999, 52-53쪽.
5　광물학자 아네르트는 1897년에 백두산 지역을 탐사하여 식물과 광물 등 자연지리 환경을 조사했다. 이혜승·방일권, 2004, 39-40쪽.

방문했다. 이후에도 1900년 동물학자 쉬미트(П.Ю.Шмидт)와 1903년 민속학자 세로셉스끼(В.Л.Серошевский)가 한국을 방문했다.

1898년 즈베긴초프 탐사단은 구성 인원과 쿤야에서 러시아지리협회 사상 가장 대규모였다. 이들은 철도와 천문·지질·삼림·광물 관련 전문 지식을 가진 사람들로 구성되었고 주로 도로와 수로 상황, 각 지역의 경제 상황 등을 폭넓게 조사했다. 이 탐사는 압록강 삼림채벌권의 실행과 블라디보스톡~여순항을 연결하는 철도 부설 문제와 관련되었다.[6]

압록강·두만강·울릉도 삼림채벌권은 1896년 9월에 블라디보스톡 상인 브리네르가 최초로 획득했다. 1897년 11월 브리네르가 벌목특허권을 전매하기 위해 뻬쩨르부르그로 갔고 그곳에서 후원자 본랴르랴르스끼(В.М.Вонлярлярский)를 만났다. 그는 1898년 2월 베조브라조프를 만나 브리네르의 벌목권에 관하여 논의했다. 베조브라조프는 벌목특허권에 대해 깊은 관심을 표명하고 그 특허권을 활용하고자 전직 법무대신 바론쪼프-다쉬꼬프(И.И.Воронцов-Дашков) 백작, 공작 알렉산드르 미하일로비치(Александр Михайлович)에게 접근했다. 그런데 1898년 여름 브리네르의 이권을 궁내부 7등 문관 네쁘로쥐네프가 전매하여 특허권을 인수했다. 이것은 베조브라조프가 직접 전면에 나서지 않고 자신이 후원하는 네쁘로쥐네프를 명목상 인수자로 하여 벌목권을 전매했음을 의미한다. 그 결과로 1898년 7월 한국 북부 지방에 대한 측량과 조사 및 광산 이권 획득을 목적으로 이루어진 원정대가 출발했다.[7]

---

6   가린-미하일롭스끼 저, 이희수 역, 『러시아인이 바라본 1898년의 한국, 만주, 랴오둥반도』, 동북아역사재단, 2010, 6-8쪽.

7   강영심, 1988; 최덕규, 2001, 10-48쪽; 임경석·김영수·기광준, 『한국근대외교사전』, 성균관대학교출판부, 2012, 332-335쪽.

그런데 러시아 육군참모본부는 1898년 이미 러시아탐사대 출발 이전에 러시아지리협회의 조사라는 명목으로 한국 북부지역을 조사하기 위해서 소규모의 탐사대를 파견한 적이 있었다. 1898년 4월부터 5월까지 루벤쪼프와 그루진스끼, 통역 3명, 병사 8명은 두만강 도하~함경북도 함흥~온덕과 성천~함경남도 원산~황해도~경기도~서울~강원도 등을 조사했다.[8] 러시아 육군참모본부는 그 직후 일본과의 전쟁에 대비하여 한국 지형과 지리에 관한 체계적인 조사를 진행했는데, 그 조사가 바로 즈베긴초프 탐사대에 의한 한국 북부지역 탐사였다. 탐사단장인 대위 즈베긴초프[9]와 함께 탐사대에 참여했던 중령 꼬르프(Н.А.Корф)[10]는 두만강, 압록강 등 한반도를 직접 탐사하고『한국 북부지역의 군사 개관(Военный обзор Северной Кореи)』(1940)을 저술했다.[11]

1897년 7월 네뽀로쥐네프를 포함하여 7명으로 구성된 1차 원정대가 7만 루블의 황실 자금을 교부받아 블라디보스톡으로 출발했다. 이들

8   국사편찬위원회 편, 『駐韓日本公使館記錄』 13(時事文化社, 1995), 재원산 이등영사 二口美久→재조선 판리공사 加藤, 1898. 4. 9, 5쪽; 국사편찬위원회 편, 『駐韓日本公使館記錄』 13(時事文化社, 1995), 재원산 이등영사 二口 美久→재조선 판리공사 加藤, 1898. 4. 15, 5-6쪽.

9   알렉산드르 이바노비치 즈베긴초프(1869~1915)는 군인이자 정치활동가로 보로네즈에서 태어났다. 참모본부 아카데미를 졸업하고 장교 생활을 했다. 탐사단장으로 탐사대에서 천문학 관찰을 담당했다. 3, 4차 두마 의원을 역임하고 보로네즈현에서 대학조직위원회에 참여했다. 1차 세계대전에 참전했다. vrnguide.ru, 2019. 6. 20.

10   니꼴라이 안드레예비치 꼬르프(1866~1924)는 초대 연흑룡 총독 안드레이 니꼴라예비치 꼬르프(А. Н. Корф)의 아들이다. 육군 중령으로 탐사대에서 지도에 도로 표시하는 임무를 담당했다. 러일전쟁과 제1차 세계대전에 참전했다. 1907~1908년 참모본부 지도국장과 러일전쟁 역사기술위원회장을 역임했다. 1920년대 불가리아로 망명했다. howlingpixel. com/i-ru, 2019. 6. 20.

11   Н. А. Корф и А. И. Звегинцов. Военный обзор Северной Кореи(한국 북부지역의 군사 개관). Издание Военно-Статистического Отдела Главного Штаба. СПб. 1904.

즈베긴초프(А. И. Звегинцов, 1869~1915)   꼬르프(Н. А. Корф, 1866~1924)

은 압록강 삼림채벌권 사업 전망을 확인하고 한국의 금광채굴권에 대한 이권 획득 등 러시아산업회사의 설립을 계획했다.[12] 그 후 2차 원정대로 11월에 꼬르프와 즈베긴초프를 파견했는데, 이들은 소구므 부대로 한국 북부를 본격적으로 조사했다. 총 3대로 구성되어 1대는 함경 해안 본도로부터 원산~진남포, 1대는 갑산~함경도~함흥~양덕~평양~진남포, 1대는 의주~평안 해안 본도~진남포를 조사했다. 이들은 주로 낮에는 측지, 밤에는 지도 제작에 종사했다.[13] 이 탐사는 대일전을 대비하여 한국에서의 전체적인 군사활동 상황을 규정하고 전략적 가치를 고

12　최덕규, 2001, 22-24쪽.

13　국사편찬위원회 편, 『駐韓日本公使館記錄』13(時事文化社, 1995), 재진남포영사관 사무대리 大木 安之助→임시대리공사 日置 益, 1898. 12. 14, 7C-71쪽.

려하면서 진행되었다.[14] 이 탐사대에는 베조브라조프, 네쁘로쥐네프의 비서 유데니치(Юденич), 『노보예 브례먀』기자 시로먀뜨니꼬프(С.Н. Сыромятников), 외과의사 아낀피예프(И.Н.Акинфьев), 측량기사 미하일롭스끼(Н.Г. Михайловский)와 사포노프(А.П.Сафонов), 삼림조사역 찌호노프(В.А.Тихонов), 대위 즈베긴초프(А.И.Звегинцов), 중령 꼬르프(Н.А.Корф) 등이 참가했다.[15]

1898년의 러시아탐사대는 베조브라조프의 압록강 삼림채벌권 문제와 러시아 육군참모본부의 대일전쟁 대비책과 연결되어 한국 북부의 지형과 지리에 관한 체계적인 조사를 수행했다. 이 책에서는 이 가운데 일본과의 전쟁에 대비하여 꼬르프와 즈베긴초프가 탐사하고 그 결과를 기록한 『한국 북부지역의 군사 개관』을 살펴볼 것이다. 이 책은 러시아 육군참모본부 군사통계위원회가 발간했다.

『한국 북부지역의 군사 개관』은 개론에서 한반도 영토에서 일어났던 전쟁의 역사를 정리하고 본문을 전체 개요와 부문별 개요로 구성했다. 1편 전체 개요에서는 한국의 자연, 인구, 자원을 정리했고, 2편 부문별 개요에서는 한국의 육로 국경과 해양, 그리고 주요 지역을 정리했다. 이 과정에서 러시아 육군참모본부는 한국에서의 전체적인 군사활동 상황을 규정하고 전략의 특수성을 고려하며 한국의 다양한 작전지역의 가치를 살펴보았다.

근대 시기 러시아의 한반도 조사는 주로 북부지역에서 이루어졌다.

---

14 А.Н.Корф и А.И.Звегинцов. Военный обзор Северной Кореи. СПб. 1904. С.6.
15 РГИА. Ф.560. Оп.28. Д.340. ЛЛ.1-13об. "압록강 삼림채벌권에 관한 비고". 뻬쩨르부르크. 1905.8.5. 이 문서는 러시아 사업가 리보프(Ф.Львов)가 작성한 것으로, 리보프가 마튜닌과 베조브라조프를 공격하기 위해서 작성한 보고서였다.

그 이유는 러시아와 지리적으로 가깝고 당시 간주를 중심으로 한 열강의 세력 다툼을 봤을 때 한국 북부가 후방으로서 전략적 가치를 가질 수 있기 때문이었다. 또한 러시아와 일본의 만주에 대한 야욕까지 고려한다면 대일전쟁의 수행지는 한국의 남부보다는 북부일 가능성이 컸다. 따라서 한반도 북부에 대한 연구는 이 시기 매우 중요한 의미를 가졌다.

이에 즈베긴초프와 꼬르프가 한국의 국경과 인접 해양을 어떻게 인식했고 한국 북부지역이 어떠한 가치를 가지고 있는지, 그 속에서 일본과의 전쟁에 대비하여 러시아가 극동지역에서 군사활동 상황을 어떻게 규정했는지를 『한국 북부지역의 군사 개관』 등을 통해 살펴보고자 한다.

1. 두만강과 압록강 지역 조사

19세기 말~20세기 초 한국의 군사적인 가치는 정치적·지리적인 위치에서 파생했다. 중요한 것은 이것이 당시 러시아의 상황이기도 했다는 점이다. 한국은 지리적 조건으로 인해 복잡한 정치적 상황에 직면했다. 북쪽에는 중국이 위치해 있고 동쪽 해안선을 따라서는 바다를 사이에 두고 일본이 자리 잡고 있었다. 중국과의 국경선 근처, 즉 한국의 북동쪽 끝에는 러시아가 영향력을 확대하고 있었다. 1898년 러시아는 부동항에 대한 러시아의 욕구를 채워줄 수 있는 요동반도를 요새화했다.

만주와 한반도를 둘러싸고 일본과의 대립이 고조되었던 19세기 말 러시아는 일본과의 전쟁을 상정하고 만주와 한반도를 전장으로 하는 계획을 수립해야 했다. 한국에 대한 정보가 많지 않았던 러시아는 이때부터 한국을 조사하고 그 정보를 수집하여 한국의 군사적 가치를 파악하기 시작했다.

러시아는 적국 일본이 섬나라이기 때문에 압도적인 해군력을 가졌다고 판단하고 육상 전략과 함께 해상 전략을 고려했다.『한국 북부지역의 군사 개관』(이하『군사 개관』)에서는 이 두 가지 전략을 고려하여 한반도의 육지와 해양에 대한 조사를 동시에 진행했다.

육로에서 한국을 경계 짓는 것은 두만강 하구에서 17베르스타 길이의 두만강을 따르는 러시아와의 국경과 서쪽으로 압록강을 따라 나타나는 중국과의 국경이다.[16]『군사 개관』에서는 한국의 국경을 형성하는 요소로 두만강과 압록강을 중요하게 살펴보았다.

한국과 러시아 아무르 지방과의 경계선이 되는 것이 두만강인데, 이 경계선의 길이는 두만강의 하구에서 러시아와 중국의 경계선까지 15베르스타에 달한다. 한국과 러시아의 영토 사이에 쐐기 모양으로 박혀 있는 중국과 한국과의 경계석은 이곳에서부터 시작된다. 이 경계선은 두만강을 따라서 백두산에 있는 두만강의 원천에까지 이른다.[17] 다시 백두산을 따라 경계선이 이어지며 백두산에 있는 압록강의 원천에서부터 압록

---

16 А. Н. Корф и А. И. Звегинцов. Военный обзор Северной Кореи. СПб. 1904. CC. 39-40.

17 루벤쪼프는 아무르 지방에 대한 서술에서 두만강이 중국과 러시아 간의 경계석과 한국의 도시인 회령 사이, 즉 약 180베르스타 구간에서만 한국과 중국의 국경선이 되고 있다고 주장했다. 1894~1895년에 출판된 일본에서 만든 한국 지도에 따르면 위의 구간을 지나서 백두산 정상까지의 경계선은 해산산맥과 장백산맥을 지난다고 한다. 다른 몇몇 지도들에서도 이와 마찬가지로 경계선이 그려져 있는데, 이는 아마도 옛날에 한국의 통치자들이 두만강과 장백산맥 사이에 있는 면적을 자신의 영토로 여겼다는 데 근거를 두고 있는 것으로 보인다. Лубенцов. А. Г. Хамкиенская и Пхиенанская провиции Кореи. Хабаровск. 1897.

268

강을 따라 황해로 나가는 강의 하구까지 경계선이 계속된다.[18]

두만강은 전체 길이가 480베르스타이며 한국 연안과 내부토부터 북
만주(훈춘 제외)로 가는 모든 길을 차단하면서 북동쪽으로 온성까지 흐
른다. 온성에서부터 남동쪽으로 방향을 잡고 한국의 길을 횡단하려 러시
아 국경 쪽으로 흐른다. 물의 범람은 강수량에 기인하는데, 범람이 가장
많은 달은 7월과 8월이다. 결빙은 11월에 오며 3월 상순에 해빙되는데,
상류지역은 몇 주 정도 더 늦게 해빙되고 빨리 결빙된다.[19]

『군사 개관』에서는 두만강의 우측 해안에 근접한 도로, 러시아 국경에
서 나오는 도로, 온성·청성을 향해 나오는 도로들로 구분하여 정리하고
두만강의 가장 중요한 방어선을 파악했다. 두만강의 가장 중요한 방어
선은 강의 상류지역에서 온성마을까지다. 그 이유는 이 지역은 높은 지
대와 연결되어 있고 삼림이 많으며 좌측 연안이 도로가 전혀 없으며 계
곡의 구조상 이곳을 통과하는 이동이 비상시 매우 어렵기 때문이다. 반
대로 두만강의 방어선에서 가장 취약한 지점을 온성마을에서 고령 아래
3베르스타 지점의 나루터지역, 그리고 청성 부근 지역으로 보았다. 두만
강은 바다로부터 공격 가능한 대상을 상당히 떨어트려 놓기 때문에 이
강으로 향하는 모든 길을 차단하는 방어선 역할을 할 수밖에 없고, 여기

---

18 1870년대 말까지 한국과 중국의 셴징현 사이에는 압록강을 따라 뻗어 있는 폭이 넓은
(80베르스타까지) 땅이 있었는데, 중국인들이나 한국인들기 이곳에 거주하면 사형으로 처
벌하도록 이곳에 거주하는 것이 금지되어 있었다. 그래서 이 중립지대는 맹수들의 은신
처가 되었을 뿐만 아니라 많은 도둑떼와 도망친 범죄자들의 소굴이 되었다. 187○년 길림
현 지사였던 리홍장이 도둑떼의 소굴을 파헤치고 이 지격에 사람들을 이주시키는 작업
을 서둘렀으며 압록강가에 세관을 설치했다. А. Н. Корф и А. И. Звегинцов Военный
обзор Северной Кореи. СПб. 1904. С. 123.
19 А. Н. Корф и А. И. Звегинцов. Военный обзор Северной Кореи. СПб. 1904. С. 115.

에서 두만강의 가치는 한강 지역으로 향하는 길의 장애물이 된다는 것이었다.[20]

두만강과 압록강 사이의 국경선은 전체 길이가 12베르스타로, 한국의 가장 높은 지점(9,200피트)과 백두산을 통과한다. 그 경사는 두만강 쪽으로 험하게 나 있고 압록강 쪽으로는 완만하며 곧바로 등심대를 향해 넘어간다. 국경선의 이 지점은 천연의 연속적인 방어선으로 한국을 중국과 분리한다. 『군사 개관』은 이 선의 중요성을 '산의 성질을 가지고 있을 뿐만 아니라 접근이 금지되며 여기에서부터 타이가 지역에 위치하여 인구와 도로가 없다는 것'으로 보았다.[21]

압록강의 전체 길이는 약 750베르스타인데, 처음 70베르스타는 촬영이 불가능했고 그다음 45베르스타는 자세하게 묘사하기 힘들다고 밝혔다. 압록강의 해수면은 심하게 변동한다. 눈이 녹는 4월 중순에는 물의 증가량이 많지 않지만 여름 우기에는 해수면이 훨씬 높아진다. 해수면이 가장 낮을 때는 12월이다. 압록강은 11월 말(강의 상류는 10월 말)부터 얼기 시작하여 12월 중순부터는 강을 따라 어느 곳에서도 얼음 위로 안전하게 이동할 수 있다. 얼음은 1월 말부터 녹기 시작하지만 의주 부근의 해빙은 일반적으로 2월 말이나 3월 초에 나타난다. 보병대와 기병대가 얼음 위로 도강하는 것은 통네강 하구에서는 2월 말까지, 마열산[22] 부근과 그 상류에서는 3월 초까지 가능하며 강의 수원지는 확실히 더

---

20 А. Н. Корф и А. И. Звегинцов. Военный обзор Северной Кореи. СПб. 1904. СС. 118-119.

21 А. Н. Корф и А. И. Звегинцов. Военный обзор Северной Кореи. СПб. 1904. С. 122.

22 압록강 유역에 위치한 지역이다. 심헌용, 『한반도에서 전개된 러일전쟁 연구』, 국방부 군사편찬연구소, 2011, 322쪽.

늦다. 따라서 압록강은 겨울에 유리한 교통로가 된다고 보았다.[23]

『군사 개관』에서는 압록강에 대해서도 두만강과 마찬가지로 강 주변의 도로를 조사하여 압록강 좌측 해안으로 접근하는 도로, 우측 허안 도로, 강을 교차하는 도로(모두 청천강 하류에서 시작), 강에 근접해 있는 도로, 만주로 향하는 도로 등으로 구분했는데, 이 도로들이 짐마차-도로인지 차륜 도로인지, 포장 상태가 심각한 도로는 어디인지를 모두 기록하고 있다. 전쟁 중 병력이나 군수품의 이동이 가능한지를 염두에 두었다고 볼 수 있다.

러시아 육군은 압록강의 중요한 방어선을 마열산 마을 아래 전체 공간으로 규정했다. 이 선이 길림(吉林, Гирин)뿐만 아니라 남만주를 엄호한다고 보았다. 첫 번째 주요한 가치는 마열산 부근 극동지역에 있다. 그 이유는 이곳에 집결한 군대는 적군의 접근을 차단한 상태에서 좀 더 남쪽의 도로를 따라 측면으로 나갈 수 있기 때문이다. 두 번째는 도강 강행 시에 어떤 방향에서도 이곳을 건너 다른 지역을 방어하는 후방으로 나갈 수 있다는 것이다. 특히 만주를 목적으로 하는 작전 수행 시에 마열산 부근 지역의 가치가 높아진다. 낀찬꾸비(Кын-чан-куби)마을에서부터 자성강 사이의 지역은 천연의 공격 근거지가 되며 이곳의 돌출각인 마열산은 내륙의 작전 라인을 따라 움직이고 압록강 중류를 도강하는 측면 공격을 저지시킬 수 있다고 보았다.[24]

이와 함께 『군사 개관』은 한국으로부터 의주 북부의 압록강으로 나오

23 А. Н. Корф и А. И. Звегинцов. Военный обзор Северной Кореи. СПб. 1904. СС. 122-123.

24 А. Н. Корф и А. И. Звегинцов. Военный обзор Северной Кореи. СПб. 1904. С. 130.

는 차륜 도로가 없기 때문에 지후안동(Дихуандон) 부근에 두 개의 교두보를 건설한다면 압록강의 방어적인 성격을 공격적인 것으로 바꿀 수 있다고 지적했다. 즉 이 지점으로부터 어떤 지점으로 도강할 때도 적군을 측면에서 공격할 수 있다고 판단했다.[25]

2. 동해·대한해협·황해 해역 조사

『군사 개관』은 러시아의 해상 전략 수립을 위하여 한국의 해안을 조사·정리했다. 이 부분은 1904년 1월 24일에 작성되었다. 한국의 해안은 동해, 황해, 대한해협으로 흘러 들어가는데, 이 세 해양의 의미는 연안지역의 특성에 따라 다양성을 가지고 있다고 보았다. 극동지역 역사에서 주된 정치적 가치를 갖는 바다는 황해로, 황해를 향해 부설된 동청철도 남부 지선은 황해 유역의 우위를 유지시켜 주었다.

평화적인 관계를 위한 가장 짧고 편리한 길은 동해에 있다고 보았다. 시모노세키를 중요 지역으로 간주한다면 신포만(셰스타코프만)으로부터 시모노세키까지는 총 375마일이며, 극동에서부터 시모노세키까지는 600마일이다. 전자의 경우 일 년의 대부분 폭풍우와 안개로부터 자유롭게 항해할 수 있고, 항구 사이에는 거의 밀물이 들어오지 않는다. 그러나 후자의 경우는 완전히 반대 조건이라고 했다.

『군사 개관』에서는 동해 부근의 상업 중심지를 하코다테 및 요코하마

---

25 А. Н. Корф и А. И. Звегинцов. Военный обзор Северной Кореи. СПб. 1904. С. 132.

로 꼽았다. 이 지역을 상업 중심지로 본다면 동해의 의미가 증대된다고 보았다. 시모노세키를 거쳐 신포만에서 요코하가로 가는 길은 600마일로, 부피가 큰 짐을 수송하는 단거리 길이 될 수 있다. 승객과 부피가 크지 않은 짐을 운송하는 수송로로 쓰루가와 요코하마 사이의 철도가 이용되는데, 쓰루가까지의 해로는 430마일이며 요코하마까지의 철로는 약 400베르스타이다. 블라디보스톡을 통과하는 이 두 방향의 길 모두 단거리로 간주했다.[26]

동해 북부에 위치한 블라디보스톡 부근과 뽀시에트만(залив Посьета) 부근의 만에 대해서도 언급하고 있다. 이 부근 만의 유일한 단점은 일년 중 2~4개월만 결빙한다는 것이다. 이쪽 부분의 결빙이 바다 전체의 2~3mm밖에 되지 않으나 만의 모든 곳에 있기 때문에 쇄빙선이 절대적으로 필요하다. 볼틴곶(성진 부근) 남쪽의 결빙은 나타나지 않는다.

『군사 개관』에서는 동해 북부에서 주목할 만한 지역을 동한만(부로우톤만)에서부터 삐슈로프곶(мыс Пищурова)까지로 보았다. 이 그룹은 전체 길이가 110마일로서 매우 짧지만 커다란 중요성을 확보하고 있다. 첫째, 이곳은 얼지 않으며, 둘째, 송화강 중류로 가는 단거리(함흥, 장진, 자성을 지나 북천, 갑산, 삼수를 거치는)의 천연적인 저지대를 따라 길림으로 접근할 수 있다. 셋째, 이곳은 대동강에서 평양, 청천강에서 안주로 가는 일련의 도로가 지나가는데, 이 도로들은 황해 북부로 가는 단거리 도로들을 형성하고 원산으로부터 16베르스타 되는 곳에서는 한강 상류의 지류들이 시작된다. 이 지역에서 중요한 항구가 세스타코프항과 영흥

---

26 А. Н. Корф и А. И. Звегинцов. Военный обзор Северной Кореи. СПб. 1904. С. 133.

항(라자레프항)이다.[27]

동해를 다른 연안 지역과 연결하는 출구로서 따따르해협, 라페루즈해협, 쓰가루해협, 대한해협을 조사했다. 깔대기 모양의 따따르해협은 사할린과 대륙 사이의 돌출된 부분으로 오호츠크해로 나온다. 이 해협의 가치는 비교적 적은 편인데, 그 이유는 수량이 매우 적고 구불구불하여 유일하게 통행이 어려운 데다 기후 환경은 동절기 4개월간 해안이 결빙하고 여름철에는 오랫동안 짙은 안개가 껴서 그 가치가 더욱 감소하기 때문이다. 따따르해협 아래 위치한 라페루즈해협은 일 년 내내 접근이 용이하지만 해협의 길이가 짧고 넓어서 어느 한 열강이 이 지역을 통제하기 쉽지 않다고 판단했다. 이 해협은 블라디보스톡에서 알래스카, 벤쿠버로 가는 단거리 항로에 위치해 있다. 홋카이도와 혼슈 사이의 해협인 쓰가루해협은 평균 폭이 20마일 정도 되는 좁은 해협으로 훌륭한 운하를 가지고 있다. 쓰가루해협 중부로 나오는 아오모리만 출구는 일본에 커다란 전술적 가치를 제공한다. 이 해협의 상업적 가치는 블라디보스톡에서 샌프란시스코로 가는 선박에 가장 짧고 빠른 항로를 제공한다는 것이다.[28]

동해에 있는 일본 요새는 하코다테와 마이즈루에 있다. 동해 남부의 일본 연안은 러시아의 남우수리 지역과 반대 방향을 가진 원형의 기지로 간주할 수 있다. 『군사 개관』에서는 이 기지를 동해에서 우위를 상실한 군함이 기지 끝 지점에서 쉽고 안전하게 적의 공격으로부터 빠져나

---

27 А. Н. Корф и А. И. Звегинцов. Военный обзор Северной Кореи. СПб. 1904. СС. 134-135.
28 А. Н. Корф и А. И. Звегинцов. Военный обзор Северной Кореи. СПб. 1904. СС. 136-137.

가는 데 적합하다고 파악했다. 따라서 보수된 군함은 매우 안전하게, 적이 예상할 수 없을 정도로 빠르게 빠져나올 수 있다. 또 동해에서 점령 분쟁이 일어날 경우 기지가 길어서 생기는 불리함은 마이즈루 요새로 보상된다고 보았다. 이 요새와 오사카와의 근접성은 주요 기지에서 물자와 기계의 제한된 정수를 보유할 수 있는 가능성을 제공할 수 있었다. 특히 긴 해안은 철도 노선과 함께 착륙이 가능한 넓은 작전 근거지가 되며 수성 함대뿐만 아니라 상륙 가능 지점을 어떤 지역으로도 쉽게 결집시킬 수 있었다.[29]

동해에 있는 또 다른 군사 중심지는 블라디보스톡이었다. 이곳은 일본 연안으로 만들어진 원형 지대의 중심에 위치한다. 동해가 적령 분쟁지에 놓일 경우 러시아는 셰스타코프항에 임시 추가 기지를 건설하고 블라디보스톡을 퇴로를 고려한 작전지역으로 방향 전환하여 동해에서 의미를 확보할 수 있을 것으로 보았다.[30]

동해 북부지역은 무역적 가치는 전혀 없지만 전시 상황에서 러시아에 매우 커다란 의미를 제공한다고 보았다. 그 이유는 따따르해협으로부터 라페루즈해협에 걸친 항로는 러시아 갱에서 나오는 석탄을 운송하기 때문이다. 즉 라페루즈해협을 통과하는 항로는 해양 증원대 및 석탄 수송, 부족한 기계류가 접근할 수 있는 유일한 길이다. 특히 석탄 수송은 전시 상황에서 매우 중요한 요소로 『군사 개관』에서는 러시아함대가 50쌍으로 편성되고 총 10톤 수용의 정박소와 200톤의 선박 운행이 가능하다는 것을 전제로 전시에 함대당 필요한 석탄의 하루 소비량을 고려할 때 한

---

29 А. Н. Корф и А. И. Звегинцов. Военный обзор Северной Кореи. СПб. 1904. С. 138.
30 А. Н. Корф и А. И. Звегинцов. Военный обзор Северной Кореи. СПб. 1904. С. 138.

달에 10일 운항할 경우 석탄의 전체 한 달 소비량은 약 11만 톤, 수하물 11,000차량이라고 계산하고 이 수량은 모두 30~40척의 화물 선박으로 수송해야 하는 양이라고 추산했다.[31]

『군사 개관』에서는 러시아와 일본의 전쟁 시 한국이 전장으로 간주될 경우 동해는 곧바로 해상 전투 장소가 될 것이므로 이 측면에서 러시아는 동해의 전술적 의미를 다각도에서 고려해야 한다고 주장했다. 먼저 러시아의 방어 작전의 경우 러시아함대의 활동은 일본 군사력이 압도적인 상황에서는 블라디보스톡 봉쇄지역으로부터 가능한 한 멀어져야 하고, 두 나라 군사력이 비슷한 경우에는 적군의 해상로 이용을 가능한 한 어렵게 해야 하며, 러시아가 우위에 있을 때는 일본의 상륙지점을 동해에서 멀리 떨어진 곳으로 밀어내야 한다. 러시아의 공세 작전의 경우 러시아함대의 작전 목표는 블라디보스톡에서 셰스타코프항까지 후방연락선을 확보하는 것이라고 판단했다. 이 경우 러시아의 위치는 일본에 비해 유리해질 수 있는데, 그 이유는 블라디보스톡에서 셰스타코프항까지 러시아의 모든 후방연락선은 일본의 그 어떤 기지보다 블라디보스톡에 더 가깝기 때문이다. 이와 함께 러시아가 울릉도[32]까지 점령한다면 후방

---

31 А. Н. Корф и А. И. Звегинцов. Военный обзор Северной Кореи. СПб. 1904. С. 139.
32 『군사 개관』에서는 울릉도를 다음과 같이 정리했다. 울릉도는 유럽 문헌에는 '다젤레트'로 되어 있고 일본인들은 마쓰시마라고 부르는 커다란 섬이다. 이 섬은 한국의 해안으로부터 약 100마일 떨어진 북위 37° 30′, 동경 130° 53′에 위치한다. 1789년 라페루즈에 의해 발견된 이 섬은 많은 지도에 일본섬으로 잘못 나와 있다. … 이 섬의 해안은 가파르고 암석으로 되어 있으며 상륙하기가 거의 불가능하다. 이 섬에는 모래로 된 해안을 가진 일곱 개의 작은 만들이 있는데, 북풍, 서풍, 남서풍에 막혀 있다. 또 다른 만은 북서쪽 해안에 있는데 남풍과 동풍에 막혀 있다. … 이 섬은 완전히 산으로 덮여 있다. 최고봉은 3,208피트 높이로 솟아 있으며 섬의 중앙에 있다. 이 봉우리로부터 산맥들이 용수철 모양으로 뻗어내려 중앙의 산에서 멀어짐에 따라 낮아져서 암석으로 된 해안으로 연결된다. 최고봉에서 얼마간 간

276

연락선 방어에 필요한 별도의 군함 호출은 필요치 않을 것으로 보았다.[33]

『군사 개관』은 두 번째 한반도 인접 해양으로 대한해협을 언급하고 있다. 대한해협은 한반도와 일본 사이에 있는 천연해협이다. 수심은 동해에서 1,500싸젠[34]을 넘지만 해협의 시발점에서는 800싸젠에 불과하며 북부의 수심은 가장 깊은 곳에서 60싸젠을 유지하다가 남동쪽으로 가면서 점차 줄어들어 30싸젠이 된다. 해협의 전체적인 인상은 전라도 지방을 형성하는 연속적인 수중 산맥 같다고 기록하고 있다.

『군사 개관』은 대한해협의 특별한 가치를 다음과 같이 정리하고 있다. 이 해협은 대서양으로부터 중국 해안으로 오는 단거리 항로이며 북쪽에서 남쪽, 동쪽에서 서쪽의 십자로에 위치하여 태평양으로 바뀌는 주요한 분기점이 된다. 유럽과 미국 기선 회사는 오래전에 이 지역의 가치를 평가하고 오사카에서부터 시모노세키까지 일본의 지중해[35] 연안을 석탄고로 덮어버렸다. 일본은 이곳의 유리함을 신속히 파악하고 시모노세키해

격을 두고 위에서 언급한 나선형으로 흘러내리는 산맥들보다 위로 솟은 제2의 높이를 갖는 산들이 반원형으로 둘러서 있다.… 해안 바로 가까이어 세 번째로 높은 산들이 있다. 해안은 가파르게 수면 위에 솟아 있는데, 평균 높이는 200피트이다. 다젤레트섬은 한국에서 비옥하기로 유명하다. 이 섬 주위에는 작은 암석으로 된 섬들과 가파른 바위 덩어리들이 놓여 있다. 울릉도에는 큰 배가 정박할 수 있는 편리한 만은 없지만 그 높이가 3,200피트로 반대편의 한국 해안까지 포함하는 가시거리 80마일을 확보하고 있다. 그 위치는 시모노세키해협과 브로우톤만 사이의 중간에 시모노세키해협과 블라디보스톡 사이의 직선로에 있어서 해상 점령이 분쟁 시기에 있을 때 이 섬은 매우 중요한 관측 지점이 된다. А. Н. Корф и А. И. Звегинцов. Военный обзор Северной Кореи. СПб. 1904. С. 136, 143.

33 А. Н. Корф и А. И. Звегинцов. Военный обзор Северной Кореи. СГб. 1904. CC. 141-142.

34 싸젠=2.1336m.

35 『군사 개관』에서는 혼슈 남부, 시코쿠, 규슈로 둘러싸여 있는 내해를 일본의 지중해라고 표현했다.

협을 요새화했다.[36]

그런데 일본에게 대한해협을 점령한다는 것은 전시 외에 또 다른 매우 중요한 의미를 가졌다. 일본은 농업이나 어업에서 자국 주민들의 온전한 일 년 식량을 확보하지 못했다. 미곡의 부족은 한국 남부와 산동에서 보충한다. 정크선을 이용한 미곡 수송은 한국의 군도를 따라서만 이루어지고 이러한 값싼 수송만이 일차 식량인 미곡값을 과도하게 오르지 않고 적당하게 만들어준다. 미곡 무역의 주요한 중간 항구가 바로 목포였다. 역사적으로 일본이 한국에 침입했을 때 항로는 바로 대한해협이었고 따라서 이곳을 장악하는 것은 일본이 자국군대의 후방연락선뿐만 아니라 적군의 침입으로부터 상륙과 착륙 지점을 확보할 수 있는 전략이었다.[37]

『군사 개관』은 한국으로 흘러 들어가는 세 번째 해양인 황해를 조사했다. 황해는 발해만(빼칠리해협)에서부터 평행으로 북위 32도까지 이르는 구역이다. 요동, 산동, 황하강, 양자강의 삼각주 사이에 위치한 이 바다는 전체 길이가 500마일이며 폭은 변동이 심해 90마일에서 360마일에 이른다. 황해 북부지역의 동쪽 해안-요동과 장산반도 사이-은 압록강의 여울로 채워지며 반도 해안을 따라 남쪽으로 자오선 125까지 한국의 군도가 퍼져 있다. 이 해안을 따르는 항해는 지도가 없어서 낮에는 어려우며 밤에는 완전히 불가능하다고 보았다.[38]

『군사 개관』에서는 황해 연안에서 유리한 항로를 소유하고 있어 좋은

---

36 А. Н. Корф и А. И. Звегинцов. Военный обзор Северной Кореи. СПб. 1904. CC. 142-143.

37 А. Н. Корф и А. И. Звегинцов. Военный обзор Северной Кореи. СПб. 1904. С. 144.

38 А. Н. Корф и А. И. Звегинцов. Военный обзор Северной Кореи. СПб. 1904. С. 144.

조건의 항구가 될 수 있는 곳으로 압록강 하구의 다둥고우, 청천강 하구의 안주, 대동강 하구의 진남포, 한강 유역의 제물포, 금강 하구의 군산을 꼽았다. 이 가운데 커다란 발전의 소지가 있는 항구를 다둥고우와 진남포로 판단했다. 특히 진남포는 짐을 육지로 내리는 데 유리한 곳으로 보았다. 이들 정박지가 갖는 의미는 이곳은 항구로의 출입과 해안 사이의 자유로운 내부 연락이 매우 힘들어 군사적 측면에서 대규모의 작전 시행을 할 수 없는데, 다른 측면에서 보면 이들은 섬에 의해서 엄폐된 가장 복잡한 항로여서 대규모의 적군을 상대로 은폐 가능하며, 파도가 접근하기 어려워 모든 유형의 지뢰 선박이 들어오기에 적합하다는 것이다.[39]

황해는 중국의 비옥한 해안을 둘러싸며 발해만(빼칠리만)을 우회하는데, 이 때문에 유럽 열강들이 빼칠리해협 부근에 군 해양기지를 건설했다. 여순에는 러시아, 교주만에는 독일, 웨이하이웨이에는 영국이 기지를 건설했다. 하지만 이들에게는 문제점이 있었다. 황해의 깊은 곳에 기지를 건설한 각 열강들은 태평양에 기지를 소유한 적과 전쟁 시 매우 불리한 위치를 갖게 된다는 것이다. 이들은 어떠한 기지로부터의 출항에도 출항 후 48시간이 지나야 그 위치를 정확하게 파악할 수 있었기 때문이다.[40]

황해는 과거에 북쪽에서 남쪽으로 가는 세로 항로가 아니라 중국에서 한반도로 가는 횡단 항로였다. 차(茶)를 운반하는 배의 항로가 이 해상을 지나가기 때문에 만주와 몽고에서 나오는 출구를 가진 빼칠리해협을 통과할 때만 이 해상은 상업적인 의미를 가진다고 보았다. 이 해상의

39   А. Н. Корф и А. И. Звегинцов. Военный обзор Северной Кореи. СПб. 1904. С. 145.
40   А. Н. Корф и А. И. Звегинцов. Военный обзор Северной Кореи. СПб. 1904. С. 146.

정치적 의미는 북경에 근접해 있다는 것이다. 일본에게는 산동에서 한국 연안을 따라 수송되는 풍부한 미곡 무역의 근거지로서 부차적인 의미를 가졌다.[41]

『군사 개관』에서는 황해 유역에서 중요한 의미를 갖는 또 하나의 지역으로 여순을 꼽았다. 여순은 대련과 함께 이중 도시로서 만주철도의 주요 항구로 정치관계에서 중요한 위치를 차지하며 해상 방어기지이지만 평상시에는 예외적으로 석탄과 식량 수송의 보유고로 역할을 담당한다. 여순의 내부 만에서 출항하는 함대의 경우 유속이 빠를 때는 길이가 긴 선박의 경우 그 출항 조건이 매우 불리하기 때문에 이곳에 가장 적당한 선박은 강력한 지뢰 무장을 한 빠른 쾌속선과 강력한 대포를 실은 두 종류라고 지적했다.[42]

이상으로 한국 연안의 세 군데 해상 유역에 대해 다음과 같은 결론을 도출할 수 있다. 일본은 대한해협의 점령 및 한국 남부로의 상륙에 있어서 유리한 위치를 점유하고 있다. 러시아는 브로우톤만을 벗어나면 한국에서 해상기지 건설을 위한 여건이 되는 지역을 점령하지 못한다. 왜냐하면 부산과 마산포는 일본의 간접적인 영향 아래 있기 때문이다. 함대의 확실한 정박지인 블라디보스톡은 동해를 지휘할 수 있고 기지를 따라 일본 세력을 분산시킬 수 있으며 일본과 전쟁 시에 태평양을 지탱할 수 있게 한다. 블라디보스톡은 정박지의 함대 가치를 강화하면서 동시에 전투 탄환과 연료를 필요로 하는 순양함의 가치를 증가시킨다. 동청철도의 다른 지선에서 봤을 때 블라디보스톡의 위상은 현대적 의미에서

41   А. Н. Корф и А. И. Звегинцов. Военный обзор Северной Кореи. СПб. 1904. С. 147.
42   А. Н. Корф и А. И. Звегинцов. Военный обзор Северной Кореи. СПб. 1904. С. 148.

커다란 상업적 가치를 만들 수 있다.[43]

러시아의 해상력은 일본과 비슷하나 기지 건설은 훨씬 열악한 조건에 있다고 판단했다. 황해 유역의 여순은 다음과 같은 조건들로 해상기지 요건을 충족시키지 못한다고 보았다. 첫째, 물의 보유량과 공급이 충분하지 않다. 둘째, 공장과 제조인은 지역의 자유 고용 제조인으로 확보되기 어렵다. 셋째, 분함대는 만조 시 출항할 수 없다. 동해 유역의 블라디보스톡의 약점은 동결과 선박 제조 산업의 부재라고 보았다.[44]

여기에서 러시아가 개선해야 할 점은 러시아함대의 주요 병력이 여순에 집결되어 있음에도 선박 일부를 블라디보스톡으로 끌어오는 것, 태평양으로 가는 선박부대를 해마다 교체하여 보충하는 것이라고 했다.[45] 과거 극동지역에서 황해의 정치적·군사적 의미가 컸다면 러시아는 일본과의 전쟁을 고려하는 상황에서 동해의 군사적 의미를 증대시키려 했음을 알 수 있다.

3. 러시아의 대일전쟁 구상과 군사활동 규정

『군사 개관』에서는 대일전 가정하에 해상에서의 전투를 예상하면서 러시아가 어떤 전략을 수립해야 하는지 제시하고 있다. 먼저 일본의 군사작전을 다음과 같이 가정했다. 일본은 일본 ㅈ중해에 일본군함대의 대

---

43 А. Н. Корф и А. И. Звегинцов. Военный обзор Северной Кореи. СПб. 190-. С. 150.

44 А. Н. Корф и А. И. Звегинцов. Военный обзор Северной Кореи. СПб. 190-. С. 151.

45 А. Н. Корф и А. И. Звегинцов. Военный обзор Северной Кореи. СПб. 190-. С. 151.

부분을 배치할 것이다. 이곳에는 내부의 작전 방향에 따라 가장 광범위한 활동을 가능케 하는 기지가 준비되어 있다. 일본 지중해는 요새, 풍부한 석탄, 조선소 및 공장이 있어 폐쇄된 지역이다. 부산이나 마산포 부근의 해협을 완전히 봉쇄하기 위해 만들어진 시모노세키-주시마기지는 브로우톤해협을 확고하게 점령하기 위한 것이다. 황해를 겨냥해서 건설한 것은 나가사키-사세보-주시마기지이며 동해를 겨냥한 것은 주시마-마이즈루-하코다테기지이다. 이 모든 기지들은 내부의 해상 교통망에 위치하며 철도 지선들과 연결되는 곳이다.

또 일본은 신속한 병력 집결이 가능한데, 8일째에 2개 사단, 15일째에 4개 사단을 동원할 수 있다. 따라서 일본은 13일째에 2만 8천 명, 20일째에 5만 6천 명의 군사를 육지로 상륙시킬 수 있다고 추정했다. 계속해서 매 9일마다 5만 6천 명이 동원된다.[46]

대한해협은 러시아를 겨냥해 완전히 봉쇄될 것이고 러시아는 라페루즈해협을 통과하는 항로만 남게 될 것이다. 이러한 경우 대부분 황해의 분함대는 블라디보스톡으로 이동할 것이다.

이처럼 좀 더 유리하게 배치된 함대로 인해 전쟁 초기 일본은 확실한 해상 지휘권을 확보하게 될 것이고 우월한 해상 지휘권은 육지로 이동할 것으로 보았다. 따라서 러시아의 군사 작전은 전쟁 전반부에 방어적인 형태가 될 수밖에 없으며 여기에서 가장 중요한 과제는 러시아 병력

---

46 당시 일본의 운송 수단은 작전 중인 군사 동원과 연관하여 6개의 동원 사단을 48시간 이상 신속하게 이동시킬 수 있고 활동 중인 모든 군대는 48시간 이하로 이동시킬 수 있었다. Сборник новейших сведений о вооруженных силах Японии и Кореи(일본과 한국의 무장력에 대한 최근 정보 모음집). изд. Военно-Статистического Отдела Главного Штаба. 1904. С. 64.

의 안전한 집결이라고 결론지었다.[47]

『군사 개관』에서 주장한 러시아의 군사활동작전은 20세기 초 러시아 군부의 대일전쟁계획안과 일치한다. 러시아군부는 1898년부터 1903년 까지 세 차례에 걸쳐 대일군사계획안을 수립했는데, 이 계획안은 극동지 역에서의 방어 전략에 중점을 두었다. 러시아군부는 러시아군이 일본군 에 비해 확실한 우위를 점하지 않는 이상 공격을 보류하고 방어에 집중 하며 러시아 주력군이 집결하는 데 시간을 버는 전략을 수립했다.[48] 즈베 긴초프 탐사대의 탐사 결과 도출된 한국 북부지역에서의 러시아군 작전 활동, 즉 방어를 기본 전략으로 하고 주력군의 안전한 집결을 과제로 설 정한 방식은 러시아군부의 대일전계획안에 반영된 것이라고 볼 수 있다.

다음으로 육상 작전에서 주요한 세 지역에 주목했는데 블라디브스톡, 여순, 숭가리 중류지역이다. 각각은 일정 정도 요새의 방어력이나 연안 으로부터의 공격을 통해 일본을 마비시킬 수 있다. 하지만 일본에 의한 이들 지역의 점령은 반대 상황을 가져온다. 관동을 상실하는 것은 황해 에서 러시아의 해군기지를 상실하는 것으로, 조술적인 측면에서 러시아 의 육상 병력을 증강하고 여순 원조와 주요 작전 사이의 연결을 중지시 킬 수 있다. 블라디보스톡을 상실하고 남우수리 지역의 전진기지를 상 실한다면 이는 일본에게 철도의 분기점을 넘겨주는 것이다. 반면 러시 아의 전진기지나 주요기지의 측면으로 일본을 끌어내는 데 성공할 수도

47 А. Н. Корф и А. И. Звегинцов. Военный обзор Северной Кореи. СПб. 1904. СС. 152-153.

48 РГВИА(러시아군사문서보관소). Ф. 165. Оп. 1. Д. 1069. ЛЛ. 27-28; История русско-японской войны 1904-1905гг.(1904-1905년 러일전쟁사) Издотельство Наука. Москва. 1977. С. 96.

있다고 보았다. 숭가리 중부지역을 일본이 점령한다면 이것은 해당 지역의 철도-하천 분기점인 하얼빈을 점령한다는 의미이다. 러시아는 아무르강을 따르는 교통 단절을 가져오며 아군의 식량 전진기지를 상실하여 아무르 지역과 우수리 지역은 매우 어려운 상황에 처하게 된다. 숭가리 중부 지역의 상실은 이렇게 볼 때 자바이칼 중심의 러시아 영토 상실을 의미하는 것이 된다.

결과적으로 러시아는 블라디보스톡의 중요성을 고려하여 군대의 집결뿐만 아니라 모든 입지를 확보하기 위한 육상전 병력을 숭가리 중부 지역으로 집결시켜야 한다는 결론을 도출했다. 동시에 러시아함대는 일본의 상륙지점을 가능한 한 남쪽으로 이동시키기 위해 해상의 출구 위치를 점령해야 한다. 블라디보스톡 분기점에서의 상륙은 바로 이에 대한 작전을 고려한 것이다. 원산이나 셰스타코프항에서의 상륙이 숭가리 중부 지역에 가장 근접한 상륙이 될 것으로 보았다.[49]

황해에 러시아함대가 집결하면 석탄 보유량을 보충하기 위해서 석탄을 여순으로 들여올 수밖에 없다. 이 때문에 만일 철도가 훼손되는 경우 이 기지는 상당한 불리함에 놓이게 되며 물품 수송의 불가능까지 보태진다. 따라서 함대의 과제는 영구(營口)와 압록강, 대동강에서 일본군의 상륙을 허용하지 않는 것으로 귀결된다.[50]

동해에서 러시아함대는 블라디보스톡-셰스타코프항(신포항)을 기지로 소유하면 특별한 가치를 획득할 수 있다. 이 기지는 일본보다 먼저 적

49 А. Н. Корф и А. И. Звегинцов. Военный обзор Северной Кореи. СПб. 1904. СС. 153-154.
50 А. Н. Корф и А. И. Звегинцов. Военный обзор Северной Кореи. СПб. 1904. СС. 154-155.

군기지의 어떤 지점으로도 집결하는 것을 가능케 한다. 두 항구에서 나오는 출구의 훌륭한 조건 덕분에 일본의 상륙작전은 허용되지 않을 것으로 보았다.

따라서 대한해협을 제외하고 러시아는 동해어 주력부대, 황해어 수뢰함대가 집결한 상황에서 해상을 장악할 수 있을 것으로 판단했다. 이때 일본의 상륙지점은 남쪽으로 이동할 것이며 동시에 러시아군대가 집결하는 데 필요한 시간을 벌 수 있을 것으로 보았다.[51]

4. 러시아의 대한제국 탐사가 미친 영향

꼬르프 등이 참여한 러시아탐사대는 1차 1898년 7월, 2차 1898년 11월 만주와 한국 북부지역 등을 조사했다. 대공 알렉산드르 미하일로비치(Александр Михайлович)는 1898년 러시아탐사대의 활동을 보고받았는데, 그는 베조브라조프를 국무고문에 발탁시키고 압록강삼림회사를 지원한 인물이었다. 베조브라조프는 1898년 러시아탐사대에 참가했는데, 학자, 삼림관, 측량학자 등으로 구성된 탐사대를 지휘했다.[52]

1899년 3월 5일 알렉산드르 미하일로비치는 베조브라조프가 지휘한 러시아탐사대 조사에 기초하여 「한국 분할에 대한 대공 알렉산드르 미하일로비치의 기록」[53]이라는 문서를 작성했는데, 그 핵심은 '터일동맹

---

51 А. Н. Корф и А. И. Звегинцов. Военный обзор Северной Кореи. СПб. 1904. С. 155.

52 РГИА. Ф. 560. Оп. 28. Д. 340. ЛЛ. 2-3об.

53 Записка Вликого Князя Александра Михайловича с разделе Корей.

론'과 '한국분할론'이었다.

알렉산드르 미하일로비치에 따르면 1898년의 러시아탐사대는 한국의 북부자원을 조사하고 1899년 봄에 돌아왔다. 러시아탐사대는 러시아에 대한 한국 북부지역 주민들의 우호적인 생각이 보편적이므로 러시아가 적대국의 영향력에 복속되지 않도록 대한제국 북부에서 영향력을 유지할 것을 제안했다. 알렉산드르 미하일로비치는 "러시아가 한국의 북부지역을 방치한다면 일본인과 영국인이 짧은 기간 동안 한국의 북부에서 상업적 영향권에 위치할 것"이라고 판단했다. 또한 그는 "러시아가 1898년 3월 베조브라조프가 추진한 동아시아회사를 설치하여 그 회사의 지원을 받아서 한국 북부에서 영향력을 확고하게 만들기 위해서는 러시아 외무부와 주한러시아공사의 지원이 필요하다"고 주장했다.

알렉산드르 미하일로비치는 러시아가 한국 북부에서 동아시아회사의 성공적인 사업 수행을 위해서는 일본과 다음과 같은 합의가 필수적이라고 제안했다.

첫째, 한국의 대동강부터 원산항까지 선을 긋고 그 이북과 이남을 각각 러시아와 일본이 분할한다. 둘째, 러시아와 일본의 한국 분할은 단지 경제적인 것이지 군사적인 것이 아니다. 즉 러시아와 일본은 그 어느 쪽도 협약 없이 한국을 통치하거나 자국의 군대를 유지할 수 없다. 또한 한국에서 이권의 분배, 항구와 철도 건설 등은 러시아와 일본 양국의 상호 허락을 받아야만 가능하다. 셋째, 고종은 러시아의 동의를 받아 동아시아회사의 중개와 지시로 외국인에게 광산 이권을 줄 수 있다. 넷째, 러시아나 일본은 미국인이 한국을 공화정으로 만들려는 책략에 대항하여 고종의 권력 체제를 유지하는 데 공동의 책임을 수행한다. 다섯째, 한국의 수도 서울은 제물포와 함께 중립지역으로 설정한다. 러시아와 일본은 서울에서 소요가 발생하면 유럽인의 안전을 책임지지만 한국의 국내외 문제에 대한 열강의 간섭은 불허한다. 한국에서 국제적인 문제가 발생하면 일본과 러시아는 남과 북의 관할지역에서 자국 대표를 파견하여 조사한다. 여섯째, 러시아와 일본 대표는 북과 남 각각 관할지역에서 세관을 관리하는 데 양국 상호 합의하여 영국인 브라운(Mac Leavy Brown)을 해고한다. 그 이유는 영국이 현재 한국에서 무역량이 아주 적기 때문이다. 일곱째, 러시아와 일본은 각각의 관할지역에서 고종의 동의를 받고 양국의 합의에 따라 새로운 항구를 개발할 수 있다. 1897년 한국에 입항한 선박은 총 19척으로 전체 배수량은 18 600톤이었다. 제물포, 부산, 원산, 목포, 진남포 등의 개항장은 유지되어야 한다.

알렉산드르 미하일로비치는 러시아의 한국 북부지역 관할과 러일동맹안에 대한 러시아의 외교적 이익에 대해서 다음과 같이 판단했다.

첫째, 러시아는 일본과의 합의를 통해서 영국의 적대적인 태도를 방지해야 하는데 러시아가 일본을 동맹국으로 만든다면 중국에서 영국과 독일과 미국의 부당한 요구에 공동으로 대항할 수 있다. 둘째, 러시아가 일본과의 합의를 통해서 한국의 남부지역만 희생한다면 극동에서 영국의 지위는 약화되고 러시아의 지배는 확고해질 것이다. 향후 러시아는 일본이 대만과 교주만 사이 조차지를 획득하는 것을 지원함으로써 청국에서 일본과 영국의 경쟁을 유도한다. 셋째, 러시아가 현재 한국을 방치하면 조만간 러일전쟁이 발발할 것이다. 일본은 재정적으로 유리하기 때문에 해상과 육상에서 개전 준비를 러시아보다 먼저 완료할 것이다. 영국, 독일, 미국은 현재 한국에서 일본과 함께 러시아에 대항하고 있는 실정이다. 열강은 러일전쟁이 발생하면 무역의 상당 부분을 가져감으로써 엄청난 이익을 얻게 될 것이다. 러시아와 일본이 상호 합의한다면 일본은 성급한 무장을 중단함으로써 자국의 재정 상태를 유리하게 만들 것이다.[54] 넷째, 한국의 남부와 북부의 자원과 기후를 비교하면 남부가 조금 더 유리한 상황이나 한국 북부에는 아직 혁명 사상이 전파되지 않았기 때문에 러시아가 한국을 점령하더라도 북부의 한국인은 반발하지 않을 것이다. 남부 한국인은 일본인과 미국인에 의해 계몽주의를 학습하여 혁명 사상이 전파되고 권력의 권위가 무너진 상황이다. 다섯째, 러시아가 한국의 북부지역에서 우호적인 한국인을 보유한다는 점에서 동아시아회사의 성공은 보장된다. 또한 러시아와 일본이 한국을 경제적으로 분할할 때 러시아, 일본 회사에 각각 러시아인과 일본인이 참여할 수 있다.[55]

요컨대 알렉산드르 미하일로비치는 러일동맹에 근거한 한국의 남부와 북부지역의 경제적 분할론이 러일전쟁을 방지하고 오히려 영국과 일본의 대립을 조장할 수 있다고 판단했다. 알렉산드르 미하일로비치는 한국의 이권과 철도 등의 경제적 경영권을 동아시아회사가 주도하는 것으로 설정했다. 이것은 알렉산드르 미하일로비치가 러일동맹안에 기초한 한국 북부지역 경영에 관한 베조브라조프의 계획안을 적극 수용했다는 사실을 의미한다. 베조브라조프는 이미 1898년 3월에 동아시아회사를 추진하고 있었다.

1898년 즈베긴초프의 러시아탐사대는 러시아 육군참모본부의 대일

---

54 알렉산드르 미하일로비치에 따르면 일본은 한국에서 상업적 이익이 막대한 상황인데, 매년 양국의 무역이 증가했다. 예를 들면 1897년 한국에 입항한 일본 범선과 기선은 1,785척으로 배수량이 46만 2,904톤인데 1896년에 비교하면 약 2배였다.

55 АВПРИ. Ф. 138. Оп. 467. Д. 183. ЛЛ. 3-7об. Записка Влиткого Князя Александра Михайловича о разделе Корей. О русской экспедиции в Северную Корею.

전쟁 대비책과 관련해서 한국 북부의 지형과 지리에 관한 체계적인 조사를 수행했다. 이 책에서는 즈베긴초프와 꼬르프가 탐사하고 그 결과를 기록한『한국 북부지역의 군사 개관』을 통해 한국의 국경과 인접 해양을 어떻게 인식했고 그 속에서 일본과의 전쟁에 다비하여 러시아가 극동지역에서 군사활동 상황을 어떻게 규정했는지를 살펴보았다. 러시아는 극동지역에서의 육상 전략과 함께 해상 전략을 상정하고『군사 개관』에서 이 두 가지 전략을 고려하여 한반도의 육지와 해양에 대한 조사를 동시에 진행했다.

『군사 개관』에서는 한국의 국경을 형성하는 요소로 두만강과 압록강을 중요하게 보았다. 두만강의 가장 중요한 방어선은 강의 상루 지역에서 온성마을까지다. 두만강은 바다로부터 공격 가능한 대상을 상당히 떨어트려 놓기 때문에 이 강으로 향하는 모든 길을 차단하는 방어선의 역할을 하므로 두만강의 가치를 한강 지역으로 향하는 길의 장어플로 파악했다.

한편, 압록강의 중요한 방어선을 마열산 마을 아래의 전체 공간으로 규정했는데, 이 선이 길림뿐만 아니라 남만주를 엄호한다고 보았기 때문이다. 특히 만주를 목적으로 하는 작전 수행 시 마열산 부근 지역의 가치가 높아지며 압록강 중류를 도강하는 측면 공격을 저지시킬 수 있다고 보았다.

한국의 해안은 동해, 황해, 대한해협으로 흘러 들어가는데, 이 세 해양의 의미는 연안 지역의 특성에 따라 다양성을 가지고 있다고 보았다. 러시아와 일본 전쟁 시 동해는 곧바로 해상전투 장소가 될 것이드로 이 측면에서 러시아는 동해의 전술적 의미를 다각도에서 고려했다. 따라서 러시아함대의 주요 병력이 여순에 집결되어 있음에도 선박의 일부를 블라디보스톡으로 끌어오고 태평양으로 가는 선박부대를 해마다 교체하여 보충하는 것이 필요하다고 보았다. 함대의 확실한 정박지인 블라디보스톡은 동해를 지휘할 수 있고 기지를 따라 일본 세력을 분산시킬 수 있으며 일본과의 전쟁 시 태평양을 지탱할 수 있기 때문이다. 과거 극동지역에서 황해의 정치적, 군사적 의미가 컸다면 러시아는 일본과의 전쟁을 고려하는 상황에서 동해의 군사적 의미를 증대시키려고 했다.

일본이 숭가리 중부지역을 점령한다면 하얼빈을 점령한다는 의미이다. 이 경우 러시아는 아무르강을 따라 교통 단절을 겪고 식량 전진기지를 상실하여 아무르 지역과 우수리 지역은 매우 어려운 상황에 처하게 된다. 숭가리 중부 지역의 상실은 이렇게 볼 때 자바이칼 중심의 러시아 영토 상실을 의미하는 것이었다.

결과적으로 러시아는 블라디보스톡의 중요성을 고려하여 육상의 전병력을 숭가리 중부 지역으로 집결시켜야 한다는 결론을 냈다. 동시에 러시아함대는 일본의 상륙지점을 가능한 한 남쪽으로 이동시키기 위해 해상의 출구 위치를 점령해야 했다. 블라디보스톡 분기점에서의 상륙은 바로 이를 고려한 작전이었다. 원산이나 셰스타코프항에서의 상륙이 숭가리 중부 지역에 가장 근접한 상륙이 될 것으로 보았다.

황해에 러시아함대가 집결하면 여순으로 석탄이 들어올 수밖에 없기 때문에 철도가 훼손되지 않게 러시아함대는 영구와 압록강, 대동강에서 일본군의 상륙을 허용하지 않아야 했다. 동해에서 러시아함대는 블라디보스톡-셰스타코프항을 기지로 소유하면 두 항구에서 나오는 출구의 유리한 조건 때문에 일본의 상륙작전이 허용되지 않을 것으로 보았다.

따라서 대한해협을 제외하고 러시아는 동해에 주력부대, 황해에 수뢰함대가 집결한 상황에서 해상을 장악할 수 있다고 판단했다. 이때 일본의 상륙지점은 남쪽으로 이동할 것이며 동시에 러시아군대는 집결하는 데 필요한 시간을 벌 수 있을 것으로 보았다.

즈베긴초프와 꼬르프 탐사대의 탐사 결과는 1898년에서 1903년에 걸쳐 러시아군부가 수립한 극동지역에서의 러시아 군사 전략에 반영되었으며 러시아는 한국 북부지역을 정치적·군사적 가치가 있는 지역으로 판단했다. 이와 함께 러시아 정부는 철도를 통해 한반도 북부를 만주 및 러시아와 연결시키려는 정책에도 관심을 갖고 있었는데, 즈베긴츠프 탐사대의 활동은 러시아 정부의 철도정책과도 연결되어 한반도 북부를 조사하고 그 가능성을 타진하기 위한 중요한 활동이기도 했다.

제2부

러일전쟁의 전개

1장

러시아와 일본의
군부와 해군부의 전략

러시아군부의 극동과 한반도 전략

러일전쟁은 전쟁사에서 특이한 전쟁으로 평가된다. 패전국이 승전국에 배상금을 지불하지 않은 전쟁이기 때문이다.[1] 이러한 이유로 러시아에서는 러일전쟁을 '전장에서는 패했지만 외교전에서는 승리한 전쟁'이라고 평가하고 있다.[2] '패배한 전쟁'을 이끌었던 수장은 제정러시아(이하러시아) 전 군부대신 꾸로빠뜨낀이었고 '승리한 외교전'을 이끌었던 수

---

1 러시아는 배상금을 지불하지 않는 조건으로 북위 50도 이남의 남사할린을 일본에 할양했다. И. Я. Коростовец. Русско-японские переговоры в Портсмуте в 1905г(1905년 러-일 포츠머스강화조약). Пекин. 1923.

2 일본에서는 현재 러일전쟁에 대해 다음과 같은 시각들이 있다. '무사도'를 일본의 문명·윤리로 강조하여 러일전쟁으로 연결시켰다는 견해(「武士道と日露戰爭」,『中央公論』, 東京: 中央公論社, 2004. 6), 러일전쟁은 일본이 20세기 초 서양 제국주의 열강이 일본을 견제했던 국제관계의 '위기'를 극복한 전쟁으로, 이를 현재 계속되는 불황 속에서 일본의 자신감을 회복하려는 바람으로 연결 짓고 더 나아가 러일전쟁을 침략전쟁이 아닌 '조국방위전쟁'으로 보는 견해(「現代に生きる日露戰爭」,『読売新聞』, 2004. 5. 28) 등이 있다. 특징은 일본학계의 견해라기보다는 주로 보수적 저널리즘의 시각이라는 점이다. 成田龍一,「기억의 장으로서의 러일전쟁」,『역사비평』69, 2004, 325-327쪽.

장은 전 재무대신 비테였다.[3]

패배한 전쟁에 대해 쏟아지는 비난은 당연한 것이었다. 당시 러시아 군부에 가해진 비난은 다음과 같은 것들이었다. '군은 일본과 전쟁을 할 준비가 되어 있지 않았었다', '전쟁준비를 위해 필요한 대책을 취하지 않았음에도 군부는 전쟁을 저지하지 않았다', '군지휘관들은 국가가 그들에게 부여한 권한으로 가용할 수 있었던 인원과 물자들을 적절히 이용할 줄 몰랐다'.[4] 이와 같은 비난에 직면했던 인물이 꾸로빠뜨낀이었다. 그는 러일전쟁 직전인 1898년에서 1904년까지 군부대신으로서 러시아의 극동 전략을 수립했고 전쟁 중에는 사령관으로서 직접 전투를 지휘했다. 꾸로빠뜨낀은 자신에게 가해진 비난에 답하기 위해 1906년 회고록을 작성했다.[5]

지금까지 꾸로빠뜨낀에 대해서는 19세기 말~20세기 초 러시아의 극동정책 속에서 부분적으로 연구가 이루어졌다.[6] 주로 러일전쟁 건야 러시아의 극동정책을 규명하는 과정에서 정책을 주도했던 재무대신 비테,

---

3   АВПРИ. Ф. 141. Оп. 491. Д. 69. Л. 71.

4   А. Н. Куропаткин. Русско-японская война 1904-1905. Итоги войны(러일전쟁 1904-1905. 전쟁의 결과). СПб. 2002. С. 11.

5   꾸로빠뜨낀은 자신의 회고록에서 '회고록을 쓰는 목적은 자신에게 가해진 비난에 답함으로써 자신의 행동을 정당화하려는 것이 아니라 러시아가 참패한 원인을 역사가에게 알림과 동시에 미래에 비슷한 불행을 피할 수 있도록 하고자 하는 것'이라고 기록했다. А. Н. Куропаткин. Русско-японская война 1904-1905. Итоги войны. СПб. 2002. С. 16. 꾸로빠뜨낀의 회고록은 한국어로 번역되어 있는데, 이 번역문은 1909년 스페인에서 출판된 스페인어판 「Guerra Ruso-Japonesa 1904-1905. Memorias del General Kuropatkin」을 번역한 것이다. 러시아본을 번역한 것이 아니기 때문에 군데군데 원본과 다른 부분이 있다. 이 책에서는 러시아어 원문을 기준으로 꾸로빠뜨낀의 회고록을 인용했다.

6   А. В. Игнатьев. С. Ю. Витте-дипломат(외교관 비테) М. 1989; Malozemoff. *Russian Far Eastern Policy 1881-1904*. California. 1958.

외무대신 람즈도르프, 국무고문 베조브라조프 등을 중심으로 그들이 대일협상 및 만주·한국 문제 등에서 어떠한 입장과 견해를 수립했는지가 다루어졌을 뿐 상대적으로 꾸로빠뜨낀은 주목을 받지 못했다. 왜냐하면 소비에트 이후 제정러시아의 정책과 인물에 대한 비판적인 분위기가 있었던 데다 러일전쟁 패배의 책임자라는 평가가 작용했기 때문이다. 이러한 배경으로 인해 꾸로빠뜨낀에 대한 독자적인 연구는 적은 편이었다.[7]

이 글에서는 1898년부터 1903년까지 러시아군부에서 수립한 극동지역의 군사 전략을 살펴봄으로써 러시아군부가 극동지역에서 어떤 전략에 중점을 두었는지 검토할 것이다. 이와 함께 만주와 한국 문제에 관해 꾸로빠뜨낀이 어떤 입장과 견해를 가졌었는지 살펴볼 것이다. 이 과정에서 재무대신 비테와 극동총독 알렉세예프의 관계 및 정책적 입장 차이도 밝힐 것이다. 마지막으로 자신을 향한 비난에 대한 꾸로빠뜨낀의 항변을 검토할 것이다.

이제까지 꾸로빠뜨낀은 러일전쟁의 지휘자로 평가받았다. 여기에서는 러시아군부대신으로서 꾸로빠뜨낀이 수립한 러시아군부의 전략을 살펴봄으로써 패배한 전쟁의 책임자라는 꾸로빠뜨낀에 대한 기존 평가를 재고해 볼 수 있는 기회를 제공하고자 한다.

---

7 С. Р. Вячеславович. А. Н. Куропаткин: Жизнь. Деятельность. Личность(꾸로빠뜨낀: 삶, 활동, 성격). Саратов. 2003. 이 연구는 꾸로빠뜨낀의 일대기를 다루었지만 러일전쟁을 전후한 시기 그의 극동정책과 만주와 한국에 관한 견해에는 주목하지 않았다.

1. 꾸로빠뜨낀의 생애와 활동

알렉세이 니콜라예비치 꾸로빠뜨낀(Алексей Николаевич Куропаткин, 1848~1925)은 1848년 러시아 쁘스꼬프 지방의 중소 지주 귀족 집안에서 태어났다. 아버지 니꼴라이 이멜리야노비치 꾸로빠뜨낀은 퇴역한 육군 대위였다.

꾸로빠뜨낀은 육군유년학교를 거쳐 1864년 파블롭스끼사관학교에 입학, 1866년에 졸업했다. 같은 해 8월 8일 투르키스탄 제1보병대대에서 육군 중위로 승진했고 같은 해 중대장에 임명되었다. 1874년 육군참모본부 니콜라옙스크아카데미를 졸업하고 독일, 프랑스, 알제리로 학술 파견을 명받았다. 1875년 말 러시아로 귀국하여 참모본부에서 근무하다가 1877년 7월 육군 총사령관 소속 위탁 위곤으로 임명되어 전장으로 나갔다.

1878년 9월 6일 참모본부 아시아국장에 임명되었고 1879년 8월 14일부터 투르키스탄 보병여단을 지휘했다. 1882년 1월 29일 육군 소장으로 진급했다. 1883년부터 1890년까지 참모본부에서 근무했다. 1890년 육군 중장으로 진급, 카스피해 지구 사령관이 되었다(1890~1898). 이 기간에 카스피해 지역을 지휘하면서 무역과 산업을 태동시켰고 유목인들을 반정착인으로 만들어 카스피해 지역을 농업, 무역, 산업이 발전한 지역으로 탈바꿈시켰다. 러시아 학교가 설립되었고 다른 지역으로부터 수많은 이주민들이 넘어왔다.[8]

---

8 С. Р. Вячеславович. А. Н. Куропаткин: Жизнь. Деятельность. Личность(꾸로빠뜨낀: 삶, 활동, 성격). Саратов. 2003. С. 4, 19.

꾸로빠뜨낀(1904)

꾸로빠뜨낀은 1898년부터 1904년까지 군부대신을 지냈다. 꾸로빠뜨낀이 군부대신을 역임한 기간에 시행되었던 주요 정책들은 다음과 같다. 우선 군지휘관의 근무 및 생활 조건 문제를 개선했다. 그리고 병사들의 도덕적 수준을 향상시키기 위해 종교적 요구의 충족, 체형의 폐지, 좌담회 및 독서회, 운동회 등이 조직되었다. 물질적인 측면에서는 막사 배치가 개선되었고 차(茶)가 공급되었으며 이동식 부엌이 설치되었다.

군사 조직과 관련하여 서부 국경 지역 군사관구의 형태가 개혁되었다. 아시아 군사관구들도 옴스크, 이르쿠츠크 관구가 시베리아 군사관구로 통합, 개편되었다. 포병부대와 관련해서는 권총과 야포를 재무장했고 병참부는 처음으로 생산자로부터 식량 조달을 수용했고 통조림 생산을 확대 시행했다. 병참 장교 과정도 신설되었다.

꾸로빠뜨낀은 1904년 2월 7일부터 10월 13일까지 만주군 총사령관, 1904년 10월 13일부터 1905년 3월 3일까지 육·해군 총사령관으로서 러일전쟁을 지휘했다. 1905년 3월 8일부터 1906년 2월 3일까지 만주군 제1사령관을 역임했다. 요양, 봉천 등 전투에서 러시아군대를 이끌었으나 모두 패했다. 봉천에서의 패배 이후 꾸로빠뜨낀은 총사령관직에서 해임되었고 리네비치(Н.П.Линевич)가 만주군 제1사령관직을 이어받았다.[9]

1906년 국가위원회 회원이 되었고 1차 세계대전 중 최고사령부 사령관으로 복귀했다. 1915년 9월에 척탄병 군단을 지휘했다. 1916년 1월 말 북부전선 제5군단 사령관으로 임명되었고 2월 6일에는 북부전선 군대 총사령관에 임명되었다. 1916년 7월 22일부터 투르키스탄 총독 및 투르키스탄 군사관구 사령관으로 임명되었다.

1917년 2월 혁명 이후 군사관구 사령관으로서 지위가 유지되었다. 그러나 1917년 봄 타슈켄트 군사 노동자 대의원의회에 의해 모든 직위에서 경질되었고 가택연금 배치 후 임시정부에 의해 해방된 페트로그라드로 이송되었다.[10]

10월 혁명 이후 고향 쁘스꼬프현에 거주하면서 자신이 설립한 농촌학교에서 학생들을 가르쳤고 뜨베르스크(Тверск)주 세수리노(Шешурино) 마을 소재 나곱스끼(Наговский) 지역 도서관을 관리하기도 했으나 1925년 1월 16일 강도에 의해 살해되었다.[11]

2. 19세기 말~20세기 초 러시아군부의 극동 전략

1898년 군부대신에 임명된 꾸로빠뜨낀은 기존의 서유럽 중심의 군사정책에서 벗어나 아시아에서 부상하고 있는 일본을 상대로 극동지역의

---

9 С. Р. Вячеславович. А. Н. Куропаткин: Жизнь. Деятельность. Личность. Саратов. 2003. СС. 6-8.

10 С. Р. Вячеславович. А. Н. Куропаткин: Жизнь. Деятельность. Личность. Саратов. 2003. СС. 209-210.

11 encyclopedia.mil.ru(검색일: 2019. 2. 15).

군사정책을 수립해야 하는 상황에 있었다. 18~19세기 동안 러시아군은 발트해와 흑해 진출을 위한 영토확장을 목적으로 수많은 전쟁을 치렀다. 러시아는 2세기 동안 72년만 평화적인 시기였고 나머지 128년 동안 33차례의 전쟁과 두 번의 내전을 치렀다. 러시아군부가 20세기에 수행해야 할 과제는 여기에서 도출되었다. 꾸로빠뜨낀은 당시 러시아가 차지하고 있던 위치에 만족하고 국경상 전진이나 후퇴를 하지 않는다면 20세기에는 어떠한 전쟁도 없을 것이라고 판단했다. 하지만 상대국은 잃은 영토를 탈환하려는 의도가 있을 것이고 만일 전쟁이 일어난다면 러시아는 전쟁의 본질을 공격에서 방어로 바꾸어야 한다고 보았다.[12] 꾸로빠뜨낀이 중요하게 생각한 것은 200년간의 전쟁과 막대한 희생을 통해 정복한 영토는 최선을 다하여 방어하되 만족해야 한다는 현상유지정책이었다.

러시아군부는 현상유지정책 속에서 러시아 국경 방어를 가장 중요한 과제로 꼽았다. 이들 국경 중 독일, 오스트리아와 접한 국경이 가장 많은 위협을 받고 있었기 때문에 러시아는 이 국경에 많은 관심을 기울여야 했다. 동시에 청일전쟁으로 인하여 러시아는 극동 수비대를 증강해야 하는 상황이었다.[13]

이에 1899년에서 1903년 동안 러시아군부는 극동지역 강화에 업무의 중점을 두었다. 연흑룡 지방의 군사지구는 1883년에 설치되었다. 이 지역 수비대는 12개 보병대대, 10개 기병중대, 2와 ½개 카자크 대대,

---

12 А. Н. Куропаткин. Русско-японская война 1904-1905. Итоги войны. СПб. 2002. СС. 45-47.

13 А. Н. Куропаткин. Русско-японская война 1904-1905. Итоги войны. СПб. 2002. С. 110.

5개 포병중대, 1개 공병중대, 그리고 1개 요새포대로 구성되어 있었다. 10년 후인 1894년에는 이전의 12개 보병대대가 20개 보병대대로 증원되었다. 청일전쟁을 기점으로 극동지역의 신속한 병력 증강을 도모하여 1898~1902년 사이 800명의 장교, 3만 7천 명의 사병과 2천 6백 필의 군마를 증강했다. 같은 기간 러시아군 병력은 31개 보병대대, 15기 기병중대, 1개 보병중대, 32문의 포, 3개 요새포대에 이르렀다. 이 외에도 동청철도 건설을 위해 5개 보병대대를 만들었다. 연흑룡 지구, 만주, 관동지역의 총병력 증가 수는 6만 명에 달했다. 이는 쿨과 몇 년 전 시베리아와 연흑룡 지구에 배치되었던 소수의 보병대대와 비교할 때 상당한 병력 증강을 의미하는 것이었다. 하지만 당초 구상된 계획에는 미치지 못했으며[14] 실행은 해당 지구가 먼 거리상 위치해 있었기 때문에 어려움을 수반하여 수년에 걸쳐서야 사업을 완결할 수 있었다.

꾸로빠뜨낀이 구상한 연흑룡 지역 역할은 강력한 전진기지 구축이었다. 그는 러시아 중심 병력이 신속하게 재집결할 수 있다는 전제하에 강력한 전진기지를 구축하여 유럽러시아로부터 증원군이 도착할 때까지 시간을 벌고자 했다. 제1차 출병의 승패 여부는 구원군을 원활하게 수송하는 데 달려 있는데, 1900년 당시 시베리아횡단철도는 아직 주요 노선이 아니었고 동청철도 건설 또한 미완공 상태였다. 이에 대해 꾸로빠뜨낀은 "(앞서 언급한) 병력을 집결하려면 6~7년의 기간이 필요하다. 우리의 철도 사정상 대량 수송 수준이 미달됨을 명심하여 외교에 신중

---

14 당초 계획은 극동지역 지구 수비대를 48개 보병대대와 같은 수의 예비보병중대, 57개 기병중대, 236문의 포, 3개조로 구성된 4개 공병중대로 편성하려는 것이었다(А. Н. Куропаткин, Русско-японская война 1904-1905. Итоги войны. СПб, 2002. С. 116).

을 기할 것이며 또한 우리 군 동원체제의 원시성을 고려할 때 아예 불리한 전쟁에 끼어들지 말아야 한다"고 언급했다. 하지만 그는 자신의 경고가 받아들여지지 않았고 얼마 지나지 않아 전쟁에 휩쓸리게 되었다고 회고했다.[15]

일본을 가상 적국으로 하는 전쟁계획안이 최초로 작성된 시기는 1895년이었다. 청일전쟁 승리로 일본군의 위협이 만주에서부터 남우수리 지역까지 미치고 있을 때였는데, 이 계획은 우수리 지역의 방어를 위해 시행해야 할 몇 가지 조치를 규정하는 정도였다.[16]

본격적인 대일전쟁계획은 꾸로빠뜨낀이 군부대신으로 재임하던 기간에 세 차례에 걸쳐 수립되었다. 동청철도 건설 및 여순 지역을 포함한 관동지역 점령이라는 러시아에 새로운 전략적 국면이 극동지역에 형성되었던 1898년 말 첫 번째 대일전쟁계획이 수립되었다. 이 계획은 남우수리 지역과 여순 지역 방어를 목표로 러시아 중심부로부터 주력부대가 도착할 때까지 적군의 공격을 지연시키는 것을 극동지역 러시아군대의 과제로 설정했다. 즉 방어라는 소극적 역할이 극동 러시아군대의 목표였다. 이는 러시아군대가 숭가리 중부 등 전략 집중지역으로부터 여순 또는 한국으로 향할 수 있기에 가능한 계획이었다.[17]

두 번째 대일군사계획은 러시아가 만주를 점령한 1900년에서 태평양

---

15 А. Н. Куропаткин. Русско-японская война 1904-1905. Итоги войны. СПб. 2002. СС. 116-117.

16 История русско-японской войны 1904-1905гг.(1904-1905년 러일전쟁사) Издотельство Наука. Москва. 1977. С. 94.

17 Русско-японская война 1904-1905гг.(1904-1905년 러일전쟁) Работа Военно-исторической комиссии по описанию русско-японской войны. Т. 1. СПб. 1910. С. 177.

함대가 블라디보스톡으로부터 여순 지역으로 이동 중이던 1901년에 새롭게 작성되었다. 이 계획은 일본과 전쟁이 발발할 경우 러시아 군사행동의 전체적인 토대, 분견대별 1차 부대 편성, 견흑룡 지역과 만주 주둔군의 군사 지휘권 통합, 러시아 중심부와 시비리아로부터 극동지역으로 파견되어야 할 부대의 지정 이렇게 네 부분으로 구성되었다. 1901년 8월 니꼴라이 2세의 승인을 받은 이 계획은 러시아군의 작전이 일본군의 행동에 대응하는 수준에서 전개되는 것을 전제로 하고 있었다. 만약 일본이 한국을 점령하는 데 그친다면 러시아군은 일본에 대항하는 그 어떤 군사적 행동도 하지 않을 것이다. 일본이 블라디보스톡과 여순을 방어하는 남우수리와 관동지역의 러시아군을 공격할 경우 극동러시아 방어에 나설 것이다. 봉천, 요양, 하이청에 집결한 나머지 군대는 가능한 한 일본군의 공격을 저지하면서 점차적으로 하얼빈을 향해 퇴각할 것이다. 일본군의 주요 공격 대상이 만주 주둔 러시아군대라면 남우수리 지역 부대는 블라디보스톡으로부터 만주로 이동할 것이다.

1901년의 계획은 1898년 계획과 달리 만주군의 집결 지역을 숭가리에서 묵진, 요양, 하이청 등 남쪽지역으로 이동시켰고 남우수리 지역의 병력을 블라디보스톡에서 만주, 즉 여순으로 이동 배치했다. 러시아군의 공격 전환은 단지 극동에서 러시아군의 규모가 일본에 비해 우의를 점할 때만 고려되었다. 이에 따라 러시아군 지휘브는 유럽러시아로부터 극동지역으로 2개 군단과 4개 예비사단 재배치를 계획했고 7월 말경 보충병의 도착과 함께 극동에서 충분한 병력 우세가 예상되었다. 138개인 일본군 대대에 비해 러시아는 184개 대대를 건설할 수 있었고 따라서 러시아군의 공격 전개는 일본군에 결정적인 패배를 가할 수 있을 것으로 예상되었다. 이 계획의 기본 논점은 블라디보스톡과 여순을 지키는 것이고

증원군의 도착까지 일본의 공격을 지연시키는 것이었다.[18]

연흑룡 군사관구 참모부의 전쟁계획 수립과 동시에 관동지역 참모부에서도 이와 유사한 군사 작업이 진행되었는데, 하바롭스크에서처럼 일본군은 남만주 지역, 특히 요동 지역을 주로 공격할 것으로 예상되었다. 러시아군의 주력부대는 적군의 병력보다 확실한 우위를 점하지 않으면 결정적인 전투를 개시하지 않는다는 작전을 계획했다. 전쟁 초기 단계에서 러시아군의 과제는 가능한 한 일본군의 공격을 저지 또는 지연시키는 것이었다.

일본군의 만주 공격과 요동반도를 포함한 여순 공격 작전에 대응해서 관동지역의 러시아군은 지역 내부 작전을 위한 병력과 금주(金州) 진지에서부터 시작하는 지역 방어를 위한 병력으로 나뉘었다. 두 병력은 여순에서 금주 진지까지 방어에 집중하면서 관동지역을 지키도록 지시되었다.

연흑룡 군사관구 참모부와 관동지역 군참모부에서 수립된 전쟁계획의 토대 위에서 1903년 9~10월에 대일전의 최종적인 군사계획이 수립되었다. 최종계획안은 러시아군의 주력을 요양, 하이청 지역으로 집중시키고 충분한 병력이 도착하기 전까지는 만주와 한국의 일본군을 축출하기 위한 공격을 보류하면서 방어에만 집중한다는 내용이었다. 즉 러시아가 북만주만을 점령해야 한다는 것이 최종적인 계획이었다.[19]

이 계획의 단점은 일본군이 여순과 만주 양 방향에서 동시에 침공할

18　История русско-японской войны 1904-1905гг. Издотельство Наука. Москва. 1977. CC. 93-95.

19　РГВИА. Ф. 165. Оп. 1. Д. 1069. ЛЛ. 27-28.

수 있다는 가능성을 고려하지 않고 한쪽에만 투입될 것으로 예상했다는 점, 일본군이 여순에 위치한 러시아함대에 기습공격을 가할 수 있다는 가능성도 고려하지 않았다는 점이다. 실제로 일본군은 여순의 러시아함대에 기습공격을 가하며 전쟁을 일으켰고 여순과 만주 공격을 동시에 전개했다.[20]

이 계획의 기본 개념은 러시아 주력군이 묵진, 요양, 하이청전선으로 집결하는 데 필요한 시간을 번다는 것이었다. 전제 조건은 여순 수비대의 요새 고수와 요양과 하이청 지역에 배치된 일부 부대의 북쪽 후퇴 및 압록강 부근에서의 일본군 진격 저지였다.[21] 1903년 11월 5일에 알렉세예프 장군이 러시아군의 극동지역 전략계획에 서명하고 1904년 1월 14일 니꼴라이 2세가 본 계획을 승인했다.

꾸로빠뜨낀은 당시 상황에서 "어떤 지형이나 위치도 고수되어야만 하는 것은 아니"라고 보았으며 짜르에게는 "현재도 우리는 군사행동에 있어서 방어적 태도를 고수해야 한다. 비록 우리의 부대를 묵진, 요양, 하이청전선으로 전진시킨다고 할지라도 만약 일본이 전쟁 초기 단계에 전병력을 동원하여 남만주를 침공한다면 방어가 불가능하다. 우리는 여순이 매우 장기간 고립될 것에 대비해야만 하며 공격에 나설 경우 일본군을 괴멸시킬 수 있을 정도의 병력이 후방으로부터 증원될 때까지 접전하지 않고 하얼빈 방면으로 퇴각해야만 한다"라고 보고했다.[22] 꾸로빠뜨

---

20 История русско-японской войны 1904-1905гг. Издотельство Наука. Москва. 1977. СС. 113-114.

21 История русско-японской войны 1904-1905гг. Издотельство Наука. Москва. 1977. С. 96.

22 Русско-японская война 1904-1905гг. Т. 1. СПб. 1910. С. 250.

낀은 1903년의 계획보다 더 소극적인 방어 형태로 러시아 극동군의 행동계획을 정의했다고 볼 수 있다.

3. 꾸로빠뜨낀의 만주와 한국 문제에 대한 견해

19세기 말~20세기 초 러시아군부의 역할은 태평양에서 항구를 얻는 일이었다. 하지만 200여 년 전 러시아는 발트해와 흑해로 진출하기 위해 고통스러운 대가를 치렀기 때문에 태평양으로의 진출 또한 전쟁을 야기할지도 모른다는 위험을 동반했다. 그러나 이 위험은 일단 잠재적인 것이었다. 러시아는 19세기 후반 알래스카 소유권을 미국에 판매했고 일본에 쿠릴열도를 양도했으나 아편전쟁 당시 다른 유럽 열강들과 달리 중국을 원조한 보상으로 1860년 북경조약을 체결하여 연흑룡 지역과 우수리 지방을 병합했다.[23] 또한 청일전쟁 직후 러시아의 극동 문제 개입은 중국에 유리한 방향으로 전개되었다. 러시아 주도의 삼국간섭으로 일본은 요동반도를 포기할 수밖에 없었다.[24] 그 대가로 러시아는 발트해와 흑해로의 진출 과정에서 계속된 전쟁으로 수많은 희생을 치렀던 반면 1897년에는 한 방울의 피도 흘리지 않고 요동반도의 여순항을 차지할 수 있었다. 하지만 꾸로빠뜨낀은 이 작전이 이미 대재앙의 씨를 내포하고 있었다고 지적했다.[25]

---

23 История русско-японской войны 1904-1905гг. Издотельство Наука. Москва. 1977. СС. 24-25.

24 АВПРИ. Ф. 150. Оп. 493. Д. 5. ЛЛ. 203об-204.

25 А. Н. Куропаткин. Русско-японская война 1904-1905. Итоги войны. СПб. 2002. С. 44.

1880년대 극동러시아 지역의 방위 상태는 개우 열악했다. 사할린과 같이 넓은 지역에 3개의 파견대밖에 유지하지 못했고 병력 규모도 천 명을 넘지 못했다. 일본이 동아시아에서 군대를 확충할 때 러시아는 그 지역에 증원 병력을 막 보내기 시작했다. 연흑룡 지역과 러시아 증심부 사이의 연결 수단 부족으로 러시아군부는 블라디보스톡에 부족한 병력과 전쟁 물자를 해로를 통해 수송할 수밖에 없었다. 이런 상황에서 러시아는 어떠한 공격 작전도 생각할 수 없었다. 한편 극동지역에서 중국과 일본의 각축으로 러시아 바이칼 지역 안보에 대한 우려가 제기되자 러시아는 시베리아철도 부설을 계획했다. 하지만 철도 노선에 대한 의견 차이가 나타났다.

　청일전쟁 후 러시아는 삼국간섭을 통해 일본에 요동반도 포기를 요구했다. 이것은 일본에 대한 최초의 적대 행위였고 이후 러시아의 극동정책은 완전히 바뀌었다. 철도 노선 결정에서도 극동지역에서 러시아의 입지를 강화시킬 수 있는 노선이 채택되었다. 청일전쟁 발발 전까지 그 누구도 시베리아철도가 러시아 영토가 아닌 곳을 통과하리라고 상상하지 못했다. 결과적으로 북만주를 관통하는 철도 건설이 결정되었다. 이로써 그 길이가 300마일 정도 단축된 동청철도가 부설되었다. 꾸로빠뜨낀은 동청철도 건설에 관해 다음과 같이 판단했다. '이 철도 건설은 러시아에게는 불운이었고 여순점령, 대련항 건설, 남만주철도 건설, 극동의 상선단과 한국에 있는 러시아기업(압록강삼림개발회사)의 유지 등에서 러시아 상황은 극도로 악화되었고 결국 일본과의 전쟁의 주요 요인이 되었다.' 즉 꾸로빠뜨낀은 동청철도 건설을 러일전쟁 발발의 주요 원인으로 해석했다. 꾸로빠뜨낀과 같은 입장을 견지한 사람은 당시 연흑룡 총독이자 군사령관인 두홉스코이(С.М.Духовской) 장군이었다. 그는 중국 영토를 통해 철도를 건설하는 것이 러시아보다 중국에 더 유리할 뿐 아니라 위험하다고 판단하여 항의하였으나 받아들여지지 않았다.[26]

꾸로빠뜨낀의 만주 문제에 대한 견해는 러일전쟁 발발 직전인 1903년 10월에 작성하여 니꼴라이 2세에게 제출한 "만주에 대한 특별보고서"에 잘 나타나 있는데, 주요 내용은 다음과 같다.

러시아가 한국 국경에 이르지 않고 국경과 철도 간 지역에 주둔하지 않으면 한국과 만주에 대한 점령 의지가 없다는 것을 일본에 납득시킬 수 있고 그렇게 되면 일본은 한국에서 군사적 점령활동을 제한할 것이다.… 그러나 러시아가 만주 남부를 점령하면 일본은 한국 남부를 점령할 것이며 군비를 증강할 것이 확실하다.… 이는 필연적으로 조만간 불필요한 선전포고를 해야 하는 상황에 이르게 할 것이다.… 러시아가 한국과 만주에서 일본을 이기더라도 완전한 승리가 아니면 큰 소득이 없다. 왜냐하면 일본은 여자들도 포함해서 인구 4천 7백만이 병사가 되어 적국에 상륙할 수 있는 병영 국가이기 때문이다. 러시아가 일본을 완전히 격퇴하지 못하면 일본은 단독 혹은 러시아의 적국들과 동맹을 맺어 러시아를 공격할 것이다.… 일본은 신속하게 15만에서 18만 명 정도의 병력을 한국이나 만주로 파견할 수 있으며 평시에는 40만, 전시에는 100만의 병력을 보유하고 있다. 심지어 일본은 한국에서 병력을 증강시킬 것이고 30만에서 35만의 병력을 만주로 이동시킬 것이다.… 러시아가 만주를 합병한다면 일본과의 충돌은 피할 수 없는 사실이 될 것이다.[27]

---

26 А. Н. Куропаткин. Русско-японская война 1904-1905. Итоги войны. СПб. 2002. СС. 139-140.

27 А. Н. Куропаткин. Русско-японская война 1904-1905. Итоги войны. СПб. 2002. СС. 149-150.

이 특별보고서의 요지는 중국과 평화를 유지하고 일본과의 충돌을 피하기 위해 러시아는 만주 남부 점령을 철회하고 만주 북부에서 수비활동만 해야 한다는 것으로, 꾸로빠뜨낀의 극동정책 기조가 방어적인 입장이었다는 점과 일치하는 대목이다.

더불어 꾸로빠뜨낀이 정립한 만주에 대한 러시아정책은 다음과 같다. 만주는 계속 중국의 일부로 남아 있는 것이 바람직하다. 단 바이깔-블라디보스톡 간 그리고 남만주철도 건설에 의해 러시아의 통상을 확대하면서 입지를 강화하는 것이 적절하다. 이를 위해 먼저 중국 영토 내에서 모든 외국과의 분쟁을 가급적 피하고 북부지역에서 외국 군사교관의 체류를 금지시킨다. 북만주에서 중국의 병력 증강을 허락하지 않고 북부지방에서 시작하여 최대한 중국과의 사회, 통상관계를 발전시키는 전략을 통해 중국 북부에 러시아의 관심을 집중시킨다. 양츠 계곡에서의 철도사업은 염두에 두지 않는다.[28]

하지만 러시아는 제2차 만주철병협정을 이행하지 않았다. 1차 만주철병 이후 이에 반대하는 세력에 의해 만주철병이 중단되었다.[29] 꾸로빠뜨낀은 남만주 지역의 군대 철수를 중단시킨 일에 대한 명확하고 납득할 만한 이유는 알려지지 않았다고 주장했다. 철수 중단은 극동총독 알렉세

---

28 А. Н. Куропаткин. Русско-японская война 1904-1905. Итоги войны. СПб. 2002. СС. 72-73.

29 극동총독 알렉세예프와 함께 제2차 만주철병협정을 반대하고 '철수 불가' 입장에 있던 인물은 베조브라조프와 로젠이었다. 로젠은 일본주재 러시아공사(1897. 2. 4~1899. 11. 18, 1903년 초~러일전쟁 직전까지)를 지낸 인물로 러시아의 '만주집중론'을 주장했다. 그는 영일동맹이 체결된 상황에서 만일 한국에 무력 사태가 생긴다면 만주는 러시아의 작전기지가 되어야 하기 때문에 만주 병력을 축소해서는 안 된다는 입장이었다. РГИА(러시아국립역사문서보관소). Ф. 560. Оп. 28. Д. 59. Л. 68.

예프의 갑작스러운 명령으로 시행되었는데, 꾸로빠뜨낀은 철수 중단의 유일한 원인으로 알려진 것은 상부의 정책 변경과 베조브라조프의 극동 지역 제1차 시찰과 일치한다는 사실뿐이라고 지적했다. 이후 압록강 목재 개발을 목적으로 압록강 용암포 조차권을 획득했으며 이러한 급격한 정책변화가 중국뿐만 아니라 일본까지도 경계심을 갖게 만들었고 만주 철수 불이행으로 유럽 열강과 미국이 경계심을 높이게 되었다고 비판했다.[30]

한편 꾸로빠뜨낀은 한국 문제에 대한 전략을 다음과 같이 언급했다. 러시아는 국경의 마지막 16베르스타[31]를 한국과 접하고 있다. 한국의 상황은 중국과 일본에 종속되어 있음에도 불구하고 1897년부터 진행된 러일협상에 의해 그 독립이 인정되었다. 이는 러시아가 한국 문제에 매우 신중한 정책을 취하도록 만들었다. 러시아가 한국을 합병할 필요까지는 없으나 그곳에 강력한 일본 또는 다른 열강이 세워지는 것을 절대 허용해서는 안 된다. 러시아에 유리한 상황은 한국이 독립 국가를 유지하는 것이다. 한국이 약하다고는 하나 러시아의 보호 아래 독립상태를 유지한다면 한국 문제를 해결하는 시간 동안 러시아에는 유리한 상황이 된다. 한국에 곧바로 보호령을 세우려면 엄청난 지출을 감당해야 할 뿐만 아니라 시기상조의 전쟁을 치를 수도 있을 것이다.[32] 그는 한국이 한 열강에 의해 지배되는 것은 바람직하지 못하며 러시아의 보호 아래 독립을 유지하며 극동에서 러시아에 안전판으로서의 역할을 해주길 기대

---

30 A. H. Куропаткин. Русско-японская война 1904-1905. Итоги войны. СПб. 2002. С. 74.
31 베르스타=1,0668km.
32 A. H. Куропаткин. Русско-японская война 1904-1905. Итоги войны. СПб. 2002. С. 73.

했다.

꾸로빠뜨낀은 재무대신 비테, 국무대신 람즈도르프와 함께 만일 러시아가 만주에서 군대 철수 합의 사항을 이행하지 않고 특히 베조브라조프가 계속 한국에 있는 목재회사와 일한다면 일본과의 전쟁은 불가피할 것이라고 의견을 모았다. 니꼴라이 2세는 이들의 의견을 수용하여 일본과의 전쟁을 피하고 가능한 만주에서의 안전을 꾀하고자 했다. 압록강 삼림개발회사는 상업적 목적만을 추구해야 할 것이라고 언급하고 꾸로빠뜨낀에게 즉시 극동으로 가서 그 지역 상황과 일본의 동태를 파악하라고 명령했다.

1903년 6월 여순에서 심의회의가 열렸다.[33] 꾸로빠뜨낀에게 이 회의의 목적은 '러시아의 자존심'을 지키면서 만주 사태를 해결할 방안을 모색하는 것이었다. 논제는 만주 문제와 한국 문제였다. 먼저 만주 문제에 대해서는 만주합병이 몰고 올 엄청난 통치 비용과 어려움을 고려하여 만주 철수에 합의한다는 만장일치를 이끌어냈다. 한국 문제에 관해서는 한국의 북부 점령이 러시아에 도움이 되지 못하므로 한국 북부 점령 문제를 기각하기로 했다. 그 이유는 러시아의 압록강 지역활동이 일본 측에는 한국 북부 점령 의사로 받아들여질 수 있기 때문이었다. 목재 개발회사는 중국 정부의 승인하에 북부지방의 목재 개발을 위해 적법하게 창설되었고 압록강 남쪽의 개발에 대해서도 한국 정부의 승인을 획득했다. 하지만 다수의 러시아 장병이 회사에서 일하고 있었기 때문에 순

---

33 ГАРФ. Ф. 568. Оп. 1. Д. 136. Л. 66. 참석자는 꾸로빠뜨낀, 알렉세예프, 주중공사 레사르, 주조선공사 빠블로프, 사령관 보각, 베조브라조프, 조선주재 러시아공사 관원 쁠란손 등이었다. 또 압록강 삼림개발회사에 참여했던 발라셰프, 중령 마드리또프 등 실질적인 정책 수행 인물들도 참여했다.

수히 상업적 성격이라고 보기에는 무리가 있었다.[34] 자문회는 일본 정부가 이 회사를 정치·군사적 성격의 회사로 생각하지 않도록 하기 위해 모든 장교를 복귀시키고 국가 공무원이 아닌 민간인만 남게 할 것을 의결했다. 이에 꾸로빠뜨낀은 압록강삼림회사의 정치·군사 담당 장교 마드리또프 중령에게 참모부 제복을 입은 장교는 이런 일에 연루되면 안 되니 군과 회사 중에 택일하라고까지 충고했다.[35]

결국 여순회의에서는 1903년 4월 특별회의 결정을 준수하는 방향으로 압록강삼림회사의 성격을 규정했다. 하지만 러시아는 북만주에서 군대를 철수하지 않았고 일본과의 분쟁을 야기하는 압록강 삼림개발회사의 활동을 중단시키지 못했다.

꾸로빠뜨낀이 지적한 또 하나의 문제는 극동특별총독부였다. 극동특별총독부는 1903년 8월 12일 니꼴라이 2세가 설치한 기구였다. 극동지역을 시찰하고 돌아온 베조브라조프가 극동에서 러시아의 영향력을 강화하려는 목적에서 광범위한 계획을 세웠고 니꼴라이 2세가 그 계획을 발전시켜 어떤 부서에도 예속되지 않고 황제에게 직속한 기구로 전격 신설했다. 황제의 명의로 회담을 진행할 수 있는 권한을 부여받은 극동총독에는 알렉세예프 제독이 임명되었다.[36] 황제의 측근이라고 믿었던 꾸로빠뜨낀은 황제의 결정을 매우 충격적인 것으로 받아들이고 총독부 설립을 매우 놀라운 일이라고 언급했다. 꾸로빠뜨낀은 1903년 8월 15일

---

34 당시 압록강 삼림개발회사의 인원은 러시아 장교 10명, 병사 98명, 중국인 일용노동자 약 200명, 한국인 일용노동자 약 900명이었다. ГАРФ. Ф. 568. Оп. 1. Д. 136. Л. 82.

35 А. Н. Куропаткин. Русско-японская война 1904-1905. Итоги войны. СПб. 2002. С. 157.

36 История русско-японской войны 1904-1905гг. С. 47.

군부대신 사임을 표명했으나[37] 니꼴라이 2세는 꾸로빠뜨낀에게 일시적인 휴직만을 허락했다.[38]

1903년 극동지역 상황은 매우 불안해졌다. 알렉세예프가 시작한 일본과의 협상은 진전이 없을 뿐만 아니라 난항을 거듭하고 있었다. 더구나 그는 만주에 주둔한 러시아군대의 철수 약속도 이행하지 않고 있었다. 꾸로빠뜨낀은 '알렉세예프가 외교관계에 대한 지식이 부족해서 일본의 자존심만 상하게 하고 협상을 마쳤으니 이제 모든 것은 시간문제다'라고 당시 상황을 직감했다.[39] 이에 꾸로빠뜨낀은 1903년 12월 9일 만주 사태에 관한 두 번째 보고서를 올렸다. 그 내용은 만주와 관동을 중국에 반환하고 만주 북부에 대한 약간의 권리 보상을 보장받으면서 동청철도 남쪽 부분, 즉 남만주철도를 매각하자는 내용이었다. 이 제안은 기본적으로 태평양 연안의 항구를 포기한다는 의미였다. 꾸로빠뜨낀은 이 제안은 러시아에 매우 큰 희생이었지만 그렇게 하는 것이 반드시 필요하다는 것을 보여주려는 노력이라고 설파했다.[40] 꾸로빠뜨낀은 러시아의 여순점령이 일본을 자극해왔기 때문에 여순 지역을 반환하고 한국의 압록강기업과 함께 만주 남부를 일본에 양도한다면 일본 및 중국과의 분쟁으로부터 자유로울 수 있다고 판단했다. 이러한 판단 이유에 대해서 꾸

---

37 Дневник Куропаткина(꾸로빠뜨낀 일기). 1903. 9. 28 1903. 11. 27. Красный архив. Т. 1. 1922. СС. 87-91.

38 А. Н. Куропаткин. Русско-японская война 1904-1905. Итоги войны. СПб. 2002. СС. 165-166.

39 А. Н. Куропаткин. Русско-японская война 1904-1905. Итоги войны. СПб. 2002. С. 171.

40 А. Н. Куропаткин. Русско-японская война 1904-1905. Итоги войны. СПб. 2002. С. 167.

로빠뜨낀은 '일본과의 협상 실패는 일본이 완벽한 전쟁준비를 했고 일본 군부가 이에 확고한 지지를 표했음을 파악하지 못한 무지에서 비롯되었다. 반대로 러시아는 전쟁에 대한 대비가 없었고 그래서 전쟁을 피하려 할 수밖에 없는 상황'이었다고 언급했다.[41] 하지만 꾸로빠뜨낀의 의견은 받아들여지지 않았고 러시아는 전쟁을 피할 수 없었다.

꾸로빠뜨낀은 러일전쟁의 원인을 세 가지로 파악했다. 첫 번째는 비테가 결정한 시베리아횡단철도의 만주 통과였다. 그는 이 문제를 가장 심각한 원인으로 인식했다. 하지만 자신은 당시 카스피해 지역 지구사령관이었기 때문에 아무런 대책을 세울 수 없었다고 호소했다. 두 번째는 베조브라조프가 주도한 압록강 삼림개발회사였다. 이 회사의 정치·군사적 성격은 일본이 러시아의 한국합병을 의심하도록 만들었다. 압록강 삼림회사의 활동을 제한하기 위해 두 차례의 특별회의와 한 번의 심의회의가 열렸지만 일본과의 분쟁을 상징하는 압록강 삼림개발회사의 활동을 중단시키지 못했다. 세 번째는 극동총독 알렉세예프의 정책이었다. 알렉세예프는 러시아의 만주철병 이행을 중단시키고 일본과의 협상을 반대했다. 그는 극동에서 러시아의 군사력을 강화하는 것이 일본과의 전쟁을 예방하는 방법이라고 판단하여 러시아의 만주철병을 반대했고 러시아의 국익과 일본의 야심 때문에 러일 양국의 타협이 불가능했다고 보았다.[42] 꾸로빠뜨낀은 알렉세예프의 이러한 정책을 '경직된 정책'이라고 비판했다.[43]

---

41 А. Н. Куропаткин. Русско-японская война 1904-1905. Итоги войны. СПб. 2002. С. 170.

42 ГАРФ. Ф. 543. Оп. 1. Д. 186. ЛЛ. 21-22.

43 알렉세예프의 정책을 '경직된 정책'으로 평가하는 시각은 잡지 『Наша жизнь』에서도 확

4. 패배에 대한 꾸로빠뜨낀의 항변

1902년 극동의 정세가 급변했다. 1902년 1월 영일동맹 체결로 영국과 일본은 한국과 중국의 '독립적 영토 불가침성'을 보존하는 데 있어 특별한 이해관계를 가질 수 있게 되었다. 영일동맹은 프랑스, 독일과 같은 제3국이 러시아 측에 가담하여 참전할 경우에 대비하여 일본을 보호할 수 있는 규정을 두었으며 영국에 극동 연안에서 다른 열강보다도 강력한 함대를 보유해야 할 의무가 있음을 규정함으로써 일본의 해상교통을 보장했다. 결과적으로 일본은 국제적 고립은 물론 1895년 삼국간섭 등 서양 열강의 반일동맹에 대응할 수 있게 되었다.[44] 여기에 미국이 영일동맹 지지 입장을 공식적으로 언급하면서 상황이 역전되어 러시아가 국제적 고립 상태에 놓이게 되었다.

러시아는 1902년 4월 만주철병 협정을 체결했다. 러시아가 러청철병 조약을 체결한 이유는 중국과 마찰의 소지를 줄여야 했고 만주점령으로 인해 극동지역에 이해관계를 가진 다른 열강들과의 관계가 악화되는 것

인된다. 『Наша жизнь』는 '부왕[극동총독] 알렉세예프 제독의 경직된 정책'이라는 제목으로 다음과 같은 글을 게재했다. "우리를 이런 전쟁으로 몰고 온 책임자들을 한 번 생각해 보는 것이 옳다. … 극동에서 러시아의 국익에 대해 부왕을 믿었다. 극동에서 그 문제의 책임자를 부왕이라 생각하는 것은 당연하다. 부왕의 정책은 경직되어 있었고 … 이런 연유로 만주를 점령한 지 3년이 지났는데도 그는 만주에 있는 병력 철수를 제안하지 않았다. 우리가 일본에 어떤 형태로든지 양보해야 할 급박한 필요성에도 불구하고 그는 1903년 일본의 요구가 지나치고 우리는 결코 이를 수락할 수 없다며 우리 군은 만주에 계속 주둔해야 한다고 정부에 보고했다. … 한 마디로 부왕의 정책이 조금만 덜 경직되었더라면 우리는 우리의 자존심과 관련된 그 전쟁을 피할 수도 있었으나 일본과의 협상이 결렬된 3, 4일 후인 1904년 2월 6일 결국 전쟁이 시작되었다." 『Наша жизнь』 №158, 1905. 6. 21.

44 История русско-японской войны 1904-1905гг. C. 54.

을 피해야 했기 때문이다. 러시아의 제1차 만주철병 협정이 이행되면서 극동지역에서는 평화가 유지될 수 있을 것이라는 예측이 가능했다. 사태가 평화적으로 조절될 것으로 보였으나 1902년 말 일본과의 회담이 결렬될 조짐이 보였다.

러시아군부는 즉각 전쟁 대비 태세에 들어갔다. 이미 확보되어 있던 자금과 충당금을 투입하여 1906년 내지 1907년에 완결하도록 되어 있던 계획을 1년 내 실행에 옮겼다. 극동지역에 38개 보병대대를 추가하고 유럽에 32개 보병대대를 신설했다. 병력 증강 이외에 블라디보스톡과 여순의 요새화 작업도 이루어졌다. 1898~1902년 동안 요새를 건설하고 유지하는 데 할당된 예산의 4분의 1을 지출했다.

이 과정에서 해당 요새에 최신형 해안 경계용 대형포를 신속하게 설치해야 할 문제가 발생했다. 그런데 해군성이 선주문한 것을 먼저 조달해야 했기 때문에 요새를 위한 포의 주조는 상당 기간 지연되었다. 임시방편으로 구형포를 설치하기로 합의하고 빠른 시일 내 유럽으로부터 1,000여 문의 포가 운송되었다. 그런데 수송 과정에서도 문제가 발생했다. 1900년 만주철도 노동자 파업으로 인해 운송이 상당 기간 중단되었으며 여순 요새화 작업 또한 극동총독 알렉세예프의 명령에 따라 장기간 지연되었다. 이에 대해 꾸로빠뜨낀은 포의 운송 과정이 지연되지 않았더라면 극동지역의 요새는 1904년에 실제보다 월등한 준비 태세를 갖추었을 것이라고 지적했다.[45]

결국 여순과 대련항의 요새 구축 작업은 짧은 기간 동안 이루어질 수

---

45 A. Н. Куропаткин. Русско-японская война 1904-1905. Итоги войны. СПб. 2002. С. 119.

밖에 없었는데, 이에 관하여 불리한 조건들을 고려하지 않고 취약한 방위력에 대한 추궁으로 군부를 향해 강력한 비난의 소리가 빗발쳤다. 꾸로빠뜨낀은 이에 대해 다음과 같이 항변했다. "러시아는 1897년 말에야 여순항을 접수했고 1898~1899년에도 열악한 화력 장비를 갖춘 임시포대에 의존했으며 요새화 작업을 위한 예산도 할당받지 못한 상태였다. 일반적으로 정부로부터 예산을 신청하고 지원받는 데 극히 복잡하고 더딘 절차가 필요하지만 여순의 경우 요새화 작업의 조속한 진행을 위해 계획서를 올리면서 공사를 시작했다. 하지만 알렉세예프 총독이 1900년 만주철도 노동자 파업을 기화로 작업을 전면 중지시킴으로써 대구모 요새 구축공사를 1901~1903년까지 3년 만에 완수하여야 했다. 부족한 시간과 전 지역이 암반으로 형성되어 있는 지층 구조를 감안할 때 우리의 커다란 작업 성과를 인정받아야 할 것이다."[46]

여순 지구 점령 초기 수년 동안 모든 물자 공급은 상당히 우회하여 해상으로 운송되었다. 이러한 조건에서 러시아군부는 1899~1903년까지 4년 동안 수준급의 포(砲)장비를 설치하여 일본군 전 함대를 일정 사거리 밖으로 묶어 놓았다. 꾸로빠뜨낀은 러시아군부의 극동지역 요새화 작업 결과에 대하여 다음과 같이 설명했다. "전쟁 중 적군은 러시아 군사 수의 배에 이르는 인명피해를 입었고 여순 요새는 전쟁 발발 후 거의 12개월 동안 방어를 고수했으며 종전이 다 되어서야 내주었다. 전장이 러시아 중심부와 매우 먼 거리에 위치해 있었다는 사실을 이해한다면 1895년부터 1903년까지 러시아군부가 극동지역의 진지 강화를 위

---

46 А. Н. Куропаткин. Русско-японская война 1904-1905. Итоги войны. СГ-б. 2002. С. 121.

하여 취한 결과는 매우 놀라운 것이며 비난은 근거 없는 것이 될 것이다. 1895년 상황에서 거의 무방비 상태에 놓여 있었던 연흑룡 지역은 1903년까지 전국을 방어할 수 있을 정도로 요새화되었다."[47]

꾸로빠뜨낀이 극동지역에 대한 요새화 작업을 진행하며 중점을 둔 부분은 철도 건설이었다. 철도 건설은 일본군의 전투 수행능력과 관련하여 핵심적인 문제였다. 당시 일본군은 전쟁이 발발할 경우 병력 40만, 포 1,100문의 전투 투입이 가능한 상태였다. 이에 반해 러시아는 일본군과 같은 수의 병력을 만주와 연흑룡 지역에 파견할 수 없는 상황이었다. 이를 가능하게 할 수 있는 방법으로 꾸로빠뜨낀이 지적한 것이 극동지역과의 통로 개설을 위한 철도 건설이었다. 군대 수송에 관한 1903년 7월 계획안에 따르면 러시아는 1일 단 2대의 단축 군용 열차분에 해당하는 수송 능력 밖에는 갖추고 있지 못했다. 이에 대해 꾸로빠뜨낀은 시베리아철도의 일일 통행 능력을 군용열차 기준으로 왕복 7회, 동청철도는 왕복 14회로 증강할 것을 제안했다. 여순의 요새로 4개의 보병대대, 1개의 공병중대, 2개의 포병중대, 1,700톤의 실탄 운송 명령이 내려졌을 때 이를 수송하는 데 소요되는 기간이 22일에 달했다. 선전포고 6개월이 지난 후에도 러시아는 동청철도를 제대로 가동시키지 못하는 상황이었는데, 이의 운용을 위해서는 대량 운반체제의 건설이 필요한 상태였다.[48]

---

47 A. H. Куропаткин. Русско-японская война 1904-1905. Итоги войны. СПб. 2002. С. 123.

48 Русско-японская война 1904-1905гг(1904-1905년 러일전쟁). Т. 1. СПб. 1910. С. 249. 그럼에도 1904년 1월 21일 기준으로 동청철도 만주-하얼빈 구간의 일일 통행 능력은 왕복 4회였으며 시베리아철도는 왕복 10회였다. ЦГВИА(국립중앙군사문서보관소). Ф. 487. Ед.хр. 9. Л. 14об.

러시아는 극동지역에 172개의 대대를 보유했었고[49] 그중 100거 이상의 대대가 전장에 나갈 수 있었지만 이 병력만으로는 결코 전쟁을 시작할 수 없었다. 철도로는 한 번에 많은 수의 군디를 수송할 수 없었기 때문에 필요한 규모의 증원군 파견이 불가능했다. 일본이 단기간 니에 병력을 보강할 수 있었던 반면 러시아는 주력부대를 재집결하는 데 어려움이 있었다. 이에 대해 꾸로빠뜨낀은 증원 병력 수송이 원활하게 진행되었더라면 러시아는 요양과 봉천의 병력을 배가시킬 수 있었을 것이고 초기의 전투 상황은 아주 달라졌을 것이라고 지적했다.

극동지역 방어라는 측면에서 군사력 강화어 따른 경비 조달은 군부 업무의 필수적인 사안이었다. 당시에는 군부뿐간 아니라 해군부 역시 많은 돈을 요구했는데, 육군이 쓰는 경비에 버금갈 만큼 큰 폭으르 해군부 경비가 늘어났기 때문이다. 그런데 경비 조달과 관련하여 꾸로빠뜨낀은 재무대신 비테에게 상당한 불만을 가지고 있었다. 꾸로빠뜨낀에 따르면 비테는 돈 문제에 관한 모든 일에 관여했으며 돈을 징수하는 것뿐만 아니라 배분도 자기 마음대로 했다. 교통부와 아무런 상의도 없이 동청철도를 계획·건설·관리했고, 철도를 지키는 군대도 조직·지휘했다. 또한 군부와 상의 없이 무기 종류를 선정했고, 태평양 상선단을 만들어 관리하기도 했는데, 이는 강하천에 적합한 무장 즌기 선단이었으므로 당연히 해군성 소관 사항이었다. 공공교육, 농업, 내무, 건설, 교통통신부 등 고유 업무에 재무부가 손을 대고 모든 일에 간섭했다. 동청철도 건설 과

---

49 172개 대대는 다음과 같이 구성되어 있었다. 96보병대대는 시베리아 극동사단 소속, 48개는 시베리아 제1, 2, 3예비사단 소속, 12개는 독립예비대 소속, 16개는 기타 사단 소속이었다. А. Н. Куропаткин. Русско-японская война 1904-1905. Итоги войны. СПб. 2002. С. 125.

정에서 비테는 마을을 세우고 농지를 배분하는 일을 했지만 실제 소관 부서인 국무대신과는 한 마디 상의도 없었다. 비테는 중국 관리와 잘 통했으며 중국과 한국의 여러 곳에 무역상 및 외교관들과 관계를 맺고 있었다.[50]

꾸로빠뜨낀은 비테가 관여한 모든 사업에 대해 '방만했다'고 평가했다. 그 이유는 사업이 체계 없이 무질서했고 타 부서들과의 형평성도 맞지 않았기 때문이다. 꾸로빠뜨낀은 '그에게는 언제나 돈이 넘쳐났고 다른 부서들이 필요로 하는 긴급한 사업들은 언제나 쪼들리고 재원이 없었다'고 비판했다. 꾸로빠뜨낀은 한 예로 1894~1905년간 재무부가 세입 산정에서 범한 실수를 지적했다. 비테의 재무장관 재임 12년 (1892~1903) 중 8년 동안 실제 징수액이 예상 징수액보다 매년 1천만 파운드를 초과했다. 특히 1898년과 1899년에는 실제 징수액이 예상 징수액보다 연간 2천만 파운드를 초과했다. 1904~1905년 징수액은 예상치보다 800만 파운드를 초과했다. 여기에서 알 수 있듯이 세입은 러일전쟁의 영향을 받지 않았다. 재무부가 세입 산정을 정확히 했더라면 자금 부족으로 하지 못했던 군부의 군사 조직과 기타 긴요한 사업에 추가 예산을 더 제공할 수 있었을 것이다. 그럼에도 불구하고 러일전쟁 이전 10년간 아무르강 지역, 만주 및 관동지역 경비대가 1884년 12개 대대에

---

50 А. Н. Куропаткин. Русско-японская война 1904-1905. Итоги войны. СПб. 2002. СС. 131-132. 비테는 재무요원 파견제도를 니꼴라이 2세에게 상주하여 도입했다. 이에 따라 1900년 극동을 포함한 미국, 영국, 프랑스, 독일 등에 재무요원이 파견되었다. 각 지역에 파견된 요원들을 통해 비테는 폭넓은 사람들과 관계를 맺을 수 있었다. А. Е. Смирнов. Агенты Министерства Финансов Российской империи за границей(제정러시아의 해외 파견 재무부 요원들). М. 2003. Автореферат. СС. 15-17.

서 1904년 140개 대대로 증강되었다. 꾸로빠뜨낀은 재무부의 방만한 사업과 독단적인 예산 배분에 따른 극동지역의 부족한 예산에도 불구하고 군부가 극동지역의 러시아군 진지를 강화하는 데 소홀하지 않았다고 피력했다.[51]

꾸로빠뜨낀은 러시아가 전쟁 당시 국제 정세를 활용하지 못한 것에 대해서도 다음과 같이 지적했다.

일본이 걱정하지 않을 수 없었던 것은 전쟁 승리에 대한 유럽과 미국의 냉담한 반응이었다. 처음에 독일과 영국은 러시아를 일본과의 전쟁에 끌어들여 러일 양국이 자멸함으로써 러시아는 유럽에서, 일본은 아시아에서 아무것도 할 수 없게 만들어 자신들의 지위를 강화시키고자 했다. 이 때문에 만주에서 일본의 완전한 승리는 유럽 열강에 이롭지 못했다. 일본은 맹주가 되어 중국을 합병하고 '아시아인을 위한 아시아'를 세울 수 있기 때문이다.…유럽 국가들은 작은 영토에 밀집해 있기 때문에 세계시장이 없으면 살 수 없다. 그래서 '미국인을 위한 미국', '아시아인을 위한 아시아', '아프리카인을 위한 아프리카'라는 이념의 승리는 유럽을 위협했다. 이런 위험이 심각해짐에 따라 유럽의 열강들은 신흥 민족들과 싸우기 위해 상호 간 이익을 잠시 잊어야 했다. 꾸로빠뜨낀에 따르면 러시아는 이러한 여론을 이용해서 무엇보다도 일본에 자본공급을 어렵게 할 수 있었다.… 전쟁을 계속했더라면 일본은 모든 자원을 다 소진한 후에 부득이 강화를 요구했을 것이며 그렇게 되었더라면 자연히 러시아에

51 A. H. Куропаткин. Русско-японская война 1904-1905. Итоги войны. СПб. 2002. CC. 132-134.

게 좀 더 유리했을 것이다.[52]

꾸로빠뜨낀은 일본이 '아시아인을 위한 아시아'를 만들 것을 우려하여 다른 유럽 열강들과 함께 일본을 상대로 세계자본시장 봉쇄 조치를 취했어야 했는데 그렇게 하지 못했으며 전쟁을 지속하여 러시아에 유리한 결과를 가져왔어야 했다고 아쉬움을 토로했다. 꾸로빠뜨낀은 러시아군 사력의 지속적인 증가와 러시아군의 사기 충전, 이에 따른 일본군의 점진적 약화를 근거로 전쟁을 지속하면 러시아가 승리할 수 있었다고 확언했다.[53]

5. 러시아군부의 전쟁계획안

19세기 말~20세기 초 러시아군부의 과제는 극동지역 강화였다. 청일전쟁에서 일본의 승리는 러시아 극동지역에 대한 직접적인 위협이 되었기 때문에 극동지역 강화는 피할 수 없는 정책이었다. 1902년 영일동맹 체결은 이러한 러시아군부의 정책에 타당성을 부여했다.

---

52 A. H. Куропаткин. Русско-японская война 1904-1905. Итоги войны. СПб. 2002. СС. 518-519.

53 꾸로빠뜨낀에 따르면 선전포고 6개월 전 러시아철도는 군사용으로 단지 2개조의 짧은 차량만 운행되었지만, 포츠머스조약 체결 당시에는 매 24시간마다 10~12량의 긴 열차가 운행되고 있었다. 즉 전쟁 중 철도 수송 능력이 6배 증가했다. 또 러시아군대도 현저히 증강되어 조약 체결 시 이미 백만 명이 되었으며 이 가운데 3분의 2 이상은 전투에 투입되지도 않았다. 이들을 위한 식량 공급도 확보되어 있었다. 이 외에도 러시아는 모든 종류의 구경 대포, 철도 예비용 경자재, 전신 예비품, 공병 장비 공구와 전투 진지구축용 모든 자재를 공급받아 두고 있었다. A. H. Куропаткин. Русско-японская война 1904-1905. Итоги войны. СПб. 2002. С. 507.

일본을 상대로 한 러시아군부의 전쟁계획안은 1898년부터 1903년까지 세 차례에 걸쳐 수립되었다. 1898년에 수립된 첫 번째 대일계획은 남우수리 지역과 여순 지역 방어였고 러시아 중심부로부터 주력부대가 도착할 때까지 적군의 공격을 지연시키는 것이 극동지역 러시아군대의 과제였다. 두 번째 대일군사계획은 1900년에서 1901년 사이에 작성되었다. 이 계획은 네 부분으로 구성되었다. 1) 일본과 전쟁이 발발할 경우 러시아 군사행동의 전체적인 토대, 2) 분견대별 1차 부대 편성, 3) 연흑룡 지역과 만주 주둔군의 군사 지휘권 통합. 4) 러시아 중심부와 시베리아로부터 극동지역으로 파견되어야 할 부대의 지정이 그것이었다. 1901년 계획은 1898년 계획과 달리 만주군의 집결 지역을 숭가리에서 묵진, 요양, 하이청 등 남쪽 지역으로 이동시키고 남우수리 지역의 병력을 블라디보스톡에서 만주, 즉 여순으로 이동 배치했다. 이 계획의 기본 논점은 블라디보스톡과 여순을 지키는 것이었고 증원군의 도착까지 일본의 공격을 지연시키는 것이었다. 최종적인 대일군사계획안은 1903년에 작성되었다. 이 계획안은 러시아군의 주력을 요양, 하이청 지역으로 집중시키고 충분한 병력이 도착하기 전까지는 만주와 한국의 일본군을 축출하기 위한 공격을 보류하면서 방어에만 집중한다는 내용이었다. 극동지역과 관련한 러시아군부의 과제는 어디까지나 극동지역 방어라는 측면에서 군사력 강화였다.

꾸로빠뜨낀은 만주가 계속 중국의 일부로 남아 있는 것이 러시아에 유리하다고 판단했다. 러시아는 중국 북부지방에서 시작하여 최대한 중국과의 사회, 통상관계를 발전시키는 전략을 통해 북만주 지역에 러시아의 관심을 집중시켜야 한다고 강조했다. 한국 문제는 한국에 직접 보호령을 세우기보다 러시아의 보호 아래 한국이 독립상태를 유지하는 것이

러시아에 유리한 상황이라고 판단했다. 러시아의 한국점령은 막대한 비용지출과 함께 일본과의 전쟁을 유발할 수 있는 문제였기 때문에 꾸로빠뜨낀은 한국이 러시아의 보호 아래 독립을 유지하여 극동에서 안전판으로서의 역할을 해주길 기대했다.

꾸로빠뜨낀은 러일전쟁의 원인을 세 가지로 파악했다. 첫 번째는 비테가 결정한 시베리아횡단철도의 만주 통과였다. 그는 이 문제를 가장 심각한 원인으로 인식했다. 두 번째는 베조브라조프가 주도한 압록강 삼림개발회사였다. 이 회사의 정치·군사적 성격은 일본이 러시아의 한국 합병을 의심하도록 만들었다. 압록강삼림회사의 활동을 제한하기 위해 두 차례의 특별회의와 한 번의 심의회의가 열렸지만 회사의 활동 자체를 중단시키지는 못했다. 세 번째는 극동총독 알렉세예프의 정책이었다. 알렉세예프는 러시아의 만주철병 이행을 중단시켰고 일본과의 협상을 반대했다. 꾸로빠뜨낀은 알렉세예프의 이러한 정책을 '경직된 정책'이라고 비판했다.

꾸로빠뜨낀은 군부 업무를 실행하는 과정에서 극동총독 알렉세예프와 재무대신 비테에게 불만을 가지고 있었다. 그는 여순 요새화 구축 작업이 극동총독 알렉세예프에 의해 장기간 지연되어 대규모 요새 구축 공사를 1901년에서 1903년까지 3년 만에 완수할 수밖에 없었다고 호소했다. 시간 부족과 암반으로 이루어진 지층 구조를 감안한다면 군부의 작업 성과는 충분히 인정받을 만한 것이었다.

극동지역의 군사력 강화는 경비 조달이 필수적인 사안이었다. 경비 조달과 관련해서 꾸로빠뜨낀은 비테와 대립각을 세웠다. 그는 비테에게는 언제나 돈이 넘쳐났으나 군부는 충분한 예산을 확보하지 못했으며 그럼에도 불구하고 러일전쟁 이전 10년간 아무르강 지역, 만주 및 관동지역 경비대가 1884년 12개 대대에서 1904년 140개 대대로 증강된 것을 들어 군부가 극동지역의 러시아군 진지를 강화하는 데 소홀하지 않았다고 피력했다.

꾸로빠뜨낀은 애초부터 전쟁에 반대했지만 전장의 총책임자가 되어 전쟁을 지휘했다. 전쟁 종반부에는 전투를 지속하여 일본군을 소진시키고 러시아의 승리를 기대했으나 러시아혁명 조압이 급선무였던 짜르 정부는 일본과 강화를 원했고 결국 즉각적인 종전이 결정되었다.[54]

---

[54] Конец русско-японской войны(Военное совещание 24 мая 1905г. з Царском селе)(러일전쟁의 종결 1905년 5월 24일 짜르스꼬예 쎌로에서의 군사협의회). Красный архив. 1928. Т. 3. СС. 182-190.

일본 육군의 대러전략:
만주군 총사령부와 한국주차대 작전계획

미국 군사 사학자 브루스 메닝(Bruce W. Menning)은 러일전쟁이 대륙국가 러시아와 해양국가 일본의 전략적 비대칭(strategic asymmetry) 전투였다고 주장했다. 해양 전략가 마한(Alfred Thayer Mahan)은 일본이 안전한 내부 통신망을 유지하며 핵심 지점에 집중하여 결정적 승리를 위한 현존함대 전투를 추구했는데 이러한 마한의 해양 전략은 만주 지상전 교착 상태를 극복하는 데 도움을 주지 못했다. 압도적인 지상군을 승리의 핵심 조건으로 파악한 육상 전략가 몰트케(Helmuth von Moltke)는 병력을 대규모로 동원하여 포위 기동을 추구하는 하나의 원활한 전략적 공세 작전을 추구했다. 그러나 1905년 초 러시아와 일본은 만주에 각각 25만 명이 넘는 야전군을 집결시켰음에도 양국 모두 압도적인 승리에 실패했다. 메닝은 러시아와 일본이 "끝낼 수 없는 일은 시작하지 말라"라는 전략적 격언의 기본 원칙을 어겼다고 주장했다.[1]

---

1 Menning, Bruce W., "Neither Mahan nor Moltke: Strategy in the Russo-Japanese War," *The Russo-Japanese War in Global Perspective: World War Zero*, vol. 1, Leiden

일본군대는 대체적으로 전투의지와 돌격 정신을 과도하게 증시하여 비현실적인 포위섬멸을 추구했다. 반면 러시아군대는 결정적 전투에서 승리하는 것을 목표로 전력 증강을 위한 시간 획득과 기존 전투력의 보존을 위해 소극적인 군사행동으로 일관했다. 그럼에도 첫째, 사전에 심사숙고하여 수립되고 수행되는 군사 전략이라도 전개된 상황과 변화된 여건에 알맞게 수정되고 조정되어야 한다. 둘째, 군사 전략은 언제, 어디서, 어떤 전투력으로 전투를 수행할 것인지 합리적인 방향을 제시해야 한다.[2]

기존 연구는 1903년 일본과 러시아의 전쟁즌비에 주목했다. 1903년 4월 8일 러시아는 만주에서 2차 러시아군대 철수를 실행하지 않았다. 1903년 6월 23일 육군참모총장 오야마는 원로와 총리, 데라우치 육군대신, 야마모토 곤베(山本權兵衛) 해군대신이 참석한 어전회의에서 참모본부의 '조기개전론'을 공식적으로 개진했다. "국가 100년의 대계를 위해 한국 문제를 해결하는 것은 오직 이때로 해야 한다. 이 호기를 놓치면 그들의 결점은 삼사년 내에 해소될 뿐만 아니라 더욱 강고한 근거지를 갖고 위력적으로 압박해 올 것이다." 1903년 6월 23일 어전회의는 가장 강경한 대러시아 교섭원칙을 다음과 같이 결의했다.

---

and Boston, 2005, pp. 129-130. 마한은 해군 전략에서 요새함대와 현존함대의 개념을 통해 러시아가 요새함대를 지향했고 러시아함대가 분산되어 신속한 집결을 실행하지 못했기 때문에 러일해전에서 패배했다고 판단했다. Mahan, A. T., *Naval Strategy. Compared and Contrasted with the Principles and Practice of Military Operations on Land*, Boston: Little, Brown and Co., 1911, pp. 9-11.

2 전갑기, 「러일전쟁 지상전의 군사 전략적 분석」, 『한국군사』 7, 2020, 172-173쪽

- 러시아가 약속을 어기고 요동의 병력을 철수하지 않는데, 일본은 이 기회를 이용하여 수년 동안 해결치 못했던 한국 문제를 해결할 것.
- 이 문제를 해결함에 있어서 한국은 어떠한 사정이 있더라도 그 일부도 러시아에 양여하지 않을 것.
- 이와 반대로 만주에 있어서는 러시아가 이미 우세한 위치에 있으니 다소 러시아에 양보할 것.[3]

기존 연구는 일본 육군의 대러전략 및 일본 만주군 총사령부의 작전계획을 파악했다.[4] 따라서 필자는 기존 연구에 기초하여 일본의 군대 편제와 육군참모본부의 군사 전술, 러일전쟁 이전 일본 육군과 참모본부의 대러전략, 러일전쟁 직후 만주군 총사령부와 대본영의 작전계획을 살펴볼 것이다. 그럼에도 기존 연구는 러일전쟁 이후 한국주차대의 작전계획 과정을 상세히 살펴보지 않았는데, 여기서는 한국주차군 참모장의 한국 방어계획에 주목하면서 러시아가 파악한 일본 육군의 전략도 함께 파악할 것이다.

3 陸軍省 編, 『治軍事史』 下, 原書房, 1966, pp. 1262-1264; 조명철, 「러일전쟁기 일본 육군의 만주전략」, 『군사』 51, 2004, 262, 355-357쪽.
4 조명철, 「러일전쟁기 군사 전략과 국가의사의 결정과정」, 『일본역사연구』 2, 1995; 조명철, 2004; 조명철, 「명치기 통계로 본 육군의 파벌」, 『일본역사연구』 22, 2005; 조명철, 「러일전쟁에 대한 재조명」, 『한일군사문화연구』 4, 2006; 조명철, 「러일전쟁과 동아시아」, 『일본역사연구』 26, 2007; 조명철, 「上原 육군대신의 사퇴와 사단증설문제」, 『사총』 71, 2010; 조명철, 「러일전쟁의 종결과 한국문제」, 『일본학보』 93, 2012; 조명철, 「일본 참모본부 작전계획의 재검토」, 『사총』 81, 2014; 조명철, 「일본의 대외전쟁과 대본영의 운영실태」, 『東洋史學研究』 147, 2019.

1. 군대 편제와 육군참모본부의 군사 전술

1) 러일전쟁 이전 일본의 군대 편제

일본 육군은 독일식 군제를 모방했다. 장교 양성을 목적으로 중앙유년학교, 육군사관학교 등이 있었다. 중앙유년학교는 2년의 교육 과정으로 전투공병과 포병장교 양성을 목적으로 했다. 육군사관학교는 3년 교육 과정이었다. 보병은 120발 탄입대 3개, 전투복 1벌, 반장화 1족, 2일분의 예비용 쌀이 든 배낭을 지급받았다.

일본 육군은 정규군(육군병), 예비군(예비역), 지원병(후비역) 등의 형태로 나뉘었다. 정규군은 보병연대와 기병연대 등으로 구성되었다. 보병연대는 3개 대대가 소속되었는데 4개 근위연대와 48개 보병연대로 구성되었다. 기병대는 근위연대 소속 1대 기병대와 35개 기병중대로 이루어진 16개 보병연대로 구성되었다. 포병은 총 124개 중대를 보유했는데, 442문의 속사포, 234문의 산악포, 8문의 구형포 등 총 684문의 포로 무장되었다. 예비역은 동원령이 발령되었을 경우에만 조직되었는데, 52개 보병 예비대대와 17개 기병 예비중대 등으로 구성되었다.[5]

1903년 일본은 15만 명의 육군 병력을 보유하고 있었고 전시에는 35만 명 이상으로 증원할 수 있었다. 러일전쟁 초기 일본은 13개 사단과 13개 예비여단 등 총병력 37만 5천 명과 포 1,140문을 보유했다. 일

5   Русско-японская война 1904-1905гг. Работа военно-историческая комиссии по описанию русско-японской войны. Т. 1. Спб. Типография А. С. Суворина. 1910. СС. 356-359, 382-383, 394-400; Ростунов. И. И. История Русско-японской Войны 1904-1905гг. Институт Военной Истории. М. 1977.

본 육군은 156개 대대, 55개 기병중대, 19개 포병연대, 14개 공병대대, 13개 수송대대, 그리고 12개 헌병대로 구성되었다. 일본 육군의 전술 단위는 사단이었는데, 각 사단은 2개 보병여단과 1개 기병연대, 36문의 포를 보유한 포병연대로 구성되었다.[6]

1904년 일본군대 인원은 병사 142,663명, 장교 8,082명이었다. 이에 반해 러시아 극동군대는 병사 94,586명, 장교 3,249명이었다. 일본 보병은 5발들이 탄창형 소총인 1897년 아리사카 소총을 소지했는데 총검으로 장착할 수 있었다. 예비부대는 구식의 무라타 소총이 지급되었다. 러일전쟁 직전 일본군은 147정의 기관총을 보유했다. 야전포병은 1898년 아리사카식 75m 속사포(최대사정거리 4.8km)와 아리사카식 산악포(최대사정거리 4.3km)로 무장했다. 일본 포병은 요동과 여순전투에서 280m 구포를 사용했다.[7]

1903년 일본 육군은 병력과 장비의 준비를 마쳤다. 일본군대는 10년 동안 2.5배 증가한 병력 15만 명과 포 684문을 보유했다. 전시 편제 기준으로 일본 육군은 전시 편제상 35만 명이었고 일본은 국가 예산의 절반 이상을 군비로 지출했다. 일본은 러일전쟁 전후 제물포와 마산포를 무기와 장비, 식량과 사료 등의 보급기지로 활용했다. 일본은 청국의 중

6 Левицкий. Н. А. Русско-Японская война 1904-1905гг. Государственное Военное Издательство. М. 1936. СС. 41-43.

7 Русско-японская война 1904-1905гг. Работа военно-историческая комиссии по описанию русско-японской войны. Т. 1. Спб. Типография А. С. Суворина. 1910. СС. 356-359, 382-383, 394-400; Ростунов. И. И. История Русско-японской Войны 1904-1905гг. Институт Военной Истории. М. 1977; Левицкий. Н. А. Русско-Японская война 1904-1905гг. Государственное Военное Издательство. М. 1936. С. 46.

립지역인 신민툰에서 첩보국을 운영했을 뿐만 아니라 봉천전투 당시 보급기지로 활용했다.[8]

2) 육군참모본부의 군사 전술

일본 육군은 독일 통일전쟁의 경험에 영향을 받았고 독일 군사고관에 의해 발전되었다. 1884년 독일 육군 소령 메켈(K. W. J. Meckel)[9]은 일본에 도착했는데, 과거 프로이센과 프랑스전쟁(보불전쟁)에 참전했고 몰트케(Helmuth von Moltke)의 참모로 활동했다. 메켈은 독일 육군을 모델로 일본 육군의 조례와 교본을 만들고 1885년부터 1888년까지 일본 육군사관학교 교관으로 활동했다.

일본 육군은 정면 공격을 피하면서 측면 우회 기동으로 최소한의 병력을 사용하는 전술을 사용했다. 일본 육군은 러일전쟁 당시 철도 등을 활용하는 양면 포위 작전을 구사하는 몰트케 전술[10]을 중심으로 실행

---

8   Левицкий. Н. А. Русско-Японская война 1904-1905гг. Государственное Военное Издательство. М. 1936. СС. 23-24.

9   보불전쟁에서 독일이 프랑스에 승리한 이후 소령 메켈(Klemens Wilhelm Jacob Meckel, 1842~1906)은 일본 육군참모대학 교관이자 육군참모부 고문으로 일본에 초청되었다. 메켈은 장군 가쓰라 다로(桂太郎), 야마가타 아리토모(山縣有朋), 가와카미 소로쿠(川上操六) 등과 긴밀히 협력했다. 메켈은 지휘 구조를 사단과 연대로 재편하여 기동성을 높이고 주요 군사기지를 철도로 연결하여 군대의 수송 구조를 강화하고 포병과 공병 연대를 독립된 사령부로 설립하는 등 일본군대의 개혁을 실행하도록 도움을 주었다(en.w kipedia. org/wiki/Jakob_Meckel).

10   프러시아의 몰트케(1800-1891)는 철도를 이용한 외선작전으로 오스트리아와 프랑스를 상대로 한 전쟁에서 승리할 수 있었다. 철도는 당시(1866년) 군단 병력이 16일 동안 걸어가는 거리를 불과 20분이면 기동할 수 있게 만들었다. 프러시아는 철도를 최대한 활용했다. 『국방일보』, 2020. 7. 1.

했다. 일본 육군은 포위 작전에 실패하더라도 새로운 방식의 작전을 수행하지 않았다.

일본 육군은 독일 군사교관에게서 훈련받았는데, 화력을 중요하게 생각하여 수송대에 대량의 탄약을 보유했다. 러일전쟁 초기 일본군은 백병전을 거부하지 않았고 러시아군과의 백병전에서 막대한 병력 손실을 입었다. 일본 육군은 보병의 각개전투를 중요하게 판단했는데, 보병은 인공 장애물 극복과 자체 참호 구축에 익숙해질 때까지 훈련받았다. 일본 포병은 기술적 측면에서 충분한 훈련을 받았는데, 엄폐된 진지로부터 포격할 수 있는 능력을 갖추고 있었다.[11]

일본 육군은 독일의 군사제도를 참고했다. 가와카미 소로쿠(川上操六)는 참모본부 차장을 거쳐 1886년 근위보병 제2여단장 보직을 받고 곧다시 독일파견의 명을 받았다. 그는 1887년 1월부터 1888년 6월까지 두번째로 독일에 머물면서 독일의 군사제도를 연구했다. 이때 동행한 인물은 노기 마레스케(乃木希典) 육군 소장, 구스노세 유키히코(楠瀬幸彦) 포병 대위 등이었다. 가와카미 소로쿠(川上操六)와 베를린에서 함께한 이지치 고스케(伊地知幸介), 다무라 이요조(田村怡與造), 후쿠시마 야스마사(福島安正) 등은 청일전쟁 당시 야전사령관과 참모장교로 참전했다. 가와카미는 베를린 근교에서 행해진 독일군 실전연습 등을 참관했다.[12]

일본은 독일의 군사 전략 중 몰트케의 전술을 핵심적으로 참고했다. 일본군대는 몰트케의 전술과 동일하게 러일전쟁 중 평양전투에서 3방

---

11 Левицкий. Н. А. Русско-Японская война 1904-1905гг. Государственное Военное Издательство. М. 1936. СС. 44-46.

12 德富蘇峰, 『陸軍大將川上操六』, 東京: 第一公論社, 1942, pp. 56-79; 이선희, 「1880년대 일본의 육군개혁과 청일전쟁」, 『역사와 경계』 111, 2019, 413쪽.

향으로 군대를 이동시켜 접근했다.

1858년 9월 프리드리히 왕세자의 부관 몰트케는 참모총장으로 임명되었다. 1869년 독일은 참모본부를 재조직할 때 철도부서도 설치했다. 몰트케는 1866년 프로이센과 오스트리아 전쟁 중 쾨니히그래츠(Königgrätz)전투에서 군대를 3방향으로 분산·이동하여 적에게 접근했다. 몰트케는 대규모 군대 이동 시 발생하는 문제를 해결하기 위해서 분진합격(分進合擊) 전술을 만들었다. 분진합격은 병력을 분산시켜 이동한 다음 전투지역에서 연합하여 합동으로 공격하는 전술이다. 분진합격은 각 부대의 빠른 이동속도, 전투지역에서 병사들의 수적인 우세라는 장점을 갖고 있었다. 몰트케는 대규모 병력을 전투지역까지 이동시키는 문제점을 지적했다. "대규모 부대는 한 지점에 집중되면 급식 문제도 난해할 뿐만 아니라 숙영도 어렵다. 대규모 병력을 집중시키면 행근도 제한되어 작전은 더욱 어렵고 장기 주둔도 더욱 어렵다. 병력의 집중은 오로지 적을 칠 때만 필요하다."[13]

만주군 총사령관 오야마 이와오(大山巖, 1842~1916)는 1870~1871년 프로이센과 프랑스전쟁에 참관한 경험을 가지고 있었다. 러일전쟁 당

---

13 게하르트 P. 그로스 저, 진중근 역, 『독일군의 신화와 진실』, 길찾기, 2016, 67쪽. 몰트케는 전쟁을 인간의 숙명으로 받아들였고 영구 평화를 하나의 실현될 수 없는 꿈이라고 보면서 다음과 같이 말했다. "우리들은 문명의 진보와 함께 전쟁이 보다 덜 일어나리라고 기대할 수는 있다. 그러나 어떤 국가도 그것 없이 지낼 수는 없다. 인간의 삶, 인간성 전체는 현재를 개선하여 보다 나은 미래를 위한 투쟁 이외의 다른 것은 아니다. 서로 다른 국가들이 개별적으로 존재하는 한 거기에는 무력 행사로만 조정될 수 있는 분쟁들이 존재할 것이다. 나는 전쟁을 생존, 독립 그리고 국가의 자존을 지키는 최후로 선택해야 할 수단이지만 그러나 정당화할 수 있는 수단으로 생각한다." 온창일 외, 『군사사상사』, 황금알, 2006, 137쪽; 장형익, 「독일 군사사상과 제도가 일본 육군의 근대화에 미친 영향」, 『군사연구』 137, 2014, 430-431쪽.

오야마 이와오(大山巖, 1842~1916)

시 오야마는 1870년 프로이센이 스당전투에서 승리한 포위 전술을 실행했다. 일본 만주군 총사령관 오야마는 러일전쟁 당시 독일 통일전쟁인 보불전쟁에서의 작전 전술을 활용했다.

오야마는 1842년 사쓰마번에서 태어났다. 사이고 다카모리(西鄕隆盛)의 종형제였으며 아명은 이와지로(巖次郎), 호는 가쿠야마(赫山)였다. 1862년 상경하여 1863년 사쓰에이(薩英)전쟁에서 포수로 참전했다. 에도의 에가와주쿠(江川塾)에서 포술을 배우고 보신전쟁에 포대장으로 출정했다. 1870년에는 보불전쟁에 참전했다. 1871년에 귀국하여 병부권대승·육군대좌가 되었고 같은 해 육군 소장이 되었다. 1877년에는 세이난전쟁에 참전하였으며 1878년에는 중장이 되어 참모본부 차장과 육군사관학교장을 겸임했다. 1880년에 육군경에 취임했다. 1883년 육군경 오야마와 함께 러시아·독일·이탈리아 등 유럽의 병제를 시찰하고 1884년 일본의 병제 개혁을 추진했다. 1885년 초대 육군대신으로 임명되었다. 1891년에 육군 대장으로 승진하고 추밀원 고문으로 선출되었다. 1894년 청일전쟁 당시 제2군 사령관이 되어서 금주, 여순, 위해위를 점령하였고 그 공로를 인정받아 후작이 되었다. 당시 2군은 해군과 공동작전을 벌여서 단숨에 위해위를 점령했다. 1896년에 육군대신을 사임하고 1898년에 원수부가 설치되자 원수가 되었다.

1899년 육군참모총장으로 취임했다. 그는 가쓰라 다로(桂太郎) 육군 대신과 야마모토 곤베(山本權兵衛) 해군대신에게 "쓰시마해협은 국방에 중대한 관계를 가지기" 때문에 "거제도 및 그 부근의 소도(小島)를 병용" 하는 것이 방위를 확실히 하기 위해 절대 필요하다고 하면서 500만 엔의 지출 승인을 요구하기도 했다.

1904년 러일전쟁이 발발하자 만주군 총사령관이 되어 전쟁을 지도 했다. 전쟁이 지속되자 오야마와 참모총장 고다마 겐타로(兒玉源太郎) 등 현지 지휘관들은 대본영 참모총장 야마가타 아리토모에게 앞으로 작전 의 요체는 "전략과 정략의 일치"에 있다는 완곡한 표현을 사용하여 강화 를 희망했다. 오야마는 전쟁 승리의 공로를 인정받아 공작에 봉해졌다.[14]

무엇보다도 오야마는 1870년 프로이센 육군에 파견되었을 때, 코불전 쟁 기간 동안 전투 현장에 머물며 독일의 전술을 연구했다. 그는 일본으 로 바로 귀환하지 않고 프랑스를 거쳐 스위스로 향하여 군사학 전반을 연구했다. 1877년 사쓰마 반란을 진압한 후 유럽에서 다시 한번 군사학 전반을 연구했다. 이후 육군대신에 임명되어 주도적으로 일본 육군을 재 조직했다. 오야마는 청일전쟁 당시 돌격전으로 여순점령을 지휘했으며 러일전쟁 당시 만주군 총사령관 지위에 올랐다. 오야마는 독일식 전술을 모방했지만 스당으로 몰아넣는 우회 포위 작전은 실패했다. 러일전쟁은 프로이센과 프랑스전쟁의 상황에 비해 우회와 포위 작전이 더 유리했다. 그럼에도 오야마는 러시아 육군을 위협할 수 있는 과감한 작전의 결단

---

14 尾野實信 編, 『元帥公爵大山巖』, 1935; 伊藤博文 編, 『朝鮮交涉資料』, 原書房, 1970; 日本 外交史辭典編纂委員會, 『日本外交史辭典』, 山川出版社, 1992; 모리야마 시게노리, 『근대 한일관계사연구』, 현음사, 1994; 임경석·김영수·이항준, 『한국근대외교사전』, 성균관대학 교, 2012.

을 실행하지 못했다는 한계를 갖고 있었다.[15]

2. 러일전쟁 이전 육군과 참모본부의 대러전략

일본 육군은 러일전쟁 초기 13개 사단으로 운영되었는데 러일전쟁 중 25개 사단으로 확대되었다. 대본영 육군참모총장 야마가타 아리토모[16]는 '군대 확장안'에 대해서 만주군 총사령부와 의견을 조율했는데, 그는 평시 25개 사단과 전시 50개 사단을 제시했다. 1905년 8월 만주군 총참모장 고다마는 평시 19개 사단의 운영을 제안했다. 결국 일본 육군은 1906년 평시 17개 사단으로 운영되었다.[17]

일본 육군은 1900년 의화단 사건 이전 전통적으로 한국을 중시하는 북진론, 대만을 중시하는 남진론으로 대외 팽창의 논리가 분열되었다. 하지만 의화단 사건 이후 러시아가 만주를 군사 점령하자 일본은 한국 지배에 중대한 위협을 받았다. 따라서 일본 육군은 만주 문제를 피할 수 없는 현안으로 인식했다.[18]

육군 대부인 야마가타 아리토모, 가쓰라 다로, 데라우치 마사타케 등

---

15 Левицкий. Н. А. Русско-Японская война 1904-1905гг. Государственное Военное Издательство. М. 1936. СС. 51-56.

16 1904년 6월 20일 오야마가 만주군 총사령관이 임명된 이후 야마가타는 대본영 육군참모총장 겸 병참총감에 임명되었다. 1904년 여순전투에서 야마가타는 203고지 탈취를 우선했지만 만주군 총사령부는 여순 요새의 점령을 우선하여 두 사람은 전술적으로 대립했다 (ja.wikipedia.org/wiki//山縣有朋).

17 조명철, 2010, 345-346쪽.

18 조명철, 2004, 329쪽.

은 철저하게 조슈 출신을 중심으로 맺어진 강고한 인맥에 근거했다. 데라우치는 1902년 3월부터 1911년 8월까지 육군대신을 역임했다. 육군성 요직은 육군차관, 군무국장, 군국의 군사과장이었다. 1902년 육군차관은 이시모토 신로쿠(石本新六) 소장, 군무국장은 우사가와 가즈마사(宇佐川一正) 소장, 군사과장은 오카 이치노스케(岡市之助) 대좌가 임명되었다. 이시모토를 제외하고 모두 조슈 출신이었다. 그 뒤에 군무국장 나가오카 가이시(長岡外史)와 다나카 기이치(田中義一), 군무과장 오이 나리토모(大井成元)와 야마다 고이치(山田隆一) 등도 모두 조슈 출신이었다.[19]

1902년 4월부터 5월까지 일본 육군참모본부는 6명의 부장 가운에 3명이 교체되었다. 다무라 이요조는 총무부장에서 참모차장으로 승진했는데, 오야마 이와오 참모총장 밑에서 실질적으로 참모본부를 지휘했다. 소장으로 승진한 이구치 쇼고(井口省五)가 총구부장, 대좌 마쓰카와 도시타네(松川敏胤)가 제1부 부장, 중좌 오시마 겐이치(大島健一)가 제4부 부장으로 임명되었다. 3명은 모두 러시아와의 개전을 주장하는 주전론자였다. 러시아 유학을 마친 소좌 다나카 기이치(田中義一)도 참모본부에 복귀했다.[20]

그중 다나카 기이치 소좌[21]는 조슈 출신으로 조기개전론을 주장한 대

---

19 조명철, 2005, 72-74쪽.

20 조명철, 1995, 151쪽.

21 다나카 기이치는 구(舊) 육군사관학교(8기), 육군대학(8기)을 졸업했다. 청일전쟁에 참전했고 이후 러시아에 유학했다. 러시아 유학 시절 해군 경교 히로세 다케오(広瀬武夫)에게 개전론을 주장했다. 러일전쟁 당시 만주군 총참모장 고다마 겐타로의 참모로 활동했다. 그는 1906년 『수감잡록(随感雑録)』을 제출했는데, 야마가타 아리토모의 평가를 받았다. 육군 중령 당시 「제국국방방침(帝国国防方針)」 초안을 작성했다. 육군대신, 귀족원 의원, 제26대 내각총리대신, 제42대 외무대신, 제45대 내무대신 초대 척무대신 등을 역임했다(ja.

표적 인물이었다. 그는 육군대학교를 졸업한 다음 4년간의 러시아 유학을 마쳤는데, 러시아 유학 당시 러시아정교회에 입교하여 철저하게 러시아를 연구했다.

1902년 6월 30일 일본으로 귀국하여 참모본부의 작전 담당 부서에 배치되었고 육군 내부에서 러시아 전문가로 활동했다. 다나카는 1903년 2월 참모본부에 동청철도의 파괴와 여순을 점령하는 등 선제공격을 통해서 만주를 점령하자는 '수감록'이라는 의견서를 제출했다. "일본은 전략상 목표를 가까운 극동에서 찾아야 하는데 그 지점과 방향은 러시아에 큰 손해와 고통을 입힐 수 있는 곳이어야 한다. 동청철도는 극동지역에서 러시아의 동맥과 같은 것이므로 그 일부만 차단해도 생명을 좌우할 수 있다. 따라서 일본은 우선 동청철도를 파괴함과 동시에 여순과 대련을 점령한다. 그 후 북진하여 하얼빈을 점령하여 동서 교통을 차단한다."[22]

일본 육군참모본부는 1902년 동북아시아에 주둔한 러시아군대의 병력을 보병 48개 대대 총 약 4만 8천 명, 기병 72개 중대, 포병 20개 중대로 판단했다. 육군참모본부는 러시아군대의 후방 동원 능력을 감안하면 20~24만의 병력을 동원할 것이라고 예측했다.[23] 일본 육군참모본부는 1902년 8월 러시아군대의 배치와 동원을 바탕으로 '대러시아 작전계획

wikipedia.org/wiki/田中義一).

22 高倉徹一 編, 『田中義一傳記』 上卷, 東京: 田中義一傳記刊行會, 1958, pp. 188-192; 조명철, 2006, 18-19쪽; 조명철, 1995, 154쪽; 박완, 「다나카 기이치(田中義一)의 정치적 변신과 군민일치론: '조슈벌(長州閥)의 총아(寵兒)'에서 '육군 내 개혁자'로」, 『일본역사연구』 51, 2020.

23 沼田多稼藏, 『日露陸戰新史』, 芙蓉書店, 1980, p. 15; 조명철, 2004, 335쪽.

안'을 작성했다. 소령(소좌) 다나카 기이치는 러시아 유학 경험과 러시아 정보를 바탕으로 대러시아 작전계획에 깊숙이 개입했다. 다나카는 참모 본부 제1부장 대좌 마쓰카와 소속으로 러시아 분야를 담당했다.[24]

그 결과 제1안은 2개 사단으로 여순을 공략한다. 제2안은 약 10개 사단으로 만주에서 하얼빈 방면으로 작전을 전개한다. 제3안은 한국 북부 지방 또는 연해주로 상륙하여 니콜리스크를 향하여 작전을 전가 한다.[25] 이를 위해서 첫째, 만약 일본함대가 황해와 동해의 제해권을 장악하면 일본 육군은 주 작전을 만주에서 진행하고 부 작전을 우수리 방면으로 전개하여 러시아군대를 격파한다. 5개 사단은 주 작전을 위해서 평양 입구인 남포에 상륙한다. 2개 사단은 부 작전을 위해서 동해안의 나진에 상륙한다. 둘째, 만약 일본함대가 황해와 동해의 제해권을 장악하지 못하고 대마도 해협만을 확보하면 일본 육군은 한국 남해안에 상륙하여 북상하는 작전을 전개한다.[26]

일본 육군참모본부는 기본적으로 한국점령을 최우선 목표로 삼았는데, 청일전쟁 이전부터 일본이 추구하여 온 한국 지배라는 정치 목적이 군사 전략에 강하게 투영되었다.[27] 이미 1903년 3월 7일 데라우치 육군

---

24 田崎末松, 『評傳田中義一: 十五年戰爭の原点』上, 平和戰略綜合硏究所, 1981, p. 57; 조명 철, 2004, 335쪽.

25 防衛廳戰史室 編, 『大本營陸軍部一(戰史叢書)』, 朝雲新聞社, 1966, p. 91; 즈명철, 2004, 335쪽.

26 沼田多稼藏, 『日露陸戰新史』, 芙蓉書店, 1980, pp. 16-17; 조명철, 1995, 152-154쪽. 조명 철에 따르면 '대러시아 작전계획안'은 러일전쟁 직전 일본 육군이 채택한 대러시아 작전계 획과 거의 일치했다. 일본 참모본부는 만주와 한국 작전을 처음으로 결합했는데, 이 작전 은 한국의 보호국화라는 종래의 정책적 과제를 충실히 반영했다.

27 조명철, 2006, 28쪽.

대신은 대러시아 작전의 기본방침을 수립하라고 참모본부의 작전 담당 마쓰가와 제1부장에게 지시했다. 데라우치는 러시아군대가 한국으로 진입하지 못하도록 한국을 방어하는 것이 대러시아 작전의 핵심 목표라고 했다. "러시아군대가 한국에 한 발자국도 밟지 못하도록 한다면 만족할 만하다. 참모본부는 이러한 근본원칙을 가지고 작전을 계획한다. 이러한 요령으로 세우는 입안계획에 대해서 군비 조달을 전력으로 도와줄 것이다."[28] 1903년 5월 일본 육군참모본부는 한국점령을 핵심으로 러시아와 전쟁을 주장하면서 기선제압을 목표로 하는 만주 공세 전략을 기초했다. 1903년 6월 '만주 공세 전략'과 '조기개전론'은 참모총장이 어전회의에서 주장할 만큼 육군의 공식적인 입장으로 강화되었다.[29] 1903년 4~6월 사이 일본 육군은 조기개전론을 다음과 같이 주장했다.

먼저 1903년 5월 9일 육군참모본부 총무부장 이구치 쇼고(井口省五)는 자신의 일기에서 "러시아의 거동에 대해 단호한 결심을 보이는 것은 시기적절하다"며 조기개전론을 피력했다.[30] 일본 육군참모본부는 참모차장 소장 다무라, 총무부장 소장 이구치, 제1부장 대좌 마쓰카와 등이 핵심이었다. 참모차장 다무라는 용암포 문제가 발생하자 각 부장들을 소집하여 참모본부의 긴급한 준비 사항을 작성하도록 지시했다. 1903년 5월 11일 참모차장 다무라는 부장들의 보고서를 제출받았고 5월 12일 참모총장 오야마는 '제국군비 충실에 관한 상주서' 부속서류로 내각에 제출했다.

28 谷壽夫, 『機密日露戰史』, 原書房, 1966, p. 82.
29 조명철, 2004, 358쪽.
30 井口省吾文書研究會, 1903年 5月 9日 日記, 1903年 5月 29日 日記, 日露戰爭と井口省吾, 原書房, 1994; 조명철, 2006, 25쪽.

"러시아는 4월 6일 돌연 철병을 중지했다. 극동에 대한 정략의 어떤 변화 현상에서 비롯하는 것이라고 아니할 수 없다. 이것은 보각 소장의 긴급한 귀국과 연결되었다."

"러시아는 아마도 만주에서 동부 3성 점령을 영속화하는 데 목적이 있을 것이다. 앞으로 러시아의 행동은 다음의 2개 항목으로 귀결될 것으로 판단한다. 첫째, 러시아는 평소처럼 위협과 공갈을 실행할 것이고 결국에는 다소의 이익을 점하려 할 것이다. 둘째, 러시아는 병력에 의지해 승패를 걸어서 최종적인 목적을 관철하려고 할 것이다."

"러시아는 시간이 경과함에 따라 점점 증진하고 완비할 것이 분명하다. 현재 양국의 해군 병력을 비교하면 러시아함대가 일본함대에 비해 4 대 3에 지나지 않는다."

"러시아의 그칠 줄 모르는 탐욕과 욕망을 제압하고 청국과 한국의 독립을 보전하고 일본의 이권을 유지하고 일본의 큰 목적을 달성할 수 있는 기회는 시간이 흐르면 흐를수록 점점 성취하기 어려워질 것이다."[31]

1903년 5월 29일 일본 육군은 참모본부, 해군군령부, 외무성괄리 등 20여 명이 참석하는 회의를 열었는데, 참석자는 "전쟁으로 러시아의 횡포를 막지 않는다면 일본의 앞날은 암울하니 지금 기회를 잃어서는 안 된다"는 사실에 합의했다.[32]

1903년 6월 8일 육군참모본부 부장 중 상당수가 조기개전론을 주장하고 있었다. 이구치 총무부장과 마쓰가와 제1부장은 "전략적으로 유리

31 和田春樹, 2010, p. 42.
32 井口省吾文書研究會, 1903年 5月 9日 日記, 1903年 5月 29日 日記, 日露戰爭と井口省吾, 原書房, 1994; 조명철, 2006, 25쪽.

한 시기에 전쟁을 하지 않을 경우 만주는 고사하고 한국도 차지하기 힘들다"는 논리를 구사했다.[33] 1903년 6월 8일 일본 육군참모총장 오야마는 대러방침을 결정하기 위해서 참모본부 각 부장 회의를 소집했다. 이날 총무부장 소장 이구치는 장문의 메모 '만주에서의 러시아의 행동에 대하여 제국이 취해야 할 처지에 관한 의견'을 준비하고 그에 기초해 발언했다.

이구치는 만주를 중립화하고 한국을 점령하고 블라디보스톡을 일본 영토로 만드는 구상을 달성하기 위해서는 "최후의 전쟁을 불사하는 강경한 외교 담판을 시도해서 일본의 명령에 따르면 좋을 것이다. 만일 그렇지 않다면 일대 결전을 시도하는 일만 있을 뿐"이라고 밝혔다. 이구치에 따르면 러시아는 전시에 동원할 수 있는 육군 병력이 23만여 명이었는데, 시베리아 군관구와 아무르 군관구와 관동주에 16만여 명이 주둔했다. 모스크바 군관구는 7만여 명을 동원할 수 있는데 요양 부근에 도착하는 데 120일이 필요하다. 반면 일본은 육군 13개 사단 중 4개 사단을 개전과 동시에 전장에 투입할 수 있다. 현재 상황은 일본에 유리하고 러시아에는 불리하다. 러시아의 시베리아횡단철도 능력이 증가하여 러시아 병력의 수송 속도가 빨라지면 상황이 바뀔 것이다. 현재 일본함대는 러시아의 3에 비해 4의 비율로 높다.

이구치는 최종적으로 전쟁을 실행한다는 내용을 핵심으로 설정한 4개 원칙의 대러방침을 마련했다. "1. 일본은 러시아군대의 만주 주둔이 일본 장래를 위해 우려할 만한 결과를 낳을 수 있으므로 불문에 부

---

33 谷壽夫, 1966, p. 82-83.

쳐서는 안 된다. 2. 일본은 영국과 미국과 공동으로 러시아에 대해 공개적으로 철병을 요구하고 극동의 영원한 평화를 확실하게 보장받아야 한다. 일본은 단독으로라도 공개적인 담판을 개최해야 한다. 3. 단일 담판이 결렬되면 일본은 병력에 호소해서라도 목적을 관철시켜야 한다. 현재 러시아와 일본 병력의 관계, 시베리아철도의 미완성, 영일동맹의 존립, 청국인의 러시아에 대한 적개심 등은 일본에 가장 유리한 상황을 제공한다. 이 호기를 놓치면 결코 다시 오지 않는가. 4. 일본은 만주 문제를 가장 중요시한다. 교섭은 영국과 미국과 공동으로 하는 것이 바람직하지만 안 된다면 일본 단독으로 실행한다. 담판이 결렬된다면 전쟁이고 전쟁은 지금 오늘이 가장 좋다."[34]

이구치에 따르면 "러시아가 만주를 점령하면 그 독수(毒手)는 요하와 압록강의 경계선에 머물지 않고 동쪽으로 나아가 한국을 찌르고 서쪽으로 청국을 위태롭게 할 것이다. 한국이 한번 러시아의 세력범의에 들어가게 되면 한국해협의 제해권은 물론 동해와 황해의 제해권도 전적으로 러시아가 독점하게 될 것이다. 일본은 고도(孤島)에 갇혀서 다리를 뻗을 수 없어 러시아가 원하는 명령에 따를 것이다. 대마도나 북해도와 같이 일본에 속한 주요한 섬도 러시아가 원한다면 점령하도록 내버려 두지 않을 수 없는 비운을 맞이하게 될 것이다."[35]

이구치는 1903년 6월 8일 한국, 요동, 하얼빈을 거처 만주를 완전히 장악하자는 '만주 공세 전략'을 다음과 같이 주장했다. "일본은 개전을

---

34 和田春樹, 2010, pp. 70-72.
35 陸軍省 編, 『明治軍事史』下, 原書房, 1966, p. 1257; 谷壽夫, 1966, pp. 91-92; 조명철, 1995, 164-165쪽.

결심하면 우선 일본군 제11사단이 조선반도를 확실히 점령한다. 그다음 조선 서북부 해안에 상륙하여 신속히 압록강 경계를 점령한다. 일본함대가 황해의 제해권을 점유하면 신속히 육군은 요동 연안의 각 지점에 상륙한다. 동시에 한국을 점령한 육군은 만주로 진격한다. 육군은 요동반도에 근거지를 마련하여 일본 항만과 연결시킨다. 하얼빈은 동청철도 중동서의 연락지점으로써 중요한 전략적 거점인데, 만주의 점령을 확실히하는 동시에 블라디보스톡의 생사를 좌우할 것이다. 하얼빈은 반드시 전진하여 점령한다.[36]

육군참모본부는 개전론이 아닌 조기개전론을 제시했을 뿐만 아니라 일본 정부가 러시아와의 외교적 협상에 돌입했을 때 별도의 전쟁준비에 착수했다.

첫째, 1903년 7월 육군참모차장 소장 다무라는 전시대본영에 배치될 장교들을 소집하여 전쟁에 대비한 각종 상황 모의훈련에 들어갔다. 육군참모본부는 대본영 회의에 참석하여 전쟁을 예상하고 과제와 문제를 연구했다. 여기서 가장 중요하게 다루어진 주제는 일본군대의 한국출병 문제였다. 1908년 8월 참모본부 이구치 총무부장과 마쓰카와 제1부장은 한국으로 출장 가서 남해안부터 서울까지 직접 답사했다. 이구치 총무부장은 호남지방을 거쳐 서울에 이르는 방향, 마쓰카와 제1부장은 경부선을 따라 서울에 이르는 방향을 조사했다.[37] 두 사람은 1달에 걸친 정찰을 통해서 한국의 도로 사정을 살펴보았는데, 그들은 물자와 야포를 운반하기에 적합한가를 살펴본 다음 그 결과를 참모총장에게 보고했다. 그런데

---

36 조명철, 2004, 352-355쪽.
37 谷壽夫, 1966, p. 96.

두 사람은 러시아군대가 주둔한 한국 북부부터 만주까지의 도로를 전혀 답사하지 않았다. 개전론의 대표주자인 이구치 부장도 1903년 10월 새로 부임한 고다마 육군참모차장에게 한국출정계획만 보고했다.[38]

둘째, 1903년 10월 고다마 참모차장은 참모본부에 오자마자 작전계획을 수립할 것을 다음과 같이 지시했다. 1) 해군은 확장하여 항상 러시아에 대항할 수 있는 세력을 유지한다. 2) 일본은 군사력으로 한국점령을 확실히 한다. 3) 경부선과 경의선 철도는 신속히 완성한다. 4) 일본은 초미를 다투어 마산을 장악한다.[39] 1903년 10월 12일 타이완 총독이자 내무상인 고다마는 육군참모차장에 취임했다. 10월 20일 고다마 차장은 참모본부 부장 회의에서 대러작전계획을 준비했다. 그 내용은 제해권을 확보할 수 없으면 마산에 1개 사단을 상륙시켜 서울로 향하게 하고 제해권을 확보한다면 인천에 3개 사단을 상륙시켜 평양으로 진격한다는 것이었다.[40]

셋째, 1903년 11월 1일 육군성은 한국출병계획에 대해서 '작전계책 병(丙)호와 정(丁)호: 2개 사단의 인천 및 해주 상륙'으로 정리했다. 육군 참모본부 제1부장 마쓰카와 대령은 「10월 이후 러시아의 행동에 관한 정황 판단」이라는 문서를 육군참모총장에게 제출했다. 마쓰카와는 러시아 육군의 극동 병력 증강 움직임을 정리하면서 "러시아가 전략상 여전히 매우 불리한 위치에 있다"고 판단했다. 그는 "러시아가 만주와 함경북도를 점령하려는 욕심을 가지고 있다"고 판단하면서 "일본과 담판을

38 井口省吾文書研究會, 『日露戰爭と井口省吾』, 原書房, 1994, pp. 241-251, 461; 조명철, 2006, 26-27쪽.
39 谷壽夫, 1966, p. 41.
40 和田春樹, 2010, p. 153.

지연하면서 전략상 유리한 날을 기다리려고 하는지도 모른다"고 경계했다. 그는 "정략상 일본에게 유리한 해결을 모색할 수 있는 좋은 기회는 오늘이 아니면 다시 얻기 어려울 것"이라고 주장했다.[41]

넷째, 1903년 12월 12일 고다마 육군참모차장은 정부로부터 러일협상을 타결하기 힘들다는 의견을 확인했는데, 13일 그는 참모본부 부장들을 소집하여 전쟁준비를 본격적으로 시작할 것을 지시했다.[42] 1903년 12월 19일 참모본부 총무부장 소장 이구치는 전쟁을 촉구하는 자신의 의견을 고다마 차장에게 보고했다. "일본이 한국을 포기할 각오를 하고 있지 않다면 일본은 한국에 1, 2개 사단을 출병시키는 동시에 한국의 중요한 요새를 점령하여 충분한 결심을 보여준다. 그래도 러시아가 한국을 떠나지 않는다면 그때는 일대 결전을 각오해야 한다." 1903년 12월 21일 일본 내각은 "언제라도 출병에 차질이 없도록 준비해야 한다"는 취지의 통첩을 육군성과 해군성에 보냈다. 이날 일본 육군성과 해군성은 한국출병 작전에 관해 협의했는데, 12월 24일 육군성은 한국임시파견대 편제에 관한 회의를 열었다.[43] 고다마는 데라우치 육군대신과 의견을 조율하면서 해운과 철도 관계자들을 소집하고, 군대의 수송에 관한 구체적인 대책을 수립했다.[44]

다섯째, 1903년 12월 일본 육군참모본부는 대러작전계획을 완성했다. 육군의 제1기 작전은 압록강 이남 작전으로, 먼저 선봉부대와 보병 5개 대대를 보낸 다음 추가로 후속부대를 보내서 한국의 군사적 점령을 완

---

41 和田春樹, 2010, pp. 169-170.
42 谷壽夫, 1966, p. 99.
43 和田春樹, 2010, pp. 198-199.
44 谷壽夫, 1966, p. 99.

수하는 것이었다. 육군의 제2기 작전은 압록강 이북 만주의 작전을 실행하는 것이었다. 이것은 해군의 움직임을 고려하지 않은 육군의 단독 행동으로 구상되었다. "시국의 추이가 불행하게도 일러 개전에 이르면 일본은 우선 반드시 한국점령을 완수한다. 해군군령부에 따르면 러시아함대는 여순에 집합해서 결전을 피하고 있는데 허전의 결말은 긴 시일이 필요할 것이다. 육군은 해전의 결과를 기다리지 말고 병력을 경성으로 파견해서 한국에서 선제의 형세를 영유하는 데 힘써야 한다."[45]

1903년 12월 육군참모본부는 개전 초기 비밀작전에 대한 구체적인 작전도 세웠다. 첫째, 육군 선발대는 한국의 경부선에 파견되어 병참 설비를 준비한다. 둘째, 육군은 임시파견대를 보내어 서울 및 원산의 주차부대를 증가시키는 러시아의 소규모 공격에 대비해서 서울의 점령을 지속하고 후속부대의 도착을 기다린다. 육군 선발대와 임시파견대는 작전행동에 들어가기 전까지 신사, 기사(技士), 상인, 노동자, 짐꾼, 어부 등의 복장으로 위장한다. 임시파견대는 제12사단을 중심으로 편성한다.[46]

3. 러일전쟁 직후 만주군 총사령부와 대본영의 작전계획

1903년 12월 28일 일본은 전시대본영 조례를 개정했다. 기존 육군 중심의 전시대본영 조례는 그동안 해군의 항의를 받아 비로소 육군과 해군

---

45 和田春樹, 2010, pp. 209-211.
46 參謀本部, 『明治三十七·八年 秘密日露戰史』, 巖南堂書店, 1977, pp. 93-94; 조명철, 2007, 149-151쪽.

이 대등한 지위를 갖게 되었다. 제3조는 "참모총장 및 해군군령부장은 각기 막료의 장으로서 천황의 기무(機務)에 봉사하고 작전을 기획하고 최종적 목적을 고려하여 육해양군의 책정(策定)협동을 꾀함을 임무로 한다."[47] 1903년 12월 30일 고다마는 육해군의 책임자들이 합석하는 실질적인 합동회의를 개최했다. 이 회의에서 해군 제2함대에 여순의 러시아함대를 직접 타격하라는 임무가 부여되었다.[48]

러일전쟁 직전 일본 육군 총참모부는 러시아군이 배치된 전 지역으로 첩보원을 파견했는데, 러시아군대의 병력 수, 전쟁준비 수준, 군대 예비 물자, 교통시설 상태 등 모든 정보를 입수했다. 일본의 전쟁계획은 공격 개시와 동시에 해상에서의 지배권을 장악한다는 점, 가장 안전하게 한국에 병력을 상륙시킨다는 점, 압록강까지 진격하여 도강한다는 점 등에서 청일전쟁의 계획과도 공통점을 보여준다. 청일전쟁과 러일전쟁에서 일본군 통수부는 작전목적을 만주와 남만주 그리고 여순 침공을 위한 전초기지로서 한반도점령에 두었다. 일본은 한국을 점령하여 청으로 가는 길목을 소개하고 삼국간섭으로 잃었던 요동반도와 여순을 되찾으려

---

47 『現代史資料37大本營』, みすず書房, 1974, p. 21; 조명철, 2019, 95-100쪽.

48 神川武利, 『兒玉源太郎』, PHP研究所, 2004, pp. 42-43. 1878년 일본 육군은 군령을 담당하는 '참모본부'가 설립되어 운영되고 있었다. 참모본부는 일왕 직속으로 육군성으로부터 독립되었다. 1892년 해군 참모본부 '해군군령부'가 설립되었다. 그런데 1893년 5월 19일 전시대본영 조례가 제정되는데 제2조는 "대본영에서 육해군의 대작전을 계획하는 것은 참모총장의 임무로 한다." 조명철에 따르면 일본 참모본부는 러시아와 대치된 상황에서도 한국의 군사적 점령을 확실하게 하고 싶었는데, 목표는 한국의 식민지화였다. 일본군 제1군은 한국에 상륙하여 막대한 시간과 물자의 손실을 보면서 러시아군이 만주에 집중할 수 있는 시간적 여유를 만들어주었는데, 초기에 러시아를 제압해야 한다는 대러시아 전략이 러일전쟁에서 실현되지 못했다. 조명철, 2007, 156-157쪽. 조명철의 시각은 러일전쟁의 원인이 한국 문제라는 사실이다.

했다.[49]

러시아와 일본의 작전에 따르면 주요 전장은 요동반도를 포함하는 남만주였는데, 이 지역의 독특한 지정학적 조건은 군사행동에 많은 영향을 끼쳤다. 한국에서 만주로 향하는 육로는 분지와 협곡을 이루며 서너 겹으로 펼쳐진 산맥이 큰 장애물로 작용했다. 산은 해발 300~500m에 이르렀으며 경사가 매우 가팔랐고 절벽이 많았다. 요동반도의 북부는 도로가 없는 산악지역이었으며 요동의 해안 방면으로 가면서 평지를 이루고 있다. 남만주 지역은 크지 않은 숲이나 작은 산림지대가 각 하천 분지에 산재해 있다. 남만주는 산악포와 같은 특별한 두기와 교통수단을 필요로 했는데, 러시아군대는 그러한 무기와 장비가 없어서 전쟁 초기에 많은 어려움을 겪어야 했다.[50]

1904년 2월 러일전쟁 직후 일본 육군은 "제 군의 3개 사단이 러시아에 앞서 한국점령을 확실히 한다. 비록 제해권이 완전히 우리 수중에 들어오지 못했더라도 우선 1개 사단으로 서울을 점령한다"는 한국점령 작전을 최우선 과제로 삼았다.[51]

1904년 2월 8일 러일전쟁은 일본함대가 서해의 제해권을 장악함에 따라 제1군의 서울 장악과 진남포 상륙이 진행되었다. 2월 8일 제1군 소속 12사단 임시파견대는 군함을 타고 인천에 상륙함으로써 비밀리에 진

49 Русско-японская война 1904-1905гг. Работа военно-историческая комиссии по описанию русско-японской войны. Т. 1. Спб. Типография А. С. Суворина. 1910. С. 259; Ростунов. И. И. История Русско-японской Войны 1904-1905гг. Институт Военной Истории. М. 1977.

50 Ростунов. И. И. История Русско-японской Войны 1904-1905гг. Институт Военной Истории. М. 1977.

51 防衛廳戰史部,『陸軍軍戰備(戰史叢書)』, 朝雲新聞社, 1966, p. 44; 조명철, 2007, 147쪽.

행할 필요가 없었다. 2월 16일 12사단 본대는 인천에 상륙하여 곧바로 서울을 장악했다. 12사단은 서울을 점령하고 북상을 개시하여 평양으로 진격했다. 12사단은 눈과 진흙탕인 열악한 도로 때문에 인천 상륙으로부터 한 달이 지난 3월 19일 평양에 진입할 수 있었다. 이때 1군의 주력 근위사단과 2사단이 해빙된 진남포를 이용하여 평양으로 들어오기 시작했다. 일본 제1군 4만 2천 명은 1904년 4월 말 평양을 떠나 행군하여 의주에 집결했는데 8월 중순 러시아 주력부대가 있는 요양에 도착할 수 있었다. 제1군은 병참을 우마와 마차로 이동시켰는데, 중국인과 한국인 부역에 의존했다. 제1군의 식량과 사료의 수송에는 1만 명이 동원되었다.[52] 1904년 5월 1일 압록강에서 러시아군대를 대대적으로 공격한 뒤 만주로 진군했다.[53]

일본 대본영은 제1군이 한국을 장악하자 다음 2군과 3군의 작전계획을 완성했다. 대본영은 제2군의 작전계획을 2월 말 구체적으로 검토하면서 3월 초 확정했다. 대본영은 제2군의 3개 사단이 북쪽으로 밀고 올라가기 위해서 투입되는데, 향후 배후에서 막아주기 위해 2개 사단을 투입하기로 결정했다. 대본영은 여순을 공략하기 위한 제3군의 작전계획에도 착수했다. 제3군의 목표는 여순 공략과 동시에 여순으로 내려오는 동청철도의 남만주 지선을 차단함으로써 여순의 생명선을 끊어버리는 것이었다. 1904년 3월 초 육군 대본영은 여순 공략을 위한 작전계획을 검토하라는 명령을 내렸는데, 3월 14일 제3군의 작전계획은 다나카 기이치(田中義一), 오바 지로(大庭二郞), 오노 미노부(尾野実信) 등의 소좌

52 조명철, 2007, 149-153쪽.
53 조명철, 2012, 353-354쪽.

그룹이 작성한 초안을 부장 회의에서 수정한 후 완성되었다.[54]

1904년 4월 12일 일본 대본영 해군부는 육군부에 여순항구의 폐쇄 여부와 상관없이 제2군 상륙을 제의했다. 1904년 4월 중순 제2군의 요동반도 상륙을 위한 육해군 합동작전이 결정되어 다음과 같이 연합함대에 명령이 하달되었다. 첫째, 연합함대는 한편으로 조선해협(지금의 대한해협)을 막아 블라디보스톡에 있는 적(러시아)의 함대에 대비하며, 다른 한편으로 여순항구에 있는 적의 주력함대를 제압하여 제2군의 수송 및 상륙을 엄호하도록 한다. 둘째, 육해군이 상응하여 북으로는 보란점(普蘭店)에서 대사하(大沙河)에 이르는 공격선을 형성하며, 남으로는 금주(金州), 청니와(淸泥窪)에 이르는 지역의 점령을 견고히 함으로써 대련만 부근에 확실한 근거지를 만든다.[55] 그 결과 1904년 5월 5일 제2군은 요동반도 피즈워(子窩)에 상륙했다.

일본 대본영은 1904년 3월 중순까지 제2군과 제3군의 작전계획을 완성했는데, 실제 전투를 수행할 수 있도록 매우 구체적으로 작성되었다. 작전계획은 작전 수행의 규모, 담당부대의 명칭까지 명시했다. 1904년 5월 13일 육군참모본부는 초안을 만들었고 5월 25일 일왕이 재가했다. 오야마 육군참모총장은 만주군 총사령부의 독립적인 지위를 요구했지만 만주군 총사령부는 병참과 경리와 인사의 자율성을 획득하지 못했다.[56] 1904년 6월 20일 만주군 총사령부가 확정되었다. 만즈 지역의 만주군 총사령부는 대본영 분신으로 육군참모본부 소속 참모총장 이하

---

54 谷壽夫, 1966, p. 166.
55 參謀本部 編, 1977, pp. 101-102; 김현철, 「러일전쟁기 黃海海戰과 일본 해군의 전략·전술」, 『군사』 51, 2004, 263쪽.
56 谷壽夫, 1966, pp. 182-183, 194.

부장과 요원이 소속되었다. 히로시마의 대본영은 대본영 본체로 야마가타 참모총장과 나가오카 가이시(長岡外史) 참모차장을 중심으로 구성되었다. 7월 6일 오야마는 도쿄를 떠나 만주로 건너갔다.[57]

4. 한국주차대의 활동과 한국 방어계획

1882년 임오군란 이후 주한일본공사관은 '제물포조약'을 체결하여 '공사관수비병' 명목으로 1개 중대 병력을 서울 안에 주둔시켰다. 청일전쟁 직후 1894년 6월 부산, 의주 및 서울, 인천 간 병참 선상에 후비보병 6연대, 후비보병 10연대 제1대대, 후비보병 19대대가 배치되었다. 대본영 직할이었던 경성수비대의 후비보병 18대대 3중대, 원산수비대의 후비보병 6연대 2중대도 보급 면에서는 인천에 주둔한 남부 병참감이 담당했다. 총 6천 명이 넘는 병력이 주둔하고 있었다.[58]

청일전쟁 이후 1894년 11월 일본 정부는 3중대로 편성된 후비보병 제18대대를 서울의 '공사관수비병'으로 파견했다. 후비보병 제18대대는 마야하라 쓰토모토(馬屋原務本)가 지휘했는데, 그는 특명전권공사 이노우에 가오루(井上馨)의 지시에 따라 주한일본공사관과 영사관, 일본 거류민 보호를 맡고 이노우에의 대한국사업을 군사적으로 원조하는 임무를 담당했다.[59] 1896년 10월 8일 일본수비대 대대장 마야하라(馬屋原務

---

57 조명철,「러일전쟁기 일본육군의 대러시아 작전 계획과 사할린점령 문제」, 『일본연구』31, 2019, 221-224쪽.

58 김문자, 『명성황후 시해와 일본인』, 태학사, 2011, 164쪽.

59 『駐韓日本公使館記錄』2, 1894년 11월 1일, (66) [公使館守備兵 派遣通知의 件] [別紙] 後

本) 소좌의 지휘 아래 1중대장 후지도(藤戶與三) 대위, 2중대장 무라이(村井右宗) 대위, 3중대장 마키(馬來政輔) 대위 등이 적극적으로 을미사변에 가담했다.[60]

아관파천 이후 1896년 러시아와 일본은 서울의정서(베베르-고무라 각서)를 통해서 한국 주둔 병력에 합의했는데, 일본수비대는 서울에 2개 중대, 원산에 1개 중대, 부산에 1개 중대 등으로 구성되고 각 중대는 200명을 넘을 수 없었다.

1899년 3월 31일 육군대신 가쓰라는 '한국주차대'를 편성했다. 한국주차대는 보병 1개 대대로 편성되었는데, 서울에 2중대, 부산에 1중대, 원산에 1중대가 배치되었다. 서울에는 대대 본부와 2중대가 배치되었는데 한국주차대 교대 시기는 매년 5월이었다.[61]

1903년 10월 1일 일본 육군성은 한국주차대 편제 개정안을 제출했는데, 그 이유는 한국주차대를 연대 규모의 '한국주차대사령부'로 확대하여 개편했기 때문이다. 한국주차대 사령관은 육군대신에 소속되는데, 한국주차대를 통할하며 일본공사관과 영사관 및 일본 거류민을 보호하고 전신과 철도를 보호하면서 각 부대의 교육과 인사 및 경리와 위생 사무를 총괄했다. 다만 국제적 관계로 필요할 경우에는 주한일본공사와 상의하여 편의상 처리할 수 있었다. 한국주차대 사령부는 한국주차대, 한

備步兵 第18大隊長에게 訓令, 外務大臣 子爵 陸奧宗光 →在朝鮮 特命全權公使 伯爵 井上馨. 『駐韓日本公使館記錄』은 '공사관수비대(公使館守備隊)'와 '공사관수비병(公使館守備兵)'이라는 명칭을 모두 사용했다.

60 김영수,『명성황후 최후의 날』, 말글빛냄, 2014, 95-97쪽.
61 조건 편역,『일본의 군사적 침략과 한국주차군』, 역사공간, 2020, 26-27쪽.

국주차전신대, 한국주차헌병대, 한국주차병원 등을 관할했다.[62] 1903년 12월 한국주차대 사령관은 육군공병 대좌 마쓰이시 야스하루(松石安治)에서,[63] 1903년 1월 육군보병 중좌 사이토 리키사부로(齋藤力三郎)로 교체되었다.[64]

1904년 2월 이후 일본 육군성은 '한일의정서'에 근거하여 한국에 주차군 배치 관련 계획서를 다음과 같이 작성했다. 일본 육군은 한국의 주요한 지점에 일본군대를 주둔시키는데, 전략상 중요 지점에 요새를 설치함으로써 제3국의 침해 및 내란 대비를 위한 계획서를 작성했다. 첫째, 한국에 주둔시킬 지점과 일본군대의 규모를 다음과 같이 설정했다. 서울 부근은 주차군사령부, 사단사령부, 보병 1여단, 기병과 야전 포병 각 1연대, 공병 1대대, 철도대 등이었다. 평양 부분은 사단사령부, 보병 1여단, 기병과 야전 포병 각 1연대 등이었다. 의주 부근은 보병 1여단, 요새포병대 1개, 공병 1대대 등이었다. 함경도는 보병 1여단, 진해만은 2, 3개 요새포병대 등이었다. 둘째, 진해만은 한국 남해안 항구로써 나가사키의 사세보와 쓰시마의 다카시키항과 상호 대응하여 조선해협의 영유를 확실히 해야 할 지점으로 설정되었다.[65]

---

62 『駐韓日本公使館記錄』 21, 七. 陸海軍往復 (7) [韓國駐箚部隊 편제 개정 件] 韓司密甲 第 13號 『駐韓日本公使館記錄』 20, 1903년 11월 18일, 七. 機密本省來 (45) [韓國駐箚隊司令部 설치 및 직무에 관한 件], 外務大臣 男爵 小村壽太郎→在韓 特命全權公使 林權助.

63 『駐韓日本公使館記錄』 20, 1903년 12월 25일, 七. 機密本省來 (53) [韓國駐箚司令官의 직권에 관한 陸軍大臣의 회보 사본 송부 건], 外務大臣 男爵 小村壽太郎→在韓 特命全權公使 林權助.

64 『駐韓日本公使館記錄』 24, 1904년 1월 27일, 一. 外部往 一·二 (4) [駐箚隊司令官 齋藤 中佐 到任 通知], 京城駐箚第九中隊長 吉本玄→李 臨時署理外相.

65 조건 편역, 2020, 179-181쪽.

1904년 3월 4일 육군참모총장 오야마는 한국주차군 사령부 편성안을 제출했는데 그 이유는 한국주차대 사령부를 사단 규모의 '한국주차군 사령부'로 확대했기 때문이었다. 주차군 사령관은 한국주차병참감부, 임시 군용철도감부, 한국주차군대, 한국주차전신대, 한국주차헌병대, 한국주차병원 등을 총괄했다.[66] 1904년 4월 3일 육군 소장 하라구치 겐사이(原口兼濟)가 서울에 도착했는데, 그는 초대 한국주차군 사령부 사령관으로 활동했다.[67] 한국주차군 사령관은 대본영에 즈속되었는데, 일본공사관과 영사관 및 일본 거류민을 보호하고 서울의 치안을 유지하며 일본 작전의 배후에서 설비를 보존하는 임무를 부여받았다. 한국주차군 사령관은 국교상 관계가 있는 행동에 대해서 주한일본공사와 협의하고 병참과 전신과 철도 등에 대해서 병참총감과 논의하는데, 가급적 서울에 2개 대대 이상의 병력이 주둔해야 한다는 훈령을 받았다.[68] 1개 사단의 한국주차군 사령부는 1910년 10월 '조선주차군 사령브'로 변경되었다.[69]

1904년 6월 14일 주한일본공사관 무관이자 한국주차군 참므장인 중좌 사이토는 '한국에서의 군사적 경영요령'을 작성하여 주한일본공사대리 하기와라 슈이치(萩原守一)에게 제출했다. 이 문서는 귀국하는 주한

66 조건 편역, 2020, 184-185쪽.
67 『駐韓日本公使館記錄』24, 1904년 4월 6일, 一. 外部往 一·二 (38) [駐箚軍將校 原口 등의 陛見 요청], 林 公使→金 署理外務大臣.
68 조건 편역, 2020, 182-183쪽.
69 조선주차 사령부는 1915년 6월 2개 사단으로 확대도고 상설화되었다. 일제강점기 한국에는 제19사단과 제20사단이 상주사단으로 결정되었는데, 각각 함경북도 나남과 용산이 사령부로 설정되었다. 그 후 1918년 '조선군사령부'로 명칭이 변경되었다. 조건, 「전시 총동원체제기 조선 주둔 일본군의 조선인 통제와 동원」, 동국대학교 박사학위논문, 2015, 25-30쪽.

일본공사 하야시를 통해서 일본 육군참모본부에 전달되었다. 이 문서는 러일전쟁 당시 일본의 대한제국에 대한 군사적 전략이자 일본의 한국 요새화 전략을 보여주는 문서였다. 일본 육군은 러일전쟁 초기 한국을 점령한 다음 군대 주둔과 요새화를 통해서 만주와 시베리아 진출을 위한 거점지로 삼으려고 계획했다. 사이토는 기본적으로 한국을 일본의 '접양지대(接壤地境)'라고 설정하여 야마가타 아리토모의 이익선과 유사한 개념을 가지고 있었다.

1904년 1월부터 3월까지 사이토는 한국주차대 사령관으로 활동하면서 육군참모차장과 문서를 주고받았다. 1904년 4월부터 9월까지 육군 소장 하라구치는 한국의 일본군대 병력을 총괄하는 한국주차군 사령관을 수행했는데, 사이토는 1904년 3월 말부터 주한일본공사관 무관에 임명되었고 하라구치 소장 소속 한국주차대 참모장으로 활동하다가 1904년 9월 제11사단 참모장으로 러일전쟁에 참전했다. 그는 일진회를 지원한 대표적인 일본 육군이었다.[70] 제11사단은 러일전쟁 초기 한국을 완전히 통제하는 역할을 담당했는데, 러일전쟁 중기 제2군에 편입되어 여순전투에 투입되었다.

---

70 사이토 리키사부로는 1861년 태어났다. 1877년 4월 육군교도단에 입단한 뒤 육군사관학교에 입학했고 1881년 12월 보병 소위로 임관했다. 1914년 5월 육군 중장으로 승진하였다. 제1사단 부관, 제11사단 참모장, 보병 제9연대장, 보병 제25여단장 등을 역임했다. 러일전쟁 당시 제11사단 참모장으로 참가했다. jahis.law.nagoya-u.ac.jp/who/docs/who4-11240; 名古屋大学, 『人事興信録』 データベース, 明治36年版(初版); 『駐韓日本公使館記録』 21, 1904년 3월 3일 오후 10시 40분, 七. 陸海軍往復 一進會 (5) [吉永洙, 李學均, 玄尙健 등 체포 보류의 件], 參謀本部次長→韓國駐箚隊司令官 齋藤力三郞; 『駐韓日本公使館記録』 24, 1904년 4월 6일, 一. 外部往 一·二 (38) [駐箚軍將校 原口兼濟 등의 陛見 요청], 林公使→金署理外務大臣.

육군본부 소속 한국주차대 참모장 사이토는 러일전쟁이 아직 중반에
도 도달하지 못했기 때문에 그 결과를 판단하기 어려운 상황인데, 일본
이 러일전쟁에서 승리하더라도 만주와 연해주 지역에 대한 국제적 관계
의 결과를 예측할 수 없다고 생각했다. 그럼에도 사이토는 현재 일본이
한국 정부를 조정할 수 있는 상황이므로 한국에 대한 일본의 근사적 경
영 착수가 긴급하게 요구된다고 주장했다. 사이토는 외적에 대해 한국을
확실하게 영유하는 조치, 한국의 질서를 유지하며 일본 식민세력을 부식
(扶植)하는 조치, 한국의 병제 개혁 실행 등을 한국과 관련하여 신속하게
요청되는 경영으로 지적했다.

사이토에 따르면 한국은 일본의 자위를 위한 가장 중요한 영토일 뿐
만 아니라 장래 만주 또는 시베리아를 대비하는 일본의 근거지였다. 한
국은 군사적으로 대마해협에서 견고한 쇠줄로 일본과 연결되어 있는 동
일한 국가로 파악되며, 일본은 한국을 통해서 대륙과 접양되었다. 일본
은 한국을 확실하게 영유하기 위해서 외적에 대해서 '접양지대'의 방어
법에 기초하는 것이 필수적이었다.

사이토는 일본이 '외적에 대해 한국을 확실하게 영유하는 조치'를 다
음과 같이 상세히 제시했다.

첫째, 일본은 적국의 침입로가 될 만한 지점에 요새를 건설해야 한다.
적국의 주된 침입로가 될 만한 도로는 1) 압록강 방면 의주와 창성, 초
산과 자성을 통하는 것, 2) 도문강 방면 경흥에서 해안을 거쳐 원산으
로 통하는 것, 3) 회령에서 장성으로 통하는 것이 있었다. 따라서 일본이
도로상에 요새를 건설해야 할 지점은 의주 부근 1요새(一要塞), 창성 부
근 1요새, 초산 부근 각 1지조보(一止阻堡), 자성 부근 1지조보, 장성 부
근 1지조보, 길주 부근 1요새 등이다. 요새의 목적은 엄호하에 일본에서

수송되는 우세한 병력을 국경에 집중시켜 공격으로 전환하게 하는 데 있다.

둘째, 일본은 국경감시대를 국경 요충지에 설치하여 평상시 접양지대에서 적국의 권리침해를 막으면서 한국인을 영원히 일본에 귀속시키고 일본인의 경영에 편리를 주게 한다. 요새의 목적은 적의 침입을 막고 일본군의 집중을 엄호하는 것이므로 지형 관계 등을 고려한다. 일본은 접양국에서 평시에 모든 수단을 동원하여 적국의 이익을 침해하거나 자국의 군사에 있어서의 이익을 유지하는 데 힘써야 한다. 러시아는 한국에 대해 압록강 연안에 접해 있어서 군사적 이익을 유지하기 위해서 시도하고 있다. 따라서 일본은 요새를 만들지 않은 국경 지점에 국경감시대를 두어 러시아를 감시해야 한다. 특히 일본은 경흥과 온성 부근에 민간 감시대를 설치하여 한국인이 더 이상 러시아를 숭배하지 못하도록 영향을 주는 수단으로 만든다.

셋째, 일본은 중요한 지점에 야전군을 배치해야 한다. 야전 1개 사단은 요새수비병과 국경감시대 이외에 한국에 주둔시켜야 한다. 1개 사단은 적국의 공격을 저지시킴으로써 일본 군사수송을 엄호하고 우세한 병력을 국경에 집중시키기 위해서 필요하다. 1개 사단 병력은 의주-부산 간 철도 수송을 계산하여 최소화한 것이다. 1개 사단 중 1개 연대는 만주 방면 의주 부근, 1개 연대는 함경도 방면 장성과 길주 요새 부근에 배치한다. 주력부대는 어느 방면에도 전진할 수 있고 대세를 제압하기 편리한 서울에 배치한다.

넷째, 일본군 사령부는 서울에 설치하는데, 군대의 지휘와 설비를 총괄한다. 일본군 사령부는 충분한 권력을 받아서 한국 식민 경영의 최고 기관으로 운영된다.

다섯째, 일본은 각 요새의 야전군 사이의 철도와 도로 등 교통 기관을 정비해야 한다. 철도를 고려하면 의주 방면 및 함경도 방면은 향후 한국에서 작전지구가 될 수 있는 지방이다. 일본군은 의주 방면을 주 작전지역으로 이용할 수 있는데, 지세와 급양(給養)으로 인해 함경도 방면을 작전지역으로 사용하기 어렵다. 일본군대는 부산-의주 철도로 충분한 상황이며 다른 요새 지점은 도로의 개선으로 보충한다. 만약 적국과 교전한다면 조속히 영의선에 착수하고 임유선에 접속하여 만주와 육로 연락을 실행해야 한다. 전신선을 고려하면 전신은 군사적 시설 중 작전에 매우 중요한 요소이다. 한국의 전신망은 서울을 중심으로 설치되는데 북부지방은 경의철도 선로를 따라 경의선, 경성-원산-경흥 연결선, 창성-초산-자성-장성 요새의 지선, 각 요새를 직접 연락하는 연결선 등이 필요하며 남부지방은 경부철도 선로를 따라 경부선, 팔구포[71]의 해저선이 사세보로 연결된 서울-목포 연결선 등이 필요하다. 이상의 6개 전신선은 현재 일본 정부 소유이므로 향후 외국이 매수할 수 없도록 만들어야 한다. 한편 일본은 야포의 통과를 목적으로 다음과 같이 도로를 개설해야 한다. 경성-의주, 경성-원산-길주 부근의 요새, 안주-운산-초산, 함흥-자성, 북청-장성, 의주-초산, 자성-장성-길주 부근 요새 등이다. 이들 도로의 개설은 일본인의 감시하에 한국 정부가 실행

---

71 신안군 옥도는 러일전쟁 당시 일본 해군기지와 우리나라 최초의 무선전신소가 만들어진 곳이며, 근대 기상관측이 시작된 곳이다. 옥도는 조선시대부터 목포진의 8곳의 요망대(要望臺) 중 하나였다. 옥도는 일본 해군기지 팔구포 방비대가 설치되면서 팔구포의 중심지역이 되었다. 정박한 함정이 한꺼번에 8개 방향으로 진출할 수 있다고 하여 팔구포라고도 불렀다. 국립해양문화재연구소 해양유물연구과,『옥도(玉島)』, 목포: 국립해양문화재연구소, 2012.

하도록 만든다.

여섯째, 일본은 일본과의 연락점인 '대마도해협'을 확실히 영유해야 하는데, 이를 위해서 한국 남해안에 요새의 건설, 연락점과 야전군 소재지의 교통 기관 정비를 실행해야 한다. 그중 남해안에 요새 건설이 가장 중요하다. 대마도해협을 완전히 장악하면 일본은 대만해협과 함께 '일본해'와 '지나해'의 해상권을 장악할 수 있다. 또한 일본은 야포 통과를 위해서 부산-서울과 부산-마산-경성 등의 도로를 확장해야 한다.

일곱째, 일본은 일본함대의 활동을 위해서 한국 해안에 저탄소를 증가시켜야 한다. 일본은 현재 건설 중인 저탄소 이외에도 함경도 연안, 인천 이북 서해안 등에 완비된 석탄고를 설치해야 한다.

사이토는 일본이 '한국의 질서를 유지하며 일본 식민세력을 부식하는 조치'를 다음과 같이 제시했다. 사이토에 따르면 한국은 법부, 재판소, 경무청 등이 설치되었지만 강력하지 못하여 국내 질서를 유지하는데 어려운 상황이다. 한국 정부는 경기도 부근에만 권력이 미치는 상황이다. 한국의 지방은 도적이 횡행하고 '흉도(의병)'가 제멋대로 활동하고 있다. 한국군대는 국가의 장식품에 불과하여 '흉도'조차도 토벌하지 못한다. 따라서 일본군대는 무력으로 한국을 진압할 수밖에 없는데, 요점지에 1개 중대씩 배치하면 그 질서를 유지할 수 있다.

일본군대는 한국 국내를 장악하기 위해서 13개 중대인 1개 연대가 필요한데, 그 요점지는 관찰사의 소재지가 적당하다. 사이토는 야전 1개 사단이 요새 병력, 국경감시대, 국방상 주요 지점에 배치되는 동시에 13개 중대가 각 지방에 분포하면 일본인이 한국 경영을 수행할 수 있다고 주장했다. 각 지방의 13개 중대는 민정 기관을 조직한 다음 한국에 이주하는 일본인이 각 지방의 자치체를 만들도록 지원한다. 일본은 한국의 식민정책을 실행한다. 병참선은 현재 서울과 의주 사이에 설치되었는데 각 병참 사령관은 실제로 식민정책 방안을 실행한다.

사이토는 '한국의 병제 개혁의 실행'도 다음과 같이 제시했다. 사이토에 따르면 현재 한국군대는 국가의 방위상 아무런 효과도 없으며 옷차림만 훌륭하고 품성이 비열하다. 한국군대는 7개 연대를 보유하고 있지만 전투에서 아무런 가치도 없으며 국비만 낭비하고 있다. 한국군대를 개조하기 위해서는 징병법과 군제의 근본적인 개혁이 필요하다. 일본은 병제 개혁을 명분으로 한국군대를 모두 해산시키는데, 고종을 안심시키기 위해서 궁중을 호위하는 약간의 한국 병사만 남긴다.

사이토는 요새 등의 군사시설을 건설하고 한국군대를 해산시키고 일본군대를 각 지방에 주둔시키면 일본인 이주민의 한국 경영에 커다란 효과가 있을 것이라고 주장했다.[72] 사이토는 한국의 식민 경영을 위해서 일본군대가 한국에서 일본인을 적극적으로 보호해야 한다고 주장했다. 이후 1907년 7월 통감부는 한국주차군 사령부 통제하에 한국군대를 해산하고 한국의 병제 개혁을 강제로 실행했다.

5. 러시아 작전계획안과 그 실행

일본 육군참모본부는 기본적으로 한국점령을 최우선 목표로 삼았는데, 청일전쟁 이전부터 일본이 추구하여 온 한국 지배라는 정치 곡적은 군

---

72 『駐韓日本公使館記錄』 21, 1904년 6월 14일, 七. 陸海軍往復 一進會 (27) [韓國에서의 군사적 경영 요령 송부 件], 齋藤力三郎→萩原守一.

사 전략에 강하게 투영되었다. 1903년 5월 일본 육군참모본부는 일본의 한국점령을 핵심으로 준비하면서 동시에 러시아의 기선제압을 목표로 하는 만주 공세 전략도 기초했다. 1903년 6월 '만주 공세 전략'과 '조기개전론'은 참모총장이 어전회의에서 주장할 만큼 육군의 공식적인 입장으로 강화되었다. 1902년 8월 일본 육군참모본부는 러시아군대의 배치를 파악하면서 '대러시아 작전계획안'을 작성했다. 그 결과 러일전쟁 당시 일본군대는 제1군, 제2군, 제3군, 제4군 체제로 다음과 같이 구성되었다.

제1군은 근위사단, 제2사단, 제12사단으로 구성되었다. 제1군 사령관은 대장 구로키 다메모토(黑木為楨), 근위사단은 아사다 노부오키(浅田信興) 중장, 제2사단은 니시지마 스케요시(西島助義) 중장, 제12사단은 이노우에 히카루(井上光) 중장이 지휘했다. 제1군은 3개 보병사단과 2개 예비연대로 총 4만 2천 명이었다. 제1군은 진남포(2월 16일)-평양-안주를 거쳐서 정주에서 두 지역으로 분리되었다. 첫째는 정주-의주-지우롄청(九連城, 양력 4월 26일~5월 1일)과 사허쯔(沙河子)-평황청(鳳凰城)-양즈링(楊誌嶺)-모톈링(摩天嶺)-랴오양(遼陽, 8월 24일~9월 3일)-선단푸(沈旦堡, 1905년 1월 25일~28일)-평톈(奉天, 1905년 2월 24일~3월 10일)이었다. 둘째는 정주-창성-촨수이전(泉水鎮)-사허(沙河, 10월 5일~17일)-평톈(1905년 2월 24일~3월 10일)이었다.[73]

제2군은 1904년 3월 제1사단, 제3사단, 제4사단, 야전포병 제1여단으로 조직되었는데, 3개 보병사단의 총병력 4만 명과 포 210문을 보유

73 第1軍(日露戦争)(jacar.go.jp).

했다. 제2군은 1904년 4월 제5사단, 제11사단, 기병 제1여단이 보강되었다. 제2군 사령관은 대장 오쿠 야스카타(奧保鞏)[74]였다. 제2군은 요동반도 피즈워(5월 5일)에 상륙하여 푸란덴(普蘭店)을 거쳐 진저우(5월 26일)에서 전투를 수행했는데, 1904년 5월 진저우전투 이후 제1사단과 제5사단의 전속 및 제6사단을 새로 편입했다.[75]

제3군은 제1사단, 제9사단, 제11사단, 기병 제2여단, 야전포병 제2여단으로 구성되었는데, 3개 보병사단, 포병 3개 연대 등으로 총병력 4만 5천명과 포 400문을 보유했다. 제3군 사령관은 대장 노기 마레스케로 여순 공격을 총지휘했다. 1904년 8월 이후 제3군은 세 차례에 걸친 총공격으로 수만 명의 사상자를 냈는데, 한때 만주군 총참모장 그다마가 대신해 지휘를 맡았다. 3군은 대련(6월 6일)어 상륙하여 여순(1904년 6월 6일~1905년 1월 1일)에서 공격을 마무리했다. 1904년 7월 제14사단과 1904년 11월 제7사단이 제3군에 편입되었고 제3회 총 공격을 실시하여 203고지를 점령했다.[76]

제4군은 1904년 6월 제5사단과 제10사단으로 구성되었는데, 2개 보병사단과 후비보병 제10여단으로 약 3만 명 ㅁ만의 병력이었다. 제4군은 1905년 3월 이후 제6사단, 제16사단 등이 편입되었다. 제4군 사령관은 대장 노즈 미치쓰라(野津道貫), 제5사단 사단장은 기고시 야스쓰나(木越安綱) 중장, 제10사단 사단장 가와무라 가게아키(川村景明) 중장, 제6사단 사단장은 오쿠보 하루노(大久保春野) 중장, 제16사단 사단

---

74 오쿠 야스카타(奧保鞏, 1847~1930)는 1903년 11월 육군 대장으로 승진했다. 1904년 1월 군사참의관, 1904년 3월 제2군사령관으로 임명되었다(ja.wikipedia.org/wiki/奧保鞏).

75 第2軍(日露戰爭)(jacar.go.jp).

76 第3軍(日露戰爭)(jacar.go.jp).

장은 야마나카 노부요시(山中信義) 중장이었다. 4군은 만주 지역 북진을 담당했는데 다구샨(大孤山)−슈옌(岫巖)−다스차오시(大石桥市, 7월 23~24일)−잉커우(營口)−하이청(海城)−랴오양(8월 24일~9월 3일) 등으로 이동했다.[77]

77 第4軍(日露戦争)(jacar.go.jp).

러시아 해군부의 극동정책

그동안 러시아의 해군정책과 관련된 연구는 주로 러시아에서 진행되어 왔다. 러일전쟁 직후 러시아 해군부자료집이 발간되었다. 여기에는 '용감한 방어전'이라는 시각이 반영되었다. 러시아 해군부는 19세기 말부터 20세기 초까지 러시아해군의 활동을 소개하면서 러일전쟁 당시 러시아가 일본에 비해 열악한 상황이었다는 것을 강조했다.[1] 소비에트시기에는 러일전쟁 연구가 주로 정치와 외교에 집중되어 해군부의 정책을 본격적으로 조명한 연구는 드물다.[2]

러시아 해군부에 관한 최근 연구는 제정러시아의 대외정책에 주도적으로 참여한 핵심부서의 정책을 실증적으로 규명했다는 데 큰 의미를

---

1   Русско-японская война 1904-1905гг(러일전쟁). Т. 1-7. Спб. 1907-1912.

2   러시아에서 러일전쟁에 대한 연구성과 및 자료에 대해 참고할 만한 연구서는 다음과 같다. Итоги и задачи изучения внешней политики России(러시아 외교정책연구의 결과와 과제). М. 1981. СС. 314-322; Пак Чон Хё, Русско-японская война 1904-1905гг. и Корея(러일전쟁과 조선). М. 1997. СС. 6-19; Золотарев В. А. Историография русско-японской воины(러일전쟁에 대한 연구사정리)//Русский архив(러시아문서보관소). Т. 18(7-2). М. 2000. СС. 406-435.

갖고 있다. 해군 분야에서 글라드끼흐(С.А.Гладких)는 극동지역 해군 함대의 건설 과정을 체계적으로 설명하였고, 치스뜨이(А.В.Чистый)는 19세기 후반 제정러시아 해군의 정책을 전체적으로 조망했다.[3] 이러한 일련의 연구는 극동지역에서 일본을 비롯한 서구열강의 군비증강에 대비하여 제정러시아가 극동지역에서 치밀하게 해군 강화를 계획했다는 것을 실증했다.

그럼에도 불구하고 러시아의 해군부 관련 연구는 주로 러일전쟁 전후에 집중되어 러시아 해군부의 극동정책의 변화 과정을 파악하기 어려웠다. 특히 기존 연구는 청일전쟁 이후 러시아 해군부의 한반도를 포함한 극동 해양정책의 수립 과정을 집중적으로 분석하지 못했다. 더구나 청일전쟁 직후 러시아의 극동지역 해양정책을 주도한 해군제독 알렉세예프에 주목하지 못했다.

현재까지 러시아 해군제독 알렉세예프에 관한 개인 연구는 미진한 상태이다. 그 배경에는 소비에트 이후 제정러시아의 정책 및 인물에 관한 비판, 러일전쟁 패배의 주요 인물이라는 측면이 작용했다.

해군제독 알렉세예프는 태평양함대 사령관, 여순 지역 총사령관, 극동총독 등을 역임하며 극동정책을 주도했을 뿐만 아니라 한반도정책에도 깊숙이 개입했다.[4] 알렉세예프는 19세기 후반 한국을 2차례 이상 방

---

3   Гладких С. А. Русский военно-морскойфлот на Дальнем Всотоке. 1895-1904гг(극동에서의 러시아 해군함대). Сыктывкар. 1999; Чистый А. В. Морская политика Российской империи на Дальнем Востоке во второй половине 19 в(19세기 후반기 극동에서 제정러시아의 해군정책). СПб. 2002.

4   알렉세예프는 1843년 출생했고 1863년 해군학교를 졸업했다. 1892년 해군참모본부 사령관 보좌관에 임명되었다. 1895~1897년 태평양함대 사령관에 임명되었다. 1899년 8월 관동주 총독 겸 사령관, 태평양함대 사령관에 임명되었다. 1903년 7월 30일 극동총독에 임명

문했다. 또한 해군함대문서보관소에 소장된 알렉세예프의 문서군에는 한반도 관련 지도가 박스로 보관되어 있다. 그 박스에는 원산, 거제도, 인천 등에 관한 러시아 함정의 측량 지도가 포함되었다.

알렉세예프는 16세기 이후 러시아의 극동정책 사건과 인물을 주목하면서 청일전쟁 직후 러시아의 한국을 포함한 극동 전략 방향을 수립했다. 알렉세예프는 러시아가 우랄부터 태평양, 중국부터 북해까지 이르

알렉세예프(Всеподданнейший отчет Е. И. Алексеева, 1903~1904)

는 시베리아로 진출한 주요 사건과 인물을 다음과 같이 정리했다. 알렉세예프에 따르면 이반대제 시절 1581년 예르마크 지휘 아래 카자크부대의 시비르한국 정벌, 17세기 말 러시아가 오호츠크해로 진출한 이후 무라베이 아무르스끼 백작, 이그나티에프 백작, 네볼스끼 장군 등이 러시아 극동 진출의 주요 사건과 업적이었다. 러시아와 청국 사이에 체결된 1689년 네르친스크조약과 1881년 뻬쩨르부르크 조약을 통해서 양국의 국경이 획정되고 공존 조건 등이 규정되었다.

알렉세예프는 19세기 후반 시베리아철도의 건설, 여순과 대련의 조차 등을 높이 평가했다. 그는 19세기 중반까지 시베리아가 광활한 지역, 교통로의 부재, 유형지로의 기능 등으로 러시아 본토와 단절되었지만

<hr />

되었다. 1905년 6월 극동총독부가 폐지되면서 국가평의회 위원으로 임명되었다.

1891년 태평양에서 대서양까지 이어지는 시베리아철도가 건설되면서 시베리아의 경제적 가치, 부동항에 이르는 출구로 중요성을 갖게 되었다고 주장했다.

알렉세예프에 따르면 러시아는 1898년 3월 여순과 대련의 영토 등을 25년간 사용할 수 있는 권리를 획득하였고, 두 항구가 시베리아 본선과 연결되는 권리도 제공받았다. 알렉세예프는 러시아가 여순과 대련의 조차를 통해서 극동지역 해양 진출을 완수하여 러시아의 명망을 높였지만 일본의 경계와 질시의 원인으로 작용했다고 판단했다.[5]

필자는 태평양함대 사령관 알렉세예프의 한국을 포함한 극동정책을 규명할 것이다. 이를 위해서 알렉세예프의 한반도 해양 탐사와 전략을 살펴보고 이를 토대로 러시아 해군부의 극동 전략과 한반도정책을 규명할 것이다.

---

5 ГАРФ. Ф. 543. Оп. 1. Д. 186. ЛЛ. 1-146. 최근 최덕규는 러시아 해군부의 정책에 주목하면서 알렉세예프의 활동을 조명했다. 최덕규에 따르면 블라디보스톡의 단점을 보완할 수 있는 새로운 부동항을 동아시아에서 획득한다는 결정에 따라 그 대안으로 마산포를 제시한 사람은 다름 아닌 태평양함대 사령관 알렉세예프 제독이었다. 알렉세예프는 1895년 11월과 12월 순양함 자비야카(Забияка)호와 블라지미르 모노마흐(Владимир Мономах)호를 파견하여 이 지역에 대한 사진 촬영 및 수심 측정을 통한 정밀한 해안탐사 작업을 실시했다. 그 후 알렉세예프는 치하체프 해군대신에게 거제도보다는 오히려 마산포가 러시아 해군기지로 적합하다는 의견을 제시했다. РГВМФ. Ф. 417. Оп. 1. Д. 1340. Л. 190; 최덕규, 『제정러시아의 한반도정책, 1891~1907』, 경인문화사, 2008, 59쪽.

1. 태평양함대 사령관 알렉세예프의 극동정책

러시아 태평양함대 사령관 소장 알렉세예프는 1895년 7월 25일 서울에 도착했다. 그는 7월 28일 고종을 면담하고[6] 이 방문의 결과를 1895년 8월 '청일전쟁 이후 일본의 한국정책 및 한국의 전략적 가치'라는 장문의 보고서로 작성했다.

알렉세예프는 청일전쟁 이후 일본의 한국정책, 한국에서 일본군대활동 등을 주목했다. 그는 청일전쟁 목적이 일본의 한국 지배라는 사실을 간파했다. 알렉세예프는 "일본이 군사와 상업 목적을 위해서 한국에서 자국의 영향력을 확장하려고 한다"며 "일본이 한국에서 청국의 영향력을 약화시키기 위해서 청일전쟁을 결심했다"고 판단했다.

알렉세예프는 청일전쟁 이후 일본의 한국 지배정책을 다음과 같이 지적했다. 첫째, 일본은 한국에서 상공업 진흥정책을 추진한다. 둘째, 일본은 한국 내각에서 고문관으로 활동하는 50명의 청국인 관료를 교체한다. 셋째, 일본은 한국의 개항지에서 일본 이주민을 보호하는 정책을 추진한다.

알렉세예프는 청일전쟁 이후 일본의 한국 진출 상황을 다음과 같이 파악했다. 첫째, 일본군대는 한국에 4천 명 이상의 병력을 보유했다. 둘째, 일본은 제물포에 호텔과 석탄저장소를 보유했을 뿐만 아니라 군대 교통로까지 확보했다. 셋째, 일본은 서울, 원산, 부산 등에서 청국 상인들

---

6 "Начальник русской эскадры в Тихом Океане Контр Адмирал Е. И. Алексеев, Лейтенант Шванкв, Епанчин, Кузышин, Короваев, Доктор Карилов." 그려대학교 아세아문제연구소 편, 「아안(俄案)」, 『구(舊)한국외교문서』 17-1, 1969, 324-325쪽.

을 추방시키면서 일본 상인을 이주시키고 있다.

알렉세예프는 평양 인근 강가에 전쟁을 대비한 "일본의 상륙장소 건설"에 주목했다. 그는 "일본군대가 군대와 상업 강화 일환으로 평양 인근에 2천 명의 군대를 집결시키려 한다"고 보고하면서 그는 일본군대가 평양의 상륙장소 건설을 실행한다면 "비상시 평양에서 제물포와 서울에 군대를 신속히 파견할 수 있을 것"이라고 우려했다.

알렉세예프는 서울과 제물포에서 1주일 정도 체류하면서 한국의 경제와 군사, 열강과 한국과의 관계 등을 파악했다. 알렉세예프는 "한국이 근본적으로 가난하고 배타적이라는 사실에 충격을 받았다"고 기록했다. 그는 "한국이 주변 강대국과 매우 복잡한 상황"이라고 파악했으며 "한국이 군대와 상공업 분야에서 무엇보다도 취약한 상황"이라고 주장했다. 알렉세예프는 1895년 8월 러시아와 한국의 전신선 건설에 주목했다. 그는 일본이 한국 전신선을 소유하고 있기 때문에 러시아가 일본 전신선을 통해서 서울-부산-일본-블라디보스톡으로 보내고 있는 실정임을 지적하며 뽀시예트-원산-서울을 연결하는 러시아 전신선 설치가 시급하다고 주장했다. 알렉세예프는 서구열강의 한국에서의 이해관계에 관해서 "유럽 열강은 선교를 제외하고 한국에서 커다란 상업적인 이익이 없다"고 주장했다.[7]

아관파천 이후 러시아 해군대신사무대리 치하체프(Н.М.Чихачев)는 알렉세예프에게 태평양함대 강화를 위한 실질적인 계획안 작성을 지시했다. 또한 한국 해안에 관해서 최대한 정보를 수집할 것도 명령했다. 그

---

7 РГАВМФ. Ф.417. Оп.1. Д.1340. ЛЛ.69-76об. 1895.8.7. 태평양분함대 사령관 소장 알렉세예프가 태평양연합함대 사령관에게.

에 따라 알렉세예프는 1896년 3월 한국에서 일본의 영향력이 약화된 상황에서 '러시아 태평양함대의 강화방안 및 러시아의 한국정책'에 관한 보고서를 작성했다. 여기에는 한국의 주요한 섬과 항구를 탐사하고 지도를 포함한 지형에 관한 조사 보고서 등이 포함되었다.[8]

알렉세예프는 러시아 극동함대 강화를 위해서 선박 수리 및 대형함대 정박 등 블라디보스톡 항구 강화를 역설했다. 그는 먼저 블라디보스톡 항구의 시설물 규모를 확정할 것을 제기했다. 그는 "러시아가 블라디보스톡 항구에 배를 수리할 수 있는 거대한 도크(dock)를 최대한 빨리 건설해야 한다"고 주장하며 러시아 태평양함대가 선박을 수리하는 도크 이용 실태를 상세히 보고했다. 그는 "러시아 태평양함대가 일본항구의 도크를 이용하고 있다"고 보고하면서 "일본항구는 불편하고 수리 기간도 오래 걸린다"고 지적했다. 알렉세예프는 홍콩과 상해에 소재한 항구의 도크에 관해서도 언급했다. 그는 홍콩의 도크는 지나치게 비싸고 러시아에서 너무 먼 거리에 위치하며 상해의 도크는 소형선박만 수리 가능하다고 밝혔다.

알렉세예프는 블라디보스톡 항구의 강화를 위해서 선박 수리를 위한 도크의 설치, 대형함대가 정박할 수 있는 시설물의 확충 등을 주장했다. 알렉세예프는 블라디보스톡 강화를 위한 구체적인 방안으로 블라디보스톡 항구 사령관에게 도시의 법령을 결정하고 실행할 수 있는 권한을 주어야 한다고 주장했다. 그는 태평양 지역에서 함대가 보급 문제와 관련하여 심한 압박감을 갖고 있다며 블라디보스톡 항구를 위한 재정적인

---

8   РГАВМФ. Ф. 417. Оп. 1. Д. 1340. ЛЛ. 283-288. 1895. 3. 13. 태평양분함대 사령관 소장 알렉세예프가 해군대신사무대리 니꼴라이 마뜨베예비치 치하체프.

지원을 확대할 것을 주장했다.

일본을 방문한 알렉세예프는 일본의 현재 상황, 러시아의 대일정책 등에 주목했다. 알렉세예프는 러시아가 일본을 대비할 방안을 강구해야 한다고 주장했다. 그는 6년 후 일본 육군과 해군 분야의 개혁이 완성될 것이며 향후 "일본이 러시아의 적대적인 이웃으로 변화할 것"이라고 생각했다. 그는 일본의 적대성을 제거하는 방향으로 정책을 수립할 것을 주장했다.

일본과의 관계를 고려한 알렉세예프는 "러시아가 한국 문제에 대한 필연적인 결단을 내려야 할 시점"이라고 파악했다. 그는 "러시아가 한국에 관한 전략적인 계획 및 한국에 관한 재정지원에 관한 경계선 등을 확정해야 한다"고 주장했다. 그는 "러시아가 한국의 군사력, 철도 건설, 전신선 설치 등의 분야에서 지속적인 지원을 실행할 것"을 촉구했다. 또한 "러시아가 한국의 항구를 이용할 수 있는 광범위한 권리도 획득해야 한다"고 주장했다.

알렉세예프는 "일본과의 직접적인 협상을 통해서 러시아에 적대적인 일본의 감정을 약화시켜야 한다"고 생각했다. 그는 한국에서 러시아의 군사와 경제 분야의 발전을 도모하기 위해서는 한국에 관한 일본과의 적절한 상호 영역권을 확정할 필요성을 제기했다. 그는 "확정된 러시아의 영역에 대해서 일본의 안전 보장을 약속받아야 한다"고 주장했다. 그는 한국에 관한 러시아와 일본의 세력 균할론을 제시했다.

알렉세예프는 일본이 러시아함대의 동향 및 러시아 수병의 활동까지 상세하게 파악하면서 일본 언론에서 러시아가 일본을 위협하는 행동으로 보도하고 있다고 지적했다. 그는 일본이 러시아의 활동을 부정적으로

보도하여 청국과 비밀협정을 체결하기 위한 것으로 파악했다.[9]

알렉세예프는 1896년 11월 한국의 정치변동, 러시아 해군의 역할, 일본의 한국정책 등에 관한 러시아 해군부에 보고서를 작성했다.

알렉세예프는 아관파천 이후 한국의 정치와 군사 등의 변동에 주목했다. 그는 "왕권의 강화 및 재정체계의 확립 등을 통해서 한국이 국내적으로 안정을 회복했다"고 파악했다. 이러한 한국의 안정에 대해서 알렉세예프는 러시아의 영향력 때문이라고 판단했다.

알렉세예프는 "주한러시아 군사교관 단장 뿌짜따가 800명의 궁궐수비대를 훈련시키고 있다"고 밝혔다. 그런데 알렉세예프는 한국 최초의 군사교관이 육군부가 아니라 해군부라고 주장했다. 알렉세예프는 아드미랄 까르닐로프호에서 파견된 흐멜레프 중위가 1896년 2월부터 한국군대를 교육시켰다고 주장했다. 알렉세예프는 흐멜레프 중위가 군대 명령어와 규범을 한국어로 번역했으며 궁궐수비대의 장교 후보를 선발하여 교육시켰다고 기록했다.

알렉세예프는 "한국 해안에 러시아군대를 주둔시키기 위한 적합한 초소를 결정하기 위해서 조사가 필요하다"고 주장했다. 알렉세예프는 "한국 해안에 관한 상세한 정보를 파악하기 위해서 러시아군함의 한반도 파견 시 충분하게 활용해야 한다"고 주장했다.

알렉세예프는 한국에서 러시아 해군 위주의 군사정책을 주장했다. 알렉세예프는 "해군부가 한국 내부에서 예상치 못한 상황에 관한 대비책을 마련해야 한다"고 판단했다. 알렉세예프는 "주한 주둔군대의 철수 문

---

9 РГАВМФ. Ф. 417. Оп. 1, Д. 1340. ЛЛ. 283-288. 1896. 3. 13. 태평양분함대 사령관 소장 알렉세예프가 해군대신사무대리 니꼴라이 마뜨베예비치 치하체프.

제까지도 러시아 해군이 주도해야 한다"고 주장했다.

알렉세예프는 모스크바의정서 체결 이후에도 "일본이 한국에서 자국의 이권을 전혀 포기하지 않았다"고 주장했다. 알렉세예프는 "일본이 기회를 엿보다가 유리한 상황을 포착하면 곧바로 한국의 내정에 적극 개입할 것"이라고 생각했다. 알렉세예프는 "모스크바의정서 협약 내용을 이용하여 일본이 적극적인 간섭을 실행할 수 있다"고 판단했다.[10]

알렉세예프는 기본적으로 "일본이 유럽식 국가 질서를 건설한 국가이며 야심적이고 호전적인 국가"라고 판단했다. 알렉세예프에 따르면 일본은 1894년 청일전쟁에서 승리를 거둔 후 태평양 연안에 소속한 아시아 국가를 제패하는 것을 목표로 삼았다. 그런데 일본은 러시아가 1895년 삼국간섭을 통해서 일본의 요동반도 할양을 방해하자 러시아에 대한 전쟁준비를 강화했다. 일본은 러시아가 주도한 삼국간섭으로 인해 자국의 자존심에 심각한 타격을 받았고 향후 극동지역에서 일본에 가장 위협적인 국가가 러시아라고 판단했다. 일본은 삼국간섭 당시 청일전쟁으로 군사력이 약화되어 러시아와 전쟁을 치를 능력이 없었다. 삼국간섭 이후 일본은 적극적으로 전쟁을 준비했고 자국의 군사력을 강화하고 러시아에 협상안을 제시했다.[11]

알렉세예프는 20세기 초반 러시아의 한국, 만주, 일본 등에 관한 극동전략을 다음과 같이 제시했다. 그는 20세기 초반 만주 지역 보존이 러시아 극동정책의 핵심이라고 판단했다. 러시아는 청국으로부터 아무런 보

---

10 РГАВМФ. Ф. 417. Оп. 1. Д. 1341. ЛЛ. 141а-141п. 1896. 11. 14. 태평양분함대 사령관 소장 알렉세예프의 보고서.

11 ГАРФ. Ф. 543. Оп. 1. Д. 186. ЛЛ. 1-146. Ⅱ. 한국 사업에 관한 일본과의 새로운 협정 체결에 관한 협상들. 결론.

장이나 이익의 실현 없이 만주로부터 군대를 철수시킬 수 없었다. 따라서 알렉세예프는 러일전쟁 이전에는 만주에서의 러시아의 지위를 보전하는 것이 핵심이라고 주장했다.[12]

알렉세예프는 1901년 3월 만주와 한국 문제 중 러시아의 최우선 과제로 만주에서 러시아의 독점적인 지위 확보가 선결과제라고 판단했다. 알렉세예프는 "만주에 대한 러시아의 관계를 이집트에 대한 영국의, 보스니아에 대한 오스트리아-헝가리제국의 관계에 비유, 만주점령의 정당성"을 주장했다. 그는 "일본은 만주에 대한 막대한 통상 이해를 갖고 있을 뿐만 아니라 한국 문제를 해결하기 위한 구실로 러시아의 만주점령을 이용할 수도 있기 때문에 만주에 대한 일본의 지분 요구로부터 만주에 대한 러시아의 독점적인 이해를 보호하는 것이 최우선 과제"라고 판단했다. 그는 "일시적인 양보와 타협을 하더라도 한국 문제를 통해 일본과 협상에 착수하여 일본으로부터 만주에서의 완전한 행동의 자유를 보장받아야 할 것"이라고 생각했다.[13]

알렉세예프는 한국도 중요한 전략적 거점으로 판단하여 러일전쟁을 대비한 군사적 전략을 마련했다. 알렉세예프에 따르면 러시아는 한국의 압록강 개항이 러시아의 이익에 반한다는 경고를 한국과 일본에 전달해야 했다. 그는 한국 문제에 대해서 "일본이 한국 전체를 차지하거나 혹은 한국 남쪽을 차지하게 된다면 러시아는 큰 손실을 당하는 것"이라고 판단했다. 알렉세예프는 "만일 일본이 한국점령에 착수하여 한국 북부에

---

12 ГАРФ. Ф. 543. Оп. 1. Д. 186. ЛЛ. 1-146. I. 만주 철군에 관한 중국과의 교섭

13 РГАВМФ Ф. 32. Оп. 1. Д. 123. ЛЛ. 1-8об; Донесение Е. И. Алексеева А. Н. Куропаткину, 6 марта 1901г.

군대를 상륙시키고 집중시킨다면 러시아가 극동에서 가지고 있는 지위에 실제적인 위협"이라고 판단했다.[14]

알렉세예프는 1903년 9월 20일 자 한국에서 러일전쟁이 발생할 경우를 대비한 군사 전략을 구체적으로 제시했다. 만약 일본이 제물포, 진남포 혹은 압록강 하구로 상륙할 경우 해안에서 진영을 펼치는 상륙부대에 대해 공개적인 무력 시위를 개시하고, 봉천 주둔부대를 준비시키고 만주 전역에 전시상태를 공포한 후 만주 지역에 위치한 군대를 전시체제로 편성한다. 알렉세예프는 이러한 조치가 바이칼 동쪽 지역의 예비군을 동원하고 극동지역의 군사력 강화를 위해 시베리아, 모스크바, 까잔 지역의 군대 동원을 위한 시간적인 여유를 제공할 수 있다고 주장했다. 또한 알렉세예프는 1904년 1월 3일 니꼴라이 2세에게 "광둥과 남만주 지역에서 한국 국경으로 포병대와 1개 소총연대를 파견할 것을" 요청했다.

알렉세예프는 20세기 초반 러일협상 과정에서 일본의 의도 및 러시아 군비증강의 필요성 등에 관한 러시아의 극동 전략을 다음과 같이 제시했다. 알렉세예프는 1900년대 러일협상에 대해서 러시아의 국가적 이해관계와 일본의 야심적 계획 때문에 러시아와 일본의 타협이 불가능했다고 판단했다. 알렉세예프는 러시아와 일본의 협정이 체결되었더라도 일본이 향후 군사적 조치를 위한 일시적 협정으로 이용했을 것이라

---

14 ГАРФ. Ф. 543. Оп. 1. Д. 186. ЛЛ. 1-146. Ⅱ. 한국 사업에 관한 일본과의 새로운 협정 체결에 관한 협상들. 알렉세예프는 1905년 4월 만주 철군에 관한 중국과의 교섭, 한국에 관한 일본과의 협상 과정, 몽고 문제에 대한 러시아의 대응 체제 등에 관한 장문의 보고서를 작성했다. 여기에서 알렉세예프는 러시아가 1903년 6월 만주와 한국 문제에 관한 여순에서의 극동 회의를 매우 중요하게 판단했고 극동 회의의 결과를 상세하게 기록했다.

고 파악했다. 알렉세예프는 일본과의 전쟁은 불가피했다고 판단했다. 알렉세예프는 일본이 러일협정 체결을 통해 한국에서 행동 자유를 부여받아 군사적으로 한국을 이용할 것이고 향후 일본이 러시아에 만주에 관한 최후통첩을 보냈을 것이라고 판단했다. 알렉세예프는 극동어서 일본과의 군사적 충돌을 예방하는 유일한 방법에 대해서 러시아의 군사력을 강화하는 것이라고 주장했다. 이를 위해서 알렉세예프는 중국인의 소동에 대해 즉시 러시아가 만주에서 강력한 군사력을 사용하여 정당하고 단호한 조치를 실행해야 하고, 극동에서 강력한 군사력 건설을 목적으로 여순항에 강력한 요새와 병기고를 건설해야 한다고 주장했다.[15]

2. 알렉세예프의 한반도 해양 전략

해군 소장 알렉세예프는 1895년 1월 태평양함대 사령관에 임명되었다. 알렉세예프는 1895년 5월 시부치(Сивуч)호, 7월 오트바즈니호와 아드미랄 나히모프호, 8월 보브르호와 끄레이세르호, 11월 까레예쯔(Корейц)호 등을 파견하여 한반도 해양 탐사를 본격적으로 전거했다.

1895년 7월 오트바즈니호는 전라남도 완도군 및 부산 지역을 탐사했다. 오트바즈니호는 1895년 7월 조약도, 고금도, 신지도 사이 해협(영국명 롱리치, Longreach)을 탐사할 것을 명령받았다. 1895년 7월 8일(양력 20일) 해군 중위 즈메예프(Змеев)와 콜로메이체프는 조약드와 고금

---

15 ГАРФ. Ф. 543 .Оп. 1. Д. 186. ЛЛ. 1-146. Ⅱ. 한국 사업에 관한 일본과의 새로운 협정 체결에 관한 협상들. 결론.

도 사이의 해협 및 한국과 본토의 두 섬 사이를 탐사했다. 오트바즈니호 함장 해군 중령 로디오노프에 따르면 롱리치 해협은 수심 및 해저면 진흙 질을 고려하면 대규모 함대가 정박하는 데 편리했다. 이러한 탐사를 기초로 오트바즈니호는 영국해군본부에서 작성한 지도에서 연안선의 오류를 발견하여 수정했다.[16]

오트바즈니호는 7월 12일(양력 24일) 부산 지역을 탐사했다. 오트바즈니호는 절영도에 일본 기선회사 소속 저탄소를 발견했고 블라디보스톡에서 현물로 반환하는 조건으로 석탄 20톤을 구입했다. 오트바즈니호 함장 해군 중령 로디오노프에 따르면 부산항은 4척 이하의 함선만이 정박할 수 있는 한정된 공간이었고 외항에서 정박 중인 함선에 포격할 수 있는 단점을 갖고 있었다. 그런데 로디오노프에 따르면『태평양 남부의 항구들(Порт западной части Тихого океане)』이라는 저서에는 "부산은 절영도에 의해 외해로부터 보호를 받는 만을 형성하고 있다. 만의 수심은 상당히 깊으며 광활하고 평온하다"고 기록되어 있다.[17]

1895년 7월 5일(양력 17일) 아드미랄 나히모프호는 원산 지역을 세부적으로 측정했다. 그런데 아드미랄 나히모프호는 기존에 측정한 원산만의 섬과 바위의 방위가 맞지 않아서 새롭게 각도를 수정했다. 그 밖에 아드미랄 나히모프호는 원산만 주변 무라비요프곶 등의 방위각, 조합선,

---

16 РГАВМФ. Ф. 417. Оп. 1. Д. 1536. ЛЛ. 13-16. 1895. 7. 29. 한국의 군도 롱리치(전라남도 완도군 강진만). 해군포함 오트바즈니호의 함장 해군 중령 로디오노프의 328호 보고서 발췌본.

17 РГАВМФ. Ф. 417. Оп. 1. Д. 1536. ЛЛ. 17-18об. 1895. 7. 29. 해군포함 오트바즈니호의 함장 해군 중령 로디오노프의 328호 보고서 발췌본.

수심 등을 측정했다.[18]

1895년 7월 30일(양력 8월 10일) 자비야카호는 편상도, 대청도 등 대동강 유역을 탐사했다. 자비야카호 함장 중령 키제베케르(Кизеветтер)는 진남포-평양-서울-제물포로 연결되는 전신선이 설치되었다고 보고했다. 키제베케르는 진남포를 항해하면서 군사 막사 및 석조 부두를 확인했다.[19]

1895년 8월 1일(양력 13일) 보브르호는 전라남도 진도 지역을 조사하기 위해 출항했다. 보브르호 함장 해군 중령 알렉산드롭스끼(Александровский)에 따르면 진도 지역 섬 정상에는 수로 조사 작업을 실행했다는 흰색과 붉은색의 깃대와 표식이 세워져 있었다. 알렉산드롭스끼에 따르면 진도 지역은 겨울에 연안만 결빙되어 함선의 항해에 지장이 없었다. 8월 12일(양력 24일) 거문도에 입항한 보브르호는 일본 증기선을 목격했다. 알렉산드롭스끼는 일본 증기선에 근무하는 승무원이 모두 일본함대 출신이라고 보고했다.[20]

1895년 8월 끄레이세르호는 제물포 근처의 암초 절벽을 항해하면서 이스트해협, 프라잉피쉬해협, 캐롤라인만 등을 탐사했다. 끄레이세르호의 함장 해군 중령 찌모페예프(Тимофеев)는 암초, 수심, 물결 등을 관찰하면서 편리한 항로를 찾아서 보고했다.[21]

---

18 РГАВМФ. Ф. 546. Оп. 1. Д. 5. ЛЛ. 4-7. 1895. 9. 13. 1등급 순양함 아드미랄 나히모프 함장. 수신 1895년 10월 2일 태평양 연합함대 사령관.

19 РГАВМФ. Ф. 574. Оп. 1. Д. 3. ЛЛ. 48-50об. 1895. 8. 2등 순양함 자비야카호 함장 중령 키제베케르의 보고서 발췌문. 대동강 진입.

20 РГАВМФ. Ф. 417. Оп. 1. Д. 1536. ЛЛ. 39-42. 1895. 9. 25. 포함 보브르호의 함장 해군 중령 알렉산드롭스끼 보고서 발췌.

21 РГАВМФ. Ф. 546. Оп. 1. Д. 2. ЛЛ. 34-35. 1895. 8. 10. 2등 순양함 끄레이세르호의 함

러시아 태평양함대는 1895년 12월 라자레프항이 지정학적으로 러시아에게 중요한 의미를 갖고 있지만 정확한 지도가 부재하다고 보고했다. 태평양함대는 11월 20일까지 드미뜨리 돈스꼬이호 함장이 라자레프항에 남아서 정확한 측량을 수행할 것을 지시했다.[22] 러시아 태평양함대에 따르면 신포항에는 원산과 서울로 향하는 도로가 있었다. 그 도로는 수레가 다닐만한 넓이로 폭이 넓지 않았다. 신포항의 주민은 블라디보스톡과 교류를 자주하며 러시아인에 우호적이었다.[23]

알렉세예프는 1895년 한국을 직접 방문하고 한반도의 주요 항구를 시찰했다. 1895년 7월 알렉세예프는 "러시아 황제와의 우정을 소중하게 생각한다"며 "한국이 어려운 상황이므로 러시아 정부와의 협력을 희망한다"는 고종의 의견을 들을 수 있었다.[24] 알렉세예프는 1895년 8월 2일 거문도에 정박했고[25] 8월 4일 원산에 도착했다. 알렉세예프는 원산에서 항구의 지형과 환경 등을 조사했다. 알렉세예프는 원산항에 대해서 항구

장 해군 중령 티모페예프(Тимофеев) 보고서 9호 발췌문. 이후 1896년 2월 4일(16일) 러시아 태평양함대 소속 순양함 끄레이세르호는 나가사키에서 부산으로 출항했다. 끄레이세르호는 부산항에 머물면서 보조 탄환 사격 및 어뢰 투척과 같은 전투 훈련에 집중했다. 2월 17일 끄레이세르호는 부산에서 라자레프항으로 출발했다. 끄레이세르호는 2월 18일 장기곶, 2월 19일 학용단을 지나 끄류드네르(Крюднер)곶에 도착했다. РГАВМФ. Ф. 417. Оп. 1. Д. 1372. ЛЛ. 192об-196. 1896. 3. 2. 2월 20일 끄레이세르호는 꼬르닐로프만에 도착했고 라자레프만과 원산만을 조사했다. РГАВМФ. Ф. 417. Оп. 1. Д. 1372. ЛЛ. 192об-196. 1896. 3. 2.

22 РГАВМФ. Ф. 417. Оп. 1. Д. 1341. ЛЛ. 192-194об.
23 РГАВМФ. Ф. 417. Оп. 1. Д. 1341. ЛЛ. 192-194об.
24 РГАВМФ. Ф. 417. Оп. 1. Д. 1340. ЛЛ. 69-76об. 1895. 8. 7. 태평양분함대 사령관 소장 알렉세예프가 태평양연합함대 사령관에게.
25 РГАВМФ. Ф. 417. Оп. 1. Д. 1340. ЛЛ. 69-76об. 1895. 8. 7. 태평양분함대 사령관 소장 알렉세예프가 태평양연합함대 사령관에게.

의 이용이 매우 편리하고 상업적 항구로써 손색이 없으며 한국 행정 구역상 매우 중요한 도시라고 파악했다.[26] 이러한 조사를 바탕으로 알렉세예프는 1896년 1월 한국의 주요 항구를 조사하면서 전략적 가치에 관한 탐사 보고서를 해군부에 제출했다.

알렉세예프는 거제도를 기점으로 한국의 주요 항구 중 제물포-부산-원산-울릉도까지의 거리를 표시했다. 알렉세예프는 동해안의 전략적인 거점으로 원산과 울릉도, 남해안의 전략적인 거점으로 마산포와 부산, 서해안의 전략적인 거점으로 제물포에 주목했던 것으로 보인다.

알렉세예프는 거제도가 "동쪽으로 일본해와 경계해 있고, 북쪽으로는 더글러스협만, 서쪽과 남쪽으로 많은 섬들이 위치해 있다"고 기록했다. 그는 "거제도가 한반도의 연속선상에 있으며 육지로부터 그리 멀지 않은 곳에 위치한 군도에 둘러싸여 있는 섬"이라거 거제도의 지리적 중요성을 파악했다.

알렉세예프는 마산포가 개항될 경우에는 부산의 경우보다 향흐 미칠 파장이 클 것이라고 예상했다. 알렉세예프는 마산포가 부산보다 서울과 낙동강에 가깝기 때문에 상업적인 관계에서 대우 중요한 위치이 놓여 있다고 생각했다. 그는 마산포가 연안무역을 위해서 항해할 때 한국 남서쪽 암초를 지나갈 수 있는 첫 번째 항구라고 파악했다. 알렉세예프는 마산포가 일본의 전략적인 상황에 영향을 미철 수 있는 지역이라며 마산포의 전략적 위치를 중시했다.

알렉세예프는 "러시아가 거제도와 마산포 중 하나를 점령ㅎ여 일본

---

26 РГАВМФ. Ф. 417. Оп. 1. Д. 1340. ЛЛ. 69-76об. 1895. 8. 7. 태평양분함대 사령관 소장 알렉세예프가 태평양연합함대 사령관에게.

해군에 대한 방어를 확보할 수 있다"고 판단했다. 무엇보다도 알렉세예프는 러시아가 마산포에 해군기지를 설치할 것을 주장했다. 알렉세예프는 마산포 항구 내부에 "거대한 병기고"를 건설할 것도 제안했다.[27]

알렉세예프는 태평양의 핵심 항구인 블라디보스톡의 역할을 한반도로 옮겨야 한다고 생각했다. 그는 한반도의 거제도 또는 마산포가 부동항이기 때문에 두 지역 중 한 곳에 러시아의 새로운 항구를 건설해야 한다고 주장했다. 그는 한반도의 항구에 강력한 요새, 해군 병기고, 석탄 보급 창고 등을 설치해야 한다고 생각했다. 그는 식료품 등의 보급 문제를 해결하기 위해서는 한국 정부에 협력을 요구하거나 일본의 고베 또는 나가사키에서 지원을 받아야 한다고 생각했다.

알렉세예프는 러시아의 극동지역 해상권을 강화하는 방안으로 "상해와 블라디보스톡을 연결하는 정기적인 기선 설치"를 주장했다. 알렉세예프는 정기적인 기선 설치가 우편을 배달하는 것만 아니라 선박의 예비 지원을 보장할 수 있다고 주장했다. 알렉세예프는 이미 태평양함대 부사령관 띠르또프(Тыртов)가 1895년 12월 9일 정기적인 기선의 필요성을 제기했다고 밝혔다. 알렉세예프는 현재 러시아함대가 나가사키-부산-고베를 운항하는 기선을 이용하여 우편을 접수하고 있다고 밝혔다.

알렉세예프는 정보 수집과 관련하여 러시아와 한국을 연결하는 전신선의 설치를 중요하게 생각했다. 알렉세예프는 포시에트-원산-서울-마산포 등을 연결하는 전신선의 설치를 강조했다. 알렉세예프는 만

---

27 РГАВМФ. Ф. 417. Оп. 1. Д. 1340. ЛЛ. 375-392. 1896. 1. 21. 태평양분함대 사령관 소장 알렉세예프의 탐사 보고서.

약 러시아와 한국을 연결하는 전신선의 설치가 어렵다면 상해-블라디보스톡을 연결하는 해저전선을 부설해야 한다그 생각했다.

알렉세예프는 마산포와 원산이 러시아에 절대적으로 중요한 지역이라고 생각했다. 그는 한반도 북부지역에서 원산이 시베리아철도 레일을 따라 연결되는 중요한 지점인 것처럼 남부지역에서 마산포가 거제도와의 통합을 위한 중요한 지점이라고 강조했다. 알렉세예프는 원산과 마산포를 확보하기 위해서 러시아가 한국 정부와 협의해야 한다고 주장했다.

알렉세예프는 해전이 발생하면 한반도의 남부 군도가 함대를 숨기거나 집결시키기에 매우 유리하다고 판단했다. 그는 한국의 남부 군도를 조사하기 위해서 태평양 함정을 파견해야 한다고 주장했다. 그는 파견된 함정이 촬영과 측량을 진행해서 한반도에 관한 비밀지도 작성을 실행해야 한다고 주장했다.[28]

3. 한반도 해양 전략과 그 실행

알렉세예프는 1895년 1월 태평양함대 사령관에 임명되자 한반도 주변의 해양 탐사를 강화했다. 그는 한반도의 주요 해양 거점지에 주목했고 향후 러시아의 해양기지 설치를 준비했다. 알렉세예프는 1895년 7월 거제도와 마산포를 러시아의 해양 거점 후보지로써 집중적으로 조사했다. 알렉세예프는 1896년 3월 한반도의 해양 전략적 중요성을 고려하면서

---

28 РГАВМФ. Ф. 417. Оп. 1. Д. 1340. ЛЛ. 375-392. 1896. 1. 21. 태평양함대 사령관 소장 알렉세예프의 탐사 보고서.

마산포와 원산을 러시아 해양 거점 후보지로 예상했다. 알렉세예프는 1896년 5월 한국 정부와의 협상 끝에 제물포 월미도에 러시아 저탄소 설치 부지를 획득했다.

알렉세예프는 1895~1896년 사이 러시아의 한반도 해양 전략계획을 구상했고 한반도의 주요 해양 거점지에 주목했다. 그는 동해의 해양 지역 '블라디보스톡-원산-울릉도'를 연결하는 삼각지대를 중시했다. 그는 남해의 해양 지역 '거제도-마산포'를 연결하는 지역에 대한 조사를 강화했다. 그는 황해의 해양 지역 제물포에 주목했고 월미도에 러시아 저탄소를 설치했다. 동해와 남해 지역 중에서도 원산과 마산포를 러시아의 해양 전략기지를 위한 거점지역으로 가장 중시했다.

이러한 조사를 기반으로 러시아 해군부는 본격적으로 한반도의 해양 전략기지를 위한 구상을 전개했다. 해군대신사무대리 띄르또프(П.П.Тыртов)는 1898년 6월 극동에서 한반도의 마산포를 러시아 해군의 거점으로 판단했다. 띄르또프는 여순까지의 러시아 철도 부설 완공 이전까지는 쁘리아무르 군사관구에 군대를 강화할 필요성을 제기했다.[29] 띄르또프는 1899년 4월 해군부가 외국의 상업활동을 위해 개항되는 한국의 항구에서 반드시 토지를 조차해야 한다고 주장했다. 띄르또프는 마산포를 편리한 해군기지를 건설할 수 있고 비교적 넓은 땅과 해안가에 인접한 곳을 점유할 수 있는 장소로 판단했다.[30] 결국 1900년 3월 30일 주한 공사 빠블로프는 한국 정부와 마산포 관련 협정을 체결

---

29 РГАВМФ. Ф.9. Оп.1. Д.3. ЛЛ.2-4об. 1898.6.10. 외무대신 무라비요프(Муравьёв М.Н.)가 해군부대신 띄르또프(Тыртов)에게.

30 РГАВМФ. Ф.417. Оп.1. Д.2006. Л.3об. 1899.4.7. 해군부대신 띄르또프(Тыртов)가 외무대신 무라비요프(Муравьёв М.Н.)에게. 러시아는 1900년 3월 30일.

했다.[31]

띄르또프에 따르면 태평양함대 사령관인 해군 소장 두바소프는 석탄층이 발견된 평양에서 가까운 진남포의 입지를 고려하여 진남프 토지 조차의 필요성을 해군부에 요청했다. 그래서 띄르또프는 두바소프의 진남포 토지 조차를 지지했다. 띄르또프는 개방된 한국 항구에 저탄소 설치를 고려하여 러시아 재무부 소속 진남포 소유지를 해군부에 양도해 줄 것을 재무대신 비테에게 요청했다.

띄르또프는 태평양함대가 증강되는 동시에 작전의 독자적인 재량권을 보유해야 한다고 생각했다. 그는 여순항과 블라디보스톡 사이의 관계를 더욱 강화시켜야 한다고 주장했다. 띄르또프는 러시아가 대한해협을 장악하기 위해서 한반도 남해안에 강력한 기지를 구축하고 일본의 한반도 남해안 점유를 방해해야 한다고 판단했다. 띄르또프는 남동해안의 가장 편리하고 중요한 지역을 거제도라고 주장했다. 띄르또프는 거제도 항구의 장점을 다음과 같이 판단했다. 향후 전쟁이 발생할 예상 지역과 가깝고 대규모 함대 정박이 가능하며 바다로의 출입이 자유로운 지리적 조건을 구비했다. 띄르또프는 한국의 현상유지가 러시아에 실질적으로 유리하다고 판단했다. 그는 일본을 비롯한 열강이 한국의 남쪽 지방을 점유하지 못하게 해야 한다고 주장했다.

---

31 주한 공사 빠블로프는 한국 정부와 마산포 관련 협정을 체결했다. 한국 정부로부터 이 지역을 타 열강에게 양도하지 않을 것임을 약속받은 협정이었는데, 이는 일본이 마산포와 그 인근 토지를 선점하여 전략적인 목적으로 사용하려는 기도를 차단하기 위해서였다. 1900년 6월 3일 러시아부영사 소꼬프와 한국 외무관료 정대유 간에 체결된 토지 조차 협정을 러시아의 태평양함대가 마산포의 개항장 토지 일구를 조차하여 평화적인 목적으로 이용할 수 있는 권리를 부여하는 것이었다. 최덕규, 2008, 79쪽.

로제스뜨벤스끼(З. П. Рожественский,
1848~1909)

러시아 해군부는 한반도 해양 탐사를 기반으로 한국의 전략적 해양 거점지에 대한 구상을 작성했다. 러시아 해군부는 서해에서 여순-진남포-제물포를 연결하는 거점, 남해에서 거제도-마산포, 동해에는 블라디보스톡-원산-울릉도를 연결하는 거점을 중시했다.

극동총독 알렉세예프는 20세기 초반 러일협상 과정에서 일본의 의도 및 러시아 군비증강의 필요성 등에 관한 러시아의 극동 전략을 다음과 같이 제시했다. 그는 1900년대 러일협상에 대해서 러시아의 국가적 이해관계와 일본의 야심적 계획 때문에 러시아와 일본의 타협은 불가능했으며 결국 일본과의 전쟁은 불가피했다고 판단했다. 알렉세예프는 일본이 러일협정 체결을 통해 한국에서 행동의 자유를 부여받아 군사적으로 한국을 이용할 것이고 러시아 측에 만주에 관한 최후통첩을 보낼 것이라고 판단했다. 알렉세예프에 따르면 극동에서 일본과의 군사적 충돌을 예방할 유일한 방법은 러시아의 군사력을 강화하는 것이었다. 이를 위해서 알렉세예프는 러시아가 만주에서 강력한 군사력을 사용하여 확고한 조치를 실행해야 하고 극동에서 강력한 군사력 건설을 목적으로 여순항에 강력한 요새와 병기고를 건설해야 한다고 주장했다.

한편 러일전쟁 이후 1904년 8월 러시아 정부는 발트함대에 소속된 전함을 중심으로 제2태평양함대를 구성할 것을 결정했고 1904년 10월 제

388

2태평양함대는 라트비아 리바바(Либава)항을 출항했다. 러시아 태평양 함대는 제2태평양함대와 제3태평양함대로 구성되었는데, 중장 로제스 뜨벤스끼(З.П.Рожественский)는 전함 공작 수보로프(Князь Суворов)를 기함으로 제1장갑편대와 제2장갑편대를 지휘했다. 하지만 1905년 5월 로제스뜨벤스끼는 대한해협에서 1열 종대의 전투 대형을 갖추지 못한 채 일본함대와 조우했다. 로제스뜨벤스끼는 일본과의 해전이 불가피하지만 러시아 전함이 블라디보스톡에 도착할 수 있다고 판단했다. 그는 동해해전에서 '전투'와 '탈출'이라는 이중 전술을 구상했지만 으히려 일본함대에 타격을 주지 못한 채 포로로 잡혔다.

일본 해군의 대러작전계획과
연합함대 사령부의 전략

해군 중장 기모쓰키 가네유키(肝付兼行, 1853~1922)는 홋카이도 개척사로 활동했는데 1871년 병부성 수로국에 근무하면서 일본 연안의 현지 측량을 실행했다. 1888년부터 1892년, 그리고 1894년부터 1905년까지 2번에 걸쳐 수로부장에 재임했다. 기모쓰키는 수로부장 당시 1896년 10월에는 육군대학교 병학 교관을 겸임했으며 러일전쟁 기간 동안 해군대학교 교장을 겸임했다. 1894년 10월 24일부터 11월 1일까지 『고쿠민신문(國民新聞)』에 「해상의 권력」이라는 기사를 8회에 걸쳐 연재했는데, 그는 마한의 『해양력이 역사에 미치는 영향』을 최초로 일본에 소개했다. 그는 전국 각지를 순회하며 '해권론(海權論)'을 강연했는데, 이론적 근거로 마한의 '해양력(Sea Power)'을 적극 활용했다. 기모쓰키는 마한의 제해권에 의한 제국주의 사상을 계승했으며 이념적으로 마한의 사상에 근거하여 해군력 증강을 통한 해외식민지 개척을 주장했다.[1]

---

1   ja.wikipedia.org/wiki/肝付兼行; 海上保安庁水路部, 『日本水路史』, 日本水路協会, 1971, p. 88; 김영, 「해군성 수로부장 기모쓰키 가네유키(肝付兼行)에 관한 고찰」, 『한일군사문화

마한(Alfred T. Mahan, 1840~1914)은 미국의 아시아-태평양 진출을 주장했는데 1867~1869년 일본을 직접 방문한 후 일본을 "유럽에 입양된 아시아 민족"으로 규정했다.[2] 마한의 『해양력이 역사에 미치는 영향』은 1896년 일본에서는 『해상권력사론(海上權力史論)』으로 번역되었고 그의 '해양력'은 '해상권력론(海上權力論)'으로 소개되었다.[3] 다한은 해군이 강력한 나라가 세계 전역으로 뻗어나가 군사 전쟁뿐 아니라 경제 전쟁에서도 우위를 차지하여 강대국이 될 수 있다는 '해양력' 개념을 고안했다. 해양력은 '제해권(制海權)', 즉 해양을 이용하고 지배하는 힘이었다. 그는 영국이나 미국과 같은 해양력을 지속하기 위해서는 강력한 해군력으로 보호받는 통상과 바다를 넘은 해외 식민지 확대가 필요하다고 주장했다.[4] 마한은 제해권 장악이 국제 질서상 패권 장악에 직결된다고 보았다. 제해권 개념은 상대 국가에 대한 우월한 해양력 확보와 그 전략적인 운용을 통한 상대 국가의 제압을 의미한다. 제해권 개념은 해군 제도와 전략의 변화를 내포하는 해군혁명의 개념과 관련을 갖는다.[5]

1897년 기모쓰키는 마한의 해양력에 근거하여 지중해와 동해를 지정학적으로 동일하게 파악하면서 다음과 같이 연설했다. "동양의 지중해는 과연 어느 곳에 있는가? 동해, 황해, 일본해에 있다. 쓰가루해협은 지부롤터, 쓰시마는 몰타, 대만해협은 수에즈운하와 비교할 수 있다. 바다

---

2   전홍찬, 「미국의 러일전쟁 중재에 관한 재조명」, 『사회과학연구』 26, 2010, 8쪽.

3   エー·テー·マハン 著, 水交社 訳, 『海上權力史論』 上·下, 東邦協会, 1896.

4   Mahan, Alfred Thayer, *The Influence of Sea Power upon History 1660-1783*, Boston: Little Brown, 1890, p. 1.

5   박영준, 『해군의 탄생과 근대 일본』, 그물, 2014, 45쪽.

의 주인인 자가 그 제해권을 가질 수 있다. 영국은 지중해의 3대 요소인 지부롤터, 몰타, 수에즈운하를 지배했기 때문에 제해권을 장악할 수 있었다. 일본도 쓰가루해협, 쓰시마, 대만해협을 지배해야 제해권을 장악할 수 있다."[6] 기모쓰키는 일본의 지정학적 위치를 고려하면서 해군력을 강화하여 적극적인 식민지 개혁을 강조했다. 이렇듯 일본 해군은 서구의 해군력 강화를 파악하면서 일본의 해군력 증강을 실행할 수 있었다. 필자는 기존 연구에 기초하여 러일전쟁 이전 일본의 해군력 강화와 해군군령부의 대러작전계획, 러일전쟁 직후 해군군령부와 연합함대 사령부의 작전계획을 살펴볼 것이다.

1. 러일전쟁 이전 일본의 해군력 강화와 대러작전계획

1) 일본의 해군력 강화

일본 막부는 1864년 200명 규모의 해군 장교 양성을 위해 고베해군조련소(神戶海軍操練所)를 개설하고 1866년 도사번에 개성관(開成館)을 설치했다.[7] 1872년 해군성이 설치되었고 1893년 해군군령부가 설치되었다. 일본 정부는 1876년 해군 장교 양성을 위한 4년 과정의 해군병학교를 설치했고 1888년 대위와 소좌 중 10~20명을 선발하여 교육시키는 해군대학교를 개설했다.

---

6   肝付兼行述, 『肝付大佐演説の要領』, 國立國會圖書館, 1897, pp. 8-9.

7   박영준, 2014, 512쪽.

일본 해군은 육군의 참모본부 대신 해군군령부라는 명칭을 사용했는데, 그 수장도 '참모총장' 대신 '해군군령부장'으로 불렀다. 해군은 청일전쟁 이후 전시대본영 조례 개정을 요구했지만 1903년 말까지 육군참모총장이 해군군령부장을 지휘할 수 있었다.[8] 1903년 12월 28일 새로운 전시대본영 조례는 참모총장과 해군군령부장의 대등한 지위를 보장했다. 새로운 전시대본영 조례에 따르면 육군의 작전계획은 참모총장, 해군의 작전계획은 해군군령부장이 주관했다. 해군은 제도적으로 육군의 통제로부터 벗어났지만 일본의 육군과 해군의 통합은 제도적으로 멀어지게 되었다.[9]

1904년 일본함대는 러시아의 해군력을 추월했다. 청일전쟁 이후 일본은 대규모 해군 확장계획을 수립했는데 대형 전함의 건조를 대부분 영국에서 진행했다. 일본은 항구 강화 작업을 진행하여 사세보, 마이즈루, 쓰시마에 군사기지를 구축했다. 러일전쟁 직전 일본 해군의 총배수량은 러시아와 비교하여 3.5배 증가했다.[10] 러시아 해군은 75개 전투단위로 구성되었으며 총배수량이 19만 2,276톤이었다. 반면 일본 해군은 약 100개 전투단위로 구성되었으며 총배수량이 26만 931톤이었다. 일본함대는 전투 능력과 항해 속도 등을 고려하면 러시아함대보다 전투력이 1.5배 정도 우위였다. 무엇보다도 일본함대는 최신 군함으로 무장되었다.

---

8   陸軍省 編,『明治軍事史』上, 原書房, 1966, p.877; 조명철,「러일전쟁과 영토확장: 사할린 점령작전의 재검토」,『일본역사연구』56, 2021, 144쪽.

9   조명철, 2021, 145쪽.

10 Левицкий. Н. А. Русско-Японская война 1904-1905гг. Государственное Военное Издательство. М. 1936. СС. 23-24.

일본함대는 상업 항해와 해양 산업의 발달로 인해 바다에 익숙한 수병으로 구성되었는데, 그중 상당수가 청일전쟁에 참가한 전쟁 경험자이자 해양 전문가였다. 일본함대는 러일해전에 대비하여 충분한 포격 훈련을 실시했는데, 우수한 함포의 명중률로 러시아함대를 궤멸시켰다. 일본함대는 우수한 항구와 도크 설비를 갖추어서 보급과 정비가 용이했다. 심지어 일본함대 중 일부는 러시아군함과 유사한 색깔로 도색하여 위장했다.[11]

1894년 7월 해군대신 사이가우 쓰구미치(西鄕從道, 1843~1902)는 해군 확장계획을 각의(閣議)에 제출했는데, 그 내용은 2억 엔을 지출하여 장갑전함 4척(1만 5,000톤), 1등 순양함 4척(7,300톤), 구축함과 수뢰정 15척 등을 10년 안에 건조하는 것이었다.

일본 해군은 '해군 확장계획'을 통해서 군함 건조의 필요성을 다음과 같이 강조했다. 첫째, 해군은 제해권 장악을 목적으로 하는데 적에 대항하기 위해서 주전 전함을 갖추어야 한다. 둘째, 주전 전함의 주체는 장갑전함으로 한다. 셋째, 주전 전함은 장갑전함 이외에 순양함 이하 함정을 보조함대로 갖춘다. 넷째, 일본은 가능한 장래에 동양에 파견되는 일국의 세력 등을 표준으로 하여 충분한 주전 전함을 갖춘다.

이러한 해군 확장계획은 군무국장 야마모토 곤베(山本權兵衛, 1852~1933)가 기안했다. 이 계획은 각의에서 승인된 다음 2차례 의회에 제출되었다. 그 결과 1895년 12월 일본 의회는 9,497만 9,685엔을 조선(造船)과 조병(造兵) 등에 지출하기로 결의했다. 그 후 야마모토는 1898년

---

11 Левицкий. Н. А. Русско-Японская война 1904-1905гг. Государственное Военное Издательство. М. 1935. СС. 56-57.

11월부터 1906년 1월까지 해군대신
을 역임했다. 그는 전임 해군대신 사
이고 주도(西鄕從道)의 추천으로 해
군대신에 임명되었는데, 미국, 영국,
러시아 등에 해군 장교를 적극 파견
했다. 그는 러일전쟁 전후 영국과 미
국에 군함을 발주했고 러시아 발틱
함대의 보급과 휴양을 최대한 방해
했다.[12] 1903년 9월 야마모토는 주전
론자들을 억누르고 있었는데 야마모
토는 한국이 독립국이라면서 한국에
2개 사단을 파견하자는 야마가타의

야마모토 곤베(山本權兵衛, 1852~1933)

의견에 반대했다. 1903년 10월 19일 상비함대사령관 히다카 소노조(日
高壯之丞)를 경질하고 후임으로 마이즈루 진수부 사령관 도고 헤이하치
로를 임명했다.[13]

1903년 4월 16일 마산포 부영사 까자꼬프(вице-консул в Мᴈсанпо.
Казаков)는 일본인이 한국과 특별한 협약 없이 동해안 북부지역까지 진
출했다고 보고했다. 일본인은 한국의 동해안에 이주와 무역을 통해서 영

---

12 야마모토 곤베(곤노효에)는 해군병학교를 2기로 졸업하그 1877년 해군 소위에 임관했다.
   1887년 해군대신 전령사로 임명되어 해군 차관과 함께 1년 이상 구미를 시찰했다. 1894년
   해군대신 부관에 임명되었는데 '해상권(海上權)'이라는 새로운 개념을 주장했다. 每軍大臣
   官房 編,『山本權兵衛と海軍』, 東京: 原書房, 1966; 故伯爵山本海軍大将伝記編纂会 編,『伯
   爵山本權兵衛伝』上・下, 山本清, 1938; ja.wikipedia.org/wiki/山本権兵衛.
13 和田春樹, 2010, p. 168.

향력을 강화했는데 일본 어민은 북부지역 연안에 어업을 실행했고 일본 경찰이 북부지역 항구에 배치되었다. 따라서 까자꼬프는 러시아가 성진 항 개발을 시작하여 정치적인 영향력을 확대할 것을 제안했다. 또한 러시아군함이 원산항에 진출해야 한다고 주장했다.[14]

그 후 일본 해군은 1896년부터 1905년까지 약 10년간에 걸쳐서 약 2억 1,310만 964엔의 경비를 지출하여 다음과 같은 군함을 건조했다. 장갑전함은 총 4척(敷島, 朝日, 初瀨, 三笠), 1등 순양함은 총 6척(八雲, 吾妻, 淺間, 常磐, 盤手), 2등 순양함은 총 3척(笠置, 千歲, 高砂), 3등 순양함은 총 3척(新高, 對島, 音羽), 수뢰포함 1척(千早), 수포함 총 3척(宇治, 伏見, 隅田)이었다. 그 밖에 구축함 23척, 1등 수뢰정 16척, 2등 수뢰정 37척, 3등 수뢰정 10척 등이 건조되었다.

1902년 1월 일본 해군은 창설 이래 '66함대(六六艦隊)', 즉 전함 6척과 1등 순양함 6척을 조직할 수 있었는데, 함형, 속력, 포종, 포수 모두가 균형을 갖추어 구축함과 함께 대형을 이룰 수 있었다. 1904년 2월 일본 해군은 장갑전함 6척(敷島, 朝日, 初瀨, 三笠 *신형: 富士, 八島), 1등 순양함(장갑순양함) 6척(淺間, 常磐, 出雲, 盤手, 八雲, 吾妻), 구식 전함 2척(鎭遠, 扶桑), 2등 순양함(방호순양함) 9척(笠置, 千歲, 嚴島, 松島, 橋立, 高砂, 吉野, 浪速, 高千穗) 등 합계 57척 251,730톤에 달했다. 그 밖에 구축함 19척 6,511톤, 수뢰정 76척 6,430톤으로써 총계는 512척 264,681톤에 달했다.[15]

---

14 РГИА ДВ. Ф. 128. Оп. 1. Д. 122. Л. 99(Корея. Глазами Россиян. Т. 5. М. 2008. С. 164).

15 渡邊機治郎, 『人物近代日本軍事史』, 東京: 千倉書房, 1937, pp. 332-341; 김현철, 2004, 256-257쪽.

1888년 영국은 크기에 따라 1등 순양함, 2등 순양함, 3등 순양함으로 나누었는데, 1등 순양함은 장갑순양함, 2등 순양함은 방호순양함, 3등 순양함은 장갑과 방호가 없는 정찰순양함이었다. 일본연합함대는 3함대로 구성되었는데, 제1함대사령관은 연합함대 사령관 도고 헤이하치로가 겸임했고 제2함대 사령관은 가미무라 히코노조(上村彦之丞), 제3함대 사령관은 가타오카 시치로(片岡七郎, 1854~1923)였다. 제1함대는 6척의 장갑전함, 4척의 순양함, 19척의 수뢰정, 1척의 연락함 등을 보유했다. 제2함대는 6척의 장갑순양함, 4척의 순양함, 16척의 수뢰정, 18척의 보조전함으로 편성되었다. 제3함대는 3척의 구식 장갑순양함, 4척의 순양함, 20척 이상의 포함과 수뢰정 등이 배치되었다. 제1과 제2함대는 빠른 속도와 현대식 무기를 보유했다. 1903년 4월 일본함대는 대규모 기동훈련을 실시하여 러일전쟁 직전 항해와 전투 준비 훈련을 마쳤다.[16]

2) 해군군령부의 대러작전계획

1903년 12월 28일 일본 정부는 군비 보충을 위한 임시지출 등 4개의 긴급칙령을 공포하면서 본격적으로 러시아와의 개전을 결정했다. 일본 육군은 러시아군대의 남하를 우려하여 신속히 한국을 제압할 것을 결정했다. 해군군령부는 러시아함대가 여순에 집결하여 해전을 회피할 것으로 예측했다. 일본함대는 쓰시마해협의 안전을 확보함과 동시에 한반도

---

16 Ростунов. И. И. История Русско-японской Войны 1904-1905гг. Институт Военной Истории. М. 1977.

북부에 군대를 운송할 임무를 담당했다.[17]

일본함대는 전쟁과 동시에 한국에 해상을 통해서 군대를 운송하는 책임을 맡았다. 1903년 12월 28일 제1함대와 제2함대로 전시편제의 연합함대가 편성되었고 도고가 연합함대 사령관으로 임명되었다.

1903년 12월 30일 육군참모본부와 해군군령부 합동회의가 열렸는데 "서울에 군대를 파견하는 일은 해군의 대작전이 가능하지 않기 때문에 취소한다"는 결정이 내려졌다. 합동회의는 해군의 준비가 갖추어지면 전쟁을 시작하기로 결정을 내리고 다음과 같이 합의했다. 전쟁 명령이 내려지면 제1과 제2함대는 여순에 있는 러시아함대에 결전을 기도하는데, 사세보를 출발해 3일 안에 여순에 도착한다. 제3함대의 주력은 진해만에 결집한다. 육군 선발대는 해군의 행동에 앞서서 파견될 수 없으며 아무리 빨라도 동시에 진행한다.

1903년 1월 해군군령부는 대러작전계획안을 작성하면서 러시아함대가 블라디보스톡과 여순에 나누어져 있고 발틱함대가 도착하지 않은 지금이 러일전쟁의 최고 기회라고 판단했다. 해군군령부는 개전 초기 선제적으로 기선을 제압하는 것을 중요하게 생각했는데, 여순에서 러시아 해군을 기습 공격하면서 전쟁을 시작한다는 계획이었다.[18] 러일전쟁 직전 러시아 태평양함대는 주력이 여순 방면에 있었고 일부 군함이 한국과 청국 연안을 순찰했고 1개 지대가 블라디보스톡에 있었다.

해군군령부는 러일해전 관련 4가지 상황을 예상했다. 제1계획은 러시아함대가 여순과 블라디보스톡 방면으로 분리된 불안전한 상황에서 일

---

17 吉屋哲夫, 『日露戰爭』, 東京: 中央公論社, 1984, pp. 81-82; 김현철, 2004, 254쪽.
18 和田春樹, 2010, pp. 209-211.

본함대가 먼저 기선을 제압하는 방안이었다. 제2계획은 러시아함대가 여순과 블라디보스톡 방면으로 나뉘어졌지만 러시아함대의 경비가 완비된 상황에 대처하는 방안이었다. 제3계획은 러시아함대가 1곳으로 통합된 상황에 대처하는 방안이었다. 제4계획은 러시아가 여순과 블라디보스톡 방면의 방비를 엄중히 한 상황에서 주력함대를 출전시키는 경우 대처하는 방안이었다.

해군군령부는 그 중 제1계획인 기습을 개전 초기 가장 유리한 방안으로 판단하고 추진을 결정했다. 제1계획의 세부적인 내용은 다음과 같았다. 첫째, 일본연합함대 중 제1과 제2함대는 행동의 비밀을 유지하면서 사세보를 출항하여 여순 방면의 러시아함대를 급습한다. 둘째, 일본연합함대 제3함대는 블라디보스톡의 러시아함대를 대비하기 위해서 조선해협을 경계하여 지킨다. 셋째, 해군은 일본연합함대의 출항 이후 전시편제를 실시한다. 넷째, 일본연합함대 제3함대는 임시근거지를 진해만에 설치한다. 다섯째, 일본은 사세보와 팔구포(한국 서남단 옥도) 사이 해저 전신선을 부설하여 한국 서남해 방면에서 활동하는 일본함대와 통신 연락을 유지한다. 여섯째, 일본은 대마도-거제도-마산포에 이르는 전신선을 부설하여 진해만과 한국 내지와 통신 연락을 유지한다. 일곱째, 일본연합함대는 육군을 인천으로 수송 상륙시키기 위해서 출항과 동시에 비밀리에 사세보에서 병력을 승선시킨다.[19]

한편 도고의 참모 중령 아키야마 사네유키(秋山真之, 1868~1918)는 동해해전에서 러시아함대를 격파하는 계획을 수립했다. 1897년 아키야

19 參謀本部 編, 1977, pp. 112-119; 김현철, 2004, 254-255쪽.

마는 미국 워싱턴에서 해군대학교 교장 마한으로부터 직접 배울 수 있었고, 도서관에서 해군 전술 이론을 연구했다. 아키야마는 1898년 미서전쟁(米西戰争)을 직접 참관하면서 시찰 보고서를 작성했다. 그는 쿠바의 산티아고항 폐쇄 작전을 직접 견학하면서 쿠바 해전을 통해서 여순항 폐쇄 작전을 기초할 수 있었다. 1899년 말 영국주재를 명받고 1900년 8월 귀국했다. 1904년 중령 아키야마는 연합함대 사령관 도고 소속으로 제1함대 제1전대 소속 전함 미카사의 작전 담당 참모로 활동했다. 아키야마는 여순항 공격과 봉쇄에 참여하여 여순항 폐쇄 작전에서 기뢰부설 등을 입안했다. 그뿐만 아니라 1905년 동해해전 당시 러시아함대의 요격 작전을 수립했다.[20]

2. 러일전쟁 직후 해군군령부와 연합함대 사령부의 작전계획

일본 해군은 영국의 중개로 아르헨티나로부터 구입한 군함 가스가(春日)와 닛신(日進)이 인도되는 시기까지 기다렸다. 가스가와 닛신은 1904년 1월 26일 콜롬보를 거쳐 2월 5일 싱가포르를 출항했다. 그런데 1904년 2월 3일 일본 해군은 다음과 같은 전보를 입수했다. 지부주재 일본영사는 러시아함대는 여순에서 수리 중인 1척을 제외하고 전부 출항하여 행방을 파악하기 어렵다고 보고했다. 일본 해군은 러시아함대가 일

---

20 秋山真之会 編, 『秋山真之』, 岩波書店, 1934; 中村晃, 『秋山真之: 日本海海戦の名参謀』, PHP研究所, 1999; 김주석, 「알프레드 세이어 마한의 생애와 업적」, 『해양력이 역사에 미치는 영향』 2, 책세상, 2022, 896쪽; ja.wikipedia.org/wiki/秋山真之.

본 해군을 선제공격할 것을 우려하여 만일의 경우를 대비하여 사세보 등의 군항에 기뢰를 부설했다.[21]

1904년 2월 4일 원로와 각료는 어전회의에 참석했다. 해군대신 야마모토는 러시아함대의 출동목적을 정확히 파악하기 어렵지만 대응하기 위해 일본함대가 출동해야 한다고 주장했다. 이날 어전회의에서는 대러시아 군사행동을 실행에 옮기고 러시아에 대한 국교단절을 알리는 최후통고안을 결정했다.[22] 2월 4일(러역 1월 22일) 밤 일본 육해군 수뇌부는 군사회의를 열었다. 군사회의에서는 일본연합함대가 선전포고 이전 여순을 공격한다는 해군 전략을 결정했다. 2월 5일 아침 야마모토 해군대신, 이토 스케유기 해군군령부장 등이 모였는데, 야마모토는 "거전의 좋은 기회가 오늘이다"라는 내용을 상주하여 재가를 받았다.

2월 5일 야마모토는 다음과 같이 사세보항구에 출항 명령을 내렸다. 첫째, 연합함대 사령관은 러시아 태평양함대의 전멸을 실행한다. 둘째, 연합함대 사령관은 신속히 출항하여 황해 방면의 러시아함대를 격파한다. 셋째, 제3함대 사령관은 신속하게 진해만을 점령하여 대한해협을 경계한다.

러시아함대는 2월 4일 오후 여순으로 회항했는데, 이 정보는 2월 5일 오후 3시 30분 일본 해군에 전달되었다. 2월 5일 밤 일본 육군은 12사단 소속 23여단 2,240명에 승선 명령을 내렸다. 일본 육군은 "인천에 상륙한 다음 신속하게 서울로 진입하여 서울의 점령을 확실하게 유지한다"

---

21 吉屋哲夫, 『日露戰爭』, 東京: 中央公論社, 1984, pp. 90-92; 김현철, 2004, 258쪽.

22 平塚柾緒 著, 太平洋戰爭硏究會 編, 『圖說 日露戰爭』, 東京: 河出書房新社, 1999, p. 28; 김현철, 2004, 258-259쪽.

는 훈령을 23여단장 기고시 야스쓰나(木越安綱)에게 보냈다.[23]

일본 해군군령부는 전쟁준비 당시 해상전투의 행동 방침을 다음과 같이 계획했다. 일본함대는 선전포고 없이 기습공격을 감행하여 러시아함대를 약화 또는 괴멸시킴으로써 해상에서의 지배권을 장악하고 한반도와 요동반도에 군대를 상륙시킨다. 동시에 일본 육군은 한국과 청국에 위치한 전함 및 항구시설물을 접수하고 러시아 태평양함대의 해군기지인 여순을 점령한다. 그밖에 운항 중인 러시아 전함을 공격한다. 일본함대는 해상에서의 패권 장악에 전쟁의 사활을 걸었다. 러시아함대는 여순, 블라디보스톡, 사할린, 캄차카를 동시에 방어할 수 없었다.

결국 러일해전은 황해와 동해 및 대한해협과 쓰시마해협에서 주로 이뤄졌다. 일본연합함대는 대한해협과 쓰시마해협을 장악하고 러시아의 여순과 블라디보스톡 간의 지속적인 해상 연락을 방해하면서 일본 수송대를 보호했다. 한국의 경우 황해의 제물포와 진남포 및 동해의 원산과 나진이 상륙에 적절했고 만주의 경우 요하(遼河)와 압록강 하구, 영구(營口)와 대련(大連), 대고산(大孤山)과 피즈워(子窩) 지역의 해안이 상륙에 적절했다.[24]

---

23 和田春樹, 2010, p. 294.

24 Ростунов. И. И. История Русско-японской Войны 1904-1905гг. Институт Военной Истории. М. 1977.

3. 연합함대 사령관 도고 헤이하치로의 해군 전술

일본연합함대는 여순과 블라디보스톡을 이어주는 해협을 장악할 수 있었다는 점에서 전략적으로 유리했다. 러일전쟁 직전 일본연합함대는 쓰시마의 다카시키항과 한국의 제물포 및 마산도를 전진기지로 이용하려고 준비했다. 일본연합함대는 사세보, 나가사키, 시모노세키항구를 보유하여 여순과 요동을 목표로 하는 군사행동에 적합했으며 마이쓰루항구는 블라디보스톡을 목표로, 요코하마와 도쿄는 태평양을 목표로 하는 군사행동에 적합했다.

일본연합함대는 러일해전에서 여러 차례 승리했는데, 그 이유 중 하나는 연합함대 사령관 도고 제독의 해군 전술이 성공했기 때문이다. 연합함대 사령관 도고는 기본적으로 선전포고 이전에 러시아함대를 여순항 밖으로 유인해서 격파한다는 작전을 준비했다. 그는 1903년 12월 15일 해군군령부장 이토 스케유키(伊東祐亨, 1843~1914)[25]에게 보낸 사신에 여순항 밖과 대련항의 러시아함대를 "급습함으로써 선전포고를 대신하는 것이 상책"이라고 주장했다.[26] 도고는 제물포에서 러시아군함을 압도적으로 공격했고 여순항에서 러시아함대를 기습하여 타격을 주었다. 그 후 일본 육군이 여순의 203고지를 점령하여 포격을 실행한다면

---

25 이토 스케유키는 메이지 유신 이후 해군에 들어가 1871년 해군 대위에 임관, 1894년 청일전쟁 당시 초대 연합함대 사령관에 임명되었다. 1898년 육군 대장으로 승진했고 1904년 러일전쟁 당시 군령부장으로 대본영에 근무했다(ja.wikipedia.org/wiki/伊東祐亨; 小笠原長生,『元帥伊東祐亨』, 南方出版社, 1942). 오가사와라 나가나리(小笠原長生)는 1904년 1월 해군군령부 참모로 러일전쟁에 가담했다. 그해 10월 해군 중좌가 되었다.

26 和田春樹, 2010, pp. 209-211.

여순의 러시아함대가 출항을 시도할 것이라는 사실도 예측했다.[27]

도고 헤이하치로는 1848년 가고시마 사쓰마번사 도고 사네토모의 4남으로 태어났다. 1862년 사쓰에이(薩英)전쟁에 해안포대 포술장으로 참전했고 1868년 막부와 신정부가 대립한 보신(戊辰)전쟁에 참가했다. 1868년 메이지 정부가 수립된 다음 해군사관에 임명되었고 1871년 관비유학생으로 선발되어 1778년까지 영국 포츠머스로 유학을 떠났다.

도고는 다트머스에 소재한 영국해군사관학교(Royal Naval College) 입학을 희망했지만 영국 해군성이 허락하지 않았다. 그는 1872년 템즈항해훈련학교(Thames Nautical Training College)의 훈련선 우스터(HMS Worcester)의 생도로 입학했다. 그는 포츠머스항구에 정박한 빅토리(HMS Victory)호에서 포격 훈련을 받았다. 그리고 2년간의 훈련을 마치고 졸업했다. 1875년 영국 훈련선 햄프셔(Hampshire)호의 선원으로 세계 일주를 할 수 있었다. 그 후 런던 세머다 브라더스(Samuda Brothers) 조선소에서 함선 건조를 관찰했다. 1878년 해군 대위, 1879년 해군 소좌로 승진했다. 그는 영국 유학 시절 영어와 수학뿐만 아니라 국제법도 배울 수 있었다. 도고는 청일전쟁 당시 방호순양함 나니야(浪速)의 함장으로서 국제법 지식을 활용하여 정선 경고에 응하지 않는 영국 상선 가오성호(高陞号)를 격침할 수 있었다. 1894년 청일전쟁 이후 풍도해전과 황해해전에서 활약했고 1895년 웨이하이웨이해전에 참가한 이후 해군 소장으로 진급했다. 그는 연합함대 제1유격대 사령관으로 호우코쇼섬 공격에 참여했다.

27   吉屋哲夫, 『日露戰爭』, 東京: 中央公論社, 1984, pp. 74-76; 김현철, 2004, 275쪽.

그 후 1899년 사세보 진수부 사령관에 임명되었고 1901년 마이즈루 진수부 초대 사령관에 임명되었다. 교토 마이즈루는 러시아의 블라디보스톡에 대항하는 형태로 설치된 중요한 지역이었다. 1903년 10월 해군대신 야마모토는 해군 중장 도고를 상설연합 사령관, 12월 연합함대 사령관으로 임명하여 러시아와의 개전을 준비했다.

1904년 2월 8일 23시 35분 도고는 제1연합함대 제1전대 소속 전함

도고 헤이하치로(東郷平八郎, 1848~1934)

이자 기함 미카사에 승선하여 여순항의 러시아함대를 공격했다. 그는 러시아함대를 여순에 묶어두고 1904년 6월 해군 대장으로 승진했다. 이후 1904년 8월 10일 황해해전을 승리로 이끌며 일본연합함대 작전 전반을 지휘했다. 1905년 5월 27일 도고는 일본연합함대가 러시아함대 앞에서 왼쪽으로 순차적으로 급회전하는 전술을 지시하여 동해해전에서 크게 승리했다.[28]

---

28 東郷平八郎·伊東祐亨, 『日新公御歌講演』, 軍事教育会, 1913; 小笠原長生 編, 『東郷平八郎全集』 1~3, 平凡社, 1930; 伊藤痴遊 著, 『元帥東郷平八郎』, 郁文舍出版部, 1934; 小笠原長生 編, 『聖将東郷全伝』 1~2, 聖将東郷全伝刊行会, 1940; 東郷平八郎, 『勝て兒の緒を締めよ』, 海軍省, 1931; 東郷平八郎, 『東郷元帥手記戦時懐中手帳』, 海軍有終会, 1935; 東郷平八郎, 『東郷元帥遺墨集』 1, 東郷元帥遺墨保存会, 1935; 高橋史光 編, 『国民教訓東郷元帥の言葉』, 日東書院, 1933; 安部真造, 『東郷元帥直話集』, 中央公論社, 1935; 木村聡, 『聯合艦隊』, 中央公論新社, 2022; ja.wikipedia.org/wiki//東郷平八郎.

2장

러일전쟁의 발발과 경과

대한제국과 만주에서
러일의 전투

러일전쟁 초기 러시아는 극동지역에 9만 8천 명의 정규군, 2만 4천 명의 경비대를 보유했다. 그 중 동북보병여단은 최고의 전술적 연합체로 총 8여단으로 구성되어 총인원이 대략 6만 명 이상이었다. 각 7개 여단은 2개 대대로 구성된 각 4개 연대를 보유했는데, 제8여단만 3개 대대로 구성된 4개 연대를 보유했다. 예비보병대는 각각 5개 중대로 구성된 6개 예비대대를 통합했고 시베리아 보병사단을 편입시켰다. 동북보병여단에는 막심 방식의 기관총 8정으로 무장한 숙련된 기관총 중대가 창설되었다. 즉 러시아는 쁘리아무르 군관구와 관동 요새지대의 병력은 68개 보병대대, 35개 100인 기병대 및 기병중대, 13개 공병중대, 1개 요새 보병대대, 5개 요새 공병중대, 4.5개의 요새 포병대대, 야전포 120문, 산악포 16문, 기마포 12문 등을 동원했다.

극동지역 러시아군대는 남만주(남부군)와 북만주(동부군)를 주력으로 구성되었다.

첫째, 북만주의 동부군은 8개 보병대대, 11개 100인 기병대, 1개 공병중대, 8문의 산악포, 6문의 기마포로 구성되었고 동부군(제3시베리아군단)은 쭈렌첸에서의 패전 이후 주력부대의 집결 지역을 일본군 제1군의 군사적 책동으로부터 보호하면서 펜쉴린과 모둘린 사이의 구릉을 점거하고 있었다. 동부군은 18.5개의 군대와 14.5개의 100인 부대 그리고 대포 32문으로 구성되었다. 1904년 7월 동부군은 일본군 제1군에 맞섰다. 란허강 건너편에는 켈레르(Ф.Э.Келлер)의 지휘하에 2만 6천 명의 병력(32개 대대)과 대포 100문으로 구성된 동부분견대가 배치되었다. 요양 방면에는 게르셸만(Ф.К.Гершельман) 장군의 분견대가 활동 중이었다. 묵덴 방면에는 2천 명의 분견대가 투입되었다. 건창(建昌) 동북쪽에는 마드리또프(А.С.Мадритов) 장군의 분견대가 위치했다.

둘째, 남만주 남부군은 샤허강을 따라 요양, 하이청 등의 지역에 7.5개의 보병대대, 6개 100인 기병대, 1개 공병중대, 16문의 야전포, 6문의 산악포로 구성되었고 남부군(제1시베리아군단)은 총병력 2만 2천 명이었다. 남부군은 요동만 연안을 점거, 남부군 소속 각 부대는 영구, 개주(盖州), 하이청, 대련과 팔린 사이의 구릉 등지에 배치, 남부군은 18개 보병대대, 6개 기병중대 및 54문의 대포로 구성되었다. 남부군의 주력부대는 제1, 제4동시베리아군단으로 구성되었으며 병력 4만 2천 명(43개 대대)에 대포 106문을 보유했다. 지휘관은 제4군단장 자루바예프(Н.П.Зарубаев) 장군이었다. 남부군은 일본군 제2군의 진격로였건 다스차오(Дашичао) 남쪽에 위치한 우측전선에 포진했다.

셋째, 여순의 관동요새는 20.5개 보병대대, 6개 100인 기병대, 3개 공병중대, 24문의 야전포, 2개 요새 포병대대로 구성되었다. 또한 쁘리아무르 군관구와 블라디보스톡 요새는 16개 보병대대, 6개 100인 기병대, 1개 요새 보병대대, 5개 공병중대, 24문의 야전포, 8문의 산악포, 2.5개의 요새 포병대대로 구성되었다.

1904년 10월 뻬쩨르부르크로 소환된 알렉세예프 후임으로 꾸로빠뜨 낀이 극동군 총사령관에 임명되었다. 그 후 만주 지역 러시아군대는 3군 체제로 전환되었다. 제1군은 리네비치(Н.П.Линевич) 장군, 제2군은 그 립뻰베르크(О.К.Гриппенберг), 제3군은 까울바르스(А.В.Каульбарс) 장 군에 배속되었다.[1]

반면 일본 육군은 4군 체계로 구성되었다. 제1군은 3개 보병사단과 2개 예비연대로 총 4만 2천 명이었다. 제2군은 3개 보병사단과 야전포 병 제1여단으로 구성되어 총병력 4만 명과 포 210문을 보유했다. 제3군 은 3개 보병사단, 포병 3개 연대 등으로 총병력 4만 5천 명과 포 400문을 보유했다. 제4군은 2개 보병사단과 후비보병여단으로 약 3만 명 미만의 병력이었다.

국내의 기존 연구는 한국 지역에서 발생한 러시아와 일본의 육상전투 를 중심으로 살펴보았다. 1904년 정주와 압록강전투, 1904년 러시아 한 국부대의 활동, 1904년 한인의용대의 편성계획 등이 바로 그것이다.[2] 따 라서 이 연구는 러일전쟁의 전체적인 상황을 파악할 수 있도록 러시아 연구와 자료에 기초하여 러시아와 일본이 격돌했던 여순전투, 요양전투, 봉천전투를 살펴볼 것이다.[3] 한편 기존 연구는 한국 북부지역의 전투를

---

1 История Русско-японской Войны 1904-1905гг. Под редакцией И. И. Ростунова. Институт Военной Истории Министерства обороны СССР. М. Издательство Наука. 1977.

2 심헌용,『한반도에서 전개된 러일전쟁 연구』, 국방부 군사편찬연구소, 2011; 조재곤,『러일 전쟁과 한국사회: 전쟁과 인간 그리고 평화』, 일조각, 2017.

3 Левицкий. Н. А. Русско-Японская война 1904-1905гг. Государственное Военное Издательство. М. 1936; Левицкий. Н. А. Русско-Японская война 1904-1905гг. Государственное Военное Издательство. М. 1936; История Русско-японской

전체적으로 살펴보지 못했다. 따라서 필자는 러시아자료에 기초하여 한국 북부지역 전투 중 정주와 구련성(지우롄청) 등의 전투를 세밀하게 복원할 것이다.

1. 대한제국 북부지역 전투

1) 북부지역 정찰과 정주전투

1904년 1월 21일(양력 2월 8일) 주한러시아공사 빠블로프는 여순항에 도착해서 다음과 같은 전보를 보냈다. 서울을 점령한 일본군대는 제물포에 새로운 군대가 상륙하자마자 평양으로 출발할 예정이었다. 2, 3천 명의 일본군대는 진남포에 상륙하여 평양과 원산 사이의 지점에 요새를 구축하기 시작했다. 일본군대는 서울에서 평양으로 출발하기 전날 평양으로 향하는 큰길 위의 언덕 꼭대기에 대포를 세웠다. 일본인 비밀요원 천 명은 한국인 옷으로 갈아입고 한국 북쪽과 압록강 지역에 파견되었다. 변장한 비밀요원은 짧게 깎은 머리카락으로 확인할 수 있었다.[4]

　1904년 1월 29일(양력 2월 11일) 주불러시아대사 넬리도프(А. И. Нелидов)는 일본인의 정보를 입수하여 다음과 같이 외무부에 보고했다.

<hr />

Войны 1904-1905гг. Под редакцией И. И. Ростунова. Институт Боенной Истории Министерства обороны СССР. М. Издательство Наука. 1977; Русско-японская война 1904-1905гг. Работа военно-историческая комиссии по описанию русско-японской войны. Т. 2-8. Спб. 1910.

4　ГАРФ. Ф. 568. Оп. 1. Д. 187. Л. 26.

정보에 따르면 일본군대는 여순항의 철도를 끊기 위해서 압록강 근처 평안북도 정주, 청국 지역 대고산과 봉황성을 장악할 예정이었다.[5]

1904년 2월 4일(양력 17일) 주일러시아공사 로젠은 상해에 도착해서 육군과 해군 첩보대가 수집한 정보를 극동총독 등에게 전달해 줄 것을 러시아 외무부에 비밀전문으로 보냈다.

1군은 구로키 다메모토(黒木為楨) 대장의 지휘하에 2사단과 4사단과 12사단으로 구성되는데, 이 사단에는 2개의 포병연대와 2개의 기병연대가 있었다. 이 군대는 2월 3일 일본에서 출항하여 요동에 상륙한 이후 여순항점령을 목표로 한다는 소문이 있었다. 일본함대는 제물포 북쪽에 남아 있으면서 1군의 상륙을 엄호할 수도 있을 것이다.

3군은 노기 마레스케 대장, 2군은 오쿠 야스카타 장군이 지휘했다. 이 군대의 구성은 알려지지 않았다. 하나는 압록강을 통하여 만주로 향하고 다른 하나는 대한제국 북쪽으로 향한다는 소문이 있었다.

그밖에 6사단은 2월 2일 나가사키와 사세보에서 제물포와 부산으로 출항했다. 소문에 따르면 32개의 지방군 대대는 해안방위에 투입되고 나머지는 전장으로 향한다. 군함과 어뢰정 6척으로 편성된 예비함대는 블라디보스톡의 러시아 순양함대를 대비하기 위하여 일본의 북쪽에 있다. 일본항구의 입구는 수뢰 장애물이 설치되어 있었다.[6] 러시아는 일본군대의 전체적인 이동 경로를 파악했지만 1~3군의 목포와 규모를 정확하게 파악하지 못했다.

1904년 2월 24일 극동총독부 외교담당 쁠란손은 러시아 기병대가 평

5   ГАРФ. Ф. 568. Оп. 1. Д. 187. Л. 13.
6   ГАРФ. Ф. 568. Оп. 1. Д. 187. Л. 19-19об.

양까지 정찰 임무를 수행했다고 봉천에서 보고했다. 러시아 기병대는 일본군 소령과 5명의 병사를 의주 근처에서 포로로 붙잡아서 이르쿠츠크로 보냈다.[7]

1904년 3월 1일(양력 14일) 주불러시아공사 넬리도프는 서울의 프랑스공사로부터 일본군대의 이동에 대한 정보를 보고받았다. 2척의 일본 수송선이 2척의 장갑선과 5척의 순양함의 호위를 받으며 압록강 하구에 1천 명의 병사를 상륙시켰다.[8]

1904년 3월 11일(양력 24일) 극동총독 알렉세예프는 영구 지역에 계엄을 선언하고 항구의 방위 조치를 계획하고 있다며 주청러시아공사 레사르에게 통고하는 전문을 봉천에서 보냈다.[9]

1904년 3월 17일(양력 30일) 극동총독부 외교담당 쁠란손은 정주전투에 대한 정보를 봉천에서 전보로 다음과 같이 보냈다. 카자르 기병대 미쉔꼬(П.И.Мищенко) 장군은 일본 기병대를 유인하려는 시도가 실패하자 3월 15일 아침 기병대 600명과 함께 정주로 이동했다. 러시아 기병대가 기습하자 일본 기병대 1개 중대와 1개 보병중대가 농가로 도피했다. 일본군 3개 중대가 추가로 지원했지만 러시아군대의 일제 사격을 받고 정주 시내로 들어갔다. 일본군 4개 보병중대가 나타나자 카자크 기병대는 대열을 갖추며 후퇴했다. 전투 결과 러시아 기병대는 4명의 장교와 12명의 병사가 부상 당했고 3명의 카자크 병사가 사망했다.[10]

---

7 ГАРФ. Ф. 568. Оп. 1. Д. 187. Л. 43.
8 ГАРФ. Ф. 568. Оп. 1. Д. 187. Л. 51.
9 ГАРФ. Ф. 568. Оп. 1. Д. 142. Л. 45.
10 ГАРФ. Ф. 568. Оп. 1. Д. 187. Л. 78. 1904년 3월 24일(양력 4월 6일) 쁠란손은 3월 15일 정주전투에서 일본이 상당한 손실을 입었다고 보고했다. ГАГФ. Ф. 568. Оп. 1. Д. 142. Л. 51.

정주전투의 상황은 다음과 같았다. 1904년 2월 초 장군 미쉔꼬(П.И. Мищенко)가 카자크 기병대를 지휘하며 한국 북부에 진입했다. 1904년 3월 초 카자크 기병대는 산악 행군을 거쳐 안주에 도착했고 평양에 정찰병을 파견하여 정보를 수집했다. 일본군 선봉대는 3월 11일(양력 24일)에 정주에 도착했다. 카자크 기병대는 도시 외곽에 있는 일본군대를 유인하고자 3일간 노력했으나 무위로 끝났다. 3월 14일(양력 27일) 카자크 기병대는 60~70명의 일본 기병대가 정주에 머물다가 말의 식량을 보급하기 위해서 이동했다는 첩보를 받았다. 미쉔꼬 대장은 3월 15일(양력 28일) 오전 10시 30분 총 600명의 기병대를 이끌고 일본군이 머물고 있는 정주 시내로 진격했다. 일본군대는 1시간 반 동안 전개된 정주전투에서 기습공격에 당황할 수밖에 없었다. 이 전투는 러시아 카자크 기병대와 일본 제12사단 사이에 전개되었다. 전투 결과 카자크 기병대는 1명의 장교와 4명의 병사가 전사했고 3명의 장교와 12명의 병사가 부상을 당했다. 일본군대는 1명의 장교와 4명의 병사가 전사했고 12명의 병사가 부상을 입었다. 카자크 기병대는 약 50일 동안 한국 북부를 정찰했는데 압록강 하구에서 백동과 안주를 지나 평양과 청천강 하구까지 정찰활동을 했다. 이 과정에서 러시아군대는 일본군대의 정찰부대의 위치, 초소, 보초병 등의 배치현황을 파악할 수 있었다. 1904년 3월 21일(양력 4월 3일) 러시아 기병대는 의주를 거쳐서 압록강을 넘어 후퇴했다.[11]

러시아는 1904년 4월 초 한국 북부지역 중 초산과 벽동을 정찰했다.

---

[11] Иллюстрированная летопись Русско-Японской войны. с 30-го апреля по 30-е мая 1904. Издание редакции Ф. И. Булгаков. Выпуск 4. С.-Петербург: Новый Журнал Иностранной Литературы. 1904. СС. 125-132.

기병대장 중령 마드리또프(А.С.Мадритов)[12]는 1904년 4월 함경도 갑산군 초산으로 2등 대위 보브로프(Бобров)를 보냈고 보브로프는 압록강 평안북도 벽동까지 정찰했다.

대위 보브로프는 벽동 등을 정찰하고 다음과 같이 보고했다. 벽동은 초산에서 남쪽으로 65베르스타 떨어진 곳에 의치한 작은 도시다. 초산까지는 압록강을 따라 평저선을 타고 갈 수도 있다. 강을 따라 배를 타고 간다면 산을 넘어 도보로 가는 것보다 더 많은 시간을 절약할 수 있을 것이다. 그럼에도 마드리또프는 육지정찰을 명령했는데 그 이유는 첫째, 러시아가 보유한 평저선이 부족한 실정이었으며, 둘째, 일본군이 벽동지역의 만을 점령하여 보브로프가 평저선으로 만에 접근한다던 공격당할 가능성이 높았기 때문이다.

그런데 일본군은 벽동에 없었다. 1904년 4월 9일 아침 보브로프는 벽동 안으로 들어갔지만 아무런 저항도 없었다. 브브로프가 지휘하는 기병대는 도시에서 6베르스타 떨어진 곳에서 숙영하면서 벽동에는 일본인을 위한 쌀과 수수가 비축되어 있다는 사실을 파악했다. 보브르프는 일본 기병대에 사용될 500푸트 이상의 곡식과 짚을 불태웠다. 벽동에 주둔한 60명의 대한제국 수비대는 자신의 총을 순순히 러시아 기병대에 주었다. 진위대 병사는 러시아 기병대가 도시로 진격하자 사전에 도망쳤다. 러시아 기병대는 진위대가 막사에 숨겨 놓은 38정의 총과 탄환을

---

12 알렉산드르 세묘노비치 마드리또프(Александр Семёнович Мадритов, 1868~1950) 중령은 1904년 4월 한국을 정찰하는 임무를 맡았고 구롄성(九連城)전투에 참가했다. 그는 1904년 2개의 100인 기병대와 2개의 의용기병대를 계획하여 척후병 역할을 수행했다. 1904년 3월 19일부터 5월 22일까지 일본군대의 후방인 한국에서 러시아 기병대를 지휘했다(https://ru.wikipedia.org/wiki/Мадритов_Александр_Семёнович).

찾아냈다. 벽동에서 포획된 물자는 모두 총 96정과 탄환 5푸트였는데, 곡식과 사료 창고와 마찬가지로 폐기시켰다.

벽동의 진위대는 군대에 필요한 식량과 사료를 가능한 많이 모아 놓으라는 서신을 대한제국 정부로부터 받았다고 자백했다. 보브로프에 따르면 비축물은 일본군을 위한 것임에 틀림없었다. 결국 보브로프는 벽동의 군사 비축물, 수색대 중위 끄라스난스끼(Краснянский)는 벽동 주변 마을의 곡식 창고와 사료 창고를 불태웠다.

보브로프는 대한제국 정부의 백성에 대한 수탈을 다음과 같이 고발했다. 보브로프는 한국인이 굶어 죽겠다고 불평하자 그들에게 곡식 창고의 쌀을 나눠 주었다. 쌀을 받아든 백성들은 기뻐하며 산으로 신속히 달아났는데 보브로프는 "전쟁이 백성들을 불행하게 만들었다"고 생각했다. 벽동의 진위대는 마지막 남은 비축물까지 수천 명의 일본군대를 위해서 백성들로부터 징수했다. 보브로프는 초산부터 벽동까지 씨를 뿌린 곳이 한 군데도 없었는데 농경지가 전혀 경작되지 못하여 거름 더미가 거뭇해졌다고 보고했다. 그리고 "앞으로 이 불행한 한국인들에게 어떤 일이 닥칠지 생각하는 것조차 무섭다"[13]고 덧붙였다.

---

13 Козлов В. Д. В тылу у японцев: Набег патизанов на Корею. СПб. 1905. СС. 52-55(Корея, глазами россиян. Т. 5. М. 2008. СС. 178-179). 러일전쟁 당시 러시아 특파원 까즐로프(Козлов В. Д.)는 1905년 『일본인의 후방(В тылу у японцев)』이라는 서적을 발간했다.

2) 압록강과 구련성 전투

(1) 동부군의 임무와 일본군의 배치 상황

1904년 3월 30일(양력 4월 12일) 쁠란손은 압록강 주변에서 벌어진 전투에 대해서 보고했다. 3월 26일(4월 8일) 밤 압록강 지역 섬에 파견된 러시아 보병대는 2명의 장교와 37명으로 구성되었는데, 3척의 소형함정을 타고 침투하는 수십 명의 일본군대를 발견하고 공격했다. 그 결과 일본 소형함정은 파괴되었고 일본군대의 초소도 강 아래로 이동했다.[14]

1904년 4월 자술리치(М.И.Засулич) 장군의 동부군은 구토키 다메모토(黑木為楨) 1군 사령관의 지휘하에 압록강 도하가 시작될 때까지 일본군대를 감시하고 저지하는 임무를 부여받았다. 동부군은 사하자(Сазходза=沙河子=安東縣)-구련성(Тюренчен=九連城) 진지에 10개 대대, 5개 의용기병대, 포 32문을 배치했다. 파오타이딩쯔에는 포 6문을 갖춘 1개 연대, 포 4문을 갖추고 칭거우로 이동한 1개 대대가 배치되었다. 러시아군대는 참호를 경시하여 진지를 강화하지 않았다. 몇 거 중대만 빈약한 엄폐물과 참호 시설을 갖추고 있었다. 포병대는 적진을 향하고 있는 산악 경사면에 노출된 상태로 배치되었다. 이 진지의 우익을 엄호한 부대는 미쉔꼬(П. И. Мищенко)의 기병대였다. 진지의 좌측반 뒤 안핑허 하구는 레치쯔끼(П.А.Лечицкий) 부대가 배치되었다. 계속해서 압록강 본류를 따라서는 트루힌(И.Е.Трухин)의 기병대가 경계에 임했다. 쩬쥐 근처는 5개 대대의 포 8문으로 무장한 예비대가 배치되었다. 나머

---

14 ГАРФ. Ф. 568. Оп. 1. Д. 187. Л. 85.

일본군의 압록강 진출(1904)

지 동부군은 압록강을 따라 북쪽으로 길게 늘어섰다. 반면 일본군 제1군
은 압록강을 도하하여 봉황성 방면으로 진군한 다음 제2군이 피즈워에
상륙하여 전개하는 것을 보호해야 했다. 일본군은 한국인과 청국인의 정
탐을 활용하여 동부군의 배치현황을 파악하고 있었다.[15]

러시아군 지휘부는 본국으로부터 새로운 병력이 충원될 것으로 예상
하고 압록강에서 적극적인 방어를 포기했는데, 자술리치(М.И.Засулич)
장군 예하의 동부군은 방어에 국한하기로 결정했다. 러일전쟁 직후 미쉔
꼬 장군은 한반도 북쪽에서 기병대를 지휘했는데 기병대는 22개 100명

---

15 Левицкий. Н. А. Русско-Японская война 1904-1905гг. Государственное Военное
    Издательство. М. 1936. СС. 81-82.

씩 인원 등으로 구성되었다. 임무는 압록강 남쪽 100km 지점까지 전진하여 정찰 임무를 수행하는 것이었다. 마드리조프 중령은 2개의 100인 기병대와 2개의 의용기병대를 지휘하여 척후병 역할을 수행했다.

1904년 2월 28일(3월 12일) 동부군에 제6동시베리아 보병연대와 포병중대 등이 보강되었다. 동부군은 21개 보병대대와 24개의 100인 부대, 6개 보병 중대, 1개 산악포 중대, 동바이칼 카자크부대 소속의 1개 포병중대(총 62문의 포) 등으로 구성되었다. 미쉔꼬의 기병대도 배속되었다. 러시아군대의 전체 예비대대는 아이산좐역에 위치하고 있었던 7개 보병대대와 32문의 포, 요양에 위치하고 있었던 18.5개 보병대대와 9.5개 100인 기병대와 24문의 포, 봉천에 위치하고 있었던 3개 보병대대와 0.5개 100인 부대와 포 4문 등으로 구성되었다.

동부군은 첫째, 지역적 특성을 이용하여 일본군대의 압록강 도하와 펜슐린산맥을 통한 진군을 저지할 것, 둘째, 일본군대의 군사력, 구성, 진군 방향 등을 조사할 것 등의 임무를 부여받았다. 동부군에는 수동적인 방어 임무가 부과되었는데, "전력이 월등한 적군과의 전면전을 피해야 했으며 동시에 적군에게 지능적이면서도 불굴의 저항력을 보여주어야만 했다." 동부군은 일본군대가 압록강을 도하하면 소총과 중화기를 이용하여 타격을 입히지만 압록강 도하를 완료하면 대규모 병력이 추가로 도하하기 전에 후퇴한다. 지류인 애하강을 비롯하여 압록강은 일본군의 도하에 장애가 있었다. 압록강은 수량이 풍부한 몇 개의 지류로 나누어지는데, 얕은 여울이 없었다. 특히 애하강은 기병만이 도하할 수 있는 여러 개의 깊은 여울이 있었다.

동부군은 사하자와 구련성 두 구역으로 압록강 방어를 나누었다. 17km에 달하는 사하자 구역의 방어에는 4.5개의 보병대대, 제3동시베리아 포병여단의 대포 16문, 기관총 중대의 기관총 8정 등이 투입되었다. 4km에 걸친 구련성 구역에는 제6동시베리아 포병여단 소속의 2개 포병중대(포 16문)와 함께 6개 대대가 배당되었다. 동부군은 75km에 달하는 압록강 우측전선에 3개 보병대대, 제6동시베리아 포병여단 소속 제1포병중대와 동바이칼 카자크부대 소속의 포병중대, 100인씩 11개로 구성된 미쉔꼬 장군의 기병대가 있었다. 주요 임무는 경계와 동시에 냔찬전선, 압록강 하구로부터 피즈워에 이르는 지역까지 일본군의 상륙을 저지하는 것이었다.

동부군은 애하부터 압록강을 따라 80km에 걸친 좌측전선에 레치쯔끼(П.А.Лечицкий) 대령, 뜨루힌(И.Е.Трухин) 대령, 마드리또프 중령을 각각의 지휘관으로 하는 3개 부대가 할당되었다. 1개 대대 규모를 능가하는 보병, 100인씩 13개 기병대, 8문의 산악포병대로 구성되었다. 동부군의 총 예비대는 쩬쥐촌 근처에 주둔했는데 5.5개 포병대대와 제3동시베리아 포병여단 소속의 1개 포병 중대로 구성되었다. 까쉬딸린스끼(Н.А.Каштальнский) 장군은 예비대의 총지휘관이었다.[16]

1904년 2월 일본군 제1군 선봉부대는 한국에 상륙하고 3월 하반기 평양을 점령했다. 1군의 근위사단과 제2사단은 진남포에 상륙했다. 1904년 3월 22일(4월 4일) 일본군 제1군은 압록강에서 125km 거리인 청천강에 집결하여 중간기지 건설에 착수했다. 4월 10일(23일) 일본군 제1군은 총

---

16 Русско-японская война 1904-1905гг. Работа военно-исторической комиссии по описанию русско-японской войны. Т. 2. Ч. 1. Спб. Типография А. Ф. Маркс. 1910. СС. 125-131 ; История Русско-японской Войны 1904-1905гг. Под редакцией И. И. Ростунова. Институт Военной Истории Министерства обороны СССР. М. Издательство Наука. 1977. СС. 144-147.

16 Русско-японская война 1904-1905гг. Работа военно-исторической комиссии по описанию русско-японской войны. Т. 2. Ч. 1. Спб. Типография А. Ф. Маркс. 1910. СС. 125-131 ; История Русско-японской Войны 1904-1905гг. Под редакцией И. И. Ростунова. Институт Военной Истории Министерства обороны СССР. М. Издательство Наука. 1977. СС. 144-147.

4만 5천 명의 병력으로 압록강 좌안에 집결했다. 1군은 48개 보병대대, 24개 포병중대, 5개 유탄 포병중대(대포 총 174문)로 구성되었다.

일본군 1군은 첩보원과 관측을 이용하여 애하강 하구 위쪽에 러시아의 기병 척후병이 수비하는 것을 파악했다. 1군은 애하강 쪽 방어가 취약하므로 도하에 적합한 지역으로 판명하여 그곳에 3개 사단을 도하시키기로 결정했다. 안평하강 근처에서 제12사단이 우선 도하하고 근위사단이 그 뒤를 잇기로 예정되었다.

도하에 성공한 제12사단의 임무는 친고우와 라우판고우를 거쳐 남서쪽으로 진군하면서 러시아군대를 격퇴하고 구련성과 봉황성 사이의 도로를 확보하는 것이었다. 근위사단의 임무는 삐테띤자 지역의 러시아군대를 공격하고 구련성과 봉황성전선으로 진군하는 것이었다. 제2사단의 임무는 구련성을 점령한 다음 사하자전선으로 방향을 바꾸고 제12사단이 러시아군대의 퇴로를 완전히 장악할 때까지 러시아군대의 사하자 집결을 억제하는 것이었다. 일본군 1군은 애하강 하류에서 도강한 다음 구련성의 러시아군대 진지를 공격했다.[17]

(2) 전투의 상황과 결과

러시아군대와 일본군대는 1904년 4월 7일(양력 20일) 압록강을 중심으로 서로 마주하면서 건너편 지역에 집결했다.

러시아 만주군은 남부군과 동부군으로 구성되었는데 자술리치 장군

---

[17] История Русско-японской Войны 1904-1905гг. Под редакцией И. И. Ростунова. Институт Военной Истории Министерства обороны СССР. М. Издательство Наука. 1977. СС. 146-150.

이 지휘한 동부군은 제10과 제11 및 제12와 22동시베리아 보병연대, 제3과 제6동시베리아 포병연대 등으로 구성되었다. 동부군은 4개의 기병연대와 24문의 대포가 포함되어 있었다. 동부군의 전체 병력은 1만 6천 명 내지 1만 6천 2백 명 정도였는데, 자연 지형상 매우 근접하기 어려운 압록강과 애하강까지 배치되었다. 동부군 본대는 후방 지역인 요양과 봉천 방면을 엄호하는 데 주안점을 두었다.

일본군대 제1군 소속 제12사단은 중장 이노우에 히카루(井上光)가 사단장이었는데 4개의 보병연대, 1개의 포병대로 구성되어 압록강 최전선에 배치되었다. 근위사단은 의주에 머물면서 강어귀에서 정찰활동을 수행하고 있었다. 나머지 일본군 병력은 주로 산악지형에 은둔하고 있었는데 전체 병력수가 약 4만 4천 명이었다.[18]

4월 13일(양력 26일) 밤 일본군대는 러시아 기병대를 퇴각시킨 다음 주리다오와 샤말린다(압록강 하구 부근 삼각주)섬을 점령했다. 4월 29일(러역 16일) 압록강 도하 시설을 설치했고 곡사포를 중심으로 강력한 포병을 배치함으로써 보병의 도하를 엄호했다. 4월 30일(러역 17일) 아침 제1군 소속 제12사단은 구련성 거점의 좌익을 점령하라는 임무를 띠고 후산 서쪽 애하강으로 진군했다.[19]

4월 13일(양력 26일) 일본군 1군은 5배가 넘는 우월한 병력과 3배

18 М. Шилов. Бой на р.Ялу. Военный вестник 5. 1939. Воениздат.С.6-16; Иллюстрированная летопись Русско-Японской войны. с 30-го апреля по 30-е мая 1904. Издание редакции Ф. И. Булгаков. Выпуск 4. С.-Петербург: Новый Журнал Иностранной Литературы. 1904. СС. 136-154.

19 Левицкий. Н. А. Русско-Японская война 1904-1905гг. Государственное Военное Издательство. М. 1936. С. 82.

가 넘는 중화기를 동원하여 구련성 지역을 공격했다. 일본군 1군 제 2사단은 밤중에 검정도(黔定島, Самалинду) 등을 점령하고 착호와 포병의 진지구축에 착수했다. 이로 인해 일본군대는 실제 사격거리를 좁힐 수 있었다. 또한 일본군 1군은 안평하강에 배치된 대령 레치쯔끼(П.А.Лечицкий)와 구련성 구역의 연락을 단절시켰다.[20]

일본군대는 4월 15일(28일) 10여 개의 가교를 건설하여 애하강 동쪽으로 도강을 시도했다. 러시아군대는 소총 공격을 하면서 일본군대의 도강을 저지했다. 4월 16일 검동도섬에 위치한 일본군대는 야전포 16문의 포문을 열어 구련성 인근 거주 지역을 포격하기 시작했다. 30분 후에 지우렌청과 유수구전선에 위치해 있던 러시아의 대포 24문이 대응공격을 시작했다. 양측의 포격전은 그다음 날 4월 17일(30일) 아침 8시까지 전개되었는데 러시아 대포 24문이 일본의 정확한 포격에 의해 거의 부서졌다. 4월 16일 일본 포병대는 화력이 월등했는데, 제22동시베리아 보병연대장 그로모프(Громов) 등은 동부군의 본대 지원을 받지 못한 상태에서 일본군대의 공격에 의해 고립되었다.[21]

4월 17일(30일) 아침 일본군 1군은 압록강 드하를 지원하려고 시설물 건설에 착수했다. 러시아 동부군 포병은 작업을 방해하기 위해서 일본군

20 Русско-японская война 1904-1905гг. Работа военно-историческая комиссии по описанию русско-японской войны. Т. 2. Ч. 1. Спб. Типография А. Ф. Маркс. 1910. СС. 142-145; История Русско-японской Войны 1904-1905гг. Под редакцией И. И. Ростунова. Институт Военной Истории Министерства обороны СССР. М. Издательство Наука. 1977. С. 150.

21 М. Шилов. Бой на р.Ялу. Военный вестник 5. 1939. Воениздат. СС. 6-16; Иллюстрированная летопись Русско-Японской войны. с 30-го апреля по 30-е мая 1904. Издание редакции Ф. И. Булгаков. Выпуск 4. С.-Петербург: Новый Журнал Иностранной Литературы. 1904. СС. 136-154.

보트를 포격했으나 오히려 검정도에 배치된 일본군대의 유탄포 및 야전포 중대의 화력에 압도당했다. 포병연대 소속 5개 포병중대, 2사단 소속 3개 포병중대, 근위사단 소속 6개 포병중대 등이 검정도에 배치되었다. 일본군 1군의 상황을 살펴보면 제12사단은 후찬의 후방과 애하강의 좌안 등을 점령하고 있었다. 근위사단은 2사단보다 오른쪽 방향 위에서 전개하면서 에이호쟌섬 북단을 점령했다. 제2사단은 에이호쟌섬, 지우렌청과 후산 사이의 길목을 점령했다.[22]

4월 18일(5월 1일) 아침 7시 일본군 1군 대포 20문과 야전포 75문이 구련성 구역의 러시아 진지를 포격하기 시작했다. 동시에 제2사단은 구련성, 근위사단은 보떼띤자, 제12사단은 친고우를 향하여 동시에 진군했다. 구련성에 배치된 동부군은 4개 보병대대와 포 7문, 기관총 8정에 불과했다. 동부군은 지우렌청, 보떼띤자, 친고우 등 총 12km에 5천 명의 병력만 주둔했다.

일본군 1군은 아침 8시 애하강 등을 도강하여 지우렌청을 점령했다. 근위사단은 러시아군대의 우익을 포위한 지 1시간 반 만에 보떼띤자를 점령했다.

동부군 총사령관 자술리치(М.И.Засулич)는 사하자를 일본군대의 주공격 지역으로 인식하여 지우렌청을 강화하려는 조치를 실행하지 않았다. 예비대 총지휘관 까쉬딸린스끼(Н.А.Каштальнский) 장군은 동시

---

22 Русско-японская война 1904-1905гг. Работа военно-историческая комиссии по описанию русско-японской войны. Т. 2. Ч. 1. Спб. Типография А. Ф. Маркс. 1910. СС. 161-162; История Русско-японской Войны 1904-1905гг. Под редакцией И. И. Ростунова. Институт Военной Истории Министерства обороны СССР. М. Издательство Наука. 1977. С. 150.

베리아 포병여단 소속 제3포병중대와 제11동시베리아 보병연대를 친고우와 쩬쥐 사이의 도로 쪽으로 급파했다. 그러나 포병중대와 보병연대는 제6동시베리아 포병여단 소속 제2포병여단과 함께 일본군에 의해 포위되었다. 동부군은 수송할 수 없는 무기는 폐기하면서 포위망을 정면 돌파하며 산으로 후퇴했다.[23]

4월 18일(양력 5월 1일) 일본군대 제1군 사령관 이노우에는 총공격을 지시했는데 러시아군대 동부군은 안동현과 구련성 등에 널리 퍼져서 방어했다. 새벽 6시 일본군대 3개 포병연대는 러시아군 제12와 22연대를 향해 맹렬한 포화를 쏘아대기 시작했다. 러시아군대 2개 포병대대가 일본군대의 도강을 저지하고자 응사했는데 일본 병사가 쓰러져 죽거나 부상 당하여 물에 휩쓸려 떠내려갔다. 일본군대는 다리를 통해 도강하는 것을 포기하고 직접 강을 건너려 했으나 급물살 때문에 쉽지 않았다.

일본 근위포병사단은 러시아군대를 정확하게 공격하기 시작했는데 새벽 7시 30분경 도강에 성공하여 러시아군 제12연대 전진부대의 참호까지 점령했다. 9시경 동부군 총사령관 자술리치는 쩬쥐에서 물러나서 구련성으로 후퇴했는데 제6동부시베리아 보병사단 사령관 까쉬딸린스끼(Н. А. Каштальнский)에게 한뚜호즈이강 건녀로 퇴각하라고 명령했다. 동시에 6시 30분경 일본군대는 포병의 엄호하에 도보로 애하에 도착했다. 그곳에서 러시아와 일본군대는 2시간 동안 치열하게 전투했다. 양

---

23 Русско-японская война 1904-1905гг. Работа военно-исторической комиссии по описанию русско-японской войны. Т. 2. Ч. 1. Спб. Типография А. Ф. Маркс. 1910. СС. 166-167; История Русско-японской Войны 1904-1905гг. Под редакцией И. И. Ростунова. Институт Военной Истории Министерства обороны СССР. М. Издательство Наука. 1977. СС. 150-151.

국 군대는 진지를 빼앗았다가 다시 회복하기를 몇 차례 반복했다. 8시경 좌측 방면의 제12동시베리아 보병연대가 후퇴하면서 우측 방면이 완전히 노출되자 일본군대는 남쪽과 서쪽의 퇴로를 각각 차단하여 압박했다.

일본군대는 조준된 포격과 월등한 군사력 때문에 승기를 잡고 러시아 군대는 계속 밀리면서도 북서 방면의 라우판고우 또는 하마탕으로 향하는 길만이 점령되지 않았다. 오후 2시 30분 수적으로 우세한 일본군대가 다시 공격해 오자 까쉬딸린스끼 사령관은 먼저 하마탕으로 수송부대와 포병부대를 후퇴시키기로 결정했다. 이때 총 7명 중 6명의 장교, 71명의 병사, 76필의 말을 상실했다.

양국은 압록강전투에서 상당한 희생을 치렀다. 러시아 동부군은 4월 17일과 18일(4월 30일~5월 1일) 전투에서만 대포 2문과 기관총 8대를 상실했으며 총 73명의 장교와 2,324명의 병사가 사망했다. 러시아군 대 중 포로는 635명이었고 250필의 말을 포획당했다. 반면 일본은 장교 30명과 1,870명의 사병이 전사했다고 공식적으로 발표했다.[24]

4월 18일(양력 5월 1일) 밤 제1군의 주력부대는 주요 공격 방면에서 러시아보다 여섯 배나 많은 병력으로 압록강을 도하할 수 있었다. 제1군은 이날 새벽 무렵 구련성-사하자 정면으로 러시아군 진지를 공격했는데 8시경 구련성으로부터 러시아군대를 몰아내기 시작했으며 1시간이 경과한 다음 근위사단이 파오타이딩쯔를 점령했다. 한편 애하를 도하한 제12사단은 동일한 시각에 러시아 주진지의 좌익을 포위해 칭거우로 향

---

24 M. Шилов. Бой на р.Ялу. Военный вестник 5. 1939. Воениздат. СС. 6-16; Иллюстрированная летопись Русско-Японской войны. с 30-го апреля по 30-е мая 1904. Издание редакции Ф. И. Булгаков. Выпуск 4. С.-Петербург: Новый Журнал Иностранной Литературы. 1904. СС. 136-154.

하는 유일한 마차 도로를 점령했다.

10시 무렵 자술리치의 동부군은 이미 후퇴하고 있었다. 제11동시베리아 연대 소속의 예비대 중에서 2개 대대는 퇴각을 엄호하기 위해 8문의 포를 가지고 84고지로 이동했다. 황투촨에 묶여 있던 제11동시베리아 연대는 일본군대에 포위되어 있다가 15시경 백병전을 펼쳐 하마탕 방면으로 돌파했으나 우회 중이던 일본군대의 화력 공격에 막대한 손실을 입었다. 그 결과 60퍼센트도 남지 않은 병력, 중대장 2명만 살아남았다. 포와 기관총은 일본군대의 수중에 들어갔다.[25]

일본 제1군은 4월 23일(러역 5월 6일) 봉황성 지역에 집결했다. 일본 제1군은 1,036명의 병력 손실을 입었다. 반면 러시아 동부군은 2,780명의 병력과 포 21문, 기관총 8정에 달하는 손실을 입었다.[26]

4월 23일(5월 6일) 일본군 1군은 봉황성을 점령했으며 요양과 하이청전선에 전개되어 있던 동부군 측면을 공격했다. 동부군은 펜쉴린산맥 고갯길로 후퇴했다. 압록강전투에서 러시아 동부군의 손실은 병력 약 3천 명, 포 21문, 기관총 8정이었다. 일본군 1군의 병력손실은 1,036명이었다.

일본군 1군은 지형적 조건을 고려하지 않은 채 밀집된 전투 대형으로 공격했다. 밀집된 전투 대형은 종대로 연결되었다. 그 결과 일본군 1군은 러시아 동부군의 소총과 기관총에 의해 막대한 손실을 입었다.

압록강전투는 포격에 대한 과소평가, 밀집대형에 대한 집착, 개인 참

---

25 Левицкий. Н. А. Русско-Японская война 1904-1905гг. Государственное Военное Издательство. М. 1936. СС. 82-83.

26 Левицкий. Н. А. Русско-Японская война 1904-1905гг. Государственное Военное Издательство. М. 1936. С. 84.

호와 포병용 엄폐물에 대한 경시 등에 대한 교훈을 주었다. 러시아 동부군 지휘부가 군대를 통제하지 못하자 러시아 병사들은 지휘부를 신뢰하지 않았다. 반면 일본군 1군은 압록강전투에서 승리하여 전투에 대한 의지와 사기가 상승했다.[27]

러시아가 압록강전투에서 패배한 이유는 다음과 같다. 동부군 사령관 자술리치는 일본군대가 사하자 근처로 도하할 것이라고 잘못 예측했다. 실제 일본 제1군 사령관 구로키는 구련성을 우회하는 데 목표를 삼았다. 압록강전투에 참가한 일본 제1군은 2만 5천 명에서 3만 명이었다. 반면 압록강전투에 참가한 동부군은 겨우 8천 명에 불과했다. 러시아군 지휘부는 사하자에 주둔 중인 부대와 예비대를 일본군대의 위협을 받고 있는 압록강전선으로 집결시키지 않았다.

동부군 사령관 자술리치는 후퇴 명령을 12시에 내렸는데 제11동시베리아 연대는 15시에도 84고지에 있었다. 그로 인해 제11동시베리아 연대는 막대한 인명 손실을 입었다. 또한 전선을 따라 설치된 전신선은 압록강전투에서 단절되었다. 개방된 공간에 주둔한 러시아 포병대는 능숙하게 위장한 일본 포병대에 의해 격파되었다.

일본 제1군은 사하자-구련성에 주둔한 러시아군대의 측방을 공격해서 승리했는데 보병과 포병의 합동작전이 효과를 보았다. 압록강전투 이후 러시아군대는 화력의 중요성 및 강력한 진지구축의 필요성을 인식했다. 일본 제1군은 압록강전투에서 승리하여 제2와 제3군의 상륙과 전

---

27 История Русско-японской Войны 1904-1905гг. Под редакцией И. И. Ростунова. Институт Военной Истории Министерства обороны СССР. М. Издательство Наука. 1977. СС. 151-153.

개를 완전하게 보장할 수 있었다.[28]

1904년 5월 16일(양력 29일) 러시아 상무관 클레이메노프(Клейменов)는 한국 북부의 전투 소식에 대해서 천진에서 극동총독에게 전브를 보냈다. 카자크 기병대가 치주에서 전신선을 파괴하자 일본군대는 당황했다. 서울에 주둔한 7천 5백 명의 일본군대는 서둘러 제물포에서 배를 타고 북쪽으로 파견되었다. 동시에 일본군대 2개 중대도 서울에서 원산으로 급파되었다.[29]

2. 여순전투

1) 러일의 전투 준비

1904년 5월 2일(15일) 극동총독부 외교담당 쁠란손은 일본군대가 대련 인근 보란점과 동청철도 주변역을 장악했고 현재 여순과의 모든 통신이 두절되었다고 봉천에서 보고했다.[30]

1904년 5월 6일 오후 6시 외무대신 고무라는 일본군 제2군의 요동반도 피즈워 상륙에 대해서 주한일본공사 하야시에게 다음과 같이 알렸다.

28 Левицкий. Н. А. Русско-Японская война 1904-1905гг. Государственное Военное Издательство. М. 1936. СС. 84-86.

29 ГАРФ. Ф. 568. Оп. 1. Д. 143. ЛЛ. 60-70. 143. 1904 4. 15.-5. 27. Переписка МИД с наместником на Дальнем Востоке. русским посланником в Китае и др. по вопросам русско-китайских отношений. 78.

30 ГАРФ. Ф. 568. Оп. 1. Д. 147. Л. 106.

여순전투(1904)

제3연합함대 제7전대 사령관 호소야 스케우지(細谷資氏) 소장의 보고에 따르면 제7파견 함대의 제20어뢰정대는 수송선 니혼마루(日本丸) 등과 함께 5월 5일 오전 5시 30분 요동에 도착했다. 일본군대는 해안에 인접한 언덕 위에서 목격된 러시아 보초들을 사격으로 쫓아냈는데 노기 대위가 지휘하는 육전대가 상륙 명령을 받았다. 썰물 때문에 배들이 육지에 접근할 수 없게 되자 가슴 깊이 되는 수면을 1,000m 걸어서 오전 7시 22분에 기슭에 도달했다. 그 사이 포함(砲艦) 오시마와 아카기 등은 적의 주의를 분산시키기 위해 상륙지점의 측면 해변가에 접근하여 100명의 러시아 병사를 발견하고 해산시켰다. 오전 8시 5분 일본군 제2군 제1대대를 태운 수송선이 도착했는데 고지 정상의 일본 국기를 보고 즉시 상륙했다.[31]

레비쯔끼(Н.А.Левицкий)에 따르면 1904년 5월 5일 일본 육군 제2군 중 제1사단과 제3사단을 태운 26척의 수송선이 요동반도 피즈워에 접근했다. 일본함대 수병이 처음으로 육지에 올라 상륙 시설 건설에 착수했다. 소형 단정은 연안으로부터 1km 떨어진 곳에 정박했는데, 육군 보병은 허리까지 차는 물속에서 이동했다. 상륙한 일본군대 8개 대대와 2개 기병대는 공병대와 함께 나머지 부대의 상륙 엄호용 교두보를 설치하기 위해서 전방으로 진군했다. 일본군대는 보란점으로 이동하면서 아무런 저항을 받지 않았다. 5월 13일 제2군은 약 4만 명의 병력과 포 210문으로 구성되었는데, 요동반도에 상륙하여 여순의 철도 병참선을 차단한 다음 금주(5월 26일) 지협을 향해 진군했다. 제2군은 러시아군대를 여순 지역으로 압박한 다음 핵심전력 중 제1사단을 제3군에 이양했다. 제2군은 남쪽에서 공격하기 위해 동청철도를 따라 이동했는데 교통로는 남만 지선을 활용했다.[32]

일본군 2군은 금주를 점령하여 여순과 대련의 후방을 지원할 수 있었다. 일본군 3군은 대련에 상륙한 다음 여순까지 진군하여 1904년 7월 여순 요새를 포위했다. 러시아 여순 요새는 다양한 구경의 포 646문, 기관

---

31 『駐韓日本公使館記錄』23, 1904년 5월 6일, 三. 本省其他歐文電報來信控 (151) 제196호 [遼東반도 상륙작전에 관한 공보], 外務大臣 小村→서울 공사 林權助.

32 Левицкий. Н. А. Русско-Японская война 1904-1905гг. Государственное Военное Издательство. М. 1936. С. 78.

총 62정으로 무장되어 있었다. 수비대 병력은 약 4만 명에 달했으나 나중에 여순 봉쇄로 태평양분함대 소속 수병 1만 7천 명도 수비대에 합류했다.

일본군 3군은 7월 볼치이산을 점령하여 군사행동을 편리하게 만들었는데 공성포 진지 및 포 사격용 관측 지점을 제공해 주었다. 포위 초기 일본군 3군은 총병력 5만 명에 달했으며 포는 400문이었다.[33]

러시아는 러일전쟁 직후부터 6개월 동안 여순 요새 내에 공병시설을 설치했다. 러시아는 1904년 7월 17일(30일)까지 총 29km에 달하는 여순 전체 연해전선 중 9km에 총 22개의 영구포대를 설치했다. 주요 방어 시설은 20km에 걸친 육지전선에 설치되었다. 일본의 포위 초기 러시아의 육지전선은 5개의 영구보루와 3개 보루 및 5개 독립포대가 설치되어 있었다.

각 영구포대 사이는 철조망을 포함하여 함정을 파놓은 산병호(散兵壕)가 구축되었다. 위험한 지역에는 지뢰가 매설되었다. 전진 진지는 영구보루가 구축된 주요 방어라인 앞에 설치되었다.

다구샨(Дагушань), 샤오구샨(Сяогушан), 빤룬산(Панлуншан), 뷔소까야(Высокая, 203고지), 들린나야(Длинная), 우글로바야(Угловая) 등에 형성된 전진 진지에는 참호와 다면보루 등이 구축되었다. 슈이쉬인(Шуйшин)촌에 위치한 꾸미르넨스끼(Кумирненский), 보도쁘로보드늬(Водопроводный), 스깔리스띄(Скалистый) 등의 중심 방어라인에는 다면보루가 설치되었다.

여순 육지 방어전선은 3개로 다음과 같이 구분되었다. 첫째, 동부전선[지휘관 고르바똡스키(В. Н. Горбатовский)]은 가장 강력했는데 십자형

---

33 Левицкий. Н. А. Русско-Японская война 1904-1905гг. Государственное Военное Издательство. М. 1936. CC. 241-242.

산에서 룬허강까지 8km에 달했다. 동부전선은 다구샨산과 샤오구샨산의 전진 진지, 3개의 영구보루 및 중간포대 등이 구축되었다. 동부전선의 후방은 만리장성이라 불리는 중앙방벽이 있었다. 영구보루 앞 사각지대를 없애기 위해 야전보루와 참호가 각각 구측되었다. 둘째, 북부전선[지휘관 세메이노프(В.Г.Семёнов)]은 룬허강에서 골루비나야산에 이르는 5.3km에 위치했다. 북부전선은 꾸미르넨스끼언덕과 빤룬산산의 전진 전지, 영구보루 등이 있었다. 북부전선의 보루는 접근이 곤란한 경사에 구축되었으며 전방의 지형을 관찰하기에 유리한 위치였다. 셋째, 남부전선[지휘관 이르만(В.А.Ирман)]은 가장 취약한 방어지점으로 골루비나야산에서 벨뤼 볼크산에 이르는 6.78km였다. 이곳의 전진 진지는 뷔소까야, 들린나야, 우글로바야, 디비지온나야산에 위치하고 있었지만 단 2개의 보루만이 구축되어 있었다. 남부전선의 기본적 방어시설은 임시 야전보루였다. 여순보루는 항구로부터 짧은 거리에 구축되었기 때문에 요새의 중심지, 참모부, 창고, 전함을 보호할 수 없었다. 보루의 대포는 요새 근처를 포격할 수 없어서 오직 소총과 기관총만이 측면방어를 수행할 수밖에 없었다.

7월 17일(30일) 여순 요새는 약 대포 650문과 기관총 60정이 있었다. 육지전선에는 요새포 283문, 해양포 168문, 야전포 63문, 기관총 47정이 배치되었다. 연해전선에는 대포 123문과 기관총 5정이 배치되었고 예비대는 대포 9문과 기관총 10정을 보유했다. 여순 요새 수비대는 총 병력이 41,780명이었다. 즉 제4와 제7동시베리아 보병사단 소속의 9개 보병연대와 3개 예비대대, 2개 국경경비대, 관동 해병대, 제3동시베리아 보병사단의 혼성 대대 등으로 구성되었다. 여순 항구는 비뜨게프트(В.К.Витгефт) 해군 소장이 지휘하던 태평양함대의 기지가 있었는데 총병력은 1만 2천 명이었다. 즉 태평양함대 장갑함 6척, 순양함 5척, 포함 2척, 수뢰정 2척, 구축함 19척 등으로 구성되었다.

여순항은 스미로노프(К.Н.Смирнов) 육군 소장이 방어지휘권이 있었지만 관동지역 요새 사령관 육군 중장 스떼스셀(А.М.Стессель)이 실질적인 지휘권을 행사했다. 스떼스셀은 1904년 2월 임명되었지만 러시아군이 여순으로 후퇴한 6월 직책을 박탈당했다. 하지만 스떼스셀은 지휘권을 이양하라는 꾸로빠뜨낀의 명령서를 은폐했다. 전투가 진행되는 동안 스떼스셀과 스미르노프는 상이한 명령을 각 부대에 하달했는데, 두 사람은 상대방의 명령을 무시하기도 했다. 여순항 요새 사령관 스미르노프는 자신의 직접적인 권리를 행사할 수 없었다.

여순의 방어시설 구축은 육지방어의 책임자인 제7동시베리아보병사단 지휘관 육군 소장 꼰드라쩬꼬(Р.И.Кондратенко) 장군이었다. 꼰드라쩬꼬 장군은 낡은 요새를 보강하고 새로운 요새를 구축했는데 일본군의 강습이나 장기간의 포위에도 견딜 수 있는 요새를 만들었다.

관동지역 요새 사령관 스떼스셀은 러시아 만주군과 협동작전을 펼치지 않아도 여순을 방어할 수 있을 것으로 판단했다. 당시 여순 요새는 무선전선이 작동하지 않았으며 공중 연락에 필요한 기구마저 없어서 러시아 만주군과의 연락이 단절되었다. 여순 요새 수비대는 7월까지 방어 전략을 수립하지 못하고 일본군의 공격에 수세적인 입장에 놓였다.[34]

---

34 Русско-японская война 1904-1905гг. Работа военно-историческая комиссии по описанию русско-японской войны. Т. 8. Ч. 2. Спб. Типография И. Шурухтъ. 1910. СС. 1-10, 30-31; История Русско-японской Войны 1904-1905гг. Под редакцией И. И. Ростунова. Институт Военной Истории Министерства обороны СССР. М. Издательство Наука. 1977. СС. 184-190.

2) 1~3차 돌격전

7월 17일(30일) 일본군 제3군은 여순을 포위했다. 일본군 제3군은 3개 보병사단(제1사단, 제9사단, 제11사단)과 2개 여비보병여단 및 제2야전포병여단 등으로 구성되었다.[35] 제3군은 총병력이 4만 8천 명에 달했으며 중구 경포와 대구 경포 198문을 비롯하여 약 400문의 대포를 보유했다.

일본군 3군 사령관 노기 마레스케는 러시아의 방어구역 중 동부전선을 가장 약한 곳으로 판단하고 공격계획을 수립했다. 하지만 동부전선은 러시아군이 샤오구샨산과 다구샨산을 점령하고 있는 가장 강력한 지역이었다. 7월 25일(8월 7일) 일본군 포병부대는 다구샨산과 샤오구샨산을 향해 포문을 열었다. 일본군은 샤오구샨과 다구샨을 점령했는데 두 전투에서 1,280명의 일본군 사상자가 발생했으며 러시아군 사상자는 250명이었다.[36]

일본군 3군은 다구샨과 샤오구샨을 점령함으로써 최적의 공격거점을 확보했는데, 여순의 동쪽 방어라인 우측을 포격하기 위해 포대를 구축하기 시작했다. 여순의 북부전선은 우글로바야산과 빤룬산산의 앞에 펼쳐진 뜨료흐골로바야 등의 산을 따라 형성되었다.

8월 6일(19일) 일본군 3군은 북부전선의 우글로바야산을 공격하는 것과 동시에 동부전선에 대해 공격했다. 북부전선에서 8월 8일(19일) 새벽 꾸미르렌스끼 다면보루 부근의 슈이쉬인촌을 점령했다. 결국 일본군 제3군은 8월 북부전선의 빤룬산 다면보루 및 우글로바야산을 점령했다.

---

35 第3軍(日露戦争)(jacar.go.jp).

36 Русско-японская война 1904-1905гг. Т. 8. Ч. 2. СС 46-98.

8월 9일(22일) 스쩨스쎌 장군은 여순 방어회의를 소집했다. 그 회의에서 여순 요새의 결점이 논의되었다. 첫째, 여순의 축성 설비가 상당수 미완성되었고 모든 항포격용 다면보루가 도시 및 항구와 인접한 곳에 구축되어 도시와 항구를 보호하지 못했다. 둘째, 여순 지역은 다수의 고지와 협곡 등이 있어서 일본군이 비밀리에 포대를 설치하고 부대를 이동시킬 수 있었다. 셋째, 항포격용 다면보루는 보루를 한 선으로 배치한 결과 방어라인이 약했을 뿐만 아니라 후방에 진지가 없을 경우 쉽게 돌파될 수 있었다. 넷째, 무선전신이 없었다. 다섯째, 보루와 보루 간 화물을 운송할 철도시설이 없었다.[37]

노기는 8월 5일(18일)부터 8월 11일(24일)까지 본격적으로 동부전선을 공격했는데 실패했다. 일본군 3군은 동부전선에서 병력손실이 약 1만 5천 명이었으며 전체적으로 2만 명에 달했다. 러시아의 병력손실은 6천 명에 불과했다.[38]

여순전투는 8월 12일(25일)부터 비교적 소강상태로 접어들었다. 일본군 포병은 상대의 방어진지, 여순항구 등에 전술적으로 포격하는 정도였다. 일본군 지휘부는 제1차 돌격전에서 실패하여 장기전인 포위전으로 전환할 수밖에 없었다.

일본군은 9월 초 새로운 전투 병력 약 1만 5천 명을 보강했다. 11인치

37 Русско-японская война 1904-1905гг. Работа военно-историческая комиссии по описанию русско-японской войны. Т. 8. Ч. 2. Спб. Типография И. Шурухтъ. 1910. СС. 37-39, 97-98, 109-112, 210-213; История Русско-японской Войны 1904-1905гг. Под редакцией И. И. Ростунова. Институт Военной Истории Министерства обороны СССР. М. Издательство Наука. 1977. СС. 204-217.

38 Левицкий. Н. А. Русско-Японская война 1904-1905гг. Государственное Военное Издательство. М. 1936. С. 242.

유탄포가 일본에서 대련에 도착했는데 유탄포의 진지는 9월 말에 완공되었다. 그사이 러시아군은 진지를 복구하고 보강했으며 포병으로 요새를 강화했다. 제1차 돌격전 당시 수류탄의 효과를 경험으로 확인한 수비대원들은 수류탄 제작에 착수했다.[39]

노기는 여순 요새로 인한 막대한 희생을 원하지 않았기 때문에 장기간에 걸친 점진적 공격으로 전환했다. 9월 초순까지 일본군 제3군은 평행호[40]를 구축하고 이들을 서로 교통호로 연결하는 공병 작업을 진행했다. 동시에 일본군 제3군은 200mm 곡사포를 동원하여 아직 완성되지 않은 요새 방어시설을 거의 쉼 없이 포격했다.

9월 6일(19일) 일본군 제3군은 남부전선인 뷔소까야와 들린나야, 북부전선인 꾸미르넨스끼와 보도쁘로보드늬브루를 공격했다. 9월 7일(20일) 꾸미르넨스끼와 보도쁘로보드늬 다면보루를 급습하여 성공적으로 점령했다. 뷔소까야산은 여순항에 정박 중인 러시아 분함대를 포격하기 위해서 중요한 지점이었다. 따라서 일본군은 9월 10일(23일)까지 뷔소까야를 집중적으로 공격했지만 점령하지 못했다.[41]

---

39 Русско-японская война 1904-1905гг. Работа военно-историческая комиссии по описанию русско-японской войны. Т.8. Ч.2. Спб. Типография И. Шурухтъ. 1910. СС.320-322, 330-331; История Русско-японской Войны 1904-1905гг. Под редакцией И. И. Ростунова. Институт Военной Истории Министерства обороны СССР. М. Издательство Наука. 1977. СС.218-220.

40 이는 방어사격에 노출되는 무모한 돌진을 피하고 조직적으로 서서히 진행하는 것이다. 먼저 공격부대는 방어 측 사정거리에 이르면 엄폐물을 이용하여 적절히 몸을 숨기고 있다. 어느 정도 거리에 이르면 접근호와 수직이며 성벽과 평행한 평행호를 판다. 평행호에는 보병 병력과 장비를 투입시킨다. 평행호를 구축, 전진하여 성곽 가까이 제방어 이르게 되면 높은 토루를 쌓고 공격한다.

41 Левицкий. Н. А. Русско-Японская война 1904-1905гг. Государственное Военное Издательство. М. 1936. СС.242-243.

노기는 새로운 공격 목표를 북부전선과 남부전선으로 잡았다. 러시아 군의 보루선을 둘러싼 포위망을 좁히려 했던 일본군 입장에서는 위의 두 보루를 반드시 점령해야 했다. 일본군 3군은 9월 7일 꾸미르넨스끼와 보도쁘로보드늬와 들린나야산을 점령했지만 병력손실이 약 7천 5백 명 에 달했다. 러시아군의 병력손실은 1천 5백 명 미만이었다.

일본군 3군은 10월 17일(30일) 일본 포병의 엄호 포격하에 모든 전선 에 걸쳐 총공격을 실시했다. 돌격전은 12시에 5개 종대로 이뤄졌는데 제 9와 제11보병사단과 제1보병사단 소속 일부 부대가 참여했다. 각 종대 는 연대병력으로 구성되었으며 2개 종대는 예비대에 위치했다. 러시아 군은 총 26개 중대가 방어했는데 일본군 일부가 포대를 돌파했으나 백 병전에서 모두 전사했다.

일본군 지휘부는 10월의 3차 돌격전이 실패한 이후 대규모의 지하 갱 도 작업에 의존하며 이른바 갱도 전쟁을 수행했다. 갱도 전쟁은 주요 보 루 밑으로 지뢰매설용 갱도를 굴착하는 것과 그것을 폭파하여 상대의 방어망을 깊숙이 돌파할 수 있는 통로를 육군에게 제공하는 것이었다. 일본 포병은 갱도 전쟁과 동시에 강력하고 체계적인 포격으로 요새의 보루를 파괴했다. 일본군은 11월에 항포격용 보루의 참호를 점령했으며 그것을 지나는 이동로를 구축할 수 있었다.[42]

42 Русско-японская война 1904-1905гг. Работа военно-историческая комиссии по описанию русско-японской войны. Т. 8. Ч. 2. Спб. Типография И. Шурухтъ. 1910. СС. 320-322. 330-331; История Русско-японской Войны 1904-1905гг. Под редакцией И. И. Ростунова. Институт Военной Истории Министерства обороны СССР. М. Издательство Наука. 1977. СС. 230-235.

3) 4차 돌격전과 여순 방어 최후의 날

일본군은 11월 제4차 돌격전에 약 5만 명에 달하는 병력을 투입했다. 반면 러시아군은 육지전선의 수비대와 예비대의 병력이 17,919명이었다. 공격 목표를 방어 중인 러시아부대는 61개 중대에 총 병력수가 5,717명에 불과했다.

일본 보병은 11월 13일(26일) 오전 8시부터 집중 포격을 시작했다. 포격 대상은 꾸르가나야 포대를 포함한 모든 동부전선의 보루와 포대였다. 하루 동안 일본군은 4천 5백 명의 병력을 잃었다. 러시아군은 전사자만 1천 5백 명 이상이었다.

일본군 지휘부는 동부전선에서 실패하자 남부전선의 뷔소까야산과 쁠로스까야산에 주력부대를 집중했다. 두 산의 정상은 항구에 정박해 있는 태평양함대 전함을 정확하게 관측할 수 있는 장소였다. 다른 진지와는 달리 뷔소까야산에 급수탑이 설치되었다.

일본군은 11월 14일(27일) 뷔소까야산의 참호로부터 약 150~200보 거리까지 평행호를 접근시켰다. 러시아군 수비대는 일본군의 월등한 병력에도 불구하고 21시까지 모든 공격을 격퇴하면서 파손된 보루 시설을 복구했다. 11월 22일(12월 5일) 아침부터 뷔소까야산에서는 4차례에 걸쳐 정복과 수복이 반복되었는데 일본군은 두 산의 정상을 완전히 점령했다.[43] 일본군은 남부전선 뷔소까야산(203고지)에서 갱도 작업을 진행

---

43 Русско-японская война 1904-1905гг. Работа военно-историческая комиссии по описанию русско-японской войны. Т. 8. Ч. 2. Спб. Типография И. Шурухгъ. 1910. С. 567, 591; История Русско-японской Войны 1904-1905гг. Под редакцией И. И. Ростунова. Институт Военной Истории Министерства обороны СССР. М.

했는데 공세로 전환한 다음 5일 동안 전투를 지속한 끝에 8천 명의 일본군 희생 끝에 뷔소까야산을 점령했다.[44]

뷔소까야와 쁠로스까야산 전투에 투입된 러시아 병력은 독립부대와 분견대 등 총 80개 중대가 넘었으며 그중 대부분이 손실을 입었다. 제3연대만 23명의 장교, 14명의 소위보, 하사관 17명, 병사 1,251명의 사상자가 발생했다. 여순 요새 수비대는 전체 병력 중 약 5천 명의 사상자가 발생했다. 일본군은 러시아군보다 2배 많은 만 명이 넘는 사상자가 나왔다.[45] 여순 요새 수비대는 식량이 부족하여 말고기로 연명했고 채소가 부족하여 괴혈병이 급속히 퍼졌다. 수비대는 12월 말 전투 병력이 1만 4천 명 이하로 감소했다. 일본군은 11월까지 포위 병력의 수를 10만 명으로 증강시켰는데, 일본 포병은 강화 진지를 계속 포격하면서 진지와 보루를 장악했다.[46]

러시아군은 뷔소까야산이 함락된 이후 북부전선과 남부전선의 전진 진지를 방치하고 후퇴했는데 일본군은 요새의 항포격용 보루선에 직접 접근할 수 있었다. 러시아 여순 요새 수비대는 일본군이 지하갱도를 폭파하지 못하도록 예방하려 했다. 노기는 더 이상 돌격전을 감행하지 않

Издательство Наука. 1977. СС. 238-240.

44 Левицкий. Н. А. Русско-Японская война 1904-1905гг. Государственное Военное Издательство. М. 1936. С. 243.

45 Русско-японская война 1904-1905гг. Работа военно-историческая комиссии по описанию русско-японской войны. Т. 8. Ч. 2. Спб. Типография И. Шурухтъ. С. 567, 591; История Русско-японской Войны 1904-1905гг. Под редакцией И. И. Ростунова. Институт Военной Истории Министерства обороны СССР. М. Издательство Наука. 1977. С. 241.

46 Левицкий. Н. А. Русско-Японская война 1904-1905гг. Государственное Военное Издательство. М. 1935. С. 245.

고 갱도와 포격으로 여순 요새를 서서히 함락시키려 시도했다.

일본 포병은 뷔소까야산을 함락하면서 여순의 요새와 시내를 향한 포격을 끊임없이 전개했는데 다수의 포탄이 병원 등의 건물에 명중되었다. 러시아 수비대는 식량 사정이 계속 악화되어 사기가 위축되었는데 음식이 부족하여 병사들 중 티푸스, 괴혈병, 야맹증 환자가 다수 발생했다.

일본군은 12월 2일 아침 항포격용 보루의 외벽 갱도 점령지에서 가죽 펠트를 태워서 유독가스를 발생시켰다. 이날 꼰드라쩬꼬(P.И. Кондратенко) 장군은 20시경 보루에 도착하여 상황을 관찰하다가 1발의 포탄이 부서진 천정을 통해 내부에 명중하여 전사했다. 꼰드라쩬꼬의 사망은 태평양함대 사령관 마까로프가 전사한 것과 함께 수비대의 사기를 꺾었다. 포크(A.B.Фок) 장군은 12월 3일(16일) 육지전선의 총사령관에 임명되었는데 금주 진지, 볼치예산전투 이후 수비대의 신임을 잃은 인물이었다. 12월 4일 포격용 보루 2번의 수비대가 반으로 감축되었고 수비대는 12월 5일 2번 흉장 밑의 원추형 갱도 중 일부가 폭파되자 꾸로빠뜨낀 안경보로 후퇴했다. 일본군은 흉장과 브루로 향하는 갱도 작업을 계속했는데 만리장성과 꾸로빠뜨낀 안경보 등에 바짝 접근했다.

12월 14일(27일) 일본군 공병대는 포격용 브루 3번 흉장 밑까지 지하 갱도 작업을 완수하고 12월 15일(28일) 3번 다이너마이트를 사용하여 흉장을 폭발시켰다. 폭발 당시 보루에는 240명의 병력이 있었는데 일부는 파편에 의해 압사했으며 대부분 가스에 중독되어 죽었다.

러시아 수비대는 포격용 보루 3번 흉장의 토루가 함락되면서 여순 요새의 상황이 비관적으로 변했다. 일본군의 제4차 돌격전으로 함락되지 않은 목표는 영구보루 3번뿐이었다. 여순 수비대는 영구보루 3번이 함락될 경우 수비대는 제2차 방어전으로 후퇴해야 했는데, 그 경우 일본 포병이 만리장성을 파괴할 수 있는 가능성을 획득할 수 있었다.

12월 16일(29일) 여순 요새 방어 군사위원회 회의가 소집되었다. 22명의 참석자 중 19명은 적극적인 방어를 결의하고 일본군을 영구보루와 야전보루에 묶어 둘 것을 주장했다. 그런데 참모장 레이스(В.А.Рейс) 대령은 더 이상의 방어는 무의미하며 가능한 최선의 조건을 내걸고 여순 요새 양도에 관해 교섭을 수행할 것을 주장했다.

총사령관 포크 장군은 레이스의 의견에 직접적으로 반대했는데 만리장성 방어에 주력해야 하며 요새의 양도는 식량의 고갈 시점에 고려해야 할 사항이라고 주장했다. 방어회의 의장 스뗴스셀 장군은 다수의 견해, 즉 지속적인 방어전의 불가피성을 지지하면서 회의를 마쳤다.

일본군 2개 연대는 12월 19일(양력 1월 1일) 새벽 6시 만리장성을 점령한 후 자레뚜뜨나야 포대를 집중 공격했다. 동시에 일본 포병은 볼쇼에 오를리노에 그녜즈도산, 배쥐만냐야산, 마뜨로판예프스까야산, 라베로프스까야산 등 제2방어선 전체에 걸쳐 강력한 포격을 가했다.

12월 19일(양력 1월 1일) 포크 장군은 동부전선을 유지하는 것이 불가능하다는 내용의 보고서를 스뗴스셀 장군에게 발송했다. 스뗴스셀은 요새 양도에 관한 교섭을 제안하는 영문 편지를 일본군 사령관 노기 장군 앞으로 작성하도록 레이스 대령에게 명령했다. 이날 17시경 요새 지역 참모부의 말첸꼬 소위보가 편지를 소지한 채 일본군 전초진지로 향했다.

포크 장군이 12월 20일(1월 2일) 밤 말로예 오를리노예, 그녜즈도산, 꾸로빠뜨낀 안경보, 잘리쩨르나야 포대 등 만리장성 방어구역에서 후퇴하면서 이로 인해 동부전선의 상황이 더욱 악화되었다.[47]

동시에 스뗴스셀 장군은 비렌(Р.Н.Бирен) 해군 소장에게 이미 침몰한 장갑함과 순양함을 밤새 파괴하도록 명령했다. 21시 30분 군기와 문서 등은 수뢰정 스따뜨늬(Статный)호에 실려 지부로 이송되었다. 러시아 해군은 벨뤼 볼크만에서 포함 오뜨바즈늬호를 폭파시켰고 새벽에 기선 실라츠호는 세바스또뽈호를 예인하여 수심 50m에 달하는 곳어 수장시켰다. 그러나 시간 부족으로 모든 전함을 완전히 파괴할 수 없었다.

스떼스셀은 잔존 요새 설비, 대포, 탄약, 기타 군수물자의 파괴 등에 관한 명령을 하달하지 않았다. 그러나 여순 수비대는 요새를 양도한다는 소식을 전해 듣자 지시를 받지 않고 스스로 보루의 파괴, 대포의 파손, 탄약의 폐기 처분 등에 착수했다. 12월 20일(1월 2일) 낮이 되어서야 수비대의 행동은 중단되었다.

스떼스셀 장군은 12월 20일 아침에 항복 교섭에 동의하는 노기 장군의 서신을 수령했다. 러시아 측 전권대표는 요새 지역 참모장 케이스 대령이었고 일본 측 전권대표는 포위군 참모장 이지치 등이었다. 20일 19시 스떼스셀 장군은 항복문서에 서명했다.[48]

항복 조건에 따라 전체 수비대원이 일본군의 포로가 되었다. 모든 보루, 군함, 무기, 탄약, 화폐 등 군수물자는 항복문서가 조인될 당시의 상

---

47 Русско-японская война 1904-1905гг. Работа военно-историческая комиссии по описанию русско-японской войны. Т.8. Ч.2. Спб. Типография И. Шурухтъ. СС.707-713; История Русско-японской Войны 1904-1905гг. Под редакцией И. И. Ростунова. Институт Военной Истории Министерства обороны СССР. М. Издательство Наука. 1977. СС.244-249.

48 12월 16일(29일) 스떼스셀 장군은 군사위원회 회의에서 다수의 반대에 직면해 항복을 자제했다. 하지만 마지막 이틀간의 패배는 스떼스셀의 행보를 정당화했다. 저항 의지를 상실한 스떼스셀은 군사위원회의 결정을 받아들이지 않고 참모들과 함께 항토했다. 스떼스셀은 군사위원회의 결정에 반하여 일본군과의 협상에 임해 1905년 1월 2일(12월 20일) 항복문서에 조인했다. Левицкий. Н. А. Русско-Японская война 1904-1905гг. Государственное Военное Издательство. М. 1936. С.245.

태로 일본군에게 양도되었다. 여순 요새 수비대는 부상자 5,809명을 포함하여 총병력 32,400명이 포로가 되었고 약 3천 필의 말, 대포 610문, 기관총 9정, 포탄 207,855발 등이 일본군에 넘겨졌다. 1904년 12월 20일(1월 2일) 당시 여순 요새 수비대는 밀가루 27일분, 곡분 23일분, 차 196일분, 설탕 40일분, 건빵 21일분 등을 가지고 있었다. 스뗴스셀 장군, 포크 장군, 레이스 대령 등은 항전을 주장한 여순 요새 수비대의 장교와 병사의 결의를 배신했다.

러시아군은 여순 방어전에서 약 2만 7천 명의 사상자를 냈다. 일본군은 여순전투에서 총 11만 명 이상의 사상자, 15척의 전함을 잃었으며 16척은 심각하게 파손되었다.

여순전투는 연안 요새를 방어하기 위해서 수비대와 야전군, 전함 등이 상호 협동해야 한다는 교훈을 주었다. 또한 보루와 포대는 영구 방어 시설이 중요하다는 사실을 증명했다. 일본군 11인치 포탄이 러시아 포격용 보루의 콘크리트 아치를 관통함으로써 대구 경포의 중요성을 확인시켰다.[49]

11개월에 걸친 관동반도와 여순의 방어는 일본군 15만 명에 달하는 병력을 유인했다. 일본군 3군을 묶어두던 여순 요새가 함락되어 봉천전투를 앞당겼다. 한편 여순 함락 직전까지 제1태평양함대의 전함에서 고지로 다양한 구경의 포 120문과 8천 발이 넘는 포탄이 이동 배치되었다.

---

49 Русско-японская война 1904-1905гг. Работа военно-историческая комиссии по описанию русско-японской войны. Т. 8. Ч. 2. Спб. Типография И. Шурухтъ. СС. 655-656, 707-713, 719-720; История Русско-японской Войны 1904-1905гг. Под редакцией И. И. Ростунова. Институт Военной Истории Министерства обороны СССР. М. Издательство Наука. 1977. СС. 251-252.

전함 해병은 다시 편성되어 보루 2차 방어선 작업에 참여했다.[50]

3. 요양전투

일본 제1군은 압록강에서 요양까지 총 250km를 이동하는 데 4개월이나 걸렸다. 1904년 10월 야전 협궤 철도가 제1군의 봉황성까지 쿠설되었으며 요양을 향한 철도 부설이 완만한 속도르 진행되었다. 일본은 만주의 철도 광궤를 변경하는 데 많은 시간을 소요했는데 1904년 9월에 가서야 작업이 완료되었다.[51]

만주군 총사령관 오야마는 남부군을 상대로 제2와 제4군을 집중 진격시키고 동부군에 대응해서는 제1군을 집중 투입하여 요양 북쪽어 위치한 러시아군을 밀어내는 것이었다. 구로키 제1군 사령관은 요양으로 진군하기 위하여 탕허로 진출하는 것이었다. 일븐군 제2군과 제4군은 안산잔 거점을 점령하고 있는 남부군을 선제공격하여 거점으로투터 격퇴한 다음 철도 주변을 따라 요양 방면으로 진격해야 했다.[52]

1904년 6월 제4군은 대고산에 상륙하여 제1군과 제2군 사이의 중간지점으로 진군했다. 그 후 제4군은 동청철도의 남만 지선에 접근함에 따

---

50 Левицкий. Н. А. Русско-Японская война 1904-1905гг. Государственное Военное
    Издательство. М. 1936. С. 245.

51 Левицкий. Н. А. Русско-Японская война 1904-1905гг. Государственное Военное
    Издательство. М. 1936. С. 48.

52 Левицкий. Н. А. Русско-Японская война 1904-1905гг. Государственное Военное
    Издательство. М. 1935. С. 114.

라 2군과 함께 영구에 근거지를 정했다.[53]

1904년 7월 초 일본군은 군사행동에 돌입했다. 구로키 다메모토 1군 사령관은 총병력 약 4만 2천 명, 대포 약 120문 등을 동원하여 판쯔쟈뿌쯔쥔과 따깐쥐의 넓은 전선에 포진했다. 제4군 제10사단 사단장 가와무라 가게아키(川村景明)는 총병력 1만 6천 명과 대포 36문 등을 동원하여 대고산을 출발하여 시무쳰에 포진했다. 오쿠 야스카타(奧保鞏) 2군 사령관은 총병력 5만과 대포 258문을 동원하여 가이저우 지역에 포진했다. 만주군 총사령관 오야마 장군도 참모부와 함께 가이저우에 머물렀다.

1904년 7월 초 러시아 만주군은 남부군과 동부군으로 분할되어 있었는데 요양으로 향하는 길목에 포진했다. 남부군의 주력부대는 자루바예프(Н.П.Зарубаев) 장군이 지휘했다. 남부군은 제1, 제4동시베리아군단으로 구성되었으며 총병력 4만 2천 명(43개 대대)과 대포 106문을 보유했다. 남부군은 일본군 제2군의 진격로였던 다쉬치오 남쪽에 위치한 우측전선에 포진했다. 자술리치 장군은 총병력 2만 4천 명(31개 대대), 대포 72문을 보유한 제2시베리아군단을 지휘했다. 자술리치 장군은 일본의 대고산부대가 하이청으로 향하는 진격로인 시무쳰 지역에 위치했다. 하이청은 남부군의 예비대 총병력 1만 6천 명, 대포 126문이 포진했다.

동부군은 일본군 제1군에 대응했는데 켈레르(Ф.Э.Келлер) 장군은 란허강 건너편에 위치하며 총병력 2만 6천 명(32개 대대)과 대포 100문으로 구성된 동부분견대를 배치했다. 게르셀만(Ф.К.Гершельман) 장군은 요양 방면에 포진했다. 마드리또프 장군은 짠친 동북쪽에 위치했다.

53 Левицкий. Н. А. Русско-Японская война 1904-1905гг. Государственное Военное Издательство. М. 1936. С. 78.

일본군은 7월 18일(31일) 병력과 화력을 과감히 전개하며 공격했다. 러시아군은 전략적으로 중요한 진지를 버리고 각각 랸자난과 아이샨잔으로 후퇴했다. 러시아 만주군 지휘부는 요양에서 예정된 전투를 준비하면서 희생을 최소화하기 위해 적극적 행동을 자제했다.

러시아군 지휘부는 요양 총력전에 대비하여 총 3개의 방어진지를 구축했다. 1) 후위전선은 전체 길이 70km로 가별 참호로 이루어진 야전방어진지였다. 2) 전진전선은 후위진지로부터 17~20km 지점에 구축된 제2방어전선이었다. 이 전선의 총길이는 22km였다. 3) 주 전선은 전진진지로부터 4~6km 떨어진 곳에 위치했는데 총길이는 15km에 달했다.

러시아군대는 요양 근교의 모든 진지에 포격용 보루를 설치했는데, 보루는 원형방위를 목적으로 토성으로 만들어졌다. 각 보루는 지뢰와 철조망 및 흉장이 설치되었다. 포격용 보루의 수비대는 2개 중대의 병력으로 구성되었는데 기관총과 대포 등으로 중무장했다. 러시아군대는 흉장과 사격용 계단을 갖춘 교통참호도 설치했다.

8월 10일(23일) 러시아 만주군은 동부군과 남부군 및 예비대 등으로 구성되어 후위전선에 집결했다. 러시아군 지휘부는 증원군이 도착할 때까지 결전을 지연시키기 위해서 후진전선→전진전선→주 전선에서 순차적으로 방어하는 전략을 취했다.

일본군은 양측으로 우회하여 러시아군을 포위하여 섬멸한다는 전략이었다. 일본군 제1군과 제2군은 러시아군의 좌측과 우측으로 우회하며 제4군은 러시아군의 중앙을 공격한다. 8월 10일(23일) 만주군 총사령관 오야마는 제1, 제2, 제4군을 동원하여 요양전선을 공격했다.[54]

---

54 Русско-японская война 1904-1905гг. Работа военно-историческая комиссии по

러시아 만주군 참모부는 일본의 병력수를 과장되게 파악했다. 8월 10일 제5시베리아군단이 도착한 다음 일본군은 소극적 태도를 보였다. 남부군 총사령관 자루바예프(Н.П.Зарубаев) 장군의 임무는 안산잔 거점을 끈질기게 방어하는 것이었다.

요양전투 직전 러시아 만주군의 총병력은 약 16만 명과 포 592문이었고 일본 만주군의 총병력은 12만 5천 명과 포 484문이었다.

8월 11일 일본 만주군 총사령관 오야마 장군은 동부군을 공격하여 8월 13일까지 탕허에 위치한 진지를 점령하라고 구로키 제1군 사령관에게 명령을 내렸다. 1군이 어느 정도 승리를 달성하면 2군과 4군이 공세에 전환한다는 계획이었다.[55]

러시아군은 8월 17~18일(30~31일) 일본군의 공격을 격퇴한 다음 전진전선으로부터 후퇴했다. 2일 동안의 전투에서 러시아군은 6,540명의 사상자가 발생했고 일본군은 11,900명의 사상자가 발생했다.

양측의 군대는 8월 19~21일(9월 1~3일) 사이에 주 전선에서 전투를 벌였다. 19~20일 사이 러시아군은 3,280명의 병력손실을 입었고 일본군의 병력손실은 1,291명에 불과했다. 8월 21일 아침 꾸로빠뜨낀은 봉천으로 후퇴하라고 명령했다.

러시아군의 병력손실은 장교 541명, 병사 16,495명이었다. 일본군은 장교 600명, 병사 23,243명의 병력손실을 입었다. 러시아군대는

описанию русско-японской войны. Т. 3 Ч. 1. Спб. Т-во Художественой Печати. 1910. СС. 30-31; История Русско-японской Войны 1904-1905гг. Под редакцией И. И. Ростунова. Институт Военной Истории Министерства обороны СССР. М. Издательство Наука. 1977. СС. 259-271.

55 Левицкий. Н. А. Русско-Японская война 1904-1905гг. Государственное Военное Издательство. М. 1936. СС. 114-116, 119.

50~60km 정도 후퇴하여 8월 24일 봉천 근교의 새로운 진지예 포진했다. 러시아 지휘부는 요양 작전에서 우세한 병력과 화력 등을 이용하지 못하고 무기와 장비와 식량 등을 포함하여 러시아의 중요한 기지를 일본군에 넘겨주었다.[56]

8월 21일(9월 3일) 러시아 남부군 총사령관 자루바예프(Н.П.Зарубаев) 장군은 요양 진지를 사수해야 했다. 8월 21일 2군과 4군이 공세적인 모습을 보였다. 일본군은 아침부터 요양 강화 진지를 파괴하기 위해 포병의 지원 포격하에 수수밭 속에 은폐하며 공격에 나섰고 러시아군 진진전선의 참호를 점령했다. 러시아군의 후위 제1시베리아 군단은 8월 24일(9월 6일) 밤 샤오다례거우에서 일본군 제12사단과 충돌했고 8월 24일 제10시베리아군단을 훈허 남쪽에 남겨둔 채 강 건너편에 도착했다. 일본군은 반라산쯔-옌타이 갱도-팡선-요양전선에 머물고 있었다.[57]

동부군은 7만 2천 명에 달했는데 수적으로 3분의 1에 불과한 일본군 1군에 패배했다. 만주군 총사령관 꾸로빠뜨낀은 "증원군대를 기다릴 수 있는 확실한 방법이 보장된 상태에서 군대를 집결시키고 동시에 일본군을 각개 격파하기 위한 부분적 공격으로 전환할 수 있는 모든 가능성을 활용하는 것"을 최대 과제로 규정했다. 꾸로빠뜨낀은 요양에서 나폴레

56 Русско-японская война 1904-1905гг. Работа военно-историческая комиссии по описанию русско-японской войны. Т.3 Ч.3. Спб. Т-во Художественной Печати. 1910. СС. 246-249; История Русско-японской Войны 1904-1905гг. Под редакцией И. И. Ростунова. Институт Военной Истории Министерства обороны СССР. М. Издательство Наука. 1977. СС. 279-282.

57 Левицкий. Н. А. Русско-японская война 1904-1905гг. Государственное Военное Издательство. М. 1936. СС. 165-167.

옹식 집결을 달성했지만 집중시킨 전력으로 일본군에 강력한 타격을 가하려 들지 않았다. 반면 일본군은 양 측방을 포위하고 섬멸하려고 했지만 월등한 전력을 확보하지 못하고 모험을 감수하지 않았기 때문에 목표를 달성하지 못했다. 일본군은 요양에서 2만 4천 명 이상의 병력을 잃었는데, 이는 일본군 전체 병력의 약 20퍼센트에 해당하는 숫자였다. 반면 러시아군은 1만 7천 명의 사상자가 발생했는데 이는 만주 주둔군의 약 9퍼센트에 불과했다.[58]

요양 작전의 실패는 러시아 육군을 와해시키기 시작했다. 러시아는 요양 지역의 요새화에 7개월이라는 시간과 막대한 금액을 투자했다. 요양 패배로 전쟁 부담에 대한 불만이 광범위하게 확산되었고 병사들 내부에 혁명 사상이 침투하는 데 일조했다. 꾸로빠뜨낀은 자신의 보고서에서 러일전쟁의 패전 원인을 지휘부의 무능력, 군부대의 전술적 준비와 투지 부족 등에 있다고 설명했다. 실제로 러시아군은 종종 적의 군세를 파악하지도 않고 전투 초기에 후퇴했다.[59]

4. 봉천전투

1904년 8월 러시아 만주군은 보병 194,427명, 기병 18,868명, 대포 758문, 기관총 32정이었다. 일본 만주군은 보충대를 제외하고도 보병

---

[58] Левицкий. Н. А. Русско-Японская война 1904-1905гг. Государственное Военное Издательство. М. 1936. СС. 167-168.

[59] Левицкий. Н. А. Русско-Японская война 1904-1905гг. Государственное Военное Издательство. М. 1936. СС. 175-177.

17만 명이었다. 9월 22일(10월 5일) 일본 만주군은 본청과 무순전선에서 군사행동을 개시함으로써 샤허강전투가 시작되었다.[60] 일본군은 샤허전투에서 전사자 3,951명을 포함하여 병력손실이 2만 명에 달했다. 러시아군은 전사자 4,870명을 포함하여 병력손실이 4만 명이 넘었다. 샤허강전투는 원거리 전투의 경우에는 대포의 역할, 근접 전투의 경우에는 기관총의 역할이 중요하다는 사실을 증명했다.[61]

샤허강전투 이후 러시아와 일본은 1905년 1월 중순까지 적극적인 군사행동을 자제했다. 니꼴라이 2세는 혁명으로부터 관심을 다른 곳으로 유인하기 위해서 만주에서 공세로 전환할 것을 결정했다. 꾸로빠뜨낀은 1904년 10월 뻬쩨르부르크로 소환된 알렉세이프를 대신하여 간주군 총사령관으로 임명되었다. 만주군의 부대 편성은 기존의 동부군과 남부군을 대신하여 3군 체제로 분리되었다. 제1군은 리네비치(Н.П.Линевич) 장군, 제2군은 그립뻰베르크(О.К.Гриппенберг), 제3군은 까울바르스 (А.В.Каульбарс) 장군에 소속되었다.[62]

러시아군은 소극적 방어 개념을 반영하여 병력 집결을 완전히 배제했다. 반면 일본군은 러시아군의 중요 전개지에 대한 포위 개념을 반영했다. 1905년 2월 러시아군은 총병력 33만 명에 포가 1,266문, 기관총이

60 История Русско-японской Войны 1904-1905гг. Под редакцией И. И. Ростунова. Институт Военной Истории Министерства обороны СССР. М. Издательство Наука. 1977. СС. 283-285.

61 История Русско-японской Войны 1904-1905гг. Под редакцией И. И. Ростунова. Институт Военной Истории Министерства обороны СССР. М. Издательство Наука. 1977. С. 293.

62 История Русско-японской Войны 1904-1905гг. Под редакцией И. И. Ростунова. Институт Военной Истории Министерства обороны СССР. М. Издательство Наука. 1977. С. 294.

56정에 달했으며 약 150km에 걸친 전선을 점유하고 있었다. 봉천전투 직전 일본군은 총병력 27만 명, 포 1,062문, 기관총 200정을 보유했다.[63]

봉천 근교의 전투는 철도 노선을 중심으로 서쪽의 평야 지대와 동쪽의 산악 지대에서 수일 동안 진행되었다. 서쪽 방면은 점토 가옥과 토담으로 이루어진 마을들이 펼쳐진 평원이었다. 이곳은 서로 비슷한 마을이 산재해 있어 측지와 포격에 곤란을 겪었지만 석조 사당과 공동묘지가 편리한 거점으로 활용되었다. 철도 노선은 마댜누촌부터 사링푸까지 방어 작전으로 활용되었다. 북쪽 방면은 나무가 짙게 자란 황제릉들이 있었다. 평야 지대는 얼어붙은 고량 줄기들로 덮여 있었다. 동쪽 방면은 산맥과 산맥의 지맥들이 가로지르는 지대로서 인구가 적고 도로 역시 거의 존재하지 않았다.[64]

러시아와 일본은 결정적 일전을 준비하기 시작했다. 봉천전투는 봉천 근교의 길이 155km와 폭 80km의 전선에서 17일간 걸쳐 진행된 러일전쟁 최후의 육상전투였다. 러시아 만주군 병력은 1905년 2월 초 제16전열군단이 도착함으로써 30만 명을 상회했다.[65] 만주군은 대포 1,386문, 기관총 56정을 보유했다. 우익에는 제2군이 위치했으며 2군 지휘관은 그립뻰베르크를 대신하여 까울바르스(А.В.Каульбарс) 장군이 임명되었다.

---

63 Левицкий. Н. А. Русско-Японская война 1904-1905гг. Государственное Военное Издательство. М. 1936. СС. 258-259.

64 Левицкий. Н. А. Русско-Японская война 1904-1905гг. Государственное Военное Издательство. М. 1936. С. 265.

65 Русско-японская война 1904-1905гг. Работа военно-историческая комиссии по описанию русско-японской войны. Т. 5 Ч. 1. Спб. Государственная Типография. 1910. СС. 1-4; История Русско-японской Войны 1904-1905гг. Под редакцией И. И. Ростунова. Институт Военной Истории Министерства обороны СССР. М. Издательство Наука. 1977. СС. 303-304.

빌데를링(А. А. Бильдерлинг) 장군은 제3군 중앙에 위치했다. 리네비치 장군의 제1군은 좌익에 배치되었다. 제16전열군단 예비대는 봉천의 남쪽에 집결했다.[66] 러시아군은 포위를 방지하기 위해서 100km의 전선에 단선으로 포진했는데, 이는 부대의 조속한 재배치를 곤란하게 만들었다.

일본군은 노기 장군의 제3군이 도착했고 가와무라 장군의 제5군이 신규 편성되었다. 총병력이 10개 사단, 12개 예비여단, 2개 기병여단 등으로 27만 명을 상회했고 대포 1,062문과 기관총 200정을 보유했다. 가와무라 장군의 제5군은 전선 우익에 집결했다. 구로키의 제1군과 노즈 장군의 제4군이 인접했다. 오쿠 장군의 제2군은 좌익에 집결했는데 2군 후방에 노기 장군의 제3군이 비밀리에 집결했다.

일본군의 목표는 러시아군을 양측에서 강력하게 타격하고 봉천 지역에서 러시아군을 포위하여 섬멸시키는 것이었다. 가와무라의 제5군은 구로키의 제1군에 배속되어 리네비치 장군의 제1군을 공격하여 좌익을 북쪽으로 격퇴함으로써 러시아 예비대를 유인해야 했다. 노기 장군의 제3군은 까울바르스 장군의 제2군의 우익을 우회하여 봉천의 북쪽으로 향한 후 봉천과 뗄린(봉천의 43km에 위치) 사이의 철도 교통망을 차단하는 임무를 맡았다. 일본군의 전략은 러시아군 후방의 철도를 급습하여 러시아군의 대규모 군사력을 후방 방어에 투입하도록 유도하는 것이었다. 제2와 제4군은 포병의 지원하에 중앙으로 돌파하여 빌데를링 장군의 제3군을 제압한다.

---

66 История Русско-японской Войны 1904-1905гг. Под редакцией И. И. Ростунова. Институт Военной Истории Министерства обороны СССР. М. Издательство Наука. 1977. С. 305.

1905년 2월 5일(18일) 일본군 제5군은 러시아 제1군의 렌넨깜프(П.К.Ренненкампф) 부대의 좌익을 공격했다. 러시아 만주군 총참모부는 예비대에서 제2보병여단을 다닐로프(Ю.Н.Данилов) 장군의 지휘하에 파병하도록 지시했다. 2월 15일 일본군 제5군은 렌넨깜프와 다닐로프의 부대를 재차 공격했다. 그레꼬프(М.Н.Греков) 장군의 기병대는 2월 15일 일본군 제3군의 진격을 발견했다.

1905년 2월 16일(3월 1일) 일본군 제2군은 러시아의 군사력을 우익으로부터 유인하기 위해 대포 136문으로 포격을 가했는데 이는 2군의 후방에 있는 노기의 3군의 기동을 손쉽게 만들어 주었다. 2월 16일 오후 일본군 제3군의 선봉부대는 러시아군이 진격한 곳의 후방에 도착했다. 다무라 히사이(田村久井) 장군의 기병부대 중 선봉대가 신민둔시에 도달했다. 일본군 제2군은 까울바르스(А.В.Каульбарс) 장군의 제2군의 모든 주의를 집중시키기 위해 매우 집요하게 공격했다. 그사이 2월 17일 노기 장군의 제3군은 러시아군의 철도를 향해 전진했다.

1905년 2월 20일 꾸로빠뜨낀은 12개 부대를 통합한 3개의 공격종대를 편성하여 노기의 제3군을 격퇴한다는 계획을 마련했다. 하지만 러시아군 참모부는 일본군의 우회를 차단하고 대규모 군사력 집결에 성공하지 못했다. 노기 장군의 제3군과 오쿠 장군의 제2군은 2월 19일(3월 4일) 이미 봉천 북쪽의 철도에 약 12km 거리까지 근접했다.

하지만 2월 22일(3월 7일) 일본군 제3군은 결정력을 보여주지 못했다. 2월 22일 또뽀르닌 장군의 혼성군단과 오시마의 제3사단에 소속된 남부여단은 유후안뚠촌 근교에서 격렬한 전투를 벌였다. 남부여단은 러시아군 제2군과 제3군 사이의 중간 지점을 공격하여 차단하는 임무를 맡았다. 꾸로빠뜨낀은 유후안뚠촌을 '키이 포인트'라 부르며 방어에 중요

봉천에서 러시아군의 철수(1905)

한 의미를 부여했는데, 유후안뚠 진지는 다면보루로 이어져 있으며 전투 직전에 진지보강이 이뤄졌다. 유후안뚠전투에서 러시아군은 5,409명의 사상자가 발생했고 남부여단은 4,200명의 병력 중 437명만이 생존했다. 남부여단은 러시아군 35개 대대를 유인함으로써 노기 장군의 3군의 이동을 가능하게 만들었다. 노기 장군의 3군은 계속해서 포위 작전을 수행했다. 이런 상황에서 꾸로빠뜨낀은 전선의 길이를 줄이기로 결정했는데, 러시아 제1군과 제3군은 2월 23일(3월 8일) 아침 훈허강으로 후퇴했다.

1905년 2월 24일(3월 9일) 일본군 제1군은 봉천의 동쪽에 위치한 러시아 제1군 전선을 돌파했다. 일본군은 제1군의 방어선 중 9개 중대에 불과한 장소에 2개 사단이 넘는 대규모 군사력을 집중시켰는데 바로 찌자펀, 끼우잔, 파닝뚠전선이었다.

이날 12시경 일본군 12사단은 훈허강을 도하한 다음 제2사단과 협동하여 끼우짠 지역에 위치한 러시아 1군 전선을 돌파하며 12km의 전선을 진입했다. 러시아 제2군과 제3군은 제1군과 총사령관 사이의 연락이 두절된 상황에서 군사행동을 전개했다. 꾸로빠뜨긴은 끼우짠이 돌파된 사실을 모르고 봉천 근교에서의 방어대책을 고려하지 않는 상황에서 2월 25일(3월 10일) 밤 뗼린 방면으로 후퇴하라고 명령했다.

2월 26일(3월 11일) 아침 일본군 제1, 3군은 아직 도하하지 못한 일부 러시아군 부대와 뿌허강 근처에서 마주쳤으나 대부분의 러시아군은 피해를 입지 않았다. 러시아 제2군과 3군은 퇴각로를 변경하여 후퇴했다.

1905년 2월 26일 저녁 러시아군은 뗼린에 근접했는데 제1군과 제2군은 2월 28일(3월 13일) 차이허강을 따라 구축된 진지에 포진하고 제3군은 예비대로 편입되었다. 러시아군이 쉬뻰가이로 이동 중일 때 꾸로빠뜨긴은 직위 해제되고 리네비치(Н.П.Линевич) 장군이 만주군 총사령관에 임명되었다. 꾸로빠뜨긴은 제1군 지휘관 자격으로 전선에 남았다.

러시아군은 봉천전투에서 전사자와 부상자와 포로를 포함하여 약 9만 명의 병력을 상실했고 일본군은 7만 1천 명의 사상자가 발생했다.[67] 3월 17일(30일) 러시아군은 쓰핑 진지로 병력을 완전히 철수하고 러시아군은 포츠머스조약 체결 때까지 그곳에서 주둔했다.[68]

일본군은 봉천의 러시아군을 포위하여 섬멸하기 위해 전투를 수행했

67 История Русско-японской Войны 1904-1905гг. Под редакцией И. И. Ростунова. Институт Военной Истории Министерства обороны СССР. М. Издательство Наука. 1977. СС. 306-319.

68 Левицкий. Н. А. Русско-Японская война 1904-1905гг. Государственное Военное Издательство. М. 1936. С. 311.

는데, 노기 장군의 3군은 러시아군의 후방을 우회했다. 반면 러시아군은 반격이 강력하지 못한 채 소극적 방어로 일관했다. 봉천전투는 그 결말이 나지 않았다. 일본군은 전과를 올렸지만 러시아군을 섬멸시키지 못했다. 일본군은 신규병력 지원을 받지 못했으며 특히 기병대를 보충받지 못했다. 반면 러시아군은 쉬뻰가이 진지에 주둔하면서 군사력을 보충하여 전투력을 회복할 수 있었다. 러시아군과 일본군 모두 전체전선에 걸쳐서 전투를 치를 만큼 대규모의 군사력을 보유하지 못했다.

러사아군이 남만주에서 후퇴하면서 일본은 요양, 샤허, 봉천에서 사실상 육상전을 종결했다. 그 후 일본군은 방어작업을 수행하고 부대의 전개를 강화하는 선에서 군사적 행동을 자제했다.

러시아군은 쉬뻰가이 진지에 주둔했는데 예비대가 도착함에 따라 계속해서 병사가 증강되었다. 1905년 8월 말 만주 지역 러시아군은 78만 8천 명이었고 연해주와 후방에 위치한 병력은 15만 명이었다. 당시 일본군은 총병력이 약 75만 명이었는데, 그중 15만 명이 후방과 한국 북쪽에 배치되었다.

봉천전투 이후 양국 군대 사이에는 대규모의 접전이 없었으며 방어가 큰 비중을 차지했다. 러시아군은 후퇴를 대비하여 쑹화강 근처까지 약 300km에 달하는 지역에 여러 개의 중간 진지를 구축했다. 만주에서 러일전투는 전략과 작전의 수행에 변화를 가져왔다. 전투는 단기전이 아닌 길이 150km와 폭 69km의 전선에서 수일간에 걸쳐 치러지는 장기전으로 진행되었다. 러시아와 일본의 지휘부는 전투에서 완벽한 지휘력을 발휘하지 못하고 지형적 특징으로 진지 전투가 전개되었다.[69]

69 История Русско-японской Войны 1904-1905гг. Под редакцией И. И. Ростунова.

일본군 만주군 총사령관 오야마는 봉천 작전에서 양면 포위 작전을 스당 방식으로 마무리 지으려는 작전을 명확히 전개했다. 그러나 압도적으로 우월한 전력을 보유하지 못한 상황에서 일본군이 러시아군을 포위하기에는 전선이 너무나 광범위했다. 노기 장군의 3군은 중심 포위를 완전히 실행하지 못했다.

반면 러시아군 만주군 총사령관 꾸로빠뜨낀은 포위에 대응하여 소규모 전력으로 광범위한 전선을 전개했다. 꾸로빠뜨낀은 일본군의 공격에 수동적인 반격으로 집중했는데, 일본군에 대한 집중 타격의 집결을 실행하지 못했다.

독일 통일전쟁 시기에 완성된 스당 방식의 포위 작전은 나폴레옹식 전략 단위 집결 방법에 비해 더욱 효과적이었다. 일본군은 봉천 작전에서 적극적 공격을 전제로 고안한 계획을 일관되게 수행했다. 일본군은 대규모 병력을 전투에 투입했고 중요한 전투 구역에서 전력이 상대적으로 우월해지도록 병력과 화력을 집중했다. 그럼에도 기병대의 부재로 퇴각하는 러시아군을 궤멸시키지 못했다.[70]

러시아의 대규모 자본가는 봉천전투에서 러시아가 패배하자 모스크바 외환시장에서 협의회를 소집하여 사할린과 블라디보스톡을 포기하는 상황이더라도 일본과의 조속한 강화조약 체결을 탄원하는 청원서를 니꼴라이 2세에게 제출했다.[71]

Институт Военной Истории Министерства обороны СССР. М. Издательство Наука. 1977. CC. 320-321.

70 Левицкий. Н. А. Русско-Японская война 1904-1905гг. Государственное Военное Издательство. М. 1936. CC. 311-316.

71 Левицкий. Н. А. Русско-Японская война 1904-1905гг. Государственное Военное

5. 러시아군과 일본군의 군사분계선 협상

러시아와 일본은 대한제국 북부지역 평양, 안주, 정주-의주-지우렌청(九連城=Тюренчен, 양력 4월 26일~5월 1일) 등에서 전투를 진행했다. 러시아와 일본은 랴오뚱(遼東) 반도 피즈워(子窩=Бицзыво, 5월 5일)-푸란덴(普蘭店=Пуланьдянь)-진저우(金洲=Цзиньчжоу, 5월 26일)-다롄(6월 6일)-여순(3월 4일, 6월 1일~1905년 1월 1일)에서 전투를 벌였다. 그리고 양국 군대는 랴오양(8월 24일~9월 3일) 전투, 사허(沙河=Сахдза, 10월 5일~17일)-선단푸(沈旦堡=Сандепу, 1905년 1월 25~28일)-봉천(奉天=Мукден, 1905년 2월 24일~3월 10일) 전투 등을 진행했다.

러시아와 일본군대는 여순전투와 봉천전투에서 가장 많은 사상자를 냈다. 러시아는 여순전투 과정에서 약 5만 3천 명의 사상자가 나왔는데 포로는 3만 2천 명(부상 6천 명), 사망자는 약 1만 1천 명이었다. 일본은 약 11만 명의 사상자가 발생했는데 전사자는 1만 5천 명, 부상자 4만 4천 명이었다. 러시아와 일본은 1905년 3월 봉천에서 대규모 전투를 벌였다. 러시아군대는 30만 명 중 9만 명의 병력손실, 일본군대는 27만 명 중 7만 1천 명의 병력손실을 입었다. 사상자는 러시아가 5만 9천 명, 일본이 70,059명이었다. 그 후 러시아는 1905년 8월 포츠머스회담을 진행하면서 한국의 북부지역에서 철수를 진행했지만 한국의 국경지대에 자국의 군대를 유지시켰다.

1905년 8월 러시아와 일본은 러일 군사분계선 설정과 한국에서 러시아군 철수를 회담했다. 일본군은 8월 26일 12시 제9시베리아 카자크 기

Издательство. М. 1936. С. 317.

병연대의 선봉부대를 찾아와서 군사분계선을 설정하기 위해서 회담을 진행하자고 아니시모프 소장에게 제안했다. 8월 28일 아니시모프 소장은 일본군과의 휴전에 대한 협상과 두만강 지역 군사 분계 지역을 설정하라는 만주군 총사령관의 명령을 전달받았다.

1905년 9월 3일 러시아 강화회담 전권대표 꼬사꼽스끼(B. A. Косаговский) 소장은 일본 전권대표를 만나서 회령에서 시작하여 강을 따라 완산촌을 거쳐 남천과 서구 사이의 분수령을 따라 가필령 방향으로 향한 뒤 그곳에서 직선으로 꼬르닐로프만 북쪽 끝으로 향하는 군사분계선을 설정하자고 제안했다.

일본 전권대표는 다음과 같이 제안했다. 일본군은 고령을 점령하면서 자신의 좌익을 북쪽으로 이동시키고 만주에 있는 일본군의 우익과 접할 때까지 연장시킨다. 러시아군은 한국으로부터 두만강의 좌안으로 퇴각한다. 일본의 전초에서 북쪽으로 두만강까지의 공간은 중립지역으로 설정한다.

9월 10일 만주군 총사령관은 일본군이 간도 지역까지 침입할 수 있는 가능성을 제공하지 않기 위해서 회령에서 모아산까지의 군사분계선을 두만강의 좌안 그리고 압록강의 우안을 따라 설정해야 한다고 지시했다. 1905년 10월 4일 만주군 총사령관은 10월 2일 러일 강화조약이 비준되었다고 통보했다. 만주군 총사령관은 사전에 강화조약이 비준되면 러시아군을 한국에서 철병하면서 일본군이 북쪽으로 전개할 수 없도록 제1네르친스크 카자크연대 소속의 4개 100인 중대를 동원하여 두만강 좌안을 점령하도록 지시했다. 10월 14일 만주군 총사령관은 간도에 전초부대를 잔류시키지 말고 노보키엡스크로 퇴각하라고 명령했다. 아니시모프 소장은 한국에서 철수하기 시작했고 니콜스코 우수리스크시로 퇴각하고 중국의 훈춘시로 1개 100인 중대를 파견했다.

10월 22일 빠블로프 대령은 러일회담 결과 다음과 같은 협약을 체결했다고 보고했다. 러시아군대는 5일내에 한국으로부터 철수한다. 5일 동안 일본군은 자신의 부대를 푸고틴-회령전선을 향해 남쪽으로 후퇴시키고 북쪽으로 이동하지 않는다. 그 결과 10월 27일 제1네르친스크 카자크 기병연대와 제9오렌부르크 카자크 연대 소속의 2개 100인 중대는 회령시에서 철수했다. 1905년 10월 28일 한국부대가 해체되었고 연 아무르 혼성 카자크 여단도 12월 1일 해체되었다.[72]

1905년 10월 1일 만주군 총사령관 리네비치는 쁘리아무르 군사관구 군사 총독이자 사령관 흐레사티쯔끼(P.A.Хрещатицкий)에게 다음과 같이 지시했다.

리네비치는 러시아군대가 포츠머스조약에 따라 철병해야 한다고 지시했다. 일본은 한국 북부 전체를 점령할 권리를 갖게 되었다. 현재 일본은 두만강 좌안에서 무산과 회령 사이만 점령하고 있다. 러시아는 두만강 좌안 지역을 점령해야 한다. 리네비치는 포츠머스조약 비준 이후 제1네르친스크 카자크 기병연대 소속 4개 100인 중대에 두만강 좌안 전체를 점령하라고 명령했다. 첫째, 임파니쿤초우(Импаникунчоу)에 1개 100인 중대를 배치한다. 둘째, 탈라자오(Талазао)에 다른 100인 중대를 배치하는데 이 중대는 두만강 좌안의 무산, 회령, 고령 방면을 바라보는

---

72 Русско-японская война 1904-1905гг. Работа военно-историческая комиссии по описанию русско-японской войны. Т. 9. Ч. 1. Спб. Типография Тренке и Фюсно. 1910. СС. 36-69(Том 9. Второстепенные театры военных действий. Часть 1. Военные действие в Северо-Восточной Корее в 1904-1905гг. Глава 4. Переговоры об установлении линии и эвакуация русских войск из Кореи. СС. 70-77).

도로에 전초를 삼는다. 셋째, 100인 중대는 마아르산잔(Мааршанчжан) 근교에 배치한다. 넷째, 100인 중대는 양수천자 근교에 배치한다. 다섯째, 러시아군대는 혼춘과 노보키옙스크부터 두만강 하구까지 경계를 확립한다. 여섯째, 양수천자에 주둔하는 러시아군대는 조속한 시일 내에 영고탑(Нингута)으로 이동한다.[73]

 1905년 10월 1일 한국부대 참모본부 참모총장 대령 코룰스끼(Корульский)는 러시아 한국부대의 인원을 작성했는데 보병과 포병과 기병대 등을 포함하여 총병력은 17,225명이었다. 보병 구성은 제41동시베리아 보병연대 3,885명, 제6동시베리아 보병연대 3,973명, 제7동시베리아 보병연대 4,125명, 자바이칼부대 소속 제1네르친스끼 보병연대 908명 등이었다. 기병 구성은 제9시베리아 카자크 기병연대 558명, 제6시베리아 카자크 연대 소속 100인 중대 359명, 제3베르흐네우딘스끼 카자크 연대 소속 100인 중대 117명, 제9오렌부르그스끼 카자크 연대 소속 100인 중대 258명이었다. 포병과 기관포 구성은 제2동시베리아 포병여단 소속 제3포병중대 271명, 제2동시베리아 산악포중대 413명, 제12동시베리아 산악포중대 438명, 제2동시베리아 보병사단 소속 기관포 중대 94명 등이었다.[74] 러시아군대는 포츠머스조약 체결 이후에도 약 2만 명의 한국부대를 운영했다.

---

73 РГВИА. Ф.ВУА. Оп. 16. Д. 28207. ЛЛ. 81-82.

74 РГВИА. Ф.846. Оп. 16. Д. 27184. ЛЛ. 19-27об. 이 문서는 소장 아니시모프(К. А. Анисимов)가 서명했고 육군 중위 꼬뻴로프(Поручик Копылов)가 확인했다.

한반도와 만주 주변에서
러일의 해전

러일해전은 1904년 2월 8일과 9일 사이 제물포해전과 여순해전, 1904년 5월 27일과 28일 사이 동해해전이 가장 치열한 해상전투였다. 1904년 러일전쟁 직전 일본 연합함대(제1과 제2함대)는 최신 전투함을 다수 보유했는데, 여순과 제물포에 전함 6척, 장갑순양함 5척, 방호순양함 4척의 군함을 투입했다. 반면 러시아 태평양함대는 여순과 제물포에 전함 7척, 방호순양함 5척을 보유하여 수적으로 열세였다.

러시아 제1태평양함대는 여순항이 주력이었고 블라디보스특항[1]이

---

1 1903년 4월 17일 '블라디보스톡 순양함대(Владивостокский отряд крейсеров)'가 명명되었다. 블라디보스톡 순양함대는 이예센(К. П. Иессен) 소장이 지휘했는데 장호순양함 러시아(Россия), 그로모보이(Громовой), 류리크(Рюрик), 보가띄리(Богатырь)가 소속되었다. 또한 기선을 개조한 2등급 순양함 레나(Лена)가 소속되었다. 그 밖에 어뢰정 10척이 있었다. История Русско-японской Войны 1904-1905гг. Под редакцией И. И. Ростунова. Институт Военной Истории Министерства обороны СССР. М. Издательство Наука. 1977. СС. 197-198; ru.wikipedia.org/wiki/Владивостокский_отряд_крейсеров. 1904년 4월 15일(28일) 극동총독부 외교담당자 쁠란손은 블라디보스톡함대의 활동을 다음과 같이 여순항에서 보고했다. 해군 소장 이예센 지휘하의 블라디보스톡함대는 4월 12일(25일) 원산 근처에서 일본인을 해안에 내려놓은 기선 '가기오마루

보조역할을 수행했다. 러시아 태평양함대는 러일전쟁 당시 여순항에서 스따르크(О.В.Старк) 중장이 지휘했는데 핵심 전략은 전함 뻬뜨로빠블롭스크(Крейсер Петропавловск, 기함), 뽈따바(Полтава), 세바스또뽈(Севастополь), 레뜨비잔(Ретвизан), 뽀베다(Победа), 뻬레스베트(Перествет), 쩨사레비치(Цесаревич) 총 7척이었다. 또한 방호순양함 (1등급 순양함) 바얀(Баян), 빨라다(Паллада), 디아나(Диана), 아스꼴드(Аскольд) 총 4척이었다. 여기에 방호순양함 바략(Варяг)은 제물포에 있었다. 러시아 제1태평양함대 사령관 중장 스따르크(О.В.Старк)가 기함 뻬뜨로빠블롭스크(Петропавловск)를 지휘했고 태평양함대 부사령관 소장 비뜨게프트(В.К.Витгефт)는 뽈따바(Полтава)에 승선했다. 2등급 순양함은 노빅(Новик), 보야린(Боярин), 지기트(Дигит) 등 3척이었다. 포함은 자비야까(Забияка), 오뜨바주늬(Отважный), 그레먀쉬(Гремящий), 길략(Гиляк), 보브르(Бобр) 등 5척이었다. 그 밖에 러일전쟁 직후 포함 만주르(Манджур)는 상해에 있었고 포함 까레예쯔(Кореец)는 제물포, 포함 시부치(Сивуч)는 영구에 있었다.

구축함 베스스뜨라쉬늬이(Бесстрашный), 어뢰정 라스또로쁘늬이(Расторопный)는 외항에 있었다. 그밖에 구축함은 뷔노슬리븨이

(海王丸)'를 폭파시켰다. 잠시 후 사람을 태운 기선 '나카무라마루(中村丸)'를 해상에서 폭파시켰다. 밤에는 4천 톤급의 일본군 수송선 '긴슈마루(金州丸, 3,967톤. *세 번의 통상 파괴 작전을 펼쳐 수송선 긴슈마루 등 각종 선박을 격침)'를 폭파시켰다. 17명의 장교, 20명의 병사, 65명의 선원이 포로로 잡혔다. 상륙 육전 중대는 수송선에서 하선하기를 단호히 거절하면서 저항하다 수송선과 함께 침몰되었다. 러시아함대는 블라디보스톡으로 귀환했다. ГАРФ. Ф. 568. Оп. 1. Д. 187. Л. 93.블라디보스톡 순양함대에 대한 상세한 내용은 다음의 연구를 참조. 신효승, 「러일전쟁 중 러시아 블라디보스톡 순양함 분견대의 편성과 활동」, 『지역과 역사』 56, 2025.

(Быносливый), 블라스뜨늬이(Властный), 그로조보이(Грозовой), 보이끼(Бойкий), 베스슘늬이(Бесшумный), 베스뽀샤드늬이(Беспощадный), 부이늬이(Буйный) 등이 있었다. 구축함은 총 25척, 어뢰정은 총 10척이겠다.[2]

일본연합함대는 제1~3함대로 구성되었는데, 제1함대 사령관은 나시하 도키오키(梨羽時起) 소장, 제2함대 사령관은 가미무라 히코노조(上村彦之丞) 중장, 제3함대 사령관은 가타오카 시치로(片岡七郎) 중장이었다.

제1함대의 제1전대는 도고 제독이 직접 지후 했고, 제3전대는 데와 시게토(出羽重遠) 소장이 지휘했는데 방호순양함 지토세(千歳), 다카사고(高砂), 가사기(笠置), 요시노(吉野)가 소속되었다. 그밖에 제1~3구축대 구축함 11척, 제1정대 수뢰정 4척, 제14정대 수뢰정 4척이 소속되었다.

제2함대의 제2전대는 미스 소타로(三須宗太郎) 소장이 지휘했고, 제4전대는 우리우 소토키치(瓜生外吉) 소장이 지휘했다. 제4와 제5구축대 구축함 8척, 제9정대 수뢰정 4척, 제12정대 수뢰정 4척, 제2함대 부속 특무함대 소속 포함 등이 소속되었다.

---

2   История Русско-японской Войны 1904-1905гг. Под редакцией И. И. Ростунова. Институт Военной Истории Министерства обороны СССР. М. Издательство Наука. 1977. С. 117; ru.wikipedia.org/wiki/Первая_Тихоокеанская_эскадра. 2월 1일 (14일) 마까로프는 태평양함대 사령관으로 임명되었다. 2월 4일 여순을 향해 출발했다. История Русско-японской Войны 1904-1905гг. Под редакцией И. И. Ростунова. Институт Военной Истории Министерства обороны СССР. М. Издательство Наука. 1977. СС. 126-127. 하지만 3월 31일(4월 13일) 마까로프는 뻬뜨로빠블롭스크 (Крейсер Петропавловск. 기함 승선)의 침몰과 함께 사망했다(27명의 장교와 620명의 수병 사망). 마까로프 전사 후 극동총독이 함대를 지휘했으나 여순이 봉쇄될 위험에 직면하자 봉천으로 피신했다. 4월 22일(5월 5일) 해군 소장 비뜨게프트(В. К. Витгефт)가 태평양함대 사령관으로 임명되었다. История Русско-японской Войны 1904-1905гг. Под редакцией И. И. Ростунова. Институт Военной Истории Министерства обороны СССР. М. Издательство Наука. 1977. СС. 140-142.

제3함대의 제5전대는 가타오카 시치로(片岡七郎) 중장이 직접 지휘했는데 방호순양함 이쓰쿠시마(嚴島), 하시다테(橋立), 마쓰시마(松島) 및 2등 전함 친엔(鎭遠)이 소속되었다. 제6전대는 도고 마사미치(東鄉正路) 소장이 지휘했는데 방호순양함 아키쓰시마(秋津洲), 이즈미(和泉), 스마(須磨), 지요다(千代田)가 소속되었다.

제7전대는 호소야 스케우지(細谷資氏) 소장이 지휘했는데 2등 전함 후소(扶桑) 및 포함 헤이엔(平遠), 가이몬(海門), 이와키(磐城), 조카이(鳥海), 아타고(愛宕), 사이엔(濟遠), 쓰쿠시(筑紫), 마야(摩耶), 우지(宇治)가 소속되었다. 그 밖에 제17정대 수뢰정 4척, 제11정대 수뢰정 4척, 제16정대 수뢰정 4척, 제3함대 부속 특무 함선 등이 소속되었다.[3]

일본연합함대는 사령관 도고 헤이하치로 중장을 중심으로 제1함대를 주축으로 제2함대와 연합하여 여순을 공격했다. 핵심 전력은 제1함대 제1전대 소속 전함 미카사(三笠, 기함), 아사히(朝日), 시키시마(敷島), 후지(富士), 야시마(八島), 하쓰세(初瀬) 총 6척이었다. 또한 제2함대 제2전대 소속 장갑순양함 이즈모(出雲), 도키와(常盤), 야쿠모(八雲), 아즈마(吾妻), 이와테(磐手) 총 5척이었다.

그중 제2함대 소속 제4전대는 우리우 소토키치(瓜生外吉) 소장을 중심으로 제14정대 수뢰정 4척과 제9정대 수뢰정 4척의 지원하에 제물포를 공격했다. 핵심 전력은 제4전대 방호순양함 나니와(浪速, 기함), 다카치(高千穗), 니타카(新高), 아카시(明石)였다. 또한 제2전대 소속 장갑순양함 아사마(淺間)와 제6전대 소속 방호순양함 지요다(千代田)가 지원했다.

3   軍令部 編, 『明治三十七八年海戰史』上, 東京: 內閣印刷局朝陽會, 表現社, 1934a, pp. 27-39.

기존 연구는 러일해전의 일부 주제를 통해서 부분적으로 살펴보았는데 러시아 또는 일본사료만으로 사실을 구성하여 러일해전의 전체적인 상황을 파악하기 어려웠다.[4] 따라서 이 글에서는 러시아와 일본자료에 기초하여 제물포해전, 여순해전, 동해해전을 전체적으로 살펴볼 것이다. 특히 이 글에서는 기존 연구에 활용되지 않았던 러시아 해군부자료를 집중적으로 활용할 것이다. 이를 통해서 한반도를 둘러싼 러일해전의 과정과 결과를 종합적으로 파악하면서 일본이 러일해전에서 승리한 이유를 규명할 것이다.

1. 제물포해전

1) 러시아와 일본 함대의 구성

제물포해전은 1904년 2월 9일(러역 1월 27일) 순양함 바략과 포함 까레예쯔 대 제4전대 사령관 우리우 소토키치(瓜生外吉)가 이끄는 6척의 순양함과 8척의 어뢰정으로 구성된 일본연합함대의 해전을 의미했다. 제물포해전은 1904년 2월 8일(1월 26일) 일본의 어뢰 3발로 시작되었고

---

4   러일해전을 살펴볼 수 있는 국내외의 대표적인 연구는 다음과 같다. История Русско-Японской Войны 1904-1905гг. Под редакцией И. И. Ростунова. Институт Военной Истории Министерства обороны СССР. М. Издательство Наука. 1977; 콘스탄틴 플레샤코프 저, 표완수 역, 『짜르의 마지막 함대』, 중심, 2003; 김현철, 2004; 국방부 군사편찬연구소, 『러일전쟁과 한반도』, 서울시인쇄정보산업협동조합, 2004; Катаев В. И. Корейсер Варяг. Легенда Российского флота. М. 2008; 和田春樹, 2010; 심헌용, 「러일전쟁 최후의 해상전투, '동해해전' 재구성」, 『군사』 57, 2015.

2월 9일(1월 27일) 일본 순양함 6척과 어뢰정 4척, 그리고 러시아 순양함 1척과 포함 1척의 본격적인 전투였는데 '닌센 오키 가이센(仁川沖海戰)', '보이 우 제물뽀(Бой у Чемульпо)' 등으로 불린다.[5]

2월 5일(1월 23일) 개전 명령을 받은 도고 제독은 함대의 주력을 여순으로 이동시키기로 했다. 제물포에 정박 중인 러시아 순양함 바략과 포함 까레예쯔호를 공격하고 상륙부대를 보호하기 위해 순양함 6척, 어뢰정 4척, 상륙부대가 승선한 수송선 3척을 편성했고 우리우 소토키치를 지휘관으로 삼았다. 2월 6일 아침 도고 제독은 사세보에서 외해로 출항했는데 항해 중 다수의 러시아 상선을 나포했다.[6]

2월 8일 전후 제물포에는 외국 군함도 정박했다. 루이스 베일리(Lewis Bayly)[7] 함장이 지휘하는 영국 순양함 탈보트(Talbot)[8], 세네(Senes) 함장이 지휘하는 프랑스 순양함 파스칼(Pascal)[9], 라파엘 보레아(Raphael Borea) 함장이 지휘하는 이탈리아 순양함 엘바(Elba)[10], 마샬(Marshall,

5 ru.wikipedia.org/wiki/Бой у Чемульпо; ja.wikipedia.org/wiki/仁川沖海戰.

6 Левицкий. Н. А. Русско-Японская война 1904-1905гг. Государственное Военное Издательство. М. 1938(3-е изд.). СС. 66-67.

7 제독 루이스 베일리(Lewis Bayly, 1857~1938)는 제1차 세계대전 때 복무한 영국 해군 장교였다. 1902년 7월 영국 폐하의 순양함 탈보트의 함장이 되었다. 탈보트는 중국해역에서 복무했다(en.wikipedia.org/wiki/Lewis_Bayly).

8 영국 순양함 탈보트는 방호순양함으로 1895년 4월 25일에 진수되었다. 배수량은 5,600톤이며 길이는 106.7미터, 넓이는 16.3미터이다. 최고 속도는 시속 34.3킬로미터(18.5노트)이고 승무원은 450명이다(en.wikipedia.org/wiki/HMS_Talbot).

9 파스칼(Pascal)은 프랑스 해군 방호순양함으로 1895년 9월 26일에 진수되었으며 배수량은 4,005톤, 길이는 100.7미터, 넓이는 12.95미터이고 승무원은 약 400명이다. 1904년 파스칼은 프랑스령 인도차이나에서 활동했으며 최고 속도가 시속 30~33킬로미터(16~18노트)에 불과했다. 1904년 2월 제물포해전 당시 러시아의 생존자를 사이공으로 이송했다(en.wikipedia.org/wiki/French_cruiser_Pascal).

10 엘바(Elba)는 이탈리아 방호순양함으로 1893년 8월 12일에 진수되었다. 길이는 88.2미

제물포해전에서의 바략과 까례예쯔(1904)

William Alexander)이 지휘하는 미국 순양함 빅스버그(Vicksburg)가 제물
포에 정박했다. 또한 대한제국의 최초 군함 양구호도 제물포에 정박하고
있었다.[11]

2월 7일 일본연합함대는 다음과 같은 순양함과 어뢰정을 제물포에 파

터, 넓이는 12.72미터이다. 1904년 2월 제물포해전 당시 러시아의 생존자를 구즈했다(en.
wikipedia.org/wiki/Italian_cruiser_Elba).

11 1888년 영국에서 건조한 화물선으로 총 3,432톤에 달한다. 1903년 대한제국 정부가 일
본 미쓰이 물산으로부터 군함으로 구입했으나 1904년 러일전쟁 때는 일본이 강제로 징
발하여 수송선과 첩보함으로 이용하다가 한국 정부에 반환했다. 함장은 신순성(愼順晟,
1878~1944)이었다. 1392.org/bbs/board.php?board=noim02&page=68&command=
body&no=2140; 김재승,『韓國近代海軍創設史: 구한말 고종시대의 근대식 해군과 군함』,
2000, 혜안.

견했다. 순양함 6척은 아사마, 나니와, 다카치, 지요다, 아카시, 니타카였다. 어뢰정 8대는 제14정대 소속 지도리(千鳥), 마나즈루(真鶴), 하야부사(隼), 가사사키(鵲), 제9정대 소속 아오타카(蒼鷹), 하토(鴿), 쓰바메(燕), 가리(雁)였다. 2월 8일 오후 수송선과 함께 제물포항에 들어간 순양함은 지요다호와 다카치호였다.

2월 7일 아오타카와 하토는 인천항 외부에 있었고 2월 9일 가사사키는 아산만 경계를 위해서 출항했다. 그런데 2월 8일 쓰바메는 '공식적으로' 팔미도에서 추진기가 고장났다.[12] 일본연합함대 소속 제4전대 사령관 우리우 지휘하에 제9정대와 제14정대가 제물포해전에 참여했다. 제14정대 중 가사사키는 2월 9일 오전 5시 항외 경계 중 순양함 지하야를 보내서 아산만 인근 울도(蔚島, 북위 37도 1분, 동경 126도, 현재 인천 옹진군 덕적면 울도리) 부근을 순찰하고 러시아 함정을 대기했다.[13] 그밖에 일본은 육군 약 2,200명을 제물포에 상륙시키기 위해서 다롄마루, 오타루마루, 헤이요마루 등 3척의 수송선도 파견했다.[14] 결국 2월 8일 제물포에서 전투에 참여한 어뢰정은 공식적으로 지도리, 마나즈루, 하야부사, 비공식적으로 쓰바메, 가리가 참여했음에 틀림없다.[15]

반면 방호순양함 바략과 포함 까레예쯔는 평상시 극동총독부와 서울

---

12 海軍軍令部 編, 『明治三十七八年日露海戰史』1, 東京: 春陽堂, 1909, p. 56.

13 海軍軍令部 編, 1909, pp. 60-61; 參謀本部 編, 『明治三十七八年日露戰史』1, 東京偕行社, 1912.

14 海軍軍令部 編, 1909, p. 56.

15 이 중 쓰바메는 2월 8일 '공식적으로' 팔미도에서 추진기가 고장났는데 2월 14일 사세보로 출발했고 2월 16일 팔구포를 출발하여 2월 18일 다시 인천에 도착했다. 가리는 2월 8일 까레예쯔와 교전했는데 2월 24일 여순항 봉쇄 작전에 참여했다. 海軍軍令部 編, 1909, p. 56; 7a.biglobe.ne.jp/~kure_chin/data/dock/tb1/tsubame.html. 가리는 2월 8일 까레예쯔와 교전하면서 잠시 운항에 문제가 생겼던 것으로 판단된다.

주재 공사관의 정보망을 연결하고 서울공사관을 보호하기 위해서 여순과 인천을 왕복했는데, 2월 8일 전후 제물포에 정박했다.[16]

2) 루드네프와 벨랴예프의 보고서

1904년 2월 6일(양력 19일) 순양함 바략 함장 루드네프(В. Ф. Руднев)는 제물포해전 관련 전투 기록에 관한 상세한 보그서를 작성하여 극동총독 알렉세예프에게 보냈다. 루드네프는 전투보고서와 장교명단을 함께 제출하면서 특별한 포상을 요청했다.

루드네프는 1월 26일(양력 2월 8일) 제물포해전 상황을 다음과 같이 기록했다. 1904년 1월 26일 포함 까레예쯔는 주한러시아공사 빠블로프의 서신을 가지고 여순으로 출발했으나 일본연합함대가 까레예쯔를 향해 어뢰 3발을 발사하자 제물포항으로 돌아왔다. 포함 까레예쯔는 순양함 바략 근처에 정박했다. 일본연합함대 중 일부는 해변에 병사들을 상륙시키기 위해 수송선과 함께 정박지로 진입했다.

전쟁이 시작되었을지 모르는 상황에서 루드네프는 영국 순양함 탈보트로 건너가 탈보트 함장과 앞으로의 대응에 관해서 협의했다. 함장 중 가장 연장자인 탈보트 함장은 정박지에 있던 일본의 군함 지요구를 찾아가서 정박지를 공격하지 말 것을 요구했다. 탈보트 함장은 만약 어느 쪽이든 먼저 각국 군함 공격을 시작한다면 먼저 공격한 함정을 향해 발

---

16 1904년 1월 3일 오후 4시 40분 인천 가토(加藤)는 바략호가 오늘 여순항을 향해 출항했다고 하야시 공사에게 전보했다. 『駐韓日本公使館記錄』22, 1904년 1월 3일, 九. 仁川電往來 (3) 來電 第3號 [미국 御用船 승선 육군 병력 인원수 및 러시아艦 旅順 向發 보고], 仁川 加藤→林 公使.

포할 것이라고 선언했다. 일본이 야간에 공격을 감행할 것이라고 예상했으나 그날 밤은 무사히 지나갔다.

1월 27일 아침 7시 30분 일본연합함대 사령관 소장 우리우 소토키치 (瓜生外吉)는 탈보트, 파스칼, 엘바, 빅스버그 함장에게 전쟁 선포 관련하여 다음과 같은 통지서를 보냈다. 그는 러시아군함에 정오 12시까지 정박지를 떠나라고 제안했다. 만약 러시아군함이 정박지를 떠나지 않을 경우 일본연합함대는 오후 4시 이후 제물포항을 공격할 계획이라고 통고했다. 외국 군함들에도 안전을 위해 정박지를 떠날 것을 요구했다.

프랑스 순양함 파스칼 함장은 이 통지서를 루드네프에게 전달했다. 루드네프는 파스칼 함장과 함께 순양함 탈보트에서 열리는 함장 회의에 참석했다. 그 자리에서 외국 함장들은 만약 러시아군함이 정박지에 머문다면 그들은 바략, 까레예쯔, 숭가리를 남겨두고 정박지를 떠나겠다고 결정했다. 이와 함께 외국 함장들은 일본 제독에게 중립지인 정박지 공격에 반대한다는 항의서를 보냈다. 함장 회의 중 오전 9시 30분 루드네프는 일본 해군 소장 우리우가 주한러시아공사에게 보낸 서신을 받았다. 우리우의 서신에 따르면 선전포고와 동시에 정오 12시까지 정박지를 떠나라는 제안이었다.

루드네프는 바략으로 돌아온 후 장교들을 소집하여 전쟁이 시작되었음을 알렸고, 정박지를 떠나 적진을 돌파하고 만약 실패할 경우 순양함을 폭파시키기로 결정했다고 전달했다. 이를 위해서 어뢰저장고에 도화선이 달린 점화용 포탄을 준비해 두고 감찰관 소위 체르니롭스끼-소콜 (Черниловский-Соколъ)이 폭파 임무를 담당했다.

제물포항 정박지를 떠나기로 결정한 이유는 첫째, 정박지는 장소가 협소하여 자유롭게 이동할 수 없기 때문에 해전에 불편했으며 둘째, 일본함대가 절벽에서 나와 바다에서 전투할 가능성이 높기 때문이다. 만약 절벽 근처에서 해전이 진행되면 바략의 항로가 노출되고 방어하기 어려 웠다. 루드네프는 함대 장교와 수병을 집결시켜 전쟁을 알리고 명령을 하달했다.

11시 20분 순양함 바략과 포함 까레예쯔는 닻을 올리고 1.5카벨토 프[17] 만큼 떨어져 항해하기 시작했다. 외국 군함들은 승조원들과 장교들 이 대열을 정비해 서서 러시아군함이 지나갈 때 모두 '만세'를 외쳤으며 이탈리아 순양함 엘바호는 러시아국가를 연주했다.

일본연합함대는 제9정대 순양함 아사마, 나니와, 다카치, 지요다, 아카 시, 니타카 6척 및 제14정대 수뢰정 8척으로 구성되었다. 일본연합함대 소속 제4전대 사령관 우리우 소토키치의 지휘하에 리치섬(Richy = 무의 도)에서 방어대열로 전투를 준비했다.

일본연합함대는 항복하라는 신호기를 올렸으나 루드네프는 전투를 결정했기 때문에 신호기를 무시하고 응답하지 않았다. 11시 45쿤 순양 함 아사마가 8인치 포를 발사하기 시작했고 뒤따라 모든 일본함대가 발 포했다. 바략도 시험 사격을 실시한 직후 45카벨토프 거리에서 아사마 를 향해 발포했다.

일본함대의 포탄 중 하나가 바략호의 조타실에 불을 내고 상부 함교 를 파괴하여 삼각 돛대와 고정 쇠밧줄이 산산조각 났다. 거리 측정 장교 인 소위 니로드(Нирод) 백작과 1번 거리측정소를 담당하던 수병들 전 원은 사망했다. 점차 일본함대의 포탄이 바략에 명중되는 횟수가 많아 졌는데 순양함 주변에 떨어진 포탄들은 파편들을 퍼부으며 상부 구조물

---

17   1Кабельтов=219.5미터.

과 보트를 파괴했다. 일본의 포탄은 3번 6인치 함포를 격추시켰고 함포와 포탄을 담당하던 수병들이 죽거나 다쳤다. 구보닌 소위는 중상을 입었으나 쓰러지기 직전까지도 치료를 거부한 채 소대를 지휘했다. 계속 퍼붓는 포탄들로 인해 화제가 발생했다. 감찰관 소위 체르니롭스끼-소콜은 화재를 진압했으나 포탄 파편으로 인해 제복은 갈기갈기 찢겨졌다. 6인치 함포 7번과 9번, 75mm포 21번, 47mm포 27번과 28번이 파손되었다. 전투 돛대 망루는 거의 날아갔고 2번 거리측정소도 파괴되었고 함포 31번과 32번도 격추되었다.

철갑판 위에 놓여 있던 나무상자에 화재가 났으나 곧 진화되었다. 팔미도를 지날 때 포탄이 날아와 연돌(굴뚝)을 명중시켜 산산조각 냈다. 이 연돌은 바략의 모든 조종장치와 연결되어 있었다. 동시에 다른 포탄 파편들도 전투정보실로 날아들었고 파편에 맞은 함장은 머리에 타박상을 입었고 함장 양편에 서 있던 나팔수와 고수는 그 자리에서 사망했다. 근처에 있던 조타장은 등에 부상을 입었지만 부상당한 것을 알리지 않고 전투 내내 자기 임무를 다했다. 함장의 전령수는 팔을 다쳤다.

12시 15분 바략은 조종장치를 수리하고 화재를 진화하기 위해 잠시 일본의 사정권 밖으로 벗어나고자 기관을 이리저리 움직여 보았다. 바략은 겨우 팔미도 근처에서 두 개의 기관을 작동해 후진할 수 있었다. 바략은 적들에게 좌현이 노출된 채 왼쪽 방향으로 돌아갔다. 일본함대는 더욱 거세게 바략을 공격했고 포탄이 명중되는 횟수도 점점 더 늘어났다.

바로 그때 좌현 수면 아래 선체에 구멍이 나서 세 번째 보일러실의 3분의 1이 물에 잠겼고 물은 연소실까지 차올랐다. 헝겊으로 구멍을 막고 물을 퍼내기 시작하자 수위가 어느 정도 낮아졌다. 그럼에도 바략은 빠른 속도로 기울고 있었는데 장교 숙소를 통과하는 포탄 때문에 장교 숙소가 박살 났고 갑판이 뚫렸으며 식량창고의 밀가루가 모두 불타버렸ㄷ. 체르니롭스끼-소콜 소위와 하리콥스끼 선임 갑판장이 화재를 진압했다.

또 다른 포탄은 의무실 위쪽 중앙갑판에 있던 의료용 네트를 파괴했고 화재가 발생했다. 바략은 피해가 너무 심각해서 빨리 사정권에서 벗어나야 했다. 그래서 좌현포와 함미포를 계속 발포하면서 속력을 최대한으로 높였다.

그중 바략이 발사한 7번 6인치 함포의 포탄 한 발로 순양함 아사마의 함미 함교(후방 포탑)가 파괴되고 화재가 발생했다. 이 때문에 아사마는 잠시 발포를 중지하다가 또다시 재개했다. 전투가 끝날 때까지 아사마는 함미 함교 쪽에서 더는 발포하지 않았다.

일본함대는 제물포항 정박지 근처에서 외국 군함들을 위험하게 만들 수도 있다고 판단하고 발포를 멈추었다. 추격하던 일본 순양함 1척은 팔미도 뒤에 위치한 일본연합함대로 돌아갔다. 결국 12시 45분에 포격이 멈췄다.

오후 1시에 순양함 탈보트호는 근처에 닻을 내렸다. 바략호는 피해 현황을 조사하고 파손된 부분을 수리하며 구멍 난 곳에 헝겊을 덧붙였다. 오후 4시 바략호는 일본연합함대가 정박지를 공격할 것에 대비하여 승조원을 무기별로 재배치했다.

바략호는 검사한 결과 다음과 같은 추가적인 피해를 확인했다. 모든 47mm포와 75mm포 7문이 고장 났고 6인치 포 5문도 파손되었다. 세 번째 연돌의 제일 위쪽과 돛대 망루와 함장실기 붕괴되었다. 모든 보트가 구멍이 났고 상층 갑판이 뚫려 있었고 선체에 다양한 크기의 구멍 4개가 발견되었다.

루드네프는 머리에 타박상을 입었고 구보닌(Губонин) 소위는 중상을,

소위 라보다(Лабода)와 발크(Балк)는 경상을 입었다. 70명의 하사가 중상을 입었다. 니드로(Нирод) 소위와 하사 33명은 사망했다. 모든 외국 군함은 제물포항을 떠날 준비를 하면서도 부상자를 응급처치할 군의관과 위생병을 즉시 바략으로 보내 주었다.

루드네프는 다시 전투를 실행하는 것이 불가능하다고 판단하고 전체 장교 회의를 소집했다. 그 자리에서 루드네프는 부상자와 승무원을 외국 군함으로 이송하고 바략을 수장하기로 결정했다. 외국 군함들은 바략의 승무원을 수용해 달라는 루드네프의 요청을 받아 주었다. 바략의 승무원과 부상자는 외국 군함들이 보내준 단정에 실려 후송되었다. 프랑스 순양함 파스칼 함장은 바략을 직접 방문하여 부상자와 승무원 후송을 도왔다.

승무원이 바략을 떠난 후 선임 기계 기사는 밸브와 배수판을 열어놓고 순양함을 떠났다. 외국 함장들은 자국 군함이 위험하다는 이유로 바략의 폭파에 반대하는 성명서를 발표했다. 그래서 결국 바략을 수장시킬 수밖에 없었는데, 루드네프는 선임 갑판장과 함께 배 안을 확인한 이후 3시 40분을 마지막으로 바략을 떠났다. 프랑스 보트는 근처에서 바략 함장과 선임 갑판장을 태우고 떠났다. 바략은 물이 점점 차오르고 선체가 좌현으로 기울어지면서 오후 6시 10분 물속으로 가라앉았다.

파스칼, 탈보트, 엘바 함장은 각 군함에 배정할 바략의 부상자와 승무원 인원을 결정했다. 미국 순양함 빅스버그는 응급 처지를 취해 군의관을 보내기는 했지만 바략의 승무원 수용을 거절했다. 외국 함장은 성명서에 따라 오후 4시까지 후송을 완료해야만 했다. 부상자 후송에 너무 많은 시간을 지체했기 때문에 장교들은 항해일지 등을 제외하고는 소지품을 챙기지 못했고 수병들은 각자 작은 트렁크를 챙겨 이동했다.

전투 과정을 지켜본 이탈리아 장교 및 일본연합함대를 다녀온 영국

기선 승무원에 따르면 순양함 아사마에 심각한 화재가 났으며 함미 함교가 붕괴되었다. 일본 순양함 2척의 연돌 중간에서 폭발이 있었그 일본 어뢰정 1척도 침몰되었다. 소문에 의하면 일본의 사망자 30명과 다수의 부상자들이 아산만으로 후송되었다.[18]

상해에서 입수한 정보에 따르면 일본함대의 인적 피해와 군함 피해도 막대했다. 순양함 아사마의 피해가 커서 도크르 떠났다. 다카치호도 선체에 구멍이 났는데 부상병 200여 명을 싣고 사세보로 출항하다 가는 도중 구멍을 막은 헝겊이 터져 격벽이 버티지 못하고 바다로 가라앉았다. 어뢰정은 전투 도중 침몰했다.

주한일본공사는 일본 정부의 지시에 따라 프랑스 공사에게 다음과 같은 내용을 통보했다. 일본 정부는 프랑스가 러시아 장교와 승무원을 상해 이북으로 진입하지 못하게 하고 전쟁에 참여하지 않도록 하겠다고 약속한 결정을 승인했다. 다음날 프랑스 정부는 파스칼에 수용된 러시아 승무원을 즉시 사이공으로 보낼 것을 통보했고 영국 정부는 탈보트에 수용된 러시아 승무원을 싱가포르와 콜롬보에 보내기로 결정했다. 다만 이탈리아 정부는 탈보트가 제물포를 떠날 때까지도 순양함 엘바에 있는 러시아 승무원을 어떻게 할 것인지 결정하지 못했다.

---

18 "Асама был веден большой пожар и сбит кормовой мостик(후방다리); на двухрубном крейсере между труб виден взрыв, а также потоплен один миноносец. По слухам японцы свезли в бухту А-сан 30 убитых и много раненых," Рапорт Командира крейсера 1 ранга Варяг Наместнику Е. И. В. 6 февраля 1904г. N. 103; Русско-японская война 1904-1905гг. Действия флота. Документы. Период Командования флотом Вице-Адмирала Старк. Издание исторической комиссии по описанию действий флота в войну 1904-1905гг. при Морском Генеральном штабе. Отдел 3. Книга 1. Выпуск 1. СПб. Типография Морского Министерства. 1911. СС. 150-151.

루드네프와 바략의 장교 3명, 관리 3명, 승무원 일부, 까레예쯔의 승무원 전체, 장갑함 세바스또뽈의 경비병, 공사관을 수비하는 카자크인 등은 2월 3일(16일) 파스칼을 타고 제물포항을 떠났다. 루드네프는 러시아 군함이 러시아의 명예를 지키고 모든 방법을 동원해 적진을 돌파하여 일본이 승리하지 못하도록 타격을 주었다며 장교와 수병에게 포상해 줄 것을 요청했다.[19]

한편 1904년 2월 5일(18일) 까레예쯔 함장 벨랴예프(Г. П. Беляев, 1857~1907)는 제물포해전 관련 전투 기록에 관한 보고서를 작성하여 극동총독 알렉세예프에게 보냈다. 보고서의 내용은 다음과 같다.

1월 26일(2월 8일) 오후 3시 40분 제물포에서 여순으로 출발했다. 잠시 후 오른쪽에 지요다, 나니와, 아카시, 아사마, 왼쪽에 4대의 어뢰정이 나타났다. 순양함 아사마가 접근하여 출항을 방해했다. 4시 35분 일본 어뢰정이 첫 번째 어뢰를 까레예쯔에 발사했다. 4시 40분 일본 어뢰정이 두 번째 어뢰를 발사했다. 까레예쯔는 2발의 37mm 속사포로 대응 사격했다. 그러자 또다시 일본 어뢰정이 세 번째 어뢰를 발사했지만 빗나갔다. 까레예쯔 함장은 더 이상 어뢰를 피할 수 없다고 판단하여 항구로 회귀할 것을 결정했다.

4시 55분 바략 근처에 돛을 내렸다. 잠시 후 순양함 지요다와 다카치

---

19 Рапорт Командира крейсера 1 ранга Варяг Наместнику Е. И. В. 6 февраля 1904г. N. 103; Русско-японская война 1904-1905гг. Действия флота. Документы. Период Командования флотом Вице-Адмирала Старк. Издание исторической комиссии по описанию действий флота в войну 1904-1905гг. при Морском Генеральном штабе. Отдел 3. Книга 1. Выпуск 1. СПб. Типография Морского Министерства. 1911. СС. 145-151.

가 제물포항구에 들어왔다. 5시 10분 3대의 일본 수송선과 4대의 어뢰 정도 기습적으로 항구에 들어왔다. 오후 7시 20분 기선에 승선한 일본 병력 3천 명은 제물포항구에 상륙하기 시작했다. 1월 27일 새벽 2시에 일본 어뢰정은 바다로 나갔다. 오전 9시 30분 순양함 중 지요다가 마지막으로 바다로 빠져나갔다.[20]

한편 제4전대 사령관 우리우 소토키치에 따르면 일본함대 중 파손된 군함은 없었으며 사상자도 발생하지 않았다.[21]

아사마의 함장 야시로 로쿠로(八代六郎) 대령에 따르면 장갑순양함 아사마는 적의 포탄에 한 발도 명중되지 않았다. 하지만 제물프해전 직후 야시로 대령은 '시모세[22]' 폭발물을 장치한 포탄이 엄청난 폭발력을 지니고 있음을 목격하고 이를 고려하여 앞으르 군함 구조를 변경할 것을 건의했다.[23] 아사마 함장은 시모세 포탄을 고려하여 군함의 구조 변

---

20 Описание дел мореходной канонерской лодки Кореец 26 и 27 января 1904года; Русско-японская война 1904-1905гг. Действия флота. Документы. Период Командования флотом Вице-Адмирала Старк. Издание исторической комиссии по описанию действий флота в войну 1904-1905гг. при Морском Генеральном штабе. Отдел 3. Книга 1. Выпуск 1. СПб. Типография Морского Министерства. 1911. СС. 155-157.

21 Телеграмма Морскому министру от флагмана 2 эскадры Уриу о морском бое, состоявшемся 9 февраля близ Инчхона: Морская кампания N. 10. М. 2007. С. 30; Катаев В. И. Корейсер Варяг. Легенда Российского флота. М. 2008. С. 112.

22 1888년 해군 기수 시모세 마사치카(下瀬雅允)가 합성에 성공하여 개발한 화약이다. 피크르산(Picric acid)을 성분으로 하는 폭파약으로 적함의 강갑을 관통하는 능력은 부족했지만 파괴력이 높았고 연소성이 탁월하여 비장갑부와 승무원에게 큰 피해를 주었다. 러일전쟁에서 처음 실전에 사용되었다. 小池重喜, 「日露戦争と下瀬火薬システム」, 『富崎経済大学論集』 49-1, 2006, pp. 1-16; ja.wikipedia.org/wiki/下瀬火薬.

23 Морская кампания N. 1. М. 2008. СС. 25-28; Катаев В. И. Корейсер Варяг. Легенда Российского флота. М. 2008. С. 113-115.

경을 요구했는데, 이것은 아사마호가 일본의 도크에서 손상된 부분을 수리했다는 사실을 의미한다.

더욱이 루드네프 보고서에 근거하면 제물포해전 당시 일본함정의 피해는 일본의 공식 발표와 달리 장갑순양함 아사마호, 방호순양함 다카치호. 어뢰정 쓰바메호가 제물포해전 당시 손상을 입었다.

제물포해전 이후 아사마호는 선수를 수리했고 어뢰정 쓰바메는 추진기를 수리하기 위해서 사세보에 갔다. 또한 선체에 구멍이 난 방호순양함 다카치호는 그 후 1904년 8월 황해해전에 다시 참전할 수 있었다.

2. 여순해전

1) 일본의 기습공격

일본연합함대는 1904년 1월 26일(2월 8일)과 27일(2월 9일) 사이 한밤중에 전쟁 선포도 없이 기습적으로 어뢰로 러시아 태평양함대를 공격했다. 짧은 시간 동안의 교전은 일본함대의 퇴각으로 끝났다. 일본 어뢰정은 20여 발의 어뢰를 발사했는데, 러시아 장갑순양함 쩨사레비치(Цесаревич)호는 밤 12시 전 어뢰정의 공격을 받았다. 그 시간에 도고 제독은 여순항과 샤뚠그스끼(Шатунгский мылс) 선을 유지하며 대기했다. 1월 27일 아침 9시경 도고는 어뢰정의 공격 결과를 보고 받고 수병에게 아침 식사를 하게 하고 여순항으로 8베르스타를 항해한 다음 함포 사격을 지시했다. 한편 1월 27일(2월 9일) 러시아 함정 2척은 제물포에서 일본의 14척과 전투를 벌였다.[24]

480

러일전쟁 직전 여순 전경(1904)

러시아 외교관과 일본 외교관이 파악한 여순해전의 상황은 다음과
같다.

첫째, 1904년 1월 27일(양력 2월 9일) 극동총독부 외교담당 쁠란손
은 여순항에 일본 어뢰정 습격이 있던 다음 날 밤 공격에 대비했다. 오전
11시 12척의 일본함대는 여순을 포격하기 시작했다. 대략 8개의 포탄과
12개의 연막탄이 여순항 요새에서 폭발했다. 모든 여순의 요새와 함대
는 포문을 열었고 1시간 정도 치열한 포격전 이후 일본함대가 물러났다.

---

24 История Русско-японской Войны 1904-1905гг. Под редакцией И. И. Ростунова.
    Институт Военной Истории Министерства обороны СССР. М. Издательство
    Наука. 1977. С. 117.

2명의 러시아 장교가 가벼운 부상을 입었고 50명의 병사가 전투 능력을 상실했다.[25]

둘째, 1904년 2월 12일(러역 1월 30일) 오후 9시 10분 외무대신 고무라는 도고 제독의 여순항 공격 과정을 주한일본공사에게 다음과 같이 알렸다. 일본연합함대 사령관 도고 제독은 2월 10일 여순항 공격 과정을 다음과 같이 발표했다. 일본연합함대는 2월 6일 사세보를 출발했고 2월 8일 밤 일본 어뢰정은 여순항 밖에서 러시아 태평양함대를 공격하고 9일 오전 10시부터 40분간 상호 포격했다. 러시아함대는 항구 안으로 도피하여 오후 1시 사격을 중지하고 철수했다. 일본연합함대 사상자는 전사 4명, 부상 54명이었지만 전투력을 상실한 함정은 없었다.[26]

여순해전의 첫날 진행 과정은 다음과 같았다.

1월 23일(2월 5일) 저녁 도고 제독은 일본 육군을 제물포로 상륙시키고 일본과의 통신을 계속 유지하라는 명령을 받았다. 1월 24일(2월 6일) 아침 일본연합함대는 한반도의 남서해안을 집결 장소로 결정하고 사세보항을 떠났다. 1월 25일(2월 7일) 아침 일본연합함대는 목포항에 접근했는데 순양함 아카시는 러시아군함이 기습을 예측하지 못한 상태에서 제물포와 여순항에 정박해 있다고 보고했다. 일본연합함대 사령관 도고 제독은 제4전대 사령관 우리우 소장에게 순양함과 어뢰정 총 14척으로 제물포로 상륙해서 공격할 것을 명령하고 여순항으로 출발했다.

1월 26일(2월 8일) 일본연합함대는 저녁 여순항에서 100베르스타 거

---

25 ГАРФ. Ф. 568. Оп. 1. Д. 187. Л. 4.
26 『駐韓日本公使館記錄』 23, 1904년 2월 12일, 三. 本省其他歐文電報來信控 (37) 제90호 [東鄕 제독의 旅順港 해상공격 公報], 外務大臣 小村→서울 공사 林權助.

리까지 접근했다. 18척의 일본 어뢰정은 러시아 태평양함대를 기습하라는 명령을 받고 일렬종대의 대형으로 함정의 불을 끄고 시간당 35베르스타 속도로 나아갔다. 어뢰정 10척은 여순항으로 갔고 8척은 타메이만(Тамеяван) 지역으로 향했다. 러시아 순시선과 만난 일본 어뢰정은 러시아어로 응답하며 5척은 오른쪽, 5척은 왼쪽으로 분리되어 잠입했다.[27]

1월 26일(2월 8일) 한밤중 여순항은 어둡고 조용했는데 평시 작전명령에 따라 태평양함대 소속 전함 16척이 정박 중이었다. 그날 밤 포함 길략(Гиляк)호는 보브르(Бобр)호와 교대하기 위해 정박 중이었다. 전함 중 출동이 가능했던 것은 당직 근무 중이던 순양함 아스꼴드(Аскольд)와 디아나(Диана) 2척에 불과했으며 장갑함 레뜨비잔과 순양함 빨라다는 탐조등으로 정박해역을 밝히고 있었다.[28]

1월 26일 22시경 구축함 베스스뜨라쉬늬이(Бесстрашный)와 어뢰정 라스또로쁘늬이(Расторопный)가 경계근무를 위해서 여순으로쿠터 동쪽 20해리에 위치하면서 탐조등으로 수평선을 비추고 있었기 때문에 일본 어뢰정은 러시아군함을 우회할 수 있었다.

일본연합함대는 등대의 불빛과 전함의 등불에 근거하여 여순의 외항에 도착했는데 러시아군함에서 멀지 않은 거리에서 16발의 어뢰를 발사하여 그중 3발이 러시아군함에 명중했다.

---

27 Иллюстрированная летопись Русско-Японской войны. Издание редакции Нового журнала Искусства и Науки. Издание редакции Ф. И. Булгакова. СПб. Типография А. С. Суворина. Вып. 1. 1904. СС. 55-60. 당시 러시아는 일본보다 9시간 늦었다.

28 История Русско-японской Войны 1904-1905гг. Под редакцией И. И. Ростунова. Институт Военной Истории Министерства обороны СССР. М. Издательство Наука. 1977. С. 117.

1월 27일(2월 8일) 23시 35분 장갑함 레뜨비잔(Ретвизан)에서 첫 번째 폭발음이 들렸다. 러시아군함도 일본 어뢰정을 향해 포문을 열었다. 스따르크 장군이 극동총독에게 보낸 보고에 따르면 "첫 폭발음이 우발적인 것이라고 확신했지만 쩨사레비치호가 보낸 신호는 모든 의혹을 풀어주었다."

레뜨비잔호는 좌현의 어뢰 저장고가 관통되면서 침수되었다. 쩨사레비치는 선미가 관통됨에 따라 침실용 갑판과 진료실, 어뢰 발사 저장창고 등이 침수되면서 경사가 16도에 달했다. 빨라다호는 좌현이 수뢰에 명중되면서 75mm 포가 고장 났고 갑판 등에서 화재가 발생했다. 쩨사레비치와 빨라다는 내항으로 견인되었고 레뜨비잔은 외항 연안으로 예인되었다. 이 3척은 장기간 해전에 참전하지 못했다. 첫 교전에서 일본 연합함대도 손실을 입었다. 어뢰정 아카쓰키는 심각하게 파손되었고 구축함 시라구모호는 침몰했다.[29]

1월 26일(2월 8일) 러시아 태평양함대는 여순의 외항에 3열로 대기했다. 연안 가까이 1열은 전함, 2열은 구축함, 3열은 순양함이 대기했다. 어뢰정은 3척만 함대의 전면에 배치되었고 나머지는 여순항 외항에 위치해 있었다. 이날 방호순양함 빨라다호는 탐조등을 켜고 당직을 서고 있었다.

1월 26일(2월 8일) 밤 23시 35분 전함 레뜨비잔은 일본 어뢰에 공격당해 함수 좌측에 구멍이 뚫렸다. 23시 38분경 전함 쩨사레비치는 그리고

29 История Русско-японской Войны 1904-1905гг. Под редакцией И. И. Ростунова. Институт Военной Истории Министерства обороны СССР. М. Издательство Наука. 1977. СС. 119-120.

로비치(Н.Г.Григорович)의 지휘 아래 속사포가 장전된 상태였는데 '수뢰 공격 발생'이라는 신호를 알렸다. 그리고토비치 함장은 2척의 일본 어뢰정이 다가오는 것을 확인할 수 있었는데, 함미 좌측 포탑 뒤쪽에 어뢰가 명중하자 오른편으로 기울었다. 곧바로 돛을 올리고 증기를 최대한 끌어올려 여순항 내항 방향으로 이동했다. 수뢰 동체의 파편이 갑판에서 발견되었고 수병 1명이 실종되었다.

1월 27일 새벽 1시 쩨사레비치는 손상당한 레뜨비잔의 항구 입구 쪽으로 다가갔다. 전함 쩨사레비치는 좌초된 레뜨비잔 주변에 기항하여 여순항 내항을 막아서 좁은 통로만 남았다. 빨라다호도 손상을 입었는데 항구 입구와는 먼 정박지 외항에 좌초되었다.

1월 26일부터 27일까지 여순항 태평양함대는 야간 기동훈련 임무가 부여되어 있었다. 어뢰정은 쇠사슬을 설치하고 외항으로 떠났다. 순시하는 러시아 어뢰정은 함대 전면에 위치해 있었는데 일본 어뢰정은 러시아 어뢰정인 척 위장하여 기습공격을 실행했다. 선전포고도 없이 일본 어뢰정은 한밤중 빨라다호, 쩨사레비치호, 레뜨비잔호를 공격했다.

2시경 순양함 아스꼴트(Аскольд)와 노빅(Новик)은 어뢰정과 함께 일본 어뢰정을 추격했지만 일본 어뢰정은 이미 외해로 멀리 사라졌다. 방호순양함 바얀(Баян)은 당직 임무를 강화시키고 혹시 모를 공격에 대비했다.

방호순양함 빨라다는 4시 37분경 라오테산 등대의 왼쪽 수평선에서 화염이 일어나는 것을 보았다. 빨라다는 3~4분이 지나서 일본 어뢰정 4대가 일렬종대로 돌아가는 것을 확인했다. 일본 어뢰정은 러시아 넵스끼 공장에서 생산하는 동일한 형태의 선박으르 4연통식 중간 덮개 형태를 갖추었다. 일본 어뢰정은 빨라다호의 68m와 78m 동체 사이에 어뢰를 명중시켰다. 그 순간 빨라다는 조금 위로 떠올랐으나 마치 돋수철처

럼 내려앉았고 약 4도 정도 기울었다.[30]

2) 여순해전의 경과

1월 27일(양력 2월 9일) 아침 러시아 태평양함대는 구축함과 순양함 각 5척으로 편성하여 여순 외항에서 일본함대와의 일전을 준비했다. 8시경 요동반도 방면으로부터 제3전대 사령관 데와 시게토(出羽重遠) 소장의 지휘하에 방호순양함 지토세, 다카사고, 가사기, 요시노호의 모습이 드러났다. 일본연합함대는 러시아함대가 해안포대의 엄호로부터 벗어나서 외해로 출항하도록 유인하려는 목적으로 소규모의 함대를 파견했다. 그러자 태평양함대 사령관 중장 스따르크(О.В.Старк) 장군은 순양함 보야린(Боярин)호만 외해로 출항시켜 적을 감시하도록 했다.

10시 35분 보야린호는 일본의 주력함대가 근접해 있음을 의미하는 신호기를 돛대에 단 상태에서 본대로 귀환했다.

11시경 수평선에 12척의 일본 전함이 모습을 드러냈다. 데와 시게토 (出羽重遠) 소장의 순양함 편대는 장갑함과 장갑순양함에 합류했는데 장갑기함 미카사호를 필두로 하여 여순 방면으로 접근했다. 러시아함대는 양 측면에 각 2척의 순양함을 배치하면서 교전하기 위해 전진했다.

11시 20분 일본함대는 약 3.5해리 정도 접근하면서 12인치 포를 발사

30　Рапорт Начальника эскадры Тихого океана Вице-Адмирала Старк Наместнику Е. И. В. 6 февраля 1904г. N. 628; Русско-японская война 1904-1905гг. Действия флота. Документы. Отд. 3. Кн. 1. Вып. 1. Петербуг. Типография Морского Министерства. 1911. СС. 11-16; Иллюстрированная летопись Русско-Японской войны. Издание редакции Нового журнала Искусства и Науки. Издание редакции Ф. И. Булгакова. СПб. Типография А. С. Суворина. Вып. 1. 1904. СС. 65-71.

하기 시작했다. 러시아함대도 역광을 받으면서 대응했는데 3개의 해안 포중대가 지원 포격을 실행했다.

러시아함대는 10분 후 전투를 계속하면서 단종진의 형태로 8포인트 정도 좌측으로 이동했다. 11시 45분 일본함다는 장갑함과 순양함에서 폭발이 발생하여 바람 반대 방향으로 돌아서 후퇴했다. 러시아함대는 거리가 멀어지자 포격을 중지하고 14시경에 여순으로 귀항했다. 러시아함대는 해안포대 및 3척의 파손된 전함으로부터 포격 지원을 받았다.

이날 일본함대는 러시아의 중포탄에 의해 입은 손실이 컸다. 장갑기함 미카사는 사령부 일부가 파괴되었는데, 돛대가 파손되고 함기가 떨어졌다. 장갑함 후지는 1발의 중포탄에 의해 무선장비가 고장 났다. 장갑함 하쓰세는 2발의 중포탄에 명중되었고 장갑함 시키시마는 연돌이 떨어져 나갔다. 방호순양함 가사기는 상부 갑판 일부가 파손되었다.

여순해전은 2.5~4.7해리 사이에서 벌어졌는데 일부 러시아함대는 1.7~1.9해리까지 접근했다. 순양함 노빅호 함장 에센(Н.О.Эссен)은 유리한 상황을 이용하여 적함을 공격했지만 적의 집중포화를 받자 퇴각했다. 스따르크의 보고서에 따르면 장갑함 뻬뜨로빠블롭스크와 순양함 바얀과 노빅은 일본함대를 집중적으로 공격했다. 러시아는 사망자 14명과 부상자 71명이었고 일본은 사망자 3명과 부상자 69명이었다.[31]

러시아 태평양함대는 불완전한 전쟁준비, 함대 지휘부의 부즈의, 함대 사령관 스따르크 장군의 우유부단한 행동 등으로 전력이 악화되었고 일

---

31 История Русско-японской Войны 1904-1905гг. Под редакцией И. И. Ростунова. Институт Военной Истории Министерства обороны СССР. М. Издательство Наука. 1977. СС. 120-122.

본 육군은 일본연합함대의 보호 아래 아무런 장애 없이 한국에 상륙할 수 있었다.[32]

1904년 2월 13일(러역 1월 30일) 오후 2시 50분 외무대신 고무라는 극동총독 알렉세예프의 공식 보고서를 입수하여 주한일본공사에게 다음과 같이 알렸다. "알렉세예프에 따르면 2월 11일 쩨사레비치와 빨라다는 여순 내항으로 들어왔다. 2월 8일 레뜨비잔은 어뢰 공격을 당했는데 복잡한 작업 수리가 필요하다. 2월 9일 새벽 좌초한 빨라다와 2월 9일 오전에 공격받은 노빅은 도크에 들어갈 예정인데 수리 작업이 15일 걸릴 예정이다. 그밖에 2월 9일 피해를 입은 군함은 내항으로 들어왔는데 3일 정도의 수리 과정이 필요하다. 여순항 주변에 어뢰정과 포함을 보강하여 감시하고 있다.[33]"

그럼에도 일본함대는 러시아함대 궤멸 작전에 실패했다. 일본 구축함 편대는 약했고 러시아 포병의 공격으로 인해 정확도가 떨어지는 원거리에서 어뢰를 발사할 수밖에 없었다. 도고 제독은 요새 포대의 지원 포격을 받는 러시아군함을 상대로 노출된 상태에서 전투를 벌이지 않고 서둘러 연안에서 퇴각했다.[34]

실제 여순해전의 결과 일본연합함대는 6척의 1급 전함 중 5척이 피해를 입었다. 8척의 장갑순양함 중 1척이 침몰당하고 2척이 손상되었다.

---

32 История Русско-японской Войны 1904-1905гг. Под редакцией И. И. Ростунова. Институт Военной Истории Министерства обороны СССР. М. Издательство Наука. 1977. С. 122.

33 『駐韓日本公使館記錄』23. 1904년 2월 13일. 三. 本省其他歐文電報來信控 (40) 제93호 [旅順港 피격 시의 러시아함대의 피해], 外務大臣 小村→서울 공사 林権助.

34 Левицкий. Н. А. Русско-Японская война 1904-1905гг. Государственное Военное Издательство. М. 1936. С. 77.

반면 러시아 태평양함대는 전함 레트비잔호가 선체에 구멍이 나는 심각한 손실을 입었고 전함 쩨사레비치호도 어뢰 공격을 받았다. 전함 뽀베다(Победа)는 손상을 입었고 뽈따바(Полтава)와 뻬뜨로빠블롭스크(Петропавловск)는 서로 충돌했다. 방호순양함 바얀호는 충돌이 있었다. 방호순양함 아스꼴트호(Аскольд)와 빨라다호는 손상을 입었다. 그럼에도 1달이 지나자 여순항의 러시아 전함과 순양함은 대부분 최초 기습에서 받은 손상을 회복할 수 있었다. 방호순양함 바략호는 제물포에서 침몰되었고 포함 까레예쯔호는 일본에 포로로 잡히지 않으려 제물포에서 자폭했다.[35]

1월 30일(2월 12일) 극동총독 알렉세예프는 대련 방어의 필요성, 여순 항만 출입구 방어, 함대의 지속적인 전투, 파손된 전함의 신속한 정비 등에 관한 문제를 회의에서 검토했다. 그 결과 대련항 수비를 위해서 방어용 기뢰를 부설할 것, 장갑함을 보존하기 위해서 순양함과 어뢰정만 출항시킬 것 등이 결정되었다. 태평양함대는 여순에 기뢰를 부설했는데 그 과정에서 1월 29일(2월 11일) 어뢰정 예니세이는 기뢰 부설 중 침몰되었고 1월 31일 밤 순양함 보야린도 현장을 조사하다가 기뢰에 부딪쳐 침돌했다.[36]

그 후 1904년 2월 23일(3월 7일) 극동총독 알렉세예프는 한국 항구에 기뢰를 설치할 계획을 수립하면서 이에 대해 중립국 열강에게 통보할

---

35 Иллюстрированная летопись Русско-Японской войны. Издание редакции Нового журнала Искусства и Науки. Издание редакции Ф. И. Булгакоза. СПб. Типография А. С. Суворина, Вып. 1, 1904. СС. 55-60.

36 История Русско-японской Войны 1904-1905гг. Под редакцией И. И. Ростунова. Институт Военной Истории Министерства обороны СССР. М. Издательство Наука. 1977. С. 123.

것을 봉천에서 러시아 정부에 제안했다.[37]

당시 외무부 법률고문 마르땐스는 한국 항구지역에서 기뢰 설치가 국제법의 단절을 만드는 복잡한 상황을 야기할 수 있다고 판단했다.[38] 그럼에도 3월 2일(15일) 러시아 정부는 일본이 대한제국의 중립을 파괴했기 때문에 러시아도 동등한 조치를 취할 수밖에 없으므로 러시아 외무대신 람즈도르프는 중립국의 러시아 재외 공관에 러시아의 기뢰 설치를 알릴 것을 통보했다.[39] 그 결과 1904년 3월 6일(19일) 러시아 외무대신 람즈도르프는 극동총독이 3월 18일부터 원산, 제물포, 진남포 등 대한제국 항구에 기뢰를 설치할 것이라는 사실을 중립국 재외 공관에 통보할 것을 지시했다. 극동총독부는 이미 압록강에 기뢰를 설치했는데 향후 영구시(市) 반대편 요하강 접근로에 기뢰를 설치할 계획이었다.[40]

3) 항구 봉쇄와 마까로프의 사망

(1) 1차 여순항구 폐쇄

2월 11일(24일) 밤 일본연합함대는 여순 내항 입구를 봉쇄하는 작전을 수행했다. 어뢰정 아카쓰카는 라오테산(요동반도의 끝) 반도 남쪽에서 백색 신호연을 점화했다. 여순 내항에 도착한 일본의 어뢰정은 센스노비츠(Э.Н.Шенснович) 대령이 지휘하는 레뜨비잔을 공격했으나 격퇴되었다. 러시아 탐조등이 여순 내항으로 향하는 화선(불로 공격하는 배)을

---

37 ГАРФ. Ф. 568. Оп. 1. Д. 191. Л. 13.
38 ГАРФ. Ф. 568. Оп. 1. Д. 191. Л. 14.
39 ГАРФ. Ф. 568. Оп. 1. Д. 191. Л. 23.
40 ГАРФ. Ф. 568. Оп. 1. Д. 191. ЛЛ. 26-26об.

비추자 연안 포대와 전함들이 포격을 가했다. 화선 등을 통해서 여순 내항을 봉쇄하려던 일본연합함대의 계획은 좌절되었다.[41]

러시아 태평양함대는 2척을 첩보활동에 배정했는데 해군 중령 리벤 (А.А.Ливен)이 지휘하는 구축함(어뢰정) 베스스뜨라쉬늬이, 해군 중위(중령) 뽀두쉬낀(М.С.Подушкин)이 지휘하는 어뢰정 브누쉬쪨늬이였다.[42] 2월 12일(25일) 아침 베스스뜨라쉬늬이와 브누쉬쪨늬이는 금주에서 여순으로 귀환하던 중 지토세 등 일본 순양함과 만났다. 베스스뜨라쉬늬이는 일본 순양함을 돌파하여 기지로 귀환했지만 브누쉬쪨늬이는 금주로 후퇴했다.[43]

일본연합함대는 결전을 회피하는 러시아 태평양함대를 오히려 여순항 내에 묶어두는 '여순항구 폐쇄' 작전을 실행했다. 일본함대는 여순항 출입구에 기선을 나란히 배열하여 침몰시킴으로써 러시아함대의 교통을 방해하고자 의도했다. 1904년 2월 24일 새벽 제1차 여순항구 폐쇄 작전이 시도되었지만 레뜨비잔호와 해안포대는 일본의 기선(상선)에 포탄을 쏘아서 침몰시켰다.[44]

1904년 2월 26일(러역 2월 13일) 오후 1시 30분 외무대신 고무라는 극동총독 알렉세예프의 공식 보고서를 입수하여 주한일본공사에게 다

---

41 История Русско-японской Войны 1904-1905гг. Под редакцией И. И. Ростунова. Институт Военной Истории Министерства обороны СССР. М. Издательство Наука. 1977. С. 124.

42 ru.wikipedia.org/wiki/Внушительный_(миноносец); ru.wikipedia.org/wiki/B/ Бесстрашный_(миноносец).

43 История Русско-японской Войны 1904-1905гг. Под редакцией И. И. Ростунова. Институт Военной Истории Министерства обороны СССР. М. Издательство Наука. 1977. С. 125.

44 吉屋哲夫, 1984, pp. 98-99; 김현철, 2004, 263쪽.

음과 같이 알렸다. 2월 24일 오전 2시 45분 알렉세예프 제독의 공식 보고서에 따르면 일본연합함대는 가연성 물질을 적재한 대형기선을 항구 입구에서 격침시켜 폐쇄할 목적으로 재차 여순항을 공격했는데, 1척은 타이거반도(Tiger Peninsula) 근처, 다른 1척은 레트비잔과 요새의 포격으로 풀졸단케르(Puelzoldanquer) 근처에서 격침되었다. 아침에 여순항 내항에는 10척의 일본 기선 파괴가 확인되었는데 8척의 어뢰정이 대기하면서 기선의 승무원을 구조했다.[45]

1904년 2월 28일(러역 2월 15일) 오전 2시 외무대신 고무라는 1차 여순항 폐쇄 작전에 대해서 주한일본공사 하야시에게 다음과 같이 알렸다. 해군공보에 따르면 2월 24일 오전 4시 폐쇄선 5척은 라오테산의 남쪽에서 여순항으로 돌진했는데 그중 덴신마루는 진로를 지나치게 왼쪽으로 잡아 항구의 서쪽 약 3마일 지점에서 격파되어 좌초되었다. 부요마루는 조타기에 명중되어 덴신마루 가까이에 좌초되었다. 부요마루도 포격을 받아 항구 입구에 도달하지 못한 채 침몰했다. 호코쿠마루는 레뜨비잔 옆, 인센마루는 레뜨비잔 건너편에서 각각 폭발 점화로 파괴를 기도했다. 승무원은 보트를 타고 오후 3시경 간신히 일본함대에 합류했다.[46]

(2) 2차 여순항구 폐쇄

1904년 3월 27일(러역 3월 14일) 일본함대는 제2차 폐쇄 작전을 시도했

---

45 『駐韓日本公使館記錄』 23, 1904년 2월 26일, 三. 本省其他歐文電報來信控 (66) 제119호 [일본 해군의 旅順港 閉鎖작전에 대한 러시아 측 전투보고], 外務大臣 小村→서울 공사 林權助.

46 『駐韓日本公使館記錄』 23, 1904년 2월 28일, 三. 本省其他歐文電報來信控 (70) 제122호 [旅順港 폐쇄작전에 관한 海軍公報], 外務大臣 小村→서울 공사 林權助.

지만 상선 4척이 침몰되어 성과를 거두지 못했다.[47]

1904년 3월 28일 외무대신 고무라는 2차 여순항 폐쇄 작전에 대해서 주한일본공사 하야시에게 다음과 같이 알렸다. 3월 27일 자 태평양함대 사령관 마까로프의 보고에 따르면 러시아는 일본 어뢰정 6척을 뒤따르던 4척의 대형기선이 오전 2시 탐조등에 발견되어 포격을 가했는데 그중 3척의 기선이 좌초했다. 다른 1척의 기선도 입구에서 벗어나 침몰했다. 러시아 어뢰정 1척도 6척의 일본 어뢰정을 상대로 싸웠는데 수병 6명이 사망하고 지휘관과 함께 12명의 수병이 부상당했다. 일본의 기도는 실패로 돌아갔으며 항구 입구는 완전히 자유롭다.[48]

1904년 3월 29일 오후 3시 35분 외무대신 고무라는 2차 여순항 폐쇄 작전에 대해서 주한일본공사 하야시에게 다음과 같이 알렸다. 도고 제독의 보고에 따르면 3월 27일 오전 3시 30분 4척의 폐쇄선은 일븐 구축함과 어뢰정의 엄호하에 여순항 밖에 도달하여 러시아의 탐해등을 무릅쓰고 항구로 직진했는데, 약 2마일 되는 해상에서 요새와 함대의 갱렬한 포격을 받았다. 여순항 내 정박장으로 진입하여 지요마루는 황금산 서쪽 해안에서 약 100야드 해상에 닻을 내리고 폭침했고 후쿠이마루는 지요마루 좌측을 지나 앞쪽으로 가서 닻을 내리는 순간 러시아 구축함으로부터 어형 수뢰 1발을 맞아 침몰했고 야히코마루는 후쿠이마르 좌측으로 나가 닻을 내리고 폭침했고 요네야마마루는 지요마루와 후쿠이마루 사이를 지나 정박장 안에서 닻을 내리는데 어뢰 1발을 맞아 폭발하면

47　吉屋哲夫, 1984, pp. 98-99; 김현철, 2004, 263쪽.
48　『駐韓日本公使館記錄』 23, 1904년 3월 28일, 三. 本省其他歐文電報來信控 (121) 제166호 [旅順港 폐쇄기도에 관한 러시아 측의 보도], 外務大臣 小杶 → 서울 공사 林權助.

서 좌측 기슭 가까이에 가로로 침몰했다. 결국 야히코마루와 요네야마마루 사이에 공간을 남겨 통로를 완전 폐쇄할 수 없었다. 전사자는 중좌 히로세 다케오(廣瀬武夫) 외 준사관 1명, 하사관 및 병사 2명이었다. 중상자는 시마다(島田) 중위, 경상자는 마사키(正木) 대위, 구리타(栗田) 기관사 및 하사관과 병사 6명이었다. 일본 어뢰정 아오타카와 쓰바메 2척은 폐쇄선을 호위했는데 항구에서 약 1마일 해상에서 러시아 구축함 1척과 교전하여 적의 보일러를 파괴한 것으로 보고했다.[49]

1904년 3월 24일(양력 4월 6일) 외교관 쁠란손은 3일 전에 극동총독과 함께 여순에 머물면서 전황을 관찰했는데, 일본 해군은 러시아의 여순함대를 묶어두기 위해서 모든 노력을 전개했지만 아무런 결과를 얻지 못했다고 보고했다.[50]

(3) 마까로프의 사망

1904년 4월 17일 오전 0시 50분 외무대신 고무라는 러시아와 일본함대의 전투와 마까로프 제독의 사망에 대해서 주한일본공사 하야시에게 다음과 같이 알렸다. 도고 제독의 보고에 따르면 일본연합함대는 4월 12일 8시 예정된 계획대로 여순을 공격했다. 제4, 제5구축대와 제14어뢰정대은 밤 12시 여순항 입구에 도달하여 적의 탐조등을 무릅쓰고 항구 밖에 기뢰 부설을 완료했다.

4월 13일 일본연합함대는 러시아 어뢰정 스뜨라쉬니이(Страшный)

---

49 『駐韓日本公使館記錄』 23, 1904년 3월 29일, 三. 本省其他歐文電報來信控 (122) 제167호 [2차 旅順港 폐쇄기도에 관한 보고], 外務大臣 小村→서울 공사 林權助.
50 ГАРФ Ф. 568. Оп. 1. Д. 142. Л. 51.

가 항구에 들어가는 순간 공격하여 격침시켰는데 또 다른 러시아 어뢰정 스멜뤼이(Смелный)가 라오테산 방향에서 나타나 공격했지단 항구 안으로 도피했다. 오전 8시 일본연합함대는 바얀이 나타나자 사격을 개시했는데, 노빅, 아스꼴드, 다이애나, 뻬뜨로빠블롭스크, 포비드, 뽈따바가 출현하여 적극적인 반격을 받았다. 전함 뻬뜨로빠블롭스크는 항구로 돌아가는 과정에서 전날 저녁 일본함대가 부설한 기뢰에 부딪쳐 오전 10시 30분 침몰했다. 또 다른 1척의 함정은 활동의 자유를 상실하고 간신히 항구로 돌아갔다.[51]

스멜뤼이호 함장 해군 중위 바히레프(M. K. Eахирев)는 여순에 도착하자 마까로프 중장에게 스뜨라쉬니이의 상황을 보고했다. 마까르프는 뻬뜨로빠블롭스크호에 승선하여 바얀호에게 스뜨라쉬니이호가 침몰한 장소로 안내하도록 명령을 내렸고 목적지에 도착했다. 뻬뜨로빠블롭스크는 여순항으로 회항하기 위해서 연안으로부터 2해리 거리를 드고 돌아오기 시작했다. 9시 43분 전함 뻬뜨로빠블롭스크는 기뢰에 부딪쳐 우현에서 폭발음이 울렸으며 곧이어 배 밑에서 두 번째 폭발음이 울렸다. 이 폭발로 인해 전방의 돛대와 연돌, 망루 등이 하늘로 치솟았다. 전함이 우측으로 기울면서 선미가 들어 올려지고 스크루가 드러났다. 불길에 휩싸인 뱃머리가 물속으로 가라앉았다. 전함에 승선한 함대 마까로프를 비롯하여 27명의 장교와 620명의 수병이 전사했다. 구조된 이는 장교 7명과 수병 73명에 불과했다.[52]

---

51 『駐韓日本公使館記錄』23, 1904년 4월 17일, 三. 本省其他歐文電報來信控 (154) 제179호 [연합함대의 旅順港 전투 詳報], 外務大臣 小村→서울 공사 林權助.

52 История Русско-японской Войны 1904-1905гг. Псд редакцией И. И. Ростунова. Институт Военной Истории Министерства обороны СССР. М. Издательство

(4) 3차 여순항구 폐쇄

1904년 5월 3일(양력) 일본연합함대는 제3차 폐쇄 작전을 위해서 기선 11척을 동원했다. 그런데 이날 오전 10시부터 남풍이 강하게 불기 시작하자 일본함대는 여순항구 폐쇄 작전을 중지시키고 회항 명령을 내렸다. 그러나 기선 8척이 계속 돌진했는데, 그 결과 승무원 158명 중 17명이 여순에 포로로 잡히며 작전은 실패했다. 그럼에도 도고 사령관은 일본군 제2군이 금주의 남산을 점령한 직후 1904년 5월 26일 대본영 명령에 의해 여순항구의 봉쇄선언을 발표하여 중립국 선박의 여순항 입항을 저지했다.[53]

1904년 5월 7일 오후 6시 외무대신 고무라는 3차 여순항 폐쇄 작전에 대해서 주한일본공사 하야시에게 다음과 같이 알렸다. 도고 제독의 공식 보고서에 따르면 1904년 5월 3일 일본연합함대는 3차 여순항 폐쇄 작전을 수행했다. 포함 아카기, 제2, 3, 4, 5구축함, 제9, 10, 14어뢰정대는 기선을 대동하고 5월 2일 출발했다. 그런데 강풍이 불기 시작하여 이동을 방해받았는데 8척의 기선은 적의 탐조등과 요새포 사격 및 기뢰를 무릅쓰고 전진하여 항구로 돌진했다. 그중 기선 5척은 항구 입구에 도달했는데 미카와마루, 호도미마루는 항구의 방촌(防村)을 부수고 더욱 안쪽에 이르렀다. 다른 3척의 기선은 입구에 도달하기 전에 침몰했다. 일본함정은 아침에 침몰된 기선의 승무원 절반을 구조했다. 어뢰정 제67호는 증기 파이프가 명중되어 전투력을 상실했으나 제70어뢰정이 예인했다. 아오다카정은 기관에 피해를 입었으나 돌아왔다. 일본 정대의 사상자는 부

Наука. 1977. СС. 140-142.

53 吉屋哲夫, 1984, p. 105: 김현철, 2004, 264쪽.

상 3명, 전사 2명이었다.[54]

1904년 5월 5일 일본군 제2군이 피즈워에 상륙할 당시 도고의 주력 함대는 여순에 매우 가까운 곳에 위치했지만 러시아의 사정거리 밖에 있었다. 이런 상황에서 기뢰 수송선 아무르(Амур) 함장은 일본연합함대의 예상 항로에 기뢰를 부설하자고 제안했다. 5월 9일 아무르호는 안개 속에서 여순항으로부터 10~11해리 떨어진 곳에 50발의 기뢰를 부설한 다음 여순 내항으로 귀항하는 데 성공했다. 5월 15일 일본연합함대는 장갑함 3척과 순양함 2척으로 구성된 편대가 기뢰를 설치한 수역에 진입했다. 그 결과 장갑함 2척은 기뢰 폭발로 파손되어 하쓰서흐는 즉시 침몰했고 야시마호는 폭발 장소로부터 조금 떨어진 곳에서 침몰했다. 1904년 5월 일본연합함대는 충돌과 기뢰 때문에 1달 동안 2척의 순양함과 여러 척의 구축함을 잃었다.[55]

4) 태평양함대의 여순항 돌파 작전

1904년 6월 23일(양력 7월 6일) 비뜨게프트(Б.К.Витгефт) 태평양함대 사령관은 니꼴라이 2세의 명령을 받아 여순항을 떠나 블라디보스톡을 향해 출항하기로 결정했다. 1904년 6월 23일 태평양함대는 쩨사레비치, 레뜨비잔, 뽀베다, 뻬레스베트, 세바스또뽈 및 뽈따바의 전함 5척이 대형을 갖추었고 그 뒤 5척의 순양함과 7척의 구축함이 뒤따르면서 여순

---

54 『駐韓日本公使館記錄』23, 1904년 5월 7일, 三. 本省其他歐文電報來信控 (153) 제198호 [3차 旅順港 폐쇄작전 결과 공보], 外務大臣 小村→서울 공사 林權助.

55 Левицкий. Н. А. Русско-Японская война 1904-1905гг. Государственное Военное Издательство. М. 1938(3-е изд.). СС. 69-70.

을 출항했다.

하지만 도고 제독은 여순항으로부터 20마일 지점에서 미카사, 아사히, 후지, 시키시마, 친엔 등의 전함 5척, 16척의 순양함 및 32척의 구축함 또는 어뢰정으로 구성하여 러시아함대의 출항을 저지했다. 그러자 비뜨게프트 사령관은 어두워지기 전에 여순항으로 회항하였는데 도고 제독은 구축함과 어뢰정으로 여순함대를 추격했다. 그 과정에서 러시아 전함 세바스또뽈은 기뢰에 부딪혀 수심이 낮은 해안가로 옮겨졌다. 태평양함대는 출항 이후 약 24시간이 지난 다음 다시 여순항에 입항했다. 태평양함대의 탈출 실패는 러시아함대의 사기를 떨어뜨렸다.[56]

1904년 6월 26일 오후 7시 35분 외무대신 고무라는 러시아 태평양함대의 여순 탈출 작전에 대해서 주한일본공사 하야시에게 다음과 같이 알렸다.

도고 제독은 러시아 태평양함대의 여순 출항 실패를 다음과 같이 보고했다. 1904년 6월 23일 새벽 일본 초계함으로부터 러시아함대가 항구 밖으로 출동하려 한다는 경보를 무전으로 받고 일본연합함대는 특별임무에 있는 함정을 제외하고 전부 여순항 방면으로 신속히 집결했다. 오전 11시경 뻬레스베트, 뽈따바, 세바스또뽈, 쩨사레비치, 디아나, 아스꼴드 및 노빅 11척은 모두 항구밖에 출발했으며 수척의 소해정은 선두에서 일본의 기뢰를 제거하고 통로를 만들었다. 일본 제1과 4구축대 및 제14어뢰정대는 러시아의 구축함 7척과 수차례 포격전을 실시했는데, 그 중 1척은 화재로 인해 여순항으로 도피했다. 러시아 태평양함대는 노빅호를 선두로 하여 소해정 뒤를 따라 외항으로 나왔다.

---

56 김현철, 2004, 265-266쪽.

오후 4시를 지나 일본연합함대 제3전대는 러시아함대를 남쪽으로 유인했고 일본연합함대 제1전대는 우암의 남쪽에서 러시아함대의 시계 밖에 있었다. 일본 구축대와 어뢰정대는 집결하여 습격을 준비하면서 러시아함대가 바다 한복판으로 나오는 것을 기다렸다.

오후 6시 15분 러시아함대는 우암의 서쪽 약 8해리 지역으로 이동했다. 쩨자레비취호는 선두에 위치했는데 순양함이 뒤를 따라 10척의 일렬종대로 움직였으며 노빅호 및 구축함 7척은 우측에 배치되어 남쪽으로 향했다.

오후 7시 30분 양측은 14,000m 거리가 되었고 오후 8시를 지나 러시아함대는 진로를 북으로 전환하여 여순으로 향하는 모습이었다. 일몰에 가까운 오후 8시 20분 일본 구축대와 어뢰정대는 러시아함대 공격을 시작했다.

오후 9시 30분 일본 제14정대는 항구 밖 약 5해리 되는 곳에서 러시아함대의 후미를 공격했다. 오후 10시 30분 러시아함대는 항구 밖에 닻을 내렸다. 일본 구축대와 어뢰정대는 러시아의 탐해등과 포화를 무릅쓰고 새벽까지 8차례 습격했다. 오후 11시 30분경 소좌 와카바야시(若林)가 지휘한 시라타카는 전함 뻬레스베트호에 수뢰를 명중시켜 큰 불길을 일으키고 좌초시켰다.

6월 24일 일본연합함대는 새벽 러시아함대를 정찰했는데 전함 세바스또뽈과 1등 순양함 다이애나는 자력으로 항해할 수 없는 손상을 입었다. 일본연합함대는 제53호정의 준사관 1명만 부상을 입었을 뿐 기타 함정은 모두 귀환했다. 6월 24일 러시아군함은 여순 항구 외항에서 예인되거나 자력으로 차례로 내항으로 들어갔다.[57]

---

57 『駐韓日本公使館記錄』23, 1904년 6월 26일, 三. 本省其他歐文電報來信控 (220) 제265호

5) 러일의 황해해전

1904년 8월 10일(러역 7월 28일) 러시아 태평양함대는 새벽 순양함 노빅을 선두로 전함 뽈따바, 레뜨비잔, 뽀베다, 뻬레스베트, 쩨사레비치 등은 여순항에서 블라디보스톡항으로 출항하기 위해서 준비했다. 1등급 순양함(방어순양함) 바얀, 빨라다, 디아나, 아스꼴드 등 4척도 출항했다.[58]

먼저 나선 러시아의 소해선대가 여순항 주변의 기뢰를 제거하자 구축함이 뒤따랐다. 오전 10시경 태평양함대는 기함 쩨사레비치를 선두로 라오테산 남동쪽 방향으로 나아가면서 일본 봉쇄선을 돌파했다.

8월 10일(양력) 오전 7시 10분경 일본 제1연합함대는 러시아 태평양함대의 움직임을 포착했는데, 도고 제독이 승선한 기함 미카사를 비롯한 일본 제1연합함대는 여순 남쪽 해상 40해리(약 74km)에 위치한 엔도 부근에 있었다. 제3과 제5와 제6의 3개 전대는 순양함으로 편성되었는데, 여순항의 동쪽과 서쪽 해상에서 경계 태세를 취하고 있었다.

1904년 8월 10일 오전 7시 20분 도고 제독은 제1구축함으로부터 무선 보고를 받자마자 여순항으로 일본연합함대의 이동을 명령했다. 일본연합함대는 우암의 동남쪽 방면에 은폐하면서 러시아함대의 남하를 기다렸다. 그 후 제1연합함대 제3전대는 러시아함대를 남쪽으로 유도하면서 다가갔고 제1연합함대 소속 미카사 등은 서남쪽으로 진행하여 다

[6월 23일의 旅順港 앞바다의 해전 詳報], 外務大臣 小村→서울 공사 林權助.

58 История Русско-японской Войны 1904-1905гг. Под редакцией И. И. Ростунова. Институт Военной Истории Министерства обороны СССР. М. Издательство Наука. 1977. С. 193.

가갔다.

오전 11시경 일본 제1연합함대와 러시아 태평양함대가 근접하게 되었다. 러시아 태평양함대는 쩨사레비치를 선두로 하면서 순양함을 좌현에 배열하는 2열 종대 대형으로 나아갔다. 오후 12시 30분 도고 제독은 여순항구 남동쪽 약 50해리(약 93km) 우암 부근에서 1열 종대 대형으로 변경한 러시아함대를 발견했다. 오후 1시 도고 제독은 횡대 진형을 이루면서 항해했다.

오후 1시 15분 미카사는 포문을 열기 시작하였는데 동시에 일본 전함도 포문을 열었다. 러시아 태평양함대도 남쪽으로 향하면서 포격을 개시했다. 오후 1시 30분 러시아와 일본함대는 거리가 6,000~8,000m에 이르자 미카사와 쩨사레비치를 중심으로 포격했다. 얼마 후 쩨사레비치는 집중 포격에 타격을 받았다. 동시에 일본 제1연합함대는 러시아함대 앞에서 '정자(丁字)' 형태로 진형을 변형시켰다. 그러자 러시아함대는 일본함대와의 전투를 피하고자 남동쪽으로 방향을 바꾸었다.

그 과정에서 러시아와 일본함대가 일시적으로 나란히 항해하게 되었다. 러시아함대는 집중적으로 미카사를 포격했고 그 결과 함장인 이지치 히코지로(伊地知彦次郎) 소장 등을 비롯한 88명이 부상을 입고 24명이 전사했다. 양측 함대의 거리가 벌어지자 일본 제1연합함대는 오후 3시 30분경 포격을 중지했다.[59]

일본 제1연합함대는 16노트 전함을 파견하여 추적했는데 러시아와 일본함대는 오후 5시 30분 산동각 북방 약 45해리 지점에서 약 7,500m

59 海軍動功表彰會 編, 1908, pp. 276-281; 太平洋戰爭硏究會 編, 平塚柾緒 著, 『圖說 日露戰爭』, 東京: 河出書房神社, 1999, pp. 64-66; 김현철, 2004, 269-270쪽.

거리에 도달했다. 그러자 전함 뽀베다가 먼저 포문을 열었다. 황해해전 중 오후 6시 40분경 기함 쩨사레비치는 12인치 포탄을 맞아 대폭발이 일어났다. 이로 인해 태평양함대 사령관 비뜨게프트를 포함한 주요 참모들이 전사했다.

그 후 태평양함대 부사령관 소장 우흐똠스끼(П.П.Ухтомский)가 전함 뻬레스베트에 승선했는데, 비뜨게프트가 사망하자 지휘권을 이양받고 동시에 여순으로의 회항을 지시했다. 오후 8시 2분 도고 제독은 구축대와 어뢰정함에 추격전 임무를 계속 수행하도록 지시하면서 전투를 중지시켰다.[60]

러시아 태평양함대는 군함 18척 중 전함 5척, 순양함 1척, 구축함 4척만 여순으로 회항했다. 나머지 전함은 파손된 상태에서 중립항으로 향하여 그곳에 억류되었다. 한편 황해를 탈출하여 블라디보스톡으로 향하던 노빅은 1904년 8월 30일(양력) 사할린에서 순양함 쓰시마와 지토세를 만나 교전했는데, 심하게 파손되어 함장 중령 슐리쯔(М.В.Шульц)의 결정에 따라 침몰되었다.[61]

6) 여순 지역 태평양함대의 최후

일본 포병은 1904년 11월 28일(양력 12월 11일)까지 여순 뷔소까야(Высокая)산을 중포용 포격 지점으로 활용하여 여순항에 정박 중이던

---

60   김현철, 2004, 270-272쪽.

61   История Русско-японской Войны 1904-1905гг. Под редакцией И. И. Ростунова. Институт Военной Истории Министерства обороны СССР. М. Издательство Наука. 1977. СС. 196-197.

러시아 태평양함대를 공격했다.[62] 태평양함대는 실질적으로 내항에 고립되어 있었으며 9월부터는 일본 육군의 계속된 포격에 노출되었다. 제4차 돌격전이 막바지에 달할 무렵 러시아함대는 심각하게 파손된 상태여서 점점 수리가 곤란해졌다. 1904년 11월 초 각 군함은 최소한의 포탄만 유지하고 거의 모든 탄약이 육지로 이송되었다. 일본군은 뷔소까야산을 점령함과 동시에 11인치 유탄포 포격을 정확히 조준하면서 러시아함대를 향해 포격을 가하기 시작했다.

전함 뽈따바호는 11월 22일(양력 12월 5일) 3시 30분 11인치 유탄포가 갑판을 관통하여 47mm 포탄이 저장되어 있던 창고에 명중되어 전함의 밑바닥과 저장고의 격벽이 파열되고 화재가 발생했다. 전함의 선미부터 가라앉기 시작하여 침몰했다.

전함 레트비잔호는 포탄 8발이 명중되자 서부 연안에서 동부 연안으로 이동하려 했으나 서부 연안에 대한 계속된 포격 때문에 이동할 수 없었다. 11월 23일(12월 6일) 일본군은 500발 이상의 11인치의 포탄을 발사하여 전함 레뜨비잔과 뻬레스베트를 침몰시켰다.

전함 뽀베다와 방호순양함 빨라다호는 11월 24일(12월 7일) 완파되었다. 11월 25일(12월 8일)에는 방호순양함 Б-얀이 심각하게 파손되고 26일 침몰되었다.

전함 세바스또뽈호와 포함 오뜨바주늬호, 수뢰정 7척 등은 파손되지 않았다. 세바스또뽈호의 함장 에센(H.O.Эссен) 해군 대령은 11월 26일(12월 9일) 밤 정박지에서 출항하여 새벽에 벨뤼 볼크만에 도착한 다음

---

62 Левицкий. Н. А. Русско-Японская война 1904-1905гг. Государственное Военное Издательство. М. 1935. С. 243.

포함 오뜨바즈늬호 근처에 정박했다. 도고 장군은 전함 세바스또뽈호의 출항 소식을 접하자 세바스또뽈호에 대한 공격을 지시했고 공격은 6일 간 계속되었다. 일본 해군은 10개의 수뢰정 편대와 기뢰부설함 2척 등 이 참가했고 일본 해군 수뢰정 2척이 침몰되었다. 결국 1904년 12월 2일 (15일) 해상전투는 모두 끝났다.[63]

3. 동해해전

1) 러시아 태평양함대와 일본 연합함대의 구성

기존 연구는 '동해해전'을 '일본해해전', '쭈심스꼬예 스라젠니예(Цусимское сражение)', '쓰시마전투'로 표기했다. 하지만 이 책에서는 한국 입장에 서 러일전쟁을 바라보기 때문에 동해해전이라는 용어를 사용했다.

러시아 태평양함대는 제2태평양함대와 제3태평양함대로 구성되었는 데, 중장 로제스뜨벤스끼(З.П.Рожественский)는 전함 공작 수보로프에 서 제1장갑편대와 제2장갑편대를 총지휘했고 소장 네보가또프는 전함 황제 니꼴라이 1세에서 제3장갑편대를 지휘했다. 주력 장갑함은 3대의 편대로 나뉘었는데 각 편대는 4척 내외의 전함으로 구성되었다.

---

63 Русско-японская война 1904-1905гг. Работа военно-историческая комиссии по
    описанию русско-японской войны. Т.8. Ч.1. Спб. Типография А.Ф.Маркс. 1910.
    СС.631-635,642; История Русско-японской Войны 1904-1905гг. Под редакцией
    И.И.Ростунова. Институт Военной Истории Министерства обороны СССР. М.
    Издательство Наука. 1977. СС.241-243.

동해해전에서의 러시아 기함 공작 수보로프(1904)

첫째, 제1장갑편대는 전함 공작 수보로프, 전함 보르지노, 전함 황제 알렉산드르 3세, 전함 오룔, 방호순양함 젬축이었다.

둘째, 제2장갑편대는 전함 오슬랴뱌, 전함 시소이 벨리끼이, 전함 나바린, 장갑순양함 제독 나히모프(Адмирал Нахимов), 방호순양함 이줌루드(Изумруд)였다.

셋째, 제3장갑편대는 전함 황제 니꼴라이 1세, 해안방어장갑함 제독 센야빈(Адмирал Сенявин), 제독 우사꼬프(Адмирал Ушаков), 대장 아쁘락신(Генерал-адмирал Апраксин)이었다.

넷째, 순양함 편대는 방호순양함 올렉, 아브로라, 구식장갑 순양함 드미뜨리 돈스꼬이, 블라지미르 모노마흐로 구성되었다.

동해해전에서의 일본 기함 미카사(1905)

다섯째, 정찰 편대는 방호순양함 스베뜰라나, 순양함 알마스, 보조순
양함 우랄로 구성되었다.

여섯째, 어뢰정은 제1과 제2의 어뢰정대로 구성되었고 총 9척이었다.
어뢰정은 러시아함대를 따르던 운송선의 호위 임무를 맡았다.[64]

64 История Русско-японской Войны 1904-1905гг. Под редакцией И. И. Ростунова.
    Институт Военной Истории Министерства обороны СССР. М. Издательство
    Наука. 1977. CC. 333-335; ru.wikipedia.org/wiki/Цусимское морское сражение.
    제1어뢰 정대는 베도븨이(Бедовый), 븨스뜨릐이(Быстрый), 부이늬이(Буйный), 브라
    븨이(Бравый), 제2어뢰정대는 블레쨔쉬이(Блестящий), 그롬끼(Громкий), 그로즈늬이
    (Грозный), 베주쁘레치늬이(Безупречный), 보드릐이(Бодрый) 등이었다.

제1함대는 기함 크냐지 수보로프함에 로제스뜨벤스끼 사령관이 승선해 오룔함, 알렉산드르 3세함, 보로지노함을 지휘했으며 제2함대는 기함 오슬랴바함에서 사령관 펠리케르잠이 나바린함, 시소이 벨리끼 함, 나히모프 제독함 등을 지휘했다. 제3함대는 후에 합류한 제3태평양함대로 네보가또프가 기함 니꼴라이 1세함에서 세냐빈함 등을 지휘했다.[65] 제2태평양함대는 총 47척 중 전투함이 38척이었고 장교와 수병은 각각 640명과 1만 명이었다.[66]

일본연합함대는 동해해전에 앞서 여순해전이 참여한 군함을 다시 재배열하고 보강했는데, 제1~3함대로 구성되어 동해해전 대부분 참전했다. 원래 제3연합함대는 후방에서 러시아 블라디보스톡함대와 동해 제해권을 장악하는 것이 임무였다. 제1연합함대는 일본연합함대 사령관 도고 제독이 기함 미카사에 직접 승선하여 총지휘했다. 제2연합함대 사령관 가미무라 히코노조(上村彦之丞) 중장은 기함 이즈모에 승선하여 지휘했다. 제3연합함대 사령관 가타오카 시치로(片岡七郎) 중장은 기함 오키시마에 승선하여 지휘했다.

제1함대 제1전대는 미스 소타로(三須宗太郎) 소장을 사령관으로, 전함 미카사, 시키시마, 후지, 아사히, 장갑순양함 가스가와 닛신으로 구성되었다. 또한 제1함대 제3전대는 데와 시게토 소장을 사령관으로 방호순양함 가사기, 지토세, 오토와, 니타카로 구성되었다. 그밖에 제4어뢰정대 총 4척, 제1~3구축함대 총 14척이었다.

65　軍令部 編, 『明治三十七八年海戰史』下, 東京: 內閣印刷局朝陽會, 1934b, pp. 189-182, 217.

66　Левицкий. Н. А. Русско-Японская война 1904-1905гг. Государственное Военное Издательство. М. 1936. С. 328.

제2함대 제2전대는 시마무라 하야오(島村速雄) 소장을 사령관으로 장갑순양함 이즈모, 아즈마, 도키와, 야쿠모, 아사마, 이와테로 구성되었다. 또한 제2함대 제4전대는 우리우 소토키치 중장을 사령관으로 방호순양함 나니와, 다카치, 아카시, 쓰시마로 구성되었다. 그밖에 제9와 제19의 어뢰정대 총 7척, 제4와 제5의 구축함대 8척이었다.

제3함대 제5전대는 다케토미 구니카네(武富邦鼎) 소장을 사령관으로 방호순양함 이쓰쿠시마, 마쓰시마, 아시다테 및 구식전함 친엔으로 구성되었다. 또한 제3함대 제6전대는 도고 마사미치 소장을 사령관으로 방호순양함 스마, 이즈미, 지요다, 아키쓰시마로 구성되었다. 그리고 제3함대 제7전대는 야마다 히코하치(山田彦八) 소장을 사령관으로 구식전함 후소, 해방함 다카오, 포함 쓰쿠시, 조카이, 마야, 우지로 구성되었다. 그밖에 제1, 10, 11, 15, 20어뢰정대 총 20척이었다.[67]

2) 러시아 태평양함대의 출항

1904년 7월 28일(양력 8월 10일) 제1태평양함대는 황해해전에서 함대 사령관을 잃고 여순으로 회항했다. 러시아 정부는 1904년 8월 발트함대 소속된 전함을 중심으로 제2태평양함대를 구성할 것을 결정했다.

제2태평양함대의 출항은 끄론쉬따르 등 발트해에 위치한 항구에서 준비되었다. 1904년 10월 2일(15일) 제2태평양함대는 라트비아 리바바 (Либава)항을 출항하여 세 개의 대양을 거치는 항해를 완수해야만 했는

---

67 軍令部 編, 1934b, pp. 141-155.

데, 항해 거리는 약 29,000km에 달했다. 러시아는 이동 항로 중 해군기지를 보유하지 못했는데, 석탄, 식량, 담수 등을 적재한 운송선을 포함하여 군함 수리용 선박도 포함시켰다.

10월 9일(22일) 기함 수보로프(Суворов)는 도거뱅크(Dogger Bank) 근처에서 영국 국적 어선을 일본 수뢰정단으로 오인하여 포격했다.[68] 그 결과 어선 1척이 침몰하고 5척이 파손되었으며 어부 2명이 사망하고 6명이 부상을 입었다. 이 사건으로 영국과의 관계가 악화되어 제2태평양함대는 스페인의 비고(Vigo)항에서 1주일 동안 지체했다.

제2태평양함대는 10월 21일(양력 11월 3일) 모로코 탕헤르(Tangier)항에 도착했다. 그곳에서 홀수선의 차이에 따라 둘로 나뉘어졌다. 홀수선이 낮은 군함은 러시아함대 부사령관 펠리께르잠(Д.Г.Фелькерзам) 해군 소장의 지휘하에 수에즈로 향했다.

영국군함은 북아프리카 카나리 군도에 도착할 때까지 러시아함대를 경계했는데, 로제스뜨벤스끼 제독은 함포를 장전하고 공격에 대비하라는 명령을 하달했다.

12월 27일(양력 1905년 1월 9일) 제2태평양함대는 동부아프리카 마다가스카르 북쪽 화산섬 노시베(Nosy Be)항에 도착했다. 펠리께르잠 소장은 이미 12일 전에 도착해 있었다. 펠리께르잠 편대에 소속된 전함들은

---

68 실제 일본 어뢰정은 수송선 캄차카의 이름으로 위장하여 무선통신을 발송하여 로제스뜨벤스끼 제독을 속였다. 제독이 승선한 수보로프의 위치와 함대의 위치를 탐조등으로 표시해 달라고 캄차카 명의로 부탁한 것이다. 일본 어뢰정은 영국 어선들 사이에 위치한 상태에서 제2태평양함대를 공격했다. Османов Е. М. Из Истории Русско-Японской Войны 1904-1905гг. Петербуг. Издательство С.-Петербургский Университет. 2005. CC. 304-305: 김종헌, 「일본의 러시아 후방교란 작전과 도거뱅크 사건을 통해 본 러일전쟁의 재해석」, 『중소연구』38-4, 2015, 265쪽.

지름길로 왔음에도 불구하고 수리를 받아야 했다. 전함 나바린은 냉각장치가 고장났으며 순양함 젬추그와 이줌루드는 구동장치와 보조장치가 고장 났다. 전체 수뢰정 중 단 2척만이 정상적으로 항해할 수 있을 정도였다.

로제스뜨벤스끼 제독은 제1태평양함대가 괴멸되었으며 여순도 함락되었다는 소식을 접했다. 제독은 흑해함대 일부를 태평양으로 증파해야 한다고 건의했다. 제2태평양함대의 사기는 저조했는데 로제스뜨벤스끼는 러시아함대 이동 중 소속 장교의 전폭적인 신임을 받지 못했다. 구형 전함으로 구성된 제3태평양함대의 일부는 1905년 2월 3일(16일) 리바 바항을 출항했는데, 소장 네보가또프(Н.И.Неботатов)가 일본함대를 분산시키기 위해서 지휘관으로 임명되었다.

1905년 3월 3일(16일) 로제스뜨벤스끼 제독은 2달 이상을 마다가스카르에서 체류한 다음 네보가또프 해군 소장을 기다리지 않고 인도차이나 연안을 따라 출항했다.

3월 26일(4월 8일) 러시아함대는 싱가포르에 도착했는데 프랑스의 요청으로 반퐁(Banpong)만으로 이동하여 그곳에서 정렬했다. 4월 26일 (5월 9일) 출항 2개월 보름이 넘어서야 제3태평양함대는 본대와 합류했는데, 3척의 전함, 1척의 순양함, 몇 척의 운송선이 가세했다. 로제스뜨벤스끼는 반퐁에서 서신을 발송했는데, 약한 러시아함대가 제해권을 장악할 수 없을 것이라며 건강상의 문제로 자신을 송환하고 새로운 사령관을 임명해 줄 것을 요청했다. 그러나 러시아 정부는 뻬쩨르부르크 명령에 복종하고 일본함대와 일전을 벌이라고 답신했다.

5월 1일 러시아함대는 반퐁만을 출발했다. 러시아함대는 일본함대와의 접전이 점차 다가오고 있음에도 불구하고 정찰을 실행하지 않았다.

로제스뜨벤스끼는 연료 부족을 고려하여 대한해협, 순가르해협, 라페루즈해협 중 가장 짧은 항로인 대한해협을 선택했다. 이 경우 일본함대와의 접전이 불가피했다. 로제스뜨벤스끼는 일본과의 해전이 불가피하지만 대부분의 전함이 블라디보스톡에 도착할 수 있다고 판단했다. 로제스뜨벤스끼는 5월 8~12일(21~25일) 황해와 태평양에서 무력 시의를 하기 위해 순양함 드녜쁘르, 꾸반, 쩨렉호를 파견했는데, 너무나 적은 전함을 투입했기 때문에 실패했다.

5월 10일(양력 23일) 러시아 태평양함대는 마지막으로 석탄을 적재하고 5월 14일(27일) 밤 대한해협으로 접근했는데 바로 그날은 니꼴라이 2세의 대관식 기념일이었다.

일본연합함대는 3가지 운용 가능한 시나리오를 예상했다. 첫째, 러시아함대는 블라디보스톡으로 이동한 후 그곳을 기지로 삼아서 일본함대를 공격한다. 둘째, 러시아함대는 중국의 중립을 위반하고 남중국해를 거점으로 삼아서 남중국해 및 황해로부터 일본함대를 공격한다. 셋째, 러시아함대는 대만 근처의 거점을 장악하거나 일본의 섬을 점령한 다음 기지를 건설하여 함대 교육과 제해권 쟁탈전을 준비한다. 일본연합함대는 모든 가능성을 고려하면서 마산포에 주력함대를 집결시키면서 동해와 남중국해를 정찰했다.

일본연합함대는 대한해협에서 유리한 위치를 차지했는데, 마산포는 러시아함대가 블라디보스톡으로 향하는 경우는 물론이고 황해에 머물 경우에도 항로를 차단할 수 있는 장소였다. 일본연합함대는 3월 17일(30일) 인도양을 항해 중이고 3월 27일(4월 9일) 싱가포르에 도착했다는 사실들도 파악했다. 일본연합함대는 겨울 동안 전투 준비를 마쳤는데, 제1연합함대와 제2연합함대는 마산포에 정박했고 제3연합함대는 쓰시마

오자키에 위치했다. 일본 순양함은 대한해협과 순가르해협을 순찰했다.[69]

일본연합함대는 러시아함대가 말라카해협에 나타날 때부터 항로에 관한 정보를 입수했다. 도고 제독은 5월 중순 블라디보스톡 소재 러시아함대가 출항하자 러일해전을 예측할 수 있었다. 일본 순양함은 함대의 주력으로부터 남쪽으로 120해리 거리에 구축되었고 전선의 초계(哨戒)는 100해리에 걸쳐 형성했다. 일본의 모든 군함은 무선전신으로 연결되었고 대한해협에서 입항을 감시했다. 러시아함대는 분당 함포의 발사수가 134발, 폭약의 분출량이 200kg이었다. 반면 일본함대는 분당 함포의 발사수가 360발, 폭약의 분출량이 3000kg이었다. 따라서 일본 함포의 발사 속도는 러시아보다 2~3배 우세했다. 일본군의 포탄은 포탄에 들어가는 작약이 러시아보다 5~6배 정도 많았다. 러시아의 포탄은 두께가 두꺼운 반면 작약(화약)이 적어서 일본보다 파괴나 화재 같은 효과를 발휘하지 못했다. 또한 러시아함대의 운항 속도가 최대 14노트였던 반면 일본함대는 최대 18노트로 기동력에서 앞섰다.[70]

3) 태평양함대의 대한해협 도착

러시아함대와 일본함대 간 해전은 3단계로 구분된다. 1단계는 5월 14일 오후 쓰시마 해역 우측 북동쪽의 대규모 전투다. 2단계는 5월 14일 야간

---

69 История Русско-японской Войны 1904-1905гг. Под редакцией И. И. Ростунова. Институт Военной Истории Министерства обороны СССР. М. Издательство Наука. 1977. CC. 324-331.

70 Левицкий. Н. А. Русско-Японская война 1904-1905гг. Государственное Военное Издательство. М. 1938(3-е изд.). CC. 303-304.

동해 남부 일본 수뢰정에 의한 야간공격이다. 3단계는 5월 15일 이후 울릉도-독도 인근 해역과 죽변만 주변 해역에서 전개된 개별 전함 간 전투다.

일본연합함대는 러시아 태평양함대와 작전 장소를 고민했는데, 러시아함대가 대한해협을 지날 것이라 판단하고 다 한해협의 길목인 가산포에 근거지를 두고 대비했다. 일본은 이미 울진과 울릉도, 독도에 해저 통신선, 울릉도에 망루까지 설치한 상황이어서 러시아함대의 이동을 감지하려고 노력했다. 만약 러시아함대가 일본 열도를 태평양으로 들아 쓰가루해협을 지나기로 결정했다 하더라도 일본함대는 동해를 통해서 쓰가루해협으로 진출할 수 있다고 판단했다.[71]

러시아 태평양함대는 5월 12일(양력 25일) 저녁부터 일본함대의 무선을 감청했다. 로제스뜨벤스끼는 러시아의 무선 교신이 일본에 의해 도청될 수 있다는 이유로 전함 사이의 무선 교신을 금지시켰다. 5월 14일(27일) 운무가 피어오른 아침 무선 통신이 급속하게 늘어났는데 일본연합함대는 러시아 태평양함대의 존재와 위치를 파악하고 있었다. 로제스뜨벤스끼는 이런 상황에서도 무선 교신을 허락하지 않았다.

당시 일본 제1연합함대 소속 제1전대 및 제2연합함대 소속 제2와 4전대는 도고 제독의 지휘하에 마산포에 있었다. 제1연합함대 소속 제3전대는 제주도와 나가사키 고토섬 사이를 순찰하고 있었다. 제3연합함대 소속 제5, 6, 7전대는 쓰시마 근처에 있었다. 일본연합함대는 러시아 태평양함대의 항로인 대한해협에 전함을 집결시켰다.[72]

---

71 심헌용, 2015, 32-34쪽.

72 История Русско-японской Войны 1904-1905гг. Под редакцией И. И. Рестунова.

일본연합함대는 1905년 5월 27일(양력) 새벽 대한해협을 지나는 러시아함대를 발견했다. 일본함대는 소형함정을 동원하여 북상해 오는 제2태평양함대를 수색하던 중이었다. 러시아함대는 일본의 어뢰 공격을 피하기 위해 8노트의 낮은 속도로 감속해 쓰시마해협으로 진입했다가 쓰시마해협 부근에서 빠른 속도로 통과하고 있었다.

5월 27일(양력) 새벽 2시 45분경 지원순양함 시나노마루는 순찰 중 러시아 병원선을 발견했다. 병원선은 포대가 없었고 전기등을 이용해 일본에 신호를 보내고 있었다. 시나노마루는 다가가서 점검을 실시하려는 순간 북동쪽 1,500m 거리에 수십 척의 러시아함대가 연기를 뿜고 진행하는 것을 목격했다. 새벽 4시 45분 시나노마루는 급히 방향을 바꾸어 러시아함대의 발견을 타전했다.[73]

5월 14일(27일) 2시 28분 일본 지원순양함 시나노마루는 병원선 오룔(장갑함 오룔과 동일 이름인데 '흰독수리'로 불림)의 불빛을 발견한 직후 러시아함대 전체를 발견했다. 시나노마루는 무선으로 보고한 후 러시아함대의 뒤를 추적했다. 로제스뜨벤스끼는 해군성에 다음과 같이 보고했다. "5월 14일 새벽 7시 우리와 동일한 항로를 따라 항해하는 전함이 안개 속에서 모습을 드러내기 시작했다." 그것은 방호순양함 이즈미호였다.[74]

Институт Военной Истории Министерства обороны СССР. М. Издательство Наука. 1977. C. 332.

73 軍令部 編, 『明治三十七八年海戰史』, 下, 東京: 內閣印刷局朝陽會, 1934b, pp. 232-233.

74 Русско-яонская война 1904-1905гг. Тсусимская операция. Работа исторической комиссии по описанию действий флота в войну 1904-1905гг. при Морском Генеральном Штабе. Книга 7. Петрогад. Типография А. Бенке. 1917. CC. 114-115.

4) 1905년 5월 14일, 러일의 교전

5월 14일(양력 27일) 오후 2시부터 7시 30분까지 쓰시마해협 북동쪽에서 러시아와 일본함대는 해전을 벌였다.

5월 14일(27일) 밤과 새벽 사이 러시아함대는 대한해협의 스 킬로미터를 항해하면서 차가운 바람을 맞이했다. 북쪽으로부터 커다란 파도가 일었다. 승무원은 전투에 대비하기 위하여 담요를 지급받지 못했다. 포병장은 함포 근처에서 숙직하며 일본과의 교전을 기다렸다.[75]

5월 14일 8시 러시아함대는 니꼴라이 2세의 대관식에 경의를 표하는 깃발을 게양했다. 정찰 편대 소속 보조순양함 우랄은 일본 순양학의 출현을 알렸다. 9시경 러시아함대는 대열을 1열 종대로 재편하여 전투 태세를 취했다. 제1장갑함편대는 기함 공작 수보로프가 선두에 서서 전함을 인도했다. 제2장갑함편대는 장갑함 오슬랴바가 선두로 항해했고 제3장갑함편대는 니꼴라이 1세가 선두로 항해했다.

5월 14일 11시 10분 러시아함대는 제3전대사령관 데와 시게토 소장이 지휘하는 방호순양함 지토세 등을 목격했다. 5분 후 전함 오룔은 포문을 열었고 뒤이어 다른 전함도 포격을 시작했다.

일본연합함대는 제1과 2전대가 주력이었다. 일본은 러시아함대의 선두를 포위하고 기함을 집중 포격함으로써 지휘권을 제거하는 작전을 실행했다. 로제스뜨벤스끼는 일본함대가 강력하다고 판단하여 작전에 따

---

[75] История Русско-японской Войны 1904-1905гг. Под редакцией И. И. Ростунова. Институт Военной Истории Министерства обороны СССР. М. Издательство Наука. 1977. СС. 333-335.

라 공격하기보다는 일본함대의 행동에 따라 대응할 계획이었다. 그 결과 일본함대가 러일해전의 주도권을 장악했다.

12시 이후 로제스뜨벤스끼는 안개 속에서 러시아함대를 횡대로 재편성하려 했지만 안개가 걷히자 명령을 취소하고 일본함대의 주력과 맞설 때까지 다시 2열 종대로 운항했다.[76]

13시 15분 러시아함대는 대한해협을 항해하면서 우측 전방에 일본함대의 주력을 발견했다. 일본함대는 러시아함대의 항로를 차단하면서 접근했다. 로제스뜨벤스끼는 일본함대가 구형 전함으로 구성된 좌측 종대를 공격하려는 의도로 판단하여 러시아함대를 1열 종대로 재편성하려고 시도했다.

13시 49분 일본함대는 러시아함대의 선두를 포위하기 위해 순서대로 이전의 항로를 향해 회전하기 시작했다. 일본함대가 회전할 때 집중적으로 포격을 실행하면 러시아함대는 일본함대의 주력에 큰 타격을 줄 수 있었다. 하지만 러시아함대의 포격은 지체되었다.

러시아함대는 포격 직전에 제1장갑편대가 오른쪽, 제2장갑편대가 왼쪽, 제3장갑편대가 제2장갑편대 뒤쪽으로 2열 종대 대형으로 운항했는데 러시아함대는 포격 순간 제1장갑편대가 제2장갑편대를 앞지르면서 1열 종대의 대형으로 변경하고 있었다.

일본함대도 러시아함대가 2열에서 1열 종대로 재편성을 진행하는 과정에서 공격을 개시했다. 동시에 로제스뜨벤스끼는 전함 공작 수보로프

---

76 Русско-яонская война 1904-1905гг. Тсусимская операция. Работа исторической комиссии по описанию действий флота в войну 1904-1905гг. при Морском Генеральном Штабе. Книга 7. Петрогад. Типография А. Бенке. 1917. СС. 119-121.

와 전함 오슬랴뱌가 포위되는 것을 막기 위해서 1열 종대로 우측으로 회전하기 시작했는데 러시아함대는 일본함대와 평행한 항로를 유지하게 되었다. 동시에 일본연합함대 2개 전대 중 전함 4척과 순양함 1척은 로제스뜨벤스끼가 지휘하는 전함 공작 수보로프를 집중적으로 공격했고 장갑순양함 7척은 펠리께르잠(Д.Г.Фелькерзам)이 지휘하는 전함 오슬랴뱌를 집중적으로 포격했다.

로제스뜨벤스끼는 기함인 전함 미카사에 포격을 집중하려고 노력했다. 해전은 2.8~3.4해리 거리를 두고 격전을 벌였는데 러시아함대는 제1장갑편대(오른쪽)와 제2장갑편대(왼쪽)가 1열 종대로 우측으로 회전 중이라 선두 전함이 포격에 장애물로 작용했다.

결국 러시아함대 중 대열 뒤쪽에 위치하고 있던 제2와 3장갑편대는 포격에 가담할 수 없었다. 그럼에도 선두에 있던 러시아 전함 공작 수보로프와 전함 오슬랴뱌는 전함 미카사를 포격했다. "도고 장군의 미카사호에는 30발 이상의 포탄이 명중되었다. 전위 전투 갑판실 내부, 전위와 후위 지휘소가 파괴되었다. 1개 사격 조원 모두가 전사하거나 부상을 입었다. 포의 몸통이 파열되었고 연돌과 갑판이 관통되었다."[77] 그러나 결국 러시아함대는 동해해전에서 일본함대가 회전할 때 집중적인 포격이 지체되어, 결정적인 패배를 겪었다.

---

77 Русско-яонская война 1904-1905гг. Тсусимская операция. Работа исторической комиссии по описанию действий флота в войну 1904-1905гг. при Морском Генеральном Штабе. Книга 7. Петрогад. Типография А. Бенке. 1917. СС. 130-138. "미카사는 8명이 사망했고 장교 7명과 수병 98병이 부상당했다." Русско-яонская война 1904-1905гг. Тсусимская операция. Работа исторической комиссии по описанию действий флота в войну 1904-1905гг при Морском Генеральном Штабе. Книга 7. Петрогад. Типография А. Бенке. 1917. С. 171.

오후 1시 39분경 도고 제독은 쓰시마해협을 지나는 러시아함대를 향해서 포격을 명령했다. 도고 제독은 러시아함대의 선수를 치러 왼편으로 기동했으나 거리 측정이 제대로 되지 않았는데, 우측에 러시아 전함 4척이 위치해 있었다. 러시아 전함 후위에 러시아함대가 포진했다.

러시아함대는 일본함대가 왼편을 공격하려 한다고 판단하여 1열 종대로 정렬하기 시작했다. 러시아함대는 13시 49분경 약 4분여 동안 첫 포문을 열었지만 일본함대를 정확하게 타격하지 못했다. 14시 10분경 (러시아 기록은 13시 57분) 공작 수보로프가 미카사의 방향 전환을 이용하여 포문을 열자 상호 교전이 전개되었다.[78]

14시 20분 일본함대의 첫 포격 대상이 되었던 제2장갑편대 기함 오슬랴바는 고장이 발생했다. 전함 오슬랴바는 일본의 첫 포탄이 선수에 명중되면서 물속의 선체 하부가 관통되었고 전투 갑판실이 파괴되었다. 포탄으로 선수와 후현에 생긴 큰 구명 때문에 선체가 기울었다. 승무원은 맹렬한 불길과 맞서 5시간 동안 싸웠는데 유일하게 작동되던 75mm 함포가 일본 수뢰정의 공격을 격퇴했다. 오슬랴바는 다수의 대형 포탄이 중심에 명중되자 빠르게 한쪽으로 기울기 시작하여 14시 40분 침몰했다.

일본 4척의 신형 장갑함과 1척의 순양함은 12인치 포탄을 공작 수보로프에 우박처럼 퍼부었다. 전함 공작 수보로프는 물속의 선체 하부가 관통되면서 기울었는데 14시 45분이 경과하자 돛대가 부러지고 선미의 망루가 파손되었고 조타기가 작동되지 않으면서 화염에 휩싸였다. 로제스뜨벤스끼는 포탄 중 1발이 전투 갑판실에 명중되면서 부상을 입었다. 수뢰정 부이늬이는 공작 수보로프를 선회했는데 구명정이 없었

78 軍令部 編, 1934, pp. 234-244.

기 때문에 선현에 접근했다. 수뢰정의 부이닉이 함장 중령 고로메이쩨프 (Н.Н.Коломейцев)는 부상당한 로제스뜨벤스끼와 그의 참모부원 일부를 부이닉이로 옮겼다. 공작 수보로프는 19시 30분에 침몰했다.

그다음 목표로 일본 전함은 전함 알렉산드르 3세에 접근하여 집중적으로 포격을 가했다. 알렉산드르 3세는 로제스뜨벤스끼의 명령에 따라 러시아함대를 지휘하여 블라디보스톡으로 돌파하려 시도했다. 일본 전함 12척은 알렉산드르 3세를 집중적으로 공격했고 알렉산드르 3세는 완전히 파괴되어 화염에 휩싸여 18시 50분에 침몰했다.

일본 전함은 월등한 운항 속도를 이용하여 러시아함대의 길게 늘어진 1열 종대를 추월한 다음 대부분의 화력을 전트에 집중함으로써 치명타를 가했다. 반면 일본 전함은 러시아 함포 사정거리 밖에 있었기 때문에 손실이 경미했다.[79]

15시경 일본 순양함은 후방으로 진출하여 러시아 순양함과 수송선과 전투를 개시하면서 한곳으로 몰아세웠다. 이 과정에서 러시아 병원선은 나포되었다. 15시 이후 갑자기 안개가 바다를 뒤덮었는데 러시아 전함은 동남쪽으로 선회하여 일본함대와 멀어졌다. 러시아함대는 다시 블라디보스톡을 향해서 동북쪽 23도로 항로를 잡았다. 그러나 일본 순양함이 러시아함대에 돌진하면서 해상전투가 재개되었다.

---

[79] Русско-яонская война 1904-1905гг. Тсусимская операция. Работа исторической комиссии по описанию действий флота в войну 1904-1905гг. при Морском Генеральном Штабе. Книга 7. Петроград. Типография А. Бенке. 1917. СС.140-168. 일본함대는 14시 50분경 선두에 섰던 알렉산드르 3세의 옆구리에 접근하여 직각 방향에서 공격을 퍼부었는데 알렉산드르 3세는 19시경 867명의 수병과 함께 침몰했다. 軍令部 編, 1934, pp. 234-244.

16시경 러시아함대는 일본 순양함을 향해 포격을 가하면서 남쪽으로 선회했다. 그사이 도고는 기함 수보로프에 화력을 집중했다. 수보로프는 아직 작동하는 75mm 함포로 일본군 수뢰정에 포격하면서 약 10노트 속도로 계속해서 항해했다. 17시경 수뢰정 부이늬이는 수보로프에 접근하여 로제스뜨벤스끼와 참모 일부를 승선시켰다.

전함 보로디노호의 지휘를 받는 러시아 전함은 17시 15분 동북쪽 23도로 항로를 잡았는데 가미무라 히노코조(上村彦之丞)가 지휘하는 제2연합함대와 전투를 벌여 큰 손실을 입었다. 보로지노는 19시 10분 침몰했다.[80]

17시경 어뢰정 부이늬이는 기함 공작 수보로프에서 부상당한 로제스뜨벤스끼와 참모 20여 명을 승선시켰다. 그 직후 공작 수보로프는 일본 제3연합함대로 돌진하여 포격전을 벌였는데 일본 어뢰정 11척으로부터 집중 공격을 받아서 수병 925명과 함께 침몰했다. 어뢰정 부이늬이는 돛대, 신호용 갑판실, 상하 갑판, 대포, 사령실 등이 파괴되었고 바닷물이 기관에 침투해 10도 이상 기울어서 속력을 11노트 이상 낼 수가 없었다.

장갑순양함 제독 나히모프는 오후 전투에서 심한 피해를 입지 않았으나 일몰 후 함수에 어뢰 공격을 받아 침수되기 시작했다. 제독 나히모프는 표박하고 응급 수리에 들어갔지만 침수가 지속되는 관계로 장거리 운항이 불가능했다. 함장 로지오노프(А.А.Родионов) 대령은 블라디보스톡으로의 항진을 포기하고 쓰시마섬 연안에 머물렀으나 결국 좌초되

---

80 Левицкий. Н. А. Русско-Японская война 1904-1905гг. Государственное Военное Издательство. М. 1938(3-е изд.). СС. 306-308.

어 포로로 잡혔다.[81]

5월 14일(양력 27일) 낮의 전투 결과 제1장갑편대 소속 신형 전함 4척 중 3척(공작 수보로프, 알렉산드르 3세, 보로지노호) 그리고 제2장갑편대 전함 오슬랴바는 수장되었다. 보조순양함 우랄과 정비선 캄차카도 침몰되었다. 제2태평양함대의 핵심 전력은 대부분 과괴되었다.

러일해전 패배의 결정적 이유는 지휘 부재였다. 제2태평양함대 사령관은 14시 30분부터 지휘하지 못하고 5시간이 지난 후에 지휘관이 이양되었다. 한편 참모부는 전투 상황과 변화를 분석하지 못했다. 실제 러시아함대는 블라디보스톡으로 돌파한다는 한 가지 목적을 가지그 맹목적으로 기함을 따라 이동했다. 결국 러시아함대는 방어에만 치중함으로써 일본함대가 계획을 실행할 수 있도록 방치했다.[82]

19시 12분 도고 제독은 포격전을 중단했다. 일본 60척의 수뢰정은 어둠이 내리면서 흩어진 러시아함대를 추적하고 공격하기 위해서 파견되었다. 일본 수뢰정의 공격은 약 21시경 시작되었다. 전함 나바린은 야간 공격에서 탐조등을 켰다가 수뢰정의 공격을 받아 침몰했고 전학 시소이 벨리끼와 순양함 블라지미르 모노마흐, 장갑순양함 제독 나히모프는 어뢰 공격으로 파손되었다.[83] 5월 27일 사령관 로제스뜨벤스끼는 중상을

---

81 軍令部 編, 1934b, pp. 234-244.

82 Русско-яонская война 1904-1905гг. Тсусимская операция. Работа исторической комиссии по описанию действий флота в войну 1904-1905гг. при Морском Генеральном Штабе. Книга 7. Петрогад. Типография А. Бенкз. 1917. CC. 169-177.

83 История Русско-японской Войны 1904-1905гг. Под редакцией И. И. Ростунова. Институт Военной Истории Министерства обороны СССР. М. Издагельство Наука. 1977. C. 341.

입어 지휘권을 네보가또프에게 이양했는데 로제스뜨벤스끼는 일본의 포로가 되었다. 저녁이 되어 어두워지자 도고 제독은 어뢰정에 러시아함대를 공격하라고 지시를 내렸다. 도고 제독은 울릉도 방면으로 출발했는데 도주하는 러시아군함을 공격하려는 작전이었다.

19시경 러시아함대는 지휘권을 이양받은 네보가또프가 기함 니꼴라이 1세를 지휘하며 블라디보스똑을 향해 북진했다. 그러나 19시 30분경부터 일본 어뢰정의 공격을 받아 항로를 자주 변경할 수밖에 없었다.

20시 10분경 북쪽에 있었던 일본 어뢰정 오보로함, 이카즈치함, 이나즈마함 그리고 아케보노함 등 약 40척의 어뢰정은 러시아군함에 포화를 퍼부었다.

러시아군함은 탐조등을 점등하기 시작했고 방어 차원의 포격으로 대응했다. 20시 30분경 러시아군함의 탐조등이 완전 소등되어 전투가 중지되었다. 그 결과 오룔, 아프락신, 세냐닌, 이즈무르트함 등 4척만 기함 니꼴라이 1세와 함께 항해할 수 있었다. 한편 일본 해군군령부에 따르면 일본함대는 어뢰정 3척을 잃었고 수척의 군함이 사소한 피해를 입었다.[84]

5) 1905년 5월 15일, 러일의 교전

5월 15일(양력 28일) 아침 제2태평양함대는 전투함대로써의 기능을 상실했다. 개별 군함은 대한해협 도처에 분산된 채 상호 연락이 두절되었다. 5월 15일 낮 전투에서 러시아군함은 치열하게 공격을 전개했다. 순양함 스베뜰라나와 알마스는 원래 요트를 개조했고 보조순양함 우랄

---

84 軍令部 編, 1934b, pp. 304-318.

은 기선에 소구경 함포를 탑재한 것기었다. 3척의 러시아 순양함은 수송 선의 엄호와 일본함대의 정찰이 임무였으나 일본 제2전대 소속 순양함 과 포격전을 전개했다.[85]

(1) 네보가또프(Н. И. Небогатов) 편대

제3장갑편대에는 파손된 전함 오룔이 합류했다. 네보가또프 소장은 약 10시경 일본 전함에 의해 포위된 상태로 울릉도 북쪽에 위치했다. 오룔 은 일본 전함을 향해 포격을 가했는데 기함 황제 니꼴라이 1세는 항복 신호 깃발을 게양했다. 네보가또프는 일본함대의 우월한 군사력에 포위 되어 항복할 수밖에 없다는 명령을 전달했는데, 나중에 5천 명의 목숨 을 구하기 위하여 결정했다고 변명했다. 그럼에도 방호순양함 이줌루드 는 네보가또프의 명령에 불복하고 최대속도로 도주했는데, 일본 전함이 14시까지 추적했으나 추월하지 못했다.[86]

그밖에 러시아함대 30척이 넘는 군함 중 3척은 중립국 항구인 필리핀 마닐라항에 억류되었다. 해군 소장 엔크비스트(О. А. Эенквист)[87] 제독은

85 История Русско-японской Войны 1904-1905гг. Под редакцией И. И. Ростунова. Институт Военной Истории Министерства обороны СССР. М. Издательство Наука. 1977. С. 341.

86 Русско-яонская война 1904-1905гг. Цусимская операция. Работа исторической комиссии по описанию действий флота в войну 1904-1905гг. при Морском Генеральном Штабе. Книга 7. Петрогад. Типография А. Бенке. 1917. СС. 181-185, 204-206.

87 엔크비스트(О́скар Адо́льфович Энквист. 1849~1912)는 1904년 4월 26일 아벨란(Ф. К. Авелан)의 추천으로 제2태평양함대의 부사령관이가 순양함 전대 지휘관으로 임명되었다. 그는 동해해전에서 순양함 전대를 해전에서 철수시키고 1905년 5월 21일 마닐라에서 억류되었다. ru.wikipedia.org/wiki/Энквист_Оскар_Адольфович.

방호순양함 올렉을 지휘했는데, 방호순양함 아브로라와 젬추크와 함께 항로를 반대편으로 돌려 중립국이던 미국령 필리핀의 마닐라항에 입항했다.[88]

울릉도 해상에 집결한 60여 척의 일본 어뢰정은 러시아 함정의 이동을 길목에서 차단하고자 소규모로 나누어 러시아 함정을 수색했다. 주요 목표는 네보가또프(Н.И.Небогатов, 1848~1922) 사령관이 탄 니꼴라이 1세였다.

5월 28일 새벽 5시경 기함 니꼴라이 1세는 울릉도 남서쪽 30km 지점에서 일본함대에 발견되었다. 28일 아침 10시 15분경 일본 순양함 가쓰가는 빠른 속도로 8km 지점까지 따라잡아 선제 포격했다. 장갑함 아프락신함과 오룔은 포격으로 대응했다.

일본함대는 세 방향에서 동시에 어뢰 공격을 시작했는데 네보가또프는 항복을 결정하고 기함기를 절반 가량 내려 항복 의사를 밝혔다. 함장 페르젠(В.Н.Ферзен)이 지휘하는 이줌무르트는 항복기를 내리고 빠져나와 3시간 동안 24노트 전속력으로 도주했다. 이줌무르트는 일본함대가 블라디보스톡으로의 입항을 방해할 것을 고려해서 북쪽 캄차카 방면으로 항해했다.

5월 28일 오후 2시경 러시아 어뢰정 2척 그로즈늬이와 베도븨이는 울릉도 남서쪽 70km 지점에서 항복했다. 일본함대가 달아나는 잔여 함대를 울릉도 해상에서 포위하여 항복을 받아낸 것이다. 베도븨이함에는 부

---

88 Русско-яонская война 1904-1905гг. Тсусимская операция. Работа исторической комиссии по описанию действий флота в войну 1904-1905гг. при Морском Генеральном Штабе. Книга 7. Петроград. Типография А. Бенке. 1917. CC. 215-216.

이늬이에서 이송된 로제스뜨벤스끼 제독이 누워 있었다.

알마즈와 브라빅이는 블라디보스톡 근처 일본함대를 두려워하지 않았는데, 일본 해안가 방향으로 15~16노트 속도로 가다가 북쪽을 돌아 블라디보스톡에 입항했다. 이줌무르트와 알마즈와 브라빅이는 성즌한 러시아군함이었다. 한편 러시아 육군본부 군사연구소는 최후까지 항전하며 생존했다는 사실을 종전협상을 유리하게 이끌 계기라고 평가했다.[89]

어뢰정 베도빅이는 28일 오후 4시경 울릉도 방면으로 이동하던 중 어뢰정 사자나미와 가게로오의 공격을 받아 항복했다. 4시 45분경 일본 측 군함의 포격이 개시되자 러시아 측도 즉시 응전하였으나 곧 전투는 끝나고 말았다. 베도빅이는 중상을 당한 로제스뜨벤스끼 사령관을 이송했다. 러시아 군의관이 로제스뜨벤스끼를 옮기지 말라고 요청했지만 일본군함은 베도빅이의 대포 및 어뢰를 제거한 다음 사서보항으로 이송시켰다.[90]

구식장갑 순양함 블라지미르 모노마흐는 전날 밤 선미에 어뢰를 맞아 속도를 낼 수 없었는데, 28일 오전 한국 해안으로 방향을 바꾸고 쓰시마 섬에 도달했지만 방호순양함 니타카 등과의 접전 이후 28일 10시경 울산항 북동쪽 약 15km 지점에서 배수판을 열어 침몰했다.[91]

(2) 순양함 스베뜰라나(Светлана)

방호순양함 스베뜰라나는 낮 전투의 결과 일본의 방호순양함 다카치를 심각하게 파손시켰지만 스베뜰라나의 선수도 관통되었다. 함장 대령 세

---

89 軍令部 編, 『明治三十七八年海戰史』, 下, 東京: 內閣印刷局朝陽會, 1934b, pp. 326-338.

90 軍令部 編, 1934b, pp. 349-357.

91 軍令部 編, 1934b, pp. 364-366.

인(С.П.Шеин)이 지휘하는 스베뜰라나는 어뢰 저장고가 침수되면서 전함을 폭파할 수 없게 되자 울릉도로 항로를 잡았다. 스베뜰라나는 엔진이 고장 나자 배수판을 개방했는데 함장 셰인은 스베뜰라나에서 자신의 위치를 유지하다가 전함이 침몰되기 직전 일본의 포탄에 의해 전사했다.[92]

5월 28일 오전 7시경 방호순양함 니타카 등은 울릉도 남쪽 약 50km 해상에 도착했을 때 방호순양함 스베뜰라나 등을 발견했다. 스베뜰라나는 전날의 교전으로 함수에 손상을 입어 속도를 낼 수 없었다. 9시 25분경 스베뜰라나는 동해 죽변 쪽으로 항로를 변경했는데 약 9km 거리까지 따라잡히자 이후 1시간 동안 교전하다가 격침되었다.[93]

(3) 해안방어장갑함 제독 우샤꼬프(Адмирал Ушаков)

제3장갑편대 소속 해안방어장갑함 제독 우샤꼬프는 미끌루호-미끌라이(В.Н.Миклухо-Миклай) 대령의 지휘를 받고 있었다. 5월 15일 낮 제2전대 소속 장갑순양함 이와테는 제독 우샤꼬프를 접수하기 위해서 접근했는데 제독 우샤꼬프는 순간적으로 포문을 열어 이와테를 명중시켰다. 제독 우샤꼬프는 40분간의 전투 끝에 깃발을 게양한 상태로 침몰했다.[94]

---

92 Русско-яонская война 1904-1905гг. Тсусимская операция. Работа исторической комиссии по описанию действий флота в войну 1904-1905гг. при Морском Генеральном Штабе. Книга 7. Петрогад. Типография А. Бенке. 1917. С. 207.

93 軍令部 編. 1934b, pp. 340-342.

94 Русско-яонская война 1904-1905гг. Тсусимская операция. Работа исторической комиссии по описанию действий флота в войну 1904-1905гг. при Морском Генеральном Штабе. Книга 7. Петрогад. Типография А. Бенке. 1917. С. 213.

(4) 순양함 드미뜨리 돈스꼬이(Дмитрий Донской)

구식장갑 순양함 드미뜨리 돈스꼬이는 울릉도 근처에서 일본 최신형 순양함 6척과 장시간에 걸쳐 포격을 전개했다. 드미뜨리 돈스꼬디는 함포 10문을 보유한 반면 일본 순양함은 총 40문을 보유했다. 일본은 수뢰정만으로도 쉽게 격파할 수 있을 것으로 예상했지만 드미뜨리 돈스꼬이는 3차례에 걸친 일본 수뢰정의 야간공격을 성공적으로 방어했다. 야간공격으로 심각하게 파손된 드미뜨리 돈스꼬이는 블라디보스톡까지 항해할 수 없었기 때문에 울릉도로 접근했다. 심각한 부상으로 생명이 위독했던 대령 레베제프(И.Н.Лебедев)을 대신하여 중령 블로힌(К.П.Блохин)이 지휘했다. 블로힌은 모든 승조원이 울릉도에 상륙한 다음 드미뜨리 돈스꼬이의 배수판을 열었고 드미뜨리 돈스꼬이는 5월 16일(29일) 약 6시 30분에 침몰했다.[95]

28일 5시 50분경 드미뜨리 돈스꼬이는 울릉도 서쪽을 경유해 블라디보스톡으로 진행하다가 일본군함에 발견되었다. 7시경 제3전다 소속 방호순양함 오토와, 니타카는 울릉도 남동쪽 약 30km 거리에서 합류하여 동서로 공격했고 구축함 후부키가 교대로 습격했다.

드미뜨리 돈스꼬이는 5월 27일 전날 밤 해전에서 갑판 위 일부 구조물만 손상을 입었다. 처음에는 방호순양함 올렉, 아브로라와 함께 남쪽으로 이동하다가 어둠에 서로 헤어져 북동쪽으로 항해했다. 28일 새벽 드미뜨리 돈스꼬이는 울릉도 남쪽 해역 약 70km 지점에서 어뢰정 부이니

---

95 Русско-яонская война 1904-1905гг. Тсусимская операция. Работа исторической комиссии по описанию действий флота в войну 1904-1905гг. при Морском Генеральном Штабе. Книга 7. Петрогад. Типография А. Бенке. 1917. СС. 210-211.

이를 만났다. 부이늬이는 손상이 심각하여 베도브이로 로제스뜨벤스끼 사령관을 이송했고, 드미뜨리 돈스꼬이는 부이늬이의 수병을 태운 다음 어뢰를 쏘아 부이늬이를 격침시켰다.

드미뜨리 돈스꼬이는 28일 16시경 수평선 너머 연기가 오르는 것을 보고 울릉도 서편으로 방향을 잡았는데 울릉도 서편 46km 지점에서 일본 순양함에 추격을 당했다. 드미뜨리 돈스꼬이는 7시경 일본 순양함의 포격을 받자 대응하여 밤 10시까지 4척의 일본군함에 맞서 함포를 열며 저항했다. 드미뜨리 돈스꼬이는 연통과 조타기가 파괴되자 기관의 압력이 낮아져 속력을 5노트 이상 낼 수 없었다. 드미뜨리 돈스꼬이는 어둠을 뚫고 울릉도로 피신했다.[96]

4. 러시아함대의 동해해전 패배 이유

소련 육군참모본부 소속 레비쯔끼(Н.А.Левицкий) 소장은 스탈린 시절 러일전쟁을 연구하며 가르쳤는데, 그는 러시아 태평양함대가 동해해전에서 패배한 이유를 다음과 같이 분석했다. 첫째, 로제스뜨벤스끼는 동해해전에서 승리를 확신하지 못하면서 소극적인 자세를 견지했다. 그는 5월 27일 13시 49분 일본 전함에 타격할 수 있는 결정적 기회를 이용하지 않았다. 로제스뜨벤스끼는 가능한 한 빨리 블라디보스톡으로 향하는 것만을 목표로 삼았다. 둘째, 전함 알렉산드르 3세와 보로지노는 성공적으로 기동하여 2번이나 일본함대로부터 벗어났다. 그럼에도 수적으로

---

96 軍令部 編, 1934b, pp. 358-362.

우세한 일본함대는 속도가 월등했고 지속적인 무선 교신을 이용하여 러시아함대를 다시 추적했다. 더구나 러시아 전함은 안정성조차 지니지 못하여 선저가 위로 올라간 상태로 전복되었다. 셋째, 일본함대는 기동과 함포 연습이 충분했고 함포 발사 속도가 우월했고 고폭탄을 사용하여 승리할 수 있었다. 그리고 러시아 전함은 흑색으로 도색하여 회색으로 도색한 일본 전함보다 쉽게 노출되었다. 넷째, 러시아 제2와 3쾌평양함대는 군사적 측면보다 "제국의 명예를 구원"하려는 정치적 측면에서 편성되었다. 레비쯔끼는 러일해전에서 러시아함대 선박과 무장 기술의 후진성, 러시아함대의 불충분한 전투 준비, 러시아 해군 지휘부의 후진성 등을 폭로했다. 그 결과 러시아의 해군력은 태평양에서 궤멸도었고, 동해해전은 로마노프왕조 군사 체제의 모든 부패를 낱낱이 드러내었다.[97]

그 후 소련 육군참모본부 군사연구소는 동해해전의 패배 이유를 다음과 같이 지적했다. 첫째, 일본연합함대는 러일해전 당시 전투 준비와 훈련이 러시아에 비해 잘 갖춰졌다. 둘째, 일본연합함대는 신형의 고속전함으로 구성되었고 기술적으로 정리가 체계적이었다. 다만 일본 수뢰정은 어뢰 공격이 비효율적이었는데 러일해전 당시 러시아 전함에 명중시킨 것이 6발에 불과했다. 셋째, 러시아 지휘부는 러일해전에서 무능했다. 로제스뜨벤스끼는 제1태평양함대의 패배 경험을 고려하지 않았는데, 블라디보스톡으로 돌파하라는 단순한 명령으로 세부적인 전투계획을 수립하지 않았다. 넷째, 러시아함대는 위장과 정찰을 무시했다. 러시아 전함은 선체가 흑색이었고 연돌이 밝은 황색이었다. 로제스뜨벤스

97 Левицкий. Н. А. Русско-Японская война 1904-1905гг. Государственное Военное Издательство. М. 1938(3-е изд.). CC. 308-309.

끼는 정찰을 경시하여 전투대형을 갖추지 못한 상황에서 일본함대가 출현하는 상황이 발생했다. 다섯째, 러시아함대는 선두의 전함만이 포격할 수 있는 불리한 위치에서 동해해전을 실행했다.[98]

한편 미국 해군소장 마한(A.T.Mahan, 1840~1914)은 해군 전략에서 요새함대와 현존함대의 개념을 통해 러시아가 요새함대를 지향함으로써 러일해전에서 패배했다고 보았다. 또한 마한은 러시아 해군이 현존함대를 무시하고 여순해전과 동해해전에서 '전투와 탈출'을 동시에 시도했기 때문에 패배했다고 주장했다. 아울러 그는 여순함대가 블라디보스톡 항구에 있을 때 더 효과적이었다고 평가했다. 무엇보다도 마한은 러시아함대가 분산되어 신속한 집결을 실행하지 못했기 때문에 러일해전에서 패배했다고 평가했다. 러시아함대는 대서양과 태평양 해안 사이에 분산되어 있었으며 함대 집중의 원칙을 위반했다. 마한은 비록 러시아군대가 총체적인 힘에서는 우세했지만 계속해서 가장 늦게 도착하고 적은 병력을 보유했기 때문에 러일해전에서 패배했다고 본 것이다.[99]

그 결과 동해해전에서 블라디보스톡으로 돌파한 전함은 차친(И.И. Чачин) 중령이 지휘하는 순양함 알마스, 두르노프(П.П.Дурново) 중령이 지휘하는 구축함 브라븨이, 안드르제예프스끼(К.К.Андржеевский) 중령이 지휘하는 어뢰정 그로즈늬 3척에 불과했다. 동해해전에서 러시

98 История Русско-японской Войны 1904-1905гг. Под редакцией И. И. Ростунова. Институт Военной Истории Министерства обороны СССР. М. Издательство Наука. 1977. СС. 346-347.

99 Mahan, A. T., *Naval Strategy: Compared and Contrasted with the Principles and Practice of Military Operations on Land*, Boston: Little, Brown and Co., 1911, pp. 11, 403-408.

아 전사자는 5,045명이었는데, 그중 장교가 209명이었다. 부상 또는 타박상을 입은 인원은 800명이었다.[100] 러시아는 동해해전의 패배로 해군의 전투 능력을 완전히 상실했다.

결국 러시아 해군은 해군 전략에서 요새함대에 집중하면서 현존함대의 중요성을 간과해 함대를 분산시킨 채 신속하게 집결하지 못했고, 그로 인해 러일해전에서 효과적인 대응이 어려웠다. 더욱이 러시아함대는 해군 전술에서 '전투와 탈출'을 동시에 시도하면서 전투대형을 제대로 갖추지 못했고 군함과 포탄에서도 일본에 뒤처졌다. 또한 지휘부의 부적절한 전략적 판단이 러일해전에서 러시아의 패배를 초래했다.

---

100 История Русско-японской Войны 1904-1905гг. Под редакцией И. И. Ростунова. Институт Военной Истории Министерства обороны СССР. М. Издательство Наука. 1977. СС. 346-347.

제3부

러일전쟁의 영향

1장

러일전쟁을 바라보는
러일의 시각

러일전쟁 원인 중
러일협상의 실패에 관한 논쟁

러일전쟁 원인에 대한 기존의 연구성과는 제정러시아가 극동정책에 대한 일관성을 상실했기 때문이라는 주장이 주였다.[1] 여기서 우리는 일관성의 상실을 규정하기보다는 극동정책의 변화 원인이 무엇인가를 주목해야 한다. 극동정책의 변화를 설명하기 위해서는 필수적으로 제정러시아의 대외정책을 주도했던 정치세력의 동향을 파악해야 한다. 즉 시기별 대외정책을 주도했던 정치세력과 그 정책이 어떻게 변화했는가 하는 것이다. 기존 연구성과는 주도 세력으로 니꼴라이 2세, 재무대신 비테, 국무고문 베조브라조프 등에 초점을 맞추어 제정러시아의 대외정책을 설명했다. 하지만 전제주의시기 황제를 관료와 동일한 위상으로 설정하고 대립한 것으로 바라보는 시각은 적절하지 못하다.

당시 극동특별위원회 사무국장이었던 해군 소장 아바자는 러시아의 극동정책을 둘러싸고 '비관영인사들(Вневедомственные деятели)'과 '주

---

1 И. С. Рыбаченок. Очерки истории министерства иностранных дел России(제정 러시아 외무부 역사의 개관). Т. 3. М. 2002. С. 500.

무부처들(Наши ведомства)'이 대립했다고 기록했다. '비관영인사들'은 정부 외 공공기관, 정부 이외 활동가 등으로 권역할 수 있다. 아바자는 "비관영인사 중 국무고문 베조브라조프와 해군 소장 아바자가 극동특별 위원회 위원으로 임명되었다"고 기록했다.[2] '주무부처'라고 단독으로 표기한 경우는 대체로 외무부를 의미했다. 그런데 '우리 주무부처들'이라고 한 경우는 외무부, 재무부, 군부를 의미했다. 아바자는 "대립기 육군 대신을 대표로 하는 주무부처들의 견해와 국무고문 베조브라조프를 대표로 하는 비관영인사들의 견해"였으며 "(그 대립은) 재무대신, 외무대신, 육군대신의 권력에 밀착된 주무부처의 승리로 종결되었다"고 기록했다.[3] 이러한 사실은 러시아 정부 내부에 두 세력이 극동 문제를 둘러싸고 충돌했는데, 이들을 주무부처들인 관료세력, 비관영인사들인 황실세력으로 구분할 수 있다는 것을 시사한다. 따라서 필자는 제정러시아의 중앙 정치세력을 황실세력과 관료세력으로 구별할 것이다.[4] 실제 황실

---

2 А. М. Абаза. Русские предприятия в Корее, в связи с нашей политикой на Дальнем Востоке 1898-1904. Спб. 1905. СС. 164-165; ГАРФ. Ф. 543. Оп. 1. Д. 185. ЛЛ. 1-107об.

3 "Ведомственный-в лице военного министра и вневедомсвенный в лице статс-секретаря А. М. Безобразова." "Ведомственный взгляд, то есть состявших у власти министров Финансов, Иностранных дел и Военного." А. М. Абаза. Русские предприятия в Корее, в связи с нашей политикой на Дальнем Востоке 1898-1904. Спб. 1905. СС. 139-140, 205-210; ГАРФ. Ф. 543. Оп. 1. Д. 185. ЛЛ. 1-107об.

4 황실세력 중 소위 '베조브라조프파'의 형성과정에 대해서는 다음을 참조. Malozemoff, 2002, 251-263, 320-332쪽; 최문형, 1990, 298-318쪽; 최덕규, 2001, 3-51쪽. 1903년 베조브라조프를 필두로 한 궁정파가 짜르정권의 극동정책에 결정적인 영향력을 행사하기 시작했다. 궁정파는 귀족과 군부 등 보수적인 집단 이익을 대변했다. 궁정파는 내무대신 쁠레베, 극동총독 알렉세예프, 대공 알렉산드르 미하일로비치, 백작 보론쪼프-다쉬꼬프, 흑색백인조의 '신성친위대' 설립자 중 1명인 본랴르랴르스끼, 정치가 아바자의 조카인 아

세력과 관료세력은 1903년 3월 특별회의와 1903년 6월 여순회의 등에서 러시아의 극동정책 결정을 둘러싸고 대립했다.[5] 그중 극동특별위원회 사무국장 아바자는 국무고문 베조브라조프와 극동총독 알렉세예프와 함께 황실세력의 핵심 인물이었다.

2000년대 러일전쟁과 러일협상에 관해 사료에 기초한 중요한 연구 서적이 발간되었다. 하나는 러시아문서에 기초한 연구이고 다른 하나는 러시아와 일본문서를 교차하며 서술한 연구다.

루꼬야노프(И. Ф. Лукоянов)는 1894년 청일전쟁 이후 러시아의 한국정책, 1900년 의화단 사건 이후 만주 문제, 베조브라조프세력의 극동정책, 러일전쟁 직전 러일협상, 포츠머스조약 체결 등 19세기 말~20세기 초 러시아의 극동정책을 연구했다. 그는 베조브라조프세력의 인물을 추적하여 해당 인물에 대한 구체적인 정보를 제공하고 러시아문서를 중심으로 러일협상 과정에서 러시아 정치세력의 분열 과정을 구체적으로 실증했다. 그는 러일전쟁의 원인이 20세기 초까지 축적된 내부 문제를 반영한 것으로, 그것은 러시아 전제권력이 직면한 과제에 대처할 수 없음을 보여 준 것이라고 주장했다.[6] 그럼에도 루꼬야노프는 러일협상의 추

바자(А. М. Абаза) 등으로 구성되었다. 궁정파는 러청은행에 대응하여 한국과 만주에 공업회사를 설립하려 했다. 궁중파는 만주로부터의 철병을 중지하고 한국에 러시아군대를 배치하도록 니꼴라이 2세를 설득했다. И. И. Ростунов. История Русско-японской Войны 1904-1905гг. Институт Военной Истории. М. 1977.

5 김영수, 「러일전쟁 전야 제정러시아의 극동정책」, 『사림』 22호, 2004b, 29-38쪽.

6 И. Ф. Лукоянов. Не остать от держав: Россия Дальнем Востоке в конце 19-начале 20 вв. Нестро-История. Спб. 2008. СС. 635-636. 루꼬야노프는 1903년 1~3차 러일협상과 1904년 마지막 러일협상 과정을 살펴보았다. 루꼬야노프는 러시아에서 러일전쟁의 책임이 베조브라조프. 알렉세예프. 비테 등 내부 권력 모두에게 있었는데 그것은 러시아 내부 권력의 분열에 따른 러시아 전제권력의 전체적인 문제점이었다. 그중 특히 베조

이에 초점을 맞추다 보니 극동특별위원회 사무국장 아바자와 외무대신 람즈도르프의 러일협상 실패 논쟁에 주의를 기울이지 못했다.

와다 하루키는 러일전쟁의 기원과 개전에 관하여 러시아와 일본사료에 기초한 균형 있는 연구를 진행했다. 그는 러시아 내부 세력보다는 시간과 인물을 중심으로 러시아의 극동정책 전반을 살펴보았다. 와다는 러시아와 일본의 1~3차 러일협상안과 최종적인 러일교섭 과정을 분석하면서 러일전쟁의 본질이 한국을 차지하기 위한 '조선 전쟁'이라고 주장했다.[7] 그럼에도 와다는 정작 러일협상안을 입안하고 러일협상을 주도한 아바자와 람즈도르프 두 사람의 견해 차이를 분석하지 못했고 그 결과 러일협상 실패 원인에 대한 논쟁을 간과해 버렸다.

그동안 선행연구는 러일전쟁의 원인과 책임자 규명에 집중하다 보니 러일전쟁의 핵심적 원인인 러일협상의 실패에 대한 규명을 소홀히 다뤘다. 이에 필자는 러일협상의 실패 원인을 황실세력의 주요 인물인 아바자, 관료세력의 주요 인물인 람즈도르프의 기록과 그 속에 담긴 그들의 인식을 중심으로 살펴볼 것이다. 두 사람은 당시 러시아의 러일협상안을 구체적으로 입안했고 주러일본공사와 러일협상을 직접적으로 수행한 인물이었다. 또한 두 사람은 러일협상의 실패를 분석하여 기록으로 남겼다. 이를 통해서 러시아 정부 내부에서의 극동정책 변화와 러일협상의 실패를 보다 구체적으로 살펴볼 수 있을 것이다.

필자는 러일협상의 실패 원인에 대해서 다음과 같은 자료들을 중심으

브라조프에게 러일협상의 실패와 러일전쟁의 책임이 크다고 보았다. И. Ф. Лукоянов. Не остать от держав: Россия Дальнем Востоке в кснце 19-начале 20 вз. Нестро-История, 2008. CC. 527-572.

7   和田春樹, 2010, pp. 117-224.

로 러일협상 관련 내용을 살펴볼 것이다. 러시아국립문서관소(ГАРФ)에는 러시아 외무대신 람즈도르프 문서군이 소장되어 있다. 그리고 러일전쟁을 전후로 외무대신과 극동특별위원회 및 극동총독부의 왕복문서가 보관되어 있다. 그중 극동특별위원회 사무국장 아바자와 극동총독의 러일협상 관련 문서는 러시아와 일본의 협상 과정 및 전쟁 원인을 규명할 수 있는 자료들이다.

극동특별위원회는 1903년 9월 13일 설치되었다가 1905년 6월 8일 해체되었다. 극동특별위원회는 활동한 기간 극동 관련 왕복문서와 보고서를 소장했을 뿐만 아니라 자료집도 독자적으로 발간했다. 이러한 러시아 문서들에 기초하여 필자는 아바자와 람즈도르프를 중심으로 러시아의 극동정책의 변화를 추적하면서 러일협상의 실패 원인을 규명할 것이다. 그것은 외교사적으로 러일전쟁의 책임과 전쟁의 원인 규명을 보다 분명하게 보여줄 수 있는 요소가 될 것이다.

1. 아바자의 기록을 통해 본 러일협상의 실패 원인

1) 극동지역 외교정책에서의 아바자의 역할

아바자에 따르면 러시아는 19세기 말~20세기 초 러시아제국과 블라디보스톡을 연결하는 외교정책을 추진했다. 외무대신 로바노프(А.Б.Лобанов-Ростовский)는 극동 진출을 위한 외교정책을 다음과 같이 체계적으로 수행했다. 첫째, 1895년 4월 러시아는 독일, 프랑스와 연합하여 삼국간섭을 주도했다. 그 결과 일본은 청국에 여순항을 반환했고 러시아

는 청국으로 진출하려는 일본의 의도
를 좌절시켰다. 둘째, 1896년 5월 러
시아는 청국과 러청비밀협정을 체결
했다. 셋째, 1896년 6월 러시아와 일
본이 모스크바의정서를 체결함으로
써 러시아는 일본과 동일한 규모로
한국에 군대를 파견할 수 있는 권리
를 획득했다. 러시아는 한국과 육로
로 국경을 인접하고 있는 상황에서
한국 북부지역에 방어막을 확보할 수
있었다. 그 후 러시아는 한국에 군사
교관 및 궁궐수비대 파견, 재정 고문
파견, 한러은행 설치 등을 시행했다.[8]

아바자(А. М. Абаза, 1853~1915)

아바자는 1898년 러시아의 여순항 조차를 다음과 같이 평가했다. 첫
째, 러시아는 한국 북부에 대한 방어막을 확보했기 때문에 여순항을 조
차할 수 있었다. 둘째, 러시아는 일본의 선제공격에 대한 강력한 군사적
대응력을 확보할 수 있었다. 아바자는 여순점령 이후 러시아가 한국에서
철수하고 만주 집중정책을 추진하여 일본의 군사적 공격에 노출되었다
고 주장했다. 그는 러시아가 두만강과 압록강을 따라 러시아의 방어선을
설정해야 여순항의 고립을 피할 수 있다고 생각했다.[9] 그래서 아바자는

8   А. М. Абаза. Русские предприятия в Корее, в сзязи с нашей политикой на
    Дальнем Востоке 1898-1904. Спб. 1905. СС. 20-21; ГАРФ. Ф. 543. Оп. 1. Д. 185.
    ЛЛ. 1-107об.

9   А. М. Абаза. Русские предприятия в Корее, в сзязи с нашей политикой на

백두산의 분수령에 기초한 두만강과 압록강의 방어선을 군사적으로 중요하게 판단했다.

아바자는 러일전쟁 전후 베조브라조프와 함께 러시아의 극동정책을 입안할 때 황실세력의 핵심 인물로 참여했다. 그는 경제적으로 러시아가 만주, 일본이 한국을 각각의 세력권으로 삼아야 한다고 주장했다. 1903년 6월 14일 아바자는 러일관계에서 한국에 관한 정책을 니꼴라이 2세에게 직접 보고했다. 이 보고서의 핵심은 두만강과 압록강의 분수령을 기점으로 한국을 일본에 양보하자는 제안이었다.

아바자는 이 보고서를 작성하기 직전에 대공 알렉세이 알렉산드로비치(Алексей Александрович)[10] 제독과 극동 문제에 관하여 사전에 논의했다. 그 자리에서 아바자는 한국이 북쪽, 서쪽, 남쪽에서 러시아에 포위되는 상황에 처하면 일본은 러시아와 우호적으로 지내기 위해 노력할 것이라고 주장했다.

아바자에 따르면 러시아는 1900년 청국인이 블라고베셴스크를 공격하여 전쟁을 시작했지만, 오히려 1902년 3월 26일 만주 지역의 러시아 군대를 철수하는 러청조약을 체결했다. 이미 러시아는 극동지역에서 커다란 자금 지출과 인명 희생을 치른 상태였다. 아바자는 일본이 극동지역에서 영일동맹과 전쟁 위협 등으로 러시아를 끊임없이 도발했다며 러시아의 일본에 대한 전략 등을 다음과 같이 제시했다.

첫째, 러시아는 일본의 한국에 대한 정착을 인정할 준비가 되어 있지

Дальнем Востоке 1898-1904. Спб. 1905. СС. 22-30; ГАРФ. Ф. 543. Оп. 1. Д. 185. ЛЛ. 1-107об.

10 알렉세이 알렉산드로비치 로마노프(А. А. Романов, 1850~1908). 알렉산드르 2세의 넷째 아들이다.

만 북쪽으로 두만강 유역과 서쪽으로 압록강 유역과 연결된 분수령을 장악해야 한다. 또한 일본은 한국 해안에 방어시설을 건설하지 말아야 한다. 러시아가 만주에 경제적으로 정착하고 일본이 한국에 경제적으로 정착한다면 러일은 상호 공동의 산업적 이익을 추구하는 좋은 관계를 맺게 될 것이다.

둘째, 니꼴라이 2세는 1902년 3월 26일 러청조약 이행을 강조하지 말고 러시아군대가 만주에 주둔하는 대신 한국을 일본에 양보한다고 선언해야 한다. 무엇보다도 아바자는 만주에서 '경제적 정착'이 러시아의 군사행동의 자유를 남겨두는 것이라고 강조했다. 또한 아바자는 러시아가 만주에서의 '경제적 정착'을 분명히 해야만 향후 일본령 한국을 포위할 수 있다고 판단했다. 그는 이러한 내용을 극동총독 알렉세예프와 외무대신 람즈도르프에게도 전달했다고 보고했다.[11] 아바자는 러시아의 극동정책에 주도적으로 참여하면서 니꼴라이 2세 및 주요 정부관료와 소통하는 역할도 담당했다.

그 과정에서 아바자는 1903년 6월 16일 재무대신과의 면담 내용도 니꼴라이 2세에게 보고했다. 이 보고서의 핵심은 러시아가 극동지역 자유무역항 설정을 통해서 서구 열강의 지지를 확보하는 것이었다.

재무대신 비테에 따르면 블라디보스톡의 자유무역항 문제는 전적으로 만주 문제의 결정에 달려있었다. 러시아는 만주에서 확실한 군사행동을 결정하지 못하여 불신을 조장했는데, 외국 상품이 만주와 쁘리아무르에 무관세로 수입되면 러시아 상품의 판매가 어려워질 수 있었다. 러시아 기선은 1년에 20회 정도만 화물을 싣고 다니는 수준이었기 때문에 전

---

11 ГАРФ. Ф. 543. Оп. 1. Д. 183. ЛЛ. 17-20об.

반적으로 외국 상품보다는 외국 자본을 허용하는 것이 필요했다. 비테는 극동지역 육로 국경의 폐쇄와 러시아 항구의 개방을 주저하면서 자유무역항 설정에 반대했다.

하지만 아바자는 기간을 한정해서 스레쩬스크부터 쁘리아무르까지 자유무역항을 설정하여 요하 및 송화강으로 물자 수송을 확대해야 한다고 주장했다. 그 대신 만주항구를 폐쇄해야 한다고 했다. 현재 쁘리아무르의 경제 상황이 악화된 이유는 청국과의 조약에 따른 육로 국경의 무관세 수입 때문이었다.

아바자는 블라디보스톡을 포함한 자유무역항에 대한 자료를 정리했다고 보고하고 그는 특별회의가 소집된 다음 니꼴라이 2세가 결정할 것을 제안했다. 아바자는 "미국인이 블라디보스톡 등의 자유무역항을 중요하게 생각한다"며 "10일 안에 미국인에 답변을 주기 위해서 자유무역항 결정을 서둘러야 한다"고 주장했다.

아바자는 여순회의로 출장 간 국무고문 베조브라조프의 전보 2통 중 해독이 가능한 부분만 첨부해서 황제에게 올렸다. 이것은 아바자가 니꼴라이 2세와 베조브라조프의 소통 역할도 수행했다는 사실을 알려 준다. 아바자는 "전체적인 일의 방향이 베조브라조프에게 맡겨져 있기 때문에 그는 뻬쩨르부르크에서 일어나는 사건의 경과를 잘 알고 있어야 한다"라고 니꼴라이 2세에게 말했다. 아바자는 자유무역항에 대해서 베조브라조프에 보내는 전보 발송 허가를 니꼴라이 2세에게 요청했다.[12] 이것은 극동정책에 관해서 베조브라조프가 기획하고 아바자가 검토, 조정하

12　ГАРФ. Ф. 543. Оп. 1. Д. 183. ЛЛ. 23-24об.

고 황제가 결정하는 관계의 일면을 보여주는 것이다.[13]

같은 날 아바자는 람즈도르프와의 면담 내용도 니꼴라이 2세에게 보고했다. 아바자에 따르면 람즈도르프는 자유무역항 문제를 만주 문제와 연관하여 다음과 같이 생각했다. 첫째, 러시아는 3년째 만주를 점령하고 있기 때문에 지금 분명한 결정을 내려야 한다. 만일 러시아가 간주점령을 결정하면 일본이 요구하기 전에 한국을 일본에게 양보해야 한다. 둘째, 블라디보스톡 자유무역항 문제가 미국인을 만족시키기보다는 오히려 러시아에 불리할 것이라고 주장했다. 아바자는 자유무역항 문제에 대하여 여순회의에 주청 러시아공사 레사르가 참석한 가운데 극동총독 알렉세예프가 심의하는 것이 바람직하다고 니꼴라이 2세에게 보고했다.[14] 아바자는 재무대신과 외무대신의 의견을 청취하고 니꼴라이 2세에게 여순회의에서 문제를 해결할 것을 제안할 정도로 극동 문제에 핵심적인 인물로 참여했다.

---

13 아바자는 1903년 3월 26일 특별회의 이전인 1903년 3월 13일 압록강 삼림채벌권에 대한 보고서를 제출했다. 아바자는 만주로 출장 간 베조브라조프의 전보에 기초하여 보고서를 작성했다. 베조브라조프와 아바자는 기본적으로 한국에서 러시아의 상업적 기권이 있어야 일본의 독점적 활동을 막을 수 있다고 생각했다. А. М. Абаза. Русские предприятия в Корее, в связи с нашей политикой на Дальнем Востоке 1898-1904. Спб. 1905. СС. 91-105; ГАРФ. Ф. 543. Оп. 1. Д. 185. ЛЛ. 1-107об. 니꼴라이 2세는 1903년 4월 29일 자신의 일기에 베조브라조프와 아바자와 극동 문제에 대해서 긴밀히 논의한 사실을 기록했다. "극동의 관리를 통일하고, 모든 일에 방향을 잡아주는 문제로 베조브라조프 및 아바자를 장시간 만났다." 和田春樹, 2010, p. 50.

14 ГАРФ. Ф. 543. Оп. 1. Д. 183. ЛЛ. 25-26об.

2) 만주와 한국 문제가 포함된 러일협상안

사무국장 아바자는 프랑스 출장 당시 사무차장 마튜닌에게 자료집 작성을 지시했고 마튜닌은 1905년 4월 이것을 완성했다. 극동특별위원회는 1905년『1903-1904년 일본과의 협상과 관련된 문서 및 극동특별위원회 관방에 보관 중인 문서』[15]라는 자료집을 발간했는데, 이것은 아바자의 지시에 따라 마튜닌이 정리와 분석을 진행한 자료집이었다. 이 자료집은 극동특별위원회에 소장된 문서 중 가장 중요한 문서 42개가 선별된 기록물이었다.

자료집의 문서 개관에는 다음과 같이 발간 이유가 기술되었다. 일본과의 전쟁 가능성은 예견되었다. 러시아는 일본의 욕망 대상이 한국이라고 판단했다. 러시아는 한국 문제에 대해서 극단적인 양보를 통해서 전쟁을 피하거나 늦추려고 모든 노력을 전개했다. 러시아는 마지막 한계까지 양보했으나 러일전쟁을 피할 수는 없었다. 그 이유는 일본의 숨겨진 목적이 한국 문제의 한계를 넘었기 때문이다.[16] 이 자료집은 '문서 개관'에서 러시아가 한국에 대한 양보까지 생각하면서 러일전쟁을 피하려고 시도했지만 일본이 한국 문제를 넘어선 숨겨진 목적으로 '만주 문제'까지 요구했다는 것을 명확히 밝혔다.

니꼴라이 2세는 1903년 8월 러일협상 당시 국무고문 베조브라조프에

---

15 Документы касающиеся переговоров с Японией в 1903~1904годах и хранящиеся в канцелярии Особого Комитета Дальняго Востока.

16 Документы касающиеся переговоров с Японией в 1903-1904годах и хранящиеся в канцелярии Особого Комитета Дальняго Востока. Спб. 1905. С. 1; АВПРИ. Ф. 150. Оп. 493. Д. 200. Л. 241.

게 답변서 초안을 작성시킬 정도로 아바자와 연결된 베조브라즈프의 극동정책 방향을 지지했다. 이 초안은 베조브라즈프가 기초한 후 니꼴라이 2세가 보강하고 승인했다. 아바자는 이 초안의 작성 과정과 의미 해석까지 상세히 기록했는데, 이는 아바자가 이 초안을 검토했다는 사실을 의미한다.

아바자는 러일협상 초안과 관련하여 양국의 1차 협상안을 다음과 같이 분석했다. 그는 '러시아의 만주점령이 일본에게 위협이라면 일본의 한국점령도 러시아에게 위협'이라고 판단했다. 아바자는 러시아가 여순항부터 블라디보스톡까지 연결되는 동청철도를 갖고 있다는 사실에 기초하여 만주에서 러시아의 이익을 강조했다. 아바자는 "일본이 한국에서 러시아의 양보를 요구하면 러시아도 만주에서 일본의 양보를 요구해야 한다"고 주장했다.[17] 즉 아바자는 만주와 한국에 대한 러시아와 일본의 동등한 양보를 주장했다.

하지만 베조브라즈프의 1차 협상안 초안(8월 16일)은 일본에 통고될 수 없었다. 아바자는 "러시아 황제가 지시한 원칙적 설정과는 반대로 (러일협상이) 외무부에 의해 진행되었다"며 의문을 제기했다. 러시아 외무부는 '한국과 만주 문제를 연관시키지 않고 분리'하여 러일협상을 진행했다. 실제 극동총독부가 러일협상안을 기초하면 외무부가 황제에게 전달하는 구조로 이 과정에서 외무대신 람즈도르프는 협상안에 구체적으로 개입하고 협상을 주도했다.[18]

---

17 А. М. Абаза. Русские предприятия в Корее, в связи с нашей политикой на Дальнем Востоке 1898-1904. Спб. 1905. СС. 192-194; ГАРФ. Ф. 543. Оп. 1. Д. 185. ЛЛ. 1-107об.

18 1903년 9월 15일 러시아가 일본에 통고할 1차 협상안을 완성했는데, 작성자는 극동총

아바자에 따르면 일본은 한국과 만주를 협상안에 포함시키려는 원칙을 갖고 있었다. 러시아도 한국과 만주를 협정안에 포함시키는 것에 동의했다. 그런데 일본은 한국에서는 자국의 '지배적인' 이해관계를 승인받고 만주에서는 러시아의 특수한 이익으로 철도 부설만을 한정시키려고 했다. 반면 러시아는 일본이 한국에서, 러시아가 만주에서 '동등한' 이익을 상호 인정하기를 원했다.[19]

결국 러일협상 초기에 일본은 한국의 지배 권리와 만주에서의 이권 확장, 러시아는 한국과 만주의 동등한 권리를 각각 요구했다. 일본은 대체로 한국에서 경제적 권리뿐만 아니라 군사적·정치적 권리까지 확대하려고 시도했다. 일본은 만주와 한국의 포괄적인 협상 타결을 시도하면서 남만주철도에까지 진출하려고 했다. 반면 러시아는 한국에서 일본의 군사권을 제한하려고 노력했다. 무엇보다도 러시아는 한국과 만주에 대한 상호 보장을 일본에 요구했다. 그것은 러일협상에서 한국과 만주 문제를 분리하려는 외무부의 구상보다는 러시아에 보다 현실적인 대안이었다.

3) 러시아 외무부의 한국과 만주 문제 분리정책 비판

아바자에 따르면 1904년 1월 27일 러시아 외무부는 러일협상의 과정 및

독 알렉세예프와 주일러시아공사 로젠이었다. 와다에 따르면 로젠은 알렉세예프의 초안을 그대로 수용했고 다만 7항인 "일본이 만주와 그 연안이 이해권 밖에 있다는 것을 인정한다"를 제안하여 포함시켰다. 和田春樹, 2010, p. 137.

[19] А. М. Абаза. Русские предприятия в Корее, в связи с нашей политикой на Дальнем Востоке 1898-1904. Спб. 1905. СС. 194-196; ГАРФ. Ф. 543. Оп. 1. Д. 185. ЛЛ. 1-107об.

단절에 관한 내용을 관보에 수록했는데, 여기어 서 외무부는 러일협상 관련 한국 문제에 초점을 맞추면서 일본의 일방적 외교 단절을 강조했다. 외무부가 발표한 관보의 내용은 러일협상의 명분, 일본의 군비 강화, 러시아의 양보와 요구, 만주 문제의 추가, 일본의 요구와 단교 등으로 구성되었다.

첫째, 1903년 일본은 태평양 연안의 균형과 확고한 질서를 세운다는 명분으로 한국 문제에 관한 기본 조약을 재검토할 것을 러시아에 제의했다. 이에 러시아는 러일협상안 작성을 극동총독 알렉세예프에게 위임했고 주일러시아공사 로젠이 일본 정부와의 협상 진행을 책임졌다.

둘째, 러시아와 일본은 1903년 8월 러일협상에 관한 의견 교환을 우호적으로 시작했다. 하지만 일본과 외국의 언론, 일본의 사회단체는 일본인에게 호전적인 의식을 고취시키고 일본 정부를 전쟁으로 나몰려고 노력했다. 일본 정부는 그런 분위기에 영향을 받아 더 많은 요구사항을 주장하면서 전쟁준비를 위한 광범위한 조치를 실행했다. 그러자 러시아도 일본에 상응하는 군사 조치를 실행할 수밖이 없었다.

셋째, 러시아는 일본 정부의 의견 표명을 주의 깊게 받아들이견서 다음과 같은 의견을 표시했다. 러시아는 한국에서 일본의 우월한 무역 및 경제적 지위를 인정하고 한국에서 폭동이 발성할 경우 일본군대가 보호할 권리를 승인한다.

넷째, 한국의 독립과 영토 보전은 선행하는 일본과의 협정뿐만 아니라 다른 열강과 맺은 조약에 의해 보장되었다. 러시아는 한국 독립 원칙에 대한 상호적이고 무조건적인 보장, 열강의 한국 영토 이용 불가, 대한해협 통행의 완전한 자유 보장 등을 주장했다. 이것은 한국의 자주성 원칙과 중요하게 연결되는 내용이었다.

다섯째, 일본은 최근 제안에서 한국 독립 보장 조건 수용을 회피했고 만주 문제에 관련된 결정을 포함시켜야 한다고 주장했다.

여섯째, 만주에서 러시아의 위상 문제는 무엇보다도 먼저 청국과 관련되었고 그다음 청국과 이해관계를 가지는 모든 열강에 관련되었다. 러시아는 한국 문제에 관한 일본과의 조약협상에서 러시아의 점령 지역인 만주에 관계되는 어떠한 결정도 포함시킬 필요가 없었다. 러시아는 만주를 군사적으로 점령했을 때 열강이 청국과 맺은 조약에 근거하여 열강의 특권을 인정하는 성명서를 발표했다.

일곱째, 일본은 러시아의 답변을 기다리지 않고 러일협상을 중단했고 러시아와 외교관계를 단절했다. 일본은 협상이 단절된 모든 결과에 책임이 있다. 만일 필요한 상황이 제기되는 순간 러시아는 극동에서 자국의 권리와 이익을 수호하기 위한 아주 단호한 조치를 취할 것이다.[20]

아바자는 러일전쟁의 원인을 만주 문제라고 판단하면서 한국 문제에 초점을 맞춘 외무부의 실책으로 러일협상이 결렬되었다고 주장했다. 아바자는 관보에 근거하여 한국 문제에 초점을 맞춘 러시아 외무부의 러일협상 대응을 다음과 같이 비판했다.

첫째, 러시아 외무부는 러일협상의 지연과 단교를 초래했다. 러시아 외무부는 7월 18일 러일협상 관련 일본의 첫 외교 각서를 전달받고 8월 27일에 가서야 러시아의 첫 외교 각서를 전달했다. 그사이 외무대신 람즈도르프는 40일 동안 극동총독이 러일협상에 참가해야 한다고 주장하

---

20 А. М. Абаза. Русские предприятия в Корее, в связи с нашей политикой на Дальнем Востоке 1898-1904. Спб. 1905. СС. 180-181; ГАРФ. Ф. 543. Оп. 1. Д. 185. ЛЛ. 1-107об.

면서 러일협상의 장소를 뻬쩨르부르크에서 도쿄로 옮겼을 뿐이다. 40일 동안 러시아 외무부는 "일본이 한국 문제에 관한 협상을 제안했다"는 오해를 만들어서 러일협상을 교착상태에 빠뜨리고 일본과의 외교관계를 단절시켰다.[21]

둘째, 외무대신 람즈도르프는 8월 27일 일본이 도쿄로 장소를 옮기는 것에 동의한 이후에도 러일협상을 주관했다. 따라서 극동총독부는 외무대신이 맡고 있는 러일협상의 질서를 조금도 바꿀 수 없었다. 람즈도르프는 도쿄에서 보내는 전보를 전달받았고 러일협상의 방향을 지시할 수 있었다. 극동특별위원회 사무국은 단지 극동총독이 러시아 황제에게 보내는 전문 13통만 접수했다.[22]

셋째, 러시아 외무부는 러일전쟁 원인이 '한국 문제'라는 여론을 형성시켰다. 러시아 사회도 '압록강 삼림채벌권'을 과장시킨 혁명적 신문의 선동에 넘어갔다. 즉 한국 문제는 '압록강 삼림채벌권'으로 이해되었다.[23] 하지만 아바자는 '압록강 이권'이 러일전쟁을 예방하는 중요한 전략적 목적이었고 일본은 압록강삼림회사에 대해 한 번도 항의하지 않았다고 주장했다.[24]

---

21 А. М. Абаза. Русские предприятия в Корее, в связи с нашей политикой на Дальнем Востоке 1898-1904. Спб. 1905. СС. 183-184; ГАРФ. Ф. 543. Оп. 1. Д. 185. ЛЛ. 1-107об.

22 А. М. Абаза. Русские предприятия в Корее, в связи с нашей политикой на Дальнем Востоке 1898-1904. Спб. 1905. СС. 186-137; ГАРФ. Ф. 543. Оп. 1. Д. 185. ЛЛ. 1-107об.

23 А. М. Абаза. Русские предприятия в Корее, в связи с нашей политикой на Дальнем Востоке 1898-1904. Спб. 1905. СС. 197-198; ГАРФ. Ф. 543. Сп. 1. Д. 185. ЛЛ. 1-107об.

24 А. М. Абаза. Русские предприятия в Корее, в связи с нашей политикой на

넷째, 러시아 외무부는 일본의 러일협상 1차 협상안을 한국 문제에 관한 회담인 것으로 선전했다.[25] 러시아 외무부는 일본이 협상 최종 단계에서 만주 문제를 포함시킬 것을 요구했다고 발표했는데, 사실 일본 정부는 협상 초안부터 만주 문제를 제기했다. 아바자는 외무부가 관보에서 '외교 단절이라는 전혀 납득할 수 없는 일본의 행동'만을 부각했다고 주장했다. 일본은 러일협상 초기부터 한국과 만주를 포함한 극동 문제 전반을 다루려고 시도했지만 람즈도르프는 한국 문제에 대해서만 협상하려고 노력했다.[26] 실제 람즈도르프는 1903년 8월 16일 러시아 황제의 지시와는 반대로 한국과 만주 문제의 분리라는 원칙에 근거하여 회담을 진행했다. 아바자는 일본이 한국과 만주 문제의 연관성에 근거했기 때문에 양국이 러일협상에서 합의를 이룰 수 없었다고 주장했다.[27]

결국 아바자는 관료세력(주무부처)과 황실세력(비관영인사)이 "한국과 만주를 분리하는가 함께 연결하는가"라는 문제로 대립했다고 보았다. 그리고 관료세력은 러시아가 한국을 양보해서 일본의 자존심을 세워준다면 일본이 만주를 양보할 것이라고 판단했다.[28] 그런데 아바자는 '압록강

Дальнем Востоке 1898-1904. Спб. 1905. СС. 219-222; ГАРФ. Ф. 543. Оп. 1. Д. 185. ЛЛ. 1-107об.

25 А. М. Абаза. Русские предприятия в Корее, в связи с нашей политикой на Дальнем Востоке 1898-1904. Спб. 1905. СС. 219-222; ГАРФ. Ф. 543. Оп. 1. Д. 185. ЛЛ. 1-107об.

26 А. М. Абаза. Русские предприятия в Корее, в связи с нашей политикой на Дальнем Востоке 1898-1904. Спб. 1905. С. 192; ГАРФ. Ф. 543. Оп. 1. Д. 185. ЛЛ. 1-107об.

27 А. М. Абаза. Русские предприятия в Корее, в связи с нашей политикой на Дальнем Востоке 1898-1904. Спб. 1905. СС. 211-215; ГАРФ. Ф. 543. Оп. 1. Д. 185. ЛЛ. 1-107об.

28 А. М. Абаза. Русские предприятия в Корее, в связи с нашей политикой на

이권'을 활용하여 러시아의 군사적 방어막을 구축해야 한다고 관간했다. 아바자는 러일 대립의 원인을 한국 문제로 축소하려는 관료세력을 비판했다. 그것은 아바자를 비롯한 황실세력에게 러일전쟁의 책임이 없다는 사실을 입증하려는 노력이었다. 물론 아바자가 주장하듯이 러시아 외무부가 한국 양보에 초점을 맞추었다는 사실은 러일협상이 실패한 중요한 원인이었다. 그럼에도 불구하고 사실 일본이 러시아의 압록강삼림회사의 활동을 적극적으로 반대했다는 사실을 고려한다면 아바자도 러일협상의 주요한 실패 원인이 한국 문제라는 주장에서 자유로울 수 없었다.

러일협상에서 관료세력은 동청철도의 이권기 중요했기 때문에 한국만을 일본에 양보하는 데 초점을 맞추었다. 황실세력은 압록강삼림회사가 중요했기 때문에 두만강과 압록강의 분수령을 기준으로 그 이남의 한국 지역을 일본에 양보하려고 했던 것이다.

2. 람즈도르프의 기록을 통해 본 러일전쟁의 원인과 책임자

1) 외무부의 소책자 발간과 극동특별위원회 자료집의 문제점

람즈도르프[29]는 1900년 6월 9일부터 1906년 4월 28일까지 외무대신을

Дальнем Востоке 1898-1904. Спб. 1905. СС. 202-206; ГАРФ. Ф. 543. Оп. 2. Д. 185. ЛЛ. 1-107об.

29 블라디미르 니콜라예비치 람즈도르프는 귀족학교 알렉산드롭스끼 리쩨이를 졸업했고 1866년 외무부에 입사했다. 1882년부터 1896년까지 러시아 외무부 관청 국장을 수행했다. 1897년 외무부 차관에 임명되었다. 1900~1906년까지 러시아 외무대신을 역임

지냈다. 그는 극동특별위원회가 러일전쟁의 원인으로 외무부의 책임을 강하게 비판하는 자료집을 발간하자 이에 적극적으로 대처했다. 러시아 외무부가 1905년 하반기 『극동특별위원회에서 발행한 '1903~1904년 일본과의 협상자료집'에 대한 기록』을 내부 소책자로 발간한 것이 그 결과다.[30] 이 문서는 러시아 외무부와 극동특별위원회의 러일협상 실패와 러일전쟁 책임에 관한 논쟁을 보여주는 중요한 문서이다.

러시아 외무부에 따르면 러일전쟁 패배 소식 이후 러시아 사회에는 다음과 같은 전쟁 관련 질문이 형성되었다. 러시아의 삶에 필요하지 않은 러일전쟁을 일으킨 죄인은 누구인가? 전쟁을 불러온 직접적인 원인은 무엇인가? 일본과의 전쟁을 예방할 가능성은 있었는가? 러일전쟁을 예방하지 못한 책임은 누구에게 있는가?[31]

러시아 외무부는 러일전쟁 관련 신문 보도를 다음과 같이 언급했다. 러시아의 다수의 간행물은 러시아 외무부가 전쟁의 위험한 상황을 예

했다. В. Н. Ламздорф. Дневник 1894~1896. М. Международные отношения. 1991. СС. 11-13; ru.wikipedia.org/wiki/Ламсдорф_Владимир_Николаевич.

30 "Записка по поводу изданного Особым Комитетом Дальнего Востока сборника документов по переговорам с Японией 1903-1904года." ГАРФ. Ф. 543. Оп. 1. Д. 184. ЛЛ. 1-12об; МИД. Записка по поводу изданного Особым Комитетом Дальнего Востока "сборника документов по переговорам с Японией 1903-1904гг." Спб. 1905. СС. 2-3. 러시아 출판인 부르쩨프(В. Л. Бурцев)는 1910년 『황제와 외교정책』이라는 서적을 베를린에서 발간했는데, 러시아 외무부의 내부 소책자인 「극동특별위원회에서 발행한 '1903-1904년 일본과의 협상 자료집'에 대한 기록」을 소제목 '람즈도르프의 비밀기록(Тайная Записка гр. Ламсдорф)'으로 수록했다. 이러한 사실은 람즈도르프가 주도하여 이 소책자를 발간했다는 것을 의미한다. В. Л. Бурцев. Царь и внѣшняя политика. *Eberhard Frowein: Verlag*, Berlin, 1910.

31 МИД. Записка по поводу изданного Особым Комитетом Дальнего Востока "сборника документов по переговорам с Японией 1903-1904гг." Спб. 1905. С. 1.

측하지 못하고 러일협상의 파탄을 방지할 능력이 없었다는 설명으로 외무부에 러일전쟁의 책임을 전가했다. 자유주의 성향의 간행물들은 러시아 정부에 대한 비난에 그치지 않았고 외국 출판물에 실린 압록강회사에 관한 기사까지 이용했다. 이 신문들에 따르면 러시아 정부의 고위급은 러일전쟁의 발생 원인인 압록강회사에 직접 참여하여 사적인 이익을 추구했다. 이 신문들은 심지어 국가의 정치적 목적을 명분으로

람즈도르프(В. Н. Ламздорф, 1344~1907)

자신들의 물질적 이익만을 얻으려는 극동특별위원회 관련 인들의 실명을 언급했다.[32]

러시아 외무부에 따르면 극동특별위원회가 발간한 『1903-1904년 일본과의 협상과 관련된 문서 및 극동특별위원회 관방에 보관 중인 문서』라는 자료집은 언론의 비난을 분산시키기 위한 것인지 또 다른 의도가 있는지 알 수 없지만 러시아 정부기관 사이에서 모순되고 불일치한 활동을 수행했다는 소문을 확대시켰다.[33]

러시아 외무부는 극동특별위원회 자료집의 전체적인 내용에 관하여

32　МИД. Записка по поводу изданного Особым Комитетом Дальнего Востока "сборника документов по переговорам с Японией 1903-1904гг." Спб. 1905. С. 2.

33　МИД. Записка по поводу изданного Особым Комитетом Дальнего Востока "сборника документов по переговорам с Японией 1903-1904гг." Спб. 1905. СС. 2-3.

다음과 같이 강력히 비판했다. 그 핵심 내용은 자료집의 관점이 외무부의 관점과 일치되지 않은 점, 선택적 편집에 따른 논리성 결여, 황제의 비밀기록을 공개한 국가적 범죄 행위 등이었다.

첫째, 자료집의 저자가 설명하는 전망과 판단은 정부의 관점과는 전혀 일치하지 않았다. 그럼에도 저자는 곳곳에서 '우리의 정책(наша политика)', '우리의 이익들(наши интересы)', '우리의 요원들(наши агенты)'이라고 말하고 있다. 러시아 외무부는 1901년부터 일본과의 무장 충돌 위험성이 임박했음을 경고하면서 일본의 실제 목적에 주목할 것을 지시했다. 기술된 모든 견해들은 러시아 외무부가 견지하고 있던 관점들과 전혀 일치하지 않았다.

둘째, 자료집은 선택된 자료들을 편집하여 자의적이었으며 논리적 연관성이 완전히 결여되었다. "(자료집은) 러시아 정부와 일본의 공식적 협정 사안과 관련하여 아무 의미가 없는 개인들의 서류를 동등하게 나란히 실었다." 심지어 일부 공식문서들이 왜곡된 형태와 날조된 상태로 편집되었다.

셋째, 자료집의 저자는 니꼴라이 2세의 비밀기록을 공개하는 국가적 범죄 행위를 저질렀다.[34] 그 이유는 극동특별위원회가 니꼴라이 2세의 비밀기록인 친필 메모까지 자료집에 포함시켰기 때문이다. 자료집은 수

---

34 자료집에는 1904년 1월 16일 니꼴라이 2세가 극동총독 알렉세예프에게 보내는 친필 메모
    (№ 30)가 수록되었다. 이 문서는 황제의 의도가 드러난 매우 중요한 문서였다. "한국 내에
    서 제물포를 포함하는 지역까지 일본인들의 상륙을 용인하는 것은 러시아가 어느 한계까
    지 그들의 상륙을 허용할 것인가를 일본인들도 인지하도록 만들려면 필요하다. 그렇지 않
    을 경우 돌이킬 수 없는 오해를 일으킬 수 있다. 당연히 이것은 북쪽으로부터 더 먼 곳에
    서 일어날수록 좋다." Собстенноручная записка Государя Императора. 16 января
    1904г. АВПРИ. Ф. 150. Оп. 493. Д. 200. Л. 283; ГАРФ. Ф. 818. Оп. 1. Д. 46. Л. 43.

백부나 발행되었는데, 이것은 황제의 비밀기록기 외국 간행물어 들어갈
수 있는 사안이었다.[35]

2) 극동특별위원회 자료집의 세부 내용 비판

러시아 외무부는 극동특별위원회 자료집에 실린 세부적인 문서에 대해
서 다음과 같이 해명하며 비판했다.

첫째, 외무대신 람즈도르프는 1903년 6월 11일 자 '해군 소장 아바자
의 전문'(№ 1)을 전혀 몰랐으며 이 문서가 알릭세예프와 북경, 도쿄, 서
울주재 러시아공사에게 전달되지 않았다고 주장했다. 그 문서의 내용은
니꼴라이 2세가 한국 문제 중 두만강과 압록강 직전까지 일본의 점령을
승인하는 것이었다.

둘째, 외무부는 1903년 8월 16일 자 '황제가 승인한 러시아협상안'
(№ 5)에 대해서 외무대신, 극동총독, 주일러시아공사에게 알려진 적이
없는 문서라고 주장했다. 이 협상안에 따라 청국에 대한 불가침이 러시
아의 의무사항으로 확정되었다면 오히려 일본은 만주와 관련된 협약 조
항에 이것을 포함시키도록 강력히 요구했을 것이다.

셋째, 외무부는 1903년 12월 16일 자 '해군 소장 아바자가 황제의 주
재하에 짜르스꼬예 셀로에서 개최된 특별회의에서 언급한 견해'(№ 13)
에 대해서 아바자가 '자신의 의견만 언급했고 이날 특별회의의 최종 결
정에 대한 기록은 없다'고 했는데 이는 회의 내용을 왜곡한 것이다.

---

35 МИД. Записка по поводу изданного Особым Комитетом Дальнего Востока
"сборника документов по переговорам с Японией 1903-1904гг." Спб. 1905. СС. 3-6.

외무부는 아바자가 주장한 '협상 중단'과는 반대로 일본과의 '협상 지속'을 결정했다고 밝혔다. 이것은 일본과의 충돌을 가능한 늦추기 위한 불가피한 선택이었다. 더구나 이날 극동총독과 육군대신은 일본과의 충돌에 대해서 진지한 사전 준비가 요구된다는 의견을 표명했다. 만약 이날 러일협상을 거절했다면 한 달 보름 먼저 일본의 최후통첩을 불러왔을 것이다.

넷째, 외무부는 1903년 12월 22일 자 '알렉세예프가 아바자에게 발송'(№ 15)한 문서를 통해서 아바자가 위협적인 극동의 전반적인 정치 상황을 파악했음에도 불구하고 극동총독을 초청하려 했다고 비판했다. 즉 아바자는 '극동총독부 법령'의 초안이 확정되자 알렉세예프를 빼쩨르부르크로 초청하려고 했지만 알렉세예프는 일본의 한국 상륙 준비에 따른 극동의 불안정한 정세를 이유로 소환을 거절했다. 외무부는 현지 사정을 고려하지 못한 아바자의 알렉세예프 초청을 비판했다.

다섯째, 외무부는 1903년 12월 22일 자 '아바자가 알렉세예프에게 발송한 전문'(№ 21)에 대해서 외무대신도 전혀 모르는 사항을 극동총독에게 전달했다고 아바자를 비난했다. 외무부는 특히 "나[아바자]는 1년 동안 폐하와 많은 대화를 나누었기 때문에 (폐하의 견해를) 이해할 수 있었다"라는 전문의 내용을 문제 삼았다. 아바자는 니꼴라이 2세의 견해를 자기 스스로 해석한 전문을 극동총독에게 보냈다. 외무부는 아바자가 외무부를 거치지 않고 전보를 보낸 사항에 대해서 끈질기게 물고 늘어지면서 그가 황제의 견해를 왜곡했다고 비판했다.

여섯째, 외무부는 자료집에 1904년 1월 13일 자 '황제가 알렉세예프에게 발송한 전문'(№ 25)에서 "짐이 개인적으로 통보하는 것임을 염두에 두라"는 말로 시작되는 황제의 극비사항을 수록했다고 비난했다. 이것은 황제의 중대한 정치적 결단이 담긴 비밀을 자료집으로 발행해서 황제의 신임을 남용한 것이었다.

일곱째, 외무부는 1904년 1월 16일 '해군 소장 아바자의 상주 서한'(№ 27), 1904년 1월 16일 '아바자가 알렉세예프에게 발송한 전문 1안'(№ 28), 1904년 1월 16일 '아바자가 알렉세예프에게 발송한 전문 2안'(№ 29), 1904년 1월 18일 '아바자의 상주 서한 발췌'(№ 31) 등에 대하여 비밀문서를 공개했다고 비난했다. 무엇보다도 외무부는 대외정책 업무와 관련 없는 아바자가 외무대신의 승인 없이 주러일본 외교관과 비밀협상을 진행했다는 사실에 경악했다. 외무부는 아바자가 중요한 러일협상의 외교 현안에 대해서 결정을 내리는 것에 대해서 이해할 수 없으며 극동특별위원회가 구성되기 이전에 그와 같은 행동을 실행했다고 비난했다.[36]

3) 1904년 1월 러일협상의 실패 원인

러시아 외무부는 자료집에 수록된 1904년 1월 아바자의 기록과 행동을 비판하기 위해서 1903년 12월부터의 러일협상 과정과 내용을 다음과 같이 설명했다.

첫째, 외무부는 1903년 12월 31일 자 일본 정부의 협상안을 받은 이후 외무대신의 제의에 따라 극동총독의 견해를 포함한 보고서를 작성하여 황제에게 상주했다. 이에 니꼴라이 2세는 러일협상의 내용을 논의하

---

36 МИД. Записка по поводу изданного Особым Комитетом Дальнего Зостока "сборника документов по переговорам с Японией 1903-1904гг." Спб. 1905. СС. 6-9.

기 위하여 1904년 1월 15일 특별회의를 소집했다. 이날 제독 알렉세예프 대공이 위원장으로 회의를 주재했고 꾸로빠뜨낀 육군대신, 람즈도르프 외무대신, 아벨란 해군대신서리, 아바자 극동특별위원회 사무국장이 참석했다.

1월 15일 특별회의는 첫째, 한국 문제로 인한 일본과의 무력 충돌에 대해서 모든 방법을 동원하여 전쟁을 미연에 방지할 것이며 둘째, 일본 정부와 39도선 이북을 중립지대로 설정하자는 합의는 불가능하므로 협상안에서 완전히 삭제하든지 아니면 그 조항을 다른 안으로 대체하는 것이 바람직하다고 판단했다. 1월 15일 특별회의에서는 외무대신이 제안한 수정 답변안[37]을 황제에게 보고하기로 결정했다.

하지만 이날 특별회의에서 해군 소장 아바자만 다른 입장을 표명했다. 아바자는 더 이상의 러시아의 '양보'는 일본에게 불가능하며 '이미 정해진 압록강회사의 계획에 따라서' 러시아와 일본 사이에 불가피하게 '중립지대'를 설정할 것을 주장했다.

아바자는 중립지대에 관한 러일협상 조항을 유지하자고 완강하게 주장했다. 그는 한국의 39도선 경계선을 대체하기 위해서 남쪽과 동쪽의 경계선에서 두만강과 압록강 유역을 구분하는 '분수령'을 기점으로 중립지대를 유지할 것을 제안했다.[38] 이날 특별회의 회의록을 작성하는

---

37 수정 답변안에서 중립지대에 관한 조항은 제외했다. 다만 "5조. 러시아와 일본은 전략적 목적을 위해 한국 영토의 일부분도 사용하지 않으며 대한해협을 항해할 자유에 위협이 될 수 있는 어떤 군사적 조치도 한국 해안에 마련하지 않는다"를 포함시켰다.

38 "Абаза настоятельно предлагал сохранить статью соглашения с Япониею о нейтральной зоне с заменою лишь раграничительной(구분) линии по 39-ой парллели водоразделом(분수령), определяющим бассейном рек Тумень-улы и Ялу-цзяна с одной стороны и реками, направляющимся к югу и востоку другой."

데 1월 16일, 17일 이틀이 소요되었다. 이 회의록에 위원장과 위원 모두가 서명했고 해군 대장 알렉세예프가 1월 19일 황제에게 회의록을 상주했다.

둘째, 1904년 1월 16일 자 '해군 소장 아바자의 상주 서한'(№ 27)을 살펴보면 아바자는 육군대신과 외무대신의 견해를 비판하는 보고서를 황제에게 상주했다. 더구나 1월 15일 특별회의에 참가한 대공을 비롯한 모든 참석자는 분수령에 대해서 동의하지 않았다. 그럼에도 아바자는 일본의 한국점령 한계영역을 압록강과 두만강 '분수령'까지 허용해야 한다는 전문을 작성하여 극동총독에게 발송할 것을 황제에게 요청했다. 이에 외무부는 아바자가 외무부를 거치지 않고 러일협상안을 제시하고 발송한 과정에 대해서 비판했다.

셋째, 1904년 1월 18일 자 '아바자의 상주 서한 발췌'(№ 31)에 따르면 아바자는 1월 17일과 18일 주러일본공사와 비밀협상을 전개하며 자신이 주장한 '분수령'에 관한 사실까지 전달했다. 이러한 요청으로 주러일본공사는 자신의 비서를 아바자에게 두 번이나 보냈다. 그런데 이에 대한 구체적인 내용은 자료집에 수록되지 않았다. 외무부는 주러일본공사와 아바자의 비밀협상을 인정하면서도 구체적인 내용을 수록하지 않은 이유를 문제로 삼았다.

넷째, 람즈도르프는 아바자가 특별회의 내용을 주러일본공사 구리노 신이치로에게 설명했다는 사실을 전혀 알지 못했다. 이 일은 일본과의 교류가 단절되기 6일 전에 일어났다. 외무부는 아바자의 행동이 일본 정

МИД. Записка по поводу изданного Особым Комитетом Дальнего Востока "сборника документов по переговорам с Японией 1903-1904гг." Спб. 1905. С. 11.

부가 러시아의 공식답변을 기다리지 않기로 결정하는 데 상당한 영향을 미쳤을 것이라고 추측했다. 주러일본공사는 1월 15일 특별회의의 결과와 아바자의 견해를 사전에 파악했고[39] 얼마 지나지 않은 1월 23일에 일본 외무성이 외교 단절에 관한 전문을 빼쩨르부르크로 보낸 것으로 보아 실제 아바자의 정보가 일본의 신속한 결정에 영향을 미친 것으로 보았다.

다섯째, 주러일본공사 구리노는 '압록강 분수령'에 대한 언급만으로도 충분히 러시아의 의도를 파악했을 것이다. 그것은 러시아가 압록강에 대한 전략적 계획의 이행을 계속하기 위해서 협상을 지연시키는 것을 의미했다.[40] 러시아 외무부는 일본이 압록강회사의 전략적 목적을 파악했다고 판단했다.

3. '백두산 분수령'과 아바자의 최종협상안

백두산 분수령에 대해서 아바자는 '남쪽과 동쪽으로 향하는 두만강과 압

---

39 МИД. Записка по поводу изданного Особым Комитетом Дальнего Востока "сборника документов по переговорам с Японией 1903-1904гг." Спб. 1905. СС. 10-12.

40 "Быть может одного упомнания о Ялуцзянском водоразделе было дотаочно, чтобы японский Предетавитель более не сомневался в намеренниях России затягивать переговоры с тем, чтобы продолжать осуществление совоих стратегичесиких планов на Ялу." МИД. Записка по поводу изданного Особым Комитетом Дальнего Востока "сборника документов по переговорам с Японией 1903-1904гг." Спб. 1905. С. 13.

록강 유역으로 정해진 분수령'[41], 러시아 외무부는 '압록강 분수령'[42] 이
라는 용어를 사용했다. 일본자료도 대체로 '분수령'이라는 용어를 사용
했다.[43] 한국자료 가운데 『감계사등록(勘界使謄錄)』에도 '백두산 분수령'
이라는 용어가 사용되었다. 분수령은 압록강과 토문강의 강물이 동서로
나뉘는 곳이었다.[44] 미묘한 강 흐름의 차이를 제외하면 러시아와 한국자
료는 '백두산정계비가 세워진 분수령'을 표현한 것이었다. 또한 러시아,
일본, 한국자료는 모두 '분수령'이라는 동일한 용어를 사용했다. 그렇다
면 분수령을 가장 선명하게 표현할 수 있는 용어는 바로 '백두산 분수령'
이다.

---

41 "водораздел, определяющим бассейном рек Тумень-улы и Ялу-цзяна с одной
    стороны и реками, направляющимся к югу и востоку другой." МИД. Записка по
    поводу изданного Особым Комитетом Дальнего Востока "сборника документов
    по переговорам с Японией 1903-1904гг." Спб. 1905. С. 11.

42 "о Ялуцзянском водоразделе." МИД. Записка по поводу изданного Особым
    Комитетом Дальнего Востока "сборника документов по переговорам с Японией
    1903-1904гг." Спб. 1905. С. 13.

43 "백두산 동록(東麓)에서 발원하는 물줄기로서 혹은 송화강으로 들어가는 것이 있다(토문
    강). 혹은 두만강(도문강)으로 흐르는 것이 있는데 홍토수가 그러하다. 토문강은 실지 답사
    를 비추어볼 때 백두산 편동의 분수령(分水嶺) 위 정계비의 소재지에서 발원하여 대체로
    동류하는 것이다." 동북아역사재단 편, 『譯註 統監府臨時間島派出所紀要』, 2013 177쪽.

44 1885년 안변부사(安邊府使) 겸 토문감계사(土們勘界使) 이중하(李重夏)는 백두산정계비가
    조청경계의 중요한 증거라고 판단했다. "백두산 분수령 위에는 이미 강희제(聖祖仁皇帝)의
    획정(劃定) 석비(石碑)가 있었다. 혼춘(琿春)의 여러 대연(諸大人)은 백두산정계(原碑)를
    자세히 살펴보지 않았던 것으로 보입니다." 李重夏, 『勘界使謄錄』1冊, 高宗 22年(1885); 동
    북아역사재단 편, 『譯註 勘界使謄錄』上, 2008, 110-131쪽. 이중하에 따르면 분수령은 압록
    강과 토문강을 동쪽과 서쪽으로 물이 나뉘는 곳이었다. 비석은 분수령 위(嶺上)에 있어 좌
    우로 멀리 보면 도랑(溝瀆)이 완연하고 동쪽 도랑(東溝)으로부터 아래에 석퇴(石堆)·토퇴
    (土堆)가 있었다. 두만강 발원처와는 서로 동떨어지게 멀고 중간에 가로막현 산등성이와
    산줄기가 백여 리 땅이 되었다. 李重夏, 1885; 동북아역사재단 편, 2008, 142-150쪽.

아바자는 기본적으로 러시아가 두만강과 압록강을 따라 방어선을 설정해야 여순항의 고립을 피할 수 있다고 생각했다. 그는 '백두산 분수령'에 기초한 두만강과 압록강의 방어선을 군사적으로 중요하게 인식했다. 아바자는 압록강삼림회사가 중요했기 때문에 백두산 분수령을 기준으로 그 이남을 일본에게 양보할 수 있지만 분수령을 넘은 만주 지역에 대한 양보는 불가능하다고 판단했다.

1903년 6월 14일 아바자는 '두만강과 압록강 분수령'을 기점으로 한국을 일본에게 양보하자고 니꼴라이 2세에게 제안했다. 그는 '일본령 한국'의 경계선이 북쪽으로는 두만강 유역과 서쪽으로는 압록강 유역과 연결된 분수령으로 정해질 것이라고 판단했다.[45] 1904년 1월 15일 특별회의에서 아바자는 중립지대에 관한 러일협상 조항을 유지하자고 강하게 주장했다. 그는 한국의 39도선 경계선을 대체하기 위해서 백두산 분수령을 기점으로 중립지대를 유지할 것을 제안했다.[46] 다음 날 아바자는 일본의 한국점령 한계영역을 백두산 분수령까지 허용해야 한다는 전문을 작성하여 극동총독에게 발송할 것을 황제에게 요청했다. 심지어 1904년 1월 17일과 18일 아바자는 주러일본공사 구리노와 비밀협상을

---

45 "Границы Японской Кореи могли бы быть определены по водоразделу бассейна Тумень-Улы к северу, и по водоразделу басейна Ялу к западу." ГАРФ. Ф.543. Оп. 1. Д. 183. ЛЛ. 17-20об.

46 "Абаза настоятельно предлагал сохранить статью соглашения с Япониею о нейтральной зоне с заменою лишь раграничительной(구분) линии по 39-ой парллели водоразделом(분수령), определяющим бассейном рек Тумень-улы и Ялу-цзяна с одной стороны и реками, направляющимся к югу и востоку другой." МИД. Записка по поводу изданного Особым Комитетом Дальнего Востока "сборника документов по переговорам с Японией 1903-1904гг." Спб. 1905. С. 11.

전개하면서 자신이 주장한 백두산 분수령에 관한 사실까지 전달했다.[47]

아바자는 1904년 1월 21일 러시아의 최종협약안을 검토하면서 자신의 새로운 제안을 람즈도르프에게 설명했다.

첫째, 한국에서 중립지대 폐기와 일본 지배의 인정은 러시아가 최대한 양보한 것이다. 아바자는 1월 15일 특별회의에서 "일본의 지배를 위도 39도선 혹은 압록강 유역의 분수령까지 허용할 수 있다"는 의견을 표명했다. 만주에 있는 러시아군대와 철도의 측면을 고려하면 일본이 점령하지 않는 영토지대를 남겨두어야 한다는 사실을 고려한 것이었다.[48]

둘째, 아바자는 러시아의 최종협약안을 검토하면서 러일협상안 5조의 일부 내용에 대해서 일본이 거절할 가능성에 따른 러일전쟁의 우려를 람즈도르프에게 전달했다. 우려는 두 가지였다. 1) 만약 일본이 5조의 내용 중 "러시아와 일본이 전략적 목적을 위해 한국 영토의 일부분도 사용하지 않는다"를 받아들이지 않을 경우 러시아는 한국 전체를 양보하는 최대한의 겸손을 보여주더라도 군사행동에 돌입할 수밖에 없다. 2) 만약 일본이 5조를 받아들이지만 실행하지 않을 경우 러시아는 만주

---

47 МИД. Записка по поводу изданного Особым Комитетом Дальнего Востока "сборника документов по переговорам с Японией 1903-1904гг." Спб. 1905. СС. 10-12. 1월 20일 아바자는 구리노의 요구사항을 건달하기 위해서 니꼴라이 2세를 만났다. 와다는 아바자와 구리노의 비밀 회담이 도쿄에 일체 보고되지 않았다고 주장했다. 和田春樹, 2010, pp. 277-288. 1904년 1월 22일 아바자는 일본의 출동 준비 소식을 접한 여순의 함선들이 "비상의 경우에 대비해야 하므로 지금은 항구 밖으로 나가 있다"고 구리노 공사에게 말했다. 이러한 아바자의 말은 2월 5일 오전 1시 50분 도쿄에 수신되었다. 日本外務省 編, 1958, pp. 94-95; 和田春樹, 2010, pp. 285-286. 2월 5일 일본이 담고를 선언했고 2월 6일 이를 러시아가 수신했다.

48 Документы касающиеся переговоров с Японией в 1903-1904годах и хранящиеся в канцелярии Особого Комитета Дальняго Востска. Спб. 1905. С. 47.

에서 일본군대를 능가하는 병력을 주둔시켜야 하는 막대한 재정적 지출을 감수해야 한다.[49]

최종협상안의 마지막 대안으로 아바자는 러일전쟁을 피하는 최선의 방법을 5조의 첫 번째 부분을 규정하지 않는 대신 "연안선을 요새화하지 않는다"는 의무만 규정할 것을 람즈도르프에게 제안했다. 다만 아바자는 "분수령으로 정해진 경계까지 일본의 경제적 그리고 군사적 확립을 허용하는 새로운 조항을 삽입해야 한다"고 주장했다. 아바자는 이러한 수정을 통해서 러시아가 일본의 요구를 최대한 수용하고 있다는 사실을 증명할 수 있다고 주장했다.[50] 결국 아바자는 최종적으로 한국을 경제적·군사적으로 일본에 양보할 수는 있지만 압록강삼림회사를 보호하기 위해서 백두산 분수령 경계만은 양보할 수 없다는 입장이었다.

49 Документы касающиеся переговоров с Японией в 1903-1904годах и хранящиеся в канцелярии Особого Комитета Дальняго Востока. Спб. 1905. СС. 8-9.

50 "Не основании всего этого позволяю себе думать, что лучшим способом избегнуть войны было бы согласиться на японския желания и не вводить первую часть 5-го пункта, а ограничиться обязательством не вкреплять береговой линии.…То ввести новый пункт, допускающий японское водворение, как экономическое, так и военное до границы определяемой водоразделом." Документы касающиеся переговоров с Японией в 1903-1904годах и хранящиеся в канцелярии Особого Комитета Дальняго Востока. Спб. 1905. С. 48. 일본의 외교관계 단절선언 이후 1904년 1월 25일 아바자는 "한국에서 일본의 상륙을 저지할 것"을 알렉세예프에게 지시하는 전문을 직접 작성하여 니꼴라이 2세의 승인을 받았다. 그다음 날인 1월 26일 니꼴라이 2세는 일본이 "동해에서 원산 이북과 서해에서 38도 이북"을 넘을 경우 공격할 것을 알렉세예프에게 구체적으로 지시했다. Документы касающиеся переговоров с Японией в 1903-1904годах и хранящиеся в канцелярии Особого Комитета Дальняго Востока. Спб. 1905. С. 49-50.

4. 러일협상 실패의 원인, '백두산 분수령'

러일전쟁 직전 일본과의 협상 과정에서 러시아 극동특별위원회는 만주
와 한국 문제를 연결시켰고 러시아 외무부는 만주와 한국 문제를 분리
했다.

극동특별위원회 사무국장 아바자는 극동특별위원회 자료집을 살펴보
면서 러일협상과 러일전쟁을 다음과 같이 평가했다. 첫째, 러시아는 한
국 문제에 대해 일본에 양보할 준비를 했다. 둘째, 압록강 삼림채벌권은
한국 북부지역의 러시아 방어막이었다. 러시아는 여순항과 연결되는 만
주 지역 철도 보호를 위해서 압록강 지역을 중요하게 생각했다. 셋째, 일
본은 한국 문제보다 만주 문제로 러일전쟁을 시작했다.[51]

아바자는 기본적으로 러일전쟁의 원인 가운데 하나인 러일협상의 실
패가 한국 문제라기보다 만주 문제라고 인식했다. 왜냐하면 압록강삼림
회사가 러시아의 만주 지역 방어 전략에 포함되므로 압록강삼림회사는
한국 문제가 아닌 만주 문제라고 판단했기 때문이다. 아바자는 러시아가
백두산 분수령 이남까지 일본에 양보했기 때문에 한국 문제로 러일전쟁
이 발발한 것이 아니라는 사실을 강조했다.

---

51 А. М. Абаза. Русские предприятия в Корее, в связи с нашей политикой на
   Дальнем Востоке 1898-1904. Спб. 1905. СС. 198-199; ГАРФ. Ф. 543. Оп. 1. Д. 185.
   ЛЛ. 1-107об. 아바자에 따르면 러시아는 한국 북부지역 러시아의 방어막 지대를 위해서
   압록강 삼림채벌권을 유일한 제한으로 두었다. 이것은 일본의 이해관계에 전혀 손해를 주
   는 것이 아니었다. 이 지역은 일본이 압록강에서 공격하지 못하게 만들어서 여순항의 철
   도 연결로를 보호한다는 측면에서 극히 중요했다. А. М. Абаза. Русские предприятия
   в Корее, в связи с нашей политикой на Дальнем Зостоке 1898-1904. Спб. 1905.
   СС. 197-198; ГАРФ. Ф. 543. Оп. 1. Д. 185. ЛЛ. 1-107об.

아바자는 러일전쟁의 주요 원인인 러일협상의 문제점을 다음과 같이 파악했다. 협상은 언제 시작되었는가? 누가 협상을 주도했는가? 러일협상의 내용은 무엇이고 일본이 러일협상을 중단한 이유는 무엇인가? 이러한 의문을 살펴보면 아바자는 러일협상의 문제와 그 책임자로 러시아 외무부를 지목했다.

첫째, 러일협상은 언제 시작되었는가? 일본 백서에 따르면 1903년 7월 18일 일본은 7월 15일 자 외교 각서를 람즈도르프에게 전달했고 8월 27일 람즈도르프는 "로젠과 알렉세예프에게 신속히 협상을 시작하라는 명령을 발송했다"고 구리노에게 전달했다. 일본은 협상에 필요한 원칙적 토대를 상호 협정을 통해 마련하자고 주장했다. 하지만 러시아 외무부는 이를 회피한 채 40일 동안 협상을 추진하는 방안만 주장했다.

둘째, 누가 협상을 주도했는가? 람즈도르프는 협상 장소를 뻬쩨르부르크에서 도쿄로 옮길 것을 제안했고 일본 정부는 8월 27일 협상 장소를 도쿄로 옮기는 것에 동의했다. 그런데 8월 27일 이후에도 도쿄에서의 협상은 여전히 람즈도르프 외무대신이 주관했다. 극동특별위원회 사무국은 총독의 전문 13통만 접수한 채 러일협상의 진행 과정에서 완전히 배제되었다.[52]

셋째, 러일협상의 내용은 무엇이고 일본이 러일협상을 중단한 이유는 무엇인가? 일본과 러시아가 처음으로 충돌한 것은 한국 문제가 아니라

---

[52] "람즈도르프는 '알렉세예프가 어떤 것도 결정하지 않을 것이며 그에게 의견 타진만 할 뿐이다'라며 자신이 협상의 방향을 정할 것이라고 주일러시아공사에게 알려주었다." А. М. Абаза. Русские предприятия в Корее, в связи с нашей политикой на Дальнем Востоке 1898-1904. Спб. 1905. СС. 199-200; ГАРФ. Ф. 543. Оп. 1. Д. 185. ЛЛ. 1-107об.

만주 문제였다. 러시아 외무부는 일본이 한국 문제에 관한 현행 조약을 재검토하자는 제안을 의뢰했을 것이라고 가정한 한 후 40일 동안 커다란 오해의 씨앗을 심어놓았다. 러시아 외무부는 한국 문제를 뛰어넘어 만주 문제까지 협상에 포함시키려는 일본의 강경한 반대에 부딪혔다. 아바자는 일본 외무성이 극동 문제를 전체적인 연관 속에서 검토하려 노력한 반면 러시아 외무부는 한국 문제로만 귀결시키려 했기 때문에 러일이 합의에 이를 수 없었다고 파악했다. 러시아 외무부는 한국과 만주 문제를 연관시키지 않고 분리하여 회담을 진행했다. 그 결과 러시아와 일본은 오해로 귀결되었고 결국 외교 단절로 끝나고 말았다.

하지만 람즈도르프는 기본적으로 러일협상의 실패는 만주 문제가 아닌 한국 문제 때문이라고 생각했다. 람즈도르프를 비롯한 러시아 외무부는 러일전쟁과 러일협상에 대한 논쟁을 다음과 같이 정리했다. 러일전쟁을 일으킨 죄인은 누구인가? 전쟁을 불러온 직접적인 원인은 무엇인가? 일본과의 전쟁을 예방할 가능성은 있었는가? 러일전쟁을 예방하지 못한 책임은 누구에게 있는가? 이러한 의문을 살펴보면 러시아 외무부는 러일전쟁의 원인과 책임자 규명에 초점을 맞추고 있었다.

러시아 외무부는 러일협상 실패에 관한 직접적인 원인, 만주와 한국 문제의 분리 이유, 자료집 발간의 문제점, 러일전쟁의 책임자 등을 다음과 같이 주장했다.

첫째, 러시아 외무부는 극동특별위원회의 사무국장 아바자가 외무부의 승인 없이 러일협상안에 개입했고 주러일본공사와 직접 비밀협상을 전개하여 러일협상을 실패로 이끌었다고 주장했다.

둘째, 러시아 외무부의 관점은 극동특별위원회 자료집이 주장한 관점과 달랐다. 외무부는 러일협상에서 청국 문제를 의도적으로 분리했다고 주장했다. 만약 청국에 대한 불가침이 러시아의 의무사항으로 확정되었다면 일본은 만주와 관련된 협약 조항을 포함시킬 것을 강력히 요구했을 것이다. 러시아 외무부는 청국 문제의 분리를 스스로 인정하면서 오히려 러일협상에서 유리했다고 주장했다.

셋째, 러시아 외무부는 극동특별위원회 자료집의 선택적 편집과 논리성 결여를 문제 삼았고 자료집이 황제의 비밀기록을 공개하는 국가적 범죄를 저질렀다고 비판했다. 특히 외무부는 주러일본공사와 아바자의 비밀협상을 지적하면서 이와 관련한 구체적인 내용을 수록하지 않은 이유도 문제 삼았다.

넷째, 러시아 외무부는 1904년 1월 15일 특별회의를 상세하게 설명했는데, 아바자를 제외한 모든 참석자가 압록강 분수령에 반대했다고 기록했다. 심지어 아바자는 주러일본공사와 비밀협상을 전개했는데 주러일본공사 구리노는 압록강 분수령에 대한 언급만으로도 충분히 러시아의 의도를 파악했을 것이다. 그 결과 일본은 러시아가 압록강회사의 전략적 목적을 이행하기 위해서 러일협상을 지연시키고 있다고 판단했다.

결국 러시아 황실세력은 최종적으로 한국을 경제적·군사적으로 일본에 양보할 수는 있지만 압록강삼림회사를 보호하기 위해서 백두산 분수령 경계만은 양보할 수 없었다. 그것은 러일전쟁의 원인 가운데 하나인 러일협상 실패의 결정적인 요인이었다는 것을 의미한다.

러일전쟁 결과에 대한
러시아의 논쟁과 일본의 시각

2005년 러시아에서는 러일전쟁 100주년을 기념하는 TV프로그램이 방영되었다. 국영방송인 '러시아(Россия)'에서 100년 전 제물포항(인천)에서 격침된 '바략(Варяк)' 함정을 주제로 2부작을 방영한 것이다. 우리 역사를 살펴보면 승리한 전쟁은 각종 행사를 통해 기념했지만 패배한 전쟁에 대해서는 감추기에 급급했다. 그런데 러시아의 경우 패배한 전쟁을 굳이 숨기지 않고 이러한 프로그램을 제작한 것은 무엇 때문일까? 러일전쟁 이후 제정러시아 정부의 태도를 살펴보면 격침당했던 '바략' 함정의 생존자는 조국에 돌아가 푸대접을 받기는커녕 당시 수도인 뻬쩨르부르크에 도착하여 시민들이 참석한 가운데 열렬한 환영식을 받았다. 당시 러시아가 제물포항에 '바략'이라는 순양함 1척과 '까레예쯔(Кореец)'라는 포함 1척을 파견한 반면 일본은 순양함 6척. 수뢰정 8척을 파견하여[1] 수적으로 매우 열세였음에도 불구하고 수병들이 일본에 투항하지 않고 용감한 전투를 수행했기 때문이다. 100년이 지난 지금도 러시아에서는

---

1   РГВИА(군사문서보관소). Ф. 165. Оп. 1. Д. 1077. Л. 2.

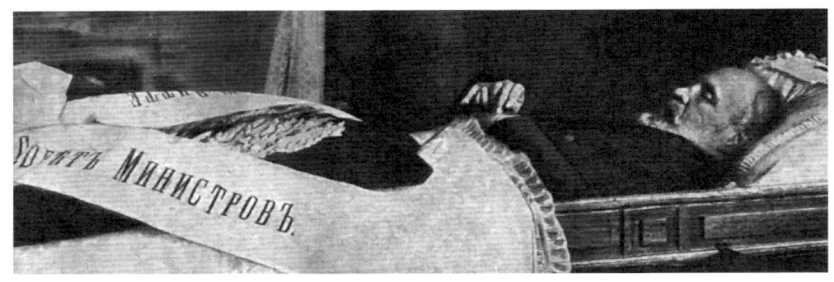

장례식장의 비테(1915)

여전히 러일전쟁을 '용감한 방어전'으로 부각시켜 전쟁의 패배를 감추고
싶어 하는 것 같다.

'용감한 방어전'이라는 시각은 러일전쟁 직후 제정러시아 정부가 편
찬했던 각종 자료집에 근거한 것이다. 그 근거를 살펴보기 전에 지난
100년 동안 러일전쟁에 대한 러시아학계의 동향을 간략히 시기별로 소
개하면 크게 제정러시아시기(1905~1917), 소비에트시기(1917~1990),
러시아시기(1991~현재)로 구별할 수 있다. 제정러시아시기에는 주로 군
부와 해군부의 러일전쟁에 대한 자료집 발간, 러일전쟁 당사자의 자료집
등이 활발히 발간되었다. 소비에트시기에는 제정러시아시기의 자료집
뿐만 아니라 문서보관소의 자료 등을 바탕으로 비교적 러일전쟁에 대한
객관적인 저술이 진행되었다. 특히 러일전쟁 전후 중앙관료였던 비테의
회고록과 꾸로빠뜨낀의 일기 등은 당시 정황을 보다 상세하게 살펴볼
수 있는 계기를 제공했다. 이 시기에는 러일전쟁의 원인이 무엇이었는가
가 집중적으로 연구되었다. 러시아시기에는 구체적으로 러일전쟁에 참
여했던 인물에 대한 연구뿐만 아니라 군부와 해군부 등 당시 정부기관
에 대한 정책연구가 진행되었다. 정부기관 정책연구는 기존 러일전쟁의

원인과 패배를 객관적으로 조명하는 데 도움을 주었다.[2]

이 책에서는 재무대신 비테와 육군대신 꾸로빠뜨낀의 극동정책을 살펴보면서 러일전쟁 직후 러일전쟁 책임자를 둘러싼 비테와 꾸로빠뜨낀의 논쟁을 살펴볼 것이다. 이를 통해서 러시아의 러일전쟁 패배의 원인을 규명할 것이다. 그밖에 일본의 러일전쟁에 대한 시각도 함께 살펴볼 것이다.

1. 비테와 꾸로빠뜨낀 – 전쟁 책임자 논쟁

필자는 모스크바 소재 외무성 소속 박물관과 현대사 박물관을 견학할 기회가 있었다. 외무성 박물관은 뾰뜨르대제시기부터 현대까지 러시아의 외무대신과 사건에 관하여 시기별로 전시되어 있다. 그런데 외무성 박물관이었음에도 불구하고 러일전쟁을 전후한 근대 시기 제정러시아 외무대신인 람즈도르프[3]의 이름은 구석진 곳에서 간신히 찾을 수 있었다. 오히려 재무대신인 비테의 사진과 그 아래 성공한 '러일협상'이라는 큼직한 제목을 볼 수 있었다. '철의 대신'으로 알려진 그는 제정러시아시기인 1892년부터 1903년까지 재무대신을 역임하였고 1905년 포츠

---

2   Русско-японская воина 1904-1905. Взгляд через столетие(러일전쟁 100년 후의 견해).
    Под редакцией О. Р. Аирапетова. М. 2004.
3   외무관청 국장(1882~1886). 외무고문(1886~1897). 외무차관(1897~1903). 외무
    대신(1900~1906). Очерк истории МИД(외무부 역사의 개관). Спб. 1902. СС.
    3-31〈Приложение〉.

머스 평화회담의 전권대표로 활약했다.[4]

현대사 박물관에서는 러일전쟁 관련 사진과 전투 과정이 별도로 전시되어 있었다. 러일전쟁 관련 전시물을 살펴보면서 필자는 당시 군부대신인 꾸로빠뜨낀의 커다란 초상화를 볼 수 있었다. 비교적 국내에 덜 알려진 그는 1898년부터 1904년까지 군부대신을 역임하였고 1904년 러일전쟁 당시 극동지역에서 전투를 직접 지휘한 만주군 총사령관이었다.[5] 우리 역사에서 패배한 전쟁의 장수는 별로 주목받지 못한다. 그런데 러시아의 경우 러일전쟁 당시 총사령관이었던 패장의 사진을 감추지 않고 오히려 정면에 내건 이유는 무엇일까? 또한 러일전쟁이 끝난 지 100년이 지난 후에도 두 인물을 기념하는 이유는 무엇인가? 결국 이러한 사실은 재무대신인 비테와 군부대신인 꾸로빠뜨낀을 이해하지 않고서는 러일전쟁에 대한 평가가 어렵다는 것을 시사한다.

러일전쟁을 평가하기 위해서는 먼저 전쟁의 책임자가 누구인가를 규명해야 한다. 전쟁 책임자를 밝힐 수 있다면 보다 구체적으로 전쟁의 원인과 패배를 해명할 수 있기 때문이다. 기존에는 주로 러일전쟁의 책임자로 국무고문인 베조브라조프와 재무대신인 비테만을 주목했다. 베조브라조프는 '압록강 삼림자원개발 주식회사'를 통해 러시아의 공격적 극동정책을 주도했던 인물이었다.[6] 그래서 기존에는 러일전쟁 전후 꾸로

---

4   АВПРИ(제정러시아 외무부문서보관소). Ф. 141. Оп. 491. Д. 69. ЛЛ. 71-72; Витте С.
    Ю. Воспоминания(비테의 회고록) Т. 1. М. 1960. С. Ⅲ-Ⅷ. 비테의 성장배경에 대해서
    는 이인호, 「위떼와 러시아의 농업문제(1902-1905)」, 『러시아지성사연구』, 지식산업사,
    1985. 135-136쪽 참조.
5   Шилов Д. Н. Государственные деятели российской империи 1802-1917(제정러시
    아의 위정자). Спб. 2002. СС. 389-395.
6   Витте С. Ю. Воспоминания Т. 2. М. 1960. С. 239; Пролог Манчжурской

빠뜨낀과 비테의 활동의 관계에 대해서 매우 단편적으로 언급했다. 또한 꾸로빠뜨낀이 비테의 극동정책을 지지했던 인물이라서 꾸로빠뜨낀의 활동 및 극동정책은 소홀하게 다루어졌다.[7]

하지만 러일전쟁 직후 꾸로빠뜨낀과 비테는 활발히 전쟁의 척임 공방전을 펼쳤다. 1906년 11월 군부대신이었던 꾸로빠뜨낀은 전쟁의 원인과 패배에 관한 『전쟁의 결과. 꾸로빠뜨낀의 보고서』라는 책을 저술했다. 그는 책의 발간 배경을 "1905년 2월 혁명 이후 반정부 정당들이 러일전쟁에 대한 패배를 정부 공격의 도구로 사용하였고 러일전쟁에 참가한 러시아군대를 부정적으로 기술했기 때문"이라고 밝혔다.[8] 하지만 저술 배경에는 러일전쟁 당시 군부대신이자 만주군 총사령관이었던 자신의 활동을 변호하려는 의도가 있었다.

이후 1909년 6월 재무대신이었던 비테는 '일본과의 전쟁에서 꾸로빠뜨낀의 보고에 대한 강요된 해명'이라는 제목으로 꾸로빠뜨낀의 책 내용

трагедии(만주 비극의 서막)//Русско-японской воина из дневниеоз А. Н. Куропаткина и Н. П. Линевича(꾸로빠뜨낀과 리네비치의 일기 중에서 러일전쟁). Под редакцией Н. П.Покровского. Л. 1925. С. 10. 소위 '베즈브라조프파'의 형성과정 및 압록강 삼림자원개발 주식회사에 대해서는 최문형. 1990. 261-318쪽; 최덕규. 2001. 3-51쪽 참조.

7   Романов Б. А. Очерки дипломатической истории русско-японской воины. 1895-1907. М.-Л. 1947. С.96; Нарочницкий А. Л. Обострение борьбы за раздел мира между капиталистическими странами на дальнем востоке(1871-1898гг.)// Международные отношения на Дальнем Востоке. Т. 1. М. 1973. С.180. 러시아학자 중 이그나찌예프, 서구학자 중 말라제모프는 꾸로빠뜨낀의 극동정책에 대해 일부 언급했지만 비테와 꾸로빠뜨낀의 관계를 주목하지 않았다. Игнатьев А. В. С. Ю. Витте-дипломат. М. 1989. С. 187; Malozemoff, 2002. 311-313쪽.

8   Куропаткин А. Н. Итоги воины. Отчет генерал-адъютанта(전쟁의 결과. 꾸로빠뜨낀의 보고서). Т. 4. Спб. 1906(재발간 Русско-японская воина 1904-1905. Итоги воины(러일전쟁. 전쟁의 결과). Спб. 2002. СС. 9-10).

을 반박했다. 비테는 꾸로빠뜨낀의 책 발간 목적을 "재무부의 군부에 대한 재정지원이 부족했고 꾸로빠뜨낀이 전쟁 직전 러일전쟁에 반대한 것처럼 선전하기 위한 것"이라고 밝혔다. 또한 꾸로빠뜨낀의 책이 "일부 자료만 인용하여 객관성을 상실했고 무엇보다도 러일전쟁 이전 비테 자신의 잘못을 부각했다"고 주장했다.[9] 이후 1912년 비테는 자신의 정당성을 더욱 전파하기 위해『역사월보(Историческийвестник)』라는 잡지 편집자인 글린스끼(Б.Б.Глинский)(이미 비테의 초기 활동을 저술한 인물)에게 러일전쟁과 관련한 저술을 제안하고 자신의 러일전쟁 관련 자료를 제공했다. 비테의 입장에 입각하여 글린스끼는 1914년『역사월보』에「러일전쟁의 서막. 비테가 소장한 개인문서」라는 제목의 글을 연재하고 1916년 이를 책으로 발간했다.[10]

꾸로빠뜨낀과 비테의 러일전쟁에 대한 논쟁은 이것으로 끝나지 않았다. 비테는 러일전쟁 당시 자신의 정당성을 주장하기 위해 1907년 여름부터 자신의 회고록을 해외에서 집필했다. 비테는 황제 등의 외압으로 왜곡될 것을 우려하여 회고록을 프랑스 파리에 소재한 외국은행에 숨겨 놓았다. 비테의 사망 이후 그의 회고록은 1923년 베를린에서 3권으로 처음 발간되었고, 소련에서는 1923~1924년 사이에 발간되었다.[11] 회고

---

9   Витте С. Ю. Вынужденные разъяснения по поводу отчета ген.-ад. Куропаткина о воине с Японией(일본과의 전쟁에서 꾸로빠뜨낀의 보고에 대한 강요된 해명). М. 1911. СС. 5-7.

10 Историческийвестник(역사월보). январь-ноябрь. 1914. N. 1-12; Пролог русско-японской воины(러일전쟁의 서막). Под редакцией Б. Б. Глинского. П. 1916. С.IV-VI. 역사월보는 매달 발간되는 역사와 문학잡지였다.

11 Витте С. Ю. Воспоминания. Т. 2. 1960. СС.LXXII. LXXX. LXVIII. 필자는 1923~1924년 발간된 비테의 회고록에 주석과 인명을 첨부한 1960년 판본을 인용했다.

록에서 비테는 꾸로빠뜨낀의 적극적인 극동정책 그리고 군부 명령체계의 부재 등을 상세히 기술했다.

비테의 회고록이 발간되자 이번에는 꾸로빠뜨낀이 1900년더에 기록한 자신의 일기를 바탕으로 『만주 비극의 서막』이라는 책을 저술했다. 꾸로빠뜨낀은 이 저서에서 비테의 회상록 가운데 9장, 10장, 13장, 17장, 18장 등의 내용을 주로 반박했다. 꾸로빠뜨낀의 저술은 1925년 역사학자인 빠끄롭스끼(Н. П. Покровский)에 의해 간행되었다.[12] 빠끄롭스끼가 이를 발간하게 된 배경에는 소비에트 시절보다 복잡한 정치적인 배경이 숨겨져 있었다. 즉 편찬자인 빠끄롭스끼는 자본주의 경제체제와 연결된 비테를 교묘하게 비판하기 위해서 꾸로빠뜨낀의 저술을 서둘러 간행하였던 것이다. 따라서 필자는 지금까지 알려지지 않았던 비테와 꾸로빠뜨낀의 러일전쟁의 원인과 평가에 대한 논쟁을 소개할 것이다.

2. 전쟁의 원인과 비테와 꾸로빠뜨낀의 극동정책

자유 기고가인 라슬라블레프(Рославлев)는 1904년 『새벽(Разсзет)』이라는 신문에 꾸로빠뜨낀을 비난하는 글을 투고했다. 라슬라블레프는 1903년 만주와 한국 문제를 해결하기 위한 러시아의 여순회의를 언급하면서 군부대신인 꾸로빠뜨낀이 '압록강 삼림자원개발 주식회사(이하 압

12　Пролог Манчжурской трагедии(만주비극의 서막)//Русско-японская воина из дневников А. Н.Куропаткина и Н. П.Линевича(꾸로빠뜨낀과 리네비치의 일기 중에서 러일전쟁). Под редакцией Н. П.Покровского(이하 Пролог Манчжурской трагедии). Л. 1925. СС.IV-V.

록강삼림회사)'의 승인, 남만주에서의 군대 주둔 등에 서명했다고 비난했다. 라슬라블레프는 꾸로빠뜨낀 등 회의 참석자가 국무고문인 베조브라조프를 두려워한 배경이 숨겨져 있다고 주장했다.[13] 결국 라슬라블레프는 러일전쟁의 책임자 중 한 사람으로 꾸로빠뜨낀을 지목한 것이다.

이에 대해 꾸로빠뜨낀은 여순회의 기록의 일부를 근거로 자신은 압록강삼림회사의 상업성만 주장했다고 라슬라블레프의 주장을 반박했다.[14] 하지만 재무대신이었던 비테는 보다 상세하게 여순회의 내용을 기술하면서 꾸로빠뜨낀을 비난한 라슬라블레프의 주장이 상당한 근거를 가지고 있다고 주장했다.[15] 이렇듯 상대방을 논박하지 않으면 자신이 전쟁의 책임자로 몰리게 되므로 이 논쟁은 당사자들에게 아주 중요한 문제였다. 그러기에 이와 같은 논쟁의 진위를 가리는 것은 러일전쟁 원인의 책임자를 규명할 수 있는 중요한 단서를 제공한다.

이들 주장의 진위를 가리기 위해서는 먼저 꾸로빠뜨낀과 비테의 러일전쟁의 원인에 대한 인식과 평가를 확인할 필요가 있다. 꾸로빠뜨낀은 러일전쟁의 원인에 대하여 다음과 같이 주장했다. 첫째는 재무부가 당시 아무르총독인 두홉스끼(С.М.Духовский)의 반대에도 불구하고 만주를 통과는 동청철도를 건설했다. 둘째는 1897년 12월 러시아가 여순항을 점령하여 청과의 평화조약을 위반했을 뿐만 아니라 일본을 적으로 만들었다. 셋째는 러시아가 압록강삼림회사를 상업적으로 운영했을 뿐

13 Разсвет. 1904. N.92: Пролог русско-японской воины. Под редакцией Б. Б.Глинского(이하 Пролог русско-японской воины). П. 1916. С.333; Пролог Манчжурской трагедии. Л. 1925. СС.159-160.

14 Историческийвестник. Ноябрь. 1914. N.11. С.580.

15 Пролог русско-японской воины. П. 1916. С.338.

요양에서 꾸로빠뜨낀(1904)

만 아니라 군사와 정치적으로 운영했기 때문에 일본을 위협했다. 넷째는 1900년 6월 의화단 사건 이후 러시아군대가 만주 지역의 안정을 이유로 만주에서 계속 주둔했다. 다섯째는 일본과의 전쟁을 피하려는 황제의 의사를 꾸로빠뜨낀 자신을 비롯한 관료들이 실행하지 못했다.[16]

1898년 1월 군부대신에 임명된 이후 꾸로빠뜨낀은 러시아의 극동정책을 다음과 같이 인식했다. 즉 꾸로빠뜨낀은 유럽 지역과 국경을 접한 러시아 국경지대의 군사력을 강화하는 반면 아시아에서 러시아의 적극

---

16 Куропаткин А. Н. Итоги воины. Отчет генерал-адъютанта. Т. 4. СпБ. 1906(재발
간 Русско-японская воина 1904-1905. Итоги воины(이하 Куропаткин А. Н. Итоги
воины). Спб. 2002. С. 176. 의화단 운동에 관한 논문은 차경애, 「의화단운동진압전쟁이
한국의 사회경제에 미친 영향」, 『중국근현대사연구』 23. 2004 참조.

적인 군사활동을 자제할 것을 결심했다고 밝혔다.[17] 그는 청국과의 관계에 있어서 "러시아는 청의 북쪽 지역에 대한 열강의 접근을 금지하면서 경제와 상업적 관계를 증진시킬 필요는 있지만 가능하면 청국 지역에서 유럽 자본과의 대립을 회피해야 한다"고 생각했다. 한국 및 일본과의 관계에 있어서 "러시아는 필연적으로 한국 시장을 둘러싸고 일본과 대립할 수밖에 없는 운명이지만 현재 적극적인 한국정책에 대한 준비가 부족하기 때문에 한국 문제에 대한 일본과의 대립을 회피해야 한다"고 인식했다.[18]

꾸로빠뜨낀은 이러한 인식하에 러시아군대의 총체적인 대외활동의 중요 순위를 다음과 같이 설정했다. 가장 먼저 러시아군대는 삼국동맹국에 대항하여 유럽의 국경을 튼튼히 구축해야 한다. 이것이 바로 러시아군대의 근간이다. 다음으로 러시아 국내의 군사관구에 대한 내부적 안전을 구축하는 것이다. 그리고 터키, 페르시아, 아프가니스탄, 영국, 청국 등과의 관계에서 러시아의 안전을 구축하는 것이다. 여기에는 군사관구인 까프카스, 투르키스탄, 시베리아 등이 포함된다. 또 청국과 일본에 대항하기 위해 아무르 군사관구를 안정적으로 구축하는 것이다. 더불어 만주에서의 러시아의 이익을 보호하는 것이다. 이러한 총체적인 러시아의 군사력 바탕 위에서 마지막으로 한국에서 러시아의 이익을 보호하는 것이다.[19]

한편 꾸로빠뜨낀의 러일전쟁의 원인에 대한 인식에 대하여 비테는 다음과 같이 반박했다. 첫째, 시베리아철도의 만주 통과에 대해서 비테는

17 Куропаткин А. Н. Итоги воины. Спб. 2002. С. 174.
18 Куропаткин А. Н. Итоги воины. Спб. 2002. С. 496.
19 Пролог Манчжурской трагедии. Л. 1925. С. 164.

아무르총독인 두홉스끼의 보고서를 인용하면서 꾸로빠뜨낀이 사실을 왜곡했다고 주장했다. 즉 두홉스끼는 오히려 만주를 통과하는 철도 건설에 반대하지 않았고 철도 건설의 경제적인 의미를 중시했다. 특히 꾸로빠뜨낀도 동청철도와 아무르철도를 비교하면서 만주 통과가 보다 효율적이라고 파악했다. 또한 동청철도가 러시아에서 가장 비싸게 건설된 철도라는 꾸로빠뜨낀의 주장에 대해서 비테는 철도 건설을 위한 조건에 따라 철도 비용에 차이가 있다고 반박했다.

둘째, 러시아의 여순점령에 대해서 비테는 꾸로빠뜨낀이 여순점령 이후 군부대신으로 임명되었지만 점령 이후에 한 번도 반대 견해를 표명하지 않았다고 주장했다. 오히려 꾸로빠뜨낀이 1898년 3월 여순과 대련의 조차뿐만 아니라 관동주의 남반도까지 조차할 것을 제안했다고 밝혔다.[20]

셋째, 만주 문제에 대해서는 "꾸로빠뜨낀이 북만주의 점령을 주장하였고 관동주 총사령관인 알렉세예프[21]와 베조브라조프는 만주 전체의 점령을 주장했다"고 비테는 밝혔다. 또한 꾸로빠뜨낀이 만주군 철수에 대한 1902년 4월 8일(3월 26일)의 러청협약 이행을 베조브라조프와 함께 반대하였고 심지어 꾸로빠뜨낀이 러시아군대의 남만주점령도 배제하지 않았다고 밝혔다.[22] 즉 비테는 만주 문제에 대한 꾸로빠뜨낀과 베조브라조프의 의견 차이가 매우 적었다고 부각시켰다. 꾸로빠뜨낀이 만주

---

20 Витте С. Ю. Вынужденные разъяснения по поводу отчета ген.-ад. Куропаткина о воине с Японией(이하 Витте С. Ю. Вынужденные разъяснения по поводу отчета Куропаткина). М. 1911. СС. 56-57.

21 해군 대장. 관동주 총사령관 및 태평양함대 사령관(1899~1903). 극동총독(1903~1905). Пролог Манчжурской трагедии. Л. 1925. СС. 181-182.

22 АВПРИ. ф.Трактаты. Оп. 3. Д. 917. ЛЛ. 1-8; Витте С. Ю. Вынужденные разъяснения по поводу отчета Куропаткина. М. 1911. СС. 67, 78, 83.

에서 러시아군대의 완전 철수를 주장한 재무부와 외부의 견해를 반대하면서 남만주에서 러시아군대의 단계적인 철수를 제안했다고 비테는 밝혔다.[23] 결국 비테는 꾸로빠뜨낀이 러일전쟁 직전까지 러시아군대의 만주 철수를 반대했다고 주장했다. 이를 증명하기 위해 비테는 1903년 꾸로빠뜨낀이 주도한 만주와 한국 문제 해결을 위한 여순회의에 주목했다. 이 과정에서 꾸로빠뜨낀이 관동주 총사령관인 알렉세예프를 설득하여 북만주점령을 러시아의 1차 목표로 했다고 비테는 주장했다.[24]

넷째, 한국 문제, 즉 러시아의 압록강삼림회사에 대해서 비테는 만주와 한국 문제에 대한 중요한 지침을 만들었던 특별회의와 여순회의 내용을 상세히 기술했다. 즉 1903년 4월 8일 특별회의, 1903년 5월 20일 특별회의, 1903년 7월 1~11일 여순회의 등이 바로 그것이다. 이 두 특별회의가 만주와 한국 문제에 대한 러시아 정부 내의 상반된 지침서를 상징한다면 여순회의는 러시아 정부 내의 상반된 견해를 단일화시키려는 노력을 의미한다.

비테의 극동지역에 대한 근본적인 견해를 살펴보면 다음과 같다. 일찍이 1889년 재무부 산하 철도국 책임자로 중앙부서에 진출했던 비테는 극동에서 일본처럼 해군력을 강화해서는 대륙 국가인 러시아가 지정학적 조건을 살릴 수 없다고 판단했다. 그는 시베리아철도 건설을 통해서 육군의 신속한 극동 진출을 도모했다. 시베리아철도 건설 이후 극동지역에 대한 러시아의 영향력이 강화되면 러시아가 남아시아까지 진출할 수

23 Витте С. Ю. Вынужденные разъяснения по поводу отчета Куропаткина. М. 1911. СС. 59, 69-70.

24 Витте С. Ю. Вынужденные разъяснения по поводу отчета Куропаткина. М. 1911. СС. 60-61.

있다고 생각했다. 청일전쟁에 대해서 그는 러시아의 시베리아철도 건설에 대한 일본의 반발이자 러시아에 반대하는 일본의 적대적 행동이라고 해석했다.[25] 그래서 그는 청일전쟁 이후 요동반도점령을 위한 일본의 행동에 맞서 삼국간섭을 주도했다. 왜냐하면 그는 향후 극동에서 러시아의 이익을 보호하기 위해 일본의 만주와 한국에 대한 진출을 방어해야 한다고 생각했기 때문이다.[26]

삼국간섭에 참가했던 국가를 대상으로 비테는 대륙동맹(러시아-프랑스-독일)을 다음과 같이 구상했다. 러시아는 국제 문제의 해결을 신중하게 풀어야 한다. 특히 러시아는 슬라브 문제에 대해 자국의 군사력과 경제력을 고려하여 열강과의 군사적인 분쟁을 피해야 한다. 러시아는 러시아-프랑스 동맹뿐만 아니라 대륙동맹을 위해서 독일을 이용해야 한다. 러시아가 대륙동맹을 도모한다면 자국의 안전을 강화할 수 있을 뿐만 아니라 해양 강국과의 경쟁을 가능하게 할 수 있다. 러시아는 유럽대륙 열강과의 연합을 통해 오스만제국의 존재와 통일성을 지지하고 발칸과 근동 지역을 현상유지시켜야 한다. 러시아는 청국과의 동맹관계를 위해서 노력해야 한다. 이것은 다른 열강의 청국 진출을 반대할 수 있는 가장 효율적인 것이다. 또한 러시아는 평화적 방법인 경제·외교적인 수단으로 청국 침투를 실현시켜야 한다.[27]

비테는 일본과의 경쟁을 제한하면서 일본과의 관계에서 안정성을 추구했다. 그는 러시아가 동청철도 건설을 실행했기 때문에 당분간 극동에

---

25 Игнатьев А. В. С. Ю. Витте-дипломат. М. 1989. СС. 30-31, 42.

26 Витте С. Ю. Воспоминания Т. 2. М. 1960. С. 45.

27 Витте С. Ю. Воспоминания Т. 2. М. 1960. С. 123; Игнатьев А. В. Ук. соч. М. 1989. СС. 62-63.

서 강경정책을 주장할 수 없다고 생각하였고 그래서 한국에 대한 일본과의 조약 체결을 지지했다.[28] 그는 일본과의 적절한 관계 설정이 러시아의 극동정책 중 어려운 부분이라고 생각했다. 하지만 동청철도 건설 이후에는 상공업적 이익을 기반으로 일본과 더욱 가까워질 것이라고 예상했다.[29]

비테는 만주와 한국 문제에 대한 전술을 다음과 같이 구상했다. 첫째, 청국에서 러시아가 다른 열강과 전진기지를 위한 투쟁에서 뒤떨어지지 않도록 노력해야 한다. 둘째, 경쟁국과의 군사적 투쟁을 피하고 청국과 특별한 관계를 유지하려고 노력한다. 즉 비테는 1900년 초 극동에서 열강과의 군비경쟁에 반대했다. 왜냐하면 시베리아철도를 완공하기 위해서는 열강의 경제적인 지원이 필요했기 때문이다.[30] 셋째, 동청철도가 완공되고 청의 북쪽에 대한 러시아의 영향력이 강화된 이후에 러시아는 한국을 조절할 수 있는 가능성이 있다.[31] 그래서 비테는 청국과 일본과의 평화 협정을 파기했던 러시아군대의 여순점령을 강력히 반대하였고 일본 및 열강과의 갈등을 초래하는 러시아군대의 만주 철수를 주장했다.[32]

비테는 전쟁 또는 한국의 완전한 양보라는 양자택일 상황에서 후자를 택하는 것이 손실이 적을 것으로 판단했다. 그렇지 않으면 러시아는 전쟁이라는 힘든 상황을 겪어야 할 뿐만 아니라 다른 열강과의 관계에

---

28 Игнатьев А. В. Ук. соч. М. 1989. СС. 63-64.

29 С. Ю. Витте воспоминания. Т. 2. С. 227; Пролог русско-японской воины. П. 1916. С. 242; Игнатьев А. В. С. Ю. Ук. соч. М. 1989. С. 156.

30 РГИА(러시아국립역사문서보관소). Ф. 560. Оп. 38. Д. 180. Л. 89; Игнатьев А. В. Ук. соч. М. 1989. С. 129.

31 Пролог русско-японской воины. П. 1916. С. 244.

32 Витте С. Ю. Воспоминания Т. 2. М. 1960. СС. 133-134, 180.

서 어려운 상황에 놓이기 때문이었다.[33] 그래서 그는 1901년 5월 일본과 전쟁을 피하기 위해 마지막 협상카드로 일본어 한국을 양보할 것을 고려했다. 즉 그는 1901년 6월 일본이 만주에서 러시아의 특권을 공식적으로 인정할 것을 요구하면서 한국에서 사실상 일본의 행정·경찰·재정 통제권을 러시아가 인정한다는 등의 협상안을 주일러시아공사 기즈볼스끼를 통해 전달했다. 하지만 비테는 협상안의 전제 조건으로 한국이 중립국으로 남아 있어야 한다고 밝혔다.[34]

결국 극동 문제에 대해서 꾸로빠뜨낀은 기본적으로 유럽 지역에 대한 러시아의 군사적 안정 위에서 만주와 한국 문제에 대한 러시아의 이익을 실현하려 했다. 하지만 그는 일본과의 분쟁을 최소화하는 방법으로 1903년 3월 압록강삼림회사를 반대하였고 11월 러시아가 북만주만 점령해야 한다는 자신의 최종적인 견해를 제시했다.[35] 또한 12월 일본이 한국의 39도 이하 남쪽 지역을 점령하는 대신 만주의 남쪽과 한국의 북쪽 지역을 중립지대로 설정해야 한다고 생각했다.[36]

한편 비테는 기본적으로 동청철도 건설을 실현하면서 만주와 한국에 대한 러시아의 경제적 침투를 주장했다. 하지만 1903년 1월 그는 일본 정부와의 협상 과정에서 향후 러시아의 한국 진출 가능성을 제외하고

---

33 Игнатьев А. В. Ук. соч. М. 1989. С. 146.

34 Романов Б. А. Ук. соч. Л. 1928. С. 147; Игнатьев А. В. Ук. соч. М. 1989. СС. 141-142. 비테의 한반도 중립화 정책에 대해서는 석화정, 「러시아의 한반도 중립화정책 – 위떼의 대만주정책과 관련하여」, 『중소연구』 83호, 1999 참조.

35 РГВИА. Ф. 165. Оп. 1. Д. 1069. Л. 28; Дневник Куропаткин. 1903. 11. 27// Красный архив(꾸로빠뜨낀의 일기). Т. 1. 1922. СС. 87-91.

36 Дневник Куропаткин. 1903. 12. 15//Красный архив(꾸로빠뜨낀의 일기). Т. 1. 1922. СС. 85-96.

는 러시아가 한국에 관한 많은 것을 일본에 양보해야 한다고 주장했다.[37] 또한 1903년 11월 비테도 북만주만을 점령하자는 꾸로빠뜨낀의 계획을 지지했다.[38]

3. 패배의 원인 그리고 진실

꾸로빠뜨낀은 러일전쟁의 패배 원인에 대하여 전체적으로 다음과 같이 밝혔다. 1) 러일전쟁시기 근위병과 정예병은 유럽 지역에 주둔하였고 단지 예비 병력만 만주에서 전쟁을 수행했다. 2) 만주로 향하는 철도의 취약성 때문에 러시아군대가 신속히 만주로 이동할 수 없었다. 3) 러시아 대중은 전쟁에 무관심했을 뿐만 아니라 심지어 전쟁을 적대적으로 생각했다.[39]

보다 구체적으로 꾸로빠뜨낀은 전쟁의 패배 원인을 크게 군부의 활동과 무관한 요인, 만주군과 군부의 활동 상황과 무관한 요인, 만주군의 활동과 관련 있는 요인 등 세 가지로 구별했다. 첫째, 전쟁의 패배 원인 중 군부의 활동과 무관한 요인은 다음과 같다. 1) 전쟁을 수행할 때 군부가 자율적인 예산 편성을 수행할 수 없었고, 2) 전쟁 당시 해군이 제 기능을

---

37 РГИА. Ф. 560. Оп. 28. Д. 59. ЛЛ. 38-39.

38 Дневник Куропаткин. 1903. 11. 27//Красный архив(꾸로빠뜨낀의 일기). Т. 1. 1922. СС. 87-91. 꾸로빠뜨낀은 3년 동안 자신의 주장에 반대했던 비테가 1903년 10월 북만주 점령에 동의했다고 밝혔다. Дневник Куропаткин. 1903. 9. 28//Красный архив(꾸로빠뜨낀의 일기). Т. 1. 1922. С. 79.

39 Куропаткин А. Н. Итоги воины. Спб. 2002. С. 524.

발휘하지 못했고, 3) 동청철도가 매우 취약했고, 4) 국내의 사회적인 불안이 군대의 사기를 떨어뜨렸다. 둘째, 만주군과 군부의 활동과 무관한 요인은 다음과 같다. 1) 극동지역에 충원할 군사 동원이 지연되었고, 2) 극동지역에 파견할 보충부대가 늦게 도착하였고, 3) 군사 장비가 부족하거나 낙후되었다. 셋째, 만주군 활동과 관련 있는 요인은 다음과 같다. 1) 러시아군대가 몇몇 전투지역에서 강력하게 저항하지 않았고, 2) 장교들의 정신력이 해이했고, 3) 전쟁 당시에 군대의 조직이 붕괴되었다.[40]

특이한 점은 꾸로빠뜨낀이 지적한 패배 원인 중 러일전쟁 전후 군부의 과오를 찾을 수 없다는 것이다. 결국 자신의 저술활동을 통해 꾸로빠뜨낀은 자신이 속한 군부가 러일전쟁을 충분히 대비했다고 역설한 것이다.[41] 꾸로빠뜨낀은 항상 "일본과의 전쟁준비 부족 때문에 러시아는 일본과의 대립을 회피해야 한다"고 주장했다.[42] 하지만 그는 자신의 주장과 달리 "군부가 러일전쟁을 충분히 대비했다"고 선전하는 모순을 저질렀다.

비테는 꾸로빠뜨낀이 제시한 패배 원인을 크게 전쟁에 대한 준비 부족, 군부 예산 부족 등이라고 두 가지로 정리하면서 다음과 같이 반박했다. 1) 군비의 예산배정을 서구열강과 비교해 보면 러시아는 1902년 독일에 비해서 군비 지출 비용이 높았다. 2) 정부 예산을 살펴보면 군부와 해군부에 지출했던 예산이 전체 예산 중 1894년에는 34%였고 1903년에는 36%였다고 밝혔다.[43] 이러한 통계를 통해 비테는 정부가 예

---

40 Куропаткин А. Н. Итоги воины. Спб. 2002. CC. 504-506.

41 Куропаткин А. Н. Итоги воины. Спб. 2002. C. 15.

42 ГАРФ(국립문서보관소). Ф. 568. Оп. 1. Д. 136. Л. 91об.

43 Витте С. Ю. Вынужденные разъяснения по поводу отчета Куропаткина. М. 1911.

산을 충분히 군부에 배당하였고 군부가 전쟁을 수행하기에 충분한 예산이었다고 주장했다. 비테는 실질적인 전쟁의 패배 원인을 명령체계의 혼란, 전략적 차이 등이라고 지적했다. 즉 러일전쟁 당시 꾸로빠뜨낀이 육군, 알렉세예프가 해군을 각각 지휘했기 때문에 육군과 해군의 명령체계가 달랐다. 또한 알렉세예프와 꾸로빠뜨낀은 사적으로 대립했다. 또 러일전쟁 초기 꾸로빠뜨낀은 군대를 하얼빈 쪽으로 퇴각하는 방어 전략을 수립했지만 알렉세예프는 오히려 여순 진격을 주장했다.[44]

4. 일본의 시각

현재 일본에서 국민의 러일전쟁 인식을 형성하는 데 커다란 역할을 하고 있는 것은 소설가 시바 료타로(司馬遼太郎, 1923~1996)의 작품 『언덕 위의 구름(坂の上の雲)』이다. 시바는 이 작품 속에서 러시아가 침략의 야욕을 드러냈기 때문에 일본인들이 러시아의 팽창 위협을 강하게 인식했다고 시종일관 강조했다.

시바는 개전에 이르는 러시아의 외교를 다음과 같이 총괄했다. "일본은 만한(滿韓)교환론으로 타결을 원했지만 러시아는 만주를 빼앗은 상태에서도 조선의 북반부를 차지하고 싶어 하면서 무서운 기세로 극동의 군사력을 증강했다. 러시아는 의식적으로 일본을 죽음으로 몰아넣고 있었다. 일본을 궁지에 몰린 쥐로 만들었다. 쥐로서는 사력을 다해 고양이

CC. 11-15.

44 Витте С. Ю. Воспоминания Т. 2. М. 1960. СС. 293, 296, 327.

를 무는 것 말고 달리 도리가 없었다."

시바는 러일전쟁의 전체상을 다음과 같이 규정했다. "러일전쟁은 세계사적인 제국주의의 한 현상임에는 틀림없다. 그러나 그 현상 속에서 일본은 궁지에 몰린 자가 혼신의 힘을 거의 극한까지 짜내 살아남고자 했던 방위전이었다는 점 또한 틀림없다." 이러한 시바의 러일전쟁의 시각은 1960년대 일본의 시선이었을 뿐만 아니라 러일전쟁을 경험한 일본인의 견해였는데 지금까지 러일전쟁에 관한 많은 일본인의 저작에 공통적으로 보이는 것이다.[45]

그런데 시바는 러시아 정부 내의 상황과 러시아군부의 일본관에 대해서 『고무라외교사(小村外交史)』와 『기밀일러전사(機密日露戰믿)』에 공통적으로 나오는 서술 내용을 적극적으로 활용했다. 두 책은 공통적으로 재무대신 비테와 외무대신 람즈도르프는 물론 육군대신 꾸로빠뜨낀도 일본 방문 전후부터 비교적 온건한 의견을 지니게 되었다고 하면서 "정말로 러시아 조정을 움직여 개전에 이르게 한"것은 베조브라조프였다고 기술했다.[46]

일본은 해군군령부와 육군참모본부에 의해서 공식 러일전쟁사가 출판되었는데, 전쟁에 승리했다는 신화가 일찍부터 형성되었기 때문에 러일전쟁의 진실을 전하는 전쟁사는 비밀에 부쳐질 수밖에 없었다. 러일전쟁의 비밀전사는 일본에서 1970년 이전에는 공식적으로 출판되지 못했다. 이 비밀주의야말로 러일전쟁 신화를 만들어 냈고 시바가 지적한 것처럼

---

45 司馬遼太郎, 『坂の上の雲』 1-6巻, 文藝春秋, 1969-1972; 和田春樹, 2009, pp. 53-60.
46 外務省 編, 『小村外交史』 上下巻, 新聞月鑑社, 1953; 谷壽夫, 1966: 和田春樹, 2009, pp. 61-62.

"승리를 절대화하고 일본군의 신비스러운 강함을 신봉하게" 만들었다.[47]

역사학자 쓰노다 준(角田順)은 1967년『만주문제와 국방방침(滿州問題と國防方針)』을 저술했는데, 이 저술은 의화단 사건과 가쓰라 다로 내각 성립부터 러일전쟁까지의 시기를 정치가의 문서와 구미의 외교문서를 활용한 본격적인 연구로 평가받고 있다. 쓰노다는 시바 료타로의 소설을 학문적으로 뒷받침한 연구를 진행했는데 기본적으로 일본의 전통적인 역사상을 새로이 논증한 것이었다. 쓰노다의 시각은 "러시아의 일관된 남하정책에 개전의 책임이 있는데 그에 대항해서 가쓰라와 고무라 등이 러일개전을 이끌었다"고 주장했다.[48]

그런데 일본학자들은 2000년대 들어와서 비밀 해제된 사료에 기초한 연구를 진행하면서 기존 조국방위전이라는 시선에서 러시아와 일본 모두 러일개전의 책임이 있다는 시각으로 변화했다.

정치외교학자 지바 이사오(千葉功)는 러일전쟁에 관한 쓰노다의 도식에 도전하는 연구를 진행했다. 지바는 러일교섭을 연구한 논문 결론에서 러일 양국 모두 "만한교환을 바라고 있었는데도 그 의사를 교섭 상대국에게 공공연하게 전할 수가 없었기 때문에 러일전쟁이 발생했다"고 주장했다. 지바는 "러일협상에서 구체적인 쟁점에서 타협이 가능했지만 러시아와 일본은 커뮤니케이션을 철저하게 하지 못해 상호 신뢰를 조성하는 데 실패했기 때문에 러일전쟁이 발발했다"고 주장했다.[49]

---

47 參謀本部 編,『明治三十七八年日露戰史』1-18卷, 偕行社, 1912-1914; 海軍軍令部 編,『明治三十七八年日露海戰史』1-4卷, 春陽堂, 1909-1910; 和田春樹, 2009, pp.74-76.

48 角田順,『滿州問題と國防方針: 明治後期における國防環境の變動』, 原書房, 1967; 和田春樹, 2009, p.87.

49 千葉功,『旧外交の形成: 日本外交一九〇〇~一九一九』, 東京: 勁草書房, 2008, p.146; 和田

역사학자 이토 유키오(伊藤之雄)는 쓰노다의 러시아관을 강하게 비판했다. 이토는 이토 히로부미, 야마가타 아리토코 등의 대러유화노선 및 가쓰라, 고무라 라인과의 대립성을 인정했지만 이토와 야마가타 등의 노선이 충분히 성공할 가능성을 가지고 있었다고 판단했다. 이토는 "가쓰라 내각과 번벌의 중추 등 일본의 주요 정치지도자들이 러일전쟁을 각오하고 러시아가 대일태도를 연화시켰다는 메시지를 알아채지 못하면서 전쟁 회피의 기회를 상실해 갔다. 러일 개전의 요인은 러일 쌍방의 동향과 상호 오해에 있었다"고 주장했다.[50]

법학자 이나바 치하루(稻葉千晴)에 따르면 러일전쟁은 결코 불가피한 것이 아니었고 피할 수 있었다. 이나바는 일본 군인이 러일전쟁을 주도했는데 "일본이야말로 적극적으로 전쟁을 단행했다는 점에 의심의 여지가 없다"고 주장했다.[51] 한편 정치외교학자 요코테 신지(橫手愼二)는 "일본의 정치지도부가 전쟁 회피 가능성을 추구하고 있었지만 러시아와 일본이 한국을 둘러싼 이해의 대립을 마지막까지 극복할 수 없었다"고 주장했다. 요코테는 한국 문제를 '안보 딜레마'라는 개념으로 설명했다. 요코테에 따르면 "대립하는 두 나라 사이에서는 한쪽이 자국의 안전을 증

春樹, 2009, p. 89.

50 伊藤之雄, 『立憲國家と日露戰爭: 外交と內政: 1898-1905』, 東京: 木鐸社, 2000, p. 204; 和田春樹, 2009, pp. 89-90.

51 稻葉千晴, 『暴かれた開戰の眞實: 日露戰爭』, 東洋書店, 2002, p. 63; 稻葉千晴, 『日露戰爭再考: 軍事と外交の視点から』, 成文社, 2025. 한편 이나바 치하루는 2025년 '러일전쟁부터 1차 세계대전까지 러일관계'라는 주제로 러시아와 일본의 외교정책 변화를 살펴보았다. 이나바는 러일전쟁 이후 러시아와 일본이 동아시아에서 적대관계에서 동맹관계로 전환되었다고 주장했다. 稻葉千晴, 「日露戰爭後から第一次大戰までの日露關係」, 『Geopolitical Illumination of the Russo-Japanese War and territory』, 東北亞歷史財團學術會議資料集, 2025, pp. 81-98.

대하려고 하면 다른 쪽은 불안을 증대시켜 악순환을 낳기 쉬운 상황이 생긴다." 러시아와 일본은 그 딜레마에 빠져 "지력(地力)에서 뒤지는 일본은 전쟁 이외에 유효한 해결책을 찾을 수 없었던 것이다."[52]

5. 전쟁 책임을 둘러싼 궤변

필자는 비테와 꾸로빠뜨낀이 전쟁 이후 러일전쟁 관련 저술활동을 활발하게 진행했던 이유가 무엇인가를 끊임없이 고민했다. 이들의 저서를 살펴보면서 두 사람 모두 러일전쟁의 원인과 패배에서 자유로울 수 없다는 결론에 도달했다. 즉 재무대신인 비테는 러일전쟁 직전 시베리아철도 건설을 실행하면서 러시아의 극동정책을 주도했을 뿐만 아니라 포츠머스협상을 주도했다. 군부대신인 꾸로빠뜨낀은 러일전쟁 이전에 특별회의 등을 통해 만주와 한국 문제 해결을 위한 전략 방안을 주도했을 뿐만 아니라 전쟁 당시 만주군 총사령관으로 현장에서 전투를 직접 지휘했다. 결국 이들은 러일전쟁의 책임을 회피하기 위해서 활발한 저술활동을 전개했다. 즉 자신들을 위한 변명이 필요했던 것이다.

　두 사람의 극동정책에 대한 기본 견해를 살펴보면 러시아 중앙관료세력 중 재무부에 기반한 비테가 만주와 한국에서 러시아의 경제적 침투를 주장했다면 군부에 기반한 꾸로빠뜨낀은 북만주에 대한 러시아의 점령정책을 추구했다. 하지만 러시아 내부의 황실세력 대 관료세력의 중앙

52　橫手慎二,『日露戰爭史: 20世紀最初の大國間戰爭』, 中央公論新社, 2005, pp. 22-26, 103, 112; 和田春樹, 2009, p. 90-91.

정계 주도권을 둘러싼 대립으로 중앙관료인 두 사람은 연합하여 정책을 조율할 수 있었다. 비테가 재무대신을 사임하기 이전인 1903년 8월까지 관료세력을 주도했다면 꾸로빠뜨낀은 1904년 2월 러일전쟁 직전까지 관료세력을 주도했다. 그들은 한국 문제에 대해 압록강삼림회사를 둘러싼 논쟁에서 회사의 정치와 군사적 성격에 반대하여 한국에 더한 러시아의 정치적 개입을 최소화하려고 노력했다. 또한 만주 문제이 대해 북만주를 러시아가 확보할 수 있다면 만주에 주둔한 군대를 철수해야 된다고 주장했다. 하지만 결국 만주에서 러시아 군대의 철수를 실행시키지 못했고 일본과의 분쟁을 상징하는 압록강삼림회사의 활동 자체도 중지시키지 못했다.

한편 오랫동안 일본에서 국민의 러일전쟁 인식 형성에 커다란 역할을 했던 것은 소설가 시바 료타로의 작품『언덕 의의 구름』이었다. 러일전쟁이 조국방위전이라는 그의 시각은 1960년대 일본의 시선이었을 뿐만 아니라 러일전쟁을 경험한 일본인의 공통적인 견해였지만 2000년대 들어와서 비밀 해제된 사료에 기초한 연구를 진행하면서 기존 조국방위전이라는 시선에서 러시아와 일본 모두 러일전쟁의 책임이 있다는 시각으로 변화했다. 그럼에도 2015년 내각총리대신 아베 신조(安倍晋三)는 전후 70년 담화를 통해서 "러일전쟁이 식민지 지배하에 있던 많은 아시아와 아프리카인들에게 용기를 주었다"고 주장했다.[53] 이것은 일본 정부가 여전히 한국 침략전쟁인 러일전쟁을 아시아와 아프리카에 용기를 준 전쟁이었다고 미화하고 있다는 사실을 의미한다.

---

53 "日露戦争は、植民地支配のもとにあった、多くのアジアやアフリカの人々を勇気づけました。"「安倍晋三, 內閣総理大臣談話」,『日本経済新聞』, 2015. 8. 15.

2장

포츠머스조약과
일본의 한국 강점

포츠머스조약 체결과
한국 독립에 대한 러시아의 시선

포츠머스조약은 미국 뉴햄프셔주에 있는 군항 도시 포츠머스에서 일
본 전권위원 고무라 주타로와 러시아 전권위원 비테 간에 맺어졌다.
1905년 9월 5일 러시아와 일본은 미국의 중재로 포츠머스조약을 통해
서 러일전쟁의 종전에 합의했다. 일본과 러시아는 회담 과정에서 배상금
과 사할린섬 할양을 두고 치열하게 대립했다. 루즈벨트 미국 대통령은
포츠머스조약을 주선한 공로로 노벨평화상을 수상했다.

　포츠머스회담은 1905년 8월 9일 시작하여 러시아와 일본이 9월 5일
강화조약에 조인함으로써 종료되었다. 그사이 1회 예비회의와 17차 본
회의 그리고 몇 차례에 걸친 비공식 회의가 이루어졌다. 예비회의는 8월
9일 진행되었고 그 후 본회의가 진행되었는데, 곤란한 쟁점이 발생하면
소수의 관계자만 참석하는 비공식 회의가 열렸다. 회담은 배상금 문제와
영토할양 문제를 다루기 시작하는 8월 17일을 기점으로 전반과 후반으
로 나뉘었다.[1]

1　조명철, 「포츠머스조약과 배상금 문제」, 『일본역사연구』 32, 2010, 177쪽. 포츠머스조약

회담의 결과 1905년 9월 5일 고무라 전권위원과 비테 전권위원은 총 15개 조항의 포츠머스조약을 체결했는데, 그 핵심 내용은 다음과 같다.

- 제2조. 러시아 정부는 일본이 한국에서 정치상, 군사상 및 경제상 우월한 이익을 지니는 것을 승인하고 일본 정부가 한국에서 필요하다고 인정하는 지도(指導), 보호(保護) 및 감리(監理) 조치를 위함에 있어 이를 방해하거나 간섭하지 않을 것을 약속한다.
- 제3조. 러일의 만주 철군을 강조하고 러시아가 만주에 어떠한 영토적 이익 등을 지니지 않는다.
- 제5조. 러시아가 청국 정부의 승낙을 얻어 여순과 대련의 조차권을 일본에 이전 양도한다.
- 제6조. 러시아가 남만주철도의 일체의 권리를 청국 정부의 승낙을 얻어 일본에 이전 양도한다.
- 제9조. 러시아는 북위 50도를 기준으로 사할린섬 남부와 인접한 모든 섬을 영구적으로 완전한 주권으로 일본에 양도한다."[2]

2조의 감리는 통치가 아니다. 그런데 일본은 제2조에 기초하여 한국에 대한 보호국화를 주장하면서 1905년 11월 17일 을사늑약을 강제로 체결했다.

서구에서는 일찍이 포츠머스조약에 관한 연구가 진행되었다. 초기 서

은 일본어로 'ポーツマス条約', 러시아어로 'Портсмутский мирный договор', 영어로 'Treaty of Portsmouth'로 표기되었다.

2   和田春樹, 2010, pp. 390-392.

**포스머스조약 체결 당시
러시아 대표단(1905)**

**포스머스조약 체결 당시
일본 대표단(1905)**

**포츠머스조약 회담 장소
해군조선소 빌딩(1912)**

598

구연구는 양국 협상 내용에 대한 기초적인 사실을 제공했다.[3] 일본에서는 러일전쟁 100년을 전후하여 포츠머스조약 관련 연구가 활발히 진행되었는데, 그 안에는 포츠머스조약 체결에 참여한 일본과 러시아의 전권위원을 살펴보는 연구도 포함되었다.[4]

2000년 이후 국내에서도 사료에 기초한 포츠머스조약 연구가 진행되었다. 박희성은 포츠머스조약 체결 전에 나온 1905년 4월 일본의 훈령안에 주목했다. 1905년 4월 21일 일본은 각의 결정을 통해 내부 훈령안을 마련해 놓았는데, 훈령안에 제시된 강화조건의 절대적 필요조건은 1. 군비의 배상, 2. 전투의 결과 중립항으로 피신한 러시아 함정의 교부(交附), 3. 사할린과 그 부근 제도의 할양, 4. 연해주 연안의 어업권 획득[5] 이었다.

조명철은 포츠머스조약과 배상금 문제를 본격적으로 조명했다. 그는

3 De Martens, F., "The Portsmouth Peace Conference," *The North American Review* 181, 1905; Trani, Eugene P., *The Treaty of Portsmouth: An Adventure in American Diplomacy*, Lexington: University of Kentucky Press, 1969; White, J. A., "Portsmouth 1905: Peace or Truce?," *Journal of Peace Research* 6-4, 1969; Л. Н. Кутаков. Портсмутский мирный договор. Из истории отношений Японии с Россией и СССР. 1905-1945гг. М.: Соцэкгиз, 1961; Dolezc, Charles B., *An Uncommon Commitment to Peace: Portsmouth Peace Treaty 1905*, Portsmouth: Japan-America Society of New Hampshire, 2006.

4 時実雅信,「政治手腕が試された日露戦争の幕引き－ポーツマス講和条約」,『歴史群像』17-3, 2008; 箕原俊洋,「ポーツマス講和会議と小村外交－東アジアにおける日本の台頭と日米関係」,『神戸法学年報』22, 2006; 箕原俊洋,「日露戦争と列強への台頭－小村外交と大陸国家への道」,『国際問題』546, 2005; 矢吹晋,「ポーツマス交渉を支えた二人の日本人－勅河貫一と阪井徳太郎」,『太平洋学会誌』96, 2007; 御手洗昭治,「ポーツマス条約の忘れ去られた陰のミディエーターたち」,『日本交渉学会誌』16-1, 2006; 松村正義,「もう一人のポーツマス講和全権委員－高平小五郎・駐米大使」,『外務省調査月報』1, 2006; 広野好彦,「セルゲイ・ウイッテとポーツマス条約」,『大阪学院大学国際学論集』20-2, 2009; 조명철, 2010, 159-160쪽.

5 박희성,「러일전쟁 기간 국제관계와 한국」,『사총』75, 2012, 208쪽.

일본 전권위원 고무라의 한계를 다음과 같이 지적했다. 고무라는 러시아의 체면도 살려주고 일본의 실익도 챙길 수 있는 방법으로 배상금 대신 사할린 환부라는 묘안을 찾아냈지만 오히려 자신의 발목을 잡히고 말았다. 왜냐하면 비테가 고무라의 수정안을 역이용하여 일본은 단지 돈 때문에 전쟁을 수행하는 국가라고 선전했기 때문이다. 비테의 이러한 선전이 서방 언론에 먹힐 수 있었던 것은 비테가 고무라 수정안의 본질을 정확히 짚어냈기 때문이다. 고무라는 전쟁 초기에 강화협상을 위해 사할린점령이 필요하다는 통찰력을 발휘했지만 사할린을 협상카드로 잘못 활용하는 실수로 인해 전쟁 배상금을 주장할 수 있는 논리적 근거를 상실하고 말았다. 조명철은 포츠머스조약이 체결된 원인은, 첫째, 러시아가 속전에 대한 의지가 강했던 반면 일본이 속전에 대한 자신감을 상실해 가고 있었던 것, 둘째, 전쟁 초기 일본에 우호적이었던 서방 여론이 강화회담 중 일본에 비판적으로 돌아섰던 것, 동시에 루즈벨트도 마지막에는 배상금 문제에 대해 부정적인 태도를 취하면서 일본을 어렵게 만들었던 것이라고 설명했다.[6]

한편 와다 하루키는 강화 과정에서 작성된 일본과 러시아의 훈령을 간략히 살펴보았다. 와다는 "일본이 교섭에서 러시아가 받아들일 수 없었던 한국 보호국화 조항을 전쟁에서 승리함으로써 강화조약을 받아들이게 했다"라고 밝히면서 일본이 한국 보호국화 조항을 러시아에 강요하여 받아들이게 했음을 주장했다.[7]

---

6   조명철, 2010, 184-185쪽.
7   1905년 9월 5일 고무라 전권과 비테 전권은 강화조약에 조인했는데 제2조에는 일본의 가장 중요한 전쟁 목적이 적시되었다. 知田春樹, 2010, p. 392.

이상에서 살펴본 것처럼 기존 연구는 대체로 일본의 협상을 중심으로 포츠머스조약 체결 과정을 파악한 반면 그 속에서의 한국 문제를 중요하게 다루지 않았다. 이 책에서는 기존 연구에 기초하여 일본의 협상안을 정리하고 기존에 주목하지 않았던 러시아의 협상안에 집중하면서 포츠머스조약에 대한 러시아 측의 해석을 주요하게 살펴볼 것이다. 또한 포츠머스조약 중 한국 문제에 대한 러시아의 시각을 집중적으로 다루면서 이를 통해 포츠머스조약 체결 과정에서의 러시아 외교 전략을 살펴볼 것이다.

또한 기존에 활용되지 못한 러시아 국립문서보관소(ГАРФ) 소장 포츠머스조약 관련 문서를 적극적으로 검토할 것이다. 1905년 6월 28일 니꼴라이 2세는 포츠머스회담 관련 러시아의 협상 내용에 관한 훈령을 승인했다. 람즈도르프는 니꼴라이 2세의 훈령을 포츠머스회담 전권위원 비테에게 전달했다. 1905년 9월 21일 러시아 국방위원회는 포츠머스조약 체결에 관한 문제를 검토하기 위한 회의를 개최하여 회의록을 남겼다. 따라서 필자는 러시아 국방위원회 회의록 및 람즈도르프 등의 문서를 중심으로 포츠머스조약 체결 전후 러시아의 외교 전략과 한국 문제를 살펴볼 것이다. 이를 통해 포츠머스조약으로 일본이 한국에 대한 보호국화를 러시아로부터 인정받았다는 기존의 견해에 이의를 제기하며 러시아는 조약 체결 이후에도 한국의 독립이 훼손되지 않았다고 판단했음을 밝히고자 한다.

1. 일본의 포츠머스조약 준비와 조건

포츠머스 강화회의에 파견된 일본 전권위원은 고무라 주타로, 부전권위원은 주미공사 다카히라 고고로(高平小五郎)였다. 수행원은 야마자 엔지로(山座円次郎), 아다치 미네이치로(安達峰一郎), 혼다 구마다로(本多熊太郎), 오치아이 겐타로(落合謙太郎), 다치바나 고이치로(立花小一郎), 다케시타 이사무(竹下勇) 등이었다.

이미 1904년 6월 26일 루즈벨트는 국무장관 존 헤이(John Milton Hay)에게 공문을 보내어 일본이 승리할 경우 "그 열매를 빼앗고자 하는 간섭을 방지하기 위해 호의를 갖고 일본을 원조할 수 있다는 사실을 일본에 알릴 수 있다"고 양국 협상 내용에 대한 자신의 의지를 명확히 밝혔다. 이날 루즈벨트는 다카히라 공사에게 전쟁에 대한 전망을 소상히 밝혔다. 루즈벨트는 일본군이 여순을 점령하면 전쟁이 종결되리라고 예상하면서 자신이 구상하고 있는 강화조건을 열거했다. "1. 일본은 정당한 결과를 취득해야 한다. 이를 위해 미국이 도움을 주어야 한다는 것이 나의 의견이다. 2. 한국은 완전히 일본의 이익국에 포함되어야 한다. 3. 러시아는 만주를 그 최초의 주권국인 청국에게 반환하고 만주에서 철병해야 한다."[8]

1904년 7월 고무라 외상은 전쟁의 추이와 동아시아 정세를 바탕으로 러시아에 제시할 강화조건을 작성하여 가쓰라 수상에게 제출했다.

1. 군비를 배상할 것

---

8 Esthus, Raymond A., *Theodore Roosevelt and Japan*, University of Woshington Press, 1966, pp. 42-46; 日本外務省 編, 『日本外交文書』37-38 別卷(日露戰爭V), 日本國際連合協會, 1959, p. 710; 조명철, 2010, 161쪽.

2. 한국에서 일본의 완전한 자유행동권을 인정하고 직접적이거나 간접적이거나 한국에서의 일본의 이익을 방해하지 않을 것을 약속할 것
3. 러일전쟁 중에 한국 정부가 행하는 모든 선언은 유효하다는 사실을 승인할 것
4. 일정 기한 내 만주에서 군대를 철수하고 그 점령지의 행정을 청국에 환부할 것
5. 만주관통철도(동청철도)를 군사 및 영토 확장을 위해 사용하지 않고 오직 상업적 목적으로 사용할 것
6. 하얼빈·여순 간 철도와 그 지선 및 관련된 특권, 재산을 일본에 양도할 것
7. 요동반도 조차지에 관련된 일체의 특권 및 재산을 일본에 양도할 것
8. 만주에서 각국의 상공업의 기회균등주의를 확인할 것
9. 사할린 및 그 부근의 도서를 일본에 할양할 것
10. 연해주 연안 및 그 부근의 하천에서 어업의 자유를 승인할 것
11. 흑룡강 어귀에서 블라고베셴스크에 이르는 수로의 항해자유를 승인할 것
12. 니콜라에스크, 하바로브스크, 블라고베셴스크를 통상항구로 삼고 이 세 항구와 블라디보스톡에 일본의 영사 주재를 승인할 것

이 조건은 포츠머스에서 러시아의 전권위원 비테에게 제시한 강화조건과 대체로 일치했다. 다만 고무라 외상이 만주에서 타국의 기회균등주의를 강력하게 설정하지 않는 대목에서 만주를 제3국에 적극적으로 개방하고 싶어 하지 않은 생각을 읽을 수 있다.[9]

9 外務省 編, 『日本外交年表竝主要文書』上, 1965, p. 230; 조명철, 2010, 163-164쪽.

1905년 1월 2일 여순 항구가 일본 육군의 3차 공격으로 무너지자 강화협상에 관한 움직임이 보다 가시화되었다. 고무라는 1월 25일 다카히라 공사에게 전문을 보내어 루즈벨트에게 일본이 희망하는 강화조건을 전달하도록 지시했다. "1.… 한국을 완전히 일본의 세력권 내에 두고 한국 국운의 보호, 감독 및 지도를 완벽하게 일본의 수중에 장악할 필요가 있다고 믿는다. 2. 일본 정부는 만주에서의 기회균등주의를 취할 것임을 누차 명확하게 성명했다.… 강화조약이 체결되면 러일 양국은 가능한 신속히 만주를 청국에 반환할 각오를 갖는 것이 긴요하다. 3. 여순 문제에 대해서 요동반도에 있는 러시아의 조차지 및 조차로 인해 발생한 일체의 권리는 일본이 계승할 권리가 있음을 일본 정부는 충분히 확신하는 바이다." 고무라는 만주에 관한 루즈벨트의 의견을 존중해 주는 대신 한국에 관한 일본의 입장을 강조했다. 여순이 점령된 시점에서 일본은 한국의 주권을 심각하게 침해하는 형태로 한국을 지배하겠다는 의지를 분명히 밝혔다. 아울러 여순을 러시아가 조차해 왔듯이 전쟁이 종료되면 여순 일대를 일본의 조차지로 삼겠다는 의사를 밝힘으로써 요동반도와 그 외의 만주 지역을 구분해서 처리하고자 했다.[10]

동해해전 이후 1905년 6월 30일 일본 정부는 포츠머스조약 조건을 정식으로 결정했다. 조건은 10개 조항을 중요도에 따라 셋으로 분류했다.

(갑) 절대적으로 필요한 조건.
  1. 한국을 완전히 일본의 자유 처분에 맡길 것을 러시아로 하여금 승낙하게 한다.

---

10   外務省 編, 1965, p. 232; 조명철, 2010, 166-167쪽.

2. 일정 기한 내에 러시아군대를 만주에서 철수시킬 것. 동시어 일본도 만주에서 철병한다.

3. 요동반도 조차지와 하얼빈 – 여순 간 철도를 일본에게 양여하도록 한다.

(을) 가능한 관철시켜야 할 비교적 필요한 조건.

1. 군비를 배상하도록 한다. 최고액을 15억 옌으로 하고 담판의 사정에 따라 그 안에서 적당하게 결정한다.

2. 중립항에 피신한 러시아함대를 접수한다.

3. 사할린과 그 부속 도서를 할양하도록 한다.

4. 연해주 연안에서의 어업권을 부여하도록 한다.

(병) 전권위원의 재량에 위임할 사항.

1. 극동에서 러시아 해군력을 제한한다.

2. 블라디보스톡 항구의 무장을 해제시키고 이 것을 무역항으로 한다.

먼저 고무라의 안 중에서 6월 30일 정식 강호조건에 들어가지 않은 조건을 보면 전쟁 중 한국 정부의 모든 선언이 유효하다는 조항, 만주 관통 철도의 사용 목적을 제한한 조항, 만주의 기회균등주의를 선언한 조항, 흑룡강의 항해권 조항 등이다. 한국 정부의 선언 조항을 삭제한 것은 한국 문제를 해결하기 위해 더 이상 한국 정부의 손을 빌릴 필요가 없게 되었다는 것을 의미했다. 일본군이 아직 만주 관통 철도를 장악하지 못했기 때문에 이에 관련된 조항도 생략했을 것이다. 그런데 고무라는 포츠머스에 가서 삭제된 만주 관통 철도 조항과 흑룡강 항해 조항을 다시 일본의 강화조건에 포함시켰다. 결국 강화조건을 분류하는 방식 이외에 강화조건의 항목은 고무라가 애초에 구상하고 있던 내용들이 회담장 속까

지 그대로 견지되었다.[11]

1905년 8월 9일 예비회담에서 회의 운영에 관련된 원칙들이 정해지자 다음날인 10일 고무라 전권위원은 12개 조의 강화조건을 비테에게 제시했다.

1. 한국을 완전히 일본의 자유 처분에 맡긴다.
2. 일정 기한 내에 러시아군대를 만주에서 철퇴시킨다.
3. 만주의 청국 환부.
4. 만주에 있어서 각국의 상업상 기회균등주의를 확인한다.
5. 사할린 및 그 부속 도서를 일본에 할양한다.
6. 요동반도의 조차권을 일본에게 양여.
7. 하얼빈과 여순 간 철도를 일본에게 양여.
8. 만주 횡단 철도를 상업적 목적에 한하여 사용할 것.
9. 러시아는 전쟁 실비를 일본에 환불할 것. 그 금액은 쌍방 합의로 정한다.
10. 중립항에 피신한 러시아군함을 일본에 교부한다.
11. 극동 해상에서 러시아 해군력의 제한.
12. 동해, 오오츠크해, 베링해의 러시아 연안에서 일본인 어업권을 인정할 것.

포츠머스 회담장에서 일괄 제시된 고무라의 강화조건은 해전의 결과 삽입된 10항과 11항을 빼면 1904년 7월에 작성한 고무라안과 일치했다. 고무라는 정부의 정식 강화조건에 들어있던 블라디보스톡 무장해제 조

---

11 外務省 編, 1965, p. 239; 조명철, 2010, 175-177쪽; 和田春樹, 2010, p. 389.

항을 삭제하고 만주의 문호개방주의를 되살려 놓음으로써 루즈벨트의 의견을 반영해 주었다.[12]

8월 18일부터 시작되는 난제들의 논의를 앞에 두고 러일 전권위원은 본국과의 사전 조율을 위해 분주히 움직였다. 비테는 최근 일본군이 점령한 사할린을 일본에 양보해도 좋은지 본국에 문의했지만 러시아 황제로부터 "한 치의 땅도, 1루블의 돈도" 적에게 넘겨줄 수 없다는 강경한 답신이 돌아왔다.[13]

1905년 8월 18일 11차 본회의가 열리자 고무라로부터 타협안이 제출되었다. 만약 러시아가 사할린 할양과 군비 환불을 고려한다면 해군력 제한과 중립항의 군함 문제는 철회할 수도 있다는 제안이었다. 예상치 못한 제안에 당황한 비테는 비공식 회의를 요청하여 고무라에게 사할린을 양분하여 반만 할양하는 안을 제시했다.

그러자 고무라는 비테의 제안을 토대로 새로운 수정안을 제시했다. "1. 사할린을 이등분하여 북위50도 이북을 러시아에 환부하고 이남은 일본이 영유한다. 2. 50도 이북의 환부 대가로 러시아는 12억 엔을 지불한다. 3. 위의 타협안이 성립하면 일본은 군비 환불에 관한 요구를 철회한다. 다만 포로 수용비용은 여기에 포함시키지 않는다." 고무라는 루즈벨트의 조언을 수용하면서 배상금과 영토 획득의 목표도 달성하고 동시에 사할린 환부의 대가라는 명분을 만들어 줌으로써 러시아의 체면도 살릴 수 있는 타협안을 만들어 냈다.[14]

---

12 外務省 編, 『小村外交史』下, 東京: 原書房, 1966, pp. 61–62; 조명철, 2010, 179쪽.

13 外務省 編, 1966, p. 86; 조명철, 2010, 180쪽.

14 外務省 編, 1966, p. 89; 조명철, 2010, 181쪽.

그러자 비테는 러시아가 사할린을 전부 포기한다면 일본도 군비 환불 요구를 철회할 수 있는지 고무라에게 역제안했다. 물론 이 갑작스러운 제안은 비테가 러시아 정부의 지시 없이 현장에서 개인적으로 만들어 낸 것이었다. 이렇게 되면 러시아는 북쪽 사할린을 돌려받는 대가로 12억 엔을 지불할 필요도 없고 일본이 원래 요구했던 군비 환불도 신경 쓸 필요가 없게 된다. 러시아는 일본이 현재 점령하고 있는 사할린만 포기하면 배상금은 한 푼도 지불할 필요가 없게 된다는 논리였다. 비테의 역제안에 대해 고무라는 어쨌든 일본은 배상금을 포기할 수 없기 때문에 사할린을 전부 양보하겠다는 러시아의 제안을 받아들일 수 없다고 완강하게 거부했다.[15]

1905년 8월 26일 러시아 정부는 비테에게 회담을 종결시킬 것을 지시했고 비테는 그 사실을 고무라에게 알리면서 사할린의 반을 양보하는 것 외에 다른 양보는 있을 수 없다고 최후통첩을 날렸다. 고무라도 본국에 회의를 중지시키겠다고 전문을 보냈다. 일본 정부는 29일까지 마지막 회의를 연기하도록 지시하고 8월 28일 어전회의를 열었다. 그 결과 일본 정부는 고무라에게 마지막 훈령을 내렸다. "…군사 및 경제적 사정을 숙고하고 또 귀관의 절충으로 이미 개전의 목적인 만한에 관한 중대한 문제를 해결했음을 고려하여 비록 배상금과 영토할양 두 문제를 포기하지 않을 수 없음에 이르렀다고 해도 이번 강화를 성립시키기로 결정했다." 일본은 마지막에 배상금과 사할린 모두를 포기하더라도 강화 협상을 성사시킬 것을 고무라에게 지시했다. 고무라는 마지막에 배상금

---

15 日本外務省 編, 1959, pp. 485-486; 조명철, 2010, 181쪽.

을 완전히 포기하고 사할린의 반을 얻어내는 선에서 강화를 매듭지을 수 있었다.[16]

1905년 9월 5일 고무라 전권과 비테 전권은 총 15개 조항의 포츠머스 조약을 체결했다. "제2조. 러시아 정부는 일본이 한국에서 정치상, 군사상 및 경제상의 우월한 이익을 지니는 것을 승인하고 일본 정부가 한국에서 필요하다고 인정하는 지도, 보호 및 감리의 조치를 위함에 있어 이를 방해하거나 또는 이에 간섭하지 않을 것을 약속한다." "제3조. 러일의 만주 철군을 강조하고 러시아가 만주에 어떤 경토적 이익 등을 지니지 않는다." "제5조. 러시아가 청국 정부의 승낙을 얻어 여순과 대련의 조차권을 일본에게 이전 양도한다." "제6조. 러시아가 남만주철도의 일체의 권리를 청국 정부의 승낙을 얻어 일본에게 이전 양도한다." "제9조. 러시아는 북위 50도를 기준으로 사할린섬 남부와 그에 인접한 모든 섬을 영구적으로 완전한 주권으로 일본에 양도한다."[17]

제2조의 한국 문제는 일본의 초안과 동일한 것이었다. 그 후 일본은 제2조에 기초하여 한국에 대한 보호국화를 주장하였고 1905년 11월 18일 을사늑약을 강제로 체결했다.

---

16 外務省 編, 1966, p. 126; 外務省 編, 1965, p. 243; 日本外務省 編, 1959, pp. 300-301; 조명철, 2010, 183쪽.
17 和田春樹, 2010, pp. 392-393.

2. 러시아의 포츠머스조약 준비 과정과 대응 전략

1) 포츠머스조약 체결 직전 외교 전략

미국 루즈벨트 대통령은 러일전쟁을 종결짓기 위하여 러시아와 일본에 전권위원 회담을 제안했다. 1905년 6월 28일 니꼴라이 2세는 포츠머스 회담 관련 러시아의 협상안에 관한 훈령을 승인하고 그 훈령을 국무고문[18]이자 외무대신인 람즈도르프에게 보냈다. 람즈도르프는 니꼴라이 2세의 훈령을 포츠머스회담 전권위원 비테에게 전달했다.[19] 이 훈령은 외무대신 람즈도르프가 작성하여 니꼴라이 2세의 승인을 받은 것으로, 람즈도르프는 이미 포츠머스회담 관련 자신의 견해를 포함한 상세한 대응 전략을 재무대신 비테와 협의한 상태였다. 이 문서는 니꼴라이 2세의 훈령을 포함하여 람즈도르프가 비테에게 전권위원의 역할을 설명하는 방식으로 구성되었다.

니꼴라이 2세는 전 재무대신 비테를 러시아 전권위원, 워싱턴주재 러시아대사 로젠을 부전권위원으로 임명하고 전권위원의 보좌진도 임명했다. 이들은 정치와 법률 등에 관한 전문 지식을 갖춘 특별파견위원으로서 러일회담에서 발생하는 특별 문제 처리를 보좌했다. 국제법 분야 내각위원회 상임고문 마르뗀스(Ф.Ф.Мартенс), 재정분야 4등관 뽀꼬쩰

---

18 Статс-Секретар(러시아어), 尙書 또는 国務長官(일본어), 国务卿(중국어). 국무고문은 황제의 구두 명령을 선포할 수 있는 고관이었다.

19 ГАРФ. Ф.568. Оп.1. Д.209. ЛЛ.1-11об. Инструкция Муравьёву, русскому уполномоченному на мирных переговорах с Японией. 이 문서는 무라비요프가 아닌 국무고문이자 외무대신 람즈도르프가 보고서를 기초한 것이다.

로프(Д.Д.Покотилов), 철도 분야 4등관 쉬포프(Т.С.Шипов), 육군 분야 예르몰로프(Н.С.Ермолов) 소장, 해군 분야 루신(А.И.Руссин) 해군 중령 등이었다.

니꼴라이 2세는 전권위원에게 광범위한 전권을 부여한다는 칙령을 선언했다. 이에 근거하여 전권위원 비테는 포츠머스조약 체결에 착수했다. 그는 모든 필요한 외교문서, 동시에 재무대신, 육군대신, 해군대신, 극동총독 등의 보고서를 검토할 수 있는 권한을 가졌다.

람즈도르프는 포츠머스회담 초기 일본과 주변국 분위기를 비테에게 환기시켰다. 첫째, 일본은 전쟁 자원과 재정ㅈ원이 고갈되면서 수많은 희생을 치르고 있는 전쟁을 종결짓기를 희망ㅎ고 있다. 둘째, 일쿠 중립국은 극동에서 일본의 지나친 지배적 영향력을 우려하여 일본에게 전쟁 중단의 압력을 상당히 행사하고 있다. 따라서 람즈도르프는 러시아가 일본과의 전쟁에 대한 중단을 요청하거나 러일 강화를 맺어야 할 긴급한 상황이 아니라고 강조했다. 그는 러시아 전권위원이 평화조약 체결 과정에서 먼저 협상안을 발의해서는 안 되며 일본이 제시하는 협상안을 먼저 확인해야 한다고 당부했다. 람즈도르프는 일본의 제안이 러일협상의 출발점이지만 이러한 제안이 러시아 전권위원 행동의 자유를 압박할 수 없다는 사실을 강조했다. 람즈도르프는 니꼴라이 2세가 루즈벨트의 제안에 동의한 이유를 "유혈 분쟁을 중단시켜 인민의 복리와 번영을 위해서 전반적인 평화를 이루려는 열망과 인류애"라고 부연 설명했다.

람즈도르프는 러시아가 변방에서 전쟁을 수행하는 군사적·기술적 어려움뿐만 아니라 강력한 일본군과의 싸움에서 국민의 엄청난 희생에 직면했지만 그럼에도 일본이 러시아의 명예와 품격을 훼손하는 조건을 제시한다면 러시아는 전쟁을 지속할 필연성 앞에서 단 한시도 맞설이지 않을 것이며 극동에서 자국의 이익이 지나치게 피해를 당하는 사태를 결코 허용해서는 안 될 것이라고 피력했다.

람즈도르프는 러시아가 받아들일 수 없는 사항을 다음과 같이 정리했다. 러시아의 영토 양보, 전쟁 배상금 지불, 블라디보스톡의 무장해제 및 태평양함대의 제한과 폐지, 블라디보스톡으로 향하는 철도 노선의 양보 등이었다. 람즈도르프는 만약 일본이 이상의 조항들을 요구한다면 향후 러일 간에 커다란 충돌이 발생할 것이라고 우려했다.

람즈도르프는 일본이 이러한 과도한 요구를 제시할 경우를 대비해 비테에게 다음과 같은 대응 전략을 제시했다. '일본의 과도한 요구에 대항하는 강력한 반론을 제기하고 국제적인 관점에서 용인될 수 없다는 사실을 환기시킨다. 그리고 양국의 상호 공통된 이해관계가 얽혀 있는 각각의 문제에 대한 합의점을 도출할 것을 일본 측에 요구한다. 만약 비테의 논증에도 불구하고 일본이 이러한 조항을 일방적으로 강요하면 러시아는 포츠머스회담을 중단시킬 완전한 근거를 갖게 되며 회담 실패의 도덕적 책임을 전적으로 일본에 떠넘길 수 있다.' 그러면서도 람즈도르프는 일본이 끝까지 전쟁을 계속하려는 확고한 결의로 러일협상을 결렬하려는 모험은 하지 않으리라 판단했다.[20]

람즈도르프는 러시아가 수용할 수 없는 조항에 대해서 보다 자세히 설명했다. 그 이유는 러시아가 본질적인 반박을 가하면서도 일본의 강력한 요구를 충족시킬 수 있는 다른 방법을 마련하기 위함이었다. 그는 러시아가 전적으로 수용하기 어려운 일본의 예상 가능한 4개 항의 제안을 거부하도록 아래의 논거와 내용을 비테에게 제안했다.

---

20 ГАРФ. Ф. 568. Оп. 1. Д. 209. ЛЛ. 1-4об.

첫째, 람즈도르프는 러시아의 영토할양을 사할린섬을 핵심으로 하여 다음과 같이 파악했다. 러일전쟁 17개월 동안 일본군대는 러시아의 영토를 점령하지 못했는데, 국제법 전문가 마르뗀스[21]가 이러한 사실에 도움이 되는 국제 관례의 유력한 논거를 제공할 예정이었다. 일본 전권위원은 한 번도 일본이 소유한 적이 없는 사할린섬의 양보를 강력히 요구할 것인데 사할린섬은 풍부한 어장 때문에 일본인의 경제활동에 커다란 의미가 있다. 그러므로 사할린섬의 양도는 러시아에 매우 어려운 결과를 초래할 것이다. 라페루즈(사할린섬과 일본 홋카이도 사이)해협은 태평양의 동해에 유일하게 남아 있는 자유로운 지역으로, 사할린을 양보할 경우 이 해협은 일본의 수중으로 넘어갈 것이다. 그러면 동해는 흑해와 같이 거의 폐쇄적인 바다가 될 것이다. 이것은 아무르강에서 러시아의 선박 수송과 무역을 무력화시킬 것이고 쁘리아무르주 전체가 일본에 경제적으로 종속될 것이다. 그 대안으로 람즈도르프는 사할린섬의 어업과 관련한 폭넓은 특혜를 일본에 부여할 수 있는 방안이 합리적이라고 주장했다. 일본은 당시 이런 특혜를 얻으려고 노력하고 있었으므로 람즈도르프는 비테에게 어업과 관련하여 전 주일러시아공사 로젠이 작성한 문서와 외무부의 훈령 등을 참고할 것을 권유했다.

둘째, 람즈도르프는 러시아가 전쟁 배상금을 제공할 필요가 없다고

---

21 마르뗀스(Фёдор Фёдорович Мартенс, 1845~1909)는 1863년 뻬쩨르부르크대학 법학부에 입학, 1873년 국제법 분야인 '동방에서 영사와 영사 관할권 연구'로 박사학위를 받았다. 1876년 뻬쩨르부르크대학 법학부 교수로 임명되어 1905년까지 근무했다. 1881년부터 러시아 외무부 고문으로 활동하며 1899년과 1907년 헤이그평화회의에 주도적으로 참여했고 1905년 포츠머스조약 체결 당시 러시아 외교고문으로 참여했다(ru.wikipedia.org/wiki/Мартенс_Фёдор_Фёдорович).

주장했다. 전쟁 배상금은 국제 관례상 통상적으로 전쟁에서 적군이 점령했던 영토를 반환하는 대가로 지불되었다. 그런데 일본은 러시아 영토에 대한 점령이 없었으므로 배상금을 요구할 근거가 없었다. 또한 그는 일본의 배상금 요구에 대한 거부 근거로 러일전쟁 선포 이전 일본의 국제법 위반을 지적했다. 일본 어뢰정은 1904년 1월 27일 밤 여순항에 정박한 러시아함대를 기습 공격했고 그 결과 러시아 함정이 손상되고 침몰되었다. 바략호와 까레예쯔호가 중립지역인 제물포항에서 침몰당했는데 두 함정의 함장은 일본의 전쟁 선포 사실조차 몰랐다. 심지어 일본함대는 전쟁 시작 며칠 전에 중립 수역에 있는 러시아 상선을 나포했다.

람즈도르프는 러시아의 커다란 물질적 손실 지역으로 요동반도의 부속 토지, 동청철도 남부 지선, 여순항 등을 지적했다. 그는 일본의 배상금 요구에 대응하여 요동반도에 관한 러시아의 물질적 손실을 명분으로 반론하도록 비테에게 제안했다. '만약 일본 전권위원이 전쟁 비용에 대해서 배상할 필요성을 누차 주장한다면 비테는 러시아의 직접적 이익을 해치지 않는 범위에서 이익을 줄 수 있는 재정, 무역, 공업적 성격의 방안을 일본에 제시한다. 예를 들면 시베리아철도와 동청철도 관세가 바로 그것이다.'

셋째, 람즈도르프는 블라디보스톡 무장해제 및 태평양함대의 제한과 폐지에 대한 일본의 요구를 경계했다. 그는 태평양에서 러시아의 자유로운 활동을 제한하는 그 어떤 요구도 러시아의 주권과 명예를 침해하는 사항이라는 점을 비테에게 강조했다.

넷째, 람즈도르프는 블라디보스톡으로 향하는 철도 노선의 양보가 불가능하다고 주장했다. 만약 러시아가 블라디보스톡과 시베리아철도를 연결하는 노선, 러시아의 송화강 유역 영토와 시베리아철도 노선을 연결하는 수상 교통로를 지배할 수 없다면 러일조약은 지속적인 평화를 보장할 수 없고 러시아와 일본은 새로운 무력 충돌을 준비하기 위하여 자국의 경제력을 집중해야 할 것이라고 우려했다.[22]

람즈도르프는 양국이 우호적인 합의에 도달할 수 있는 러일협상 조항에 관하여 다음과 같이 분석했다.

첫 번째 협상 조항은 요동반도에 있는 여순과 대련 문제였다. 일본은 여순과 대련을 포함한 요동반도의 자국 영토합병을 요구할 것이나 러시아는 러청조약에 의거, 요동반도를 양도받았기 때문에 청국의 참여 없이 러시아의 권리를 일방적으로 일본에 양보할 수 없었다. 러시아는 향후 청국이 제시할지도 모르는 요구에 대하여 보호할 장치를 마련해야 했다. 요동반도 양보는 여순과 대련으로부터 길림성 남쪽 경계까지 동청철도 남만주 지선의 지역을 포기하는 결과를 초래하는 것이므로 러시아는 동청철도 남만주 지선 지역을 조속히 처분하여 청국 소유로 이전하도록 해야 했다.

두 번째 협상 조항은 만주에 대한 러시아와 일본의 상호 관계를 조정하는 문제였다. 이 문제는 러시아가 동청철도를 건설하여 만주에 커다란 이해관계가 있었기 때문에 복잡했다. 러시아는 일본 전권위원이 만주에 관해 표명할 사전 정보를 가지고 있지 않아 정확한 내용을 논의하기 어려운 상황이었다. 다만 람즈도르프는 러일전쟁 이후 러시아와 일본이 군대를 철수한 다음 만주를 청국에 이양하는 방안을 자연스러운 해결책이라고 판단했다. 람즈도르프에 따르면 러시아는 당시 동청철도를 유지할지 처분할지 등을 결정하지 못하고 있었다. 그럼에도 러시아는 중립적인

---

22 ГАРФ. Ф. 568. Оп. 1. Д. 209. ЛЛ. 5-7об.

청국과 맺은 조약에 근거하여 러시아의 권리를 주장해야 했다. 러청조약은 일본군대가 동청철도를 일시적으로 점령했다고 해서 효력이 상실되는 것이 아니었다.

세 번째 조항은 한국 문제를 협의할 때 러시아가 유의할 사항이었다. 람즈도르프는 "가장 유의할 사항은 일본군대가 국제법의 모든 법령을 무시하고 불법으로 한국을 점령했다는 사실"이라고 밝혔다. 그에 따르면 이것은 한국의 자주권과 불가침권을 보장한 조약을 위반한 것이었다. 일본은 '한일의정서'를 근거로 한국에서 완전한 활동의 자유를 획득했다고 주장할 수 없으며 '러시아는 일본이 한국의 완전한 독립에 대한 인정, 조속한 시한 내에 한국에서 군대를 철수한다'는 의무사항 그리고 '일본은 대한해협을 통한 자유로운 항해를 인정할 수 있도록 한국의 남부 해안지역에 요새를 세우지 않는다'는 약속을 조약에 포함할 필요가 있다고 주장했다.

그 밖에 람즈도르프는 전쟁 포로 부양에 들어간 배상금 지불, 러시아 기업과 사업 보호, 개인과 단체의 재산과 권익 보호 등을 논의할 것을 전권위원 비테에게 요청했다. 전 극동총독 알렉세예프는 1895년 5월 27일 체결한 러일통상조약의 효력을 유지할 것을 요청했다. 또한 다른 열강과 동일하게 러시아인의 모든 권리와 특권을 완전히 보장하도록 노력할 것도 당부했다.

마지막으로 람즈도르프는 포츠머스회담에서 비테에게 우호적인 태도를 취할 것을 요청했다. 그는 비테가 민감한 문제에 관해서 상대에게 모욕을 주지 말아야 하며 회담에 부정적인 영향을 주는 예민한 논쟁을 피하는 것이 바람직하다고 했다. 니꼴라이 2세는 특별파견위원들과 함께 전문적인 문제에 대하여 협의하고 폭넓은 자료를 활용할 것을 비테에게

당부했다.[23]

이러한 훈령에 기초하여 비테는 미국으로 가는 배편에서 포츠머스회담의 기본적인 협상 태도를 구상했다. 비테는 이 구상이 포츠머스회담에서 우호적인 평화로 문제를 마무리하는 데 많은 도움이 되었다고 밝혔다. '러시아 대표는 러일전쟁의 중단이 모든 국가의 공통된 소망이라는 인상을 주도록 행동할 것이다. 러시아 대표는 약간의 어려움을 겪는 가장 큰 제국의 대표처럼 행동할 것이다. 러시아 대표는 미국에서 언론의 커다란 역할을 고려하면서 언론사 대표들에게 친절하게 행동할 것이다. 러시아 대표는 미국 시민의 지지를 얻기 위하여 완전히 민주적으로 행동할 것이다. 러시아 대표는 특히 뉴욕과 언론 분야에서의 유대인의 영향력을 고려하면서 유대인을 적대적으로 대하지 않을 것이다.'[24] 비테는 전 세계가 평화를 희망한다는 인류애를 강조하며 언론사와 미국인의 지지를 얻으려고 노력했다.

이상 1905년 6월 28일 자 러시아 훈령안을 살펴보면 러시아 정부는 포츠머스회담에서 절대 양보할 수 없는 사항을 다음과 같이 결정했다. 그것은 러시아의 영토 양보, 전쟁 배상금 지불, 블라디보스톡의 무장해제 및 태평양함대의 제한과 폐지, 블라디보스톡으로 향하는 철도 노선의 양보 등이었다. 러시아는 기본적으로 만주에서의 전쟁 패배에도 불구하고 포츠머스회담에서 영토할양과 전쟁배상 등을 수용할 생각이 없었다. 심지어 일본과의 합의점에 도달하지 못한다면 전쟁을 지속할 생각도 가지고 있었다. 무엇보다도 러시아는 한국에서의 지배적인 입지에 대한 일

---

23 ГАРФ. Ф. 568. Оп. 1. Д. 209. ЛЛ. 8-11об.

24 С. Ю. Витте. Воспоминания. Т. 2. М: Соцэкгиз. 1960. СС. 415-416.

본의 권리를 인정하면서도 일본이 한국의 완전한 독립을 인정하고 조속한 시일 내에 한국에서 군대를 철수할 것을 요구할 계획이었다. 즉 러시아는 한국의 독립을 일본에 양보할 생각이 없었는데 이러한 훈령은 니꼴라이 2세의 의지가 반영된 것으로 파악된다.

2) 포츠머스조약 체결 직후 조약문 해석

1905년 9월 10일 시종무관장 장군 프레제르닉스(B. Б. Фредерникс)는 포츠머스회담 조약안을 니꼴라이 2세에게 보고하는 전문을 보냈다. 뻴란손은 포츠머스회담 조약안을 설명하기 위하여 워싱턴에서 러시아로 귀환했다. 니꼴라이 2세는 당시 뻬제르부르크 북쪽 트론준트[현재 뷔소쯔크(Высоцк)]에 있었다.[25]

1905년 9월 21일 국방위원회는 일본과의 포츠머스조약 체결 과정에서 발생한 문제를 검토하기 위한 회의를 개최했다. 이날 참석자는 국방위원회 의장 대공 니꼴라이 니꼴라예비치(Николай Николаевич), 내각위원회 의장 비테, 재무대신 코콥초프(B. H. Коковцов), 육군대신 육군 중장 레지게르(А. Ф. Редигер), 해군대신 해군 중장 비릴레프(А. А. Бирилев), 육군참모총장(Начальник Генерального Штаба) 육군 중장 팔리친(Ф. Ф. Палицын), 외무차관 오볼렌스끼(П. С. Оболенский) 등이었다.[26] 국방위원회는 포츠머스에서 체결된 조약 중 한국의 독립 문제와 중립지대 설정, 일본군대의 한국 진입, 만주에서 러시아와 일본의 이

---

25 ГАРФ. Ф. 568. Оп. 1. Д. 209. Л. 23.
26 ГАРФ. Ф. 818. Оп. 1. Д. 49. ЛЛ. 58-71об.

해관계 조정 등을 핵심 문제로 논의했다. 이날 회의를 기록한 인물은 뻴 란손이었고 니꼴라이 2세는 1905년 10월 4일 회의록을 확인했다고 문 서에 기록했다.

내각위원회 의장 비테는 회의를 시작하면서 "포츠머스조약에서 문제 를 복잡하게 만들지 않으려고 일부러 많은 문제를 다루지 않았다"고 밝 혔다. 비테는 "이것이 러시아와 일본이 조약의 몇 가지 항목을 다르게 이 해하게 만드는 원인을 제공했다"라고 덧붙였다. 그러자 니꼴라이 2세는 정부 대신들이 포츠머스조약의 다양한 조항을 정확히 확정하도록 지시 했다. 먼저 비테는 조약의 조항들에 대해 의혹이 있으면 얘기하라고 회 의 참석자에게 제안했다.[27]

가장 먼저 육군참모총장 팔리친은 한러 국경에서 군사적 조치를 제한 한 포츠머스조약 제2조[28]가 "어느 지역에 해당하는지 정확하지 않다"고 문제를 제기했다. 그것은 이 지역이 노보끼옙스크까지 확대되는 것인지 아니면 두만강 연안에만 국한되는 것인지에 관한 문제였다.

의장 비테는 러일협상 당시 이 지역을 정확하게 지정하지 않았고 "단 지 국경에서 가장 근접한 곳을 염두에 둔 것"이라고 답변했다. 비테는 "국경에서 약 10베르스타 거리 이내에서 요새를 구축하지 않는 것이 바 람직하다"고 판단했다. 국방위원회 의장 니꼴라이 니꼴라예비치는 "한 국 국경이 러시아 포대의 사정거리에 놓여서는 안 된다"고 발언했다.

두 번째로 해군대신 비릴레프는 "일본에 대한 한국의 지위, 한국에서

<hr />

27 ГАРФ. Ф. 818. Оп. 1. Д. 49. ЛЛ. 58-59об.
28 "2조. 러·한 국경에서 러시아 또는 한국의 영토를 위협할 수도 있는 여하한 군사행동도 삼 갈 것을 합의한다." 동북아역사재단, 『근대 조약과 동아시아 영토침탈 관련 자료 선집』 2, 2021, 88쪽.

러시아인의 지위는 어떻게 되는가?" 문제를 제기했다.

비테는 포츠머스회담 당시 "러시아의 권리가 한국에서 다른 열강과 동일해야 한다는 자세로 임했다"고 밝혔다. "한국의 지위 문제는 국제적인 문제이므로 다른 열강이 어떠한 태도를 보이는가에 의해서만 해결될 것이다. 러시아는 2차 영일조약을 통해서 영국의 견해를 알고 있다. 향후 러시아 외무부는 다른 정부, 특히 미국 정부에 문의하는 것이 좋을 것 같다." 그러자 외무차관 오볼렌스끼는 "러시아 외무부는 주한러시아 대표를 임명할 것을 고려하고 있는데 포츠머스조약이 비준되면 러시아는 열강에 이 문제를 사전에 의뢰할 수도 있다"고 제안했다.

비테는 포츠머스조약 체결 이후 "한국의 주권은 변함 없다"고 밝혔다. 비테는 "만일 다른 열강이 한국에 공사를 파견한다면 러시아도 파견할 수 있다. 이 문제는 지체될 수 없는데 그 이유는 이미 주러한국 외교대표가 자신과 외무대신에게 주한러시아 대표의 파견을 질의했기 때문이다"라고 말했다. 외무차관 오볼렌스끼는 "러시아가 한국의 자주성을 말살하려는 일본의 조치를 단 한 번도 인정하지 않았다. 그 증거가 주러한국공사가 지금까지 뻬쩨르부르크에 주재하고 있다는 사실이다. 러시아 정부가 주러한국공사의 생활비를 제공하고 있는데 이것은 추후 한국 정부에 비용을 청구할 예정"이라고 비테의 발언을 보강했다. 비테는 한국의 독립이 국제 문제이기 때문에 '러시아와 일본 사이의 조약으로 결코 없애버릴 수 없다'는 입장을 가지고 있음을 확인할 수 있다.[29]

---

29 와다 하루키에 따르면 포츠머스회담 당시 비테의 한국 관련 제안은 조약 본문에는 없지만 회의록에 "일본국 전권위원은 일본국이 장래 한국에서 취할 필요가 있다고 인정하는 조치에서 동 국가의 주권을 침해할 만한 것은 한국 정부와 합의한 뒤 이를 취해야 한다는 것을 여기에 성명한다"는 문장이 들어가게 되었다. 비테는 이것으로 조선의 독립을 지켰다고 생

세 번째로 해군대신 비릴례프는 "제2차 영일조약[30]이 향후 러시아정책에 어떤 영향을 주는지 그리고 이 조약이 포츠머스회담 교섭에서 고려되었는지"를 질문했다. 비테는 "포츠머스에서 영국과 일본의 교섭을 파악하고자 외무대신 람즈도르프에게 질의했지만 정확한 정보를 얻을 수 없었다"고 답변했다. 비테는 귀국 중 파리에서 주불러시아대사 벤켄도르프를 통해 조약 원문을 확인할 수 있었다. 그런데 비테는 '제2차 영일조약에 대한 러시아정책을 이 자리에서 논의하기에는 너무 크고 복잡한 문제'라며 구체적인 논의를 중단시켰다.

네 번째로 육군참모총장 팔리친은 "포츠머스조약 비준 이후 러시아와 일본군대가 만주 철군을 시작하지만 한국 철군에 대해서는 아무런 언급이 없다"고 의문을 제기했다. 팔리친은 "러시아군대가 한국을 나와서 두만강 좌안으로 철수해야 한다"고 현지 총사령관에게 급보를 보내고 "일본군대는 한국에 잔류해도 되는가?"라는 문제를 제기했다. 이에 비테는 일본군대의 한국 철수 문제에 관한 교섭 과정을 상세히 설명했다. 그 내용은 다음과 같다.

일본 전권위원은 철수계획을 제시하면서 이를 조약 자체에 첨부하자고 요구했다. 비테는 군사 분야에 관해서는 포츠머스회담에서 최종결론을 내릴 수 없다는 점을 근거로 고무라의 요구를 거부했다. 고무라는 일

각했고 귀국 후 10월 4일에 열린 외상, 재무상, 육군상 세 장관 협의에서 "조선의 독립은 조약에 의해서는 폐절되지 않고 종래대로 러시아 정부에 의해서 인정된다"는 결론을 내렸다. 和田春樹, 2010, pp. 391-392.

30 1905년 8월 12일 영국과 러시아는 협약을 개정했다. 일본의 조선 보호권을 확인하고 동맹 적용 범위를 인도까지 확대했다. 또한 동맹국이 한쪽의 다른 1국과 전쟁하는 경우에도 동맹국이 참전하기로 했다.

본의 철수계획안을 철회하면서 러시아의 철군 계획을 제시하라고 요구했다. 그러자 비테는 "군사령부가 현장에서 철군의 구체적 계획에 관해 상세히 작성할 것을 요구함에 따라 철군의 전체 기간과 병력 할당만을 제시할 수 있다"라고 맞섰다.

그러자 고무라는 "일본의 모든 병력이 만주의 조차지 및 한국에서 철수한다"는 자국의 안을 제시했다. 비테는 "일본군대의 한국 철수가 열강 전체를 불안하게 하고 극동의 평화를 위협할 수 있어서 동의할 수 없다"라고 말했다. 그러자 고무라는 일본군의 한국 철수를 삭제하는 데 동의했다. 하지만 고무라는 "러시아가 한국 주둔 일본군대의 병력 인원에 관여하는 것을 절대로 허용하지 않을 것"이라는 단호한 견해를 밝혔다. 비테는 '이 문제는 다른 열강들이 똑같이 관심을 두고 있는 국제 문제였기 때문에 더 이상 주장하지 않았다. 그것이 바로 포츠머스조약에서 군대 철수가 언급되지 않은 이유였다'고 답변했다.

비테는 포츠머스조약 체결 이후 고무라에게 "일본이 한국에 많은 수의 병력을 유지하려고 생각하는지" 사적으로 질문했다. 그러자 고무라는 "일본이 그럴 만한 여력이 없으며 한국에는 틀림없이 소규모의 무장력만 남게 될 것"이라고 답변했다. 이상의 내용을 토대로 비테는 '상황이 분명해지기 전까지 러시아가 남우수리스크 지역에 가능한 많은 수의 병력을 유지해야 한다'는 결론을 내렸다.

그런데 팔리친은 남우수리스크 지역의 러시아군대가 전략적으로 경제적으로 불리하다고 주장했다. 그 지역 러시아군대는 식용 가축을 모두 한국 북부에서 수입하고 있었는데 일본군대가 한국 북부지역에 주둔하면 러시아가 가축을 공급받는 일이 불가능해지기 때문이었다. 팔리친은 일본군대가 한국 남부지역으로 철수할 수 있도록 외교적으로 협상할 것을 제안했다. 비테는 당시 일본군대의 북부지역 철수를 시기에 맞지 않는 것으로 판단하고 대신 이 문제는 "주일러시아공사가 임명된 다음 러시아와 일본 사이의 신뢰가 형성된다면 어렵지 않게 해결될 것"이라고 답변했다.

다섯 번째로 팔리친은 포츠머스조약 6조에 근거하여 관성자부터 여순까지의 동청철도 남만주 지선에 대한 러시아의 양보를 언급하면서 "관성자역은 어느 쪽이 소유하게 될 것인지"에 대한 설명을 요구했다.

비테는 관성자역의 귀속 문제가 포츠머스회담에서 논의되지 않았지만 당시 러시아가 점령하고 있었으므로 러시아 소속이라는 견해를 제시했다. 그러자 육군참모총장은 "향후 철도 노선 양보에 착수할 때 관성자역 전까지만 양보한다고 일본에 답변해야 한다"고 제안했다.

그런데 재무대신 코콥초프는 "관성자역이 도로로서 큰 의미가 없으며 기술적인 이유에 따라 러시아나 일본에 이전될 수도 있다"라고 했다. 오히려 코콥초프는 "동청철도와 길림의 연결이 중요하다. 길림은 경제적으로나 정치적으로 매우 중요한 의미를 가지고 있다"며 다음과 같이 주장했다. "현재 러시아는 관성자와 길림의 동청철도 지선 부설 조약을 사실상 체결했지만 청국 정부가 아직 승인하지 않았다. 따라서 러시아는 관성자역 소유에 결정적 의미를 부여하지 않으면서 동청철도와 길림을 연결할 가능성을 확보하기 위한 모든 조치를 실행해야 한다."

비테는 이러한 코콥초프의 의견에 동의하면서 회담 내용을 다음과 같이 설명했다. 일본은 하얼빈까지 노선을 양보하라고 요구했지만 러시아는 회담에서 완강하게 반대했다. 먼저 비테는 러시아와 일본의 지배를 분리하는 지점으로 공주령을 제시했다. 양국의 오랜 논쟁 이후 고무라는 동청철도가 하얼빈 남쪽 송화강을 통과하는 지점을 경계점으로 제안했고 비테는 관성자를 수정안으로 제시했다. 그러자 고무라는 러시아가 길림으로 가는 철도 지선을 어느 쪽으로 부설할 것인가를 물었다. 이에 비테는 길림의 지선 부설권을 부여한다면 관성자를 분계역으로 인정한다고 했다. 더불어 "길림의 지선은 청국의 문제이므로 만일 청국이 지선의 건설을 일본 측에 허락한다면 러시아가 반대하지는 않을 것"이라고 답변했다.

사실 비테는 포츠머스회담 당시 길림 지선에 별다른 의미를 부여하지 않았다. 그 이유는 첫째, 일본이 그 지선을 건설한다면 러시아도 길림을 연결하는 다른 지선을 건설할 권리를 가질 수 있기 때문이었다. 둘째, 일본이 남만주 지선을 소유하더라도 러시아는 북만주에서 직접 길림까지 연결할 수도 있기 때문이었다. 회의 참석자 중 일부는 동청철도의 길림 지선은 영안 또는 송화강을 따라서 건설하고 청국 정부와의 교섭을 위하여 외무부에 의뢰해야 한다는 의견을 제시했다.

여섯 번째로 팔리친은 "포츠머스조약 7조[31]에 따르면 만주 지역 철도는 오직 경제적인 목적으로 사용해야 하며 요동반도는 여기에 적용되지 않으므로 전략적으로 일본에 유리하다"고 환기했다.

그러자 비테는 "러시아의 동청철도 이권 협정이 완벽하게 효력을 가진다는 입장에서 협상을 진행했다"며 다음과 같이 밝혔다. "동청철도는 군사적 목적이 아닌 상업적 목적으로 이용해야 한다. 만약 러시아가 군수물자를 블라디보스톡으로 운반할 때 만주에서 하역하지 않는다면 이

---

31 "7조. 일본과 러시아는 만주에서 각자의 철도를 온전히 상공업 목적에 한하여 경영하고 결코 군략 목적으로 이를 경영하지 않음을 약속한다. 해당 제안은 랴오둥반도 조차권이 그 효력을 미치는 지역의 철도에 적용되지 않음을 안다." 동북아역사재단, 2021, 89쪽.

것은 일본이 아니라 청국과의 관계를 고려한 것이다. 일본은 처음에는 동청철도에 대한 러시아의 권리를 최대한 제한할 것을 주장했지만 러시아는 상호주의 원칙에 근거해서 같은 제안을 일본에 요구했다. 그러자 일본은 어쩔 수 없이 양보하면서 초안의 첨예한 문장을 완화했다."그럼에도 비테는 요동반도에 대한 일본의 전략적 군사기지 건설을 수용할 수밖에 없는 상황이었다고 밝혔다. 그는 향후 러시아는 하얼빈 등 동청철도 주변의 물자와 창고를 그대로 유지할 수 있지만 군사적 물자의 운송은 일시적으로 중단하면서 향후 일본의 행동을 주시해야 함을 덧붙였다.

일곱 번째로 해군대신 비릴례프는 라페루즈해협과 타타르해협의 자유항행권에 관한 포츠머스조약 9조[32]의 문안이 분명하지 않다고 지적하면서 "일본이 두 해협의 연안에 요새를 구축할 수 있는지, 러시아도 이런 요새를 구축할 수 있는 것인지"에 대해서 질문했다.

비테는 "사할린섬의 권리 제한이 분명하고 의심할 바 없다"며 다음과 같이 답변했다. 라페루즈해협 남쪽 연안인 에조섬의 요새 구축을 금지하는 것에 관해서 그 제한 문구를 일부러 애매모호하게 처리했다. 그 이유는 러시아가 문구를 더 정확하게 서술하는 문제를 제기하면 일본이 즉시 타타르해협에 둘러싸인 연해주에 관한 러시아의 권리를 철저히 제한할 것이기 때문이었다. 당시 군사 분야의 특별파견위원은 일본에 홋카이도섬의 요새 구축을 금지하는 것보다 러시아가 연해주에서 행동의 자유권을 지키는 것이 훨씬 중요하다고 조언했다. 따라서 비테는 사할린섬을

---

32 "9조. 러시아와 일본은 사할린섬과 그 부근 도서의 각자 영지에 요새와 유사한 군사시설을 축조하지 않을 것에 상호 동의한다. 양국은 라페루즈해협과 타타르해협에서의 자유항해를 방해할 수 있는 어떠한 군사적 조치도 취하지 않을 것을 상호 약정한다." 동북아역사재단, 2021, 101쪽.

제외하고 "이 조항의 문구를 다소 애매모호하게 두기로 했다"고 밝혔다.

그 외에 해군대신은 "러시아가 태평양 연안에서 블라디보스톡 외에 다른 기지를 건설하거나 갖고 있을 권리를 가지고 있는가?" 문제를 제기했다. 비테는 "이것에 대해 아무런 제한이 없다"라고 답변했다. 비릴례프는 러일전쟁 직전 일본이 러시아 상선을 나포한 문제 및 한국 지역 두만강 연안에 중립지대를 설치하는 문제 등을 질문했다. 비테는 '주일러시아공사가 일본에 파견될 때까지 이 문제들에 대한 검토를 연기해야 할 것'이라고 답변했다.

여덟 번째로 재무대신 코콥초프는 포츠머스조약 중 "협약 쌍방이 만주의 자국 철도를 보호하기 위한 경비대를 가질 수 있는 권리"를 언급하면서 "경비대가 이전처럼 자아무르 관구에 부과되는지 아니면 다른 관구에 부과되는지"를 물었다.

비테는 "그 병력의 숫자가 조약에 상응한다면 러시아는 어떤 병력도 철도 노선에 배치할 수 있는데, 한편으론 국경경비대가 이전과 같이 수비하는 것도 찬성한다"라고 답했다. 이어 "1km당 15명의 병력을 배치하는 동시에 철도 종사원인 역장, 차장, 전철수 등도 언제나 군대를 구성하는 체계 속에 편입시켜야 한다. 일본은 러일전쟁 이전 만주와 시베리아에 군사적 목적을 달성하기 위하여 다수의 일본 장교를 다양한 활동에 종사시켰다. 심지어 일본인은 해군 대장 로제스뜨벤스끼(З.П.Рожественский)의 함대가 머무는 마다가스카르에서도 활동했다"고 첨언했다.

그러자 국방위원회 의장 니꼴라이 니꼴라예비치 대공은 "비테의 생각처럼 민간인의 군대 체계가 잘 갖춰진다면 커다란 성과를 낼 수 있지만 이 문제는 니꼴라이 2세의 향후 러시아 극동정책 방향에 대한 전반적 지시에 좌우되기 때문에 지금 논의는 적절하지 않다"라고 지적했다.

한편 육군부와 재무부는 회의 중 국경수비대 소속을 둘러싸고 대립했다. 육군대신 레디게르도 국경경비대가 동청철도의 경비를 수행하는 것에 동의했는데, 국경경비대가 지역에 적응해 왔고 러일전쟁 때 전투에서 매우 훌륭했기 때문이라고 그 이유를 밝혔다. 동시에 레디게르는 자아무르 관구 소속 국경경비대 소속 문제를 현재 재무부에서 육군부 소속으로 변경할 것을 제안했다. "국경경비대는 총독부 산하 육군부 소속 장군 관할 아래 자아무르 부서로 배치한다. 철도 보안은 이전처럼 국경경비대 책임에 맡긴다. 그 이유는 국경경비대의 전투 수행 경험을 유지하기 위해서이다."

하지만 비테는 국경경비대 활동의 모든 측면이 철도와 긴밀하게 연관되어 있는데 그 소속이 육군부라는 점이 커다란 불편을 초래할 것이라고 우려했다. "철도 책임자는 군인이며 따라서 나머지 종사자도 군인이 되어야 한다. 의복, 거주지, 식량 등의 물질적 부분이 모두 철도에 의존하고 있다. 만약 국경경비대가 육군부 소속이고 철도원이 재무부 소속이라면 개별적으로 끊임없는 오해와 말다툼이 발생할 것이다. 따라서 재무부가 이전처럼 국경경비대의 경제적인 부분을 소관하고 군사 총독이 군사적인 부분만 관할해야 한다."

재무대신 코콥초프는 국경경비대를 현행 조직대로 유지해야 한다는 입장이었다. 자아무르 관구는 재무부 소속으로 철도 보안 및 전쟁 수행에서 이때까지 아무런 문제가 없었다고 주장했다. 이 문제는 전 재무대신 비테와 전 육군대신 꾸로빠뜨낀의 협의에 따라 별도의 규칙이 작성되어 있었다. 또한 동청철도는 청국과의 조약에 근거하여 운영되고 있었다. 무엇보다도 국경경비대는 경제적인 측면에서 주거와 난방을 제공하는 재무부 소속 철도국에 전적으로 의지하고 있었다. 반면 육군부는 국경경비대의 전투 준비와 군사 훈련에 강력한 영향을 미치고 있었다.

그러자 레디게르는 국경경비대의 육군부 소속의 타당함을 재차 주장했다. 논쟁의 결과 국방위원회 회의는 '국경경비대는 현재 상태를 유지하되 군사 지도부의 영향력 강화에 대해서는 재무대신과 육군대신이 서로 협의한다'는 결론을 내렸다.

아홉 번째로 코콥초프는 동청철도에 대한 청국과의 조약 준수, 동청철도의 경제적 과제 등을 고려하여 동청철도를 현재처럼 재무부 소속으로 유지할 것을 요청했다. 과거 육군부는 자카스피해철도를 운영했지만 설비와 경영의 불만족 때문에 교통부 소관으로 이관했던 전력이 있었다.

비테는 동청철도를 다른 부처로 이관하면 일본이 러시아의 다른 책략을 의심할 것이라는 이유를 들어 동청철도의 다른 부처 이관은 국제적인 관점에서 볼 때 불가능하다고 주장했다. 대신 육군부는 군사적 목적에 상응하는 조치, 예를 들면 동청철도 이사회의 임원을 지정할 수 있고 병력 이동을 통제하는 장교도 임명할 수 있다는 점을 강조했다.

열 번째로 코콥초프는 포츠머스조약 6조[33]에 근거하면 러시아가 남만주철도 관련 "권리, 특권, 재산 소유권, 철도 소유나 철도를 위해 개발한 탄광"을 일본에 양보하게 되었다고 언급하면서 "무순탄광은 어떻게 할 것인가?"에 대한 답변을 요청했다. 코콥초프에 따르면 무순탄광은 러일전쟁 이전 청국 민영회사 '환신리'의 설립으로 개발되었고 출자금 증서

---

33 "6조. 러시아 정부는 청국 정부의 동의하에 창춘과 여순항 간 철도와 모든 지선 및 그 지역에서 거기에 속하는 일체의 권리, 특권 및 재산 그리고 상기 철도 혹은 그것을 위해 운영되는 일체의 탄광을 아무런 보상 없이 일본 정부에 양도하기로 약정한다." 동북아역사재단, 2021, 101쪽.

도 발행되었다. 청국 민영회사가 무순탄광을 소유했지만 러청은행이 회사 주식의 4분의 3을 소유했다. 하지만 러청은행은 규약상 무순탄광 이권을 행사할 권리가 없었다. 전 재무대신 비테가 만든 만주광업회사가 외국 자본투자자를 참여시켜 이들이 무순탄광의 소유주가 되었기 때문이다. 러일전쟁 당시 무순탄광은 러시아군대에 석탄을 제공했지만 현재는 일본의 수중에 있다. 코콥초프는 "만주광업회사의 권리를 회복할 것인지 아니면 포기할 것인지?"를 물었고 비테는 "재무부와 외무부가 무순탄광에 대해 공동으로 법률적 검토를 한 후 주일러시아공사를 통해 일본과 협의하자"고 답변했다.

열한 번째로 해군대신은 러시아 전쟁포로 수송을 위한 러시아함대를 일본항구에 보낼 것인지 질의했다. 국방위원회는 회의에서 상해에서 깃발을 단 러시아 상선을 보내거나 군기를 단 수송선을 보낼 것을 결정했다.[34]

결국 국방위원회는 오랜 시간 질의와 답변을 거쳐서 다음과 같은 결론을 내렸다. 첫째, '한국에서 군사적 조치의 제한'에는 남우수리스크 지역 전체를 포함하지 않으며 러시아 포대의 사정권은 한국 국경 근접 지역에 들어가지 않는다. 둘째, 한국의 독립은 포츠머스조약에 의해서 폐기되지 않으며 여전히 러시아 정부에 의해 인정될 것이다. 러시아 외무부는 한국의 독립에 대하여 다른 열강의 견해를 확인하는 것이 바람직하다.[35] 러시아 여권 소지자는 한국에서 다른 외국인과 동등한 권리와

---

34 ГАРФ. Ф.818. Оп.1. Д.49. ЛЛ.60-69об.

35 "Независимость Кореи договором не уничтожена и по прежнему можем признаваться императорским правительством; но взгляд других Держав на этот вопрос желательно проверить путем зависящих сношений МИД." ГАРФ. Ф.818.

특권을 누릴 것이다. 셋째, 제2차 영일조약은 포츠머스조약 체결 후 공포되었으므로 포츠머스회담에서 고려될 수 없었다. 넷째, 일본은 한국에서 자국군대의 인원을 조약에 포함하는 것을 거부했다. 따라서 러시아는 남우수리스크 지역에 충분한 수의 병력을 유지해야 한다. 다섯째, 한국 북부지역에 주둔하는 일본군대는 향후 주러일본공사와의 교섭으로 신뢰를 형성하여 변화시킨다. 여섯째, 남만주철도의 관성자역이 어느 쪽으로 귀속될 것인가 하는 문제는 포츠머스회담에서 제기되지 않았다. 관성자역은 현재 러시아가 소유하고 있지만 향후 교섭에 따라 그 귀속이 결정될 것이다. 일곱째, 관성자부터 길림까지 철도 지선의 건설은 러시아에 중요한 의미가 없다. 그 이유는 길림까지의 지선이 영안을 거치거나 송화강을 통하기 때문이다. 여덟째, 러시아는 라페루즈해협과 타타르해협에 요새 구축 금지 내용을 다소 애매모호하게 남겨두었다. 그 이유는 대륙에서 실행할 수 있는 행동의 자유를 러시아에 남겨두기 위해서이다. 사할린은 어떤 일이 있더라도 그 연안에 요새 구축을 금지한다. 아홉째, 러시아는 타타르해협의 수역에서 벗어난 태평양 연안에 기지를 건설할 수 있다. 열 번째, 선전포고 이전 일본이 나포한 러시아 상선에 대한 교섭은 일본과 외교관계가 복구될 때까지 보류한다. 열한 번째, 동청철도 경비대는 이전처럼 재무부 소속으로 자아무르 국경경비대 관구에 두되 육군부는 경비대 관리를 훈련하고 전투 준비를 시키는 일정 부분에 참여할 수 있다. 열두 번째, 동청철도는 조직된 군사 요원을 철도에 배치하는 체제를 고안한다. 열세 번째, 무순탄광에 대한 만주광업회사의 권리는 재무부와 외무부가 법률가의 참여하에 검토한다. 그 결과가 좋다면

Оп. 1. Д. 49. Л. 70 с об.

러시아 외무부는 일본 정부와 교섭한다. 열네 번째, 동청철도는 재무부 소속으로 유지한다. 다만 육군부는 동청철도 이사회에 참여하고 병력을 관할할 장교를 임명할 수 있다.[36]

국방위원회 회의에서 한국 문제만 살펴보면 러시아는 '한국에서 군사적 조치의 제한'에 남우수리스크 지역 전체를 포함하지 않으며 남우수리스크 지역에 충분한 수의 병력을 유지할 것을 결정했다. 무엇보다도 전권위원 비테는 한국의 독립이 국제 문제이기 때문에 러시아와 일본 사이의 조약으로 한국의 독립을 훼손할 수 없다고 포츠머스조약을 해석했다. 따라서 러시아 국방위원회는 한국의 독립이 포츠머스조약에 의해 폐기되지 않으며 여전히 러시아 정부에 의해 인정될 것으로 판단하면서 러시아 외무부가 교섭을 통하여 한국의 독립에 대한 다른 열강의 견해를 확인하도록 지시했다.

3. 포츠머스조약 체결 이후 외교적 대응

러시아는 포츠머스조약이 한국의 독립을 훼손하지 않았다며 후속 조치를 실행했다. 1905년 10월 4일 외무대신 람즈도르프는 포츠머스조약 체결 이후 한국의 독립성에 대하여 베를린의 불라첼리, 파리의 넬리도프, 워싱턴의 로젠에게 다음과 같은 내용의 비밀전문을 보냈다. 러시아는 포츠머스조약 제2항에 근거하여 한국에 대한 일본의 우월한 정치적, 군사적, 경제적 이해관계를 인정했다. 그러나 러시아는 극동정책의 핵심인

---

36 ГАРФ. Ф. 818. Оп. 1. Д. 49. ЛЛ. 70-71об.

한국의 독립원칙은 훼손되지 않았다고 판단했다.[37] 실제 러시아는 러일전쟁 당시 일본이 한국에서 실행하는 행동에 관하여 여러 차례 항의하면서 다른 견해를 분명히 표명했다. 이러한 항의는 러시아가 극동에서 이익을 가지고 있는 열강을 대변한 것이었다. 람즈도르프는 "열강이 서울에서 외교대표를 온전히 유지했으므로 한국은 독립을 충분히 인정받았다"고 판단했다.[38] 따라서 람즈도르프는 프랑스, 독일, 미국의 '한국의 국제적 위상'에 대한 입장, 주한 대표부를 과거대로 유지하는 계획 등에 대하여 신속히 확인할 것을 지시했다. 그것은 포츠머스조약 체결 이후 주한러시아공사관 부활의 필요성과 맞물려 있는 것이었다.[39]

주미러시아대사 로젠은 러시아 외무성의 지시에 따라 미국 정부와 교섭했다. 로젠은 미국 국무장관 루트(Elihu Root)와 만나서 한국의 중립화 문제를 비밀리에 논의할 것을 요청했다. 1905년 10월 6일 로젠은 한

---

37 "Императорское Правительство(*Россия) не имело, однако, в виду нарушать принцип независимости соседней корейской Имерии, положенный в основу политики его на Дальнем востоке / и нашедший себе, между прочим, выражение в русско-французской декларации 3 марта 1902 года, только для Парижа. На деле такой взгляд за время минувшей войны вполне ясно определился в тех протестах, кой в разных случаях сделаны были Россиею по поводу образа действия японцев в Корее." ГАРФ. Ф.818. Оп. 1. Д. 120. Л. 1об. 1902년 3월 16일 러·프선언은 러시아 외무대신 람즈도르프의 주도 아래 이루어졌다.

38 "На деле такой взгляд за время минувшей войны вполне ясно определился в тех протестах, кой в разных случаях сделаны были Россиею по поводу образа действия японцев в Корее. По-видимому, протесты эти отвечали взгляду на вопрос держав, имеющих свои интересы на Крайнем Востоке, так как означенные державы в полной мере сохранили свок дипломатическое представительство в Сеуле, воочию свидетельствую тем, что они всецело признают самостоятельность Кореи." ГАРФ. Ф.818. Оп. 1. Д. 120. Л. 1об.

39 ГАРФ. Ф.818. Оп. 1. Д. 120. Л. 1об.

국의 독립에 관한 루트의 견해를 워싱턴에서 코고했다.[40] 루트에 따르면 워싱턴 정부는 한국의 국제적 위상에 관한 견해를 아직까지 결정하지 않았고 주한미국 대표부의 위상과 지위의 변동 또한 고려하지 않았다. 로젠은 미국이 한국 문제와 관련하여 아직까지 확실한 입장을 정하지 않았는데 미국 대통령이 휴가에서 돌아오는 2주 후 이 문제에 대해 비공개로 논의할 예정이라고 보고했다.[41]

그 뒤 1905년 11월 14일 로젠은 '을사늑약에 따른 한국의 자주권 상실'에 관해 진행한 루트와의 논의 내용을 다음과 같이 보고했다. 루트에 따르면 미국 정부는 그동안 한국의 자주독립을 지속해서 인정했다. 하지만 을사늑약은 한국의 정세를 바이에른과 같은 상황으로 변화시켰으며 그 결과 한국의 자주독립권이 훼손되었다. 따라서 미국은 주한미국공사관의 폐쇄 및 공사를 소환하기로 결정했다. 미국은 한국과 일본이 체결한 을사늑약을 고려하여 주미일본공사를 한국 대변인으로 인정했다. 향후 미국의 한국과의 외교관계는 주미일본공사관과 일본 외무성을 통해서 진행될 것이다. 결국 '주한미국 총영사는 자신의 직위를 유지할 것이며 한국 정부로부터 인가장을 받을 예정'이었으나[42] 일본이 강압적으로 을사늑약을 체결하자 미국은 한국에 대한 일본의 보호제도가 성립되었다고 판단했던 것이다.

미국 측의 이와 같은 입장은 그 이후에도 나타났다. 1905년 11월 말 주불한국공사 민영찬이 워싱턴에 도착했고 며칠 뒤 루트를 방문했다. 민

40 ГАРФ. Ф. 818. Оп. 1. Д. 119. Л. 2об.
41 ГАРФ. Ф. 818. Оп. 1. Д. 119. Л. 1.
42 ГАРФ. Ф. 818. Оп. 1. Д. 119. Л. 4об; ГАРФ. Ф. 818. Оп. 1. Д. 119. Л. 5об.

영찬은 을사늑약의 강압성을 설명하면서 한국을 도와줄 것을 루트에게 요청했다. 루트는 을사늑약 이후 상황과 관련하여 개인적으로 입수한 정보가 전혀 없으므로 어떤 의견도 피력할 수 없다고 민영찬에게 답변했다. 루트는 민영찬과의 대화를 로젠에게 알려주면서 한국 문제에 대한 미국 정부의 입장을 다음과 같이 밝혔다. "미국은 한국에 어떠한 도움도 줄 수 없다. 러일전쟁의 원인은 '한국에 대한 보호제도'의 소유권 문제였다. 러일전쟁 이후 이러한 소유권 문제는 일본에 유리하게 해결될 것으로 아주 명백하게 결정되었다."[43] 루트는 포츠머스조약과 을사늑약의 연속성을 일본의 '한국에 대한 보호제도'라고 판단했던 것이다.

1905년 12월 16일 로젠은 한국의 국제적 위상에 대한 미국무장관 루트의 서신을 러시아 외무부에 보고했다.[44] 루트의 서신에 따르면 '미국은 일본이 한국의 외교 업무를 수행한다는 을사늑약을 존중한다. 미국은 11월 17일 을사늑약을 고려하면서 한미조약은 완전히 유효하다는 일본의 보장하에 주한미국공사관을 철수시켰다.[45] 워싱턴주재 일본과 한국 대표는 주한미국공사관을 철수한다는 미국의 통고를 받았다. 미국 정부는 주한미국인의 인격, 권리, 재산에 영향을 미치는 모든 외교 문제는 한

---

43 ГАРФ. Ф. 818. Оп. 1. Д. 119. Л. 7об.

44 ГАРФ. Ф. 818. Оп. 1. Д. 119. Л. 11об.

45 "I answer your inquiry, in our conversation of yesterday, respecting the view of this Government with regard to the treaty relations with Korea following the taking over of the conduct of her foreign affairs by Japan, by saying that, in view of the conversation signed November 17-th last between Japan and Korea by which Japan become the medium for conducting the foreign relation of Korea, and upon receiving assurance that the treaty relations between the United States and Korea remain in full force, the American Legation in Seoul has been withdrawn." ГАРФ. Ф. 818. Оп. 1. Д. 119. Л. 11об.

미조약에 근거하지만 그런 문제에 대해서 논의와 조정을 수행할 경우에
는 일본 정부와 소통할 것이다'.[46]

결국 러시아는 포츠머스조약 제2항에 근거하여 한국에 대한 일본의
우월한 정치적·군사적·경제적 이해관계를 인정했지만 극동정책의 핵
심인 한국의 독립원칙은 훼손되지 않았다고 판단했다. 이에 외무대신 람
즈도르프는 프랑스, 독일, 미국의 '한국의 국제적 위상'에 대한 입장, 주
한 대표부를 과거대로 유지하는 계획 등을 신속히 확인하도록 지시했다.
이에 주미러시아대사 로젠은 러시아 외무성의 지시에 따라 미국 정부와
교섭을 진행했다. 그러나 포츠머스조약 체결 이후 일본이 강압적으로 을
사늑약을 체결하자 미국은 한국에 대한 일본의 보호제도가 성립되었다
고 판단했다.

4. 한국 독립에 관한 조약문 해석

포츠머스조약 체결 직전 러시아는 일본과의 협상안을 마련했다. 1905년
6월 28일 자 러시아 훈령안을 살펴보면 러시아 정부는 포츠머스회담에
서 절대 양보할 수 없는 사항을 러시아의 영토 양보, 전쟁 배상금 지불,

---

46 "Notice has been given here by the representatives of Japan and of Korea that
the Korean Legation in the capital has been withdrawn in like manner. It is the
understanding of this Government that in all diplomatic matters affecting the
persons, rights and property of American citizens in Korea, under our treaty with
that country, our recourse to Korea as a treaty contracting party remains intact, but
that in the discussion and adjustment of such matters the Japanese Government acts
the medium of communication." ГАРФ. Ф. 818. Оп. 1. Д. 119. Л. 11об.

블라디보스톡 무장해제 및 태평양함대의 제한과 폐지, 블라디보스톡으로 향하는 철도 노선의 양보 등으로 확정했다. 러시아는 기본적으로 만주에서의 전쟁 패배에도 불구하고 포츠머스회담에서 영토할양과 전쟁배상 등을 수용할 생각이 없었다. 심지어 러시아는 일본과의 합의점에 도달하지 못한다면 전쟁을 지속할 생각도 가지고 있었다. 무엇보다도 러시아는 한국에서의 지배적인 입지에 대한 일본의 권리를 인정하면서도 일본이 한국의 완전한 독립에 대해 인정하고 조속한 시일 내에 한국에서 군대를 철수할 것을 요구할 계획이었다.

포츠머스조약 체결 직후 러시아의 조약문 해석은 1905년 9월 21일 진행된 러시아 국방위원회 회의를 통해 살펴볼 수 있다. 러시아는 '한국에서 군사적 조치의 제한'에 남우수리스크 지역 전체를 포함하지 않는다고 해석했다. 또한 일본이 한국에서 자국군대의 인원을 조약에 포함하는 것을 거부하자 러시아는 남우수리스크 지역에 충분한 수의 병력을 유지할 것을 결정했다. 무엇보다도 비테는 한국의 독립이 국제 문제이기 때문에 러시아와 일본 사이의 조약으로 한국의 독립을 훼손할 수 없다고 포츠머스조약을 해석했다. 따라서 러시아 국방위원회는 한국의 독립이 포츠머스조약에 의해 폐기되지 않았으며 여전히 러시아 정부에 의해 인정될 것으로 판단하면서 러시아 외무부가 교섭을 통하여 한국의 독립에 대해서 다른 열강의 견해를 확인하도록 지시했다.

그 후 러시아는 포츠머스조약 제2항에 근거하여 한국에 대한 일본의 우월한 정치적·군사적·경제적 이해관계를 인정했지만 극동정책의 핵심인 한국의 독립원칙은 훼손되지 않았다고 판단했다. 이에 람즈도르프는 프랑스, 독일, 미국의 '한국의 국제적 위상'에 대한 입장, 주한 대표부를 과거대로 유지하는 계획 등에 관하여 신속히 확인할 것을 지시했다.

이에 주미러시아대사 로젠은 러시아 외무성의 지시에 따라 미국 정부와 교섭을 진행했다.

포츠머스조약 체결 이후 러시아와 일본은 한국 문제에 대한 해석이 달랐다. 러시아는 한국의 독립을 유지했다고 생각한 반면, 일본은 한국의 보호국화를 성공시켰다고 판단했다. 또한 러시아와 일본은 포츠머스조약 체결 과정에서 치열한 외교전과 여론전을 벌였는데, 일본은 배상금과 영토 획득이라는 측면에서 처음 설정한 목표에서 상당 부분 후퇴했다. 그 배경에는 첫째, 일본은 서방의 여론에 밀려서 회담 과정에서 영토와 배상금을 끝까지 주장할 수 없었다. 둘째, 러시아 전권위원 비테는 배상금과 영토 중 하나를 일본이 선택하라는 전략을 끝까지 추구하여 성사시켰다.

을사늑약 체결과
조선통감부의 설치

1904년 2월 23일 일본은 대한제국을 위협하여 공수동맹을 전제로 한 '한일의정서'를 강제로 체결했다. 일본은 대한제국의 토지를 강제로 군용지로 점령하였고 강제로 통신 기관도 군용으로 접수했다. 1904년 8월 22일 일본은 내정개선이라는 구실 아래 고문정치를 실시하기 위해 대한제국을 위협하여 '한일협정서(제1차 한일협약)'를 강제로 체결했다. 일본은 한국의 재정과 외교 등 정책 부문에서 일본인과 외국인 고문을 두고 지배하는 '고문정치 체제'를 확립했다.

1905년 11월 18일 일본은 대한제국의 외교권 박탈을 내용으로 하는 '을사늑약(제2차 한일협약)'을 강제로 체결했다. '을사늑약' 제3조에 따르면 통감은 외교에 관한 사항을 관리하기 위하여 서울에 주재했다. 일본 정부가 한국의 각 지역 개항장 등에 이사관을 임명할 수 있는데, 이사관은 통감의 지휘하에 종래 주한일본영사에게 속하던 일체의 권한을 행사했다.[1] 또한 을사늑약의 제3조에는 통감부와 함께 이사청의 위치와 이사

---

1   1906년 2월 12일 함경남도 관찰사 신기선은 을사늑약 체결 이후 대한제국의 국권이 상실되

관의 직권에 대해 다음과 같이 규정했다. 통감부는 한국의 각 개항장과 기타 일본국 정부가 필요하다고 인정하는 땅에 이사관을 두었다. 이사관은 통감의 지휘 아래 종래 주한일본영사에 속한 일체의 직권을 집행하고 아울러 본 협약의 조관을 완전히 실행하기 위하여 필요로 하는 일체의 사무를 관리했다. 소속 직원은 주임관인 이사관과 부이사관, 판임관인 경부와 통역생 등이었다.

그 결과 1906년 1월 19일 외무대신 가토 다카아키(加藤高明)는 1906년 2월 1일부터 공사관과 영사관을 폐쇄하고 경성에 통감부를 설치하고 현재의 영사관과 분관 소재지에 이사청을 개설하고 직무를 집행할 것을 통감대리 하야시 공사에게 통고했다. 1906년 1월 31일 통감부 고시(告示) 제2호는 1906년 2월 1일부터 통감부와 이사청의 사무를 개시한다고 발표했다. 이토 히로부미(伊藤博文)는 1906년 3월 9일 초대 통감으로서 공식적 업무를 개시했다. 지방 외교관서인 감리서의 문부(文簿)가 이사청으로 인계되기 시작하고 이사청은 감리서가 관할한 외국인에 대한 가계와 지계 발급, 지단박매(地段拍賣), 외국인 통행증인 호조(護照) 발급 업무를 관할했다. 이사청은 주한일본영사관이 있던 부산, 원산, 인천, 서울, 목포, 진남포, 마산 등 7개 지역, 엦사 분관인 평양, 근산, 성진 3개 지역에 설치되었다. 이후 이사청은 대구, 신의주, 청진 지역에 증설되어 통치구역이 한국 전역을 아울렀다. 1906년 9월 14일까지 부산

었다고 하면서 사직 상소를 올렸다. 신기선에 따르면 "외교권이 모두 이웃 나라에 넘어가고 말았습니다. 이것은 지난 역사에 없었던 일이며 우리나라가 처음 당한 치욕입니다. 그 형세는 장차 외교에만 그치지 않을 것입니다." 신기선은 "거사무실(祛私務實)을 행하지 않는다면 폴란드나 이집트와 같이 망할 것이며 베트남이나 유구국을 닮을 것"이라며 '거사무실'을 오랫동안 실천한다면 국권을 회복할 수 있을 것이라고 주장했다.『高宗實錄』, 1906. 2. 12.

이사청은 경상도 동북부, 강원도 남부, 충청도 동남부를 관할했고 원산 이사청은 함경도 남부, 강원도 동북부를 관할했다.[2]

1907년 7월 24일 일본은 한국을 강점하기 위한 예비 조처로서 고문정치를 '차관정치'로 변경한 '한일신협약(제3차 한일협약)'을 강제로 체결했다. 일본은 법령제정권, 관리임명권, 행정권 등을 내용으로 하는 7개항의 조약을 시행했다. 1907년 10월 16일 『황성신문』에 따르면 통감부는 일본 황태자의 방한에 맞추어 대한제국의 호구와 지도를 제출할 예정이었다. 이를 위해서 통감부는 "국내 호구수를 정실히 조사성표하고 여지도를 소상히 선제하여 송교하라"고 대한제국 내부에 조회했다.[3]

무엇보다도 1905년 11월 대한제국의 외교권 박탈을 내용으로 하는 을사늑약(제2차 한일협약)을 체결하기 위해 특파된 이토 히로부미는 한국 정부에 압력을 가하며 체결을 강요했다. 기존 연구에 따르면 1905년 11월 17일 일본공사가 한국 정부의 각부 대신들을 일본공사관에 불러 한일협약 승인을 꾀하였으나 오후 3시가 되도록 결론을 얻지 못하자 궁중에 들어가 어전회의를 열었다. 이날 궁궐 주위 및 시내의 요소에는 무장한 일본군이 경계를 선 가운데 시내를 시위행진하고 본회의장인 궁궐

---

2   한지헌, 「理事廳의 설치 과정(1905-1907년)」, 『사학연구』116, 2014, 288-330쪽.

3   "論說地圖戶口査製紛忙. 近日 日本皇太子殿下渡韓에 就ᄒᆞ야 我國戶口와 地圖를 殿下의 御覽에 進呈ᄒᆞᆯ 必要가 有ᄒᆞᆷ으로 日昨 統監府에서 內部로 照會ᄒᆞ고 國內戶口數를 精實히 調査成表ᄒᆞ며 輿地圖를 昭詳히 繕製ᄒᆞ야 送交ᄒᆞ라 ᄒᆞᆷ으로 內部版籍課에서 戶口表와 輿地圖의 調査繕製에 十分 紛忙ᄒᆞ다ᄂᆞᆫ듸 其期日이 短促ᄒᆞᆷ으로 該部書記郞이 竣工치 못ᄒᆞ깃다 ᄒᆞ야 他人을 臨時雇用ᄒᆞᆯ 次로 經費 一百二十圜을 支撥ᄒᆞ라고 度支部에 請求ᄒᆞᆷ을 某新聞에 揭載ᄒᆞ얏스니吾輩ᄂᆞᆫ 此에 對ᄒᆞ야 遺憾이 不無ᄒᆞ도다 大抵 內部에 版籍課를 設置ᄒᆞᆷ은 其職務가 何에 在ᄒᆞᆷ인가 十三道戶口의 數를 調査ᄒᆞ야 每個年에 戶口表를 精製ᄒᆞ야 男女의 生死와 人民의 增減을 比較ᄒᆞ며 且其烟戶의 盈縮도 檢査코져 ᄒᆞᆷ이니 所謂 戶牖에 不出ᄒᆞ고도 能히 天下를 周知ᄒᆞ다ᄂᆞᆫ 古語가 此로 由ᄒᆞᆷ이오." 『皇城新聞』, 1907. 10. 16.

안까지 무장한 헌병과 경찰이 드나들며 위협을 가했다. 그러나 이런 공포 분위기 속에서도 어전회의에서는 일본 측이 제안한 조약을 거부한다는 결론을 내렸다. 이에 주한일본군 사령관 하세가와 요시미치(長谷川好道)를 대동하고 헌병의 호위를 받으며 들어온 이토는 다시 회의를 열고 대신 한 사람 한 사람에 대하여 조약 체결에 관한 찬부를 물었다. 결국 '을사오적'이라 불리는 박제순, 이지용, 이근택, 이완용, 권중현 5명의 대신이 찬성하여 을사조약은 1905년 11월 18일 체결되었다.[4]

이 책에서는 을사늑약의 체결과 조선통감부의 설치와 운영을 살펴볼 것이다. 기존 연구는 을사늑약 현장을 세밀하게 추적하지 못했다. 따라서 필자는 을사늑약 현장을 재구성하면서 동시에 러시아가 바라본 을사늑약과 통감부에 대한 시각을 살펴볼 것이다. 무엇보다도 을사늑약 직후 러시아와 대한제국의 외교적 대응에도 주목할 것이다.

1. 을사늑약 체결 과정

1905년 11월 17일 일본군대는 서울에 도착하여 중명전을 포함한 경운궁을 둘러싸고 출입을 통제했다. 이날 일본의 보병, 기병, 포병은 경복궁

---

4 을사늑약 관련 주요 연구는 다음과 같다. 박은식, 『韓國痛史』, 大同編譯局, 1915 山邊健太郎, 『日韓併合小史』, 岩波書店, 1966; 역사학회 편, 『러일전쟁과 일본의 한국침략』, 일조각, 1986; 윤병석 외, 「일제의 국권침탈」, 『한국사 42: 대한제국』, 국사편찬위원회, 1999; 海野福壽, 『韓國併合史の研究』, 岩波書店, 2000(운노 후쿠쥬 저, 정재정 역, 『한국병합사연구』, 논형, 2008); 서영희, 『대한제국정치사연구』, 서울대학교출판부, 2003; 이태진, 『일본의 대한제국강점 – 보호조약에서 병합까지』, 까치, 2004.

앞 광장에서 하루종일 훈련을 실시했다. 경무고문 마루야마 시게토시(丸山重俊)에 따르면 17일 밤 한국 병사는 이러한 공포감의 조성으로 제복과 무기를 버리고 도주하는 자도 있었다.[5] 당시 대략 4천 명 이상의 일본군대는 경운궁(덕수궁)을 포위했다.

주한일본공사 하야시는 11월 17일 오전 11시 각 정부 대신을 주한일본공사관으로 초청했다. 하야시는 하기와라(萩原)와 고쿠분(國分) 두 서기관 및 시오카와(塩川) 통역관을 배석시켜 11월 16일 자로 수교한 공문을 기초로 하여 '외교위탁조약안(을사늑약)'을 공식 토의에 옮겨 의견을 교환했다.

11월 9일 서울에 도착한 대사 이토 히로부미는 이미 각 정부 대신에게 '외교위탁조약안'을 설명하고 체결을 설득했다.[6] 하야시에 따르면 이날

---

5 『駐韓日本公使館記錄』24, 1905년 11월 18일, 一一. 保護條約 一~三 (47) 祕 第5號 [李完用家 방화 사건·병사 제복 무기 遺棄 도주 건·皇城新聞 기사 건 등 보고], 警務顧問 丸山重俊→特別全權公使 林權助. 1905년 11월 서울 주둔 일본군대는 15사단 보병 제30여단 제59와 60연대 소속 약 2,649명, 기병 제19연대 소속 약 300명, 포병 1대대 약 490명이었다. 海野福壽, 『韓國合併史の研究』, 岩波書店, 2000(운노 후쿠쥬, 2008, 248쪽). 전 시종원시종(侍從院侍從) 정교(鄭喬)에 따르면 1905년 11월 16일 일본군대가 각기 200~300명씩 총을 어깨에 메고 각 동네 어귀를 순회했다. 헌병은 각기 20~30명씩 각 요충지를 지키고서 백성들이 내왕하는 것을 엄중히 경계하며 살폈다. 서울 안팎의 인심은 형용하기 어려울 만큼 겁을 먹고 두려움에 떨었다. 11월 17일 이른 아침 한강, 동작진, 마포, 서강, 양화진에 주둔하던 일본군대는 모두 서울로 들어왔다. 기병 700~800명, 포병 4,000~5,000명, 보병 20,000~30,000명이 동서남북으로 거침없이 달려갔다." 鄭喬, 『大韓季年史』下, 국사편찬위원회, 1957, 171쪽.

6 11월 10일 외부협판 윤치호에 따르면 이토 히로부미가 서울에 도착했는데, 모든 사람들은 이토의 임무가 보호조약에 서명하도록 한국 정부를 강압하는 것이라는 사실을 파악했다. 국사편찬위원회 편, 『尹致昊日記』5권, 1984; 국사편찬위원회 편, 『국역 윤치호 영문 일기』 4권, 2016, 189쪽. 11월 15일 오후 5시 윤치호는 경운궁으로 불려갔다. 이토는 한국이 외교 업무를 일본에 넘기며 일본이 통감과 이사청을 한국에 설치한다는 내용을 고종에게 제안했다. 고종과 외부대신 박제순은 그 제안을 거절했다. 국사편찬위원회 편, 1984; 국사편

을사늑약의 현장 중명전(2014)

각 대신은 대체로 해당 조약안의 취지와 이의 제기에 관한 일본 정부의 입장과 결심을 이해하여 해당 조약의 조인이 오늘의 시세로서는 부득이하다는 사정을 알고 있었다.

하지만 각 대신은 모두 자진하여 조인을 승낙하는 발언을 하지 않았는데, 참정(參政) 한규설은 반대하는 태도를 갖고 있었다. 결국 각 대신은 각자의 의견을 고종에게 상주하여 결정을 받은 다음 하야시 공사에게 회답할 것이라고 결정했다.

하야시는 대사 이토와 조선주차군 사령관 하세가와(長谷川)와 논의한 결과 오후 3시 고종을 압박하기 위해서 정부 대신과 함께 경운궁으로 갈

찬위원회 편, 2016, 192쪽.

것을 결정했다. 하야시는 하기와라, 고쿠분, 시오카와 등을 대동하고 각 정부 대신과 함께 경운궁에 입궐한 후 곧 궁내부대신 이재극을 거쳐서 협의한 내용을 상주하고 각 정부 대신의 면담을 고종에게 요구했다.

고종은 병환을 이유로 하야시를 면담하지 않았지만 각 정부 대신은 즉시 어전에 소집되어 2시간여에 걸쳐 숙의했다. 각 정부 대신은 오후 7시 어전을 퇴출하고 의정부참정 한규설은 하야시에게 어전회의 결과를 알려주었다.

그 내용은 다음과 같았다. 각 정부 대신은 일치된 의견으로서 '외교위탁 조약안'의 거절을 두 번이나 상주했다. 고종은 정부 대신 거절 의견을 받아들이지 않았으며 정부 대신이 하야시와 협상을 진행하라는 지시를 내렸다. 한규설은 1~2일 유예를 요청하고 다시 정부의 의논을 정리해서 하야시와 협의하겠다고 말했다. 그러자 하야시는 정부 대신이 지연시키는 상황을 힐책하면서 더 이상 기다릴 수 없기 때문에 고종의 결정을 요청하는 방법밖에 없다고 답변했다. 하야시는 궁내부대신을 거쳐서 다시 고종과 교섭했다. 그사이 3~4명의 정부 대신이 비밀스럽게 하야시와 대화했다. 궁내부 관리의 정보에 따르면 어전에서는 주로 참정 한규설과 외부 대신이 강한 이의를 제기했고 그 밖의 대신 중에는 찬성 의견도 있었다.

하야시는 상황을 유리하게 전개하기 위해서 이토의 입궐을 요청했고 이토는 오후 8시 조선주차군 사령관 대장 하세가와를 대동하고 경운궁에 도착했다. 그러자 고종은 병환을 이유로 대사를 면담하기 어려움을 전달하고 동시에 이토가 정부 대신과 숙의한 후에 원만히 타협할 것을 요구했다.

이토는 각 정부 대신을 개별적으로 면담하여 찬반을 요구했다. 외부 대신은 본인 개인으로서는 불찬성이지만 칙명이 있으면 조인할 것이라고 답했다. 참정 한규설과 탁지부대신 민영기는 절대 반대라고 주장했다. 이지용, 이완용, 이하영, 권중현, 이근택은 정세가 부득이하다며 유동적인 태도를 보였다. 특히 학부대신 이완용은 가장 분명하게 찬성 의견을 표명했다.

이토는 정부 대신의 상황을 이지용과 이재극에 의하여 상주했다. 압박을 받은 고종은 의결을 결정할 수밖에 없었다. 동시에 2~3명의 대신은 대체로 중요하지 않은 3~4개의 수정안을 제출했다. 이토는 수정안을 반영하여 결국 확정안을 궁내부대신 이재극에 의해 상주했다. 하야시는 "고종의 재가를 얻어 조인을 마친 것이 새벽 1시 반이었다"라며 을사늑약에 대한 고종의 재가를 기록했다.

하야시는 을사늑약 강제 조인 관련 상황을 기록했다. 하야시에 따르면 참정 한규설은 정신쇠약증에 빠져서 별석으로 옮겨졌다. 조약안에 찬성표를 던진 학부대신 이완용은 자신의 자택에 수십 명이 습격하여 방화를 당했다는 소식을 들었다. 이토는 각 대신이 조인 전 크게 주저하자 한국 정부의 수정사항 2~3개를 신속히 받아들여서 조인할 것을 결정하고 확정했다.

하야시는 하세가와 대장, 마루야마 경부고문, 미마시(三增) 영사의 협력에 의하여 경운궁 내외의 경계가 완벽했다고 보고했다. 하야시는 이토 대사의 충고에 따라 각 대신의 신변 경호에 충분히 주의를 기울일 것이라고 보고했다.[7]

1905년 11월 20일 경무고문 경시(현재 총경) 마루야마는 을사늑약의

7 『駐韓日本公使館記錄』 24, 1905년 11월 18일 오후 3시 發, 一一. 保護條約 一~三 (45) 往電 第450號 [韓日協約 조인 사정 보고 件], 林 公使→東京 桂 大臣.

강제 체결 상황을 보고했다.

마루야마에 따르면 궁내부대신은 11월 17일 밤 경운궁에서 '신조약' 조인 이후 '조인필(調印畢)'이라는 것을 상주했다. 상주를 받은 고종은 개탄하면서 갑자기 발열을 보이고 고민에 빠져 괴로워하며 말했다. "이 같이 중요한 조약을 그렇게도 쉽게 급격히 체결을 보았다는 것은 실로 천재(千載)의 유한(遺恨)이다. 원래 오늘의 경우 각 대신의 조치라 할지라도 어쩔 수 없을 것이다. 다만 각 정부 대신은 일본의 요구를 받아들임과 동시에 무엇을 반대하고 이권 요구에 대한 복안을 가져야 한다. 그런데 그것도 없이 경솔하게 체결을 끝냈다. 나는 대신들의 무능과 무기력함에 심외(心外)로 견딜 수 없다."

그런데 마루야마는 정부 대신 중 을사오적이 조인했고 "'조인필'이라는 결과를 고종에게 상주했다"라고만 기록했다. 즉 고종이 '재가'했다는 기록은 없었다.

참정 한규설은 17일 밤 어전회의 때 각 대신과 하야시 공사 등이 참석한 가운데 홀로 반 광란의 모습으로 당황하여 어쩔 줄 모르며 고종의 침실로 들어가려고 했다. 한규설은 타인에게 억제되어 침실을 침범하지는 못했는데, 고종은 한규설의 행동이 궁궐 질서를 문란케 했다며 한규설의 알현까지 거절했다. 그 결과 한규설은 불경 행위로 유형(流刑)에 처해졌다.

마루야마에 따르면 그날 밤 '조인필'에 이르렀다. 그런데 고종은 각 대신의 호위를 위해 일본 경찰 관리와 헌병 등 다수가 궁성 내에서 경계하는 상황을 깊이 혐오하여 철퇴할 것을 통고했다. 하지만 일본군대와 경찰은 이토 대사 등이 귀가한 이후에도 상관의 명령이라면서 철수하지 않았다. 그러자 고종은 각 대신이 귀가하지 않으면 일본 헌병과 순사도 철수하지 않으므로 각 대신에게 속히 귀가할 것을 지시했다.

마루야마에 따르면 일반 민심은 을사늑약 조인 이후 비관적 감상을 품어 망국을 자인하고 찬성 관리를 매국노로 지목하며 비판했다 심지어 18일 오후 경운궁 포덕문 밖 도로에 집결하여 반일주의를 고취시키자 일본군대에 의해서 해산되었다.[8]

일본 기록을 살펴보면 주한일본공사 하야시는 고종이 을사늑약을 '재가'했다고 기록했지만 경무고문 마루야마는 을사늑약에 대해서 정부 대신의 '조인필'의 상주만 기록했다. 그뿐만 아니라 일본 기록은 한규설이 신경쇠약으로 옮겨졌다고 했지만 실제 한규설은 적극 반대하다가 일본군대에 의해서 강금까지 당했다. 더구나 일본은 한국 정부 대신들이 순조롭게 협약을 체결한 상황을 강조했다. 이러한 사실은 일본이 을사늑약의 합법적인 체결을 강조하기 위해서 을사늑약 현장을 왜곡해서 기록했다는 것을 알려준다.

당시 고종은 이토와의 면담 과정에서 외교권을 빼앗은 을사늑약의 심각성을 인지하고 강력 반대했다.[9] 그럼에도 고종은 신변의 위협을 느끼고 정부 대신에게 결정의 책임을 떠넘겼던 것으로 보인다. 그렇다면 고종은 을사늑약을 승인했을까? 당시 한국기록에는 고종이 을사늑약을

---

8 『駐韓日本公使館記錄』24, 1905년 11월 20일, 一一. 保護條約 一~三 (69) 臨祕 第6號 [伊藤 侯 來韓에 대하여 제6회 보고], 警務顧問 警視 丸山重俊→林 公使.

9 이토의 복명서 초안에는 "한국 황제는 대체로 이번 제안에 동의하는 것이 아니고"라고 기록되어 있어 처음부터 고종이 조약 체결에 반대했던 사실을 알 수 있다. 한철호,『근대 일본은 한국을 어떻게 병탄했나?』, 독립기념관, 2016, 61쪽. 이토의 복명서에 첨부된「日韓新協約調印始末」(日本外務省 編.『日本外交文書』38-1, 日本國際連合協會, 1959, pp. 503-507)에 따르면 수정안을 재차 고종에게 보여주었는데, "폐하는 특히 만족한다는 말씀을 하셨다." 일본은 이것을 가지고 황제의 재가가 내려지고 즈약 체결에 필요한 쌍방 동의를 얻어 조문이 확정되었다고 보고했다. 海野福壽,『韓國合幷史の硏究』, 岩波書店, 2000(운노 후쿠쥬, 2008, 273쪽).

'윤허' 또는 '재가'한 적이 없다고 기록되었다.[10]

이날 고종과 내각은 한밤중에 중명전에 함께 있었다. 17일 고종은 중명전에 있었는데 일본군대는 중명전을 겹겹으로 포위했고 창과 칼이 철통같이 길게 늘어섰다. 일본군대는 정부 건물과 경운궁 전체에도 역시 줄지어 늘어섰는데 위협하는 그 기세는 말로 표현하기 어려울 정도였다.[11]

11월 17일과 18일 윤치호는 중명전 현장을 기록하고 18일 외부협판 사직서를 냈다. 윤치호의 기록은 고위 정부 관리인 외부협판이라는 사실 하나만으로도 을사늑약 현장을 복원하는 데 중요하다. 당시 영어로 일기를 기록한 윤치호는 박제순의 서명을 기록했지만 고종의 재가를 기록하지 않았다.

17일 윤치호는 "오늘밤 독립 국가로서 한국의 운명이 결정될 것이다"라고 기록했다. 윤치호에 따르면 17일 오후 하야시는 보호조약에 정부 대신의 동의를 얻는 데 실패하고 고종이 배석한 자리에서 그 문제를 타결하기 위해서 정부 대신들과 함께 궁궐로 갔다.[12]

18일 윤치호는 아침 일찍 경운궁 인근 외부로 향했다. 윤치호는 외부에서 숙직했던 신 주사를 통해서 다음과 같은 사실을 파악했다.[13] 신 주

---

10 당시 외교문서의 효력은 외부에서 궁내부로 보내 옥새를 찍어야 효력을 발휘하는 것이다 (外部主事 李琦→宮內府主事 吳在豊, 1897년 2월 6일, [영국, 독일, 러시아, 이탈리아, 프랑스, 오스트리아 公使館 參書官에게 보내는 勅命 2紙를 보내니 옥새를 찍어 돌려 달라는 通牒 제6호], 『宮內府案』 3冊(奎17801)). 그다음 외부는 외교문서를 의정부에 공문을 보내서 관보에 공표할 것을 요청한다.

11 鄭喬, 1957, 172-176쪽.

12 국사편찬위원회 편, 1984; 국사편찬위원회 편, 2016, 193쪽.

13 신씨 성을 가진 외부주사는 신경균과 신태면밖에 없다. 이후 관직을 보면 신태면은 관직 경력이 단절되었다. 1906년 1월 19일 "9품 신경균을 승륙하라."『承政院日記』, 고종 42년 (1905) 12월 25일(양력 1월 19일). 그렇다면 신경균임에 틀림없다.

사는 외부참서관 어윤적과 함께 17일 밤 10시쯤 물러가서 숙직 준비를 했다.[14] 당시 외부의 인궤를 둘러싸고 외부에는 신 주사, 어윤적 참서관, 이시영 교섭국장 등이 버텼다.[15] 그런데 외부대신 박제순이 무너지자 외부주사도 더 이상 버틸 수 없었던 상황을 증언했다.

"우리는 그 조약이 그렇게 바로 서명될 것이라고는 생각지도 못했습니다. 어제 온종일 촉각을 곤두세우고 있었던 사람들은 시간이 갈수록 점점 예민해졌습니다. 10시가 조금 지나 전화가 울렸습니다. 전화를 받자 외부대신 박제순이 '인궤를 들여보내시오'라고 했습니다. 인궤는 보좌부에서 관리하고 있기 때문에 나는 즉시 외부대신의 전갈을 김 주사에게 보냈는데, 김 주사는 오지 않았습니다. 밤이 깊어졌고 계속해서 김 주사에게 전령을 보냈습니다. 일본공사의 통역관 마에마 교사쿠(前間恭作)가 경운궁으로부터 와서 인궤를 달라고 재촉했습니다. 사람들은 모두 조바심을 냈습니다. 외부 교섭국장 이시영기 왔습니다. 우리는 상의

---

14 "외부 번역관 어윤적을 총영사관에 임용."『承政院日記』, 고종 41년(1904) 9월 3일(양력 10월 11일). "외부참서관 어윤적을 겸임 총영사관에 임용."『承政院日記』, 고종 4□년(1904) 9월 6일(양력 10월 14일).

15 1905년 12월 8일 외부 교섭국장 이시영은 정국을 안정시킬 것을 상소하고 사직서를 제출했다. "많은 어려움을 통하여 나라를 흥기시키고 깊은 근심을 통하여 성덕을 계발시키는 법입니다. 지금 극도로 위태로운 형세가 이 지경에까지 이르렀지만 위태로움을 안전하게 만들 기회 또한 일찍이 여기에 달려 있지 않은 적이 없었습니다. 폐하께서는 두 가지 기미를 깊이 체찰하시고 때가 아니라고 해서 답습하고 고식적으로 하지 마시도 또 어쩔 수 없다고 해서 스스로 그만두지 마소서. 지금부터 정신을 가다듬고 패한 일을 수습하며 군신 상하가 착실하게 잘 다스릴 것을 도모하여 서로 경계하고 조심해서 먹고 쉬는 것이 해이하게 되지 않는다면 국가가 자연히 부강해질 날이 머지않을 텐데, 폐하께서는 무엇이 두려워하지 않으시는 것입니까? 정교(政教)를 쇄신하면 필시 그것이 점차 추진될 것입니다. 무능하고 비루한 사람을 도태시키는 것은 마땅히 신부터 먼저 해야 할 것이니 속히 신의 벼슬을 체차시키고 적임자를 선발해서 맡기면 공사(公私) 간에 매우 다행일 것입니다."『高宗實錄』, 고종 42년(1905) 12월 8일.

한 뒤 인궤를 보내지 않겠다고 결정했습니다."

교섭국장 이시영이 경운궁의 분투한 결과를 알아보기 위해서 외부대신 박제순에게 전화를 걸자 박제순이 대답했다. "다 잘 되었으니 인궤를 들여보내시오." 이 말을 듣고 이시영, 어윤적, 신 주사는 인궤를 보낼 수밖에 없었다.

신 주사는 계속해서 말했다.

"그래서 저는 경운궁으로 인궤를 가져다줬습니다. 일본군대는 외부의 중앙복도부터 경운궁 안 내각 회의실까지 두 줄로 빈틈없이 길을 호위했습니다. 내각 회의실에는 굉장히 많은 일본인들과 한국인 관료들이 모여 있어서 누가 누군지 거의 구별할 수 없었습니다. 박제순과 하야시는 작은 탁자를 사이에 두고 서로 마주 앉아 있었습니다. 조약서가 그 탁자 위에 있었고 인궤를 박제순에게 건네주자마자 즉시 서명이 이루어지고 날인이 되었습니다. 그 뒤 다시 일본군대의 횡렬을 뚫고 외부로 돌아왔습니다."[16]

윤치호는 18일 새벽 1~2시 사이 서명을 통해 조용히 한국의 독립이

---

16 전 시종원시종 정교에 따르면 "이토는 박제순을 핍박하여 외부(外部)의 도장을 가져오게 했다. 이토는 '참정이 도장을 찍지 않은 것은 상관없다. 다만 그 밖의 나머지 대신들은 도장을 찍는 것이 옳겠다'고 말했다. 이때 박제순 등 다섯 사람은 모두 도장을 찍었다." "당시 일본인은 조약의 조인을 강요하기 어렵다는 점을 알고서 주한일본공사관 통역원 마에마 교사쿠와 외부 보좌원 쇼야(詔野)로 하여금 외부에 가도록 했다. 황제의 명령이 있었다고 둘러대며 외부의 도장을 요구하자 스티븐스(D. W. Stevens)가 즉각 그것을 내주었다. 수많은 일본 병사들이 외부를 에워싸고 도장이 분실되는 것을 막았다. 일본공사관 서기관 고쿠분 조타로(國分象太郞)가 수옥헌 문 앞에서 미리 기다렸다가 그대로 그 도장을 받아 회의 자리에 들여보내 드디어 도장을 찍었다. 때는 11월 18일 오전 1시였다." 鄭喬, 1957, 172-176쪽. 들은 이야기를 정리한 정교는 스티븐스와 고쿠분 등을 언급했지만 현장을 목격한 신 외부주사의 증언이 사실에 더 가까울 것으로 판단된다.

포기되었다고 기록했다. 윤치호는 외부대신 박제순이 조약에 서명했다는 사실이 놀랍다고 생각했다. 윤치호는 참정대신 한규설이 끝까지 서명을 거부했던 유일한 사람이라며 "참정대신 만세"라고 일기에 적었는데 나라의 독립이 서명을 통해 포기되는 그 순간 황태자는 묘지기 직 3개와 보좌관 하나를 팔았다고 기록했다.[17]

전 내부대신이자 표훈원 총재 박정양은 1905년 11월 27일 "이번에 여러 역적들은 천하 국가를 저들 무리의 손바닥 안에 있는 물건으로 여겨 중의를 모으지 않고 폐하의 '재가'도 거치지 않은 채 '가(可)'자 하나를 쓰고는 천하도 뒤따라 인정할 것으로 여겼다"며 고종이 을사늑약을 '재가'하지 않았다고 기록했다.[18]

법부 주사 안병찬과 규장각 학사 이용태도 고종이 을사늑약을 승인하지 않았다고 주장했다. 안병찬은 1905년 11월 25일 고종이 '윤허'하지 않았다고 기록했다. "한창 일본인이 조약을 강요할 때 위에서는 폐하께서 '윤허'하지 않으셨고 아래에서는 또한 참정대신이 견고하게 거부하였는데 저 무리들은 무슨 배짱으로 제멋대로 동의하고 제멋대로 조인하였단 말입니까?"[19] 이용태도 1905년 11월 26일 고종이 '재가'하지 않았다고 기록했다. "그 당시 일을 들어 보니 참정대신은 극력 거부하였고 폐

---

17 국사편찬위원회 편, 1984; 국사편찬위원회 편, 2016, 195-196쪽. 12월 17일 윤치호는 을사늑약에 대해서 일본이 무력으로 내각의 동의를 받아낸 것으로 기록했다. "한국인은 조약에 대한 한국 내각의 동의를 강제적으로 받아낸 것은(the consent of the Korean cabinet was extorted for the treaty) 무력을 통한 협박이었다고 외국 대표들에게 공식적으로 발표하면 강대국 사이에서 정당한 분노의 폭동이 일어나 일본으로 하여금 그 조약을 취소하도록 압박할 것이라고 믿고 있다." 국사편찬위원회 편, 1984; 국사편찬위원회 편, 2016, 205쪽.

18 『承政院日記』, 고종 42년 을사(1905) 11월 1일(양력 11월 27일).

19 『承政院日記』, 고종 42년 을사(1905) 10월 29일(양력 11월 25일).

하께서는 '재가'하지 않았다고 합니다. 해당 조약이 비준되지 않은 것이라면 외간에서 놀라워하고 동요하는 것은 망령된 일일 뿐이며 나랏일을 위해서 얼마나 다행한 일입니까?"

시강원 시독 박제황은 1905년 11월 26일 만국공법에 따라 을사늑약을 폐지하고 파기할 것을 요구했다. 박제황은 그날 일본군대가 경운궁에 난입하고 시위하고 협박했다며 강압적인 어전회의 상황을 기록했다. "어전회의로 말하면 참정대신과 외부대신이 연명으로 아뢰어 윤허를 받은 다음 열 수 있는 것인데, 이번에는 일본공사관에 여럿이 모였다가 곧바로 중명전으로 들어왔으며 일본인들도 뒤따라 난입하여 무기를 가지고 에워싸고 시위하며 협박하였으니 어찌 임금 앞에서 이런 일이 있으며 이러한 회의가 있단 말입니까?" 박제황은 어전회의 자체도 불법이었고 참정대신의 연명도 없었다고 기록했다.

정3품 윤병은 1905년 11월 26일 조약을 조인한 박제순 등의 역적을 처단할 것을 요구하며 고종이 을사늑약을 끝까지 반대했다고 기록했다. "그 전날 밤 폐하의 지척에 병력이 수풀처럼 늘어섰지만 폐하는 오히려 대의를 견지하며 두려워하지 않으시고 시종 견고하게 거부하였으며 심지어 나라를 위하여 죽겠다는 말씀까지 하셨다고 합니다. 그때 폐하의 뜻이 얼마나 훌륭하였습니까?"[20]

성균관 교수 이상영은 1905년 11월 28일 박제순 등의 역적을 처벌할 것을 요구하면서 고종이 14일 이토와의 면담 과정에서 을사늑약을 강력히 반대한 사실을 기록했다. "이달 17일 밤 일본 대사 이토가 요청한 조약은 바로 우리나라의 독립 기반을 무너뜨리고 자주 권리를 없애는 것

---

20 『承政院日記』, 고종 42년 을사(1905) 10월 30일(양력 11월 26일).

입니다. 이 조약이 일단 비준되면 장차 만국과 동등하게 서지 못하여 다른 나라의 부속국이 되고 남의 노예가 되는 것입니다. 그러므로 앞서 이달 14일에 이토가 폐하를 접견할 때 이러한 조약을 가지고 상주하여 허락해 줄 것을 요청했으나 폐하는 의리에 근거하여 윤허하지 않으셨으며 심지어 차라리 종묘사직을 위해 목숨을 바치겠다는 칙교까지 나리셨습니다."[21] 일본 기록과 달리 고종은 끝내 을사늑약에 대해 '재가' 또는 '윤허'를 하지 않았음에 틀림없다.

2. 을사늑약에 대한 러시아의 시선과 대한제국의 대응

1) 대한제국의 외교적 대응

1905년 11월 외부대신 박제순은 고종의 지시에 따라 대한제국에서 일본의 불법성을 고발하는 서한을 미국 국무장관 루트(Elihu Root)[22]에게 보냈다.[23] 대한제국은 그동안 일본에 의해 부당한 일을 당했는데 1882년

---

21 『承政院日記』, 고종 42년 을사(1905) 11월 2일(양력 11월 28일).

22 루트(Elihu Root, 1845~1937), Secretary of War(1899~1904), Secretary of State(1905~1909), 미국의 정치가. 일본에 대한 중국의 문호개방 및 태평양에서의 미 일 영토 존중을 골자로 한 '루트다카히라(高平小五郎) 협정'을 체결했다(en.wikipedia.org/wiki/Elihu_Root).

23 "헐버트는 1905년 11월 17일 워싱턴에 도착하여 황제의 서신을 전달한 후 자신의 방문목적을 감추기 위해 뉴욕의 마운트 버논으로 갔다. 그는 일본인들이 서울의 한국 정부를 장악한 날 워싱턴에 도착했다. 그는 주불한국공사 민영찬과 합류하기 위해 이곳에 왔으며 매일 그와 회의를 가졌다. 하루나 이틀 내에 한국의 보호정치에 대한 황제의 태도에 관해 몇 가지 재미있는 공식적인 폭로가 있을 것 같다."『The Washington Post』, 1905. 12. 12;『駐

조미수호통상조약 1조 2항에 근거하여 미국의 거중 조정을 요청했다.[24]

첫째, 일본은 정치적으로 일본인을 정부 부처의 고문으로 임명하여 대한제국 정부를 통제하고 고종과 대신들을 억압했다. 특히 일본은 "정부를 어지럽히고 사람들의 생명을 위협하고 재산을 강탈한" 일부 한국인을 고위관료에 임명했다.

둘째, 일본은 무력으로 대한제국 법부를 방해하여 일상 업무를 수행하지 못하게 했고 서울과 지방 도시의 경찰력을 장악했으며 민사와 형사 사건 모두를 심리했다.

셋째, 주한일본공사는 대한제국이 화폐제도 개혁을 시도할 당시 30여 명의 한국인이 300만 엔을 대출하려는 시도를 방해했다. 오히려 하야시는 대한제국이 300만 엔의 차관을 일본 정부로부터 빌리도록 강요했다. 일본은 대한제국의 통화를 새로운 주화로 바꾸도록 강요했다. 일본은 신

韓日本公使館記録』 24, 1906년 1월 25일, 一一. 保護條約 一~三 (288) [韓帝密使 閔泳瓚에 관한 件], 外務大臣 加藤高明在→韓特命全權公使 林權助. 고종은 을사늑약 체결을 반대하기 위해서 이미 할버트에게 자신의 서신, 민영찬에게 면담을 통한 항의 등을 준비했다. 따라서 이 문서는 고종의 지시에 따라 박제순이 1905년 11월 작성하여 미국에 제출한 것임에 틀림없다.

24 "In the year of 1882 our Governments mutually entered into a treaty of peace and Amity and Commerce and Navigation, ratification of which were exchanged at Seoul on the 19th day of May 1883, the second clause of the first article of the above treaty reads: "If other powers deal unjustly or oppressively with either Government, the other will exert their good offices, on being informed of the case, to bring about an amicable arrangement, thus showing their friendly feelings." Our Government at the present time feels forced to inform your Government that we are being dealt with "unjustly and oppressively" by the Government and People of Japan and to appeal to the President of the United States of America and your Government to, in accordance with the above quoted article of the Treaty, use your good offices in bringing about an amicable and just settlement."

화폐와 구화폐 교환에서 2~3%의 차액을 만들어 구화폐 소지자에게 손실을 주었고 향후 구화폐 통용마저 금지할 예정이었다. 더구나 일본은 제일은행에 적은 준비금이 있음에도 불구하고 제일은행의 지폐 사용을 강제로 승인함으로써 불법적으로 큰 이익을 얻었다. 일본은 대한제국의 조세를 징수하여 제일은행에 예치하도록 강요하여 대한제국의 재산을 일본의 민간은행에 무책임하게 맡겼다.

넷째, 일본은 강제로 '한일의정서'를 체결하여 자국군대와 전쟁 물자를 자유롭게 전쟁터로 운송할 수 있었다. 일본은 러일전쟁 당시 수만 명의 자국군대를 주둔시키기 위해 서울과 평양 등 수천 에이커(acre)의 토지를 강제로 사용했지만 아무런 보상도 지불하지 않았다. 일본은 군대로 위협하여 광대한 토지에 말뚝으로 울타리를 치고 일본 상인들이 집을 지었다. 한국인 실소유주는 보상을 신청했지만 아무런 구제도 받지 못했다.

일본은 일시적으로 토지를 점령한 뒤 대한제국 정부의 양해를 구하지 않고 철도 건설 공사를 개시했다. 일본은 철도역 주변의 광대한 토지를 소유자에게 보상 없이 점유했다. 일본은 상업적으로 중요한 토지 구역을 군사적 목적으로 점유하여 토지 교환과 매매를 막아 한국인에게 큰 손실과 고통을 주었다. 일본은 군정법을 명분으로 전신주를 만지거나 철길을 걷는 한국인을 체포하여 철도나 전신 기계를 파괴한 혐의로 총살시켰다. 일본은 철도 부근에 있는 무덤들을 파내 뼈를 쌓아서 화장함으로써 한국인의 분노와 증오를 샀다.

일본이 서울 외곽에 강제로 말뚝을 세웠을 때 한국인 수천 명은 서울의 중심부에서 평화적으로 시위했다. 일본군대가 강제로 탄원인들을 해산하는 과정에서 많은 한국인이 부상을 당했다.

고종은 신화폐와 구화폐를 교환하자 제일은행 서울 지점에서 개인 예금 중 30만 엔을 인출하여 가난한 백성들에게 나눠줄 것을 명령했다. 그러나 제일은행은 일본군대 사령부의 명령에 따라 재무부의 고문 메가다의 승인 없이는 30만 엔을 내줄 수 없다고 거부했다. 일본은 러일전쟁 동안 '군사상 필요성'을 명분으로 정부 부처를 통제하고 장악했으며 러일전쟁이 끝났지만 여전히 지배력을 유지했다.

다섯째, 일본은 상업적으로 한국인의 운영권을 강제로 빼앗았다. 일본은 대한제국 통신국의 전신과 우편 부서를 강제로 가져갔다. 또한 대한제국의 수역에서 어업권과 선박 운송권을 모두 강제로 양도하게 만들었다. 일본은 평양의 성벽 중 동문과 남문을 허물었고 전차를 설치하기 위해서 무력으로 보상 없이 백성들의 가옥을 철거했다. 일본은 상업적 이익을 위해서 대한제국 국내 토지와 가옥을 강제로 매각했다.

여섯째, 일본은 외교적으로 대한제국의 독립을 위협했다. 일본은 1904년 '한일의정서' 중 1조 5항을 위반하면서 제2차 영일동맹을 체결했다. 제2차 영일동맹의 3조는 대한제국의 독립을 심각하고 위태롭게 했다. '한일의정서' 1조는 대한제국의 독립을 강하게 주장했고 일본은 전쟁이 발발하더라도 여러 차례 대한제국의 독립을 지지한다고 선언했다.

대한제국 외부는 제2차 영일동맹 3조에 대해서 "대한제국 정부가 이것을 인정할 수 없다"고 서울주재 일본과 영국공사관에 공식적인 항의서를 보냈다. 그리고 대한제국 외부는 주한영국공사가 3조의 취소에 관한 전보를 영국 정부에 보낼 것을 요청했다.[25] 대한제국이 자국의 독립을

---

25 "In regard to the third article of the Anglo-Japanese treaty of alliances, the Korean Foreign Office sent a formal protest to the legations of the two countries in Seoul, asserting that our Government refused to acknowledge the same, the Korean Foreign office directly asked the British minister in Seoul to telegraph to his Government

변호하는 행동을 비난할 수 없음에도 불구하고 일본은 대한제국의 행동에 대해서 계속해서 잘못을 찾고 있었다. 일본은 지금까지 대한제국의 독립을 빼앗고 유럽과 미국의 친선관계를 끊으려고 수많은 방법을 동원하고 있었다.

박제순에 따르면 청일전쟁 당시 대한제국은 신속하고 단호한 조치를 미국 정부에 요청했는데, 당시 그레샴(W. Q. Gresham) 미국 국두장관이 행동하여 곤란함을 피했던 적이 있다. 박제순은 "청일전쟁과 비슷한 역할을 미국에 다시 요청한다"며 대한제국이 "지금 당하는 억압과 불의가 그 당시보다 심각하다"는 말로 글을 마무리했다.[26] 박제순은 기국이 항상 조약을 지킬 것이라고 생각하며 평화와 정의를 위해서 거증 조정(주선)을 실행할 것으로 확신했다.[27]

2) 주한과 주일 러시아공사의 시선

을사늑약에 대한 러시아의 첩보는 먼저 극동지역에서 보고되었다. 1905년 10월 11일 러시아 소장 데시노(К. Н. Десино)는 을사늑약 직전 대한제국에 관한 첩보를 상해에서 러시아 정부에 보냈다. "대한제국의 대신들이 친일세력으로 교체되었다. 이러한 변화는 강원도와 충청도 의

---

asking the cancelling of the third article." ГАРФ. Ф. 818. Оп. 1. Д. 130. ЛЛ. 2-5.

26 "At the time of the Japan-China war we were forced to apply to your Government, and the prompt and decisive action of your Government, as voiced in Secretary Gresham's dispatch averted the trouble at the time, we regret exceedingly to be again requesting similar services, but the oppression and injustice from which we now suffer is more severe than at that time." ГАРФ. Ф. 818. Оп. 1. Д. 130. ЛЛ. 1-5.

27 ГАРФ. Ф. 818. Оп. 1. Д. 130. ЛЛ. 1-5.

병의 봉기를 촉발시켰다. 한국인은 열강이 대한제국의 정치적 위기를 구해줄 것이라고 기대하고 있다. 주한일본공사는 가면을 버리고 대한제국의 보호령을 선언하라고 일본 정부에 권고했다."[28]

그 후 1905년 11월 11일(양력 11월 24일) 주한러시아공사 빠블로프는 을사늑약의 현장 상황을 상해에서 러시아 외무부에 보고했다. 빠블로프는 서울의 소식통으로부터 을사늑약의 현장에 대해서 수집한 정보라고 기록했다. 일본은 자국의 보호령(보호국)에 강제로 동의하도록 고종에게 강요했다.

빠블로프에 따르면 특파대사 이토와 하야시가 11월 1일부터 대한제국 대신들과 함께 예비교섭을 진행하고 일본군대가 경운궁을 포위했다. 일본군대는 서울의 폭동을 명분으로 보병, 기병, 포병부대가 밤낮으로 서울의 거리를 행진했다. 그럼에도 대한제국 대신들은 단호히 거부했다. 그러자 11월 4일 오후 4시 하야시는 주한일본공사 관원을 동반하고 대신들이 집결한 경운궁으로 향했다. 하야시는 오후 8시 어떤 결정도 이끌어내지 못하자 이토에게 보고했다. 그러자 즉시 이토는 하세가와 장군과 함께 일본 군인, 헌병, 경찰을 대동하고 경운궁에 도착했다. 일본은 한밤중에 최후의 방법을 쓰기로 결정했다.

일본은 대한제국 외부대신의 공식 직인을 강제로 빼앗으려고 박제순의 방으로 헌병대를 파견하여 수색했다. 일본 관리는 새벽 1시 중명전으로 외부대신 직인을 가지고 왔다. 일본은 을사늑약에 직인을 찍으라고 오랫동안 박제순에게 강요했지만 실패하자 자신들이 직접 직인을 찍었다. 그 후 이토는 보호령에 관한 협정이 유효하다고 고종과 대신들에

---

28 ГАРФ. Ф. 818. Оп. 1. Д. 122. Л. 1.

게 공표했다.[29]

그럼에도 11월 7일 문서에는 고종의 옥새가 찍히지 않았다. 고종은 을사늑약을 승인하는 것보다 생명을 포기하는 쪽을 선택하겠다고 발표한 것으로 알려졌다. 하지만 빠블로프는 일본 헌병과 경찰이 중명전을 점령하는 위험한 상황 때문에 결국 고종이 버티지 못하고 옥새를 찍는 데 동의할 것으로 예측했다.[30]

1906년 1월 28일(양력 2월 10일) 주일 러시아공사 꼬자꼬프(Г. А. Козаков)는 을사늑약의 내용에 대해서 외무성에 보고했다. 꼬자꼬프에 따르면 11월 4일(양력 17일) 주한일본공사 하야시와 대한제국 외부대신 박제순이 조인한 협정의 주요 내용은 다음과 같았다. 대한제국과 일본 정부는 다음과 같은 약정 결의안을 실행했는데 이 약정은 대한제국이 확실하게 국력을 달성할 때까지만 효력을 발휘한다. 첫째, 일본 정부는 외무성을 통해 대한제국의 모든 대외관계를 관할한다. 그리고 일본의 외교 대표들은 해외에서 대한제국의 이해관계를 관할한다. 둘째, 일본 정

---

29 "Японцы послали отряд жандармов на частную квартиру корейского министра иностранных дел Пакчесуна дабы отыскать и добыть силою его официальную печать. К часу почи печать была достанена во дворец японским чиновником, после продолжительных безуспешных попыток принудить Пачесуна приложить печать к проекту договора, японцы сделали это сами, после чего Ито объявил Императору и министрам, что считает соглашение о протекторате состоявшимся." ГАРФ. Ф. 818. Оп. 1. Д. 111. ЛЛ. 4-4об.

30 "Тем не менее, 7 ноября документ еще не был скреплен печатью Императора. Последний будто бы объявил, что предпочитает быть лишенным жизни, чем утвердит этот договор. Но, так как даже внутренние покои Императора днем и ночью заняты японскими жандармами и полицейскими, то есть опасение, что, в конце концов, Император не выдержит и согласится приложить печать." ГАРФ. Ф. 818. Оп. 1. Д. 111. ЛЛ. 4-4об.

부는 대한제국과 다른 열강들과의 현행 조약을 준수해야만 한다. 대한제국 정부는 일본 정부를 통하지 않고 국제 조약을 체결할 수 없다. 셋째, 일본 정부는 무엇보다도 외교 업무 관리를 위해 대한제국에 통감을 추천한다. 통감은 사적으로 대한제국 황제를 알현할 권리를 가지게 된다. 일본 정부는 개항장이나 그 외의 지역에 통감 소속 대리공사를 임명할 수 있다. 넷째, 이 약정에 위반되지 않는 다른 한일조약은 효력을 발휘한다. 다섯째, 일본 정부는 궁궐에서 대한제국 황제의 안위와 품위에 대해 배려한다.[31]

꼬자꼬프의 보고서는 을사늑약 내용이 중심이었다. 그런데 빠블로프의 보고서는 현재까지 고종이 옥새를 찍지 않은 상태라고 기록했다. 빠블로프는 박제순이 외부직인을 찍는 것을 거부하자 일본인 스스로 찍었다고 기록했다. 빠블로프의 보고서는 박제순 관련 내용이 부정확한 부분이 있지만 대체로 을사늑약의 현장을 상세히 기록했다.

3) 러시아 정부의 대응

1905년 11월 14일 러시아 외무부는 다음과 같은 내용의 전보를 해외주재 러시아 대표에게 보냈다. 고종은 주러한국공사를 통해서 "일본이 대한제국에 대한 보호령을 위해서 극심한 폭력을 자행했다"는 사실을 러시아 외무부에 알려왔다. 서울주재 일본공사 하야시, 장군 하세가와, 후작 이토는 밤에 군사를 이끌고 경운궁에 잠입해서 보호령에 관한 문서를 고종에게 서명할 것을 요구했다. 황제는 서명을 거부했지만 그들은

---

31 ГАРФ. Ф. 818. Оп. 1. Д. 113. ЛЛ. 12-12об.

황제의 내실에 침입해서 체결을 적용시키기 위해서 고종과 오 두의 인장을 압수했다.[32] 고종은 서명을 계속 거부했으며 일본의 강압과 대한제국의 자주독립을 보장하는 국제법의 기본 법규 침해에 대항하여 완강하게 저항했다.[33] 러시아 외무부는 "주재국 정부는 그러한 메시지를 받았는지 고종의 항의를 어떻게 받아들여야 한다고 생각하는지에 대해서 조회하길 바랍니다"라고 해외주재 러시아 대표에게 지시했다.[34]

1905년 11월 16일 주영 러시아대사 벤켄도르프(А.К.Бенкендорф)[35]는 을사늑약에 대한 고종의 항의를 영국 외무대신 랜즈다운(The Marquess of Lansdowne)[36]에게 전달했다고 런던에서 외무부에 서신을 보냈다.

---

32 "Когда Император отказал им в этом, на названные лица ворвались в чатное помещение Монарха, захватили печать императроскую и Министерства Иностранных Дел для приложения(적용) к составленному ими акту(법, 행동), который токийское Правительство выдает за состоящееся между Кореею и Япониею соглашегния о протекторате." ГАРФ. Ф.818. Оп.1. Д.120. Л.3об.

33 "Император корейский продолжает отказывать в своей подписи и -чески протестует против произведенного Япониею насилия ипопрания основных законов международного права обеспечивающих назависимость Ксрейского государства." ГАРФ. Ф.818. Оп.1. Д.120. Л.3об.

34 "Благволите осведомиться у Правительства при коем Вы аккредитованы, было ли им получено подобное сообщение и как оно полагает отнестись к протесту корейсого Императора." ГАРФ. Ф.818. Оп.1. Д.120. Л.3об. Циркулярная телеграмма российским представителям. 이 문서는 러시아 외무부가 해외주재 러시아 대표에게 회람한 전보이다.

35 Граф Александр Константинович Бенкендорф (нем. Alexander Philipp Konstantin Ludwig Graf von Benckendorff; 20 июля [1 августа] 1849, Берлин—29 декабря 1916 [11 января 1917], Лондон)—русский дипломат из остзейского рода Бенкендорфов. В 1902-1916 годах—чрезвычайный и полномочный посол России в Великобритании в чине гофмейстера двора(ru.wikipedia.org/wiki).

36 랜즈다운(1845~1927)은 1902년 1월 30일 일본의 하야시 다다스와 영일동맹을 체결했으며 러일전쟁이 종결되기 전인 1905년 6월 30일 일본의 하야시 다다스와 다시 새로운 동

벤켄도르프는 을사늑약에 관한 주러한국공사의 항의문에 대한 상세한 내용을 랜즈다운에게 전달하면서 "같은 종류의 항의문을 받았는지 그리고 어떻게 판단하는지"에 관한 의견을 물었다. 그러자 랜즈다운은 지금까지 그러한 항의문을 받지 못했다고 대답했다. 랜즈다운은 포츠머스조약의 조항과 일치하는 내용을 담고 있는 을사늑약의 체결만 보고받았다고 말했다. 그는 미국이 이미 주한미국공사를 소환하기로 결정했고 영국도 동일한 조치를 취할 것이라고 답변했다.

그러자 벤켄도르프는 다음과 같은 내용을 전달하는 것이 자신의 임무라고 말했다. 벤켄도르프는 "고종이 서명을 거부했고 대한제국의 인장을 강압적으로 빼앗아서 찍었고 주러한국공사가 협정에 대해서 항의했다"는 사실을 환기시켰다. 벤켄도르프는 "러시아와 일본이 맺은 협정에서 서울주재 외교 대표단의 활동을 멈출 수 있는 어떤 것도 발견하지 못했다"고 덧붙였다. 그러자 랜즈다운은 어떤 반대 의견도 제기하지 않았다고 밝혔다.[37]

1905년 11월 17일(30일) 주불러시아대사 넬리도프(А.И.Нелидов)는 을사늑약에 대한 고종의 항의를 프랑스 총리 겸 재무장관 모리스 루비에(Maurice Rouvie)[38]에게 전달했다고 파리에서 외무부에 비밀전보를 보냈다.

맹조약(제2차 영일동맹)에 조인했고 이를 1905년 9월 27일 공포했다(en.wikipedia org/wiki/Marquess_of_Lansdowne).

37　ГАРФ. Ф.818. Оп.1. Д.127. Л.1об.

38　모리스 루비에(Maurice Rouvier, 1842~1911). 1) Rouvier's Second Ministry, 24 January 1905~1913 March 1906.(Maurice Rouvier President of the Council and Minister of Finance; Théophile Delcassé Minister of Foreign Affairs) 2) 1902~1905년 재무장관. 1905~1906년에는 총리도 겸임했다(en.wikipedia.org/wiki/Maurice_Rouvier).

넬리도프에 따르면 주불한국공사는 러시아 외무부에서 받은 것과 유사한 내용을 프랑스 외무부에 통보했다. 모리스 루비에는 주불한국공사에게 아무런 회답을 하지 않았는데 어떻게 히야 할지 망설이고 있다고 밝혔다. 그사이 주불일본공사는 을사늑약 체결을 프랑스 정부에 공식적으로 통보했다. 넬리도프는 을사늑약에 대한 이의신청에 대해서 대한제국으로부터 받은 사실을 주불일본공사에게 통보할 것을 루비에에게 조언했다.

넬리도프에 따르면 루비에는 "포츠머스조약이 대한제국을 지휘할 수 있는 권리를 일본에게 부여하고 이미 미국이 완성한 것처럼 대한제국의 외교권을 일본에게 이양한 것이다"라는 의견을 피력했다.[39] 루비에에 따르면 미국은 한국의 외교권이 일본에 넘어간 것으로 승인하고 완성한 것으로 파악했다.

넬리도프는 "일본의 폭압과 황제의 저항"이라는 아주 예민한 문제가 남아 있다고 주장했다. 넬리도프는 다음과 같이 생각했다. "고종이 지나치게 주장하면 한층 더 큰 폭력이 가해져서 고종을 완전히 파멸시킬 것이다. 만일 고종이 일본의 명령을 이행하는 티 방해가 된다면 일본인은 거리낌 없이 고종에게 폭압을 가할 것이다."[40]

---

39 "Протсмуский договор, преддоставляя Японии, право направлять корейское Правительство, тем самым как бы предусматривает переход представительство Кореи в японские руки, что относительно Америки уже совершенно." ГАРФ.ф. 818, оп. 1, д. 123, л. 3об.

40 "Остается весьма щекотливый вопрос о насилии и протесте Императора, который, по моему мнению, если слишком на нём настаивать, может привести к ещё большему насилию над личностью этого Монарха и совершенному Его исчезновеннию, к чему японцы на стесиятся прибегнуть, если бы он стал

1905년 11월 24일 주불러시아대사 넬리도프는 을사늑약의 상황에 대해서 프랑스 총리 모리스 루비에의 의견을 청취한 다음 파리에서 러시아 외무부에 보고했다. 이 문서는 넬리도프가 17일 자 비밀전보를 보완한 보고서이다.

넬리도프는 11월 23일 프랑스 총리를 통해서 대한제국 외교대표의 문제를 상세하게 파악할 수 있었다. 주불한국공사 민영찬은 을사늑약 당시 고종에게 자행한 폭압에 대해서 공식적인 통보를 수행하지 않았지만 자신이 수집한 정보를 프랑스 외무부의 정치국장에게 구두로 전달했다. 프랑스 총리 루비에는 넬리도프를 만난 다음 날 주불한국공사 민영찬과의 회담을 희망했지만 민영찬이 뻬제르부르크로 출발한 것 같다고 넬리도프에게 말했다.

프랑스 총리 루비에는 주불일본공사 모토노 이치로(本野一郎)와 회견을 진행했다. 그 자리에서 루비에는 일본이 고종에게 자행하는 폭압을 노골적으로 비난했다. 그러자 모토노는 이 모든 것이 완전히 날조된 것이라고 주장했다. 모토노는 을사늑약의 합법성을 입증하는 자료를 제시했다.

넬리도프가 접한 최근 정보에 따르면 영국과 미국은 이미 서울에서 자신들의 공사관을 철수했다. 독일도 다른 열강들처럼 영사만 남겨둘 예정이라고 발표했다. 루비에는 주한프랑스공사관이 유일하게 서울에 상주하며 계속 유지시킬 계획이라고 말했다. 넬리도프는 대한제국에 대한 주도권을 장악하고 야만적인 방법까지 동원하는 일본을 저지할 수 있는

помехою для исполнения их предначертаний." ГАРФ. Ф. 818. Оп. 1. Д. 123. Л. 3об. Секретная телеграмма Д. Т. С. Нелидова.

방법이 없다고 판단했다.[41]

결국 러시아 외무부는 고종이 이범진을 통한 을사늑약 항의 내용을 영국과 파리 등의 열강에 전달했다. 또한 주영, 주불러시아대사는 을사늑약에 대한 불법성을 주재국에 적극적으로 알렸다.

4) 러시아 외교관이 바라본 을사늑약 이후 대한제국의 정치 상황

1906년 8월 1일 주한러시아영사관 소속 통역관 케르베르크(П.Г. Керберг)는 대한제국의 정치와 군사 등에 대한 장문의 보고서를 주한러시아 총영사 쁠란손에게 보냈다. 그 내용은 을사늑약 체결 전후 대한제국의 정치, 일본의 대한제국 침략 등이 포함되었다.[42] 케르베르크는 을사늑약 전후 상황 등을 다음과 같이 상세히 기록했다.

첫째, 한국인은 1905년 11월 4일(양력 1월 17일) 폭압에 의해서 강제로 조인한 '보호령에 대한 협약(을사늑약)'에 따라 통감부 설치로 강한 충격을 받았다. 케르베르크는 '불운의 날' 을사늑약의 현장을 "아무리 확실하게 알려고 해도 절대 알 수 없을 사건"이라고 주장했다. 일본 신문 등에 따르면 케르베르크는 "고종이 완전히 무방비 상태에서 모욕적인 폭력을 받았다"는 사실이 아주 명백하다고 주장했다.

둘째, 1905년 10월 27일(양력 11월 9일) 특파대사 이토는 서울에 도착했고 1주일 후에 고종을 알현한 자리에서 다음과 같은 조건을 제시했다. 1) 통감이 황제에게 종속된 국가의 통치를 대신한다. 2) 일본 행정관이

---

41 ГАРФ. Ф. 818. Оп. 1. Д. 123. ЛЛ. 4-5об. Депеша Д. Т. С.(1등관) Нелидова.

42 ГАРФ. Ф. 818. Оп. 1. Д. 163. ЛЛ. 1-14об.

모든 개항장에 임명된다. 3) 일본 정부는 대한제국의 외교 업무를 수행한다. 4) 대한제국은 열강들과 협상하려면 일본의 허가를 받는다.

그 자리에서 고종은 대한제국의 자주독립이 중요하기 때문에 동의할 수 없다고 대답했다. 이토는 여러 가지 논거를 제시하며 고종을 설득했다. 결국 고종은 외부대신 박제순에게 주한일본공사 하야시와 협의하라는 지시를 내렸다. 그 후 고종은 전혀 미동도 하지 않았다. 그날부터 서울 인근에 배치된 일본 기마와 포병 중대가 서울 거리에 나타났고 6~7개의 일본 대포가 고종을 위협하기 위해서 서울에 배치되었다.

셋째, 1905년 11월 4일(양력 17일) 주한일본공사는 대한제국 대신들과 함께 공사관에서 아침 식사를 했다. 식사를 마친 대신들은 고종의 배석하에 회의를 개최하기 위해 경운궁으로 향했다. 하야시는 오후 4시 일본의 요구를 고종에게 강요하기 위해서 경운궁에 도착했다. 고종이 단호하게 거절했지만 하야시는 만족스러운 답이 나올 때까지 기다리겠다고 주장했다. 18일 새벽 2시경 특파대사 이토는 하세가와 장군과 함께 경운궁에 도착했다.

일부 정부 대신은 일본의 요구를 강제로 이행할 수밖에 없다는 태도를 보였다. 일본은 외부의 관인을 획득할 때까지 친일 대신들을 통해서 고종을 협박하는 한편 집무실에 은거한 고종을 포위하기 시작했다. 경운궁은 일본 군사와 헌병에 의해 포위되었다. 고종의 집무실(중명전)까지 배치된 일본군대의 인원이 적지 않았다. 하세가와 장군은 고종이 배석한 자리에서 차고 있는 군도를 휘두를 만큼 호전적인 태도를 보였다.[43] 하

---

43 ˝Хасегава вошел в такой воинственный пыл, что даже в пресутствии Императора обнажил саблю и начал его размахивать.˝

세가와는 청일전쟁과 러일전쟁에서도 무공을 세워 영예를 얻은 인물이 었다.

의정부참정 한규설은 협정 조인을 단호하게 거부했다. 이토는 "고종의 명령이 내릴 경우에도 거부할 것인가"라는 질문에 한규설은 "그렇다"고 대답했다. 한규설은 '고의적인 불복종 행위'에 따라 칙령에 의해 유형에 처해졌다.

외부대신 박제순은 중명전에서 열린 회의에서 외부의 관인을 가지고 있지 않을 뿐만 아니라 협상 체결에 동의하지 않겠다고 주장했다. 그러자 일본인의 증언에 따르면 외부 고문 스티븐스의 부하 일본인 마에마 교사쿠가 외부 건물에 보내졌는데 그는 관인이 들어있는 상자를 부수고 관인을 가져왔다.[44]

그럼에도 고종은 "자신의 옥새를 찍는 것"을 단호하게 거부했다. 결국 고종은 서울에 도착한 이토의 수많은 강압에도 불구하고 옥새를 찍지 않았다.[45] 그 이유는 당시 의화군이 밤중 비밀리에 경운궁 담을 넘어서 고종에게 잠입했는데 "일본 정부가 더 이상 고종에게 협정에 옥새 찍는 것을 강요하지 않을 것이다"라는 정보를 그종에게 알려주었기 때문이다. 의화군은 후궁에게서 태어난 황제의 아들인데 미국과 일본에 거주했고 이토 후작과 함께 대한제국으로 돌아왔다.

---

44 "Служащий у Стивенс Нумано был послан в Министерство, откуда он, выломав поддежащий ящик, принес печать, которая была преложена к договорау, как уверяют самими японцами."

45 "Император же наотрез отказался в приложении и совей печати, каковй, насколько известно, он и до сего дня не приложил, несмотря на многократные настояния со стороны японцев и даже Маркиза Ито в последний приезд его в Сеул."

넷째, 11월 4일(17일) 이후 대한제국의 대부분 원로관료들은 고종에게 협정 체결에 동의해서는 안 된다고 상소문을 올리기 시작했다. 상소문을 주도한 관료들은 그 즉시 경운궁의 일본 헌병에게 체포되었다. 그런데 민영환은 관료들을 규합하여 수장으로 계속 상소문을 올렸다. 결국 민영환과 함께 상소에 참여한 관료들에게 체포령이 떨어졌고 모두 최고 재판정인 평리원으로 향했다. 그들은 평리원에서 자리를 잡고 앉아 유죄 판결을 기다렸지만 재판에 회부되지 않았다. 그들은 한 상가에 모이려고 했는데 일본 헌병들에 의해 해산되었다. 그때 민영환은 모인 사람들과 작별 인사를 하고 자신의 의관 이완식의 집으로 갔다. 그리고 민영환은 11월 17일(30일) 오전 6시에 스스로 목을 베었다. 민영환은 서울주재 외국 대표들과 백성들에게 서신을 남겼다. 서신에 따르면 민영환은 "현 상황이 조국을 위해 훌륭히 복무하지 못한 자신의 무능력으로 인해 발생한 것"이라며 스스로 책망했다.

넷째, 이토 히로부미는 서울을 출발하기 앞서서 제물포와 서울의 일본 신문 발행인들을 만났는데 을사늑약 이후 상황에 대해서 다음과 같이 자신의 입장을 언급했다.

"보호령에 관한 조약 체결(을사늑약)은 일본과 대한제국 사이에 새로운 관계를 정립하여 황실의 안정과 국가의 강화에 기여할 것이다. 고종은 대한제국의 권력과 경운궁의 거주를 전과 다름없이 유지할 것이다."

"고종은 조약 체결에 동의하는 것을 다음과 같은 이유로 주저하고 있다. 그 이유는 왕조가 이미 500년간 존속했지만 을사늑약으로 인해 존속하지 못할 수도 있으며 조선은 청국의 보호제도를 받을 때도 국왕이 외교적 교류를 수행할 수 있었기 때문이다. 대한제국이 외교 업무를 스스로 유능하게 주관할 수 있을 때 일본은 위임된 외교 기관을 다시 대한제국에 반환한다는 조항을 추가했다. 고종과 대신들은 자신의 논지에 승복했다."

다섯째, 1905년 11월 주한미국공사 모건(C.H.Morgan)은 이토가 떠나자마자 공사관 대신 총영사관을 설치한다고 통보한 다음 곧바로 서울을 떠났다. 주한 독일 대리공사는 신병으로 휴가를 떠나는 모습으로 서울을 출발했다. 그다음 주한 영국공사관은 서기관에게 대리공사를 담당하게 했는데 얼마 후 주한 영국 총영사관이 설치되었고 서기관은 총영사서리로 임명되었다. 마지막으로 주한프랑스공사가 떠났는데 주한프랑스 총영사서리로 부영사인 베르토우(Берто, Fernand Berteaux)가 임명되었다. 1906년 2월 1일부터 서울주재 외국 대표들은 자국의 정부로부터 서울과 지방에 주재하는 일본 외교관과 고섭하라는 지시를 받았다.

여섯째, 케르베르크는 을사늑약 이후 의병활동을 상세히 기록했다. 외부대신 박제순이 '보호령에 대한 협약(을사늑약)'에 조인하면서 대한제국의 남부와 동부 지방에서 동시에 소요가 발생했다. 1906년 1월 '의병'은 회람문과 격문을 유포하기 시작했는데 일본 신문은 그들을 '폭도'라고 불렀다. 함경남도 유학자들은 '을사늑약'을 파기할 것, 세관의 관리를 다시 영국인에게 위임할 것, 대한제국의 우편과 전신을 반환할 것, 일본인의 토지 매매를 금지할 것 등을 중요 항목으로 제시하는 격문을 발표했다.[46]

---

46 ГАРФ. Ф. 818. Оп. 1. Д. 162. ЛЛ. 1-14об.

3. 일본의 한국 전략 방안과 한국 강점 실행

1904년 2월 23일 일본은 대한제국을 위협하여 공수동맹을 전제로 한 '한일의정서'를 강제로 체결했다. 그 후 1904년 5월 20일 하야시는 고무라 외무대신 앞으로 한일의정서 조항에 근거하여 일명 '제2안 협정해야 할 조관안'을 제시했다. 하야시의 조관안이 내건 한국에서 일본이 획득해야 할 정치적·경제적 권리는 일거에 조약으로 획득해야 할 것이 아닌 장래의 획득 목표로서 1904년 5월 30일 원로 회의 및 5월 31일 각료회의에서 결정된 '일본제국의 대한(對韓) 방침' 및 '대한 시설 강령'에 포함되었다. "일본은 한국에 대해 정치 행정상 및 군사상 보호 실권을 장악하고 경제상 더욱 일본 이권의 발전을 도모해야 할 것"이라 목표를 설정했다.

  '일본제국의 대한(對韓) 방침'은 그 이유로 "한국은 도저히 그 독립을 영원토록 지탱할 수 없을 것이 분명하다. 일본은 한일의정서에 의해 어느 정도 보호권을 장악할 수 있다 하더라도 국방·외교·재정 등에 관해 한층 더 확실하고 적절한 체약 및 설비를 성취함으로써 이 나라에 대한 보호의 실권을 확립함과 동시에 경제상 제방의 관계에서 반드시 필요한 권리를 얻어 착착 그 경영을 실행하는 것이 당무로서 급박하다고 믿는다." 일본은 한국의 내정 외교 군사를 무너뜨리고 식민지화를 추진하는 마스터플랜을 '대한 시설 강령'으로 제시했다. "방비를 완전히 할 것, 외정을 감독할 것, 재정을 감독할 것, 교통 기관을 장악할 것, 통신 기관을 장악할 것, 척식을 도모할 것."[47]

---

47 국사편찬위원회, 『駐韓日本公使館記錄』21, 40-42쪽; 日本外務省 編, 1958, pp. 351-356; 운노 후쿠쥬, 2008, 171-177쪽.

일본은 러일전쟁 기간 동안 다음의 선언 등을 한국에 강압적으로 강요했다. 의주 개시에 관한 한국 외부대신의 선언(1904년 2월 25일), 용암포 개시에 관한 한국 외부대신의 선언(3월 23일), 충청 황해 평안도에서의 어업에 관한 왕복문서(6월 4일), 한국 통신 기관 위탁에 관한 문서(1905년 4월 1일), 한국 연해 및 내하의 항행에 관한 약정서(1905년 8월 13일) 등이 바로 그것이다.

무엇보다도 일본은 한국에 다음과 같은 조약을 강요하여 체결시켰는데 이는 일본이 한국의 내정·외교·군사를 므너뜨리고 식민지화를 추진하는 마스터플랜을 가동한 것이었다. 1904년 2월 23일 일본의 군용지 수용권 획득을 위한 '한일의정서', 1904년 8월 22일 고문정치를 위한 한일협정서('한일 외국인 고문 용빙에 관한 협정서', 제1차 한일협약), 1905년 11월 18일 한국의 외교권을 박탈하고 통감부를 설치하는 을사늑약('한일협상조약', 제2차 한일협약), 1907년 7월 24일 차관정치와 법령제정권과 군대 해산을 위한 '한일신협약'(즁미7조약, 제3차 한일협약), 1910년 8월 22일 조선총독부를 설치하는 일븐의 한국강점조약('한일합병조약', 경술국치조약, 일제병탄조약) 등이 바토 그것이다.

을사늑약과 헤이그평화회의 전후
고종의 외교적 대응

1904년 5월 대한제국은 일본의 강요에 의해 한러조약을 파기했다. 1904년 5월 17일 외부대신 이하영은 러시아와 체결한 일체 조약과 협정의 폐기를 선언하는 칙의서와 청의서를 의정부참정 조병식에게 제출했다. 이하영의 청의서에는 한국과 러시아의 조약과 협정은 일체 파기한다, 두만강·압록강·울릉도 삼림 벌목 특허는 러시아인 개인에게 허락했음에도 불구하고 러시아 정부가 직접 경영했기 때문에 규정을 위반하고 스스로 침략 점거했으므로 파기한다는 내용이 담겨 있었다.[1]

---

1 "請議書. 大韓政府는 日本이 俄國을 對ᄒ야 宣戰ᄒ미흔갓 大韓獨立을 維持ᄒ야 東洋全局에 平和를 確定ᄒ기에 在ᄒᆯ 商量ᄒ미 旣往에 議政書를 成約ᄒ고 協力ᄒ야   日本이 交戰ᄒᄂᆫ 目的을 達ᄒ기 便케ᄒ고 今又在俄公館을 撤退ᄒ얏스니 是以로 韓俄間外交干係가 實狀인즉 斷絶ᄒ얏스나 그러나 또 來頭我大韓의 方向을 明白케ᄒ고 俄國이 如前一例로 條約과 特准合同等節에 藉口ᄒ야 侵略的行爲를 다시 못ᄒ도록 ᄒ기 爲ᄒ야 玆에 勅宣書案을 會議에 提呈事. 一 旣往韓俄兩國間에 締結ᄒᆫ 條約과 協定은 一體廢罷ᄒ고 全然勿施ᄒᆯ 事. 一 俄國臣民이나 會社에 認准ᄒᆫ바 特許合同中 至今尙在其期限內 者는 自今以後로 大韓政府가 以爲無妨ᄒᆯ 者면 如前히 其認准을 繼續享有케ᄒ나 至於豆滿江鴨綠江鬱陵島森林伐植特許ᄒ야는 本來一個人民에게 許諾ᄒᆫ거신디 實狀은 俄國政府가 自作經營ᄒᆯ 뿐 外라. 該特准規定을 遵行치아니ᄒ고 恣意로 侵占的行爲를 ᄒ얏스니 該特准은 廢罷ᄒ

다음 날인 5월 18일 대한제국은 한러 간 협정과 한러조약을 폐기한다는 칙령을 관보에 게재했다. 이하영의 청의서와 동일한 내용이 관보에 게재된 것이다. "두만강, 압록강, 울릉도의 산림 채벌 및 식수 특허권은 본래 한 개인에게 허락한 것인데 사실상 러시아 정부가 자체로 경영할 뿐 아니라 해당 특준 규정을 지키지 않고 제멋대로 침략 점거했으니 해당 특준을 폐지하고 전혀 시행하지 말 것이다."[2] 이날 주한일본공사관도 대한제국의 한러 양국 간에 체결한 조약과 협정에 대한 폐기 선언을 일본 정부에 보고했다.[3] 1904년 5월 27일 외부대신 이하영은 러시아의 두만강·압록강·울릉도 삼림 벌목 특허에 관한 파기를 주한일본공사 하야시에게 공식적으로 통보했다.[4]

고 全然勿施홀 事." 外部大臣 李夏榮→議政府參政 趙秉式. 光武 八年(1904) 五月 十七日, 「請議書」, 『各部請議書存案』 26.

2 "勅令. 勅宣書. 一旣往韓俄兩國間에締結한 條約과協定은 一體廢罷ᄒ고全然勿施홀事. 一 俄國臣民이나會社에認準한비特許合同 中至今尙在其其限內者ᄂ自今以後로 大韓政府가 以爲無妨ᄒ者면如前히其認 準을繼續享有케ᄒ나至於豆滿江鴨綠江 鬱陵島森林伐植特許 ᄒ야ᄂ本來一個人 民에게許諾한거시딀實狀은俄國政府가 自作經營홀뿐外라該特準規定을遵行치 아니ᄒ고恣意로侵占的行爲를 ᄒ얏스니 該特準은廢罷ᄒ고全然勿施홀事." 議政府總務局官報課. 光武 八年 五月 十八日, 「號外」, 『官報』.

3 『駐韓日本公使館記錄』 22, 1904년 5월 18일, [七. 本省往來 禹範善殺害事件] (7) 官報 號外 [勅宣書 한·러 양국 간에 체결된 조약·협정 등 파기한다는 칙령], 議政府參政 趙秉式, 外部大臣 李夏榮.

4 『駐韓日本公使館記錄』 24, 1904년 5월 27일, 二. 外部來 一·二 (37) 照會 第89號 [한·러 간 경제교류에 대한 황제 폐하의 勅宣書 송부 件], 大韓外部大臣 李夏榮→大日本特命全權公使 林權助, "一. 지금까지 한·러 양국 간에 체결한 조약과 협정은 일체 폐기하고 시행하지 말 것." "一. 러시아 신민이나 회사에 허가한 바 있는 특허계약 중 지금까지 기한 내에 있는 것은 앞으로 대한 정부가 무방하다고 인정하면 전과 같이 그 허가를 계속 향유케 할 것이나 豆滿江, 鴨綠江, 鬱陵島의 삼림 벌식 특허는 본래 한 개인에게 허가한 것인데 실제로는 러시아 정부가 경영할 뿐만 아니라 그 특허 규정을 준수하지 아니하고 자의로 침탈적인 행위를 함으로써 그 특허를 폐기하고 시행하지 말 것." 『駐韓日本公使館記錄』 24,

한러조약의 파기 및 '한일의정서'와 '제1차 한일협약' 등이 일본의 강제로 실행되자 일부 한국의 관료들도 저항하기 시작했다. 1904년 2월 23일 '한일의정서'가 강제로 체결되자 최익현, 곽종석, 신기선 등은 러일전쟁 이후 일본의 불법적 행동에 분개하며 대한제국 정부의 무력감을 비판했다. 1904년 3월 1일 원수부 군무국 총장 신기선은 사직 상소를 올리며 '한일의정서'의 심각성을 지적했다. "지금 이웃 나라 군사들이 들끓고 강한 외국인들은 주인을 짓누르고 있으며 협약은 이미 체결되었고 나라의 권한은 남에게 넘어갔습니다. 500년 동안 내려온 종묘사직과 삼천리 강토가 장차 어떻게 될지 알 수 없습니다."[5] 신기선은 일본의 강요에 따라 '한일의정서'가 체결되면서 대한제국의 권한을 빼앗겨 미래를 알 수 없다고 개탄했다.

1904년 8월 일본인에 의한 고문정치 체제가 확립됨에 따라 1905년 1월 7일 의정부 찬정 최익현은 고종을 소견한 자리에서 일본의 대한제국 강압 원인과 그 영향을 지적했다. "오늘날 민심이 흩어진 것은 을미년 (1895) 이후 복수하는 조치가 없었기 때문입니다. 만일 복수하는 조치가 있었거나 복수하려는 마음이 있었더라면 민심이 자연히 굳어져 응당 오늘날 난동이 없었을 것입니다. … 일본 사령부의 '고시(告示)'에 따라 경찰 사무를 스스로 담당합니다. 그러면 우리나라의 경무청이나 법부는 모두 쓸모없이 되어버립니다. 500년 동안이나 내려온 종묘, 사직과 삼천리 강토가 일본에 의해 망할지 누가 알겠습니까?"[6] 최익현은 1895년 을미

1904년 5월 27일, 「二. 外部來 一·二 (37) 照會 第89號 [한·러 간 경제교류에 대한 황제폐하의 勅宣書 송부 件] [別紙] 勅宣書」, 大韓外部大臣 李夏榮 → 大日本特命全權公使 林權助.

5 『高宗實錄』, 고종 41년(1904) 3월 1일.

6 『高宗實錄』, 고종 42년(1905) 1월 7일.

사변에 대한 처벌이 분명하지 않았기 때문에 현재의 사태가 초래되었고 일본의 개입에 따른 한국의 경무청과 법부의 무력한 상황을 개탄했다.

대한제국은 일본의 강압과 그에 따른 국내 상황으로 인해 러일전쟁 직전 전시중립화와 한러동맹을 동시에 추진하는 한편 고종은 을사늑약 체결 이후 외교적으로 일본에 저항하려는 시도를 지속적으로 실행했다. 그중 핵심적인 사건이 바로 고종의 헤이그 특사 파견이었다. 헤이그 특사는 1907년 6월 네덜란드 헤이그에서 개최된 제2차 헤이그평화회의(1907년 6월 15일~10월 18일)에 고종이 자신의 특사를 파견한 사건이다. 헤이그 특사는 고종과 대한제국의 외교정책을 살펴볼 수 있다는 점에서 중요한 주제이다. 기존 연구는 주로 헤이그 특사에 대한 사실 규명에 노력했다.[7] 그럼에도 기존 연구는 헤이그 특사 파견 당시 대한제국과 러시아의 연결 과정, 러시아의 헤이그 특사 파견에 대한 시선 등을 구체적으로 연구하지 못했다. 따라서 이 책에서는 러시아자료를 바탕으로 러일전쟁과 헤이그 특사 파견 전후 고종을 중심으로 한 대한제국의 외교정책과 활동을 집중적으로 분석할 것이다. 또한 기존 연구가 헤이그 특사를

---

7 윤병석,『李相卨傳』, 일조각, 1984; 조재곤,「헤이그 특사와 고종황제 퇴위, 군대 해산」,『내일을 여는 역사』 29, 2007; 헐버트박사기념사업회,『헤이그 만국평화회의 관련 일본 정부 기밀문서 자료집』, 선인, 2007; 민족문제연구소 편,『대한제국 1907 헤이그 특사』, 문화재청, 2007; 이계형,『고종 황제의 마지막 특사 : 이준의 구국운동』, 역사공간, 2007; 최덕규,『제정러시아의 한반도정책, 1891-1907』, 경인문화사, 2008; 최덕수,「제2차 헤이그평화회의(1907)와 대한제국 언론의 세계인식」,『한국사학보』 30, 2008; 꾿드페스터,「1907년 헤이그 특사의 성공과 좌절」,『한국사학보』 30, 2008; 서영희,「을사조약 이후 대한제국 집권세력의 정세인식과 대응방안」,『역사와 현실』 66, 2008. 최근 김원수는 대한제국의 독립과 자주권을 보호하고 일본의 불법적인 침략행위를 국제법에 호소한 것이 바로 헤이그 특사 파견이었다고 평가했다. 김원수,『헤이그 만국평화회의 특사외교와 국제관계』, 선인, 2016, 128쪽.

파견한 고종의 의도와 입장에 대해서 다루지 않았던 부분을 러시아자료를 통해 추적함으로써 대한제국의 외교정책을 평가하는 데 또 하나의 근거를 제시할 것이다.

1. 러일전쟁 이후 고종과 이범진의 외교적 대응

1904년 5월 주한러시아공사 빠블로프는 상해에서 대한제국의 한러조약 폐기 선언 등을 러시아 외무부에 보고했다. 동시에 빠블로프는 5월 5일자 고종의 칙령도 받았는데 이 칙령은 대한제국이 러시아와 맺은 이전의 모든 조약과 이권이 폐기된 사실을 담고 있었다.

주한일본공사와 영국공사는 고종이 이 칙령을 공표하도록 수개월 동안 노력했다. 그러나 고종은 여전히 러시아를 전적으로 신뢰하며 기회가 다시 오면 자신이 내린 칙령을 폐기하겠다고 했다. 또한 고종은 주러한국공사 이범진에게 내린 뻬쩨르부르크 철수 명령이 일본의 강요에 의한 것이기 때문에 고종은 사재를 털어서라도 이범진에게 월급을 보낼 예정이니 계속 뻬쩨르부르크에서 근무할 것을 지시했다.[8]

---

8   Секретная телеграмма Ст. Сов. Клейменова. АВПРИ. Ф.150. Оп.493. Д.114. ЛЛ.7-7об. 이 문서는 1904년 5월 14일(27일) 상해주재 러시아 총영사 클레이메노프(К. В. Клейменов)를 통해서 발송되었다. Константин Васильевич Клейменов(18.09.1856-18.10.1910). Действительный статский советник (с 1905). Сын генерал-майора Василия Васильевича Клемёнова (1805-не ранее 1866), служившего на горных заводах Урала и Сибири, от брака с Надеждой Терентьевной N. В службе с 1873, в офицерских чинах с 1876. Службу в МИД начал делопроизводителем Азиатского департамента (1882), с 1888-1-й секретарь

고종(1907)
니꼴라이 2세(1912)

고종은 이범진에게 주러한국공사관을 운영하는 동시에 대한제국의 독립을 위해 노력할 것을 지시했다. 그리고 러시아가 대한제국의 독립을 지지해 줄 것을 요청하는 서신을 여러 차례 이범진에게 보냈다.

고종은 1904년 7월 1일 전 주한프랑스공사대리 퐁트네(Vicomte de Fonteney)[9]가 유럽으로 귀국하는 상황을 이용하여 첫 번째 편지를 보냈다. 고종은 퐁트네를 신뢰한다고 기록되어 있을 정도로 두 사람은 매우 긴밀한 관계를 유지했다. 또한 고종은 전 주한러시아공사 베베르를 통하여 러일전쟁 이후 대한제국의 상황을 상세히 기록한 서신을 니꼴라이 2세에게 보냈다. 고종은 러일전쟁 이후 일본의 삼엄한 감시 때문에 니꼴라이 2세에게 서신이나 전문을 보내기가 어려운 상황이었다. 고종은 서신에서 "가까운 시일 내에 어두운 먹구름이 흩어지면서 재차 맑은 하늘을 보게 되리라는 믿음으로 스스로를 위안하며 힘든 상황을 인내하고 있다"고 기록했다. 고종은 "니꼴라이 2세의 배려와 러시아의 후원을 통해서 한러 간 우호적인 관계가 더욱 공고해질 것"이라고 밝혔다.[10]

миссии в Китае, в 1890-1891 одновременно поверенный в делах там же. С 1895-консул в Сингапуре, с 1899-генеральный консул в Шанхае, занимал этот пост до смерти. В 1909 представлял Россию в Шанхайской опиумной комиссии, целью работы которой была разработка мер, направленных на ограничение незаконного оборота опия в Китае и препятствующих нелегальному ввозу наркотиков из Азии в США и европейские государства(rusdiplomats.narod.ru/kleymenov-kv.html).

9   퐁트네는 플랑시가 휴가차 귀국하자 1903년 10월 27일부터 임시 대리공사로 재직했다. 이지순 외, 『근대 한불 외교자료』 1, 선인, 2018, 234쪽; 장동하, 「개항기 주한프랑스공사관과 가톨릭 교회 관계」, 『한불수교 120년사의 재조명』, 국사편찬위원회, 2007, 141쪽.

10 АВПРИ. Ф. 143. Оп. 491. Д. 52. ЛЛ. 142-143. 고종은 1904년 7월 1일(양력) 경운궁에서 서한을 작성했는데 이 문서는 러시아력 1904년 7월 2일(양력 15일) 러시아 총영사 클레이메노프를 통해서 발송되었다.

1905년 1월 10일 고종은 니꼴라이 2세에게 두 번째 서신을 보냈다. 고종은 당시 이범진과의 연락을 통해서 뻬쩨르부르크 소식을 파악하고 있었다. 니꼴라이 2세는 외무대신 람즈도르프에게 지시하여 주러한국공사관 운영비를 여러 차례 나누어 빌려주었다. 이 소식을 듣고 고종은 '격식을 넘어 특별하게 베푸는 후의에 감사한다'고 고마움을 전했다.

서신에서 고종은 여순이 함락된 것을 부득이한 사세(事勢)라고 평가했다. 고종은 러시아의 용맹한 장군과 강력한 병사들이 반드시 오래지 않아 다시 차지할 것을 기약한다고 기원했다. 고종은 현재 일본이 병력을 동원하여 대한제국의 내정을 간섭하여 국가의 형세가 위태한 지경에 처해 있다고 밝혔다. 고종은 러시아의 대군이 빠른 시일 내에 서울에 이르러 일본의 악독한 싹을 쓸어 없애 버리고 대한제국 독립의 권리를 공고하게 만들 수 있기를 희망했다. 고종은 러시아군대가 대한제국에 도착하면 전국의 백성들이 도와서 힘과 정성을 다할 것이라고 약속했다.[11]

세 번째 서신은 1905년 8월 22일 일본이 행하는 강압에 관한 내용이었다. 이 서신에서 고종은 러일전쟁 발발 직후 일본의 불법적 행동을 고발했다. 1904년 2월 8일 일본은 자국의 함대를 동원하여 제물포에서 러시아함대를 습격하여 침몰시켰다. 그리고 일본 육군은 제물포 해안에 상륙하여 서울을 점령했다. 일본은 대한제국 정부와 관리를 무력으로 억압했고 러시아 정부에 보내는 대한제국 정부문서까지 압수했다. 주한일본공사는 일본군대를 이용하여 일본의 행동에 따르도록 대한제국 정부에 강요했다. 일본군대는 한국인을 감시하고 억압했다. 일본은 일본인 1만 명을 이주시켜 한국인의 종교와 심성을 타락시키고 대한제국의 토지와

---

11 АВПРИ. Ф. 150. Оп. 493. Д. 79. Л. 45.

임야를 빼앗고 표식까지 세웠다. 심지어 현존하는 국제 조약도 파기시켰다. 일본은 러일전쟁 이후 대한제국의 주권을 빼앗았다.

심지어 고종은 자신의 지시와 명령이 모두 일본의 강압에 의해 실행된 것이라고 주장했다. 고종은 '국가 소용돌이에 휩쓸려 버렸는데 2천만 신민이 눈물을 흘렸고 사는 것이 불가능할 지경이다'라고 울분을 토했다. 더욱이 일본은 대한제국의 공사를 해외에 파견하지 말라고 고종에게 강압했다. 고종은 러시아가 대한제국 주권 침해에 관한 일본의 불법적인 조약 위반을 근절시키고 러시아공사를 서울에 조속히 파견시켜 줄 것을 요청했다. 이와 함께 러시아가 '한러조약에 규정된 양국의 관계'에 관심을 기울여 줄 것을 니꼴라이 2세에게 희망했다.[12] 고종은 대한제국의 운명을 연장시키는 데 필요한 러시아의 지원을 필사적으로 요청했다.

1905년 10월 13일 이범진은 대한제국 독립에 대한 러시아의 지원을 요청하는 문서를 뻬쩨르부르크에서 람즈도르프에게 보냈다. 이범진은 대한제국이 커다란 위험에 처한 상황에서 대한제국의 독립을 보존하는 효과적인 방법이 러시아에 호소하는 것이라고 생각했다. 역사를 살펴보면 위험에 처한 국가들은 열강의 만장일치의 협력과 지지 덕분에 독립을 보존할 수 있었다. 1832년 그리스는 러시아, 프랑스, 영국의 보장에 의해 오스만투르크로부터 독립할 수 있었다. 1815년 스위스는 빈 조약에 따라 러시아, 프랑스, 영국 등이 포함된 8국 위원회로부터 중립을 보장받았다. 이후 벨기에와 룩셈부르크도 열강에 의해 중립성을 보장받았다. 이범진은 독립과 중립을 보장받기 위한 이러한 방안이 대한제국에

---

12 Личное письмо Великаго Корейскаго Императора. АВПРИ. Ф. 150. Оп. 493. Д. 79. ЛЛ. 55-59.

적용될 수 있는지에 관하여 람즈도르프에게 문의했다. 동시에 러시아가 대한제국의 독립과 중립을 위하여 비밀리에 열강과의 교섭을 주도적으로 추진해 줄 것을 람즈도르프에게 요청했다.[13]

1905년 9월 14일 이범진은 베를린주재 한국공사를 통해 고종의 암호 전문을 받았다며 번역문을 첨부하여 람즈도르프에게 제출했다. 이범진은 고종에게 전달할 답신을 알려줄 것도 요청했다. 암호 전문에 따르면 고종은 러일 군대의 휴전 체결로 희망을 상실했고 휴전의 결과로 일본은 대한제국에서 강력한 영향력을 행사했다. 신변의 위협을 느낀 고종은 러시아가 주한러시아 대표를 조속히 파견해 줄 것을 요청했다.[14] 그러자 1905년 9월 19일 외무대신 람즈도르프는 고종의 전문에 대한 니꼴라이 2세의 답장을 전달했다. 니꼴라이 2세는 대한제국의 국익, 대한제국의 영토 보존에 항상 관심을 기울이고 있으며 러시아는 평화가 정착되면 서울에 러시아 대표를 파견할 것이라는 뜻을 전했다.[15]

한편 고종은 전 탁지부대신 이용익을 통하 대한제국의 정치 상황을 러시아에 알리면서 러시아의 대한제국 독립 지지를 호소했다. 1905년 9월 17일 빠블로프는 이용익이 상해에서 전달한 고종의 명령을 러시아 정부에 보고했다. 이용익은 상해에서 빠블로프를 만나 다음과 같이 말했다.

첫째, 이용익은 7월 12일 자 고종의 명령을 받아서 상해에 도착했다고 밝혔다. 이용익은 7월 12일 비서관과 통역관을 동행하고 일본의 감시망

---

13 ГАРФ. Ф. 818. Оп. 1. Д. 110. Л. 3об.
14 ГАРФ. Ф. 818. Оп. 1. Д. 110. ЛЛ. 1-1об.
15 ГАРФ. Ф. 818. Оп. 1. Д. 110. Л. 2.

을 피해 제물포에서 극비리에 범선을 타고 출발했다. 그런데 범선은 도중에 태풍을 만나 요동 근처에서 전복되었다. 한동안 이용익은 자신의 몸을 추스렸고 간신히 청국인의 도움으로 위해위로 올 수 있었다. 그는 출발한 지 한 달이 넘어 상해에 도착했다. 이용익은 신속히 고종의 전보를 러시아 정부에 발송한 다음 뻬쩨르부르크로 출발해서 람즈도르프를 만나 니꼴라이 2세의 알현을 요청할 계획이었다.

둘째, 이용익은 다음과 같은 고종의 한문 서한을 빠블로프에게 전달했다. "러시아는 항상 대한제국의 자주독립을 지지했습니다. 짐은 포츠머스조약 체결(1905.9.5)이 임박한 상황에서 니꼴라이 2세의 강력한 협력만이 대한제국을 구할 수 있다고 확신합니다. 짐은 이 고난의 순간에 니꼴라이 2세가 대한제국의 독립을 보장해 줄 것을 호소합니다."

셋째, 빠블로프는 이 서한이 고종의 개인 서명도 직인도 없는 것이라고 기록했다. 빠블로프는 주어진 임무가 시간이 지나서 늦은 감이 있으며 이 임무의 수행에는 신중함이 필수적이라고 이용익에게 지적했다. 빠블로프는 이용익이 9월 15일 우편선을 이용해서 마르세유로 출발하려는 계획을 연기시키면서 외무대신 람즈도르프의 회답을 받기 전까지 상해에서 기다리도록 그를 설득했다. 빠블로프는 이용익의 뻬쩨르부르크 방문을 중지시키는 것이 바람직하다고 판단했다. 그 이유는 이용익이라는 인물의 중요성을 고려하면 이 사절단이 왜곡된 해석을 제공하여 외교적으로 복잡한 상황을 만들 수 있기 때문이었다.[16]

그러자 러시아 외무부는 1905년 9월 6일 자 비밀전문을 통해서 9월 4일 자 빠블로프의 전문에 회신했다. 외무부는 빠블로프의 제안을 모두

---

16 ГАРФ. Ф. 818. Оп. 1. Д. 111. Л. 1об.

승인하면서 이용익의 유럽 방문이 전혀 무의미하다고 판단했다. 외무부는 주한러시아공사의 조속한 서울 파견 등에 관한 고종의 요청을 인지하고 있다는 사실을 이용익에게 통보해도 좋다고 지시했다.[17]

그런데 1905년 10월 2일 빠블로프는 이용익이 상해에서 뻬제르부르크로 출발할 것이라고 외무부에 보고했다. 빠블로프는 유럽 방문을 취소하고 고종의 새로운 명령을 기다리라고 이용익에게 강력히 조언했지만 뻬제르부르크로 갈 것을 확고하게 결심한 이용익은 9월 30일 프랑스 우편선을 타고 마르세유로 출발했다.

이용익은 람즈도르프의 허가를 받아 니꼴라이 2세를 알현하길 기대했다. 이용익은 대공 세르게이 알렉산드로비치(С. Александрович, 1857~1905)의 사망을 애도하는 고종의 서한을 뻬제르부르크에 전달하는 사로운 임무도 부여받은 것으로 보인다. 빠블로프는 이용익의 주요 방문목적을 보고했다. 그것은 이용익이 직접 대규모 자금을 소지하고 언론을 통해서 대한제국에 유리한 유럽 여론을 형성시키는 것이었다.[18] 1905년 11월 뻬제르부르크에 도착한 이용익은 람즈도르프와 직접 면담했다.[19]

고종은 주러한국공사 이범진에게 공사관을 운영하며 독립을 위해 노력할 것을 지시하고 러시아의 지지를 요청하는 서신을 여러 차례 보냈다. 또한 전 탁지부대신 이용익을 통해 대한제국의 정치 상황을 러시아에 알리며 독립 지지를 호소했다. 그 실행을 위하여 이용익은 1907년 헤이그평화회의 개최 이전 유럽에서 대한제국 독립 여론을 조성하기 위

17 ГАРФ. Ф. 818. Оп. 1. Д. 111. Л. 2.
18 ГАРФ. Ф. 818. Оп. 1. Д. 111. Л. 3.
19 ГАРФ. Ф. 818. Оп. 1. Д. 129. Л. 1.

해 뻬쩨르부르크를 방문했다.

2. 을사늑약 전후 대한제국의 상황과 고종의 저항

1905년 고종은 지속적으로 니꼴라이 2세에게 대한제국의 독립을 호소하는 서한을 보냈다. 특히 을사늑약 강제 체결(11월 17일)을 전후해서는 일본에 의한 강압을 집중적으로 고발했다.

포츠머스조약 체결 직후인 1905년 10월 10일 고종은 대한제국의 독립을 호소하는 서신을 니꼴라이 2세에게 보냈다. 고종은 러일전쟁이 평화로 귀결된 것은 니꼴라이 2세의 관용과 능력 덕분임을 밝혔다. 고종은 포츠머스강화조약 체결로 평화를 회복했으니 대한제국도 본래의 권리를 회복해야 할 때라고 주장했다. 고종은 열강이 대한제국의 상황을 개선하기 위해 노력해 준다면 나라에는 평화와 행복이 가득해질 것이라고 호소했다. 동시에 고종은 니꼴라이 2세가 '강력한 수단들'을 활용하여 대한제국의 주권 회복을 위하여 노력해 줄 것을 촉구했다.[20]

그다음 서신은 을사늑약 체결 직전인 1905년 11월 8일 일본의 강압을 폭로하는 내용의 서신이었다. 일본이 대한제국에 대한 자국의 보호령을 인정하라고 요구하는 상황에서 고종은 '일본이 터무니없는 제안으로 밤낮으로 괴롭히지만 일본의 요구를 거절하기 위해서 최선을 다하고 있다'고 밝혔다. 고종은 '조금의 지체도 치명적일 수 있다'며 러시아에 '구원

---

20 Traduction de la lettre de la Majesté l'Empereur de Coreé à la Majesté l'Empereur de Russie. АВПРИ. Ф. 150. Оп. 493. Д. 143. ЛЛ. 13-13об.

의 손길'을 간절히 요청했다. 고종은 지금 러시아가 개입하지 않으면 대한제국의 미래가 더욱 어려워질 것이라고 호소했다. 고종은 현상건을 러시아에 파견하여 자신의 지시를 수행하도록 했다. 현상건이 지참한 편지는 고종이 대한제국 주권 회복 방안에 관해 자신의 의견을 적은 것이었다. 고종은 편지에서 '니꼴라이 2세의 강력한 영향력이 아니면 대한제국의 독립을 실현할 어떤 방법도 없다'며 니꼴라이 2세가 그 방안에 대하여 조언과 검토를 실행해 줄 것을 요청했다.[21] 그 방안은 대한제국이 스위스와 그리스처럼 중립국의 지위를 획득하는 것이었음에 틀림없다.

고종이 니꼴라이 2세에게 전한 세 번째 편지는 1905년 11월 26일 이범진을 통해 람즈도르프에게 제출된 암호 전문이었다. 이 전문은 서울의 비밀특사가 지부로 전했고 지부에서 이범진에게 건네진 것이었다. 이범진은 이 전보를 니꼴라이 2세에게 전달해 줄 것을 람즈도르프에게 요청하면서 황제의 답신을 받으면 안전한 경로를 통해 서울로 전달할 것이라고 약속했다.

그 내용은 고종이 보낸 을사늑약 현장이었다. 주한일본공사 하야시 곤스케, 조선주차군 사령관 하세가와 요시미치, 이토 히로부미가 일본군대와 경찰을 대동하여 경운궁을 침입했다. 그 이유는 대한제국을 일본의 보호령으로 인정하는 조약에 고종의 서명을 강요할 목적이었다. 고종과 대신들은 위협을 당했다. 하기와라[22]는 의정대신 한규설에게 칼을

---

21 Traduction de la lettre de la Majesté l'Empereur de Coreé à la Majesté l'Empereur de Russie. АВПРИ. Ф. 150. Оп. 493. Д. 143. ЛЛ. 14–14об.

22 러시아문서의 하기와라는 하기와라 모리이치(萩原守一)다. 1905년 주한일본공사관 대리공사 겸 일등서기관, 1907년 봉천 총영사를 지냈다(ndl.go.jp/portrait/datas/163.html).

뽑아 들고 위협하면서 보호제도에 조인하라고 강요했다.[23] 일본은 고종이 계속 을사늑약에 서명하지 않자 즉시 조약 체결을 위한 행동에 들어 갔다. 일본은 고종의 백성을 가로막고 멸시하며 일부를 매수하고 일부는 협박과 유형을 보냄으로써 고종의 충신들을 강제로 쫓아냈다. 그리고 무력으로 중명전에 침입해 옥쇄를 탈취하고 외부대신 건물에 들어와 외부의 직인을 훔쳤다. 그들은 준비한 서류에 두 개의 도장을 찍은 다음 고종에게 비준하도록 강요했다. 하지만 고종은 완강히 거절했다.[24] 마침내 일본은 고종 개인의 자립까지 침해하면서 아무도 만나지 못하게 했다.[25] 고종은 니꼴라이 2세가 '문명과 인권의 관점에서 강대국들과 협력하여 대응할 것'을 확신한다면서 '니꼴라이 2세의 답신을 초조하게 기다린다'고 밝혔다.[26]

---

23 "Застравили подписать союз против дружественной державы и отказаться от догороров с этой державой; ворвались в к нему носью во дворец с войсками и. пока Хагивара(Нынешний Мукденский консул) расправлялся лично с Председателем Совета Министров. требовали подисания протектората. грозя обнаженной шашкой."

24 "그들은 준비한 서류에 두 개의 도장을 찍은 후 내가 서명할 수 있도록 서류를 다시 제시했지만 나는 처음처럼 완강히 거절했다(Apres avoir revetu de ces deux sceaux les documents prepares par eux, ils me les ont de nouveau presentes pour que je les signe mats je m'y suis, comme la premere fois, energiquement refuse)." ГАРФ. Ф. 818. Оп. 1. Д. 110. ЛЛ. 4-4об.

25 "несмотря на то, что император все же не подписал договора. стали немедленно приводить его в исполнение. наводнили страну тысячами властей и десятками тысяч аферистов низшего азбора. которые обирают и унижают его. преданных ему людей частью подкупом, частью угрозами и ссылкой; наконец. посягнули на личную его независимость как человека. запретили принимать кого он пожелает. расходовать собственные деньги и т. д."

26 ГАРФ. Ф. 818. Оп. 1. Д. 110. ЛЛ. 4-4об.

을사늑약 체결 후인 1905년 12월 28일 고종은 덴마크인 전보 기사 뮐렌스테트(H. J. Muehlenstetch)를 통해 니꼴라이 2세에게 보내는 서한을 베베르에게 전달했다. 고종은 니꼴라이 2세가 대한제국을 호의적으로 생각하며 자신과 수차례 대한제국의 상황에 관해 의견을 교환하여 대한제국의 불안한 상황을 정확하게 파악하고 있다고 확신했다. 고종은 대한제국의 자주독립을 지원해 줄 것을 다시 한번 니꼴라이 2세에게 호소했다.[27]

고종은 을사늑약 체결 이후 의병활동을 측면에서 지원했다. 고종은 일본의 강압을 직접적으로 반대하지 않는 대신 정치적으로 자신의 측근 인물을 통해 의병의 반일운동을 지시하면서 외교적으로는 러시아와의 연대를 도모했다.

한편 고종은 1906년 11월 이토 히로부미가 일본으로 출장을 떠난 이후 일본 체류를 장기간 연기한 것에 대하여 주한러시아 총영사 쁠란손에게 우려를 전달했다. 고종은 일본이 고종의 왕위를 의화군 이강 또는 다른 섭정으로 대체할 것이라 생각하며 불안해했다. 또 이토가 일본에서 황태자 이척의 무능력을 언급할 것이라고 걱정했다. 그러자 쁠란손은 그러한 불안이 근거 없는 것이고 당분간 그러한 계획도 존재하지 않는다고 고종을 안심시켰다.[28]

1906년 9월 8일 쁠란손은 러시아 외무부에 고종의 독립운동을 보고했다. 쁠란손에 따르면 열강은 대한제국의 상황에 완전히 무관심한 입

---

27 ГАРФ. Ф. 818. Оп. 1. Д. 110. Л. 5.
28 ГАРФ. Ф. 818. Оп. 1. Д. 154. Л. 1. 쁠란손은 1906년 8월 10일 서울에 도착했고 9월 13일 고종을 알현했다. 이토 히로부미는 1906년 11월 일본으로 출장을 갔다. 이 문서는 1906년 11월 이후 작성된 문서이다.

장이었으나 그럼에도 고종과 의병은 대한제국의 자주독립 운동을 전개한다면 러시아의 도움을 받을 수 있다는 희망을 여전히 품고 있었다.

밀렌스테트가 1906년 8월 10일 서울에 도착한 다음 며칠 뒤 뻴란손에게 안부를 전하라는 고종의 지시를 받고 뻴란손을 찾아갔다. 밀렌스테트는 25년 전 처음으로 청국에 가서 덴마크의 전신 설비 작업에 참여했고 을사늑약 이전까지 외부 소속 고문관으로 활동했던 인물이다. 고종은 서울에 체류하고 있었던 밀렌스테트를 신뢰했다. 그는 1906년 2월에도 니꼴라이 2세에게 보내는 고종의 서신을 가지고 뻬쩨르부르크에 도착했다. 그는 베베르를 통해 고종의 서신을 러시아 외무부에 전달했고 이 서신은 3월에 니꼴라이 2세에게 보고되었다. 또한 고종은 2달 전에도 밀렌스테트를 블라디보스톡으로 파견하여 자신의 전보를 니꼴라이 2세에게 전했었다.

이날 뻴란손이 다음과 같이 질문했고 밀렌스테트가 답변했다. "삼엄한 경비에도 불구하고 고종의 서한을 당신이 어떻게 전달할 수 있습니까?" "아직 고종에게 충성을 바치는 사람들이 있기 때문에 교류는 결코 중단되지 않을 것입니다."

이후에도 뻴란손은 여러 차례 고종의 위임을 받아 뻬쩨르부르크를 방문한 이용익과 현상건을 만났다. 그는 "대한제국은 아무리 고통스러울지라도 현재 상황을 받아들이고 인내하면서 더 좋은 때를 기다려야만 한다. 모든 저항 시도는 상황을 악화시킬 뿐이다. 1906년 6월 의병 봉기가 매우 참혹하게 끝난 것이 이에 대한 증거다." 또 "만일 제가 1906년 6월 서울에 도착했더라도 압제 권력과 투쟁하는 고종을 공개적으로 지지할 수는 없었을 것이다"라며 오히려 고종이 개인적인 운명을 지킬 수 있는 유일한 수단을 '복종'이라고 조언했다.

주한러시아공사관의 전 통역관이자 러시아 국적 한국인 마트베이 김 (Матвей Ким)이 뺄란손을 찾아왔다. 그는 이틀 뒤쯤 블라디보스톡으로 떠날 예정인데 부탁할 것이 없는지 물어보았다. 마트베이 김은 고종이 이용익에게 보내는 서신을 자신이 가지고 간다는 중요한 비밀을 뺄란손에게 몰래 알려주었다. 마트베이 김에 따르면 이용익은 다시 뻬쩨르부르크로 가서 러시아의 도움으로 대한제국의 독립을 위해서 활동하라는 고종의 명령을 받았다. 그리고 자신은 이용익의 방문에 동행하라는 고종의 지시를 받았다.

하지만 뺄란손은 마트베이 김이 '이용익의 무분별과 무익함을 가장 명확한 어조로 설명하는 데 모든 노력과 에너지를 쏟았다'고 기록했다. 뺄란손에 따르면 마트베이 김은 뻬쩨르부르크로 가는 것을 원하지 않았고 또 뺄란손의 논거에도 동조했다. 하지만 마트베이 김이 이용익을 설득시킬 수 있을 것인지는 미지수였다. 뺄란손은 이용익이 가지고 가는 서신의 내용을 알 수 없지만 아주 단호한 어떤 명령이 들어 있을 것이라고 추정했다.[29]

을사늑약 체결을 전후하여 고종은 지속적으로 니꼴라이 2세에게 대한제국의 독립을 호소하는 서한을 보냈다. 고종은 의병활동을 측면에서 지원하며 외교적으로 러시아와의 연대를 모색했다. 또한 고종은 신뢰하는 외국인을 통해서 니꼴라이 2세에게 서신고 전보를 지속적으로 전달하며 대한제국의 독립을 지지해 줄 것을 호소했다. 고종은 이용익을 뻬쩨르부르크로 파견하여 외교적으로 대한제국의 중립국 방안을 추진하면서 헤이그 특사 파견을 준비했다.

---

29 ГАРФ. Ф. 818. Оп. 1. Д. 163. ЛЛ. 11-14об.

3. 러시아가 바라본 고종의 헤이그 특사 파견

제2차 만국평화회의는 미국의 루즈벨트 대통령이 1904년 10월 발의한 국제회의였다. 하지만 미국은 최종적으로 개최 권한을 러시아에 양보했다. 제2차 만국평화회의는 44개국 256명의 대표가 참석하여 군축 문제뿐만 아니라 국제분쟁을 무력이 아닌 중재재판이라는 법적 장치를 통해 평화적으로 해결하는 문제에 대한 국제적 합의를 이끌어내는 데 그 본연의 목적이 있었다. 이에 만국평화회의는 러일전쟁의 패전으로 군사력을 상실한 러시아에게 무력이 아닌 법적인 방식으로 일본을 견제할 수 있는 효과적인 분쟁 해결 수단이 될 수 있었다. 국제회의에서 대한제국의 독립을 인정받을 경우 람즈도르프는 러일전쟁 직후에도 동아시아에서 중요하게 여기고 있었던 대한제국에 대한 영향력을 지속할 수 있으리라고 판단했다.

1905년 9월 고종의 밀사 이용익은 러시아로 건너가 비밀 접촉을 이어가며 만국평화회의 참여 준비를 진행했다. 주러한국공사 이범진과 연해주의 독립운동단체 동의회(同義會)가 함께 헤이그 특사 파견을 계획했고 국내에서는 상동청년회(尙洞靑年會)와 연계되어 이준과 이상설이 특사로 결정되었다. 헤이그에 최종 파견된 특사는 전 의정부참찬 이상설, 전 평리원 검사 이준, 주러한국공사관 참서관 이위종 세 명이었으며 헐버트(H.B.Hulbert)가 이들을 도왔다. 이준은 중명전에서 고종을 알현한 후 1907년 4월 임명장을 받아 '을사늑약'의 불법성을 알리기 위해 네덜란드 헤이그로 출발했다.[30]

---

30 윤병석, 『李相卨傳』, 일조각, 1984; 조재곤, 「헤이그 특사와 고종황제 퇴위, 군대 해산」, 『내

러시아는 1905년 헤이그평화회의에 대한제국을 초청하려고 계획했으나 1906년 자국 외교정책의 변화에 따라 그 계획을 철회했다 1906년 5월 25일 주일러시아공사 바흐메찌예프(Г. П. Бахметьев)는 도쿄에서 헤이그평화회의에 관한 전보를 외무대신 이즈볼스끼에게 보냈다.

바흐메찌예프는 헤이그평화회의에 대한제국을 초청하는 사항에 대해서 일본 외무대신 하야시 다다스에게 회신을 서둘러 달라고 요청했다. 하야시는 헤이그평화회의의 대한제국 참석 문제는 정부의 심의 사항이라며 아직 협의 중이라고 답변했다.

바흐메찌예프는 대한제국과 일본이 헤이그평화회의 초청장을 동시에 받았지만 대한제국의 초청장을 일본 외무대신에게 전달하지 않았다고 기록했다.[31] 그 이유는 바흐메찌예프가 러일의 가장 중요한 외교 현안인 서울주재 러시아 총영사의 인가장에 대한 러일의 교섭에 집중했기 때문이다.

그런데 일본은 포츠머스조약에서 승인된 대한제국의 통제권과 후원권을 자신의 이익을 위해서 폭넓게 해석했다. 일본은 대한제국을 사실상 '보호령'으로 생각하면서 단지 복종만이 남아 있는 완료된 사건이라고 판단했다. 바흐메찌예프는 러시아가 대한제국과 교류를 진행한다면 평화조약을 통한 러시아의 이익 추구를 방해할 뿐이라고 주장했다. 그는

일을 여는 역사』 29, 2007; 헐버트박사기념사업회,『헤이그 만국평화회의 관련 일본 정부 기밀문서 자료집』, 선인, 2007; 이계형,『고종 황제의 마지막 특사: 이준의 구국운동』, 역사공간, 2007; 최덕수,「제2차 헤이그평화회의(1907)와 대한제국 언론의 세계인식」,『한국사학보』30, 2008; 꾼드페스터,「1907년 헤이그 특사의 성공과 좌절」,『한국사학보』30, 2008.

31 "Приглашение для Кореи получено много однэвремнно с приглашением для Японии, но я до сих пор не передавал его здешему министру." ГАРФ. Ф.818. Оп. 1. Д. 153. ЛЛ. 13-14.

러시아가 대한제국과 관련하여 사리사욕이 없다는 점을 증명하여 일본의 신뢰를 얻어야 한다고 생각했다.[32] 바흐메쩨예프는 기본적으로 대한제국 문제를 일본에 양보해야 한다는 생각을 가지고 포츠머스조약에 근거하여 대한제국과의 교류를 최소화시켜야 한다고 판단했다.

1906년 6월 13일 일본 외무대신 하야시는 대한제국을 대신하여 헤이그평화회의의 대한제국 불참을 러시아 정부에 공식 통보했다. 하야시에 따르면 제1차 헤이그평화회의 참석국은 외교관계에서 독립적인 지위를 차지한 국가였고 제2차 헤이그평화회의에 초대받은 국가도 당연히 같은 지위를 가지고 있어야 했다. 대한제국은 자국의 국제적 지위로 인해 스스로 권리를 요구하거나 의무를 수행할 수 없는 국가였다.[33]

1907년 1월 11일 쁠란손은 일본에 끝까지 저항하기 위하여 고종이 생존하고 있다고 외무부에 보고했는데 이 문서는 고종이 외교적으로 대한제국의 독립을 위해 투쟁하고 있다는 사실을 보여주는 자료였다.

쁠란손은 대한제국이 '한때는 영광스러웠던 오랜 역사에서 가장 흥미로운 최후의 시기를 살아가고 있다'고 기록했다. 쁠란손에 따르면 지금 고종은 호전적이고 잔인하며 파렴치한 적에 맞서서 자국의 자주독립이라는 힘겨운 과제를 해결해야 할 운명에 놓여 있었다. 고종은 과거 모든 우호국들이 대한제국과 관계를 끊으면서 계속 홀로 투쟁하고 있었다.

쁠란손은 '투쟁의 결과가 어떻든지 간에 고종이 역사 속에서 공정한 평가를 받게 될 것이며 고종이 확고부동한 용기, 무엇으로도 파괴할 수 없는 의무감, 백성에 대한 책임감을 지녔다', '고종이 모든 사람들을 참담

---

32 ГАРФ. Ф. 818. Оп. 1. Д. 153. ЛЛ. 13-14.
33 ГАРФ. Ф. 818. Оп. 1. Д. 153. Л. 16.

하게 만든 온갖 공포, 사람으로서 감내하기 힘든 모든 공포들을 꿋꿋하게 참아냈다'고 밝혔다. 그중 뻴란손은 고종이 1895년 을미사변의 참혹한 상황을 견뎌냈다고 지적했다. 일본은 고종이 보는 앞에서 명성황후를 잔인하게 살해한 뒤 불에 태웠다. 일본은 궁내부대신과 다른 충신들도 죽였다. 왕자 의화군을 빼앗아서 일본에 데려갔으며 그를 타락시켰다.[34]

뻴란손은 자신이 대한제국 정부와 궁궐에 출입하는 사람들과 교류하지는 않지만 대한제국의 투쟁을 주시하고 있다고 보고했다. 그리고 최근에는 고종이 일본과의 투쟁에서 지친 모습을 보이고 있다고 덧붙였다. 뻴란손은 다음의 소식을 전적으로 신뢰할만한 인물로부터 들었다고 기록했다. 1906년 10월 고종은 자신의 측근에게 제물포에 정박한 2척의 기선을 구매할 것을 지시했다. 고종은 최후의 수단으로 다음 내용의 전문을 니꼴라이 2세에게 발송하기로 결정했다. "고종은 블라디보스톡에 거주하고 있는 이용익을 총 전권위원으로 다시 임명하며 이용익은 대한제국의 자주독립 달성에 관한 모든 업무를 책임지게 될 것이다. 동시에 이용익은 뻬쩨르부르크로 출발하여 니꼴라이 2세의 알현을 요청한다."[35]

반면 일본인은 대한제국의 의병 투쟁 내용이 대한제국 경계 너머로 유포되지 못하도록 막았다. 또한 뻴란손이 정보망을 통해서 일본의 움직임을 파악한 결과 일본은 이용익 감시라는 특별임무를 부여받은 노련한 형사를 블라디보스톡으로 파견할 계획을 가지고 있었다.

뻴란손에 따르면 고종은 헤이그평화회의와 헤이그국제재판소를 활용

---

34 "На глазах у него зверски убили и сожгли жену, умертвили министра двора и других реданныых лиц; отнялиб увезли и разврачили сына."

35 ГАРФ. Ф. 818. Оп. 1. Д. 153. Л. 16об.

하여 외교적으로 대한제국의 독립을 수호하려고 생각했다. 쁠란손은 '고종이 반복해서 조만간 헤이그국제재판소에서 대한제국의 운명을 고려해야 한다고 측근에게 표명했다'고 기록했다.[36] 고종은 열강이 약소 민족에 대한 자국의 의무를 망각해서는 안 된다고 주장했다. 고종은 특히 '한미수호통상조약'을 근거로 제시했다. 고종은 미국과 영국이 대한제국에서 막대한 이익을 가지고 있기 때문에 일본의 행동을 용납해서는 안 된다고 강조했다. 고종은 구체적으로 '헤이그평화회의'가 공개적으로 진행될 것인지 그리고 자신의 측근을 파견할 수 있는지 등도 문의했다. 고종은 자신의 측근을 개인 자격으로라도 참가시킬 계획이었고 헤이그평화회의에서 대한제국의 상황을 보고하기를 희망했다. 고종은 여전히 밝은 미래에 대한 희망을 버리지 않고 있었다.

쁠란손은 이러한 상황에서 일본이 대한제국의 문제를 완전히 끝내지 못하는 이유를 다음과 같이 제시했다. 첫째, 일본은 대한제국을 통치하려면 황제가 필요했다. 대한제국에서 모두가 일본인을 증오할지라도, 또한 일본에 대한 공격과 폭동이 빈번하게 발생하더라도 여전히 온순한 백성은 고종이 서울에 존재하는 한 세금을 낼 것이고 권력에 복종할 것이다. 따라서 고종을 쫓아내면 상황이 급변할 것이다. 둘째, 일본은 대한제국에서 모든 것이 순조롭게 마무리될 때까지 열강이 대한제국의 운명에 대해 무관심한 태도를 취하기를 희망했다. 그런데 황제의 추방이나 대한제국의 병합과 같은 일본의 극단적 행보는 열강이 무관심한 태도에

---

36 "Неоднократно император высказывал своим приближенным мнение, что судьба Кореи рано или поздно должена быть рассмотрена Гаагским межународным трибунадом."

서 벗어나 대한제국 문제에 개입할 단서를 제공한다. 왜냐하면 열강은 대한제국에서 일본이 누리고 있는 자유로운 행동의 종말을 늘 염두에 두고 있기 때문이다.[37]

1907년 7월 25일 쁠란손은 헤이그 특사 관련 내용을 이즈볼스끼에게 보고했다. 헤이그에 대한제국의 특사가 등장하면서 서울에 새로운 사건들이 발생하자 쁠란손은 헤이그 특사 관련 평가를 자제하면서 사실의 간단한 목록만 제출한다고 기록했다.

쁠란손은 대한제국의 세 개의 그룹이 헤이그평화회의에 참석하려 했다고 기록했다.

1907년 4월 말 첫 번째 그룹인 고종의 측근 윤태홍과 그의 영어 통역관 권신목이 쁠란손을 찾아왔다.[38] 윤태홍은 헤이그로 가서 대한제국의 자주독립을 인정하고 보호해 달라고 청원할 계획이라고 말했다. 윤태홍은 그 청원에 대해 협력해 달라고 쁠란손에게 부탁했다.

쁠란손은 윤태홍이 계획을 포기하도록 다음과 같은 근거들을 제시했다. 1) 헤이그평화회의는 전쟁 관련 군사 밀수품, 중립화 등의 문제를 논의하는 데 대한제국의 운명을 심의하지 않을 것이다. 2) 러시아는 회의 일정 프로그램을 이미 작성했으며 열강들의 승인이 끝났고 각국에 보낼 초청장을 네덜란드 정부에 전달했다. 새로운 문제 제소는 러시아

---

37 ГАРФ. Ф. 818. Оп. 1. Д. 163. ЛЛ. 57-58об.

38 "5월 9일 저녁에 두 명의 한국인이 나를 찾아왔다. 그들은 윤태홍과 권신목이었다." ГАРФ. Ф. 818. Оп. 1. Д. 215. ЛЛ. 1-169. 당시 고종의 측근 인물을 추적하면 윤태홍이 맞다. 윤태홍은 1841년 출생했다. 1882년 문과 별시에 병과로 급제, 홍문관 부수찬, 교리 등을 지냈다. 이어 1898년 비서승에 임명되었고 다음 해에 중추원 1등 의관으로 칙임관 4등에 서임되었으며 영희전 제조, 귀족원경·경효전 제조, 장례원소경, 경기도 관찰사, 사직서 제조, 홍릉 제조, 종묘서 제조, 청주 군수 등을 지냈다.

의 소관이 아니다. 3) 열강은 다른 현안으로 바쁘기 때문에 대한제국 문제에 관심이 없을 것인데 대한제국의 제소는 비우호적인 상황에서 대한제국의 운명을 더 악화시킬 것이다. 윤태홍은 러시아에 '정말로 대한제국을 방기할 것이냐'고 물었다. 뻴란손은 '니꼴라이 2세의 대한제국에 대한 호의는 변함없지만 대한제국이 자신의 이익을 위해 역사적인 발전 과정에서 더 좋은 상황이 오기를 기다려야만 한다'고 설명했다. 그러자 윤태홍은 자신의 견해를 누그러뜨리며 헤이그에 가지 않겠다고 확고하게 결심했다. 그 후 상황을 살펴보면 윤태홍이 자신의 결정을 지켰음을 알 수 있다.

고종의 직접 명령을 받은 것으로 추정되는 또 다른 그룹이 헤이그평화회의 참석을 결정했다. 이용익의 손자인 이종호는 블라디보스톡까지 가서 연해주 군사 총독 플루크(В.Е.Флуг) 중장에게 협조를 요청했다. 뻴란손은 1907년 5월 6일 윤태홍을 설득한 내용과 동일하게 플루크 장군의 문의에 회신했다. 뻴란손은 일본 전권위원이 헤이그평화회의에서 대한제국의 이해관계를 담당할 것이기 때문에 한국인이 참가할 수 없을 것이라고 답변했다. 그리고 만일 이종호 일행이 헤이그평화회의에 참석하기 위해 러시아를 통과하면 관례적인 협력과 배려만 보이면 될 것이라고 덧붙였다. 그 후 뻴란손은 이종호 사절단이 출발을 포기하고 블라디보스톡에 남은 것을 알게 되었다.

뻴란손은 '유감스럽게도' 몰래 헤이그평화회의에 직접 참석한 세 번째 그룹이 있었다고 기록했다. 이준, 이위종, 이상설 등의 헤이그 특사는 헤이그에서 폭로를 전개했다. 일본은 분노를 자제할 수 없었고 일본 신문은 고종이 개인적으로 일본에 가서 사죄해야만 한다고 요구했다. 그 요구는 대한제국에서 강한 소요를 불러왔다. 백성들이 상소하기 위해 경운궁 옆 거리에 모였고 일본 경찰은 군중을 공격했다. 이틀 연속 서울에 총성이 울렸다. 일본군대는 일부 골목에 기관총을 배치했다.[39]

빨란손은 고종의 퇴위 과정을 다음과 같이 기록했다. 친일파 대신은 통감부의 지원 아래 1907년 7월 18일과 19일 사이 밤에 황태자에게 통치를 양위한다는 성명서에 서명하도록 고종을 설득했다. 이 소식이 유포되면서 소요는 극심해졌다. 군중은 7월 19일 총리대신 이완용의 집, 7월 20일에는 다른 대신들의 집을 파괴하고 불태웠다. 7월 18일 외무대신 하야시가 서울에 도착했다. 7월 24일 이토와 '한국인이 증오하는' 이완용은 '한일신협약(제3차 한일협약)'에 서명했다.[40]

고종은 헤이그 회의와 헤이그국제재판소를 활용하여 외교적으로 대한제국의 독립을 수호하려 했다. 세 개의 그룹 가운데 두 그룹은 헤이그로 가지 못했으나 이준, 이위종, 이상설 특사는 헤이그로 파견되어 대한제국의 독립을 국제사회에 환기시키고자 했다. 그러나 일본은 이에 반발하며 고종이 직접 일본에 가서 사죄해야 한다는 여론을 조성하면서 결국 강제 퇴위라는 초강수로 대응했다.

4. 라스뽀뽀프가 바라본 통감부 설치와 대한제국 강제 개혁

1906년 1월 상해주재 러시아 재무요원 라스뽀뽀프(Н. А. Распопов)[41]는

---

39 АВПРИ.Ф. 150.Оп. 493.Д. 17.ЛЛ. 130-132.

40 АВПРИ.Ф. 150.Оп. 493.Д. 17.ЛЛ. 132об

41 "Уже в 1896г. в Шанхае было учреждено штатное Русское Генеральное Консульство и на этот пост был назначен П. А. Дмитревский (занимавший

1905년 12월 20일 자(양력) 칙령 제267호 '통감부 및 이사청 관제'를 영어로 재무부에 보고했다. 그 핵심 내용은 다음과 같다.

- 제2조. 통감은 황제에게 직속된다. 외교 문제는 외무대신과 내각총리대신을 거쳐 황제에게 상주하고 기타 사무는 내각총리대신을 거쳐 황제에게 재가를 요청한다.
- 제3조. 통감은 대한제국 내에서 일본제국 정부를 대표한다. 조약이나 협약에 따라 대한제국에서 제국 관청 및 공서(公署)에 위임된 모든 정무를 감독하며 기존에 제국 관청이 감독하던 모든 사무를 관장한다. 제7조 통감은 통감부령을 통해 1년 이하의 금고형과 200엔 이하의 벌금형을 부과할 수 있는 권한을 가진다.
- 제8조. 통감은 정부 관청의 명령이나 처분이 조약이나 법령에 위반되거나 공익을 해치거나 해당 관청의 권한을 넘어선다고 판단할 경우 이를 정지하거나 취소할 수 있다.

этот пост до 1900г. когда его сменил К. В. Клейменов), а в 1898г. здесь была открыта и Русская Почтовая Контора." "В 1896г. в Шанхае было открыто отделение Русско-китайского банка, причем на этом торжестве присутствовал из представителей официального мира Д. Д. Прокотилов (наш посланник в Пекине с 1905 по 1908г.) и В. Ф. Гроссе. После же боксерского восстания в Шанхае были учреждены должности 2-го военного агента (первый военный агент находился в Пекине), на которую был назначен полковник генерального штаба К. Н. Дессино, и агента Министерства Финансов, каковую занял Н. А. Распопов." Русские в Шанхае. сост. В. Д. Жиганов. Шанхай, 1936, С. 33; liveinternet.ru/users/3147073/post98325552/. 1895년 주한러시아영사, 1903년 요코하마주재 러시아 재무요원, 1905~1906년 상해주재 러시아 재무요원, 1909년 나가사키주재 러시아영사.

698

• 제22조. 대한제국 내 주요 장소에 이사청(이사관)을 설치한다.[42]

1906년 1월 상해주재 러시아 재무요원 라스뽀뽀프는 '한국과 만주와 사할린에 대해서'라는 보고서를 작성하여 재프대신에 다음과 같이 보고했다.

첫째, 대한제국 북부는 전시 상황으로 파종이 충분하지 못해서 식량 부족에 시달리고 있는데 그 영향으로 의병이 강화되었다. 목포와 군산 등도 의병활동이 격화되었다. 강화도는 심각한 소요 사태가 발생했는데 일본군함 다추타가 진압을 위해서 그곳으로 향했다.

둘째, 일본은 경의철도를 민간인 관리로 넘길 예정이지만 여순항 부지를 군사 당국이 계속 관리할 계획이었다. 제물포는 세관을 확장하기 위해 12,500정보(町步)의 얕은 여울 해안가를 매립하여 창고를 설치하고 철도역과 연결시킬 계획이었다.

셋째, 통감부는 고치베(巨智部忠承)를 광산사업 고문, 기쿠치(蔘池武一)를 농업과 상업 고문, 이케다(池田十三郎)를 우편과 전신 고문, 가나야마(金山)와 고다마(兒玉秀雄)를 통감의 비서로 임명했다.

넷째, 일본은 대한제국과 동일한 관세를 적용할 예정이었다. 그 이유는 외국인이 상품을 낮은 관세율인 대한제국을 통해서 일본으로 수출할 경우 일본에 손실을 주기 때문이었다. 라스뽀뽀프은 이미 1905년 12월 4일(러역 17일) 대한제국과 만주의 의미에 대해서 재무부 차관 뿌찔로프(А.И.Путилов)에게 간략한 보고서를 작성해서 보냈다. 그 보고서에서 라스뽀뽀프는 러시아가 일본과 동일한 관세를 도입하여 극동지역을 보호해

---

42 РГИА. Ф. 560. Оп. 28. Д. 25. Л. 7.

야 한다고 주장했다. 한편 주한일본상공회의소는 수출세 폐지를 청원하고 있었는데, 무역 교류를 발전시키기 위해서 한일무역박람회를 조직할 예정이었다. 고베, 교토, 오사카, 봉천 등이 무역박람회 개최 예정지였다.[43]

1906년 2월 상해주재 러시아 재무요원 라스뽀뽀프는 '한국과 만주와 사할린에 대해서'라는 보고서를 재무대신에게 보고했다. 일본은 자국에 '한국과 만주 개발위원회'를 설치하였으며 '한국과 만주 무역회사'는 자본금 1백만 엔으로 시즈오카에 설립되었다. 그 보고서의 핵심 내용은 다음과 같았다.

첫째, 시부자와(澁澤榮一)에 따르면 서울, 제물포, 진남포, 원산 등지에 백동화 환전을 위한 환전소가 설치되었다. 1905년 10월까지 이 환전소들은 낡은 니켈로 만든 한화 1천 2십만 원을 수거했다.

둘째, 재정고문 메가다는 대한제국의 국고 수입이 약 8백만 엔에 불과하지만 실제로 백성들로부터 약 2천만 엔을 징수했다고 밝혔다. 그는 조속히 세금 체계를 정비해 국고 수입을 늘릴 계획이었다.

셋째, 일부 신문은 현재 통감부의 통감을 일시적으로 이토 히로부미가 맡고 있으나 앞으로는 가쓰라 다로(桂太郎)가 임명되어야 한다고 보도했다. 이는 야마가타 아리토모와 이토 히로부미 사이의 권력 경쟁과 관련이 있었다. 당시 군부는 한국과 남만주에서 민간에 권력을 넘기려 하지 않는 경향이 있었다.

넷째, 일본은 한국에서 이권을 획득하고 기반 시설을 확충하고자 했다. 오사카의 공업인은 용암포의 삼림채권을 확보했으며 그러한 이권

---

43 РГИА. Ф. 560. Оп. 28. Д. 25. ЛЛ. 42-43. 이 문서는 1906년 6월 16일(29일) 나가사키 운젠에서 일괄적으로 발송되었다.

을 얻기 위해 적극적으로 움직이고 있었다. 일본인 아리가(有賀光豐)는 진남포 세관장으로 임명되었고 4척의 기선을 운항할 예정이었다. 원산에서는 대규모 항만 개선 사업, 부산에서는 약 2백만 엔이 투입되는 대형 도크 건설이 계획되었다.[44]

1906년 2월 16일 상해주재 러시아 재무요원 라스뽀뽀프는 1905년 12월 영어로 작성된 '대한제국의 재정 개혁에 대한 진행 보고서(Report of the Progress of the Reorganization of the Finances of Korea)'를 첨부해서 재무대신에게 보고했다. 그 주요 내용은 일본은 대한제국에서 유통되는 백동화를 회수하고 일본 제일은행이 대한제국 정부의 공식 재정기관이 되었다는 것이다. 그 내용은 다음과 같았다.

첫째, 1904년 실시된 강제 개혁은 대한제국 재정 상황의 실태를 파악하려는 노력의 출발점이었다. 한국산 상품은 고갈되었고 백성은 빈곤에 시달렸으며 결국 대한제국은 현재와 같은 무기력 상태에 빠졌다. 대한제국 재무 행정의 비효율성은 황실과 정부의 구분 부재, 통화 관련 혼란, 무분별한 지출과 비체계적인 세금 징수에서 비롯되었다.

둘째, 대한제국의 통화는 명목상 은본위제였지만 실제로는 구리화와 백동화가 주로 유통되었다. 구리화는 경상도, 전라도 및 일부 강원도와 함경도에서, 백동화는 그 외 지역에서 사용되었다. 백동화는 보조 주화로 발행되었으나 정부는 주조 이익에만 관심을 두고 품질 관리 없이 대량 발행했다. 그 결과 백동화의 가치는 명목가의 절반 이하로 떨어졌고 위조 백동화가 전국적으로 퍼졌다. 이로 인해 통화 신용이 하락하고 상

---

44 РГИА. Ф. 560. Оп. 28. Д. 25. ЛЛ. 44-46.

품 가격이 불안정해졌다.

셋째, 대한제국은 1901년 칙령으로 금본위제를 선언하고 1905년 1월 칙령을 공포하여 6월부터 시행했다. 7월 1일에는 백동화를 회수했다. 일본 제일은행이 대한제국의 중앙은행 역할을 맡고 일본은행의 태환지폐는 제일은행 은행권으로 지급되었다. 제일은행은 정부 재정기관으로 국고 업무를 수행하며 원산, 대구, 평양에 지점을 개설했다. 1905년 6월 통감부는 국채 규정을 발표하고 이에 따라 2백만 엔의 단기 공채를 승인했다. 공채 조건은 연 7% 이자, 액면가 100엔당 95엔의 발행가로, 3년 거치 후 2년 내 분할 상환하는 것이었다. 이 공채는 도쿄에서 발행되었고 최초의 통감부 공채로 청약은 5배 이상 몰렸다. 제일은행은 국고 수입·지출 업무를 담당하며 관찰사와 군수를 제외한 다른 관리가 세금 징수를 명령하지 못하게 했다. 한편 고종은 상인들에게 개인 자금에서 대출하겠다고 선언했고 피륙상과 곡물상 등이 연합해 '협동창고회사'를 설립했으며 고종의 자금 일부는 보조금으로 전환되었다.

넷째, 통감부는 한국군을 강제로 해산시켰다. 그 결과 1904년 7월부터 1905년 7월까지 대한제국 군대는 6개 대대, 3개 중대로 축소되었고 장교 311명과 병사 8,214명이 감축되었다.[45]

1904년 이후 일본은 대한제국의 재정을 장악하고 통화를 통제하려 했다. 제일은행과 통감부를 통해 한국의 재정과 행정을 점차적으로 지배하였고 특히 통감부는 재정 악화를 명분으로 재정과 통화제도를 강제로

---

45 РГИА. Ф. 560. Оп. 28. Д. 25. ЛЛ. 34-39. 1906년 2월 16일 자 №85의 첨부문서. '대한제국의 재정 개혁에 대한 진행 보고서'를 작성한 인물은 한국의 재정을 총괄하는 일본인밖에 없을 것이다. 그렇다면 당시 탁지부고문 메가다가 작성한 보고서로 판단된다.

개혁했다. 통감부는 황실과 정부의 재정 미분리, 통화 혼란, 세입·세출의 비체계성을 개혁 이유로 내세우며 군대 해산과 화폐 개혁을 통해 대한제국을 일본의 통제 아래 두고자 했다.

5. 고종의 러시아 망명 계획과 일제의 고종 강제 퇴위

고종은 을사늑약 이후 외교적인 노력에도 불구하고 대한제국의 독립을 수호하지 못하자 러시아 망명 또는 주한러시아 총영사관으로 피신하려는 계획까지 수립했다.

1908년 11월 11일 주일러시아공사 말렙스끼(Н.А.Малевский-Малевич)는 고종의 러시아 피신계획에 관하여 서울주재 러시아 총영사 소모프(А.С.Сомов)[46]에게 비밀전보를 보냈다. 청도의 정보에 따르면 고종은 러시아 국경으로 탈출을 준비하는 것으로 알려졌다.[47] 말렙스끼는 고종이 감시를 뚫고 러시아로 피신하는 데 실패할 것이라 보고 소모프에게 고종과의 접촉을 철저히 피하라고 지시했다. 주일러시아공사는 고종의 피신이 개인적·국가적으로 치명적 결과를 초래할 수 있음을 알리라고 소모프에게 지시했다.[48]

---

46 빨란손을 대신하여 4등관 소모프는 1908년 10월 서울주재 러시아총영사에 임명되었다. 김종헌, 「대한제국주재 러시아 총영사 빨란손의 착임과정에서 제기된 인가장 부여 문제에 관한 연구」, 『사총』 72, 2011, 153-155쪽.

47 "Из китая сообщают, что бывший корейский император подготавливает бегство в русские пределы." АВПРИ. Ф. 150. Оп. 493. Д. 18. Л. 31.

48 Секретная телеграмма. АВПРИ. Ф. 150. Оп. 493. Д. 18. Л. 31. Юрий(Георгий) Петрович Бахметев посланник в Японии(1906-1908). Николай Андреевич

1909년 1월 8일 소모프는 고종이 러시아 총영사관으로의 피신을 제안했다고 보고했다. 그는 고종 측근이 사태가 악화될 경우를 대비해 피신 가능성을 조심스럽게 타진했다고 전했다.[49] 소모프는 향후 같은 요청이 반복될 가능성을 고려해 다음과 같이 거절했다. "고종의 신변 보호와 이익을 위해서도 러시아 총영사관 피신계획을 단호히 거부한다. 또한 고종 개인뿐만 아니라 대한제국에 치명적인 파국을 초래할 어떠한 정세 변화도 시도해서는 안 된다." 그럼에도 고종의 측근에 따르면 고종은 최근 상황을 매우 고통스러워하며 일본의 감시를 피해 국경을 넘어 타국에서 생을 마칠 생각까지 하고 있었다. 소모프는 고종이 일본의 감시를 피해 의병과 협력해 러시아나 청국 국경으로 가려 한다고 판단했다.[50]

고종은 일본이 대한제국의 독립을 침해하자 생존하면서 저항하는 방법을 택했다. 러일전쟁 시기 주러공사 이범진에게 공사관 운영과 독립 외교를 지시하며 러시아에 여러 차례 대한제국 독립 지지를 요청하는 서신을 보냈다. 을사늑약 전후에도 고종은 니꼴라이 2세에게 독립을 호소하는 서한을 지속적으로 보내며 일본의 강압을 고발했다. 그는 신뢰하는 측근과 외국인, 특히 이용익을 뻬쩨르부르크로 파견해 대한제국의 중립국화 외교를 추진하고 헤이그 특사 파견도 준비했다.

무엇보다 고종은 헤이그평화회의와 국제재판소를 통해 외교적으로 대한제국의 독립을 수호하고자 했다. 특히 고종은 헤이그국제재판소에

Малевский-Малевич посол в Японии(1908-1916).

49 "Стороники бывшего императора осторожно осведомлялись, может ли он, в крйности, рассчитывать на убежище в Генеральном консульстве." АВПРИ. Ф. 150. Оп. 493. Д. 18. Л. 75.

50 Секретная телеграмма Д. С. С. Сомова. АВПРИ. Ф. 150. Оп. 493. Д. 18. Л. 75.

서 대한제국의 운명을 제소하는 것까지도 생각했다. 그는 '조미수호통상조약'을 근거로 열강에 약소국 보호 의무를 상기시키며 국제 여론에 호소했다. 그 결과 특사가 파견되어 대한제국 독립 문제를 국제사회에 환기시켰다. 하지만 일본은 고종의 직접 사죄 여론을 조성하며 강제 퇴위로 대응했다.

한편 일본은 대한제국 법부를 강압해서 헤이그 특사들을 '관인사칭죄'로 기소하게 했다. 1907년 7월 20일 일본은 평리원에서 궐석재판을 열고 이상설에게 사형, 이준과 이위종에게는 각각 종신형을 선고했다. 이어 헤이그 특사 파견을 '을사늑약' 위반으로 몰아 7월 22일 고종을 강제 퇴위시켰다. 이후 일본은 각 부처에 일본인 차관을 임명해 행정을 장악하고 '한일신협약(제3차 한일협약)'을 체결하여 대한제국 군대를 해산시키고 국권 침탈을 본격화했다. 나아가 경찰권과 감옥 사무권까지 빼앗아 주요 행정을 완전히 장악했다. 결국 일본은 1910년 8월 대한제국을 완전히 강점했고 대한제국은 일본의 식민지로 전락했다.

러일전쟁과 대한제국

러일전쟁 직전 러시아는 일본의 전쟁준비 상황을 알고 있었지만 전쟁의 징후에도 불구하고 철저한 전쟁준비를 하지 않았다. 1903년 12월 18일 (31일) 주일러시아 재무부 요원 라스뽀뽀프(Н. А. Распопов)는 신속한 경부철도 건설이 일본의 전쟁 결정이라고 재무대신 서리에게 보고했다.

라스뽀뽀프에 따르면, 일본 추밀원은 1903년 12월 15일(28일) 자 일왕 칙령 291호와 292호를 공표했다. 일본은 특별회계기금의 지출뿐만 아니라 내각이 대장성의 단기공채를 발행할 수 있도록 비상 기금을 허용했다. 칙령 291호 1조는 "전쟁준비의 지원"으로 규정되었다. 1,000만 엔이 경부철도에 할당되었는데, 추가로 175~220만 엔 정도의 특별보조금을 경부철도에 투여할 수 있도록 허용되었다. 이 금액은 특별차관으로 실현될 예정이었다. 경부철도 사장으로 전직 관영철도국장 후루이치 고이(古市公威)가 임명되었다. 라스뽀뽀프는 경부철도의 신속한 부설이 전쟁을 위한 "단호한 행동"이라고 파악했는데, 일본은 국고에 현금이 거의 없었기 때문에 차관을 도입하여 해결할 것이라고 보고했다.[1] 이러한 정

---

1   ГАРФ. Ф. 818. Оп. 1, Д. 67. ЛЛ. 5-6.

보에도 불구하고 러시아는 일본의 기습전쟁에 대응하지 못하고 러일전쟁 초기 육전과 해전에서 패배를 거듭했다.

1. 저서의 주요 내용

1부 러일전쟁의 원인 중 1장 러일전쟁 직전 러시아와 일본의 외교적 협상을 살펴보면 다음과 같다.

첫째, 러시아는 영일동맹 이후 국제질서의 변화에 따라 러일협상 방안을 제시하기 위해서 각종 회의를 개최했다. 이러한 회의에서의 논쟁을 통해 재무대신인 비테와 군부대신인 꾸로빠뜨낀은 각각 재무부와 군부에 기반해서 관료세력을 주도하려 했다. 즉 1902년 1월 영일동맹 이후 러시아군대의 철수에 관한 러청협약 체결을 통해서 비테는 관료세력을 주도할 수 있었다. 이후 1903년 8월 비테가 사임하자 꾸로빠뜨낀은 러일전쟁 직전까지 관료세력을 주도할 수 있었다. 러시아 중앙관료세력 중 재무부에 기반한 비테는 재무요원 등의 정보를 통해서 만주와 한국에서 러시아의 경제적 침투라는 자신의 견해를 관철시키려 했다. 이에 반해 군부에 기반한 꾸로빠뜨낀은 군부요원 등의 정보를 이용하여 북만주에 대한 러시아의 점령정책을 실현하려 했다. 하지만 러시아 내부의 황실 세력 대 관료세력의 중앙정계 주도권을 둘러싼 대립 때문에 중앙관료인 두 사람은 연합하여 정책을 조율할 수 있었다. 두 사람은 한국 문제에 대해서는 압록강삼림회사를 둘러싼 논쟁에서 회사의 정치와 군사적 성격을 반대하여 한국에 대한 러시아의 정치적 개입을 최소화시키려고 노력했다. 또한 만주 문제에 대해서는 북만주를 러시아가 확보할 수 있다면 만주에 주둔한 군대를 철수해야 된다고 주장했다.

둘째, 극동총독부와 극동특별위원회는 1903년 러시아 정부 내 황실세력이 주도하여 설치되었다. 국무고문 베조브라조프는 극동지역의 권력 약화를 진단하고 극동총독부 설치의 필요성을 제기했다. 그 이유는 정부 부처들의 분쟁과 협의 체계의 비효율성 등이 극동정책에 대한 무책임을 가져왔고 극동지역에 대한 정확한 정보의 부족과 정세에 대한 잘못된 평가를 발생시켰기 때문이다. 베조브라조프를 비롯한 황실세력은 관료세력에 대항했는데, 그들은 극동에서 전쟁준비를 강화하고 독립된 단일한 기구를 설립해야 러일전쟁을 피할 수 있을 것이라고 보았다. 그 결과 니꼴라이 2세는 황실세력의 주장을 받아들여 1903년 7월 30일 사법과 입법의 최고 권력기관인 원로원에 극동총독부 신설에 관한 명령을 내렸다. 극동총독부는 쁘리아무르 총독부와 관동지역을 합한 별도의 총독 관구로 구성되었다. 극동총독부는 러시아 극동지역의 행정체계 개편과 경제적 발전 등을 총괄하는 기구였고 극동특별위원회는 극동총독부를 행정적 법률적으로 지원하며 극동지역의 발전 방안을 구상하는 기구였다. 실제 극동총독부 산하 참모부는 러일전쟁에 대비한 '전략실행계획'을 수립했다. 극동특별위원회는 해외의 식민지 사례까지 검토하면서 만주를 포함한 극동지역 전반에 대한 식민지 경영을 계획했다. 이러한 사실은 극동총독부와 극동특별위원회가 우선적으로 일본의 전쟁 위협에 따른 러시아의 군사적 대응을 수행하면서 향후 극동지역 전반에 대한 식민지 경영을 추진하려는 성격으로 수립되었다는 것을 의미했다.

셋째, 국무고문 베조브라조프는 니꼴라이 2세의 조직과 자금 후원 아래 '압록강삼림회사'와 '극동특별위원회'를 설립하면서 적극적인 극동정책을 펼쳤지만 러일전쟁 직전 일본의 군사행동을 막기 위하여 한국 양보'와 '러일동맹'이라는 양보안까지 제시하며 최대한 러일전쟁을 억제하려는 방안을 추진했다. 그럼에도 1903년 12월 일본 육군참모본부는 대러군사작전계획을 완성했다. 또한 1904년 1월 외무대신 고무라는 어전회의에서 러시아가 러일협상을 지연하면 개전할 수 있다는 의견서를 제출했고 일본 정부는 2월 4일 전쟁을 결정했다. 일본 정부는 러일협상에서 러시아가 제안한 한국에서 일본의 전략적 이용 금지, 39도선 이북의 중립지대 설정 등을 절대로 인정할 수 없었고 만주에서 영토 보전과 이권 유지를 지속하려고 시도했다. 일본 정부는 최종적인 러시아의 4차 협상안을 기다리지 않았다. 1904년 1월 23일(2월 5일) 오후 2시에 고무라 외상은 구리노 공사에게 교섭 단절, 국교 단절 통고에 관한 전보 4통을 보냈다. 1월 23일 일본은 국교 단절을 통고했고 1월 24일(2월 6일) 러시아는 그 통고를 수신했는데 러일전쟁은 1월 26일(2월 8일) 제물포와 여순에게 발발했다. 그것은 러일 개전의 직접적인 원인이 바로 일본이었다는 사실을 의미한다.

1부 러일전쟁의 원인 중 2장 대한제국의 이권과 조차지를 둘러싼 러일의 대립을 살펴보면 다음과 같다.

첫째, 1896년 9월 블라디보스톡 상인 브리네르는 한국 북부에서 삼림채벌권 이권을 한국 정부로부터 획득했다. 그런데 1898년 3월 베조브라조프는 극동지역에 동아시아회사를 추진했는데 베조브라조프는 일본의 한국 북부지역 장악에 대비하기 위해서 브리네르의 삼림채벌권을 이용할 것을 제안하는 보고서를 니꼴라이 2세에게 제출하여 승인받았다. 1903년 5월 7일(양력 20일) 러시아특별협의회는 압록강삼림회사 설립안을 상정했고 승인했다. 1903년 11월 12일 궁정수렵대신 발라셰프는 자금을 집중시키고 압록강 지류를 포함하여 압록강 양안 공간으로 확장시킬 필요성을 제기했다. 발라셰프는 기만과 폭력으로 서로의 목재를 빼앗고 있다며 일본인과 청국의 지방 권력을 비난했다. 압록강삼림회사의 조직자는 기선 기업과 석탄 광산과 만주의 소금 특권사업에 참여할 수 있도록 러시아 정부에 요청했다. 발라셰프는 주어진 계획의 영역을 넘어서서 서울과 의주 철도 이권을 확보하기 위해서 협상했다. 반면 일본 정부는 압록강삼림회사가 한국을 지배하려는 장막이라는 사실을 파악했다. 일본은 러시아가 압록강삼림회사를 통해서 한국을 점령하려는 교활한 술책이라고 판단했다. 동시에 러시아가 황해로 전면적으로 진출할 시기가 임박했다고 생각했다. 심지어 일본 정부는 러시아의 압록강삼림회사 경영이 러일전쟁의 원인이라고 주장했다.

둘째, 러시아는 압록강삼림회사를 추진했는데 그에 대한 반발이 바로 일본이 주도한 용암포 개항이었다. 1903년 5월 30일(양력 6월 12일) 외무대신 람즈도르프는 만주에서 질서가 공고해질 때까지 압록강 지역에 일본인을 포함한 외국인이 들어오지 못하게 막아야 하는데 빠클로프는 외국인이 압록강에 들어가지 못하도록 고종을 포함한 한국 정부관료에게 강력히 압력을 가할 것을 지시했다. 1903년 8월 6일(양력 19일) 빠블로프는 의주의 개방을 연기하고 조계지에 치외법권을 허용하지 않는 것이 중요하다고 대한제국 외부대신에게 압력을 가했다. 그 결과 대한제국은 압록강삼림회사에 대한 토지 할당을 러시아와 정식으로 협약하는 데동의했다. 한편 1903년 6월 27일 주한일본공사 하야시는 러시아의 용암포 점유 위험성을 일본 외무성에 보고했는데 하야시는 일본이 스스로 의주 개방을 선언하여 러시아와 한국을 압박하도록 일본 외무성에 제안했다. 심지어 1903년 11월 30일 하야시는 용암포 개방에 대해서 다음과 같이 고종을 압박했다. 1904년 러일전쟁이 발발하자 러시아인이 용암포에서 철수하고 1904년 4월 5일 일본군대 제1군의 가세 근위기병 연대가 용암포를 점령했다. 그 후 1904년 5월 18일 고종은 용암포 관련 칙령을 반포했는데 그 내용은 "두만강, 압록강, 울릉도 삼림특허는 개인에게 허락했는데 러시아 정부는 스스로 경영했을 뿐 아니라 특허 규정을 준수하지 않고 불법적인 행위를 했으므로 그 특허는 폐지한다"는 것이었다. 이것은 하야시가 고종에게 압력을 가해서 실행한 것이다.

셋째, 중령 꼬르프 등이 참여한 러시아탐사대는 1차 1898년 7월, 2차 1898년 11월 만주와 한국 북부지역 등을 조사했다. 대공 알렉산드르 미하일로비치는 1898년 러시아탐사대 활동을 보고받았는데 그는 베조브라조프를 국무고문에 발탁시키고 압록강삼림회사를 지원한 인물이다. 베조브라조프는 1898년 러시아탐사대에 참가하여 학자, 삼림관, 측량학자 등으로 구성된 탐사대를 지휘했다. 1899년 3월 5일 알렉산드르 미하일로비치는 베조브라조프가 지휘한 러시아탐사대의 조사에 기초하여 「한국 분할에 대한 대공 알렉산드르 미하일로비치의 기록」이라는 문서를 작성했는데 그 핵심은 '러일동맹론'과 '한국분할론'이었다. 알렉산드르 미하일로비치는 러일동맹에 근거한 한국의 남부와 북부지역의 경제적 분할론이 러일전쟁을 방지할 수 있으며 영국과 일본의 대립을 조장할 수 있다고 판단했다. 알렉산드르 미하일로비치는 한국의 이권과 철도 등 경제적 경영권을 동아시아회사가 주도하는 것으로 설정했다. 이것은 1898년 3월 베조브라조프가 이미 동아시아회사를 추진했는데 알렉산드르 미하일로비치가 러일동맹안에 기초한 한국 북부지역 경영에 관한 베조브라조프의 계획안을 적극 수용했다는 사실을 의미한다.

2부 러일전쟁의 전개 중 1장 러시아와 일본의 군부와 해군부의 전략을 살펴보면 다음과 같다.

첫째, 일본을 상대로 한 러시아군부의 전쟁계획안은 1898년부터 1903년까지 세 차례에 걸쳐 수립되었다. 1898년에 수립된 첫 번째 대일계획은 남우수리 지역과 여순 지역의 방어였고 러시아 중심부로부터 주력부대가 도착할 때까지 적군의 공격을 지연시키는 것을 극동지역 러시아군대의 과제로 설정했다. 두 번째, 대일군사계획은 1900년에서 1901년 사이에 작성되었다. 이 계획은 네 부분으로 구성되었다. 1) 일본과 전쟁이 발발할 경우 러시아 군사행동의 전체적인 토대, 2) 분견대별 1차 부대 편성, 3) 연흑룡 지역과 만주 주둔군의 군사 지휘권 통합, 4) 러시아 중심부와 시베리아로부터 극동지역으로 파견되어야 할 부대의 지정이 그것이다. 1901년의 계획은 1898년 계획과 달리 만주군의 집결지역을 숭가리에서 요양 등 남쪽 지역으로 이동시켰고 남우수리 지역의 병력을 블라디보스톡에서 만주, 즉 여순으로 이동 배치한 것이었다. 이 계획의 기본 논점은 블라디보스톡과 여순을 지키는 것이고 증원군의 도착까지 일본의 공격을 지연시키는 것이었다. 최종적인 대일군사계획안은 1903년에 작성되었다. 이 계획안은 러시아군의 주력을 요양, 하이청 지역으로 집중시키고 충분한 병력이 도착하기 전까지는 만주와 한국의 일본군을 축출하기 위한 공격을 보류하면서 방어에만 집중한다는 내용이었다. 극동지역과 관련한 러시아군부의 과제는 어디까지나 극동지역 방어라는 측면에서의 군사력 강화였다.

둘째, 일본 육군참모본부는 기본적으로 한국점령을 최우선 목표로 삼았는데 청일전쟁 이전부터 일본이 추구하여 온 한국 지배라는 정치 목적이 군사 전략에 강하게 투영되었다. 그런데 1903년 5월 일본 육군참모본부는 일본의 한국점령을 핵심으로 준비하면서 동시에 러시아와 전쟁을 주장하고 기선제압을 목표로 하는 만주 공세 전략도 기초했다.

1903년 6월 '만주 공세 전략'과 '조기개전론'은 참모총장이 어전회의에서 주장할 만큼 육군의 공식적인 입장으로 강화되었다. 1902년 8월 일본 육군참모본부는 러시아군대의 배치를 파악하면서 '대러시아 작전계획안'을 작성했다. 그 결과 러일전쟁 당시 일본군대는 제1군, 제2군, 제3군, 제4군 체제로 구성되었다.

셋째, 러시아 해군부는 한반도 해양 탐사를 기반으로 한국의 전략적 해양 거점지에 대한 구상을 작성했다. 러시아 해군부는 서해에서 여순-진남포-제물포를 연결하는 거점, 남해에서 거제도-마산포, 동해에는 블라디보스톡-원산-울릉도를 연결하는 거점을 중시했다. 극동총독 알렉세예프는 20세기 초반 러일협상 과정에서 일본의 의도 및 러시아 군비증강의 필요성 등에 관한 러시아의 극동 전략을 다음과 같이 제시했다. 그는 1900년대 러일협상에 대해서 러시아의 국가적 이해관계와 일본의 야심적 계획 때문에 러시아와 일본의 타협은 불가능했으며 결국 일본과의 전쟁은 불가피했다고 판단했다. 알렉세예프는 일본이 러일협정 체결을 통해 한국에서 행동의 자유를 부여받아 군사적으로 한국을 이용할 것이고 러시아 측에 만주에 관한 최후통첩을 보낼 것이라고 판단했다. 알렉세예프에 따르면 극동에서 일본과의 군사적 충돌을 예방하는 유일한 방법은 러시아의 군사력을 강화하는 것이었다. 이를 위해서 알렉세예프는 러시아가 만주에서 강력한 군사력을 사용하여 확고한 조치를 실행해야 하고 극동에서 강력한 군사력 건설을 목적으로 여순항에 강력한 요새와 병기고를 건설해야 한다고 주장했다.

넷째, 일본연합함대는 여순과 블라디보스톡을 이어주는 해협을 장악할 수 있었다는 점에서 전략적으로 유리했다. 러일전쟁 직전 일본연합함대는 쓰시마의 다카시키항과 한국의 제물포 및 마산포를 전진기지로 이용하려고 준비했다. 일본연합함대는 사세보, 나가사키, 시모노세키항구를 보유하여 여순과 요동을 목표로 하는 군사행동에 적합했다. 다이쓰루 항구는 블라디보스톡을 목표로, 요코하마와 도쿄는 태평양을 목표로 군사행동에 적합했다. 일본연합함대는 러일해전에서 여러 차례 승리했는데 그 이유 중 하나는 연합함대 사령관 도고 헤이하치로 제독의 해군 전술이 성공했기 때문이다. 도고 헤이하치로는 기본적으로 선전포고 이전에 러시아함대를 여순항 밖으로 유인해서 격파한다는 작전을 준비했다. 도고는 1903년 12월 15일 해군군령부장 이토 스케유키에게 보낸 사신에 여순항 밖과 대련항의 러시아함대를 "급습함으로써 선전포고를 대신하는 것이 상책"이라고 주장했다. 도고 헤이하치로는 제물포에서 러시아군함을 압도적으로 공격했고 여순항에서 러시아함대를 기습하여 타격을 주었다.

2부 러일전쟁의 전개 중 2장 러일 개전과 러일해전의 과정을 살펴보면 다음과 같다.

첫째, 러시아와 일본은 대한제국 북부지역 평양, 안주, 정주-의주-지우렌청(양력 4월 26일~5월 1일) 등에서 전투를 진행했다. 러시아와 일본은 랴오뚱 반도 피즈워(5월 5일)-푸란덴-진저우(5월 26일)-다렌(6월 6일)-여순(3월 4일, 6월 1일~1905년 1월 1일) 등에서 전투를 진행했다. 그리고 양국 군대는 랴오양(8월 24일~9월 3일)-샤허(10월 5일~17일)-선단푸(1905년 1월 25일~28일)-봉천(1905년 2월 24일~3월 10일)전투 등을 진행했다. 러시아와 일본군대는 여순전투와 봉천전투에서 가장 많은 사상자가 나왔다. 러시아는 여순전투 과정에서 약 5만 3천 명의 사상자가 나왔는데, 포로는 3만 2천 명(부상 6천 명), 사망자는 약 1만 1천 명이었다. 일본은 약 11만 명의 사상자가 발생했는데, 전사자는 1만 5천 명, 부상자 4만 4천 명이었다. 러시아와 일본은 1905년 3월 봉천에서 대규모 전투를 벌였다. 러시아군대는 30만 명 중 9만 명의 병력손실, 일본군대는 27만 명 중 7만 1천 명의 병력손실이 발생했다. 사상자만 러시아가 5만 9천 명, 일본이 70,059명이었다. 그 후 러시아는 1905년 8월 포츠머스회담을 진행하면서 한국의 북부지역에서 철수를 진행했지만 러시아와 일본은 한국의 국경지대에 자국군대를 유지시켰다.

둘째, 러일해전은 1904년 2월 8일과 9일 사이 제물포해전과 여순해전, 1904년 5월 27일과 28일 사이 동해해전이 가장 치열한 해상전투였다. 1904년 러일전쟁 직전 일본 연합함대(제1과 제2함대)는 최신 전투함을 다수 보유했는데 여순과 제물포에 전함 6척, 장갑순양함 5척, 방호순양함 4척의 군함을 투입했다. 반면 러시아 태평양함대는 여순과 제물포에 전함 7척, 방호순양함 5척을 보유하여 수적으로 열세였다. 러시아 육군참모본부 군사연구소는 동해해전의 패배 이유를 다음과 같이 판단했다. 러시아함대는 일본함대와 비교하여 러시아 전함의 기술적 불완전성, 부족한 수병 훈련, 지휘부의 무능 등에서 괴멸의 원인을 찾을 수 있었다. 일본연합함대는 러일해전 당시 전투 준비와 훈련이 러시아에 비해 잘 갖춰졌다. 일본연합함대는 신형의 고속전함으로 구성되었고 기술적으로 정리가 체계적이었다. 다만 일본 수뢰정은 어뢰 공격이 비효율적이었는데 러일해전 당시 러시아 전함에 명중시킨 것이 6발에 불과했다. 러시아 지휘부는 러일해전에서 무능했다. 로제스뜨벤스끼는 제1 태평양함대의 패배 경험을 고려하지 않았는데, 블라디보스톡으로 돌파하라는 단순한 명령으로 세부적인 전투계획을 수립하지 않았다. 러시아함대는 위장과 정찰을 무시했다. 러시아 전함은 선체가 흑색이었고 연돌이 밝은 황색이었다. 로제스뜨벤스끼는 정찰을 경시하여 전투대형을 갖추지 못한 상황에서 일본함대의 출현 상황이 발생했다. 러시아함대는 선두의 전함만이 포격할 수 있는 불리한 위치에서 동해해전을 실행했다.

3부 러일전쟁의 영향 중 1장 러일전쟁을 바라보는 러시아와 일본의 시각을 살펴보면 다음과 같다.

첫째, 러시아 황실세력은 최종적으로 한국을 경제적·군사적으로 일본에 양보할 수 있지만 '압록강삼림회사'를 보호하기 위해서 '백두산 분수령' 경계만은 양보할 수 없었다. 그것은 러일전쟁의 원인 가운데 하나인 러일협상 실패의 결정적 요인이었다는 것을 의미한다.

둘째, 오랫동안 일본에서 국민의 러일전쟁 인식을 형성하는 데 커다란 역할을 한 것은 소설가 시바 료타로의 작품 『언덕 위의 구름』이었다. 러일전쟁이 조국방위전이라는 시바 료타로의 시각은 1960년대 일본의 시선이었을 뿐만 아니라 러일전쟁을 경험한 일본인의 공통적인 견해였다. 그런데 2000년대 들어와서 일본학자들은 비밀 해제된 사료에 기초한 연구를 진행하면서 기존 조국방위전이라는 시선에서 러시아와 일본 모두 러일 개전의 책임이 있다는 시각으로 변화했다.

3부 러일전쟁의 영향 중 2장 포츠머스조약과 일본의 한국 강점을 살펴보면 다음과 같다.

첫째, 포츠머스조약 체결 이후 러시아와 일본은 한국 문제에 대한 해석이 달랐다. 러시아는 한국의 독립을 유지했다고 생각한 반면 일본은 한국의 보호국화를 성공시켰다고 판단했다. 또한 러시아와 일본은 포츠머스조약 체결 과정에서 치열한 외교전과 여론전을 벌였는데 일본은 배상금과 영토 획득이라는 측면에서 처음 설정한 목표에서 상당 부분 후퇴했다. 그 배경에는 첫째, 일본은 서방의 여론에 밀려서 회담 과정에서 영토와 배상금을 끝까지 주장할 수 없었고 둘째, 러시아 전권위원 비테는 일본에 배상금과 영토 중 하나를 선택하라는 전략을 끝까지 추구하여 성사시켰다.

둘째, 러시아는 을사늑약이 강요에 의한 불법적인 조약이기 때문에 을사늑약의 효력을 인정하지 않았다. 포츠머스조약 체결 직후 러시아의 조약문 해석은 1905년 9월 21일 진행된 러시아 국방위원회 회의를 통해 살펴볼 수 있다. 러시아는 '한국에서 군사적 조치의 제한'에 남우수리스크 지역 전체를 포함하지 않는다고 해석했다. 또한 일본이 한국에서 자국군대의 인원을 조약에 포함하는 것을 거부하자 러시아는 남우수리스크 지역에 충분한 수의 병력을 유지할 것을 결정했다. 무엇보다도 비테는 한국의 독립이 국제 문제이기 때문에 러시아와 일본 사이의 조약으로 한국의 독립을 훼손할 수 없다고 포츠머스조약을 해석했다. 따라서 러시아 국방위원회는 한국의 독립이 포츠머스조약에 의해 폐기되지 않았으며 여전히 러시아 정부에 의해 인정될 것으로 판단하면서 러시아 외무부가 교섭을 통하여 한국의 독립에 대해서 다른 열강의 견해를 확인하도록 지시했다. 그 후 러시아는 포츠머스조약 제2항에 근거하여 한국에 대한 일본의 우월한 정치적·군사적·경제적 이해관계를 인정했지만 극동정책의 핵심인 한국의 독립원칙은 훼손되지 않았다고 판단했다.

셋째, 1904년 2월 23일 일본은 대한제국을 위협하여 공수동맹을 전제로 한 '한일의정서'를 강제로 체결했다. 그 후 1904년 5월 20일 하야시는 고무라 외무대신 앞으로 한일의정서 조항에 근거하여 일명 '제2안 협정해야 할 조관안'을 제시했다. 하야시의 조관안이 내건 한국에서 일본이 획득해야 할 정치적·경제적 권리는 일거에 조약으로 획득해야 할 것이 아닌 장래의 획득 목표로서, 1904년 5월 30일 원로 회의 및 5월 31일

각료회의에서 결정된 '제국의 대한 방침' 및 대한 시설 강령'에 포함되었다. "일본은 한국에 대해 정치 행정상 및 군사상 보호의 실권을 장악하고 경제상 더욱 일본 이권의 발전을 도모해야 할 것"이라 목표를 설정했다.

무엇보다도 일본은 한국의 내정·외교·군사를 무너뜨리고 식민지화를 추진하기 위해 1904년 2월 23일 일본의 군용지 수용권 획득을 위한 '한일의정서', 1904년 8월 22일 고문정치를 위한 한일협정서('한·일 외국인 고문 용빙에 관한 협정서', 제1차 한일협약), 1905년 11월 18일 한국의 외교권을 박탈하고 통감부를 설치하는 을사늑약('한일협상조약', 제2차 한일협약), 1907년 7월 24일 차관정치와 법령 제정권과 군대 해산을 위한 '한일신협약'(정미7조약, 제3차 한일협약), 1910년 8월 22일 조선총독부를 설치하는 일본의 한국강점조약('한일합병조약', 경술국치조약, 일제병탄조약) 등의 조약을 강요했다.

을사늑약과 헤이그회의 전후 고종의 대응을 살펴보면 다음과 같다.

첫째, 러일전쟁 직전 대한제국의 전시중립화는 대한제국과 주한러시아공사관의 긴밀한 협의하에서 준비되었다. 그런데 러일전쟁 직전 고종은 전시중립을 선언했지만 실제로 한러동맹을 추진했다. 고종이 전시중립화를 추진한 이유는 일본의 보호와 합병에 대한 합의를 강요받는 상황을 피하려는 의도에서였다.

둘째, 러일전쟁 시기 고종은 일본이 대한제국의 독립을 훼손하자 생존하면서 저항하는 방법을 선택했다. 러일전쟁 시기 고종은 주러한국공사 이범진에게 공사관을 운영하면서 대한제국의 독립을 위해 노력할 것을 지시하고 러시아가 대한제국의 독립을 지지해줄 것을 요청하는 서신을 여러 차례 보냈다. 또한 고종은 을사늑약 전후 지속적으로 니꼴라이

2세에게 대한제국의 독립을 호소하는 서한을 보냈고 특히 을사늑약 직후에는 일본의 강압을 집중적으로 고발했다. 고종은 신뢰하는 측근과 외국인들, 특히 이용익을 뻬쩨르부르크로 파견하여 외교적으로 대한제국의 중립국 방안을 추진하면서 헤이그 특사 파견을 준비했다. 무엇보다도 고종은 헤이그평화회의와 헤이그국제재판소를 활용하여 외교적으로 대한제국의 독립을 수호하려고 생각했다. 고종은 헤이그국제재판소에서 대한제국의 운명을 고려해야 한다고 생각했다. 또한 '조미수호통상조약'을 근거로 약소 민족 보호 의무를 상기시키며 열강에 호소했다. 그 결과 헤이그 특사가 파견되어 대한제국의 독립을 국제적으로 환기시켰다. 이에 일본은 고종이 직접 일본에 가서 사죄해야 한다는 여론을 조성하며 강제 퇴위라는 초강수로 대응했다.

2. 러일전쟁의 명분과 러시아의 러일전쟁 패배

일본과 러시아는 러일전쟁의 명분을 축적했다. 첫째, 일본은 1900년 의화단 사건 이후 만주를 점령한 러시아의 행동을 침략으로 규정하고 만주로부터 러시아군대의 철수를 요구했다. 일본은 러시아에 강력한 태도를 견지했는데 그 이유는 동아시아의 국제적 환경이 영일동맹으로 일본에 유리했을 뿐만 아니라 국내의 여론과 외교관의 주전론이 확산되었기 때문이다. 둘째, 러시아는 영일동맹이 체결되어 국제적 환경이 불리함에도 불구하고 만주에 대한 군사점령을 지속했다. 러시아는 만주부터 여순까지 철도 연결이 가능하며 만주와 국경을 접하고 있는 한국에 대해서도 영향력을 행사하기가 용이했다.[2]

러시아 육군참모본부는 러일전쟁의 패배 이유에 대해서 군사적인 측면을 살펴보았다. 육군소장 레비쯔끼는 러시아 육군참모본부 소속 군사아카데미 교수였다. 레비쯔끼는 1935년 '러일전쟁'이라는 저서를 출판하면서 러시아인이 만주에서 전개되는 러일전쟁에 대해서 적대적이었다는 사실을 러시아 패배의 중요한 원인으로 꼽았다. 러시아인의 피배주의가 만주에 있는 러시아군대에도 전달되었는데 러시아 병사와 장교는 만주에서 벌어지는 러일전쟁의 목적을 이해하지 못했다. 러시아인의 전제정치체제에 대한 불만은 전쟁 혐오 형태로 표출되었다. 레비쯔끼는 러일전쟁 패배의 군사적 원인을 구체적으로 다음과 같이 기록했다.

첫째, 러시아는 특수한 지역인 만주에서의 전쟁준비가 부족했다. 러시아군대의 군단 체제는 산악지형으로 도로마저 부족한 만주에 적합하지 않았다. 러시아군대는 지나치게 규모가 컸으며 후방 조직의 효용성이 떨어졌는데 전투에 투입된 러시아 병력은 전체 병력의 절반에 불과했다. 둘째, 일본군대는 러시아 태평양함대의 열세로 인해 아무런 장애 없이 육지에 상륙할 수 있었다. 블라디보스톡의 태평양함대는 기동과 정박의 이점에서 함대를 집결시키는 데 유리한 장소였다. 일본함대는 여순에서 러시아 태평양함대를 봉쇄하면서 제해권을 장악할 수 있었다. 셋째, 시베리아철도와 동청철도는 수송 능력이 낮았는데 러시아의 러일전쟁 패배의 중요한 원인 중 하나였다. 러시아군대는 집결 속도가 떨어졌기 때문에 일본군대는 각 구역별로 러시아군대에 타격을 가할 수 있었다. 러시아군대는 요양전투 초기 막대한 인적 자원에도 불구하고 12만 5천 명

---

2   조명철, 2007, 136쪽.

의 일본군대에 대응해서 집결시킨 병력이 16만 명에 불과했다. 1904년 4월 시베리아철도의 수송 능력이 왕복 최대 6회였고 동청철도의 수송 능력이 최대 7회였다. 1904년 5월 1일부터 10월 1일까지 만주에 주둔한 러시아군대는 전사와 부상 등으로 총 10만 명의 병력 손실을 입었는데, 5개월 동안 증원된 러시아군대는 겨우 2만 1천 명에 불과했다. 넷째, 전신과 전화, 장비와 재원 등의 부족은 러시아군대의 기술적 후진성을 보여주었다. 러시아 포병은 유산탄만 보유하여 파괴력이 떨어졌고 곡사포를 보유하지도 못했다. 러시아는 오랫동안 산악포병을 보유하지 못했다. 기관총도 러시아군이 열세였다. 다섯째, 일본군대는 우회와 포위를 지향함으로써 러시아군대의 화력에 의한 손실을 최소화하려고 노력했다. 반면 러시아군대는 병사의 용맹성을 과대평가하여 전술의 기본으로 정면공격을 선택했다. 여섯째, 러시아는 단기간에 대규모 병력의 만주 집결을 실행하지 못했다. 그 원인은 시베리아철도의 낮은 수송 능력, 러시아의 서부 국경에서 군대 파병 불가, 러시아혁명운동의 진압을 위한 러시아 국내에서 군대 주둔 필요성 등 때문이었다. 일곱째, 극동총독 알렉세예프는 육군대신 꾸로빠뜨낀과 지휘 체계상 마찰을 일으켰는데 중요한 작전 사안을 놓고 서로 이견을 보였다.[3]

한편 러시아 육군참모 소속 군사연구소에 따르면 러시아군부는 러일전쟁의 패배에 커다란 충격을 받고 패배의 원인에 대해서 분석했다.

첫째, 러시아군대는 일본을 고려하지 않은 전쟁계획을 작성했다. 러시아 참모본부는 일본의 군사력과 작전 의도를 정확하게 파악하지 못했다.

---

3   Левицкий. Н. А. Русско-Японская война 1904-1905гг. Государственное Военное Издательство. М. 1935.

러시아는 일본의 육군만을 고려했는데 육군과 해군의 합동작전을 예상하지 못했다. 일본의 해상지배권도 과소평가했다. 러시아는 일본이 영국과 미국에 경제력과 군사력을 의존한다는 사실 하나만으로 일본군대를 과소평가했다. 또한 러시아는 전쟁준비에 충실하지 못했고 일본의 기습공격 가능성도 고려하지 않았다.

둘째, 러시아군대는 러일전쟁 초반 오랜 시간에 걸쳐 산만하게 병력이 보강되었다. 러시아군대는 무기가 구식이었고 전투준비 수준도 낮았다. 러시아 병사는 새로운 무기 체계에 맞게 숙련되지 못했고 러시아 장교는 대부분 우유부단했다.

셋째, 러시아는 만주 전장의 특성을 전혀 그러하지 못했다. 러시아는 공업생산력이 극동지역에서 취약하여 필수물자를 유럽 지역의 러시아에 의존했다. 또한 교통수단은 포병 운영에 필수적이었지만 강화되지 못했다.

넷째, 일본은 극동지역 러시아의 군사력을 충분히 파악하여 전쟁계획을 공격적으로 작성함으로써 러일전쟁 초기 주도권을 장악할 수 있었다. 일본은 해상의 패권을 장악하기 위해서 강력한 함대를 창설했고 병력과 화물의 수송을 위해 대규모 상선대를 조직했다. 일본은 육군을 재무장했고 동시에 광범위한 첩보전도 전개했다. 그럼에도 일본은 기습공격으로 단기간에 러일전쟁을 종결하겠다는 실수를 범했다.

다섯째, 러일전쟁은 군대의 수적 증가, 신식 장비로 무장한 군대, 고가의 전함 건조 등 모든 것이 경제적 잠재력의 의미를 전례 없이 증대시켰다. 러시아는 경제적으로 낙후하여 충분한 현대적 무기와 장비 등의 군수품을 안정적으로 공급할 수 없었다. 교통수단은 전쟁에 있어서 가장 중요한 물리적 요소 중 하나였는데 러시아는 공업지대로부터 먼 곳인

만주 지역에서 전투하여 불리했다. 러시아는 육상과 해상의 보급선이 매우 멀어서 교통수단이 부족했다.[4]

전쟁 책임자인 육군대신 꾸로빠뜨낀은 러일전쟁의 패배 원인에 대하여 전체적으로 다음과 같이 밝혔다. 첫째, 러일전쟁 시기 근위병과 정예병은 유럽 지역에 주둔하였고 예비 병력만 만주에서 전쟁을 수행했다. 둘째, 만주로 향하는 철도의 취약성 때문에 러시아군대가 신속히 만주로 이동할 수 없었다. 셋째, 러시아 대중은 전쟁에 관해서 무관심했을 뿐만 아니라 심지어 전쟁을 적대적으로 생각했다. 보다 구체적으로 꾸로빠뜨낀은 전쟁의 패배 원인을 크게 군부의 활동과 무관한 요인, 만주군과 군부의 활동 상황과 무관한 요인, 만주군의 활동과 관련 있는 요인 등 세 가지로 구별했다. 첫째, 전쟁의 패배 원인 중 군부의 활동과 무관한 요인은 다음과 같다. 전쟁을 수행할 때 군부가 자율적인 예산 편성을 수행할 수 없었고, 전쟁 당시 해군이 제 기능을 발휘하지 못했으며, 동청철도가 매우 취약했고, 국내의 사회적인 불안이 군대의 사기를 떨어뜨렸다. 둘째, 만주군과 군부의 활동과 무관한 요인은 다음과 같다. 극동지역에 충원할 군사 동원이 지연되었고, 극동지역에 파견할 보충부대가 늦게 도착하였으며 군사 장비가 부족하거나 낙후되었다. 셋째, 만주군 활동과 관련 있는 요인은 다음과 같다. 러시아군대가 몇몇 전투지역에서 강력하게 저항하지 않았고, 장교들의 정신력이 해이했고, 전쟁 당시 군대의 조직이 붕괴되었다.

그럼에도 재무대신 비테는 실질적인 전쟁의 패배 원인을 명령체계의

4　Ростунов. И. И. История Русско-японской Войны 1904-1905гг. Институт Военной Истории. М. 1977.

혼란, 전략적 차이 등이라고 지적했다. 첫째, 러일전쟁 당시 꾸로빠뜨낀은 육군, 알렉세예프가 해군을 각각 지휘했기 때문에 육군과 해군의 명령체계가 달랐다. 또한 알렉세예프와 꾸로빠뜨낀은 사적으로 대립했다. 둘째, 러일전쟁 초기 꾸로빠뜨낀은 군대를 하얼빈 쪽으로 퇴각하는 방어전략을 수립했지만 알렉세예프는 오히려 여순 진격을 주장했다.

3. 대한제국의 개혁방안과 멸망 원인:
민영환의 『천일책(千一策)』을 중심으로

민영환은 일찍이 20대 후반부터 주요 관직에 올랐다. 1888년 4월 병조판서에 임명되었고[5] 1891년 1월 병조판서를 수행하면서 통위영 병정들에 대한 시예(試藝)를 주관했다.[6] 1894년 1월 내무부 독판[7], 1894년 3월 이조판서 등에 임명되었다.[8] 궁내부 특진관 민영환은 1895년 8월 미국주재 특명전권공사에 임명되었다.[9] 이런 관직 생활을 통해서 민영환은 군사와 외교 등에 자극을 받으면서 국내외 현안을 대비하기 위해서 『천일책(千一策)』을 작성했다. 『천일책』은 1893년 전후 구상되었고 1894년에 기본내용이 집필되었으며 1900년까지 보완되었다.[10]

5　『高宗實錄』, 고종 25년(1888) 4월 16일.

6　『高宗實錄』, 고종 28년(1891) 2월 5일.

7　『高宗實錄』, 고종 31년(1894) 1월 8일.

8　『高宗實錄』, 고종 31년(1894) 3월 1일.

9　『高宗實錄』, 고종 32년(1895) 8월 10일.

10　'지금'과 '올해'라는 용어를 살펴보면 『천일책』은 1894년에 기본적으로 작성되었다. 그런데 『천일책』에 '갑오'와 '을미'까지 포함된 것을 살펴보면 1895년도 포함되었다. 더구나 러시

민영환은 고종과 명성황후의 가장 측근으로 대한제국의 외교와 국방을 책임진 인물이었다. 민영환은 정부의 주요 요직에 근무하면서 대한제국의 개혁정책 추진을 위해서 『천일책』을 작성했다. 무엇보다도 민영환은 을사늑약 직후 자결할 정도로 대한제국에 대한 책임감이 강했던 인물이다. 그만큼 민영환은 고종의 개혁 방향을 충실히 수행한 인물이었다. 따라서 민영환의 『천일책』을 분석하면 대한제국이 추진한 개혁 방향을 살펴볼 수 있다. 그런데 『천일책』은 개혁을 위한 정책 방안을 구상한 책이지만 거꾸로 생각하면 대한제국의 문제점을 밑바닥부터 드러낸 서적이다. 『천일책』에서 진단한 부패한 대한제국의 문제점은 무엇일까?

민영환은 기본적으로 군주 중심의 정치체제를 지향했다. 민영환은 "임금의 마음이란 한 나라의 큰 근본이니 큰 근본을 연구하여 바로잡는다면 한 나라의 정치를 어찌 지역의 발달과 바꿀 뿐이겠는가?"라며 국가의 근본인 군주가 마음을 바로잡아야 한다고 주장했다.[11] 민영환은 대한제국이 군주국가를 추구하면서 서양의 제도를 도입해야 한다고 생각했다.

아의 육군과 군함, 흑룡강의 러시아철도 준공까지 고려하면 최대 1900년에 완성되었을 가능성도 있다. 1) "지금 함대를 해삼 위에 주둔시키고 철로를 흑룡강에서 준공하여 시베리아 철로가 이미 이루어진 것과 같고 …" 민영환, 「千一策」, 『閔忠正公遺稿』, 일조각, 2000, 70쪽. 러시아의 시베리아철도는 이르쿠츠크까지 1898년, 지타까지 1900년에 완성되었다. 2) "지금 이홍장은 나이 70이 지났으니 반드시 능히 세상에 오래일 수 없고 …" "영사관 원세개도 또한 장차 벼슬이 바뀌어 돌아간다고 한다." 민영환, 2000, 73쪽. 이홍장은 1823년 출생이고 원세개는 1894년 6월 조선에서 귀국했다. 3) 갑오(甲午)와 을미(乙未)의 해에 중국에 변이 있자 우리나라도 역시 따라서 변이 있었다. 민영환, 2000, 73쪽. 4) 지난해에는 선무사를 보내고 올해는 초토사를 보냈다. 민영환, 2000, 75쪽. 조선 정부는 1894년 초토사 홍계훈을 보냈다.

11 민영환, 「千一策」, 『閔忠正公遺稿』, 국사편찬위원회, 1958, 66-67쪽.

민영환의『천일책』은 '시세4조(時勢四條)'와 '비어10책(備禦十策)'으로 구성되었다. 시세4조는 러시아와 일본의 방어책, 자주독립과 내란 진정의 방책을 서술했다. 비어10책은 인재 등용, 기강 확립, 군제개혁, 창고 저축, 요해 수비, 인민 구휼, 재정정리, 학교진흥, 외교정책 등 10항으로 나뉘었다.[12]

먼저 시세4조에 나타난 대한제국의 외교 현안을 살펴보자. 민영환은 대한제국이 자주 국가를 유지하기 위해서는 일본의 한국 침략을 대비하고 러시아의 팽창을 경계하며 청국과의 강력한 연대를 실행해야 한다고 주장했다. 민영환은 대한제국의 주적이 일본이라고 생각했다.

첫째, 민영환은 러시아의 팽창을 경계하면서 대책을 마련해야 한다고 판단했다. 러시아는 "땅이 30여만 리고 육군이 66만여 명이며 군함이 368척으로서 천하의 동북과 서북을 차지했다"며 천하에 대적할 자가 없었다.[13] 러시아는 이미 폴란드를 점령하고 터키와 중앙아시아를 침략했다. 러시아는 지금 블라디보스톡에 해군을 주둔시키고 철로를 흑룡강

---

12 『천일책』은 사기(史記)의 '우자천려 필유일득(愚者千慮 必有一得: 어리석은 이가 천 번 생각함에 한 번 얻는 것이 있다)'이란 말을 빌려서 이름 지은 것이다. 민영환은 당시 내정이 극도로 부패하고 러시아와 일본의 침략을 받고 있는 대한제국의 국운을 만회하고 폐정을 바로잡기 위해 이 글을 서술했다. 申奭鎬,「解說」,『閔忠正公遺稿』, 국사편찬위원회, 1958, 6쪽. 지자천려 필유일실(智者千慮 必有一失): 슬기로운 이가 천 번 생각함에 한 번 잃는 것이 있다. 이민원에 따르면 천일책의 내용은 두 가지로 요약된다. 첫째, 밖으로 대한제국이 세워야 할 대책을 4가지로 논하고 둘째, 안으로 구비해야 할 방책을 10가지로 논하고 있다. 이민원,「민영환의 모스크바 외교와 천일책」,『청계사학』16-17, 2002, 896쪽.

13 "1897. 5. 22. 러시아 육군은 1백 13만 3천여 명인에 그 안에 액병(額兵) 88만여 명이 있다. 해군의 병선 319척 중에 철갑함이 24척 있다." 閔泳煥「使歐續草」,『閔忠正公遺稿』, 국사편찬위원회, 1958, 166쪽. 해군 병선의 숫자를 살펴보면 민영환이 최소 1897년 이후 천일책을 작성했다는 사실을 알려준다.

까지 준공하여서 독수리의 양 날개로 대한제국과 청국을 침략할 준비를 마쳤다.[14]

둘째, 민영환은 일본의 '조선 침략'을 예상하며 일본은 대한제국의 주적이라고 판단했다. 일본인은 몸이 작고 심지가 사납고 독하며 '법'을 두려워하여 어른이나 국가를 위해서 죽는다. 일본은 아침과 저녁으로 대한제국에 욕심을 내지 않을 때가 없었다. 그 이유는 "양국이 서로 인접해 있고 수토와 물정이 서로 비슷하며 일본의 토지가 평탄한 곳이 많고 조선의 산천이 험하고 막힌 곳이 많아서 진실로 하나로 합친다면 이빨과 뿔 양쪽이 모두 온전하여 천하의 강한 나라가 될 것"이기 때문이다. 일본인은 일찍이 대한제국의 정벌을 의논했는데, 지극히 이로움만 있고 해로울 것이 없는 형태라고 판단했다. 이미 일본의 1,000 선박이 인천과 부평에 머물고 있고 일본군함은 부산과 울릉도에 항상 정박해 있다. 민영환은 "병서를 적을 임해서 읽을 것이 아니다"라며 미리 준비해야 한다고 주장했다.[15]

셋째, 민영환은 친청사상(소중화)을 기초로 청국과의 연대를 주장했다. 민영환은 "조선이 청국의 동쪽 울타리이기 때문에 작은 나라가 큰 나라를 섬긴 것은 진실로 명분이 있다"고 판단했다. 과거 청국과 대한제국은 서로 돕고 러시아와 일본은 서로 미워한다. 민영환은 일본과 러시아의 대한제국과 청국에 대한 이간정책을 경계했다. 민영환은 "말을 낮추고 폐백을 후하게 하여 큰 나라를 섬기는 정성과 공경함을 더욱이 조

---

14 閔泳煥, 「千一策」, 『閔忠正公遺稿』, 國史編纂委員會, 1958, 45쪽.
15 閔泳煥, 1958, 46쪽.

금도 변할 수가 없다"며 강력한 친청사상을 드러냈다.[16]

넷째, 민영환은 시세4조 중 동학농민운동 해결 방안을 고민했다. 민영환은 동학농민운동의 근본 원인을 "수령들이 청렴하지 못한 데 기인한다"고 판단했다. 그 결과 백성은 "밖으로 흩산이 없고 안으로 항심도 잃었다"고 진단했다. 민영환은 "대체로 백성이란 나라의 큰 근본이니 큰 근본이 이미 썩고서야 장차 어떻게 나라가 되겠는가?"라며 부패한 수령으로 인해 백성이 어려움에 처했다고 판단했다.[17] 민영환은 동학농민운동의 근원적인 해결 방안으로 청렴한 지방관리 파견을 제시했다. 첫째, 대한제국 정부는 수령과 방백을 골라 보내서 백성들의 마음을 기쁘게 하여 백성들이 생업에 편안하게 한다. 둘째, 지방 관찰사는 어지러운 무리의 괴수가 누구인가를 조사해서 체포하고 괴수만 죽인다. 셋째, 서울 군대의 군율을 강화하고 서울 외곽의 요충지를 강화한다.[18]

민영환은 동학농민운동에 대한 청국과 일본의 차이를 분석했다. "일본인은 조선에 만일 내란이 있으면 틈새를 탈 때라 생각한다. 청국은 조선이 이미 외적을 막을 준비가 없다고 생각한다." 민영환은 대한제국이 어려움에 처할 때 일본이 침략을 생각한다면 청국은 도울 방법을 생각한다고 판단했다.[19]

이러한 청국과 일본의 대한제국에 대한 정반대 입장을 포착하면서 민영환은 대한제국이 동쪽 지방에 위치하고 청국, 러시아, 일본과 인접한 상황이므로 외교정책의 중요성을 인식했다. 민영환은 비어10책 중 외교

---

16 閔泳煥, 1958, 47쪽.
17 閔泳煥, 1958, 48쪽.
18 閔泳煥, 1958, 49-50쪽.
19 閔泳煥, 1958, 48쪽.

수행에 있어서 국력과 공정이 핵심이라고 주장했다. 민영환은 문명, 국력, 신의, 사신, 공정 등이 외교의 중요한 요소라고 판단했다.

민영환은 기본적으로 청국 중심의 외교 전략을 구상했다. 민영환은 청국, 일본, 러시아 등의 역학관계를 파악하면서 친청정책을 펼치면서 러시아와 일본을 견제할 제안을 했다. 민영환은 러시아와 일본 사이에 위험에 처해 있더라도 청국이 대한제국과 '한 집'이라고 주장했다. 민영환에 따르면 대한제국은 청국과 함께 입술과 이빨의 정의를 맺었다. 일본이 침입하려 하면 청국과 힘을 합하고 비밀리에 러시아로 하여금 일본의 빈틈을 타게 한다. 러시아가 침입하려 하면 청국과 힘을 합하고 비밀리에 독일로 하여금 러시아의 빈틈을 타게 한다. 현재 청국은 러시아의 침입을 두려워하여 영국, 독일과 친하게 지내고 있는데, 민영환은 대한제국도 영국과 독일과 외교관계를 긴밀히 맺어서 외원(外援)에 대비해야 한다고 판단했다.

민영환에 따르면 청국은 첫째, 대한제국과 정의를 갖고 있는데 이는 형제와 같이 의지하여 붙는 것을 의미했다. 둘째, 청국은 동쪽 울타리인 대한제국을 굳게 지킬 생각을 가졌다. 셋째, 청국은 일본을 정벌할 마음이 있지만 속으로 러시아가 공격할까 두렵고 밖으로 영국이 일본을 도울까 꺼리는 것이다. 결국 대한제국은 청국에 대해서 비단 사귈 뿐만 아니라 섬기는 것도 좋고 마땅히 정성과 공경을 다하는 것이 좋다. 일본은 첫째, 자국과 대한제국을 합치려는 논의를 하고 있는데, 이는 크고 작은 것을 하나로 합치고 강한 것과 약한 것을 서로 섞으면 두 가지가 그 사이에 설 수 없는 이치였다. 대한제국은 일본을 사귀는 것은 좋지만 합치는 것을 반대해야 한다. 둘째, 일본은 항상 대한제국을 침략할 뜻이 있으나 안으로 러시아가 공격할까 두렵고 밖으로 청국이 대한제국을 돕는 것을 꺼리는 것이다. 러시아는 동쪽을 향할 뜻이 있으나 안으로 독일기 공격할까 두렵고 청국이 대한제국을 도울까 꺼리는 상황이었다. 결국 조선은 러시아를 사귀는 것은 좋지만 섬겨서는 안 된다.[20]

민영환의 비어10책의 핵심은 인재, 기강, 뇌물, 군대, 외교 등이다. 그런데 10가지 개혁방안은 10가지 대한제국의 현안 문제이기도 했다.

첫째, 대한제국은 인재 등용과 과거제도가 공정하지 않았다. 그만큼 대한제국은 인사 비리가 심각했다. 민영환에 다르면 대한제국의 폐단은 3가지인데, 문벌만 숭상하며 벼슬을 사고팔며 시(詩)와 부(賦)에 과거제도가 집중되었다. 이건 조선시대 인사 시스템의 붕괴를 의미하는데 당시 문과 위주의 기득권 세력의 인사 독점이 가장 큰 문제였다. 민영환에 따르면 현재 "과거제도 아래 수령 등은 반드시 자산이 있는 사람을 등용하고 벼슬을 준다." 민영환은 관료들이 재물을 추구하지 못하게 월급을 적절히 지급할 것을 제안했다.[21]

둘째, 대한제국은 뇌물로 기강이 무너졌고 상벌이 분명치 않았다. 조선은 문치 500년을 보내면서 상벌이 분명하지 않았다. 민영환은 국가의 정기인 효도와 절개가 무너졌는데, 이는 모두 벌할 것을 꼭 하지 않고 상을 적절히 주지 않은 까닭이라고 판단했다. 민영환은 뇌물로 얼룩진 지방 수령을 강력히 비판했다. 백성의 재물을 빼앗은 수령이 도리어 승진 혜택을 받고 백성들의 소요를 불러일으킨 수령이 도리어 다른 고을로 옮겨가고 뇌물로 파면된 수령이 그대로 다시 벼슬에 임명되었다. 민영환에 따르면 "뇌물이 행해지는 곳에 죽은 자도 살아나고 뇌물이 행해지지

---

20 閔泳煥, 1958, 66-67쪽.

21 閔泳煥, 1958, 50-51쪽.

않으면 산 자 또한 죽는다." 민영환은 기강을 바로 세우기 위해서 첫째, 재물을 탐하고 사나운 수령은 마땅히 삶아서 죽여야 하고 둘째, 간사하고 교활한 관리 중 주요 인물은 거리에서 목을 베어야 한다며 뇌물로 부패한 정부관료에 대한 강력한 대응책을 요구했다.[22]

셋째, 민영환은 군부대신을 역임해서 군사정책과 군대제도 개혁에 주목했는데, 대한제국의 육군과 해군은 오합지졸 그 자체였다. 민영환은 조선의 군대제도에 조속히 외국 법제를 적용해야 한다고 주장했다. 특히 민영환에 따르면 속오제(束伍制)는 모두 귀신의 기록이어서 모집한 병정이 오합지졸이라고 평가했다. 병사의 월급도 박하고 모자라기가 심한 것이 조선과 같은 곳이 없다.[23] 산과 바다에 사는 사람이 해전을 익힐 수 없고 가난하고 모자라는 재정으로 군함을 만들기도 어렵다.[24] 민영환은 외국 법제 중 상비병과 후비병을 채택해야 한다고 주장했다. 20살이 넘으면 상비병으로 삼고 5년 뒤에는 후비병으로 둔다. 상비병의 월급을 올리고 정예화해야 한다. 외국 법제를 모방하여 군대의 훈련을 강화하기 위해 행군과 사격과 총검 등을 실행한다.[25] 민영환은 정부가 기계국(器械局)을 설치했으므로 서양의 군수산업을 모방하여 서양총, 탄환, 대포를 제조해야 한다고 주장했다.[26] 민영환은 전국 해안 중 선박이 정박할 수 있는 곳에 사전에 수뢰포를 묻어 두고 적군이 육지로 상륙할 곳에도 미

22 閔泳煥, 1958, 51-53쪽.
23 閔泳煥, 1958, 53-55쪽.
24 민영환은 군함 건설에 막대한 자금이 들기 때문에 "중국 수군에 급한 것을 요청해야 한다"며 청국에 대한 의존도를 보였다. 閔泳煥, 1958, 56쪽.
25 閔泳煥, 1958, 53-55쪽.
26 閔泳煥, 1958, 58-59쪽.

리 대포를 설치해야 한다고 주장했다.[27]

넷째, 민영환은 정부의 재정난과 백성의 궁핍함을 기록했는데 정부와 민간의 저축 모두 1년 먹을 것도 부족했다. 민영환은 "진실로 1년만 흉년이 들어도 오히려 능히 보존할 수 없으며 모든 예산을 동원해도 1만 명의 군사가 3~4개월의 양식에도 부족하다"며 재정의 심각성을 기록했다.[28] 또한 대한제국의 논밭은 본래 2백만 결인데 현재 1백여만 결로 줄어들었고 논밭에 부과하는 조세는 이자가 본전보다 더 많았다.[29]

다섯째, 민영환은 서양식 학교제도 도입을 강조했다. 민영환은 이미 연무공원(鍊武公院)과 육영공원(育英公院)을 설치했는데, 이는 서양의 기예원(技藝院)과 격물원(格物院)을 모방한 것이다. 그럼에도 민영환은 서울에서 특정 인재를 선별했다며 실지의 효험은 없고 나라의 비용만 손실될까 두렵다고 기록했다. 민영환은 특정 지역과 세력에 편중된 교육의 불평등성을 비판했다.[30]

결국 대한제국은 문벌과 재산이 있는 사람만 관리에 진출할 수 있었고 뇌물로 벼슬을 산 지방 수령이 부패의 중심이었고 상벌이 무너져 백성들이 도덕성을 상실했다. 인구가 늘었음에도 불구하고 조선의 논밭이 2백만 결에서 1백만 결로 줄어들었다는 사실은 기초적인 국가 재정 수입 악화를 의미했다. 정부와 민간의 저축은 1년 동안 국가를 유지할 수 없는 비용이었다. 정부예산을 모두 동원해도 1만 명의 병사가 3~4개월 동안 먹을 양식에도 부족한 실정이었다. 심지어 군함을 만들 여산조차

---

27 閔泳煥, 1958, 60쪽.

28 閔泳煥, 1958, 56-57쪽.

29 閔泳煥, 1958, 61쪽.

30 閔泳煥, 1958, 64-65쪽.

없어서 청국군함의 지원을 받아야 하는 상황이었다. 신식 교육제도를 도입했지만 특정 지역과 세력에 편중되었다. 그만큼 대한제국은 특정 가문 중심에 재정과 교육이 편중되면서 백성들의 민심을 잃어버렸는데, 이는 일본의 단계적인 대한제국 침략정책에 빌미를 주었고 일본에 대한 한국인의 강력한 저항을 약화시켰다.

에필로그 베조브라조프의 극동정책과 러일협상

제 낯짝 비뚤어진 줄 모르고 거울만 탓한다.
– 고골,「서문」,『검찰관(Ревизор)』, 1836.

러시아 작가 똘스또이는 러시아 병사들이 어쩔 수 없이 러일전쟁터로 끌려가는 현실을 고발했다. 많은 예비병사는 러일전쟁이 러시아인에게 필요해서 일어난 사건이 아니라는 사실을 파악하고 있었다. 그들은 전쟁 지역인 극동의 현실을 알고 있었고 그들이 도살장의 양처럼 죽는다는 사실도 알고 있었다. 심지어 그들 중 일부는 '우리가 용암포 어딘가에서 죽거나 불구가 될 것'이라고 추측했다.[1] 용암포는 바로 한국의 북부지역이었다.

똘스또이는 '러시아인이 러시아 황실을 위해서 만주와 한국에서 자행한 기행과 약탈을 옹호하다 죽게 될 것이다. 한반도의 낯선 삼림에서 돈을 벌고자 하는 투기꾼의 괴이한 사업을 위해서 러시아 민중 전체 노동

---

1   Толстой Л. Н. Одумайтесь! Полное собрание сочинений. Т. 36. М. Гослитиздат. 1936. СС. 143-144.

의 산물인 수백만의 큰 자금이 허비되고 있다'고 비판했다.[2] 똘스또이가
지적한 용암포, 한반도의 삼림 등은 바로 한국의 북부지역에 실행된 '압
록강삼림회사'였는데 그 기획자는 바로 국무고문 베조브라조프였다.[3]

기존 연구성과는 극동정책 주도 세력으로 니꼴라이 2세, 재무대신 비
테, 국무고문 베조브라조프 등에 초점을 맞추어 제정러시아의 대외정책
을 설명했다.[4] 하지만 전제주의시기 황제를 관료와 동일한 위상으로 설
정하고 대립한 것으로 바라보는 시각은 적절하지 못하다. 당시 러시아

---

2   Толстой Л. Н. Одумайтесь! Полное собрание сочинений. Т. 36. М. Гослитиздат.
1936. СС. 136-138.

3   알렉산드르 미하일로비치 베조브라조프는 1873년 러시아 황실 군사학교인 파제스끼 코르
푸스를 졸업한 후 러시아 황실 소속 근위기병 연대 장교로 근무했다. 그는 1876년 근위기
병대 중위, 1879년 근위기병대 대위로 임명되었다. 1881년 황제에 대한 테러를 진압하는
비밀조직 '신성친위대'의 주요 멤버로 활약했다. 1882년 친위대 예비군으로 편입되었다.
같은 해 베조브라조프는 황실 수렵국에 근무하면서 수렵국장대리로 활동했다. 1886년부
터 1888년까지 동시베리아 총독 이그나찌예프의 특별보좌관으로 근무했다. 1898년 7월
27일 4등 문관으로 임명된 동시에 퇴직했다. 1903년 5월 6일 국무고문, 1903년 10월 15일
극동특별위원회 위원으로 임명되었다. 러일전쟁 이후 퇴직했고 1917년 러시아혁명 이
후 파리로 망명했다. Формулярный список А. М. Безобразова // РГИА. Ф. 1409.
Оп. 9. Д. 11; И. Ф. Лукоянов. Не остать от держав. Россия на Дальнем Востоке в
конце XIX начале XX вв. СПб; Нестор-История. 2008. СС. 495-500;ru.wikipedia.
org/wiki/Безобразов_Александр_Михайлович.

4   루코야노프는 로마노프를 계승하여 러시아의 정치세력을 베조브라조프 그룹 대 삼두
정치세력으로 구분했다. 루코야노프는 브리네르의 압록강 이권을 중심으로 베조브라조
프 그룹이 형성되었다고 규정했다. И. Ф. Лукоянов. Не остать от держав: Россия
Дальнем Востоке в конце 19-начале 20 вв. Нестро-История. Спб. 2008. СС. 414-
415. 루코야노프는 재무대신, 육군대신, 외무대신을 '삼두정치' 세력으로 규정했다. И. Ф.
Лукоянов. Не остать от держав: Россия Дальнем Востоке в конце 19-начале 20
вв. Нестро-История. 2008. С. 542. 베조브라조프 관련 국내 연구성과로는 조호연, 「러
일전쟁의 원인과 베조브라조프 일파」, 『인문논총』 44, 2017; 장은주, 「동북아철도와 러일관
계 1891-1904, 일본의 종단철도 계획에 미친 베조브라조프의 영향력」, 『역사와 담론』 30,
2001 등이 있다.

똘스또이
(Л. Н. Толстой, 1828~1910)

베즈브라조프(Александр Михайлович
Безобразов, 1853~1931)

정계는 황실세력과 관료세력이 상호 대립하고 있었다.[5] 황실세력과 관료세력은 1903년에 열린 특별회의와 여순회의에서 러시아의 극동정책 결정을 둘러싸고 실제 대립했다.

이 글에서는 국립역사문서보관소(ГАРФ)의 궁내부 문서군 중 베즈브라조프가 직접 작성한 극동총독부, 극동특별위원회, 러일협상, 러일동맹 관련 보고서를 전체적으로 살펴보면서 그의 극동정책 구상과 변화를 추적하려고 한다. 기존 연구는 베즈브라조프를 부분적으로만 언급했을 뿐 그의 전체적인 극동정책 구상과 변화를 체계적으로 살펴보지 못했다. 또한 베즈브라조프가 영국의 외교정책에 대응하여 러독동맹을 구상한 사

---

5 А. М. Абаза. Русские предприятия в Корее, в связи с нашей политикой на
   Дальнем Востоке 1898-1904. Спб. 1905. СС. 164-155; ГАРФ. Ф. 543. Оп. 1. Д. 185.
   ЛЛ. 1-107об.

실조차도 파악하지 못했다. 무엇보다도 베조브라조프가 전제정치와 총독정치의 전체적인 구상하에 극동총독부를 설립하고 강화하려 한 사실에 주목하지 못했다.

동시에 기존 연구는 황실세력이었던 베조브라조프세력을 중심으로 압록강삼림회사에 초점을 맞추어 연구를 진행했다. 그럼에도 러일전쟁 직전 1904년 전후 베조브라조프의 극동정책에 관한 보고서를 전체적으로 추적하지 못했기 때문에 베조브라조프의 극동정책 구상에 관한 총체적인 윤곽을 파악할 수 없었다. 따라서 이 연구는 1904년 전후 베조브라조프의 보고서를 중심으로 그의 극동정책과 한국 문제를 살펴볼 것이다. 또한 러일전쟁의 원인자 중 한 명으로 알려진 베조브라조프에 대한 분석을 통해서 러일협상의 실패 원인을 파악할 것이다. 무엇보다도 이 책에서는 기존에 연구되지 않았던 1903년 베조브라조프의 중앙권력 장악 과정 및 극동정책의 주도 과정을 살펴볼 것이다. 이를 통해 베조브라조프가 러일전쟁에 미친 영향을 통하여 한층 더 깊게 전쟁의 원인을 추적할 것이다.

1. 베조브라조프의 극동정책과 압록강삼림회사

베조브라조프는 근위기병대에 근무했거나 근무하고 있는 인물을 중심으로 압록강삼림회사의 주주를 구성하여 주변 세력의 이익을 옹호했다. 그는 니꼴라이 2세와 대공 알렉산드르 미하일로비치의 후원으로 만주에 파견되었고 '압록강삼림회사' 설립에 필요한 자금을 모집했다. 그는 귀족과 군부 등의 인물을 중심으로 황실세력을 조직했고 러시아의 극동정책에 개입하면서 '압록강삼림회사'와 '극동특별위원회'에 그 세력들을 참여시키고자 노력했다.

베조브라조프는 '압록강삼림회사'를 비롯한 러시아의 극동정책 구상을 완성하면서 그 실행에 돌입했다. 니꼴라이 2세의 명령에 따라 1902년 12월과 1903년 6월 두 차례에 걸쳐 여순을 비롯한 극동지역에 파견된 것이 그것이다.[6] 니꼴라이 2세는 여순검령 및 남만주철도의 부설과 더불어 압록강 유역에서 방어막 구축이 전략적으로 중요하며 일본도 압록강 유역을 차지하고자 할 것이라고 예측했다. 황제는 극동지역의 상황을 살펴보고 이권을 조속히 확보하기 위해 베조브라조프를 현지에 파견했다. 1903년 3월 13일 해군 소장 아바자는 특별협의회 개최 이전에 '압록강 삼림채벌권'에 대한 보고서를 제출했다. 이 보고서는 간주 출장 중 작성한 베조브라조프의 전보에 기초한 것이었다.[7] 1903년 3월 21일 니꼴라이 2세는 이 보고서를 점검하는 회의를 조만간 개최할 것인데 '재무대신과 육군대신도 동일한 보고서를 받게 될 것'이라고 보고서의 상단 여백에 적었다.

베조브라조프는 기본적으로 한국에서 러시아의 상업적 이권이 있어

6 　베조브라조프는 이미 1898년 2월 압록강삼림회사에 대한 구상을 기획했다. 그는 동아시아회사가 한국의 도시와 블라디보스톡을 연결하는 교통망의 건설, 지리적 조사, 항만과 창고의 건설 등을 설치하도록 주장했다. 和田春樹, 2009, pp. 305-308.

7 　베조브라조프는 1903년 3월 3일 압록강삼림회사의 군사적 목적을 황제에게 설명하는 전보를 보냈다. 和田春樹, 2010, pp. 22-23. "해군 소장 아바자는 베조브라조프의 전보에 따라 황제에게 1903년 3월 13일 보고서를 썼다." 베조브라조프의 만주 출장 일정은 다음과 같았다. 1902년 11월 극동 출장 명령을 받고 12월 초 극동 출발, 1902년 12월 30일 여순에 도착했다. 1903년 3월 19일 여순을 출발했고 1903년 4월 7일이 지나 뻬쩨르부르크에 도착했다. Русские предприятия в Koree, в связи с нашей политикой за Дальнем Востоке 1898-1904. CC. 91-105; ГАРФ. Ф. 543. Оп 1. Д. 185. ЛЛ. 1-107об.

야 일본의 독점적 활동을 막을 수 있다고 주장했다. 그는 1898년 1월 러시아군사교관단, 탁지부고문, 한러은행 등 한국 철수 조치가 한국에서 러시아의 영향력을 현저히 약화시켰고 한국에서 독점적 활동의 기회를 일본에 제공했다고 판단했다. 베조브라조프는 러시아가 한국에서 상업적 이해관계를 만들고 민간 부분의 보호를 위해 한국에 개입할 권리를 얻어서 일본의 영향력에 맞서야 한다고 생각했다. 그는 이미 니꼴라이 2세가 그러한 상업적 이해관계를 만들기 위해 블라디보스톡의 상인 브리네르로부터 한국 북부의 압록강과 두만강 삼림채벌권 매입에 동의했다고 밝혔다. 러시아는 '압록강 삼림채벌권'을 통해서 도로 부설권, 삼림 수비대 유지권을 포함한 전반적인 운영에 관한 완전한 권리를 소유했다. 압록강삼림회사는 어떠한 의무사항도 러시아가 부담하지 않으면서 거대한 상업적 이해관계를 수호한다는 빌미로 정치적 필요에 따라 언제든지 한국과 일본에 압력을 가할 수 있는 기회를 가지고 있었다.

니꼴라이 2세는 압록강 유역의 방어막 형성이 만주에서 러시아군대 철수 이후 일본과의 충돌을 예방하고 일본인과 중국인이 연합한 남만주 철도 공격에 대비할 수 있다고 판단했다. 이에 황제는 만주와 한국의 이권을 보호하기 위해서 민간회사 설립에 신속히 착수해야 한다고 판단하고 1) 외무부는 북경에서 만주의 이권을 조속히 확보하며 서울에서 고종이 약속한 광산 이권을 확인하기 위하여 긴즈부르크 남작을 지원한다. 2) 재무부는 이 회사의 규약을 작성하며 경제적으로 유리한 조건을 부여하는 방법을 모색한다. 3) 육군부는 만주와 한국에서 러시아 기업들을 보호하기 위해 특히 이 회사가 충분히 자리를 잡기 위한 방법을 강구한다. 4) 현재 정부 부처의 혼선을 중단시키기 위하여 극동에서 국가 기관의 모든 기능을 통일시키는 방안을 검토한다는 등의 조치를 심의하도록 특별협의회에 명령했다.

한편 1903년 5월 23일 베조브라조프는 극동지역 재정 문제에 관한 재무대신 비테와의 협의 내용을 니꼴라이 2세에게 보고했다. 베조브라조프는 황제의 명령에 따라 재무대신 비테를 면담했는데, 그 핵심 내용은 극동지역 국경 수비 강화에 따른 재정 지원 문제였다. 베조브라조프가 비테에게 극동지역 군대 증강의 필요성을 설명하자 비테는 새롭게 추가된 군비 자금을 5년 기간 동안 2억 1천 루블 한도로 제시했다.[8]

동시에 1903년 5월 23일 베조브라조프는 육군참모본부의 극동지역 군사 강화 방안을 니꼴라이 2세에게 보고하면서 러시아가 북쪽 지역에 러시아 병력을 집중하면 일본과의 충돌을 늦출 수는 있지만 대신 일본이 4개월 동안 철도를 파괴하며 남쪽 지역을 자유롭게 지배할 수 있다고 우려했다. 그는 러시아군대가 남쪽 지역에 30만 명이 있어야 일본군대를 저지할 수 있으며 만주 지역 중 혼춘 등의 지점을 중요하게 생각하면서 최우선적으로 군사적 핵심 지점에 대한 군사시설을 강화해야 한다고 주장했다.[9]

1903년 6월 1일 베조브라조프는 만주로 출괄하는 자아무르관구 국경 수비대 총사령관 중장 치차고프(Н.М.Чичагэв, 1852~1910)를 만났고 그의 서신을 황제에게 직접 상주했다. 그러면서 재무대신 등과의 협의

---

8 ГАРФ. Ф.543. Оп.1. Д.183. ЛЛ.5-5об. 협의가 끝난 뒤 베조브라조프는 비테를 만나 이야기한 결과를 황제에게 서면으로 보고했다. 그리고 다바자와 함께 두 차례 황제를 만나 서부 국경의 나레프강 철도선 계획을 중단하고 그 예산 가운데 2,200만 루블을 극동으로 돌려 달라고 황제에게 제안했다. 和田春樹, 2010, p.62. 나레프강은 폴란드의 북동부와 벨로루시 서쪽을 흐르는 강으로, 비슬라강의 오른쪽 지류이고 벨라루시 베레지나강의 왼쪽 지류이다.

9 ГАРФ. Ф.543. Оп.1. Д.183. ЛЛ.7-8об.

때문에 극동 출발을 6월 3일로 연기했다고 말했다.[10]

그렇다면 베조브라조프는 여순까지 어떤 교통수단을 타고 출장을 갔을까? 당시 흑해-인도양을 거치는 배편은 있었지만 최소 1달 이상 걸렸다. 당시 동청철도는 1897년 공사에 착수했고 1901년 7월에 임시 운행을 시작했다. 여순까지 연결되는 남만주철도는 1903년 6월 완성되었다. 1903년 러시아 신문의 광고에 따르면 당시 급행열차는 모스크바-하얼빈-여순까지 13일 4시간, 일반열차는 16일 14시간이 소요되었다.[11]

1903년 6월 11일 베조브라조프는 시베리아횡단열차를 타고 출장 가던 중에 아바자로부터 니꼴라이 2세의 의사가 담긴 전보를 받았다. 전보 내용은 다음과 같았다. "황제는 최종적으로 북쪽으로 두만강의 러시아 이권 지역 경계까지, 서쪽으로 압록강의 러시아 이권 지역 경계까지 일본에 허락한다는 결정을 내렸다. 황제는 한국 북부지역까지 일본에 양보함으로써 러시아가 일본과의 충돌 위험성을 제거할 수 있다고 생각한다."[12]

여순회의 직전인 1903년 6월 15일 베조브라조프는 비테가 극동지역에서 자신의 영향력을 강화하기 위하여 자신의 부서인 재무부의 이익만

---

10 ГАРФ. Ф. 543. Оп. 1. Д. 183. ЛЛ. 13-14об.

11 ru.wikipedia.org/wiki/Китайско-Восточная железная дорога. 1903년 6월 3일 아바자는 극동으로 출발하는 베조브라조프에 대해서 다음과 같이 기록했다. "베조브라조프는 멋진 특별열차로 출발했다. 완전히 황족 열차라 해도 과언이 아닐 정도였다. 이 열차의 출발은 러시아의 동방에 대한 외교정책뿐만 아니라 국내 정치에도 커다란 전환점을 가져올 것이다." 和田春樹, 2010, p. 62.

12 와다 하루키에 따르면 이러한 결정은 러시아가 두만강과 압록강의 방벽까지 일본이 영유하도록 인정했다는 점이다. 和田春樹, 2010, pp. 74-84.

을 추구하고 있다고 비난했다. 비테는 극동에서 재무부의 영향력을 강화하기 위하여 여순의 경제협의회를 강화하려고 했고 만주철도에 집중하기 위해서 아무르 기선회사의 활동을 방해했다. 베조브라조프는 재무부의 부서 이기주의를 견제하기 위하여 자신을 극동 업무의 국무고문에 임명시켜 줄 것을 니꼴라이 2세에게 요청했다.[13]

1903년 6월 23일 5차 여순회의에서 베조브라조프는 남만주뿐만 아니라 압록강 이권의 중요성도 강력히 주장했다.[14] 7월 14일 뻬쩨르부르크로 돌아온 베조브라조프는 일주일 뒤인 7월 21일 한국에서 일본의 영향력에 관한 대응 방안 보고서를 작성했다. 일본은 러시아가 파악한 한국에서의 위상보다 훨씬 더 강력한 영향력을 갖고 있었다. 한국에 거주하는 일본인의 숫자, 한국에 진출한 다양한 일본기업, 한국에 관한 일본 여론의 일치, 한국에 대한 열강의 현저한 양보, 일본의 강력한 군사적 방안 등이 바로 그것이었다. 보고서의 구체적인 내용은 다음과 같았다.

첫째, 한국에 거주하는 일본인들은 대략 3만 명 정도였다. 이들은 전반적으로 한국인에게 적대감을 불러일으키는 하류층이었다. 만약 한국거주 일본인이 한국인에게 보이는 항시적인 경멸과 인습적인 가혹함을 지속한다면 한국인은 자신들의 박해자에 맞서 봉기를 일으킬 것이다. 베조브라조프는 일본인이 처음부터 한국을 혼란에 빠뜨려서 백성의 봉기를 유발하고 이를 빌미로 한국인을 죽인 다음 일본인을 이주시키는 것이 궁극적인 목표라고 판단했다.

둘째, 일본 민영기업은 일본 정부의 보조금을 받아 상당수 진출했다.

---

13 ГАРФ. Ф. 543. Оп. 1. Д. 183. ЛЛ. 21-22об.
14 ГАРФ. Ф. 568. Оп. 1. Д. 136. ЛЛ. 78-80.

일본 정부는 일본 민영기업을 위해 유리한 상황을 조성하고 외국인의 시선을 분산시키기 위해서 존재했다. 일본 민영기업은 한국에서 위조 화폐 판매, 위조 화폐를 이용한 한국 상품 구매, 한국 정부에 중개 서비스를 통한 상품 강매, 토지 매입과 이권 획득 등의 활동을 했다. 일본은 한국에서 위조 화폐 발행과 그 화폐를 무역에 사용하는 방법으로 엄청난 돈을 벌고 있었다.

셋째, 일본은 군사적으로 한국을 점령할 뿐만 아니라 러시아에 맞서는 전략적 근거지를 확보하고 있었다. 일본은 한국점령뿐만 아니라 만주에서 러시아를 축출하고 '황인종'의 수장이 되려는 계획을 진행하고 있었다. 일본이 압록강과 두만강을 포함한 한국 북부지역을 점령한다면 군사적으로 강력해질 것이다. 일본이 압록강과 두만강 지역을 방어막으로 진지를 구축한다면 일본은 러시아에 대한 침략을 손쉽게 감행할 것이다. 반대로 러시아가 압록강과 두만강 방어막을 점령한다면 러시아는 매우 유리한 상황을 전개할 수 있을 것이다. 한국은 역사적으로 북부지역을 지형적 조건에 따라 자연 방어로 활용한 적이 있었다. 베조브라조프는 일본도 군사적으로 이러한 점을 잘 이해하고 있다고 파악했다.

넷째, 일본은 다른 열강들의 양보로 한국에서 영향력을 현저하게 증가시켰다. 따라서 러시아는 한국 북부지역에서 다른 열강의 민간기업을 공동으로 유치하여 일본의 강요에 맞서야 한다. 현재 한국은 자신의 모든 광물 자원을 담보로 차관계약을 체결하려고 노력하고 있다. 베조브라조프는 러시아가 미국 자본을 유치하는 방안을 제시했는데, 그것은 미국과 러시아가 공동으로 한국 북부의 광물 자원을 담보로 차관계약을 실행하는 것이었다. 그는 보각 장군의 주선으로 미국인 헌트(Hunt)가 한

국의 차관계약을 실행하도록 제안했다.[15]

1903년 7월 23일 베조브라조프는 영국의 외교정책을 분석하면서 러독동맹의 필요성을 다음과 같이 제기했다. "영국의 최대 경쟁자는 독일이었다. 영국은 19세기 먼저 전 세계의 무역 특권을 독점하면서 부를 축적했고 독일이 그다음으로 식민지정책 사업을 추진했다. 그런데 영국은 육군과 해군을 보유하면서 해상을 재패했지만 독일은 해상과 육지에 충분한 군비를 지출할 여력이 부족했다. 유럽 열강은 현재 육군의 군비를 축소하고 해군을 증강시키는 문제를 논의하고 있다. 만약 러시아와 독일이 러독동맹을 통해서 두 나라 국경에 배치된 양국 육군의 축소에 동의한다면 러시아는 육군을 유럽에서 극동으로 이동시킬 수 있을 뿐만 아니라 해군도 강화할 수 있을 것이다."

베조브라조프에 의하면 러독동맹에 따른 러시아의 이익은 첫째, 새로운 자금 없이 극동지역에 군대를 강화할 수 있고 둘째, 이를 바탕으로 극동에서 경제적 이익을 더 많이 보장할 수 있으며 셋째, 러독동맹에 근거하여 일본과의 협상을 유리하게 체결할 수 있다는 것이다. 독일의 이익은 첫째, 유럽 지역의 정치적 위험을 최소한으로 줄일 수 있고 둘째, 해군의 강화를 통해서 무역 상선을 보호하고 식민지 협상에 유리한 위치를 차지할 수 있으며 셋째, 육군의 군비를 증가시킬 필요가 없다는 것이었다. 따라서 러시아와 독일은 현실적 이익을 보장하는 '러독동맹'이라는 정책적 연합이 가능했다. 다만 이 협상은 영국의 이해를 침해하므로 완전히 비밀스럽게 진행되어야 했다.[16]

---

15 ГАРФ. Ф. 543. Оп. 1. Д. 183. ЛЛ. 85-88об.
16 ГАРФ. Ф. 543. Оп. 1. Д. 183. ЛЛ. 81-82об.

러독동맹을 추진하는 동시에 1903년 7월 25일 베조브라조프는 영국의 극동정책을 분석하면서 러일협상의 문제점에 관한 해결 방안을 제시했다. 영국은 극동지역에서 러일 대립을 외교정책의 기본 방침으로 설정했기 때문에 일본과 러시아의 모든 협상을 방해하고자 했고 영일동맹을 근거로 러일협상 과정에서 일본의 모든 외교정책에 개입했다. 이에 베조브라조프는 당면한 러일협상 대응책을 다음과 같이 제시했다. 첫째, 러시아는 태평양 연안에서 정치와 군사를 강화해야 한다. 둘째, 러시아는 영국을 제외한 다른 열강이 일본을 지원하지 못하도록 만들어야 한다. 영국은 과거에도 그랬듯이 단독으로 일본을 지원하지 못할 것이다. 셋째, 이 모든 조치들이 성공하면 일본은 영국의 교묘한 정책으로 '러일 대립'이 형성되었다는 사실을 파악하고 '러일 화해'로 외교정책을 바꿀 것이다.[17]

베조브라조프는 영국의 외교정책을 분석하면서 러시아의 외교정책 방안을 고민했다. 그는 영국이 러일 대립을 기본적인 외교 방침으로 설정한 이상 러시아는 극동지역에서 영국을 외교적으로 고립시키면서 러독동맹을 통해서 문제를 해결해야 한다고 생각했다. 또한 그는 러시아가 태평양 연안에서 정치와 군사를 강화하면서 미국 자본가와 공동으로 한국의 북부지역 광물 자원을 담보로 한국에 차관을 제공해야 한다고 주장했다. 그는 압록강삼림회사가 한국 북부와 만주, 압록강과 두만강 영역을 관리하는 동시에 한국에서 일본과 러시아 사이의 방벽이 될 것이

---

17 ГАРФ. Ф.543. Оп.1. Д.183. л.89; Документы касающиеся переговоров с Японией в 1903-1904годах и хранящиеся в канцелярии Особого Комитета Дальняго Востока. СПБ. 1905. С.16. 이 문서는 베조브라조프의 1903년 7월 28일 상주 보고서가 아니라 7월 25일 문서이다.

라고 판단했다.

2. 베조브라조프의 러일협상 개입과 러일동맹 구상

1903년 7월 28일 베조브라조프가 극동총독부와 극동특별위원회 설치의 필요성을 제기하자 니꼴라이 2세는 7월 30일 극동총독부 설치를 지시했다. 베조브라조프는 중앙의 황제 전제정치와 변경의 총독체제를 구상했다. 그는 황제 중심의 전제정치가 러시아에 가장 적합한 정치체제라고 생각했다. 또한 총독이 러시아의 변경지역에서 '배타적 전권'을 부여받고 활동했을 때 최고의 성공을 거두었다고 단단했다.[18]

베조브라조프는 변경지역에서 나타나는 관료주의의 문제점과 극동지역의 특수성을 지적하고 그 해결책으로서의 극동총독부 설치 필요성을 다음과 같이 지적했다. 첫째, 정부 부처들의 지시는 중앙과 변경의 거리 때문에 행정 업무의 정확성과 효율성을 떨어드리고 권력의 분산을 유발했다. 둘째, 러시아는 극동지역에서 국가체제의 확립과 주도권 획득의 투쟁이 필요한 실정이므로 극동총독은 적극적인 업무를 실행하기 위한 단일 책임자로서 러시아의 군사력과 정치력을 강력히 수행할 수 있다.

---

18 베조브라조프는 과거 총독이 러시아의 변경 역사에서 많은 어려움을 해결한 이유를 다음과 같이 설명했다. 첫째, 총독체제는 국정 현안을 신속하고 완벽하게 해결할 가능성을 높여주었다. 둘째, 총독체제의 국정운영은 관행을 가장 적게 변화시켰으며 현행 사업의 진행을 방해하지 않았다. 셋째, 총독체제는 황제의 개인적인 신뢰와 직접적인 업무지휘에 바탕을 두고 있으므로 상황에 따라 언제든지 변경과 조정과 중단이 가능했다. 넷째, 총독체제는 관료적인 방법이 아니라 단일권력을 직접 실행하는 방식이므로 중앙과 변방이 최대한 밀접한 관계를 유지할 수 있었다. ГАРФ. Ф. 543. Оп. 1. Д. 183. ЛЛ. 83-84сб.

그렇지 않다면 러시아는 황인종도, 유럽 열강도 제압하기 어렵다. 셋째, 과거 러시아 변경은 대체로 중앙정부에서 제공한 비용으로 유지되었다. 하지만 극동은 경제적 과제가 분명하게 설정되었을 뿐만 아니라 상시적인 수입을 유지할 수 있는 지역이므로 극동지역에 개인기업의 영역을 개척하기 위하여 외국 자본을 유치해야 한다. 이 목적을 위해서 러시아는 극동특별위원회를 설치하고 극동총독부 주도하에 개별적인 협의회를 운영해야 한다.[19]

베조브라조프는 극동총독부 설치 명령과 동시에 외교정책을 넘어서서 군부정책에 관한 구상도 작성했다. 1903년 7월 30일 그는 육군대신 꾸로빠뜨낀의 보고서에 대한 비판을 니꼴라이 2세에게 제기했다. 베조브라조프는 꾸로빠뜨낀이 황제의 판단에 혼선을 주고 있다고 지적하며 꾸로빠뜨낀의 군부정책을 비판했다. 그는 꾸로빠뜨낀이 7월 24일 보고서에서 부정확한 사실을 끊임없이 되풀이했다고 비판했다.[20]

---

19 ГАРФ. Ф. 543. Оп. 1. Д. 183. ЛЛ. 83-84об. 베조브라조프는 8월 12일 꾸로빠뜨낀의 8월 6일 자 상주에 대해서 반론을 제출했다. 베조브라조프는 꾸로빠뜨낀이 남만주 전체를 포기하고 북부의 삼림지역에 진지를 구축하자고 주장하고 있다면서 전쟁에 이르게 되면 러시아는 사실상 이러한 진지에서 버텨낼 수 없을 것이라고 지적했다. 베조브라조프는 태평양함대가 여순과 블라디보스톡에 나뉘어져 있기 때문에 일본 해군에게서 제해권을 빼앗을 수 없다. 따라서 일본 해군에게 주도권을 빼앗겨 버릴 것이라고 했다. 베조브라조프는 러시아군이 일본군보다 열세에 있어서 근본적인 증강이 필요하며 그렇게 해야만 개전을 막을 수 있다고 주장했다. 이러한 판단은 베조브라조프 혼자의 판단이 아니라 보각의 생각에 바탕을 두고 있을 것이다. 和田春樹, 2010, pp. 108-112.
20 비판의 내용은 다음과 같았다. 첫째, 러시아군부의 1901년 대일전쟁계획은 쁘리아무르와 여순항에 초소 두 곳 등을 설치하는 허술한 계획이었다. 그나마 최근 여순항은 기병대와 포병이 포함된 제1전투여단이 보강되었다. 육군대신 꾸로빠뜨낀은 그동안 극동을 고립무원의 상태로 두었기 때문에 논쟁에 참여시킬 필요가 없었다. 둘째, 꾸로빠뜨낀은 러시아군대가 '방어 형태의 군사행동'만 대응하도록 지시했다. 이것은 일본이 러시아를 압박할 수 있는 가장 좋은 수단이었다. 셋째, 러시아는 압록강을 포함한 주변 지역의 전략적 의미에 관

748

극동총독부 설치 명령 직후인 1903년 8월 1일 비테, 꾸로빠뜨낀, 람즈도르프가 참석한 내각협의회가 개최되었다. 이것은 내각과의 협의 없이 극동총독부 설치가 발표되었기 때문에 일어난 비테를 포함한 관료들의 반발이었다.[21] 그러자 다음 날 베조브라조프는 8월 1일 내각협의회 관련 보고서를 황제에게 제출했다. 이날 베조브라조프는 보각 소장이 극동총독 알렉세예프에게 보낸 답변 전문도 니꼴라이 2세에게 함께 제출했다. 베조브라조프는 8월 1일 람즈도르프 자택에서 진행된 각료협의회를 파악하기 위하여 사전에 재무대신 비테를 만났다.

그 자리에서 비테가 베조브라조프에게 꾸로빠뜨낀이 각료협의회에서 니꼴라이 2세의 명령에 따라 철도 노선을 따라 부대가 배치될 계획이라고 말했다고 하자 베조브라조프는 이 계획이 동청철도 주변의 토지수용이라는 막대한 비용을 수반하고 청국과의 관계를 악화시킬 것이라고 반대했다. 베조브라조프는 재무대신 비테를 '생경이 아주 짧은 정치가'라

심을 기울여야 한다. 일본이 압록강을 점령하면 러시아는 만주에서 곤란한 상황에 놓일 뿐만 아니라 일본은 입지를 보장받을 수 있을 것이다. 러시아는 두만강과 압록강 방어를 위한 수행방안을 마련해야 한다. 넷째, 베조브라조프는 압록강삼림회사를 위해서 ㅋ-자크 기병부대 대신 봉황성의 600명으로 구성된 사냥꾼을 극동총독 알렉세예프에게 요청했다. 알렉세예프는 150명의 사냥꾼을 압록강으로 보낸 결과 일본인의 선동활동을 저지했다. 베조브라조프는 꾸로빠뜨낀이 북만주에 러시아군대를 집중하자고 제안했지만 이런 방안이 러일전쟁을 승리로 이끌 수 없다고 비판했다. ГАРФ. Ф. 543. Сп. 1. Д. 183. ЛЛ. 27-28об.

21 비테, 꾸로빠뜨낀, 람즈도르프가 참석한 1903년 8월 14일 내각협의회는 이날 재무부, 군부, 외무부의 최종적인 의견을 다음과 결정했다. 1) 러시아가 만주 지역 일부 또는 전체를 러시아 영토로 합병하는 것을 반대한다. 2) 러시아군대 철수를 약속했던 러청협약 (1902. 4. 8) 준수가 현실적으로 어려운 상황이다. 하지만 여순회의에서 기초된 대청요구안을 청국이 받아들이면 러시아는 러청협약을 이행한다. 3) 압록강삼림회사의 정치적인 활동은 중지되어야 하며 상업적인 회사로 변화해야 한다. 즉 압록강삼림회사는 '러시아상업회사'로 합병되어야 한다. ГАРФ. Ф. 568. Оп. 1. Д. 136. ЛЛ. 112-115. 122-123об; 김영수, 2004b, 17-18쪽.

고 폄하했지만 극동지역 군대의 편제와 강화를 위해서는 비테를 적극적으로 활용해야 한다고 니꼴라이 2세에게 제안했다.[22]

베조브라조프는 러시아가 '만주를 점령하고 한국을 보호령'으로 만드는 장기적인 계획을 지지했다. 우선 그는 러시아가 관동지역에서 강력한 군사력을 보유하는 것이 필요하다고 생각했다. 베조브라조프는 러시아가 극동에서 군사력을 정비한 다음 외국인이 참여하는 러시아의 개별기업이 군사적으로 보호받아야 한다고 판단했다. 그는 모든 국영 기업을 하나로 통합하기 위한 교섭을 재무대신과 재개할 계획이라고 보고했다.[23]

베조브라조프가 극동총독부에서 중점을 두었던 부분은 경제 영역이었다. 먼저 그는 극동총독부 산하 러청은행과 동청철도가 극동지역의 경제활동을 수행할 기구라고 판단하고 두 기구를 청국의 노동력과 외국의 자본을 끌어와서 러시아의 이익을 위한 기구로 만들 구상을 했다. 러청은행과 동청철도가 그 지역의 모든 대기업들 및 이권 획득의 독점권을 통제하고 이를 바탕으로 향후 유통자본 형성 및 투자 비용을 회수한다면 지분과 주식을 유지하면서 새로운 지출 없이 국유자본이 증가할 것이라고 예상했다. 베조브라조프는 극동총독 직속 군사 분야 전권위원, 상공업·재정 분야 전권위원 등의 신설을 구상하고 극동총독부에 대한 법령이 확정된 다음 세부적인 계획을 제출하려고 했다.

다음으로 그는 경제 부문에 이사회와 기업인을 포함시켰다. 행정 부문에 극동총독을 중심으로 외교와 법률 관청, 육군과 해군참모본부 등을 편제하고 경제 부문의 특별기구로 러청은행부, 동청철도부, 해상무역부,

---

22 ГАРФ. Ф. 543. Оп. 1. Д. 183. ЛЛ. 29-30об.
23 ГАРФ. Ф. 543. Оп. 1. Д. 183. ЛЛ. 31-32об.

한러은행 등을 편제시켰다. 극동총독부의 주요 인물은 극동총독 직속 상공업·재정 분야 전권위원, 군사 분야 전권위원, 자바이칼주 사령관, 아무르주 사령관, 쁘리아무르주 사령관, 관동주 사령관, 만주 전권위원 등으로 구성되었다.[24] 그는 1898년 폐쇄된 한러은행을 극동총독부 행정 영역에 다시 포함시킬 만큼 경제적으로도 한국을 중요하게 생각했다.

1903년 8월 14일 베조브라조프는 극동총독부의 세부적인 규정안 작성을 위해 해군 소장 아바자, 육군 소장 보각과 함께 논의했고 작성된 규정안을 보각을 통해서 알렉세예프 해군제독에게 보낼 계획이라고 니꼴라이 2세에게 보고했다. 그는 극동총독부 규정안 작성 이외에 극동특별위원회 설치(1903년 9월 30일) 관련 규정과 인사 문제에도 관여했다. 그는 극동총독부와 극동특별위원회의 긴밀한 관계가 매우 중요하다고 판단하여 직접 개입했다. 1903년 9월 27일 베조브라조프는 극동특별위원회 규정에 대한 감수를 완료하여 내무대신 쁠레베(В.К.Плеве)를 통해 니꼴라이 2세에게 상주했다.[25]

그런데 이날 베조브라조프는 극동특별위원회 위원으로 육군 소장 보각을 추천했다. '보각이 극동 문제에 대한 전문 지식을 가졌으며 현재 업무에 매우 유용한 사람'이라며 그에 대한 강한 신뢰를 보여주었다. 그는 보각과 알렉세예프의 관계가 유지되어 극동 업무가 원활히 진행되는 것

---

24 ГАРФ. Ф. 543. Оп. 1. Д. 183. ЛЛ. 90-93об. 한편 베조브라조프에 따르면 주청 러시아 공사 레사르(Лессар)는 자기 개인의 성공과 행복을 위해 업무를 수행하는 무원칙적인 사람이었다. 레사르는 신노선을 믿지 않는다고 쁠란손卫 긴즈부르크에게 솔직히 말했다. ГАРФ. Ф. 543. Оп. 1. Д. 183. ЛЛ. 31-32об.
25 ГАРФ. Ф. 543. Оп. 1. Д. 183. ЛЛ. 33-34об; 이항준, 「러일전쟁 전후 극동총독부와 극동특별위원회의 설치와 해체」, 『사림』 82, 2022a, 390-393쪽.

이 필요하다고 판단했다. 또한 베조브라조프는 극동총독 알렉세예프를 전폭적으로 지원하여 중앙정부의 배려를 느낄 수 있도록 해야 한다고 주장했다. 그러나 보각은 극동특별위원회 위원에 임명되지 못했다.[26]

니꼴라이 2세는 1903년 8월 러일협상 당시 답변서 초안을 베조브라조프에게 작성시킬 정도로 그의 극동정책 방향을 수용했다. 베조브라조프가 기초하고 니꼴라이 2세가 보강, 승인한 그 초안의 핵심은 러시아 극동정책의 방향이 만주와 한국 문제를 연결시켰다는 점이다.

1903년 8월 14일 일본의 러일협상 1차 협상안(7월 30일)에 대한 니꼴라이 2세의 답변안 작성 지시에 따라 베조브라조프가 8월 16일 러시아의 1차 협상안 초안을 작성했는데, 니꼴라이 2세는 그의 초안을 승인하면서 만주에서 러시아의 이해관계를 규정할 때 '유사한'이란 단어를 삽입하도록 지시했다.[27]

일본의 1차 협상안(7월 30일)과 베조브라조프의 1차 협상안 초안(8월 16일)을 살펴보면 다음과 같다.

아바자는 일본의 1차 협상안과 베조브라조프의 1차 협상안을 '러시아의 만주점령이 일본에 위협이라면 일본의 한국점령도 러시아에 위협

---

26 ГАРФ. Ф. 543. Оп. 1. Д. 183. ЛЛ. 50-51об.

27 "Если же ниже переговоры до некоторой степени разбираются, то только потому, что 14-го августа 1903 года Государь Император изводил поручить статс-секретарю Безобразову составить проект нашего ответа на японские предложения от 30 июля." Русские предприятия в Корее, в связи с нашей политикой на Дальнем Востоке 1898-1904. С. 179; ГАРФ. Ф. 543. Оп. 1. Д. 185. ЛЛ. 1-107об. 아바자에 따르면 러시아 황제의 '유사한'이란 설정은 일본과의 협상에서 러시아의 시야를 넓혀주었다. Абаза А. М. Русские предприятия в Корее, в связи с нашей политикой на Дальнем Востоке 1898-1904. Спб. 1905. СС. 192-194; ГАРФ. Ф. 543. Оп. 1. Д. 185. ЛЛ. 1-107об.

이다'라는 의미로 해석했다. 그는 러시아가 동청철도를 갖고 있다는 사실에 기초하여 만주에서 러시아 이익의 중요성을 환기시키고 '일본이 한국에서 러시아의 양보를 요구하면 러시아도 만주에서 일본의 양보를 요구해야 한다'고 주장했다.[28] 아바자에 따르면 니꼴라이 2세의 '유사한'이란 단어는 한국과 만주 문제의 연관성을 의미했다. 한국과 만주의 '유사한' 이익은 극동 정세 전반의 본질과 협상에 관한 러시아의 원칙이었다. 베조브라조프는 기본적으로 러시아가 극동에서 1898년 이후 여순을 요새로 구축하면서 러시아의 군사력을 강화해야 했지만 오히려 1903년 남만주에서 러시아군대를 일부 철수시켜 전쟁준비를 소홀히 했다고 지적했다. 따라서 베조브라조프는 1차 협상안에서 만주와 한국에 대한 러시아와 일본의 동등한 양보를 추구하려고 했다. 그러나 베조브라조프는 1차 협상안 초안을 마지막으로 더 이상 러일협상안 작성에 참여하지 못했다.[29]

게다가 베조브라조프의 1차 협상안 초안도 일본에 통고될 수 없었다. 아바자는 '러시아 황제가 지시한 원칙적 설정과는 반대로 (러일협상이) 외무부에 의해 진행되었다'고 그 이유를 밝혔다. 더구나 러시아 외무부는 한국과 만주 문제를 연관시키는 대신 '분리시켜' 러일협상을 진행했다. 원칙상 극동총독부가 러일협상안을 기초하면 외무부는 니꼴라이

---

28 Абаза А. М. Русские предприятия в Корее, в связи с нашей политикой на Дальнем Востоке 1898-1904. Спб. 1905. СС. 192-194; ГАРФ. Ф. 543. Оп. 1. Д. 185. ЛЛ. 1-107об.

29 아바자는 베조브라조프가 1차 협상안 초안을 마지막으로 더 이상 러일협상안의 작성에 참여하지 못했다고 기록했다. Абаза А. М. Русские предприятия в Корее, в связи с нашей политикой на Дальнем Востоке 1898-1904. Спб. 1905. СС 210-213; ГАРФ. Ф. 543. Оп. 1. Д. 185. ЛЛ. 1-107об.

일본의 1차 협상안과 러시아의 1차 협상안 초안[30]

	일본의 1차 협상안 (7월 30일)	러시아의 1차 협상안 초안 (8월 16일 베조브라조프 작성)
1	일본과 러시아는 청국과 한국의 독립을 존중하고 이 지역의 상공업에서 모든 민족의 평등권 원칙을 지지한다.	러시아와 일본은 청국과 한국의 독립 및 영토 불가침을 존중한다.
2	양국은 각각 한국에서 일본의 우세한 이익, 만주에서 러시아 철도 부설의 특별한 이익을 상호 인식하고, 본 협약의 1조의 규정하에 일본은 한국에서, 러시아는 만주에서 각각의 이익을 보호하기 위하여 필요한 조치를 취할 권리를 인정한다.	양국은 일본이 한국에서, 그리고 러시아가 만주에서 지니고 있는 '유사한' 이익을 상호 인정한다.[31]
3	양국은 1조의 규정과 위배되지 않는 한 한국에서의 일본, 만주에서의 러시아의 상공업적 활동의 발달을 방해하지 않을 것을 상호 보증한다. 한국철도를 남만주에 연장하여 동청철도 및 산해관-우장선에 연결하려고 할 경우 러시아는 방해하지 않는다.	양국은 1조의 규정과 위배되지 않는 한 상공업 회사의 발전을 방해하지 않을 것을 보장한다.
4	양국은 2조 관련 이익 보호의 목적 또는 국제분쟁을 야기하는 폭동이나 무질서를 진압할 목적으로 일본은 한국으로, 러시아는 만주로 군대를 파견할 필요가 있을 경우 그 파견 병력은 어떠한 경우에도 실제 필요한 인원수를 초과하지 않는다. 파견 군대는 맡은 바 임무를 완수하는 즉시 철수해야 한다.	
5	러시아는 한국에서 개혁을 추진하고 불가피한 군사상 원조를 포함한 정비된 통치를 확립하기 위한 지도에 관한 일본의 배타적 권리를 인정한다.[32]	러시아는 한국에서 개혁을 추진하고 정비된 통치를 확립하기 위한 조언과 지도를 제공하는 일본의 배타적 권리를 인정한다.[33]
6	본 협정은 현재까지 한국과 관련하여 러일 사이에 체결된 모든 협정을 대체한다.	본 협정은 이전에 일본과 러시아가 체결한 모든 협정을 대체한다.

2세에게 이 안을 전달하는 보고 체계가 구축되어 있었는데, 이 과정에서 외무대신 람즈도르프가 협상안에 적극 개입하면서 러일협상을 주도했기 때문이다.[34]

러일협상에 직접적으로 개입할 수 없게 된 베조브라조프는 극동특별위원회 조직 구성과 극동지역 경제계획에 집중했다. 그는 극동총독 소속으로 군사 분야 전권위원, 상업 분야 전권위원, 만주 지역 전권위원 등의 도입을 주장했는데, 특히 만주 지역의 특수한 상황을 고려하여 만주 지역 거주민의 통제를 위한 완전한 영향력을 행사하고 열강 개입의 빌미를 차단하기 위하여 만주 지역 전권위원의 신설과 임명을 황제에게 제

---

30 Русские предприятия в Корее, в связи с нашей политикой на Дальнем Востоке 1898-1904. С. 179; Документы касающиеся переговоров с Японией в 1903-1904годах и хранящиеся в канцелярии Особого Комитета Дальняго Востока. СПБ. 1905. СС. 17-18.

31 "Обоюдное признание существующих аналогичных интересов Японии в Корее и России в Маньчжурии." Документы касающиеся переговоров с Японией в 1903-1904годах и хранящиеся в канцелярии Особого Комитета Дальняго Востока. СПБ. 1905. С. 17.

32 "Признание со стороны России исключительнаго права Японии давать указания и содействовать проведению реФорм и установлению хорошаго правления в Корее, включая и необходимую военную помощь." Документы касающиеся переговоров с Японией в 1903-1904годах и хранящиеся в канцелярии Особого Комитета Дальняго Востока. СПБ. 1905. С. 18.

33 "Признание со стороны России права Японии давать указания и советы к проведению реФорм и установлению хорэшего управления в Корее." Документы касающиеся переговоров с Японией в 1903-1904годах и хранящиеся в канцелярии Особого Комитета Дальняго Востока. СПБ. 1905. С. 13.

34 1903년 9월 15일 러시아가 일본에서 통고할 1차 협상안을 완성했는데 작성자는 극동총독 알렉세예프와 주일러시아공사 로젠이었다. 와다에 따르면 로젠은 알렉세예프의 초안을 그대로 수용했고 다만 7항을 "일본이 만주와 그 연안이 이해권 밖에 있다는 것을 인정한다"라는 내용을 제안하여 포함시켰다. 和田春樹, 2010, p. 137.

안했다. 만주 지역 전권위원은 극동총독 소속이지만 만주 지역에 대한 독자적인 통제를 실행하고 만주 관련 정치, 군사, 상업 업무를 모두 총괄하는 직책이었다.[35]

동시에 베조브라조프는 1903년 9월 24일 「만주 지역 전권위원의 훈령안」[36]을 첫 번째 부속문서, 「만주 지역 전권위원의 정원 규정안」[37]을 두 번째 부속문서로 작성하여 니꼴라이 2세에게 보고했다. 하지만 베조

---

35 베조브라조프는 만주 지역 전권위원 구성안을 다음과 같이 매우 세부적으로 작성했다. 만주 지역 전권위원은 봉천에 사무소를 개설하고 보좌관을 두고 행정실을 관리한다. 행정실은 총무국, 법무국, 군사국 등 총 3국으로 구성된다. 전권위원은 기록과 구술 통역관 각각 2명씩 필요하다. 통역관은 성공을 촉진시키도록 대우를 높여주기 위하여 2,800루블의 급여와 제7계급의 직책을 부여하며 고급 인력이 채용된다. 만주 지역 전권위원은 흑룡강성, 봉천성, 길림성 위원 등을 소속시킨다. 위원들은 총무국과 법무국으로 구성된 행정실을 관리하고 보좌관과 통역관을 둔다. 봉천성은 연간 1천 루블, 길림성은 연간 400루블, 흑룡강성은 1백 5십만 루블 등의 비용이 필요하다. 연간 총 1천 5백 5십만 루블의 비용이 필요하다. 흑룡강성 위원은 2명의 보좌관을 지휘하며 치치하얼, 하얼빈 등을 관할한다. 길림성 위원은 5명의 보좌관을 지휘하며 송화강, 영고탑, 장춘 등을 관할한다. 봉천성 위원은 7명의 보좌관을 지휘하며 몽골과 연결되는 신민진, 남만주의 정치 중심지 금주부, 한국의 접경과 연결되는 봉황성과 통화선 등을 관할한다. 위원 소속의 총 16명의 보좌관이 필요하다. 보좌관도 통역과 비서가 필요하다. 그 대신 현재 운영되는 아무르와 쁘리아무르 국경위원제도는 폐지된다. ГАРФ. Ф. 543. Оп. 1. Д. 183. ЛЛ. 35-49об.

36 극동총독은 만주 지역 전권위원을 선출하여 휘하에 두고 만주 지역 전권위원은 특별 적용된 정원 규정에 따라 조직된 행정실을 관리한다. 만주 지역 전권위원은 만주에 있는 러시아의 행정관리와 경비대를 지휘하고 만주에서 정치적 이해관계, 이권의 확대, 재판의 감독 등을 수행한다. 또한 만주 지역 전권위원은 만주 지역의 모든 기관과 관리에 대해 총독의 권리를 대행하고 군단 사령관의 권리를 행사한다. 그리고 만주 지역 전권위원에게는 주청 러시아공사의 권리, 위원과 보좌관에게는 영사의 권리가 부여된다. ГАРФ. Ф. 543. Оп. 1. Д. 183. ЛЛ. 35-49об.

37 만주 지역 전권위원은 육군 중장 또는 육군 소장도 가능하다. 그의 급료로 최소 총 1만 8천 루블을 지급한다. 동청철도는 청국 관리를 매수하는 비용으로 매년 2만 8천 루블을 지출하고 있었다. 따라서 만주 지역 전권위원은 2천 8백 루블을 선물비용으로 쓸 수 있었고 정원 규정에 따른 총 운영비용은 34만 1천 루블이었다. ГАРФ. Ф. 543. Оп. 1. Д. 183. ЛЛ. 35-49об.

브라조프가 제안한 만주 지역 전권위원제도는 현실화되지 못했다.

러일협상이 지체되면서 전운이 감돌던 1903년 12월 28일 비조브라조프는 극동지역에서 러시아와 일본의 이해관계, 영국과 미국의 이해관계 등 러시아의 외교정책 전반에 관하여 니꼴라이 2세에게 보고했다. 우선 베조브라조프는 일본이 러일전쟁을 유도하고 있다고 판단했다. 그는 일본의 군사행동이 매우 강경하고 단호하지만 영일동맹으로 영국이 극동정책에 개입하고 있기 때문에 일본의 외교는 매우 복잡한 상황이라고 인식했다.

베조브라조프는 먼저 만주와 한국에서 러시아의 이해관계를 다음과 같이 정리했다. 러시아는 태평양에서 러시아 경토와의 연락을 확보하기 위하여 여순을 점령했다. 시베리아철도는 흑룡강을 따라 블라디보스톡까지 부설되기 때문에 하얼빈을 통해서 블라디보스톡으로 향하는 최단거리 노선 및 부동항 여순으로 연결되는 지선 등도 설치되었다. 그 결과 러시아는 여순과 요동반도를 자국의 세력권으로 편입시켰다. 러시아는 한국을 점령하면 막대한 재정지출이 필요하므로 일본이 한국어 발판을 구축하지 못하도록 하는 수준에서 멈춰야 한다. 따라서 러시아는 만주와 한국을 군사적으로 침략하지 않고 태평양 연안과 러시아 본토와의 연락상 안전을 보장하는 수준에 집중해야 한다. 베조브라조프는 현재 러시아가 만주와 한국에서 군사적 침략을 수행할 시기가 아니라고 진단했다.

둘째, 베조브라조프는 극동지역에서 일본의 이해관계를 다음과 같이 정리했다. 일본은 섬의 입지와 인구 밀도 등이 무역과 산업 발전의 도약 단계에 올라섰다. 일본의 무역과 산업의 영역은 청국을 중심으로 동아시아 연안과 태평양 전체를 대상으로 하고 있다. 일본은 만주를 둘러싸고 러시아와 갈등하고 있는 가운데 영국과 미국의 지원을 적극적으로 요청하고 있다.

셋째, 베조브라조프는 동아시아에서 영국과 미국의 경제적 이해관계를 다음과 같이 정리했다. 영국과 미국은 청국, 동남아시아, 태평양 등지에서 무역과 산업의 중심국이 되었다. 영국과 미국은 이곳에서 러시아와의 경쟁이 아닌 일본과의 경쟁에 불안을 느끼고 있었다. 왜냐하면 일본은 그곳에서 지리적 위치, 인종·문화·언어적인 관계에서 영국과 미국보다 유리한 조건을 가지고 있기 때문이다. 그러므로 영국과 미국은 일본을 남부로부터 북부로 밀어내면서 일본의 산업 발전을 방해할 수밖에 없는 상황이었다.

넷째, 베조브라조프는 극동지역에서 영국과 미국의 외교적 책략을 다음과 같이 분석했다. 그는 영국이 고안하고 미국이 동의한 '일본에게 최면을 거는' 외교적 책략을 지적했다. 일본은 자국의 무역과 산업의 진출 방향을 영국과 미국의 책략에 따라 남쪽에서 북쪽으로 설정하고 있었다. 1) 영국은 일본과 반러동맹인 '영일동맹'을 체결하고서 러시아가 프랑스와 함께 일본을 공격할 것으로 예상했다. 2) 극동지역의 영자 신문들은 러시아가 만주→한국→일본→청국을 순서대로 점령할 것이라고 보도했다. 이 영자 신문들은 극동지역에서 영국과 미국의 경제적 침략에 대해서는 언급하지 않았다. 3) 일본의 국내 정치단체들은 러일전쟁을 유도하고 있었다. 도쿄, 서울, 북경주재 영국과 미국공사는 일본 정부의 외교 정책에 영향을 미치고 있었다. 4) 영국은 러시아가 아주 쉽게 일본과의 전쟁을 결정할 수 있도록 근동에서 러시아에 자유로운 상황을 만들고 있었다. 런던의 신문들은 최근 일본을 열심히 지지하기 시작했다. 결국 베조브라조프는 일본 정치단체의 러일전쟁 선동의 배후가 극동주재 영국과 미국의 외교관이라고 생각했고 영국이 기획한 극동지역 외교정책에 따라 러시아와 일본의 전쟁 시나리오가 진행되고 있다고 판단했다.

다섯째, 베조브라조프는 영국과 미국이 러시아와 일본의 쇠퇴를 목표로 러일전쟁을 유도했다고 판단했다. 1) 러시아와 일본은 지속적으로 군비를 지출하여 국제 자본의 유치가 불가능해질 것이다. 2) 일본은 러일전쟁에서 승리할지라도 재정적으로 완전히 무력한 상태에 놓일 것이다. 일본은 러시아를 결정적으로 이길 수 없으므로 배상금 지불을 강제할수 없을 것이다. 일본과 러시아는 무력을 통한 평화가 성립될 것이며 지속적인 군비를 지출할 것이다. 3) 일본이 러일전쟁에서 패배한다면 영국과 미국은 극동에서 정책적으로 완전히 승리할 것이다. 일본은 재정적으로 파산할 것이고 산업 발전도 후퇴할 것이다. 결국 베조브라조프는 영국의 영일동맹과 미국의 일본 원조는 반러시아적 경향을 갖고 있지만 본질적으로 일본의 발전에 불리한 것이라고 분석했다.

여섯째, 베조브라조프는 극동의 평화를 정착시키기 위하여 '러일동맹'의 필요성을 다음과 같이 주장했다. 1) 러시아와 일본은 충분한 육군력과 해군력을 바탕으로 국제정세를 좌우하는 주체가 될 수 있다. 2) 러일동맹은 극동지역에서 무역을 포함한 다양한 이익을 제공할 것이다. 3) 러일동맹은 자국에 손해를 주지 않으면서 열강의 이해관계와 조화될 수있다. 4) 러일동맹으로 러시아와 일본은 극동지역에서 자국 병력을 축소시킬 수 있다. 5) 러일동맹은 청국을 동맹국으로 끌어들일 수 있다.

일곱째, 베조브라조프는 '러일동맹'의 조건을 다음과 같이 제시했다. 1) 러일동맹은 극동에서 평화를 구축할 수 있는 방어적 병력만 창설한다. 2) 러시아는 만주를 병합하지 않으며 한국의 독립을 유지시킨다. 러시아와 일본은 열강의 한국점령에 맞서서 '러일연합군대'를 결성한다. 일본은 한국의 북부나 남부에서 군대를 유지할 필요가 없다. 3) 러시아

와 일본은 각각 만주와 한국에서 질서를 유지하고 영향력을 행사할 수 있는 '주식회사'를 설립한다.[38]

결국 베조브라조프는 러일협상의 마지막 순간에 '러일동맹'을 실현시키기 위하여 러시아가 군사적으로 만주를 점령하지 않고 한국의 독립을 유지시키는 방안을 제시했다. 이것은 만주 지역 점령이라는 베조브라조프의 초기 극동정책과 다른 것이었다. 그는 러시아가 만주에서, 일본이 한국에서 경제적 우위를 점유하면서 '주식회사'를 설립하여 러시아의 이익을 실현하고자 했다.

베조브라조프는 1903년 12월 말과 1904년 1월 초 실제 '러일동맹'을 추진하기 위하여 주러일본공사 구리노에게 '러시아의 만주 이권 고수와 한국 문제 양보'라는 자신의 구상을 전달했다. 1903년 12월 30일 주러일본공사관 통역관 다노(田野)는 베조브라조프와 약 2시간 동안 대화했다. 이틀 뒤인 1904년 1월 1일 구리노는 통역관 다노와 베조브라조프의 대화를 외무대신 고무라에게 전보로 보고했다.

베조브라조프의 비서 본랴르랴르스끼는 일본에서 돌아온 뒤 구리노를 방문하여 베조브라조프와 회견할 것을 요청했다. 본랴르랴르스끼에 따르면 베조브라조프는 일본에서 오해를 받아 '배일본당(排日本黨)' 또는 '개전론'의 주창자로 인정받고 있지만 당시에는 일본과 협조를 이루는 데 찬성하고 있었다. 구리노는 가벼운 병을 이유로 회담을 연기하면서 다노 통역관을 대신 보내 베조브라조프와 회담을 진행시켰다.

이 자리에서 베조브라조프는 처음부터 '일본에서 자신을 일본의 적이며 주전론의 거장으로 간주하는 것에 대해서 유감스럽다'고 밝혔다. 그

---

38 ГАРФ. Ф. 543. Оп. 1. Д. 183. ЛЛ. 54-61об.

리고 자신은 오히려 러일 양국의 평화를 가장 좋은 정책으로 믿고 있으며 동시에 영일동맹이 하나의 허망한 환상에 불과한 것이라고 주장했다. 그러나 만주에서 상업상의 자유를 보장하라는 일본 측 주장에는 반대했다.

베조브라조프는 한국 문제에 관한 일본의 제의를 원안대로 수락할 용의가 있다고 밝혔다. 그는 러일 양국이 공고현 협력에 합의한다면 한국 현안도 완전히 일본에게 일임할 준비가 되어 있고 러시아가 극동에서 연해 방어 이외에는 어떤 해군력도 필요로 하지 않다고 덧붙였다. 그는 러일전쟁은 두 나라 모두에게 '참화'이며 다른 나라를 이롭게 하는 데 불과한 것이므로 가능하면 러일동맹을 체결할 것을 강력히 희망했다.

1904년 1월 12일 구리노는 러시아 정부의 견해를 크게 비테와 베조브라조프로 나누어 파악한 뒤 일본에 대한 베조브라조프의 견해를 외무성에 보고했는데, 그 보고는 러일동맹을 구상하고 있었던 베조브라조프의 입장과는 다른 내용이었다. 즉 베조브라조프는 기본적으로 일본이 결코 무력에 호소해서 러시아에 저항할 수 없을 것이며 러일협상은 충분히 러시아의 희망대로 수행할 수 있다고 판단했다. 그는 만주에 관한 일본의 요구를 완전히 거절하고 한국에 관한 요구도 가능한 한 러시아에 유리하도록 수정해야 한다는 입장이었다. 그는 만주에 관한 강경정책으로 군부 세력의 지지를 받고 있었다. 그는 '일본이 무력으로 맞선다면 러시아도 무력으로 무너뜨려야 한다'며 극동지역에 군함과 군대 파견을 주장했다.

한편 1903년 말부터 베조브라조프는 '일본이 어쩌면 전쟁을 시작할지도 모른다'고 우려했다. 그는 러일협상에 실패하고 전쟁이 일어나면 니꼴라이 2세의 신용과 총애를 잃을 것이라고 두려워했다. 그는 러일협상의 견해 차이를 해소시키는 러일 양국의 성명서 발표 방안을 모색했다. 베조브라조프는 러일협상 문제를 한 번에 해결하는 방식으로 세상의 이목을 놀라게 하는 방안을 구상했다. 이것은 베조브라조프가 니꼴라이 2세의 신용과 총애를 강화하고 기회를 보아 정권을 한 손에 장악하려는 의도였다. 베조브라조프는 '극동지역에 대규모의 러시아군함과 군대를 파견, 유지하는 것은 러시아의 재정상 지극히 곤란한 일이다'라고 판단하여 러일 양국의 성명서를 통한 해결을 모색하고자 했다.

베조브라조프는 러일 양국의 '우정의 전신 교환'을 통한 러일협상의 해결 방안을 다음과 같이 계획했다. 첫째, 일본이 양국의 전신 교환에 동의한다면 베조브라조프는 '전문안(電文案)'에 대한 협의를 사전에 진행한다. 둘째, 일본이 전문안에 동의하면 그는 니꼴라이 2세에게 은밀히 알현을 요청하여 '우정의 전신 교환이 이익이 된다'는 사실을 설명하고 납득시킨다. 셋째, 전신 교환이 세상에 발표되는 날 러일협상에 관한 전권을 니꼴라이 2세로부터 위임받은 후 자신의 반대파를 궁지에 빠뜨리고 알렉세예프 제독을 소환한다. 그는 러일동맹을 체결할 목적으로 러일협상에서 최대한 일본에 양보하여 협상 타결을 시도하고자 했다. 하지만 베조브라조프는 자신의 계획이 반대파에게 알려졌음을 눈치채고 반대파의 공격을 염려하는 동시에 아바자의 반대 권고를 받아들여 구리노에게 약속한 각서의 작성을 중단했다. 이는 베조브라조프의 각서가 반대파의 무기로 이용되는 것을 두려워했기 때문이다.

구리노는 베조브라조프가 니꼴라이 2세에게 큰 영향력을 갖고 있다는 사실을 인정했다.[39] 그는 베조브라조프를 이용할 수 있을 것이라고

---

39 구리노에 따르면 베조브라조프는 니꼴라이 2세의 시종무관(국무고문)이었는데 황제의 깊

판단하고 러시아의 국내 동향을 탐지하려고 노력했다. 베조브라조프는 신병 치료를 위해 1월 2일부터 3주간 휴가를 받아 제네바에 갈 예정이었으나 '전신 교환'의 대망(大望)을 성사시키기 위하여 출발을 연기하여 12일 오후에 출발하기로 결정했다.

베조브라조프는 전신 교환만 성취된다면 러일협상은 반드시 성공할 것이라고 믿었다. 그는 육군 소장 보각이 전신 교환 관련 일본의 동의를 전보로 보내주면 즉시 뻬쩨르부르크로 돌아와서 니꼴라이 2세의 동의를 받을 계획이었다. 구리노는 베조브라조프가 일본과 전쟁을 바라지 않는다는 것을 알고 있었다. 그럼에도 구리노는 전신 교환이 실패할 경우 베조브라조프가 다시 만주에 대한 강경정책을 견지하면서 군부 세력을 선동할지도 모른다고 우려했다. 구리노는 베조브라조프를 '간교한 영웅의 성격'을 지닌 인물이라고 파악하고 처음부터 베조브라조프와의 관계를 은밀히 진행하기 위하여 그와 한 번 왕래한 이후부터는 다노 통역관을 통해서 협상을 진행시켰다.[40]

그 뒤 1904년 1월 17일과 18일 아바자는 베조브라조프와의 사전 협의에 따라 구리노와 비밀협상을 전개했다.[41] 1월 20일 아바자는 구리노

은 총애를 받아 위세와 권력이 궁정 안팎을 압도하고 있었다. 『駐韓日本公使館記錄』 22, 1904년 3월 3일, 一四. 機密本省來 (4) 機密送 第14號 [露國政治家의 日本態度게 관한 見解 報告書 進達 件] [別紙 機密第1號 附屬書 田野 通譯官 「베조브라조프」와의 對談內容 電信譯文], 外務大臣 男爵 小村壽太郎→在韓 特命全權公使 林權助. 1904년 3월 3일 외무대신 고무라는 주러일본공사 구리노의 베조브라조프와 비테의 일본에 대한 견해에 관한 1904년 1월 1일 자 전보를 주한일본공사 하야시에게 통지했다.

40 『駐韓日本公使館記錄』 22, 1904년 3월 3일, 一四. 機密本省來 (4) 機密送 第14號 [露國政治家의 日本態度에 관한 見解 報告書 進達 件] [別紙 機密第1號 露國政治家ノ日本態度ニ關スル見當], 外務大臣 男爵 小村壽太郎→在韓 特命全權公使 林權助.

41 МИД. Записка по поводу изданного Особым Комитетом Дальнего Востока

의 요구사항을 전달하기 위하여 니꼴라이 2세를 만났다.[42] 그러나 베조브라조프의 러일동맹 구상과는 달리 러시아와 일본의 협상은 결렬되었다.[43] 일본이 러시아의 최종적인 협상안을 기다리지 않고 러일전쟁을 결정했기 때문이다. 일본은 1월 23일 러시아와 단교를 선언했고 러시아는 1월 24일 이를 수신했다.

결국 구리노는 베조브라조프의 극동정책 구상을 간파하고 있었다. 베조브라조프는 기본적으로 1898년 관동에 대규모의 선두부대를 배치하고 여순항 요새를 구축하여 관동에서 러시아의 군사적 위상을 강화해야만 한다고 주장했다. 베조브라조프는 러시아의 위상이 1903년 남만주에서 러시아군대 중 일부가 철수하면서 약화되기 시작했고 만약 러시아가 일본과의 전쟁을 철저하게 준비했다면 러시아군대가 극동지역에 충분히 주둔했을 것이므로 러일전쟁은 절대 발발하지 않았을 것이며 설령 전쟁이 강요되었다 하더라도 러시아는 더 영예로운 결말에 도달했을 것이라고 판단했다.[44]

"сборника документов по переговорам с Японией 1903-1904гг." Спб. 1905. СС. 10-12.

42 和田春樹, 2010, pp. 274-280. 와다는 아바자와 구리노의 비밀 회담이 도쿄에 일체 보고되지 않았다고 주장했다.

43 실제 아바자는 1904년 1월 21일 러시아의 최종 협약안을 검토하면서 자신의 새로운 제안을 람즈도르프에게 설명했다. 한국에서 중립지대 폐기와 일본 지배의 인정은 러시아가 최대한 양보한 것이었다. 아바자는 1월 15일 특별회의에서 "일본의 지배를 위도 39도선까지 혹은 압록강 유역 분수령까지 허용할 수 있다"는 의견을 표명했다. 만주에 있는 러시아군대와 철도의 측면을 고려하면 일본이 점령하지 않는 영토지대를 남겨두어야 한다는 사실을 고려한 것이었다. Документы касающиеся переговоров с Японией в 1903-1904годах и хранящиеся в канцелярии Особого Комитета Дальняго Востока. Спб. 1905. С. 47.

44 Абаза А. М. Русские предприятия в Корее, в связи с нашей политикой на Дальнем Востоке 1898-1904. Спб. 1905. СС. 179-180; ГАРФ. Ф. 543. Оп. 1. Д. 185.

베조브라조프는 기본적으로 러시아가 '만주를 점령하고 한국을 보호령'으로 만드는 장기적인 계획을 구상했다. 그러나 일본과 영국 등이 러시아를 군사적·외교적으로 압박하자 그의 극동정책을 수정했다. 그의 극동정책이 변화된 과정은 다음과 같다.

첫째, 베조브라조프는 1903년 8월 16일 러시아의 1차 협상안 초안을 작성했고 여기에서 만주와 한국에 대한 '러시아와 일본의 동등한 양보'를 추구했다. 그것은 '만주에서 러시아, 한국에서 일본의 상호 이익의 인정, 일본의 한국에 대한 정치적 영향력'까지 인정하는 내용이었다. 하지만 외무대신 람즈도르프와 육군대신 꾸로빠뜨낀 등 관료세력의 반발로 러일협상에 직접적으로 개입할 수 없게 되자 베조브라조프는 극동특별위원회 조직 구성과 극동지역 경제계획에 집중했다.

둘째, 1903년 말 베조브라조프는 '일본이 어쩌면 전쟁을 시작할지도 모른다'고 우려했다. 그는 러일협상에 실패하고 전쟁이 일어나면 니꼴라이 2세의 신용과 총애를 잃을 것이라고 두려워했다. 러일협상이 지체되면서 전운이 감돌던 1903년 12월 28일 베조브라조프는 극동지역에서의 러시아 외교정책 전반에 관한 구상을 했다. 일본의 군사행동이 매우 강경한 상황이며 일본이 러일전쟁을 유도하고 있는데 그것은 영국이 기획한 극동지역 외교정책에 따른 결과라는 것이었다. 여기에서 베조브라조프는 일본과 영국의 시나리오를 저지하기 우 하여 극동의 평화를 위한 방안으로 '러일동맹'을 제안했다. 베조브라조프는 러일협상의 마지막 순간에 '러일동맹'을 실현시키기 위하여 러시아가 '군사적으로 만주를 점

ЛЛ. 1-107об.

령하지 않고 한국의 독립을 유지시키는' 방안을 제시하는 것으로 극동 정책을 변경했다. 실제 베조브라조프는 1903년 12월 말과 1904년 1월 초 '러일동맹'을 추진하기 위하여 구리노에게 '러시아의 만주 이권 고수 와 한국 문제 양보'라는 자신의 구상을 전달했다. 그리고 러일 양국의 ' 우정의 전신 교환'을 통한 '러일동맹'이 성공할 것이라고 믿었다. 실제 1904년 1월 17일과 18일 아바자는 베조브라조프와의 사전 협의에 따라 구리노와 비밀협상을 전개했다.

다시 말하면 베조브라조프는 군사적 우위에 따른 힘의 균형을 추구 했던 인물로 '만주를 점령하고 한국을 보호령'으로 만드는 계획을 구상 했지만 일본이 만주와 한국에서 군사행동을 전개할 가능성이 높아지자 1903년 8월 '만주와 한국에 대한 러시아와 일본의 동등한 양보'라는 입 장으로 물러섰고 종국에는 러일전쟁 직전인 1904년 1월 '러시아의 만주 이권 고수와 한국 문제 양보'라는 내용의 '러일동맹'까지 추진하기에 이 르렀던 것이다.

베조브라조프는 니꼴라이 2세의 보호 아래 성장한 황실세력이었다. 니꼴라이 2세는 기본적으로 만주와 한국에서 러시아의 영향력을 강화 하려고 했지만 한편으론 최대한 전쟁을 억제하려는 생각을 가지고 있 었다. 이러한 황제의 의사를 충실히 수행한 인물이 바로 베조브라조프 였다. 그는 니꼴라이 2세의 조직과 자금의 후원 아래 '압록강삼림회사' 와 '극동특별위원회'를 설립하면서 적극적인 극동정책을 펼쳤지만 러일 전쟁 직전 일본의 군사행동을 막기 위하여 '한국 양보'와 '러일동맹'이 라는 양보안까지 제시하며 최대한 러일전쟁을 억제하려는 방안을 추진 했다. 그럼에도 1903년 12월 일본 육군참모본부는 대러군사작전계획을 완성했다. 또한 1904년 1월 외무대신 고무라는 어전회의에서 러시아가 러일협상을 지연하면 개전할 수 있다는 의견서를 제출했고 일본 정부는 2월 4일 전쟁을 결정했다. 그것은 러일 개전의 직접적인 원인이 바로 일본이었다는 사실을 의미한다.

3. 러일협상의 실패와 그 당시 국제질서

베조브라조프는 근위기병대에 근무했거나 황실 소속 기구에 관련된 인물을 중심으로 압록강삼림회사의 주주를 구성하여 황실세력의 이익을 옹호하고자 했다. 그는 니꼴라이 2세의 후원을 받아 황실세력을 통해 러시아의 극동정책을 추진하면서 정치적 영향력을 획득했다. 니꼴라이 2세도 전제권 강화를 위해 베조브라조프를 적극적으로 지원했다.

그는 러시아의 극동정책을 니꼴라이 2세에게 직접 제안했고 그 승인을 받아 움직였다. 특히 1903년 8월 14일 니꼴라이 2세는 7월 30일 자 일본의 러일협상 제안에 대한 러시아의 답변안 작성을 베조브라조프에게 위임했다. 니꼴라이 2세는 베조브라조프가 작성한 답변안을 8월 16일 승인하면서 한국에서 일본, 만주에서 러시아의 이해관계를 규정할 때 '유사한'이란 단어를 삽입하도록 명령했다. 이것은 한국과 간주 문제의 연관성 및 베조브라조프와 니꼴라이 2세가 직접 연결되는 과정을 보여주는 것이다.

베조브라조프는 기본적으로 한국 문제에 대해서 러시아의 상업적 이권이 있어야 일본의 독점적 활동을 막을 수 있다고 생각했다. 여기에서 압록강삼림회사가 한국 북부와 만주, 압록강과 두만강 하구 영역을 관리하는 동시에 한국에서 일본과 러시아 사이 방벽 역할을 할 것으로 기대했다.

베조브라조프는 러시아가 만주를 점령하고 한국을 보호령으로 만드는 장기적인 계획을 지지했다. 하지만 그는 '만주점령과 한국 보호령'이라는 자신의 기본적인 입장을 바꾸기 시작했다. 일본이 만주와 한국에서 군사행동을 전개할 가능성이 높아지자 1903년 8월 '만주와 한국에 대한 러시아와 일본의 동등한 양보'라는 입장으로 물러섰다. 그리고 러일협상의 마지막 순간에 '러일동맹'을 실현시키기 위하여 '러시아가 군사적으로 만주를 점령하지 않고 한국의 독립을 유지시키는' 방안을 제시했다. 이는 '만주점령과 한국 보호령'이라는 베조브라조프의 극동정책 기본 방침이 변화된 것이었다.

베조브라조프가 '만주점령과 한국 보호령'이라는 강경정책에서 1903년 12월 '러일동맹'이라는 유화정책으로 급격히 전환한 것은 한국에서 일본의 영향력을 배제할 수 없다는 인식, 그리고 러일동맹을 통해 일본의 군사행동을 막고 극동에서 영국을 고립시키려는 의도에서 나온 것이었다. 그러나 베조브라조프는 외교협상에서 일본에 충분한 신뢰를 주지 못하여 러일협상 실패에 기여했다. 러시아의 황실세력과 관료세력은 내부 갈등으로 만주 지역 러시아군대의 철수를 둘러싼 혼선을 자초했는데 이 또한 일본이 러일전쟁을 일으키는 원인 중 하나를 제공했다. 더구나 러시아 황실세력은 최종적으로 한국을 경제적·군사적으로 일본에 양보할 수는 있지만 '압록강삼림회사'를 보호하기 위해서 '백두산 분수령' 경계만은 양보할 수 없었다. 그것은 러일전쟁의 원인 가운데 하나인 러일협상 실패의 결정적인 요인이었다는 것을 의미한다.

한편 일본은 베조브라조프의 러일협상 대응 방안의 변화에 대하여 의구심을 품는 동시에 이를 신뢰하지 않았다. 외무대신 고무라는 러시아가 러일협상을 지연하면 개전할 수 있다는 의견서를 제출했고 일본 정부는 2월 4일 전쟁을 결정했다. 그것은 러일 개전의 직접적인 원인이 바로 일본이었다는 사실을 의미한다.

결국 러시아 정부는 압록강을 일본과의 군사 경계 지역으로 설정하려는 의도에서 압록강삼림회사를 민간사업으로 추진했다. 그런데 일본은 압록강삼림회사에 대해서 한국을 지배하려는 러시아의 의도라고 판단했다. 러시아 정부는 러일전쟁 직전 러시아의 압록강 이남 지역까지 양보하는 협상안을 일본에 제안했는데 이는 만주에 있는 러시아군대와 철도를 보호하기 위해서였다. 일본 정부는 압록강을 넘어 간도까지 대륙진출을 계획했기 때문에 압록강 지역을 양보할 수 없었다. 압록강은 대륙세력인 러시아와 해양세력인 일본의 교차지점이자 러시아와 일본의 군사적 방어선이었다. 따라서 러일전쟁의 원인은 한반도를 둘러싼 러시아와 일본의 대립 과정이었는데 일본은 압록강삼림회사를 러일전쟁의 명분으로 이용했다.

한편 당시 국제질서와 러일전쟁의 연관성을 살펴보면 다음과 같다. 첫째, 해양세력인 영국은 대륙세력인 독일과 러시아의 대립을 지지했다. 독일도 영국과 러시아의 대립을 원했다. 독일은 서유럽을 분열시키며 자국의 영향력을 키우고 동시에 동유럽 지배를 꾀했다. 이로 인해 독일은 동유럽에서 러시아와 패권을 놓고 충돌했다. 영국과 독일은 지리, 경제, 문화적 대립으로 서유럽의 혼란을 심화시켰다. 독일과 러시아는 슬라브민족의 지배 문제로 동유럽의 분열을 유발했다. 둘째, 한국의 운명을 결정한 러일전쟁은 대륙세력 러시아와 해양세력 영국의 충돌이 유라시아에서 표면화된 사건이다. 19세기 동안 영국과 러시아는 군사적으로 대립했다. 영국은 희망봉과 인도 해역을 장악하고 군사활동을 전개했다.

반면 러시아는 1853년 크림전쟁 이전부터 아무르강을 따라 태평양까지 진출했다. 러시아는 카자크 기병대를 활용해 인도 국경까지 접근했다. 이에 따라 영국은 인도 북서쪽 국경에서 러시아를 견제해야 했는데 중국 연안을 통해 진격하며 러시아의 남하를 막으려 했다. 영국은 군함과 상선의 기동력 덕분에 인도제국의 영향력을 유지했다. 그 후 영국과 러시아는 각자 세력을 확장하기 위해 전쟁을 벌였다. 영국은 1900년 보어전쟁에서 6천 마일 떨어진 남아프리카에 25만 명을 파병했다. 러시아는 1904년 러일전쟁에서 4천 마일 떨어진 만주에 그보다 더 많은 병력을 철도로 수송했다. 영국은 러일전쟁 당시 일본을 외교적·경제적으로 지원했으나 군사적으로는 개입하지 않았다. 일본 지원의 배경에는 러시아 견제와 함께 청국에 대한 문호개방, 즉 경제적 이권 확보가 필요했다. 셋째, 1898년 미서전쟁(美西戰爭) 이후 미국은 아시아로의 팽창을 장기적으로 계획했다. 단기적으로는 필리핀을 점령했다. 러일전쟁 이후 미국은 유럽과 아시아의 세력균형을 맞추고 자국 이익을 지키기 위해 1905년 포츠머스조약을 중재했다. 일본이 완승할 경우 아시아에서 세력 확대가 불가피해 미국과 충돌할 수 있었다. 반대로 러시아가 승리하면 일본의 반발과 새로운 군사 긴장이 우려되었다.[45] 결국 유라시아대륙에서 해양세력인 영국과 대륙세력인 러시아의 대립은 러일전쟁으로 이어졌고 그

---

45 Mackinder, H. J., *Democratic Ideals and Reality: a Study in the Politics of Reconstruction*, New York: Holt, 1919; Mackinder, H. J., *Democratic Ideals and Reality; a Study in the Politics of Reconstruction*, London: Constable, 1942, pp. 82-96; Mahan, A. T., *The Problem of Asia and Its Effect Upon International Policies*, Boston: Little, Brown and Co., 1900, pp. 8-9; 김영수, 「지정학자 맥킨더(매킨더)가 바라본 열강의 외교전략과 러일전쟁」, 『한일관계사연구』 87, 2025, 198-203쪽.

결과 세계는 한국의 지정학적 위치에 주목하게 되었다. 그 가운데 미국은 포츠머스조약을 중재함으로써 외교적 영향력을 강화하고 향후 국제질서 유지에 적극적으로 개입하게 되었다.

이 책의 기초가 된 논문

김영수, 「러일전쟁 패배를 보는 두 시각」, 『역사비평』 69, 2004a.

김영수, 「러일전쟁 전야 제정러시아의 극동정책」, 『사림』 22, 2004b.

김영수, 「대한제국을 바라보는 러시아학계의 시각」, 『역사와현실』 63, 2007.

김영수, 「러일전쟁 전후 똘스또이(톨스토이)의 반전사상과 공동체방안」, 『동양학』 92, 2023.

김영수, 「지정학자 맥킨더(매킨더)가 바라본 열강의 외교전략과 러일전쟁」, 『한일관계사연구』 87, 2025.

이항준, 「영일동맹과 제정러시아의 극동정책」, 『사림』 31, 2008.

이항준, 「러시아 해군부의 한반도정책과 태평양함대 사령관 알렉세예프」, 『사림』 44, 2013.

이항준, 「러시아 육군 장교 즈베긴초프(А. И. Звегинцов)와 꼬르프(Н. А. Корф)의 한국 북부지역 조사와 군사 개관」, 『인문과학』 74, 2019a.

이항준, 「쿠로파트킨(А. Н. Куропаткин)과 러일전쟁」, 『사림』 69, 2019b.

이항준, 「러일전쟁 전후 극동총독부와 극동특별위원회의 설치와 해체」, 『사림』 82, 2022a.

이항준, 「러일전쟁 원인 중 러일협상의 실패에 관한 논쟁」, 『인문과학』 87, 2022b.

이항준, 「러일전쟁 직전 베조브라조프의 극동정책과 러일협상」, 『군사』 128, 2023.

이항준, 「포츠머스조약 체결과 한국문제에 대한 러시아의 시선」, 『한일관계사연구』 85, 2024.

이항준, 「을사늑약과 헤이그평화회의의 전후 고종의 외교적 대응」, 『한일관계사연구』 88, 2025.

Kim Young-Soo, Yi Pŏmjin, "Korea's Diplomatic Minister to Russia, and his Role in Korean-Russian Relations," *Seoul journal of Korean Studies*, 24-1, 2010.

자료 목록

자료	출처
고골 기념 우표	ru.wikipedia.org/wiki/Гоголь_в_филателии#/media/Файл:Stamp_USSR_1959_CPA2293.jpg
동해해전	commons.wikimedia.org/wiki/File:Tsushima_27_May_1905.jpg
『노보예 브례먀』	저자 소장
똘스또이의「다시 생각하세요!」표지	ed-glezin.livejournal.com/2156675.html
똘스또이의 장례식	az.wikipedia.org/wiki/Fayl:Толстой_Л.Н._Вынос_в_Астапове._1910г._(p)1910-e_гг_ГИМ_e1.jpg
로젠	commons.wikimedia.org/wiki/File:Rozen_RR.jpg
이즈볼스끼	commons.wikimedia.org/wiki/File:Izvolskiy_Petr_Petrovich.jpg
러일전쟁 직후 주한 러시아 공사 빠블로프의 한국 철수	en.m.wikipedia.org/wiki/File:Russian_Envoy_Pavlov_and_Japanese_General_Kousuke_Ijiji_in_Seoul.jpg
비테	commons.wikimedia.org/wiki/File:Sergei_Yulyevich_Witte_1905.jpeg
꾸로빠뜨낀	commons.wikimedia.org/wiki/File:Kuropatkin_Alexey_Nikolaevich.jpg
알렉세예프	commons.wikimedia.org/wiki/File:Admiral_Alexeev%26naval_staff.jpg
아관파천 이후 고종과 왕세자 및 주한 러시아 공사 베베르	www.nahf.or.kr/
고종과 순종	db.history.go.kr/id/sa_059_$2ill
브리네르	ru.wikipedia.org/wiki/Файл:Jules_Bryner.jpg

자료	출처
긴즈부르크	uk.wikipedia.org/wiki/ Гінсбург_Мойсей_Якимович
즈베긴초프	ru.wikipedia.org/wiki/Файл:Alexander_Iv._ Zvegingtzov_as_a_chevalier_guards_officer. jpeg
꼬르프	ria1914.info/index.php/ Корф_Николай_Андреевич
꾸로빠뜨낀	commons.wikimedia.org/wiki/File:General_ Kuropatkin.jpg
오야마 이와오	commons.wikimedia.org/wiki/File:Iwao_ Oyama_2.jpg?uselang=ko
알렉세예프	commons.wikimedia.org/wiki/ File:Alexeev_E_I.jpg
로제스뜨벤스끼	commons.wikimedia.org/wiki/File:Zinovi_ Petrovich_Rozhestvenski.jpg
야마모토 곤베	ko.wikipedia.org/wiki/file:Gonbee_ Yamamoto_later_years_cropped.jpg
도고 헤이하치로	commons.wikimedia.org/wiki/File:Togo_ Heihachiro,1907.jpg
일본군의 압록강 진출	ko.wikipedia.org/wiki/File:Landing_on_ Nampho.jpg
여순전투	commons.wikimedia.org/wiki/ File:Japanese_11_inch_siege_gun_shells_Port_ Stanley_1904.jpg
봉천에서 러시아군의 철수	en.m.wikipedia.org/wiki/File:Retreat_of_the_ Russian_Army_after_the_Battle_of_Mukden.jpg
제물포 해전에서의 바략과 까레예쯔	commons.wikimedia.org/wiki/ File:Chemulpo_Battle_Varyag_Korietz.jpg
러일전쟁 직전 여순 전경	commons.wikimedia.org/wiki/File:Порт_ Артур._Углубленный_западный_бассейн.jpg

자료	출처
동해 해전에서의 러시아 기함 공작 수보로프	commons.wikimedia.org/wiki/File:Knyaz%27 Suvorov1904Kronshtadt.jpg
동해 해전에서의 일본 기함 미카사	commons.wikimedia.org/wiki/File:Admiral-Togo-Heihachiro-Flagship-Mikasa-c1905.png
아바자	ru.wikipedia.org/wiki/Файл:Абаза,_Алексей_Михайлович.jpg
람즈도르프	commons.wikimedia.org/wiki/File:Lambsdorf_Vladimir_(1844-1907).jpg
장례식장의 비테	commons.wikimedia.org/wiki/File:Witte_deathbed.jpg
요양에서 꾸로빠뜨낀	commons.wikimedia.org/wiki/File:Russian_General_Aleksey_Kuropatkin_during_the_Battle_of_Liaoyang.jpg
포츠머스조약 체결 당시 러시아대표단	lv.wikipedia.org/wiki/Attēls:Russian_peace_commission_Treaty_of_Portsmouth_ppmsca.08803.jpg
포츠머스조약 체결 당시 일본대표단	ko.wikipedia.org/wiki/File:Japanese_Peace_Commission_&_other_1905.jpg
포츠머스조약 회담 장소 해군조선소 빌딩	commons.wikimedia.org/wiki/File:Peace_Treaty_Building_Portsmouth_Navy_Yard.jpg
을사늑약의 현장 중명전	royal.khs.go.kr/RCYAL/contents/R701C00000.do?schGroupCode=dsg&schGroupCodeNm=덕수궁
고종	commons.wikimedia.org/wiki/File:Gojong_of_the_Korean_Empire_02.jpg
니꼴라이 2세	commons.wikimedia.org/wiki/File:Mikola_II.jpg
똘스또이	commons.wikimedia.org/wiki/File:Лев_Толстой_(Чертков_1910)_-_0003600123.jpg
베조브라조프	commons.wikimedia.org/wiki/File:Безобразов_Александр_Михайлович._6_января_1888_r.jpg

782